Internet Routing Architekturen

Bassam Halabi, Danny McPherson

Übersetzung: Cosmos Consulting

Internet Routing Architekturen

CISCO SYSTEMS
CISCO PRESS

Markt+Technik Verlag

Die Deutsche Bibliothek – CIP-Einheitsaufnahme

Ein Titeldatensatz für diese Publikation ist bei
Der Deutschen Bibliothek erhältlich.

Autorisierte Übersetzung der amerikanischen Originalausgabe:
Internet Routimg Architectures © 2000 by Cisco Press

Umwelthinweis:
Dieses Buch wurde auf chlorfrei gebleichtem Papier gedruckt.
Die Einschrumpffolie – zum Schutz vor Verschmutzung – ist aus umweltverträglichem
und recyclingfähigem PE-Material.

10 9 8 7 6 5 4 3 2 1

04 03 02 01

ISBN 3-8272-5938-X

Einbandgestaltung: H2 Design, München
Lektorat: Angelika Ritthaler, aritthaler@pearson.de
Übersetzung und Lokalisierung: Cosmos Consulting GmbH
Fachlektorat: Ralf Kothe, Cisco Systems GmbH
Herstellung: Claudia Bäurle, cbaeurle@pearson.de
Satz: text&form, Fürstenfeldbruck
Druck und Verarbeitung: Kösel, Kempten (www.Koeselbuch.de)
Printed in Germany

Inhaltsverzeichnis

Einleitung

Das in den späten 60er-Jahren ursprünglich als akademisches Experiment eingerichtete Internet ringt heutzutage mit Identitäts- und Erfolgsproblemen. Vom Netzwerk für wenige Eingeweihte eines Forschungsprojekts (ARPANET-Advanced Research Projects Agency) hat es sich zum NSFnet des nationalen Wissenschafts-Verbunds (National Science Foundation) und von da zum Netz-für-Jedermann entwickelt. Das Internet ist nicht Besitz einer Gesellschaftsgruppierung, sondern jedem zugänglich, der es sich leisten kann. Das Internet ist für unzählbar viele Nutzer, die auf der Suche nach Interaktion sind, zum Forum von Kommunikation und Information geworden. Viele Firmen und Organisationen befürchten, ins Hintertreffen zu geraten, wenn sie den Anschluss an die neue Welt der globalen Vernetzung verpassen. Die Anforderungen an die Netzwerkgestalter, die Vernetzung zu erweitern und die hohe Qualität der Informationsübermittlung zu garantieren, haben sich zugleich gesteigert. Es ist notwendig geworden, neue Verbindungen aufzubauen, um die Reichweite des Netzes zu vergrößern und gleichzeitig neue Wege durch das Netz zu erschließen.

Viele Leute sind überrascht, wenn das Netz zusammenbricht, andere hingegen, wenn es stabil bleibt. Die bestehenden Unklarheiten frustrieren die Designer und Verwalter des Netzes doppelt: einerseits scheinen die Informationen zu befähigen, Netzwerke aufzubauen, im konkreten Fall jedoch funktioniert es dann nicht.

Die erste Auflage dieses Buches hatte sich mit Fragen des echten Routings beschäftigt, indem es sich realer Szenarien in verständlicher und zugänglicher Art und Weise bediente. Abgesehen von einer neuen Aufbereitung des ursprünglichen Materials ist die vorliegende Herausgabe nun um die neuesten Zusätze des BGP-Protokolls bereichert worden. Es erfasst die Änderungen des Registrierungsprozesses und der Zuweisung von Internet-Nummern und enthält darüber hinaus Informationen über Nachforschungen und Bildung per Netz.

Zielsetzung des Buches

Dieses Buch soll Ihnen dabei helfen, ihr Netzwerk professionell mit dem globalen Internet abzustimmen. Das Buch stellt das Konzept, das hinter der praktischen Adressvergabe, dem Routing und der Vernetzung steht, vor. Zugleich werden diese Themen anhand konkreter Situationen erläutert. So soll ihr Verständnis und Wissen für Routing geschult werden, damit sie ihr eigenes Netzwerk entwickeln und kompetent einsetzen können. Ob Sie nun Nutzer oder Anbieter (oder beides) im Internet sind, dieses Buch sieht für Sie die Probleme, die bei Netzwerken auftauchen, voraus und arbeitet diesen entgegen.

Zielgruppe

Dieses Buch ist für jene Organisationen gedacht, die sich eventuell im Internet präsentieren wollen. Ob Sie dabei sind, ein Dienstleistungsanbieter zu werden oder ob Sie gerne mit einem solchen in Verbindung treten wollen, hier werden Sie alle Informationen finden, um Ihr Netzwerk richtig anpassen zu können. In diesem Buch gehen wir sowohl auf die speziellen Interessen von Netzwerk-Administratoren, als auch Integratoren und Architekten des Internet ein. Auch wenn dieses Buch verschiedene Wissens-Niveaus anspricht, schreitet es logisch von den einfachsten zu den kompliziertesten Konzepten und Problemstellungen voran. Wir beziehen uns dabei jeweils auf direkte, reelle Szenarien, mit denen jeder etwas anfangen kann. Hierzu braucht man kein vertieftes Wissen über Routing oder TCP/IP. Grundwissen über Routing wird Ihnen von Kapitel zu Kapitel anhand von Problemdiskussion im Text vermittelt, anstatt dass es von vornherein beim Leser vorausgesetzt wird.

Aufbau des Buches

Dieses Buch lässt sich in vier Teile strukturieren:

Erster Teil: Das derzeitige Internet – Kapitel 1 bis 3 sind als Einführung ins heutigen Internet gedacht, bezüglich seiner Struktur, der Provider und Adressvergabe. Auch wenn Sie mit der allgemeinen Struktur des Internet vertraut sind, sollten Sie im Kapitel 1 die Passagen zu Netzwerk-Zugangs-Punkten (Network Access Points), dem Routing-Arbiter-Projekt und den Netzwerk-Informationsdiensten lesen. Der Druck, der auf diese Bereiche des Internet ausgeübt wird, hat ständigen, direkten Einfluss auf die Probleme der Administratoren, das Internet zu gestalten. Das 2. Kapitel liefert wertvolle Hilfestellungen, um Internet-Dienstleistungsanbieter richtig einschätzen zu können. Wenn Sie ein solcher Provider sind oder dessen Kunde, dürften Sie davon schon etwas Ahnung haben. Das 3. Kapitel handelt von klassenlosem Routing zwischen Domänen (Classless Interdomain Routing – CIDR), VLSM (Subnetz Masken variabler Länge), Ipv6 und von anderen Aspekten der Adressvergabe im Internet.

Zweiter Teil: Grundlagen der Protokollierung des Routings – Kapitel 4 und 5 sollen Ihnen Grundlagen vermitteln: Die Zugehörigkeiten der Protokolle im Link-Status und der Routing-Protokolle über Distanzvektoren. Außerdem soll geklärt werden, warum Protokolle über das Routing zwischen Domänen nötig sind, und wie sie funktionieren. Diese Themen werden sowohl im Allgemeinen als auch anhand von BGP (dem de facto standardisierten Protokoll, das heutzutage für Routing im Bereich zwischen Domänen gebraucht wird) ausgeführt. Die Möglichkeiten und speziellen Eigenschaften von BGP (Border Gateway Protocol) werden ausführlich dargestellt.

Dritter Teil: Effektives Design des Internet-Routings – Kapitel 6 bis 10 tauchen in die praktische, desingorientierte Anwendung von BGP ein. Die im zweiten Teil vorgestellten Charakteristika von BGP werden in Aktion, d.h. in einer Vielfalt repräsentativer Situationen im Netzwerk, gezeigt. Die Eigenschaften von BGP werden für die Ausführung gestalterischer Ziele wie freie Kapazitäten (*redundancy*), Symmetrie und dem Ausbalancieren von Lasten, eingesetzt. Es wird die Herausforderung, Routing innerhalb und zwischen Domänen harmonisieren zu lassen, angesprochen, wachsende oder bereits große Systeme zu handhaben und Stabilität zu gewährleisten.

Vierter Teil: Internet Routing Device Konfiguration – Kapitel 11 und 12 enthalten zahlreiche Kodierungsbeispiele für Funktionen von BGP und für verschiedene Regelungen von Routing. Sie werden die Kodierungsbeispiele besser verstehen, wenn Sie die vorhergehenden Kapitel gelesen haben, weil viele Beispiele sich auf mehrere Konzepte und Gestaltungsziele beziehen. Damit Sie die ausführlichen Texte aus den vorherigen Kapiteln den Kodierungsbeispielen in den Kapiteln 11 und 12 gegenüberstellen können, haben wir für Sie Hinweise in den vorhergehenden Kapiteln aufgezeigt. Wenn sie so einen Querverweis sehen, sollten Sie vielleicht bis zur genannten Seite vorblättern, um sich das Konfigurations-Beispiel zur gerade behandelten Eigenschaft oder Regelung anzusehen.

Außerdem haben wir mehrere Anhänge; Fußnoten und ein Literaturverzeichnis beigefügt, einen aktuellen Cisco IOS™ BGP Bedienerhinweis und Informationen bezüglich der neuen Anpassungen von IOS™, um Ihnen einen tiefergehenden Einblick in die Kommandolinien zu bieten.

Vorgehensweise

Es ist meist schwierig, über technische Daten auf verständliche Weise zu schreiben. Informationen mit zu wenigen technischen Details werden unbrauchbar, aber zuviel Fachjargon verschreckt den Leser und macht die Konzepte unverständlich. Dieses Buch führt technische Details nach und nach, und wenn möglich, anhand wirklichkeitsgetreuer Situationen ein. Die besonders technischen Informationen – wie die Konfigurationsbeispiele in der Cisco IOS-Sprache – werden bis zu den letzten zwei Kapiteln aufgehoben. So werden Sie sich bis dahin bereits ein fundiertes Wissen über Konzepte und beispielhafte Topologien angeeignet haben.

Obwohl Sie ja letztendlich Routing-Strategien erstellen und anwenden möchten, ist es wichtig, vorher die Konzepte und Prinzipien hinter den Dingen zu begreifen, damit Sie sie dann in ihrem eigenen, speziellen Netzwerk realisieren können. Dieses Buch folgt einer ausgewogenen Darstellung von abstrakten und konkreten Aspekten. Schrittweise wird vom Allgemeinen bis zum Spezifischen weitergegangen, von den Ausarbeitungskonzepten bis zur Anwendung. Auch in den Kapiteln und Absätzen, die notwendigerweise ausführlicher sind, soll durch Hinweise auf die Konfigurationsbeispiele häufig gestellte Fragen und durch situationsbezogene Erläuterungen Ihr Bedürfnis, gleich mit der Anwendung zu beginnen, gestillt werden.

Ein wichtiger Teil dieses Buches besteht aus den realen Situationsbeispielen. Wir nutzen repräsentative Netzwerk-Topologien, um nahezu jede Eigenschaft der Protokolle und Routing-Regeln zu erläutern. Auch wenn Sie hier Ihre eigene Situation nicht wiederfinden sollten, wird es Ihnen leichter fallen, anhand der Beispiele zielgerichtet zu lernen und gleichzeitig die dargestellten Konzepte auf Ihren konkreten Fall anzuwenden.

Rubriken und Art der Darstellung

In diesem Buch sollten unbedingt auch Protokoll-Details und Gestaltungs-orientierte Informationen enthalten sein. An erster Stelle steht jedoch die Aneignung allgemeinen und konzeptuellen Wissens. Wir haben wiederkehrende Rubriken eingefügt, um die praktischen, design-orientierten Punkte der entwickelten Konzepte hervorzuheben:

- Hinweise zu Konfigurationsbeispielen (Tip) – Neben die ausführlichen Texte gestellt, verweisen diese Tipps auf Absätze in den Kapiteln 11 und 12, in denen verwandte Konfigurationsbeispiele gefunden werden können.
- Häufig gestellte Fragen – Am Ende jedes Kapitels geht diese Rubrik auf konkrete und design-orientierte Fragen ein, die, nachdem Sie das Kapitel gelesen haben, eventuell auf Ihr persönliches Netzwerk zutreffen könnten.

Zeichenerklärung

Die Zeichen, die in diesem Buch Verwendung finden, um die Kommando-Sprache darzustellen, entsprechen dem der IOS Command Reference. Die Command-Reference verwirklicht diese Vereinbarungen folgendermaßen:

- Vertikal-Striche (|) teilen Alternativen, die sich gegenseitig ausschließen.

- Eckige Klammern ([ ]) weisen auf Optionen hin.
- Geschweifte Klammern ({ }) bezeichnen eine notwendige Auswahl.
- Geschweifte Klammern innerhalb von Eckigen ([{ }]) deuten auf die notwendige Wahl innerhalb einer Anzahl von Möglichkeiten hin.
- Kommandos und Schlüsselwörter, die genau wie dargestellt in den Kommando-Text eingefügt werden müssen, erscheinen fett gedruckt. In konkreten Konfigurationsbeispielen und Output (keine allgemeine Kommando-Schriftweise) gibt Fettgedrucktes an, wenn Kommandos vom Nutzer per Hand eingegeben werden müssen (z. B. das »show«-Kommando).
- Kursiv Gedrucktes steht für Eingabefelder, in die Sie konkrete Werte einfügen können.

Verwendete Grafiksymbole

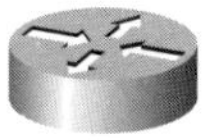
Router

Bridge

Hub

DSU/CSU

Catalyst Switch

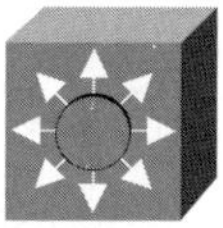
Multilayer Switch

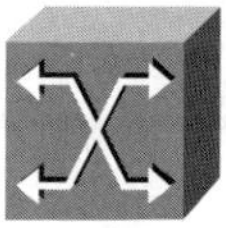
ATM-Switch

ISDN/Frame-Relay-Switch

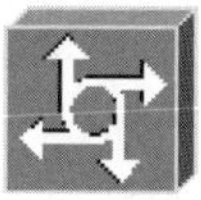
Kommunikations-Server

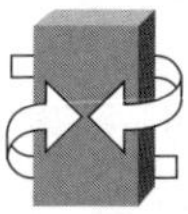
Gateway

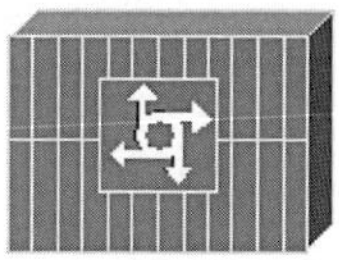
Zugangsserver

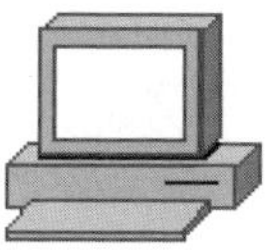
PC

PC mit Software

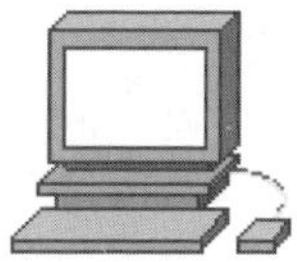
Sun-Workstation

Macintosh

Terminal

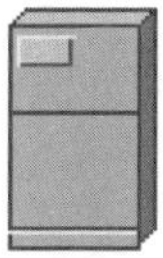
File-Server

Web-Server

Cisco-Works-Workstation

Drucker

Laptop

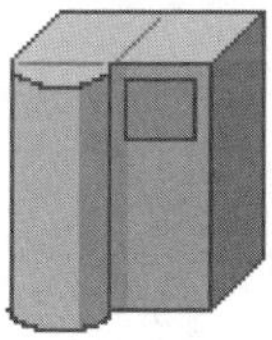
IBM-Mainframe

Front-End-Prozessor

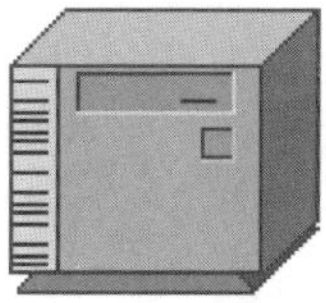
Cluster-Controller

Folgende Grafiksymbole werden für Netzwerkverbindungen benutzt:

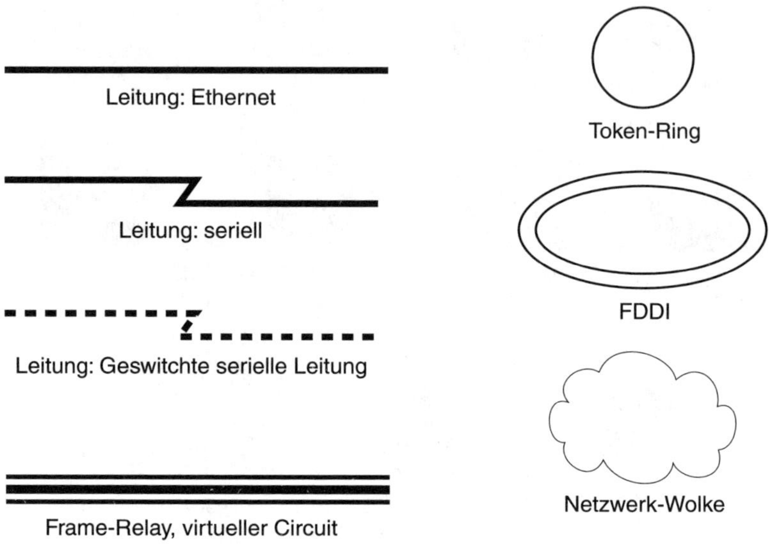

Teil 1

Das heutige Internet

Die Vielfalt der Routingprobleme und -lösungen ist eng mit Wachstum und Entwicklung des gegenwärtigen Internet verbunden. Deshalb werden wir Ihnen, bevor wir uns mit den Einzelheiten der Routing- Protokolle auseinandersetzen, einen allgemeinen Überblick und Hintergrundwissen vermitteln. Die im 1. Kapitel behandelten historischen Stationen wie das Route Arbiter Projekt, Netzwerk-Zugangspunkte (Network Access Points) und Netzwerk Informations- Dienste haben immer noch praktische Auswirkungen auf die Organisationen, die sich an das globale Netzwerk anschließen wollen. Das 2. Kapitel soll Ihnen allgemeine und Netzwerk- topologische Aspekte, die sich auf Internet-Dienstleister beziehen, vorstellen. Das 3. Kapitel beschäftigt sich mit Adressierungs-Konzepten und klassenlosem Routing zwischen Domänen, die notwendig sind, um die Verkleinerung des IP Adress-Speichers zu kontrollieren.

Dieses Kapitel enthält folgende Themen:

- **Ursprung und neuere Geschichte des Internet** – Kleine Geschichte des frühen Internet, der Blick auf seine Vorfahren und Nutzer und darauf, wie es sich in den letzten zehn Jahren entwickelt hat. Überblick über einige wichtige NSF-Werbungen.
- **Netzwerk-Zugangspunkte** – Internet-Dienstleister können sich direkt oder indirekt mit Netzwerk-Zugangspunkten (NAP – Network Access Points) verbinden. Sie sollten hierüber genug erfahren, um zu beurteilen, wie sich Ihr ISP mit den NAPs verbinden sollte, und auch, um zu wissen, welche NAPs in welcher Region der Welt heutzutage verfügbar sind.
- **Direkte Verbindungen** – Dieses Modell ist in den letzten Jahren bei vielen großen Internet-Dienstleistern als Alternative zu den NAPs immer beliebter geworden, hauptsächlich weil es einige der Schwachstellen des öffentlichen NAP-Verbindungsmodells überbrückt.
- **Routing-Arbiter-Projekt** – Überblick über die zentralsten Konzepte im Hinblick auf den Rest des Buches: Server, die durch das Internet »lotsen« (*route server*) und die Datenbasis derer, die über das Routing entscheiden (Routing Arbiter). Route Server sind Bestandteile der NAPs, der Service Provider und anderer Netzwerke.
- **Regionale Anbieter** – Hier liefern wir Hintergrundwissen zum aktuellen Aussehen des Internet hinsichtlich regionaler Verbindungen.
- **Informationsdienste** – Überblick über Informationsdienste und Firmen, die sich als Folge der Werbung von NSF und als Resultat der Privatisierung des Internet entwickelt haben: die InterNIC, Registrierungsdienste, Verzeichnis- und Datenbanken-Dienste, Hilfsdienste für NIC, die Entstehung anderer Internetregister und die des Internetworking Routing Registers.
- **Das Internet von gestern und morgen** – Auswertung der Forschungsanstrengungen, die auf das Internet der Zukunft abzielen: die Initiative »Next-Generation«, Internet2 und Abilene.

Kapitel 1

Die Entwicklung des Internet

Die Struktur und Aufmachung des Internet hat sich an die veränderten Anforderungen seiner Nutzergemeinde angepasst. Das heutige Internet bedient in der Computerwelt ein sehr großes und sehr vielfältiges Nutzerpublikum. Dieses Kapitel enthält eine kurze Chronologie, eine Zusammenfassung der bedeutendsten Komponenten des Internet. Wir wollen Ihnen helfen, die Herausforderung, dem Internet ein Aussehen zu geben und die nötigen Schritte, skalierbare Internetzwerke aufzubauen, zu verstehen.

1.1 Ursprung und jüngere Geschichte des Internet

Internet war ursprünglich, in den späten 60er-Jahren, ein Experiment des Referats für fortgeschrittene Forschungsprojekte (Advanced Research Projects Agency – ARPA, heute: DARPA) des US-Verteidigungsministeriums[1]. DARPA experimentierte mit Verbindungen von Computer-Netzwerken, indem es zahlreichen Universitäten und privaten Firmen die Möglichkeit gab, sich an der Forschung zu beteiligen.

Im Dezember 1969 ging ein experimentelles Netzwerk mit einer vierknotigen Netzwerkverbindung via 56 kbps Verbindungsleitungen online. Diese neue Technologie erwies sich als höchst erfolgreich und führte zur Bildung zweier ähnlicher militärischer Netzwerke – MILNET in den Staaten und MINET in Europa. Tausende Anlaufstellen und Nutzer verbanden daraufhin ihre privaten Netzwerke (Universitäten und

Regierung) mit dem ARPANET, so entstand das »ARPA-Internet«. Bild 1.1 und Bild 1.2 illustrieren das ARPANET zu Anfang seiner Inbetriebnahme 1969 bis ins Jahr 1976 mit bereits stark angestiegenen Nutzerzahlen.

Bild 1.1: ARPANET Architektur, Dezember 1969

Bild 1.2: ARPANET Architektur, Juli 1976

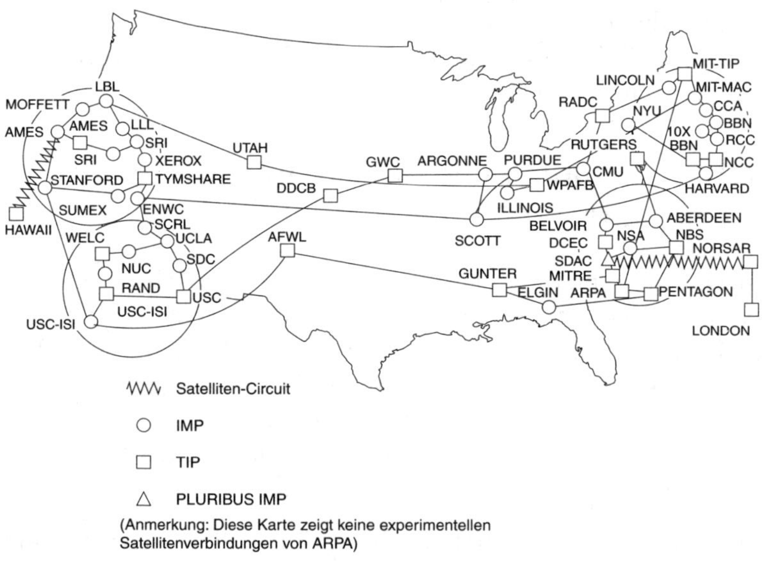

(Anmerkung: Diese Karte zeigt keine experimentellen Satellitenverbindungen von ARPA)

Das Konglomerat aus Forschungs-, Universitäts- und Regierungsnetzwerk, kombiniert mit dem Kernnetzwerk ARPANET war der Anfang dessen, was wir heute als Internet kennen. ARPANET hatte jedoch Verordnungen (AUP – Acceptable

Usage Policy) aufgestellt, die die kommerzielle Nutzung des Internet untersagte. Der Wert des Internet für den Nutzer bestand in der Skalierbarkeit der Probleme, wie zum Beispiel, beim Link-Stau. Der nationale Wissenschafts-Verbund (NSF – National Science Foundation) entwickelte schließlich das NSFNET[2]. Die ARPANET-Kommission wurde 1989 aufgelöst.

1.1.1 Vom ARPANET zum NSFNET

1985 wurde das ARPANET bereits so stark genutzt, dass sich im Netz Staus bildeten. In Reaktion darauf begann die National Science Foundation mit Phase 1 der Entwicklung des NSFNET. Das NSFNET setzte sich aus vielen regionalen und ebenbürtigen Netzwerken (wie der NASA Science Network) zusammen. Diese waren miteinander über ein *Backbone* verbunden und bildeten so die Keimzelle des NSFNET.

In seiner frühesten Form entwickelte NSFNET 1986 das Gerüst eines relativ weit verbreiteten, dreigliedrigen Netzwerks. Dieses Gerüst verband Universitäten und Forschungseinrichtungen mit regionalen Netzwerken. Diese Netzwerke waren wiederum ihrerseits an das Haupt-Netzwerk, das sechs nationale Supercomputer-Zentren miteinander verband, angeschlossen. Die Orginal-Links wurden 1988 von 56 kbps auf schnellere T1 (1.544 Mbps) Links verbessert. Dies war eine Folge des 1987 von NSF ausgerufenen Wettbewerbs um schnelleren Netzwerkdienst, der von Merit Network, Inc. und seinen Partnern MCI, IBM und dem Staat Michigan gewonnen wurde. An das *Backbone* des NSFNET T1 waren insgesamt 13 Sites angeschlossen, darunter Merit, BARRNET, MidNet, Westnet, NorthWestNet, SESQUINET, SURAnet, NCAR (National Center for Atmospheric Research) und fünf weitere NSF Supercomputer-Zentren.

1990 gründeten Merit[3], IBM und MCI eine neue Organisation namens Advanced Network and Services (ANS). Merits technisches Team für das Internet steuerte eine Datenbank für Routing-Regelungen bei, sowie Beratung für Routing und Management-Service für das NSFNET. ANS betreute währenddessen die Haupt-Router und eine zentrale Basis für das Netzwerk (Network Operation Center – NOC).

Bis 1991 war der Datenverkehr derart angewachsen, dass es notwendig wurde, den Haupt-Netzwerksdienst des NSFNET auf T3 (45 Mbps) Links zu verbessern. Bild 1.3 zeigt das ursprüngliche NSFNET im Hinblick auf die Standorte seiner Keimzelle und regionalen *Backbones*.

Bild 1.3: Das auf NSFNET basierende Internet

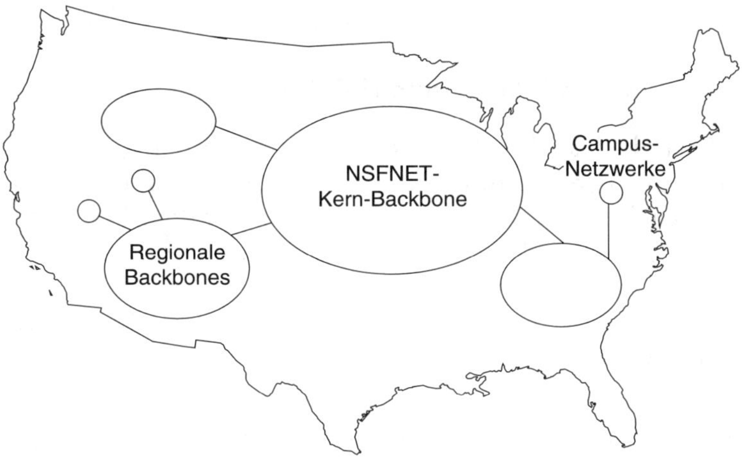

Auch noch Anfang der 90er-Jahre stand das NSFNET nur für Forschung und Bildung zur Verfügung. Die *Backbones* der Regierung waren ausschließlich für ihre eigenen Zwecke bestimmt. Diese und andere entstehende Netzwerke waren neuem Druck ausgesetzt, als die verschiedenen Organe sich miteinander verbinden mussten. Allgemeine und kommerzielle Interessenten forderten den Zugang zum Netz, neue Internet-Dienstleistungsanbieter (Internet Service Providers – ISPs) entstanden, um diese Interessen zu unterstützen, und bildeten dabei einen völlig neuen Industriezweig. Es waren auch Netzwerke außerhalb der Staaten entstanden, ebenso wie internationale Verbindungen. Während nun diese unterschiedlichen neuen und bereits existierenden Interessengruppen ihre Ziele verfolgten, wuchs die Komplexität der Verbindungen und der Infrastruktur an.

In den Vereinigten Staaten schlossen sich die Regierungs-Netzwerke über die Federal-Internet-eXchange (FIX) Punkte auf beiden Seiten der Küsten zusammen. Kommerzielle Netzwerkorganisationen verbanden sich zum Commercial-Internet-eXchange (CIX), der an der Westküste einen Knoten- und

Verbindungspunkt aufbaute. Im selben Zeitraum entwickelten die ISPs auf der ganzen Welt, speziell aber in Europa und Asien, weitverzweigte Infrastrukturen und Vernetzung. Um in dieses wachsende Wirrwarr Ordnung zu bringen, ernannte NSFNET Sprint zum International-Connection-Manager (ICM), der für die Vernetzung zwischen den U.S., europäischen und asiatischen Netzwerken sorgen sollte. NSFNET wurde im April 1995 aufgelöst.

1.1.2 Das Internet heute

Die Auflösung des NSFNET musste schrittweise ablaufen, schließlich musste ja die Verbindung zu den Institutionen und Regierungsministerien, die gewöhnlich über regionale Netzwerke eingebunden waren, ständig gewährleistet sein. Die Infrastruktur des heutigen Internet ist Produkt der Entwicklung vom Kern-Netzwerk (NSFNET) zu einem um die kommerziellen Dienstleister (wie z. B. UUNET, Qwest, Sprint u.v.m.) erweiterten Gerüst. Die kommerziellen Dienstleister sind durch wichtige Netzwerk-Knotenpunkte und auch durch direkte Netzwerkverbindungen miteinander zusammengeschlossen. Bild 1.4 zeigt die Grundform des heutigen Internet.

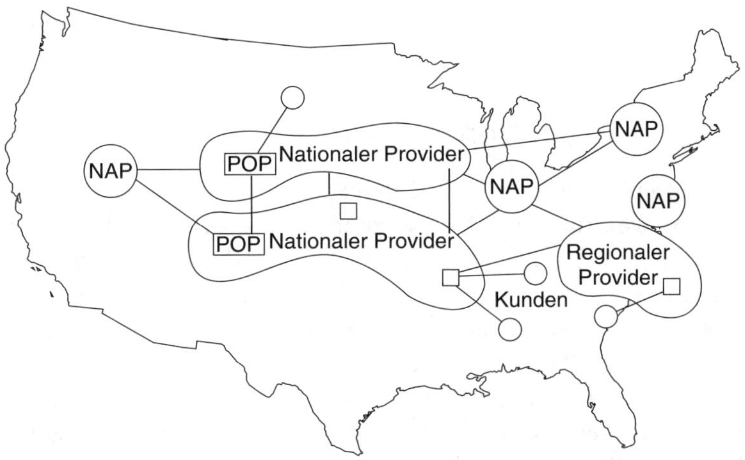

Bild 1.4: Die generelle Struktur des heutigen Internet

Das gegenwärtige *Backbone* des Internet besteht aus einer Ansammlung von Dienstleistern, die über eine Vielzahl von Regionen verteilt sogenannte POPs (Points of Presence), d. h.

Berührungspunkte miteinander haben. Das Netzwerk des Anbieters besteht also aus einer Anzahl von POPs und der Infrastruktur, die diese verbindet. Der Kunde findet über den POP eines Dienstleistungsanbieters per Zugangs- oder Beherbergungsrichtungen (»hosting facilities«) Kontakt zum Anbieter. Diese Kunden können auch selbst Dienstleistungsanbieter sein. Die vorherrschenden, von den ISPs heute verwendeten Dienstleistungsmodelle werden im 2. Kapitel näher erläutert. Provider, die überall in den Staaten POPs unterhalten, werden im Allgemeinen *national providers* genannt. Diejenigen, die spezielle Regionen abdecken, die *regional providers*, haben an ein oder mehreren Punkten Verbindung zu anderen Anbietern. Damit Kunden des einen Anbieters mit Kunden eines anderen in Kontakt treten können, kommt es an öffentlichen Netzwerk-Zugangspunkten (Network Access Points – NAPs) oder über direkte Verbindungen zum Austausch. Der Ausdruck ISP (Internet Service Provider) bezeichnet gewöhnlich jeden, der Internet-Vernetzung anbietet, egal ob er nun direkt zum Endkunden weitervermittelt, oder über einen anderen Service Provider arbeitet. Mit NSP für *Network Service Provider* bezeichnete man ursprünglich Anbieter von *Backbone*-Netzwerken. Heute wird NSP jedoch im viel weiteren Sinne gebraucht, und bezieht sich auf jeden Dienstleistungsanbieter, der an die NAPs angeschlossen ist und ein *Backbone*-Netzwerk unterhält.

1.1.3 NSFNET-Ausschreibung

Seit 1986 unterstützte NSF Datensammlung und Forschung zu all dem, was man zur Netzwerkerstellung braucht. Ebenfalls wurde von NSF das Programm HPCC (High Performance Computing and Communication) gefördert, das seinerseits führende Forschungs- und Wissenschaftsprojekte unterstützte. Das nationale Programm für Forschungs- und Bildungsnetzwerke (National Research and Education Network – NREN), eine Unterabteilung des HPCC Programms verlangte, dass bis Mitte der 90'er Netzwerke für Forschung und Erziehung eingerichtet würden, die eine Übertragungsrate von Gigabit pro Sekunde (Gbps) aufwiesen. All diese Forderungen zusätzlich zum Auslaufen des Vertrags über die Zusammenarbeit der NSFNET-*Backbone*-Netzwerkdienste, brachte NSF dazu, für NSFNET-Dienste zu werben.

Wie bereits erwähnt, führte die erste Wettbewerbsausschreibung von NSF 1987 bis Ende 1993 zur Verbesserung des NSF-*Backbones* auf T3 Links. 1992 wollte NSF eine weitere Ausschreibung veranlassen, die die Rolle kommerzieller Dienstleistungsanbieter anpassen und vorantreiben sollte und die Struktur eines neuen und stabileren Internet-Modells festlegen würde. Gleichzeitig wollte sich NSF von den eigentlichen Aktivitäten um das Ursprungsnetzwerk zurückziehen und sich auf Forschung und Initiativen konzentrieren. Im Mai 1993 wurde das letzte NSF-Projekt (NSF 93 – 52) veröffentlicht.

Die letzte Ausschreibung beinhaltete vier einzelne Projekte für die folgenden Vorschläge:

- Schaffung mehrerer NAPs, an denen Hauptanbieter ihre Netzwerke zusammenschließen könnten, um Daten auszutauschen.
- Einführung eines Routing Arbiter (RA) Projekts, um den Austausch von Regelungen und die Anfragen einer Vielzahl von Providern, die mit den NAPs verbunden sind, zu vereinfachen.
- Suche nach einem zu Hochleistungen fähigen Anbieter für einen *Backbone*-Netzwerkservice (vBNS) zu Forschungs- und Regierungszwecken.
- Umstellung bestehender und wieder eingegliederter Netzwerke auf die überregionale Vernetzung, indem man sie an NSPs, die mit NAPs verbunden sind, anschließt, oder indem man die Netzwerke gleich direkt mit den NAPs vernetzt. Jeder NSP sollte zu diesem Zweck an mindestens drei NAPs angehängt sein.

Jedem dieser Vorhaben ist in diesem Kapitel ein eigener Abschnitt gewidmet.

1.2 Netzwerk-Zugangspunkte

In der Ankündigung des NSF-Projekts ging es um Vorschläge einiger Firmen, eine bestimmte Anzahl NAPs einzurichten und zu verwalten, an die vBNS und andere geeignete Netzwerke anknüpfen könnten. Diese NAPs sollten es ermöglichen, dass regionale Netzwerke, Netzwerk Service Provider und die U.S.

Forschungs- und Bildungseinrichtungen zueinander Kontakt herstellen und sich austauschen könnten. Dazu musste man eine Verbindung zwischen den Netzwerken in einer Umgebung herstellen, die nicht der NSF Acceptable Usage Policy (der verpflichtende Gebrauchersatzungen, die die kommerzielle Nutzung untersagte) unterstehen würde. Diese Regelung war ursprünglich eingerichtet worden, um den Gebrauch des Internet auf die Bereiche Forschung und Bildung einzuschränken. Nun sollte jedoch der allgemeine Gebrauch, inklusive der kommerziellen Nutzung, ebenfalls durch die NAPs gehen.

1.2.1 Definition von NAP

Laut NSF ist ein *NAP* ein Hochgeschwindigkeits-Schalter oder ein Netzwerk von Schaltern, mit dem mehrere Router verbunden werden können, um für Datenaustausch zu sorgen. NAPs müssen mindestens mit der Schnelligkeit von 100 Mbps arbeiten und bei Bedarf noch verbessert werden können. Der NAP kann ein einfacher FDDI-Schalter (100 Mbps) oder ein ATM-Schalter (meist 45+ Mbps) sein, der Daten vom einen zum anderen Provider weiterleitet.

Das Konzept des NAP baut auf dem der FIX und der CIX auf, die um FDDI-Ringe angelegt wurden. Diese Ringe lagen an Netzwerken mit Schnelligkeiten bis zu 45 Mbps.

Der Datenaustausch am NAP war nicht auf den Forschungs- und Bildungsbereich beschränkt. Netzwerke, die an einen NAP angeschlossen waren, durften Daten austauschen, ohne dass sie dabei gegen die Gebrauchssatzung eines anderen, mit dem NAP verbundenen Netzwerk verstießen.

Es gab vier von NSF anerkannte NAPs:

- Sprint NAP – Pennsauken, New Jersey
- PacBell NAP – San Francisco, Kalifornien
- Ameritech Advanced Data Services (AADS) NAP – Chicago, Illinois
- MFS Datanet (MAE-East) NAP – Washington, D.C.

Am 13. September 1994 wurde der NSFNET-*Backbone* Service an den Sprint NAP gehängt. Mitte Oktober 1994 und

Anfang Januar 1995 wurde er auch mit den PacBell – und Amitech NAPs verbunden. Am 22. März bekam der NSFNET-*Backbone*-Service schließlich Anschluss an den mit MAE-East vernetzten FDDI, der von MFS (heute MCI Worldcom) zur Verfügung gestellt wurde. Mit NAPs gekoppelte Netzwerke mußten mit entsprechender Geschwindigkeit (1.5 Mbps oder schneller) arbeiten und diese bei Bedarf (je nach Anforderung, Gebrauch oder Zielsetzung des Programms) auch noch erhöhen. Von NSF ausgewählte NAPs mussten außerdem auf IP und CLNP (Connection Working Protocol) umschalten können. Auf die Anforderung, CLNP-Pakete umzulegen und auf IDRP basierende Prozeduren (Inter-Domain Routing Protocol, ISO OSI Exterior Gateway Protocol) überzuleiten, konnte man, je nach Gesamtniveau des vom NAP gebotenen Service, verzichten.

1.2.2 Anwerbung von NAP Managern

Für jeden NAP wurde ein Manager eingestellt, der folgende Aufgaben zu erfüllen hatte:

- Einrichtung und Pflege der Verbindung des spezifischen NAP zu vBNS und anderen geeigneten Netzwerken.
- Aufsetzung von Verträgen und Festsetzung von Gebühren für Dienstleistungsanbieter, die an den NAP anknüpfen wollen.
- Empfehlung von NAP-Standorten an allgemeinen geographischen Knotenpunkten.
- Vorschläge und Umsetzung von Verfahren, um mit anderen NAPs, dem Routing Arbiter (RA), dem vBNS Provider, regionalen und anderen angebundenen Netzwerken zusammen zu arbeiten, Probleme zu lösen und dem Nutzer übergreifende Servicequalität (Quality of Service – QoS) bieten zu können.
- Garantie von Zuverlässigkeit und Sicherheit der NAPs, und Entwicklung von Überprüfungsverfahren dieser Standards.
- Spezifizierung und Bereitstellung von Kapazitäten, die geeignete NAP-Abrechnungen erstellen, Erstellung von Statistiken und Lageberichten.

- Erstellung geeigneter physischer Zugangsverfahren zu den NAP-Einrichtungen für zur Netzwerkverbindung authorisiertes Personal und Sicherstellen, dass die nötigen Handlungen ausgeführt werden.

1.2.3 Federal Internet eXchange

Während der frühen Phase des Übergangs vom ARPANET zum NSFNET *Backbone* wurden FIX-East (College Park, Md.) und FIX-West (NASA AMES, Mountain View, Calif.) eingerichtet, um Zwischenverbindungen herzustellen. Diese wurden innerhalb kurzer Zeit zu wichtigen Knotenpunkten für den Informationsaustausch zwischen Forschungs-, Bildungs- und Regierungsnetzwerken. Die Verantwortlichen für die Regelsatzungen der FIX waren aber nicht besonders von der Idee begeistert, über diese Anlage kommerzielle Daten laufen zu lassen. Deshalb bildete man den Kommerziellen Internetaustausch (Commercial Internet eXchange – CIX).

FIX-East wurde 1996 aufgelöst. FIX-West wird immer noch als Verbindung der Regierungsnetzwerke genutzt.

1.2.4 Commercial Internet eXchange

Der CIX (ausgesprochen: »kicks«) ist ein Handelsverband aus Public Data Internetwork Dienstleistungsanbietern, der aus seinem Wirken keinen Profit schlägt, sondern die Entwicklung öffentlicher Datenkommunikation mit dem Internet arbeitender Serviceindustrie unterstützt und auf dem nationalen und internationalen Markt ankurbelt. Die CIX entstand als direktes Echo auf die Weigerung der FIX, Netzwerke, die nicht Regierungseigentum waren, zu unterstützen. Außer, dass den Dienstleistern Zugang ins Internet angeboten wurde, waren die CIX ein neutrales Forum für Ideen- und Informationsaustausch und für die experimentellen Projekte der Anbieter im Internet. Im Folgenden möchten wir einige Verdienste der CIX um ihre Mitglieder aufzählen:

- CIX ist ein neutrales Forum, um in legislativen und politischen Fragen Übereinstimmung erzielen zu können.
- Alle Mitglieder von CIX stimmen generell der Verbindung untereinander zu. Durch diese fundamentale Vereinbarung ist jegliche Art von Datenverkehr zwischen den teilnehmenden Netzwerken grundsätzlich erlaubt.
- CIX bietet seinen angeschlossenen Netzwerken Zugang, der im großen Stil die Korrespondenz fördert, vergrößert die Sammlung von Dateien, Datenbanken und die Anzahl verfügbarer Informationsservices. Dem Nutzer erschließt sich in der Netzwerkerstellung eine globale Reichweite, so dass der Wert seiner eigenen Netzwerkverbindung steigt.

Obwohl CIX heute im Vergleich zu den größeren NAPs bezüglich der physischen Vernetzung eine geringere Rolle im Internet spielt, war doch die von ihm damals geleitete Koordination legislativer Fragen und die Satzungsdefinition für die Vernetzung von großem Wert.

Weitere Informationen zu CIX finden Sie im Netz auf dem Server www.cix.org.

1.2.5 Die gegenwärtige physische Konfiguration der NAPs

Die Konfiguration der heutigen NAPs besteht aus einer Mischung aus FDDI-, ATM- und Ethernet-(Ethernet, Fast Ethernet und Gigabit Ethernet) Schaltern. Die Zugangsmethoden reichen von FDDI und Gigabit Ethernet bis DS3, OC3 und OC12 ATM. Bild 1.5 zeigt eine mögliche Konfiguration, die auf einigen heutigen NAPs basiert. Typischerweise verwaltet der Service Provider die im NAP angesiedelten Router. Ein Manager setzt die Konfiguration, Satzung und Gebühr für den jeweiligen NAP fest.

Bild 1.5: Typische physische NAP-Infrastruktur

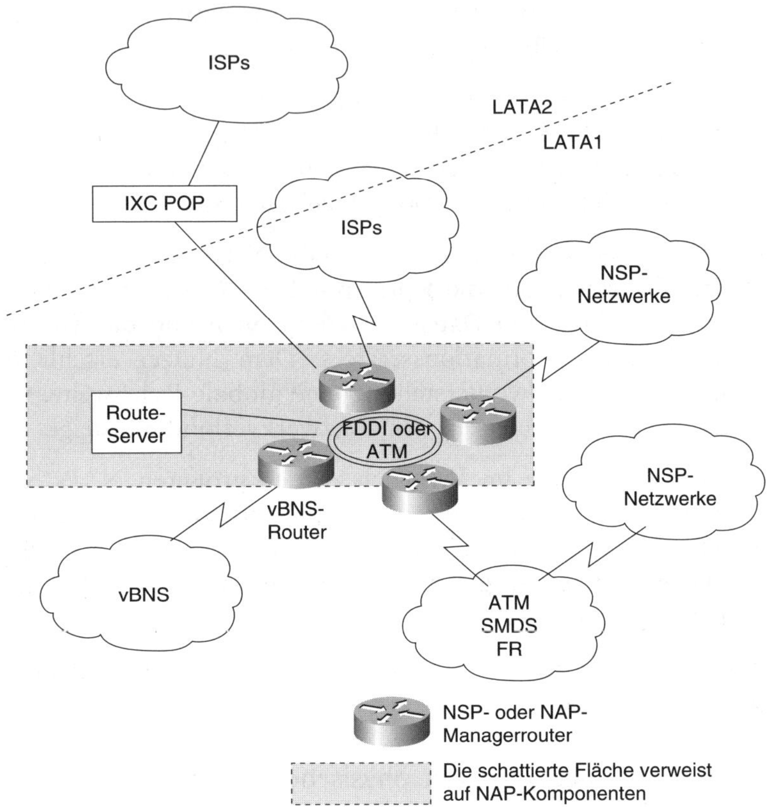

1.2.6 Die Alternative zu den NAPs: Direkte Verbindungen

Durch ständiges Wachstum des Internet überschreitet der enorme Informationsaustausch zwischen Großnetzwerken die Kapazität des NAP. Kapazitätsprobleme der NAPs führen zu Datenverlust und Instabilität. Hinzu kommt, dass große private Netzwerke und ISPs sich in der Regel ungern darauf verlassen, dass ein Dritter, der außenstehende desinteressierte Manager des NAP, Probleme lösen kann, die Serviceleistungen oder die Bereitstellung zusätzlicher Kapazitäten betreffen. Deshalb ist in den letzten Jahren eine weitere Möglichkeit neben den NAPs aufgetaucht, Dienstleistungsnetzwerke miteinander zu verbinden: die Direktverbindungen (direct interconnections*)*.

Die Idee, die hinter den direkten Verbindungen steht, ist einfach. Service Provider können die Zeit, die bis zur Bereitstellung ihrer Dienste verstreicht, durch direkte Verbindungen zwischen den Netzwerken abseits der NAPs verkürzen. Damit steigern sie gleichzeitig ihre Verlässlichkeit und steigern merklich die Verbindungskapazität. Die Bandbreiten von Links und Schauplätzen direkter Verbindungen werden im allgemeinen auf bilateralem Weg und auf gleichberechtigter Basis ausgehandelt. Direktverbindungen entstehen gewöhnlich erst dann, wenn beide beteiligten Netzwerke ihr gegenseitiges wirtschaftliches Interesse darin erfüllt sehen, die NAPs zu umgehen.

Direkte Zwischenverbindungen bieten nicht nur eine zusätzliche Bandbreite zwischen den verbundenen Netzwerken, sie beugen auch Staus vor und entlasten die NAPs, verbessern also auch dort die Durchgangsschnelligkeit und Leistung. Marktführer sind normalerweise die Ursache dafür, dass riesige Netzwerktopologien, die sich meist spiegelbildlich gleichen, entstehen. Die Ähnlichkeit der Netzwerktopologien und der Verbindungsanforderungen macht es möglich, dass direkte Verbindungen für eine bessere geographische Verteilung des Datenaustausch sorgen, als dies an den NAPs möglich ist. Direktverbindungen haben den Vorteil, regionalen Datenaustausch zu optimieren und somit den Durchsatz zu steigern, während die Aktivität unter den Hosts erhöht wird.

Kleinere, regional gebundene Anbieter und neue Service Provider sind möglicherweise anfangs gar nicht in der Lage, eine Einigung bezüglich direkter Verbindungen mit größeren Anbietern einzugehen. Dies betrifft:

- die Kosten, die für existierende Anbieter damit verbunden sind, eine weitverbreitete Infrastruktur für die Erstellung direkter Verbindungen zu unterhalten.
- die steigenden Gebühren, die von den LECs (local exchange carriers, Träger des lokalen Austauschs) und IXCs (interexchange carriers) auf die Zahl der Vernetzungskreisläufe erhoben werden.

Glücklicherweise sind die meisten großen Anbieter immer noch an den NAPs vertreten, um mit Netzwerken zu kommunizieren, denen die zusätzlichen Kosten für eine direkte Verbindung zu hoch sind.

1.3 Das Routing-Arbiter-Projekt

Das Routing-Arbiter-(RA-)Project[4] ist ein anderes Ziel, für das NSF Anbieter warb. In ihrer Vorstellung sollte es den verschiedenen Anbietern von Netzwerkdiensten unparteiisch Hilfestellung bei der Verwaltung des Routing geben. Das RA stellt eine allgemein zugängliche Datenbank mit Informationen über das Routing zur Verfügung, um für Stabilität und leichte Handhabung der Netzwerke zu sorgen.

Viele mit einem NAP verbundene Provider mußten Anpassungen vornehmen. Schließlich musste jeder einzelne Anbieter mit allen anderen zu einer Einigung über den Informationsaustausch zum Thema Routing und den dazugehörenden Regeln gelangen. Das RA sollte also Abmachungen erleichtern, da es für die Anbieter nicht mehr notwendig war, allen Anforderungen in einem verknoteten Netz auf gleichberechtigter Basis gerecht zu werden. Statt also untereinander um einen Konsens zu ringen, bemühen sich die Anbieter mit einem zentralen System, dem Route Server, um Übereinstimmung. Der Route Server unterhält eine Datenbank mit allen nötigen Informationen, damit die Provider ihre Routingsatzung aufstellen können. Bild 1.6 verdeutlicht die physische Vernetzung und die lokalen Vereinbarungen zwischen dem Route Server und verschiedenen Serviceanbietern.

Das RA hat auf Vorschlag von NSF folgende Hauptaufgaben:

- Förderung von Stabilität und Leistungsfähigkeit der »Fährtensuche« (Routing) durch das Internet. Der Route Server erfüllt einen Hauptteil dieser Aufgabe, indem er die Anzahl der BGP-Partner, die ein Router unterstützen sollte, verringert, und indem er einige Regeln anwendet, bevor er Informationen an einen der Partner weiterleitet. Dadurch schont der Route Server die Ressourcen, die der Router braucht, um die Routing-Informationen zu filtern.
- Einrichtung und Pflege einer Datenbank zur Topologie der Netzwerke durch den RA. Ein angegliedertes autonomes System (Attached Autonomous System – ASs) verbreitet Informationen über die Vorgehensweise der »Internetlotsen« und bringt sie dynamisch auf den neuesten Stand. Es bedient sich hierbei standardisierter Exterior Gateway Proto-

kolle (EGPs), zum Beispiel des BGP (Border Gateway Protocol) und des IDRP (Hilfe für IP und CLNP).

- Einbringen von Vorschlägen, wie man mit dem Mitarbeiterstab der bzw. des Manager(s) eines NAP, dem vBNS Provider, regionalen oder anderen angeschlossenen Netzwerken zusammenarbeiten könnte. Diskussion der Frage, wie man Probleme lösen und eine alles abdeckende Vernetzung mit entsprechender Qualität (Stichwort QoS) für die Kunden des Netzwerks herbeiführen könnte. Realisierung dieser Vorhaben.
- Entwicklung fortgeschrittener Routingtechnologien, zum Beispiel eine Art Service-Routing und Routing, das gewissen Teilnehmern die »Vorfahrt« einräumt. In Zusammenarbeit mit der globalen Internetgemeinde werden so auch multicasting, die Bandbreite auf Abruf und Dienste, die sich auf die Zuteilung von Bandbreiten spezialisieren, vorstellbar.
- Erstellung vereinfachter Routingstrategien, zum Beispiel Standardrouten für angeschlossene Netzwerke.
- Unterstützung von Aktionen und Management des Internet.

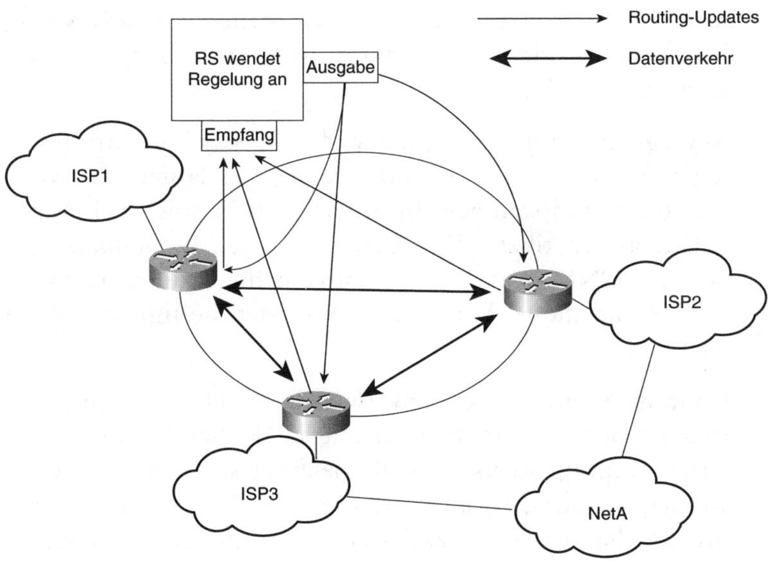

Bild 1.6: Routen-Server-Handhabung der Routing Aktualisierung in Verbindung mit Verkehrs-Routing

Das RA Projekt war ein gemeinsames Vorhaben von Merit Network, Inc., dem informationswissenschaftlichen Institut (USC ISI)[5] der Universität Südkalifornien, Cisco Systems (als nebenvertragliches Mitglied der ISI) und der Universität Michigan ROC (Nebenvertragspartner von Merit). Für folgende vier Projekte kam es beim RA Service zu Kompromissen:

- **Route Server (RS)** – Der RS kann einfach sein wie eine Sun Workstation, die an jedem NAP eingesetzt wird. Der Route Server tauscht seine Informationen nur mit den am NAP angeschlossenen Dienstleistungsroutern. Für jeden Anbieter werden individuelle Vorgaben für Regelungen des Routings (individual routing policy requirements – RIPE 181)[6] eingehalten. Der Route Server selbst gibt keine Pakete weiter und erfüllt auch keine Umschaltefunktion zwischen Dienstleistungsanbietern.

  Der Server ermöglicht die Verbindung von ISPs, indem er die von ISPs vordefinierten Regeln und auch Satzungen auswertet und Informationen über das Routing sammelt, um diese dann an jeden ISP zurückzuleiten. Dieser Prozess erspart es jedem Router, mit jedem anderen nach einem Konsens zu suchen. So schrumpft die Anzahl der Partner von $(n - 1)$ auf 1, wobei n die Summe der Router angibt.
  In dieser Konfiguration richten die Router der verschiedenen Provider ihre Konzentration auf die Umleitung des Informationsflusses untereinander, während sie relativ wenig herausfiltern oder gleichzeitig auf die Einhaltung von Regeln achten müssen.

- **Managementsystem für Netzwerke** – Diese Software regelt die Leistung der RS. *Distributed Rovers* laufen an jedem RS vorbei und sammeln Informationen beispielsweise über Leistungsstatistiken. Die Central Network Management Station (CNMS) in Merits Zentrum für Routingoperationen befragt diese »Wanderer« und leitet die Informationen weiter.

- **Routing Arbiter Datenbank (RADB)**[7] – Diese ist eine von vielen Routing-Datenbanken, die im Kollektiv als das Internet Routing Register (IRR) bekannt sind. In der RADB werden Routingregeln in der RIPE-181 Sprache ausgedrückt, die vom RIPE-Zentrum für Netzwerkkoordination

(RIPE Network Coordination Center – RCC) entwickelt wurde. Die RADB wurde in Zusammenarbeit mit der Policy Routing Database (PRDB) zweigleisig konzipiert. Seit 1986 hatte man die PRDB für die Konfiguration des *Backbone* Routers des NSFNETs genutzt. Mit Einführung der RIPE-181-Sprache zog sich die PRDB 1995 zugunsten der Funktionalität der RADB zurück. Die RIPE-181-Syntax war besser dazu geeignet, weltweite Routingregelungen aufzuzeichnen.

– **Routing Engineering Team** – Dieses Team arbeitet auf der Suche nach Vereinbarungen und zur Lösung von Netzwerkproblemen am NAP mit den Netzwerkanbietern zusammen. Das für die Routingtechnik zuständige Team gibt zu Routingstrategien, Adressierungsplänen und anderen Fragen, die Routing betreffen, Auskunft.

In der Praxis spielen Route Server eine wichtige Sicherheitsrolle, da sie die Authentizität der Routing Updates der Teilnehmer bestätigen und somit unsinnige Routinginformationen nicht zu Partnern durchschlüpfen lassen.

Wie bereits erklärt, sind Route Server und die RADB die wichtigsten Teile des Routing Arbiter Konzepts. Die verwaltungstechnischen und praktischen Ziele der RADB beziehen sich hauptsächlich darauf, den an den NAP anloggenden Provider zu unterstützen. Um die Regelsatzung für das Routing festlegen zu können ist es außerordentlich wichtig, dass die Informationen korrekt in die RADB eingespeist werden.

In der ersten Ausgabe dieses Buches war der gesamte Anhang A der RIPE-181 gewidmet. Die meisten IR-Register stellen derzeit jedoch auf eine neue, regelspezifische Sprache um, der RPSL (Routing Policy Specification Language). Die RPSL ist die Sprache der nächsten Generation, um Satzungen in den IRRs festzuschreiben. Sie wurde von der Arbeitsgruppe »Internet Engeneering Task Force (IETF)[8]« für Routing-Satzungssysteme (Routing Policy Systems – RPS) entwickelt. Sie wurde in RFC 2622 definiert und in RFC 2650 unter der Leitung der USC ISI erklärt. Da RPSL die RIPE-181 bald ablösen wird, enthält Anhang A im Abschnitt »Verwendung von RPSL in der Praxis« diesmal Informationen durch RFC 2650 über die RPSL-Sprache.

Es gibt viele Gründe, von RIPE-181 auf RPSL umzusatteln, Gründe, die man erst sah, nachdem man mit der RIPE-181 Sprache gewisse Erfahrungen gesammelt hatte. RPSL ist um die Skalierbarkeit der Satzungssyntax und um Mechanismen zur Prüfung der Authentizität angereichert worden. Diese Funktionen fördern die Integrität der Fähigkeiten von Adressierung und Informationsübermittlung zu Satzungen zwischen den Betreibern der Netzwerke. Wenn Sie sich gern weiter über RPSL-Erweiterung informieren möchten, schlagen Sie den Anhang A auf.

Als Kunde eines Dienstleistungsanbieters müssen Sie die RIPE-181 oder RPSL unter Umständen niemals konfigurieren. Dennoch sollten Sie verstehen, warum die Satzungen in diesen Sprachen festgelegt werden. Sie werden in diesem Buch erfahren, dass diese Regelungen die Basis für den Aufbau (»Architektur«) und die Vorgehensweise des Routing bilden.

Das Konzept der Route Server und das der Kompromißsuche über die zentralisierten Router ist nicht auf Anbieter beschränkt, die an NAP angeschlossen sind. Es ließe sich bei Bedarf in jede Architektur einbauen. Ein Teil der Implementierungsbeschreibung dieses Buches ist es, das Routenserverkonzept als ein Mittel vorzustellen, die one-to-many-Relation zwischen gleichgestellten Wegen zu schaffen. Ebenfalls ist es erwähnenswert, dass an NAPs angeschlossene Provider sich nicht unbedingt per Route Server um eine Einigung bemühen müssen. Gleichzeitig sinkt die Wahrscheinlichkeit, dass Anbieter mit direkter Verbindung überhaupt einen Route Server in Anspruch nehmen.

Im März 1998 schloss Merit das Routing Arbiter Projekt erfolgreich ab. Auch heute noch forscht Merit und sein RA Projektpartner, das informationswissenschaftliche Institut der Universität Südkalifornien, in den Bereichen, die das RA Projekt tangieren.

Merit arbeitete auch gemäß der Empfehlung von NSF mit ISI zusammen, um die Aufgabe durchzuführen, den RA Route Server zum Route Server der nächsten Generation (RSng) umzubauen. Der Route Server Next Generation kommerzialisierte den Gebrauch von Merits Route Server Dienst. Der Service ermöglichte es nun Operatoren am Austauschpunkt, Dienste zu kaufen. NSF schlug außerdem vor, dass im Gleichschritt mit der Kommerzialisierung der Route Server-Dienste auch die Vorgänge am NAP zum Geschäft gemacht werden sollten. NSF stellte hierbei fest, dass sie bereits ihr Ziel erreicht hätte, ISP's für die Arbeit am freien Markt vorzubereiten.

1997 begann Merit mit der von NSF geförderten Messung und Analyse der Wirksamkeit des Internet (Internet Performance Measurement and Analysis – IPMA). Ziel der IPMA ist es, die Arbeit der Netzwerke und der Netzwerkprotokolle durch Sammlung und Analyse der Routing- und Netzwerkleistungsstatistiken genau zu studieren. Hiermit sollte die Stabilität des Internet gesichert werden. IPMA entwickelte zudem Werkzeuge, die die Netzwerkarbeit und die Arbeit der Techniker erleichterten.

Noch zu Zeiten des NSFNETs und in RAs frühen Tagen gründete NSF die Operatorengruppe nordamerikanischer Netzwerke (North American Operators Group – NANOG)[9]. Diese Gruppierung entsprang aus den regionalen Treffen der Techniker des NSFNET. Heute wird sie durch die Beiträge für die Teilnahme an den Konferenzen, die von Merit organisiert werden, aus einem eigenen Topf finanziert. NANOG ist ein Forum für die Diskussion technischer Fragen, die bei der Wartung der Netzwerke in Nordamerika auftauchen.

ISPs nutzen intensiv die von RADB Projekten eingerichteten Datenbanken und Tools, welche inzwischen fester Bestandteil des Internet geworden sind.

Es muss noch viel getan werden in der Spezifizierung der Regelungen zwischen Domänen und der Speicherplatznutzung, um im weltweiten Routingsystem des Internet für Stabilität und Sicherheit zu sorgen. Unter anderem bietet auch das RA Projekt einen guten Einblick, wie die Architekten des Internetzwerks diese Problemstellungen angehen sollten.

1.4 Hochgeschwindigkeits-*Backbone*-Netzwerkdienste

Das Projekt, einen Netzwerkdienst mit einer sehr hoch angesetzten Geschwindigkeit am »Rückgrad« (very high-speed *Backbone* Network Service – vBNS)[10] einzurichten, wurde in Angriff genommen. Es sollte sowohl Nutzer hochleistungsfähiger Computersysteme, als auch die großen von der Regierung unterstützten Supercomputer-Zentren (SuperComputer Centers – SCCs) und außerdem die Forschergemeinde mit einem spezialisierten, tief verankerten Service versorgen.

MCI und NSF gründeten vBNS am 24. April 1995. Die Aufgaben von MCI waren die folgenden:

- Aufbau und Pflege eines 155 Mbps oder schnelleren Transitnetzwerks, das IP und CLNP umleitet und mit allen von NSFNET finanzierten NAPs zusammengeschlossen ist.
- Aufstellung von Parametern, durch die man die Leistung eines Netzwerks darstellen und charakterisieren kann.
- Schriftliche Anerkennung der Satzung der NAP- und RA-Manager.
- Ebnung des Weges für multimediale Dienste.
- Beteiligung an der Verbreitung verbesserter Routingtechnologien. Außerdem sollte MCI Vorschläge zur Verbesserung von Geschwindigkeit und Qualität der Dienste einbringen, damit diese mit den Ansprüchen der NSF-Kunden mithalten könnten.

Die fünfjährige 50 Millionen Dollar Abmachung zwischen MCI und NSFNET knüpfte folgende fünf Hauptzentren von NSFs für Hochleistungskommunikation eng aneinander:

- Cornell Theory Center (CTC) in Ithaca, N.Y.
- National Center for Athmospheric Research(NCAR) in Boulder, Col.
- National Center for SuperComputing Applications (NCSA) an der Universität Illinois in Champaign
- Pittsburgh SuperComputing Center (PSC)
- San Diego SuperComputing Center (SDSC)

Der vBNS wird als *das* Forschungs- und Entwicklungslabor des 21. Jahrhunderts bezeichnet. Man nutzte fortschrittliche Switching- und Faseroptik-Technologien, den Asynchronous Transfer Mode (ATM) und das Synchronous Optical Network (SONET), um sehr hohe Geschwindigkeiten und hoch leistungsfähige Stimm- und Videosignale zu erreichen.

NSF hat vBNS bereits für die Anwendungen »ertragsfördernder« Überbandbreiten freigegeben, zum Beispiel Supercomputer bei NCAR, die an Modellen feststellen, warum Flugzeuge vereisen. Bei NCSA dient eine andere Software dazu, Computermodelle herzustellen, die die Vorgänge an biologischen Membranen simulieren und zeigen, wie sich in diesen Cholesterin festsetzt.

Man kann über den vBNS durch vier NAPs in New York, San Francisco, Chicago und Washington D.C. an die Auswahl der Anwendungsseiten gelangen. Bild 1.7 illustriert die geographischen Verhältnisse zwischen den Zentren und NAPs. Der vBNS besteht hauptamtlich aus OC12 Links, die per High-End Router verbunden sind, wie zum Beispiel solche, die von Juniper Networks oder Cisco Systems zur Verfügung gestellt werden. Der erste OC48c Trunk und die Juniper Router wurden im Januar 1999 in Auftrag gegeben.

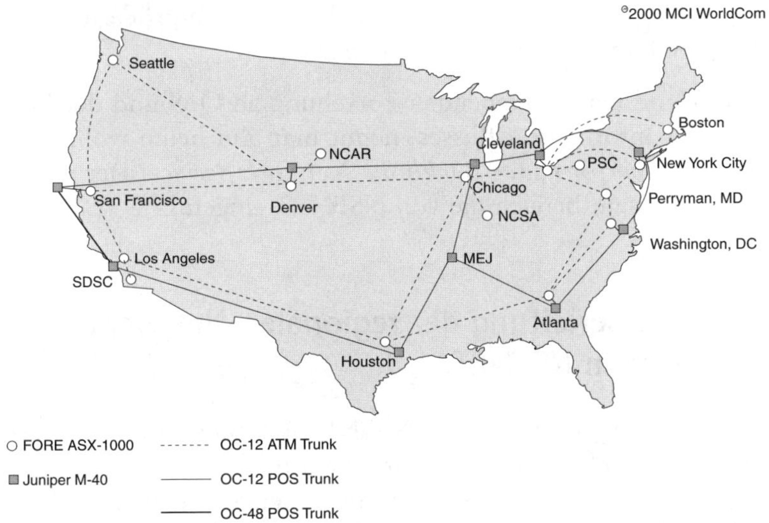

Bild 1.7: vBNS Backbone Übersicht

Mit der Erlaubnis von MCIWORLDCOM nachgedruckt. Copyright 2000. Alle Rechte vorbehalten. Dieses Material basiert auf der Arbeit des nationalen Wissenschaftsverbundes unter der Garantienummer NCR 9321047. Alle Aussagen, Ergebnisse, Schlussfolgerungen und Empfehlungen in diesen Unterlagen gehen auf den oder die Autoren zurück und geben nicht unbedingt die Ansicht der National Science Foundation wieder.

Der vBNS ist ein spezialisiertes Netzwerk, das aus der Notwendigkeit hervorging, ständig Hochgeschwindigkeitsverbindungen zwischen Mitgliedern der Forschungs- und Entwicklungsgemeinde herzustellen. Dies ist eine der herausstechendsten Eigenschaften des NSFNETs. Das Wissen, das während der Entwicklung neuer Technologien gewonnen wird, beeinflusst im Gegensatz zum vBNS, die weltweite Handhabung des Routing. Der folgende kurze Überblick soll Ihnen Hintergrundwissen vermitteln, wie das NSFNET alle seine Grundaufgaben abdeckte, bevor es 1995 aufgelöst wurde.

vBNS beherbergt heute vier SCCs und mehr als 80 Universitäten zu Zugangsgeschwindigkeiten von DS3 bis OC12. Die Nutzer haben IPv6, native Multicast-Dienste und MPLS entwickelt. Nach dem im April 2000 ausgelaufenen Fünfjahresvertrag zwischen NSF und MCI Worldcom will man weiterhin mit vBNS arbeiten. Dieses Projekt will man einerseits durch die Kommerzialisierung der Dienste unter einer Acceptable Use Policy (AUP) und andererseits durch die Vergrößerung des Zielpublikums dieser Dienste finanzieren.

Auf Grund der weitgehenden Forschung zu QoS und der Leitung des Informationsflusses, nennt man ihn heute wohl eher *very high-performance Backbone Network Service*. Der vBNS setzt in seinem Bereich die von NSFNET eingeführte Tradition fort.

1.5 Überleitung der regionalen Netzwerke vom NSFNET

NSF verlangte als Teil seiner NSFNET-Werbung für den Übergang zu einer neuen Internetarchitektur, dass die regionalen, auch *mid-level networks* genannten Netzwerke ihre Verbindungen Schritt für Schritt von den NSFNET-*Backbones* auf andere Anbieter umstellen sollten.

Seit seiner Entstehung waren die regionalen Netzwerke Teil des NSFNETs und spielten in der Vernetzung der Forschungs- und Bildungsgemeinde eine Hauptrolle. Regionale Netzwerkanbieter (RNOs) verbinden eine Vielzahl von Kunden- und Mitgliedsorganisationen (z.B. die Universitäten) und stellen ihnen vielseitige Netzwerkserstellungsdienste und Inter-Regional Connectivity (IRC) zur Verfügung.

Im Folgenden werden die vom NSF 93-52 Werbeprogramm antizipierten Aufgaben der RNPs aufgeschlüsselt:

- Bereitstellung von überregionaler Vernetzung durch den Anschluss an NSPs, die ihrerseits mit NAPs verbunden sind, oder durch Direktverbindung zu den NAPs. Außerdem sollten mit NSPs Vereinbarungen über NAP-Zwischenverbindungen getroffen werden.
- Anbieten des InterNICs und des Managers des NSFNET Informationsdienstes »Einrichtung innovativer Netzwerk-Informationsdienste für Kunden- und Mitgliedsorganisationen«.
- Einbringen von Vorschlägen, wie man zur Lösung von Problemen mit dem Mitarbeiterstab der bzw. des Manager(s) eines NAP, dem vBNS Provider und anderen regionalen oder angeschlossenen Netzwerken zusammenarbeiten könnte. Verwirklichung der Kooperation zur Schaffung einer alles abdeckenden Vernetzung entsprechender Qualität für den Kundenservice des Netzwerks.
- Bereitstellung von Diensten zur Erweiterung der Basis der Netzwerknutzer innerhalb der Forschungs- und Kommunikationsgemeinde.
- (Möglichst in Zusammenarbeit mit einem NSP) Bereitstellung weitreichender Breitband-Verbindungen für den Kundenstamm und Mitgliedsorganisationen.

NSF schlug vor, die regionalen Nutzer sollten sich im Zuge der Umstellung vom NSFNETs zu den neuen ISP-Verbindungen entweder direkt mit den NAPs kurzschließen oder mit an NAPs angeschlossenen Anbietern verknüpft werden. Während der Umstellung erhob NSF für ein Jahr Verbindungsgebühren, die nach und nach eingestellt werden sollten (nach dem ersten Abschnitt der Vereinbarung zwischen dem NAP-Manager und der RA Kooperative, der nicht länger als vier Jahre dauern sollte).

Tabelle 1.1 listet einige der alten regionalen NSFNET-Provider und ihre jeweiligen neuen, regionalen Anbieter im gegenwärtigen Internet auf. Viele der regionalen Anbieter haben, wie Sie unschwer erkennen können, entweder zum MCInet (bzw. heute Cable & Wireless) oder Sprintlink übergewechselt. Es war eine der wichtigsten Errungenschaften des NSFNETs, die regionalen Provider bis zum April 1995 auf die neue Internetarchitektur umzustellen.

Tabelle 1.1: Regionale Übertragung von alten zu neuen Anbietern

alte regionale Netzwerke	neue Internet Provider
Argone	CICnet
BARRnet	MCInet
CA*net	MCInet
CERFnet	CERFnet
CICnet	MCInet
Cornell Theory Center	MCInet
CSUnet	MCInet
DARPA	ANSnet
JvNCnet	MCInet
MOREnet	Sprintlink
NEARnet	MCInet
NevadaNet	Sprintlink
SESQUINET	MCInet
SURAnet	MCInet
THEnet	MCInet
Westnet	Sprintlink

1.6 Der NSF wirbt um NIS-Manager

Zusätzlich zu den vier Hauptprojekten im Bereich der Architektur des neuen Internet erkannte NSF zudem, dass die Informationsdienste im noch größeren, freischwingenden Netzwerk eine noch kritischere Komponente darstellen würden. Deshalb wurde vorgeschlagen, einen oder mehrere Network Information Service (NIS) Manager für das NSFNET anzuwerben. Dieser Antrag beinhaltete folgende Vorschläge:

- Ausbau und Koordinierung von Verzeichnissen, Datenbanken, Informationsfluss und Dienstleistungen.
- Bereitstellung eines Registrierungsdienstes auch für nichtmilitärische Internetzwerke. Das Informationszentrum des Referats für die Verbreitung von Informationen zu Verteidigungssystemen via Netzwerken (Defense Information Systems Agency Network Information Center – DISA NIC) wird weiterhin die Registrierung der militärischen Netzwerke sicherstellen.

Zu Zeiten dieser Werbeaktion gehörten das NSFNET und andere von der Regierung gesponserte Netzwerke wie das NASA Science Internet (NSI) und das Energy Science Network (ESnet) zum privaten, nichtmilitärischen Teil des Internet. All diese und noch andere Netzwerke im Internet standen mit dem National Research and Education Network (NREN) in Verbindung. Dieses wiederum wurde vom Präsidenten im Finanzbudget von 1992 berücksichtigt. Die Werbung der NSF um Datenbankendienste, Informations- und Registrierungsservice sollte die Entwicklung des NSFNETs und des NREN fördern.

1.6.1 Netzwerk-Informationsdienste

Als dieser Vorschlag gemacht wurde, boten verschiedene Anbieter gewisse Netzwerk-Informationsdienste an. Einige dieser Dienste beinhalteten folgende Leistungen:

- NSF Network Servicezentren (NNSC) boten dem Endverbraucher einen von BOLT, Beranek und Newman (BBN) bereitgestellten Informationsdienst. Andere NSFNET Dienste wurden dem Endkunden von (computer- und netzwerkerstellenden) Organisationen auf Universitätsniveau angeboten.
- Sponsorenagenturen stellten den verschiedenen Bundesbüros der *Backbone*-Netzwerke Informationsdienste zur Verfügung.
- Das DISA NIC sorgte für den vom Government Services, Inc. (GSI) ausgearbeiteten Internet-Registrierungsdienst.
- Die NSFNET *mid-level* Organisationen statteten die Anbieter auf Universitätsniveau mit entsprechenden Informationsdiensten aus.
- Merit, Inc erwies den NSFNET-Netzwerkanbietern auf mittlerer Ebene Informationsdienste.

Laut der neuen Werbeaktion sollten NIS-Manager dem Zielkunden und Anbietern von Netzwerkdiensten auf Universitäts- und mittlerem Niveau einen Service bieten. Sie sollten sich außerdem mit anderen mittelständischen Unternehmen und Netzwerkorganisationen wie der Merit, Inc. absprechen.

1.6.2 Schaffung des InterNIC

Im Januar 1993 wurde als Antwort auf die NSF-Werbung um NIS-Manager das InterNIC als Projekt zur Zusammenarbeit von AT&T, General Atomics und der Network Solutions, Inc.[11] ins Leben gerufen. Es sollte eine Vereinbarung zur Zusammenarbeit mit NSF über fünf Jahre sein. Während des Jahresrückblicks im zweiten Jahr, stellte NSF die finanzielle Unterstützung der General Atomics ein. AT&T erhielt den Database and Directory Service, Network Solutions bekam die Registration and NIC Support Services zugesprochen.

1.6.3 Verzeichnis- und Datenbankendienst

Die Einführung diese Dienstes sollte verzweigte Datenbanken und andere fortgeschrittenen Technologien nutzen. Der NIS-Manager konnte diese Rolle im Verhältnis zu anderen Organisationen, die relevante Verzeichnisse und Datenbanken aufgebaut hatten und verwalteten, ausfüllen. Im Rahmen der NSF-Vereinbarung bot AT&T folgende Dienste an:

– Verzeichnisdienst (»weiße Seiten«):

  Zugang über X.500, WHOIS und Netz-Finder-Systemen zu Informationen auf den White Pages des Internet.

  Der X.500 Verzeichnisstandard ermöglicht die Schaffung einzelner, weltweiter Informationenverzeichnisse zu verschiedenen Interessengebieten, zum Beispiel zu Informationen über einzelne Personen.

  Der WHOIS Abrufdienst bietet einen einheitlichen Zugang zu drei WHOIS Internetservern für die Recherche nach Personen und Organisationen. Es sucht das InterNIC-Verzeichnis und den Database Service Server nach nichtmilitärischen und Point-of-Contact-Daten ab. Der DISA NIC Server erledigt Suchanfragen zu MIL (militärischer) Domain Data, die POC-Daten erhält man über den InterNIC Registration Service Server.

  Netfind ist eine einfache Sucheinrichtung für das Verzeichnis der weißen Internetverzeichnisseiten. Man gibt den Namen und eine Beschreibung der Arbeitsstelle des Internetkunden ein, und das Tool sucht dann nach Informationen über diesen User.

– Datenbankendienste:

Diese sollten Datenbanken zu Dokumenten über die Kommunikation wie zum Beispiel den Request For Comments (RFCs), den Internet Drafts (IDs), IETF Meeting Minutes, den IETF Steering Group (IESG) Dokumenten usw. unterhalten. Der Service kann auch Datenbanken für andere Gruppen beinhalten und ist möglicherweise mit Gebühren belegt.

AT&T bot zudem eine Auflistung der Datenbankendienste zur öffentlichen Datensammlungen an, die Informationen zu Interessen der Internetzgemeinde enthielt.

– Verzeichnis der Verzeichnisse:

Dieser Service weist Sie auf andere, bereits zuvor genannte Verzeichnisse und Datenbanken hin. Es ist ein Index zu Hinweisen auf Ressourcen, Produkten und Dienstleistungen, über die man im Internet verfügen kann. Es schließt Hinweise auf Quellen mit ein, die sich aus Computerzentren, Netzwerkanbietern, Informationsservern, den Verzeichnissen der Weißen und Gelben Seiten, den Bibliothekskatalogen und aus viele anderen Unterlagen Informationen entnehmen.

AT&T Filialen halten zu diesem Service eine Liste der Informationsquellen bereit, die den Charakter, die Beschreibung, den Zugang zu diesem Lieferanten und weitere Angaben genau angibt. Den Informationsanbietern wird Zugriff gewährt, damit sie ihre Datenbank aktualisieren und erweitern können. Die Informationen kann man sich auf verschiedenen Wegen aneignen, z. B. per Telenetz, ftp, Email und World Wide Web.

1.6.4 Registrierungsdienste

Der NIS-Manager musste seine Aktionen mit dem RFC 1174 in Einklang bringen, der Folgendes vorsah:

Das Internetsystem hatte eine zentrale Internet Assigned Numbers Authority (IANA)[12] damit betraut, die Nummern- und Aufgabenvergabe einer Vielzahl numerischer Identifizierungseinrichtungen zu verwalten, um die Funktionalität des Internet zu gewährleisten. Das Informationswissenschaftliche

Institut der Universität Südkalifornien erfüllte die Funktion der IANA. IANA konnte nach freiem Ermessen Teile der Verantwortung an andere weitergeben und hatte daher die Kompetenz, im Hinblick auf die Identifizierungsmechanismen numerischer Netzwerke und autonomer Systeme auf ein Internet Registratur (IR) übertragen.

Der NIS-Manager wurde entweder mit der IR beauftragt oder vom IR mit einer untergeordneten Registratur betraut. Der Registrierungsdienst des Internet umfasste folgende Funktionen:

- Vergabe von Netzwerknummern
- Vergabe von Nummern für autonome Systeme
- Registrierung von Namen für Domänen
- Registrierung von Domain Name Servern

Gemäß des Cooperative Agreements mit der U.S. Regierung war NSI von 1993 bis 1998 der einzige Anbieter des Domain Name Registrierungsdienstes für .com, .net und .org Domänen höchster Klasse. Diese Vereinbarung würde 1998 ergänzt, und NSI entwickelt nun auch Software, die ein »Shared Registration System« dieser *top-level* Domänen unterstützen soll.

In der Hoffnung, durch die Einführung des Wettbewerbs der weltweiten Internetgemeinde zu nützen, hat die U.S.-Regierung damit begonnen, die Verwaltung der Namen für Domänen zu privatisieren.

Die Internetkooperation für die Namens- und Nummernvergabe (Internet Cooperation for Assigned Names and Numbers – ICANN)[13] sollte diesen Prozess überwachen. ICANN ist für die Anerkennung des Registrierungsprozesses zuständig. Außerdem übernimmt sie, wie von der U.S.-Regierung festgelegt, die Verantwortung für gewisse Funktionen des Internet Domain Name Systems. ICANN ist eine gemeinnützige internationale Organisation.

1.6.5 NIC Unterstützungsdienste

Im April 1993 erhielt General Atomics den Zuschlag für die ursprüngliche Ausschreibung der »Information Services«, der Auftrag wurde ihr aber im Februar 1995 wieder entzogen. Zu dieser Zeit übernahm NSI den Zuschlag, der dann in NIC Support Service umbenannt wurde.

Es war Ziel des Dienstes, der Forschungs- und Bildungsgemeinde, dem Personal der Network Information Centers (NICs) und der akademischen Internetgemeinde ein Forum zu bieten, innerhalb dessen die Kompetenzen des InterNIC festgelegt werden könnten.

1.7 Andere Internetregistraturen

Gleichzeitig mit der Privatisierung der Registrierungsdienste änderte sich der Ablauf bei der Vergabe von IP Speicherplätzen und AS Nummern. Heute bieten drei Regional Internet Registries (RIRs) überall auf der Welt ihre Registrierungsdienste an. American Registry for Internet Numbers (ARIN), Reseaux IP Europeens Network Coordination Center (RIPE NCC) und Asian Pacific Network Information Center (APNIC).

1.7.1 ARIN

Ende 1997 übertrug IANA den Aufgabenbereich der IP Nummernverwaltung von Network Solutions, Inc. auf ARIN[14]. Die Eröffnung der Aktivität von ARIN fiel auf den 22. Oktober 1997. ARIN ist in folgenden Gebieten für die Vergabe von Internet Protokoll-(IP) Nummern zuständig:

- Nordamerika
- Südamerika
- Karibik
- Afrika jenseits der Sahara

ARIN kümmert sich derzeit um die Zuweisung und die Registrierung von IP Nummern, AS Nummern, IN-ADDR.ARPA und IP6.INT inverse mappings. Außerdem stellt ARIN Routing-Registraturdienste zur Verfügung. Netzwerkoperatoren können dem Routingregistraturen-Service Konfigurationsinformationen für Router hinzufügen, dort festhalten und abrufen und auf dieselbe Weise auch mit WHOIS Diensten verfahren, aus denen sie spezifische Informationen eines feststehenden Kontingents ablesen können.

ARIN ist eine Organisation im Dienst der Allgemeinheit. Sie erhebt für die Registrierung, den Transfer, die Speicherung und Mitgliedschaft Gebühren, mit denen sie die Verwaltungskosten und die Handhabung der IP Nummern finanziert.

1.7.2 RIPE NCC

RIPE[15] wurde 1989 als Organisation zur Zusammenarbeit europäischer Internet-Dienstleister gegründet. Sie soll für die notwendige Verwaltung und Koordination sorgen, um die Funktionalität des Europäischen Internet zu sichern. RIPE agiert im europäischen und angrenzenden Raum als RIR.

RIPE verteilt Internetnummern, koordiniert das Domain Name System (DNS) und unterhält eine Netzwerk-Management-Datenbank mit Informationen zu IP Netzwerken, DNS und IP Routingsatzungen und Kontaktinformation. Außerdem verwahrt es ein Internet Software-Depot, einen RIPE Dokumentenspeicher, Routing Registrierdienste und interaktive Informationsdienste.

RIPE ist wie ARIN eine gemeinnützige Organisation und finanziert sich aus der Erhebung von Gebühren auf seine Dienstleistungen.

1.7.3 APNIC

APNIC[16] wurde 1993 ins Leben gerufen und bietet einen Registrierservice ähnlich wie ARIN. APNIC bietet seine Dienste allerdings im asiatisch-pazifischen Raum inklusive der 62 Länder und Regionen in Süd- und Zentralasien, Südostasien Indochina und Ozeanien an.

APNIC beschäftigt sich derzeit aber nicht mit der Verwaltung der DNS Dienste, obwohl sie auch in diesen Regionen präsent ist. APNIC bietet dafür anderen Service, darunter Training und Ausbildung, Entwicklung von Regelungen und regionalen Aktivitäten der Netzwerkerstellung. Bemerkenswerter Weise half APNIC bei der Bildung der APRICOT (Asian Pacific Regional Internet Conference on Operational Technologies), die heute die größte regionale Spielwiese für Netzwerkoperatoren und der Stifter von Satzungen ist.

1.8 Internet-Routing-Registraturen

Mit dem Auftauchen der neuen ISP-Generation ist es noch schwieriger geworden, die nötige Vernetzung zu erreichen, während man gleichzeitig die Flexibilität und Kontrolle aufrecht erhalten muss. Jeder Provider folgt einer Anzahl von Regeln oder Taktiken, die vorschreibt, was man annehmen und allen anderen benachbarten Netzwerken weiterempfehlen kann. Beispielhafte Vorgehensweisen bestimmen die Auswertung von Routen gewisser ISP und wählen einen ganz bestimmten Weg zu einem spezifischen Ziel. Durch die verschiedenen Regelungen ist das Potential für miteinander verbundene Provider groß, miteinander in Konflikt zu kommen oder sich zu widersprechen.

Internet-Routing-Registraturen (IRRs) dienen den öffentlichen Datenbanken auch als Quelle für Routing-Kontaktinformationen, die man für Koordination und Fehlerbehebung benötigt.

Man musste für jede weltweite Domäne eine neutrale Routingregistratur (RR) schaffen, um dieser Herausforderung begegnen zu können. Jede RR unterhält eine Datenbank für Routingregeln, die jeder Servieceanbieter einrichtet und aktualisiert. Die Bündelung all dieser Datenbanken ist unter dem Namen der Internet Routing Registry (IRR) bekannt geworden.

Die RR sollen nicht Satzungen festschreiben, sondern ein Speicher für Routing Regeln und Verwaltungsinformationen sein. Dies sollte uns einen generellen Überblick über die von allen Anbietern global angewandten Maßnahmen verschaffen. Viele Netzwerkoperatoren nutzen die aus solchen Registraturen gewonnenen Informationen über Routingtaktiken, um ihr eigenes Vorgehen beim Routing zu planen.

Autonome Systeme (ASs) setzen in der Zusammenarbeit miteinander Exterior Gateway Protokolle (EGPs) wie z.B. Das BGP ein. In einem vielschichtigen Umkreis sollte es eine formelle Methode geben, die Kommunikationsregeln der verschiedenen ASs zu umschreiben. Es wäre schier unmöglich, eine riesige Datenbank mit allen registrierten Regelungen für den ganzen Erdkreis am Leben zu erhalten. Deshalb hat man diese Aufgabe etwas anders angepackt. Jeder RR pflegt seine eigene Datenbank und muss sich intensiv darum bemühen, Kontakt und Zusammenhalt mit vielen anderen Datenbanken aufrecht zu erhalten. Im Folgenden möchten wir einige dieser verschiedenen IRR Datenbasen aufzählen:

- RIPE Routing Registry (Europäische Internet Service Provider)
- Cable & Wireless Routing Registry (C&W Kunden)
- CA*net Routing Registry (CA*net Kunden)
- JPRR Routing Registry (Japanische Internet Service Provider)
- Routing Arbiter Database (öffentlich)
- ARIN Routing Registry (öffentlich)

Jede der vorher genannten Registrierstellen versorgt den Kundenstamm eines bestimmten Dienstleistungsanbieters. Ausnahmen bilden die Routing-Arbiter-Datenbank (RADB) und ARIN. Diese beiden Banken sind für jedermann zugänglich. Wie bereits erwähnt ist die RADB ein Teil des Routing Arbiter Projekts.

Auch andere Gesellschaften, zum Beispiel Qwest, Level (3) oder Verio haben wegen der Flexibilität und Vorteile, die eine lokale Registratur mit sich bringt, ebenfalls RRs aufgebaut.

1.9 Das Internet von gestern und morgen

Eigentlich ist es ja schon erstaunlich, dass die Kommerzialisierung des Internet, die in den letzten zehn Jahren von einem unglaublichen Boom begleitet wurde, dennoch die Innovation nicht gehemmt hat. Im Gegenteil, sie war ihr sogar förderlich. In erstaunlich kurzen Abständen bringt der Wirtschaftssektor Entwicklung und neue Technologien hervor und gründet Forschungs- und Bildungsorganisationen. Die neuen Technologien können nicht mehr sofort auf das nun »produzierende« Internet losgelassen werden. Damit sie unter den tatsächlichen Bedingungen einsetzbar sind, müssen sie durch ein gründliches Fehlersuchprogramm laufen und optimiert werden. Um neue Erfindungen so schnell und korrekt wie möglich freigeben zu können, kommen sie erst einmal auf den Prüfstand.

1.9.1 Die Internetinitiative der nächsten Generation

Die von der US-Regierung geförderte Next Generation Internet (NGI) Initiative[17] ist ein U.S.-Bundesstaatenprogramm für Forschung und Entwicklung mit vielen Unterabteilungen. Es entwickelt fortschrittliche Netzwerktechnologien und revolutionäre Anwendungen. Es beweist die Kapazitäten dieser Erfindungen unter Laborbedingungen, die inzwischen hundert- und tausendmal schneller sind als die des heutigen Internet. Die NGI begann ihre Arbeit zum 1. Oktober 1997 und folgende Referate mit ihr:

- DARPA (Defense Advanced Research Projekt Agency)
- DoE (Department of Energy)
- NASA (National Aeronautics and Space Administration)
- NIH (National Institute of Health)
- NIST (National Institute of Standards and Technology)
- NSF (National Science Foundation)

Die NGI Initiative wird vom jeweiligen Programmleiter der einzelnen Organe betreut. Die Koordination übernimmt die *Large-Scale Networking* Arbeitsgruppe der Unterabteilung für Computing, Information und Kommunikation (CIC) R&D. Diese Arbeitsgruppe gehört zum Technikgremium des Weißen Hauses, dem National Science and Technology Council's Committee.

NGI hat folgende Ziele:

- Einführung der R&D in fortgeschrittene end-to-end Netzwerk-Technologien.
- Präsentation, Eröffnung und Einsatz zweier Versuchslabors
- Integration der R&D in bahnbrechende Anwendungen.

Einsatz der R&D für fortschrittliche Technologien, die von Anfang bis Ende die Erstellung von Netzwerken unterstützen.

Die NGI setzt sich für die frühestmögliche Einführung neuer Erfindungen ein, die einmal fester Bestandteil des kommerzialisierten Internet sein sollen. Diese Innovationen konzentrieren sich darauf, viele Aspekte bei der Netzwerkbereitstellung von Computern zu verbessern. Dazu gehören folgende Ziele:

- Verlässlichkeit
- Stabilität
- Sicherheit
- Qualität und Differenzierung des Service (einschließlich Multicasting und Video)
- Netzwerkmanagement (einschließlich der Verteilung und gemeinsamen Nutzung von Bandbreite)

Einführung und Betreiben zweier Versuchslabors

Um die Ziele der NGI verwirklichen zu können, ist es unabdingbar, dass einsatzfähige Laboratorien zur Verfügung stehen. Zu diesem Zweck werden zwei Prüfstände, das »100x« und das »1000x« Testbed eingerichtet.

Das »100x« wird mindestens hundert Sites mit Geschwindigkeiten, die hundertmal schneller vom einen zum anderen Ende laufen, als das bisher im Internet geschieht, miteinander vernetzen. Darunter fallen Universitäten, Bundes-Forschungsinstitute und andere Forschungspartner.

Das Labor wird auf folgenden Regierungsnetzwerken aufbauen:

- NSF's hochgeschwindigkeits-*Backbone*-Network-Service (vBNS)
- NASA's Forschungs- und Bildungsnetzwerk (NREN)
- DoD's Netzwerk zur Erkundung von Verteidigung und Ausbildung (Defense Research and Education Network – DREN)
- DoE's Energy Science network (ESnet)

Das »1000x« Testbed wird ungefähr 10 Sites mit einer Geschwindigkeit, die mindestens tausendmal höher liegt, als heutzutage im Internet üblich, bündeln. Das »1000x« Testbed soll auf DARPAs Supernet aufbauen.

Diese Laboratorien werden beim *system-scale-Testing* fortschrittlicher Technologien und Dienste genutzt, um moderne Anwendungen zu entwickeln und zu testen.

Einbindung der R&D in revolutionäre Anwendungen

Die NGI-Forschung und Entwicklung wird darauf abzielen, Anwendungen und Technologien ähnlich der im Folgenden aufgelisteten zum Einsatz zu bringen:

- Technologien für die Zusammenarbeit
- Digitale Bibliotheken
- Vergrößerung der Computerwelt
- Intimsphäre und Sicherheit
- detaillierte Versuche und Simulationen

Außerdem wird NGIs Augenmerk auf folgenden erzieherischen Themen liegen:

- Basiswissenschaft
- Krisenmanagement
- Ausbildung
- Umfeld
- Regierungsgestützte Informationsdienste
- Gesundheitswesen
- Produktion

1.9.2 Internet2

Internet2[18] ist ein Projekt der universitären Zusammenarbeit für die moderne Entwicklung des Internet (University Cooperation for Advanced Internet Development – UNCAID). Im Oktober 1996 wurde es von 34 forschenden Universitäten initiiert. Die Mission lautete, die leitende Position der Staaten in der Entwicklung, im Einsatz und Aktivierung moderner Netzwerkanwendungen und Infrastruktur zu sichern. Internet2 soll primär die Erfindung neuer Internetanwendungen und fortschrittlicher Netzwerkprotokolle, die der Arbeit, Forschung und Ausbildung an den Universitäten dienlich sind, fördern. Mit dem schnellen Wachstum des Internet entfalten kommerzielle Netze, kontrolliert von Serviceprovidern, Bandbreiten und Technologien genauso schnell wie Forschungs- und Erziehungsnetzwerke. Es ist eines der wichtigsten Ziele für Internet2, die Fähigkeiten der Netzwerktestfelder neu zu kreieren. Zudem strebt es an, den Transfer dieser Technologien auf das globale Internet zu übertragen.

Mehr als 160 Universitäten in den U.S.A. arbeiten partnerschaftlich mit über 50 Hauptkörperschaften im Internet2 Projekt zusammen. Das Vorhaben wird von den an UCAID teilnehmenden Universitäten und Verbänden finanziert. Viele Partnerinstitutionen erhalten von Wettbewerbsträgern der NSF und anderer bundesstaatlicher Referate, die in der NGI-Initiative dabei sind, finanzielle Unterstützung. Auch andere

Initiativen leisten finanzielle Hilfe, so z.B. das NSF Knowledge and Distributed Intelligence (KDI) Programm.

Internet2 soll das Internet nicht ersetzen, sondern mit den vorhandenen Techniken und Erfahrungswerten, die von Internet2-Mitgliedern beigesteuert werden, optimieren. Mitgliedsuniversitäten werden stets auf passende Internetverbindungen kommerzieller Dienstleister angewiesen sein und der Gebrauch dieser Bindeglieder wird sich noch steigern.

1.9.3 Abilene

Ein weiteres Projekt der UCAID heißt Abilene[19]. Da es ein Ziel Abilenes ist, Internet2 mit einem primären *Backbone*-Netzwerk auszustatten, könnte man es eine Ergänzung zu diesem Projekt nennen. UCAID hat das Abilene-Netzwerk zusammen mit Qwest Communications, Nortel Networks und Cisco Systems entwickelt. Abilene versorgt Internet2s regionale Zugangsknoten mit einem hochleistungsfähigen Verbindungsservice. Das vormals aus OC48c (2,5 Gbps) POS (Packet Over SONET) bestehende Abilenenetzwerk war ab Januar 1999 einsetzbar und bietet OC3 und OC12 Zugangsdienste.

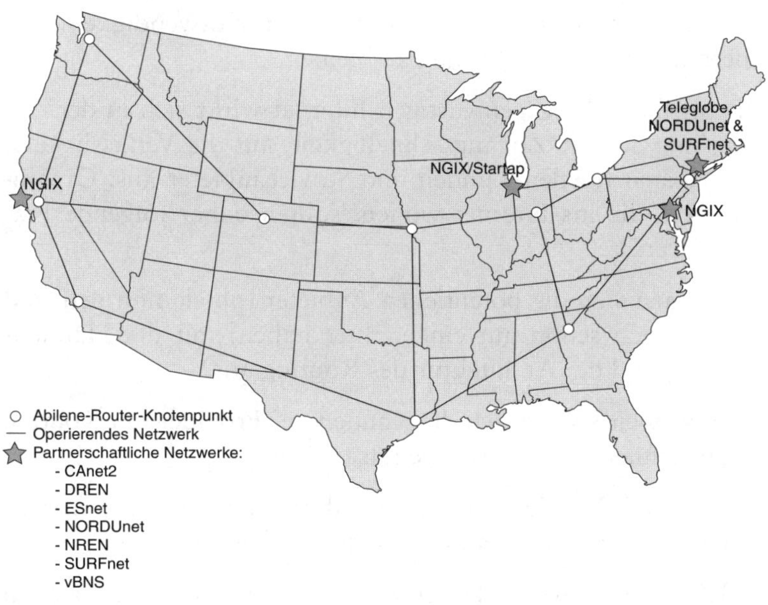

Bild 1.8: Abilene Netzwerk

Ähnlich dem vBNS erforscht Abilene ständig neue Internettechnologien. Damit aber das Netzwerk stabil bleibt, wird Abilene ein selbständiges hochleistungsbegabtes Testnetzwerk für Software einrichten, die das zwar stabile aber doch durch *leading-edge* charakterisierte Netzwerk von Abilene überfordern würde. Arbeitsgruppen von Internet2 sind gerade dabei, die Einsatzdetails für Abilene aufzuschlüsseln. Hierbei beachten sie vor allem native Multicastdienste, indem sie Konfiguration und Regelungen des Routing, IPv6 und QoS optimieren. Abilene dient mit einem natürlichen Multicastservice und plant den Einsatz von IPv6 und QoS. Bild 1.8 stellt das gegenwärtige Abilenenetz dar.

1.10 Vorschau

Mit der Auflösung des NSFNETs 1995 begann eine neue Ära. Das Internet ist heute eine Art Spielwiese, auf der sich tausende Provider um Marktanteile streiten. Forschungsnetzwerke wie vBNS und Abilene versuchen, im Rennen ganz vorne zu laufen, während der milliardenschwere Industriezweig weiterhin alle Rekorde bricht. Für viele Geschäftsleute und Organisationen ist es nicht mehr purer Luxus, im weltweiten Internet mitzumischen, sondern Notwendigkeit, um überhaupt wettbewerbsfähig zu bleiben.

Die Struktur des gegenwärtigen Internet wirkt sich in der Anwendung auf die Zugangsschnelligkeit, auf die Verlässlichkeit und Kosten für den Kunden und Serviceanbieter aus. Organisationen, die ins Internet wollen, sollten daher folgende Fragen klären:

- Kennen sich die potentiellen Anbieter (ob sie nun neu sind oder sich schon gut eingerichtet haben) mit der Handhabung und der Architektur des Routing aus?
- Inwieweit sollten sich die Kunden der Provider mit Routing auskennen, was wissen sie tatsächlich?
- Sind sich Kunde und Anbieter darüber im Klaren, woraus ein stabil funktionierendes Netzwerk besteht?
- Ist die Bandweite das einzige, worauf der Kunde achten muß, um seine Internetverbindung schneller zu machen?

Im nächsten Kapitel sollen ISPs und deren Kunden lernen, wie sie diese Fragen grundsätzlich angehen können. Spätere Kapitel beschäftigen sich dann mit Einzelheiten der Routingarchitektur.

Obwohl es das Routing zwischen Domänen schon seit über zehn Jahren gibt, ist es doch noch relativ fremd und es entwickelt sich ja auch noch weiter. Der Rest des Buches baut auf dem in Kapitel 1 gebotenen Überblick über die Struktur des Internet auf, weist auf gängige Routingpraktiken hin und erläutert sie.

1.11 Häufig gestellte Fragen

Frage – *Gibt es neben den von NSF ernannten auch noch andere NAPs?*

Antwort – Ja. Je wichtiger es ist, die Vernetzung zu erweitern, desto mehr NAPs müssen bereitgestellt werden. Über Nordamerika, Europa, Asien/Pazifik, Südamerika, Afrika und dem Mittleren Osten sind viele Knotenpunkte verstreut.

Frage – *Muss ich mich als Kunde eines Providers über einen NAP anschließen?*

Antwort – Nein. Die NAPs sind eigentlich hauptsächlich dafür da, Dienstleistungsanbieter miteinander zu verbinden. Als Kunde eines Provider brauchen sie nur den Zugang zu diesem. Die Art, wie ihr Provider mit einem oder mehreren NAPs oder per direkte Verbindungen vernetzt ist, kann allerdings die Qualität ihres eigenen Dienstes beeinflussen.

Frage – *Fällt es in den Aufgabenbereich eines Route Servers am NAP den Informationenverkehr zwischen Anbietern zu regeln?*

Antwort – Nein. Der Route Server unterhält eine Datenbank zu Routingregeln, auf die der Anbieter zurückgreifen kann. Die Provider nutzen das physische Medium des NAP, um sich direkt miteinander auszutauschen.

Frage – *Müssen alle Provider, die sich einem NAP anschließen, mit dem Route Server eine Vereinbarung eingehen?*

Antwort – Obwohl das natürlich empfehlenswert wäre, besteht hierfür keine Verpflichtung, und die meisten tun dies tatsächlich nicht.

Frage – Was ist der Unterschied zwischen IRs und IRRs?

Antwort – Internet Registraturen (IRs) wie z.B. Network Solutions, Inc. sind für den Registrierungsservice(z.B. die Registrierung von Domänennamen im Internet) zuständig. Internet Routing Registries (IRRs), z.B. die RADB sind für den Erhalt von Datenbanken zu Routingregeln für Serviceanbieter verantwortlich.

Frage – Wie unterscheiden sich Datenbankendienste von der Routing Arbiter Database?

Antwort – Datenbankenservices sind immer Teil eines Netzwerk-Informationsdienstes. In diesen Datenbasen befinden sich Kommunikationsdokumente wie die RFCs. Das RADB ist hingegen eine Datenbank für Routingvorschläge.

1.12 Fußnoten

1 www.darpa.mil

2 www.nsf.gov

3 www.merit.edu

4 www.ra.net

5 www.isi.edu

6 www.ietf.org/rfc/rfc1786.txt

7 www.merit.edu

8 www.ietf.org

9 www.nanog.org

10 www.vbns.net

11 www.internic.net

12 www.iana.org

13 www.icann.org

14 www.arin.net

15 www.ripe.net

16 www.apnic.net

17 www.ngi.gov

18 www.internet2.edu

19 www.internet2.edu/abilene

Dieses Kapitel enthält die folgenden Schlüsselthemen:

- **ISP-Dienste –** Gliederung der Internet-Dienstleistungsanbieter nach physischen Zugangsmethoden, nach Basisdiensten und Sicherheitsoptionen.
- **Bewertung von ISP-Diensten –** Überblick über die Fragen, die Einfluß auf die Beurteilung von ISP-Diensten haben.
- **Kriterien zur Auswahl eines ISP *Backbones* –** Beurteilung der ISPs anhand ihrer Netzwerktopologie und Absprachen zum Datenaustausch.
- **Grenzlinien** - Unterscheidung zwischen Netzwerk, Ausstattung und Verantwortlichkeiten des Anbieters und des Kunden.

KAPITEL 2

ISP-Dienste und Charakteristika

Bevor wir uns den technischen Details des *interdomain*-Routing widmen, sollten Sie sich mit einigen Haupt-Dienstleistungsanbietern und den Eigenschaften, die die Qualität der Internetverbindungen beeinflussen, vertraut machen. Jeder, der eine Verbindung zum Internet herstellen kann, darf sich Service Provider nennen. Der Ausdruck »*service provider*« kann sich auf jeden beziehen, vom Anbieter mit einem Milliarden-Dollar-teuren *Backbone* und ausgezeichneter Infrastruktur bis zu dem, der nur über einen einzigen Router und einen Zugangsserver verfügt

Sie sollten bei der Entscheidung für einen bestimmten ISP nicht unbedingt nur auf den Preis achten. Es gibt andere Faktoren, die Sie gründlich überprüfen sollten: den Service des Anbieters, das *Backbone*-Design, die Fehlertolerierung, die Stabilität freier Kapazitäten, Engpässe, die Infrastruktur zwischen Anbieter und Kunde, u.s.w.

Das Routingverhalten wird im Internet davon beeinflusst, wie sich Routingprotokolle und Datenverkehr in einer bereits etablierten physischen Infrastruktur bewegen. Damit Routing im Internet gut funktioniert, müssen die Gestaltung der Infrastruktur und deren Erhaltung als vordringliche Faktoren stimmen.

2.1 ISP Services

Verschiedene ISPs bieten auch unterschiedliche Dienste an, je nach Größe und Infrastruktur ihrer Netzwerke. Man kann die

Provider hauptsächlich nach ihrer physischen Zugangsmethode zum Internet, nach der von ihnen gebotenen Software und ihren Sicherheitsstandards einstufen.

In den folgenden Abschnitten können Sie etwas über die gängigsten Dienstleistungsmodelle auf dem heutigen Service-Provider-Markt im Internet erfahren. Wie Sie sehen werden, liegen die Möglichkeiten im Bereich vom Einwähl-Zugangsmodus per Telefonleitung von zu Hause bis zu den Datenzentren, an die Sie Ihre Ausrüstung anschließen und so lokale Vernetzung erreichen können.

2.1.1 Dedizierter Internetzugang

Der dedizierte Internetzugang läuft gewöhnlich auf Schnelligkeiten von 56 kbps oder 64 kbps bis zu T1/E1 Leitungen (1,5 und 2 Mbps, in dieser Reihenfolge) auf dem niedrigeren Niveau und mit T3/E3 (45 und 34 Mbps) und OC3 (155 Mbps) am höheren Level. Die Anbieter eines dedizierten Internetzugangs sind außerdem dabei, OC12 (622 Mbps) und sogar OC48 (2.5 Gbps) Hochgeschwindigkeits-Zugangsdienste anzubieten. Den dedizierten Zugang wählt man, wenn der Bedarf an Bandweite voraussehbar ist und die Frequenz des Netzwerkzugangs hoch genug liegt, dass eine 24-Stunden-Leitung gerechtfertigt erscheint. Allerdings ist ein dedizierter Zugang meist wesentlich teurer als andere Zugangsmethoden.

Für einen dedizierten Internetzugang muss man gewöhnlich die physischen Bahnen auf das CPE (Kunden-Grundausstattung: Customer premises Equipment) ausgehen lassen, dasselbe gilt auch für die direkten Kreise am IP Router und auf Seite des Service Providers.

Um über die Verbindung Signale und Frames weiterzugeben, nutzt man Link-Layer-Protokolle, wie das PPP oder Cisco HDLC (ein Nachfolger des PPP). Bild 2.1 veranschaulicht eine typische Konfiguration eines dedizierten Internetzugang.

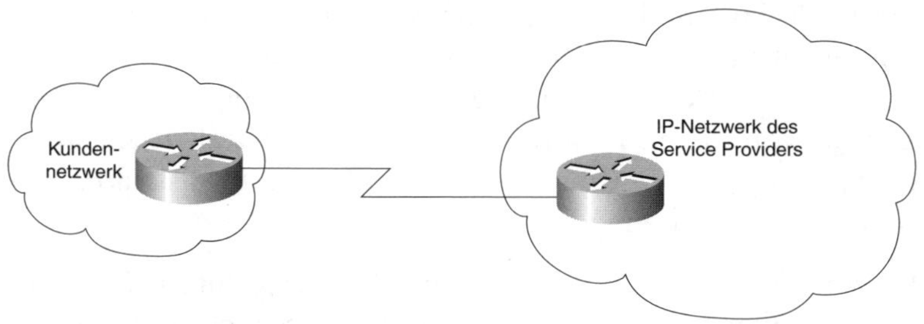

Bild 2.1: Dedizierte Internet-Zugangs-konfiguration

2.1.2 Internetzugang über Frame Relay und ATM

Frame-Relais und ATM-(Asynchronous Transfer Mode-) Verbindungen sind für Kooperationen unter anderem sehr wirtschaftliche Methoden, sich an das Internet anzubinden. Will eine Firma eine dedizierte Zugangsverbindung mit ausreichender Kapazität erwerben, so kann das erschreckend teuer werden. So entscheiden sie sich eventuell lieber für ein bereits existentes Frame Relay oder für ATM-Dienste. Mit diesen alternativen Zugangsmethoden können Firmen genug Bandbreite erwerben, um ihre Bedürfnisse zu befriedigen. Außerdem ist es einfacher, die Bandbreite den steigenden Anforderungen entsprechend auszudehnen.

Service Provider können die Daten vieler Abonnenten über einen einzigen Link vervielfältigen und diese Daten dann an das IP-Netzwerk zurückschicken. Deshalb sind Frame Relay- und ATM-Internetzugangsdienste meist viel kostengünstiger als der dedizierte Zugang. Bild 2.2 zeigt ein typisches Frame Relay-Modell für einen Internetzugang.

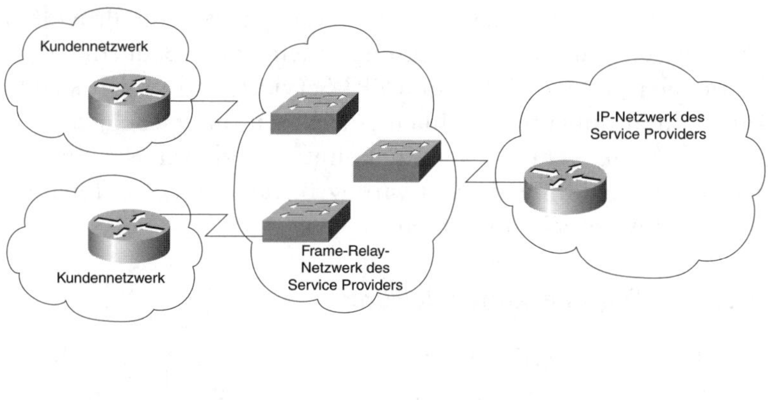

Bild 2.2: Frame Relay-Internetzugang

Frame Relay- und ATM-Zugangsdienste sind besonders für Firmen attraktiv, die bereits über ein Frame Relay und über ATM-Netzwerk verfügen. Denn Dienstleistungsanbieter öffnen oft von diesen zu ihren eigenen IP Netzwerken Zugangsportale, sodass der Kunde keine zusätzliche Infrastruktur für diese neue Verbindung benötigt.

Obwohl Frame Relay-, ATM- und dedizierte Internetzugänge alle dieselben grundlegenden, physischen Schichttechnologien (Physical Layer Technologies) verwenden, sollte man wissen, dass ATM- und Frame Relay-Dienste im Unterschied zu dedizierten Zugängen die Daten erst statistisch vervielfältigen, bevor sie dem IP-Netzwerk Zugang gewähren. Durch die statistische Vervielfältigung kann der Service Provider einen zusätzlichen Dienst anbieten, und verringert hierbei die Kosten der Dienstleistungen.

Es ist wichtig, dass Sie begreifen, wie hoch die bündelnde Leistung der Frame Relay- oder ATM-Netzwerke, zusätzlich zur Kapazität und Elastizität des Internet-Gateways ist. Ein überlastetes Internetdatenportal könnte nämlich auch Ihre Internetzugangskreise nachhaltig negativ beeinflussen.

2.1.3 Einwähldienste

Ein Einwählservice besteht traditionsgemäß aus einem Zugangsmodem zu Geschwindigkeiten von bis zu 56 kbps. Auch ISDN (Integrated-Services-Digital-Network), BRI (Basic-Rate-Interface) von bis zu 128 kbps, und PRI (Primary-Rate-Interface) mit einer Geschwindigkeit bis zu 1,5 Mbps sind denkbar. »Dialup«-Services erhält jeder, vom einfachen Kunden bis hin zu ganzen Firmen. Diese Gesellschaften gehen mit Providern Verträge ein, um alle ihre fernliegenden Login-Bedürfnisse zu befriedigen. ISDN-, BRI-, und PRI-Services sind in den letzten fünf Jahren unheimlich schnell gewachsen, hauptsächlich weil sie auf Abruf genutzt werden konnten und weil sie digitale Signale der Multimedia-Software (z.B. für die Video-Telekonferenzen) weiterleiten konnten.

2.1.4 Digitale Kundenleitung

Der Digital-Subscriber-Line-(DSL)-Service bietet einen Internetzugang hoher Geschwindigkeit zu niedrigen Kosten an. In

Hinsicht auf Preis und Schnelligkeit liegt er genau zwischen dem Einwähldienst und den dedizierten Zugangsdiensten. Die DSL-Dienste variieren je nach DSL-Technologie. Der Ausdruck *»xDSL«* bezieht sich im Allgemeinen auf generische DSL-Dienste. *x* steht für die Anzahl verschiedener Entschlüsselungstechniken, die am Layer 1 in den physischen Leitungen angewendet werden. Tabelle 2.1 listet einige der gängigsten DSL-Technologien und ihre Eigenschaften auf.

Tabelle 2.1: DSL Technologien

DSL Technologie	Upstream-Raten	Downstream-Raten	Symmetrisch/ Asymmetrisch	POTS Coexistence	Standardisierung
ADSL (Asymmetrisch Digital Subscriber Line)	16 kbps – 640 kbps	1.5 – 8 Mbps	Asymmetrisch	ja	ja
HDSL (High-bit-rate Digital Subscriber Line)	Festwert 1544, 2048 kbps	Festwert 1544, 2048 kbps	Symmetrisch	nein	ja
SDSL (Symmetric Digital Subscriber Line)	1.5 oder 2.048 Mbps	1.5 oder 2.048 Mbps	Symmetrisch	ja	nein
VDSL (Very high-bit-rate Digital Subscriber Line)	1.6 – 19.2 Mbps; Entfernungsabhängig	12.96 Mbps bei 4500 Fuß 55.2 Mbps bei 1000 Fuß	Beides	ja	in Arbeit

Ein Hauptvorteil der DSL-Technologie liegt darin, dass es die bereits existenten paarweise zusammengezwirbelten Kupferdrähte der einfachen, alten Telefonleitungen (Plain-Old-Telephone-System – POTS) nutzen kann, sodass diese zur beliebtesten Zugangstechnologie für Zuhause und für Kleinunternehmer wird. Die verfügbaren DSL-Dienste sind je nach Providern und Regionen meist recht unterschiedlich, sie arbeiten mit Geschwindigkeiten zwischen 64 kbps und 52 Mbps (VDSL). Die Güte der Kabel und die Entfernung zu der betreuenden Zentrale (Central-Office – CO) kann für die Qualität und Fähigkeit zur Weiterleitung der DSL-Verbindung ausschlaggebend sein. 1999 entstanden in den Staaten über eine halbe Millionen DSL-Leitungen.

2.1.5 Kabel-Modems

Ähnlich den DSL werden auch Kabelmodems immer häufiger für den Zugang verwendet. Die Kabelmodems belasten das gefächerte Bandbreiten-Potential der Fernsehkabelleitungen, um Datenzugangsdienste anbieten zu können. Die verfügbare Bandbreite ist meist sehr asymmetrisch, weil die Kabelmodem-Dienste dafür ausgelegt sind, die schon existierende Infrastruktur der TV-Kabel aus Fasern und zweifach-Kabeln zu nutzen. Diese Infrastruktur war aber für die Einweg-Ausstrahlung optimiert worden. Deshalb kann z.B. ein typischer Service für den *Downstream* (zum Kunden) 2 Mbps leisten, während für den *Upstream* (zum Netzwerk des Service Provider) 64 kbps reichen müssen.

Anders als bei DSL, der Punkt-zu-Punkt-Technologie, wird die Downstream-Bandbreite von vielen Nutzern und Diensten gemeinsam verwendet. Hierbei treten große Sicherheitsrisiken für den Hersteller, die Dienstleister und Kunden auf. Trotz dieser Probleme hat man den Kabelmodem-Service seit einigen Jahren genutzt und die Zahl der Abonnenten und Dienstleister steigt rapide. In den Vereinigten Staaten gibt es heute fast zwei Millionen abgeschlossene Verträge, die Hochrechnungen liegen bei ca. 16 Millionen bis Ende 2003.

2.1.6 Dedizierte Hosting-Services

Obwohl es das Hosting ja schon fast ebenso lange gibt wie den dedizierten Zugangsservice, ist es in den letzten paar Jahren erst richtig beliebt geworden und viele Dienstleistungsanbieter haben sich auf diesen Markt spezialisiert. Man nennt große Anbieter, die sich auf das dedizierte Hosting konzentrieren »*content provider*«. Diese Provider entwickeln gewöhnlich Einrichtungen von Datenzentren mit hoher Fehlertoleranz, mit Abteilungen, in denen Enterprise- und Web-Hosting-Kunden Speicherplatz anmieten können und auf Server und andere Computerausstattung zugreifen dürfen. Die Anbieter verkaufen dann lokal die Zugangsmöglichkeit zu den angeschlossenen Stellen z.B. durch die Techniken Fast Ethernet (100 Mbps) und Gigabit Ethernet (1 Gbps). Die Preismodelle variieren. Es gibt sowohl den auf Gebrauch basierenden Service, als auch den zu einer festgesetzten Rate.

Hosting Provider gebrauchen häufig *high-end* Ethernet Schalter, um den Verkehr zwischen hunderten oder tausenden angeschlossenen Servern zu regulieren. Der Kunde sollte sich mit der Überbelastung der *Upstream*-Einschreibungsraten und dem vom Provider verwendeten *fail-over*-Mechanismus auseinandersetzen. Auch im Hinblick auf die Sicherheitsfragen eines Netzwerks mit vielen Switches sollte der Kunde wissen, ob und wie (meist mit virtuellen LANs) der Anbieter die ausstrahlenden Domänen voneinander trennt. Im Falle eines Netzwerks, das Domänen gemeinsam weiterleitet, was beim *content-hosting*-Modell so üblich ist, muss sich der Kunde mit eben diesen Fragen auskennen. Nur so kann er sich vor sogenannten Denial-of-Sevice-(DoS) Attacken, dem nicht autorisierten Zugang oder der freien Verfügbarkeit seiner Daten und anderen Gefahren für Sicherheit und Management schützen.

Hosting wird immer beliebter und ist in sich bereits ein riesiges Geschäft. Ein Markt, auf dem sich Kunden sehr vorsichtig bewegen sollten, um sicherzustellen, welche Dienste Ihnen wie und wo angeboten werden. Für weitere Informationen über *switches*, VLANs und ausstrahlende Domänen sollten Sie die Bücher *Interconnections: Bridges, Routers, Switches, and Internetworking Protocols*, Second Edition (Addison-Wesley, 1999) von Radia Perlman oder *Cisco LAN Switching* (Cisco Press, 1999) von Kennedy Clark und Kevin Hamilton lesen.

2.1.7 Andere ISP-Dienste

Andere Dienste höheren Niveaus bieten Email- und Nachrichten-Services, VPNs (Virtual Private Networks) und IP-Multicast. Während sich diese und andere neue Leistungen entwickeln, sollte der Kunde Kosten und Nutzen dieser und der bereits bewährten Möglichkeiten abwägen. Sie sollten sich besonders dafür interessieren, wie diese Dienste angeboten und gemanaged werden, und über welches Wissen das mit Ihnen verbundene Unterstützungs- und Technikpersonal verfügt. Viele ISPs bieten auch Beratung und andere wertvolle Dienste an, z.B. für Sicherheit. Die einfachsten Sicherheitsmaßnahmen sind ein Paketfilter und Zugangsbeschränkungen. Andere neue Dienste verschlüsseln Daten und lassen Virussuchprogramme ablaufen.

Die Preise können sehr unterschiedlich sein, je nach Vertrauen des Providers in eine bestimmte Zugangsmethode (hierauf gehen wir im nächsten Abschnitt näher ein). Auch die Höhe der Investitionen eines bestimmten Providers in Infrastruktur, Funktionalität und technische Ressourcen beeinflussen die Kosten.

2.2 Kosten für ISP-Dienste, Vereinbarungen zu den Serviceleistungen und technische Eigenschaften

Bevor sich der Kunde für einen Provider entscheidet, sollte er in Erfahrung bringen in wieweit dieser Service verfügbar ist, was er kostet und welche technischen Eigenschaften er hat. Obgleich manche technischen Details sehr verführerisch erscheinen, könnten sie recht negative Auswirkungen auf die Verlässlichkeit und die Anwenderfreundlichkeit des potentiellen Providers haben. In diesem Abschnitt wollen wir uns mit technische Fragen, z. B. den Eigenschaften des *Backbones*, der Abgrenzung von Kreisläufen und dem dedizierten Hosting beschäftigen.

2.2.1 Kosten des ISP-Service

Zwischen ISPs kann es zu dramatischen Preisschwankungen kommen, auch innerhalb derselben Dienste und geographischen Regionen. Die relative Stärke und das Investitionsbudget des Anbieters in einem bestimmten Gebiet wirken sich oft auf den Preis der angebotenen Leistung aus. Ein Provider, der z.B. einen Frame Relay-Service eingerichtet hat, wird für Sie vielleicht viel günstiger sein als ein Anbieter, der einen solchen Service gerade erst aufbaut. Andererseits könnte ein junger Anbieter viel wettbewerbsfähiger sein, da er noch keine Investitionen in bereits bestehende Infrastrukturen leisten muss, um die Dienstleistungen anpassen zu können. Ein neuer Provider könnte also von neuen Freiräumen auf dem Markt und bereitstehenden Service-Kapazitäten profitieren.

Aus diesen und anderen Gründen erhalten Sie womöglich bei verschiedenen Providern zum selben Preis unterschiedliche Serviceangebote. Für manche Anbieter gehört zum Beispiel bei dediziertem Zugang das CPE (über das wir in diesem Kapitel noch ausführlicher reden werden) sowie ein Router und CSU/DSU (Channel Service Unit/Data Service Unit) zu einem Paket. Andere verlangen für das CPE zusätzliche Gebühren, oder Sie müssen sich selbst darum kümmern. Es kann sein, dass Sie viel Geld sparen können, wenn Sie selbständig für ein CPE sorgen, gelegentlich kann es aber auch günstiger sein, den Anbieter für die Bereitstellung und/oder Handhabung des CPEs heranzuziehen.

Große Firmen kaufen häufig nationale und internationale Internet- und andere Kommunikationsdienste eines einzelnen Providers. Das Lösungspaket eines einzelnen Anbieters vereinfacht gewöhnlich die Kontrolle und Koordination eines Dienstes zwischen den verschiedenen Regionen ein und desselben Netzwerks. Einige Anbieter bieten Rechnungspläne für alle ihre Dienste auf nationaler oder internationaler Ebene an, und oft gewähren sie dem Kunden, der ein Dienstpaket kauft, einen hohen Preisnachlass, wie zum Beispiel einen Zugang über weite Distanzen und zum Internet. So wird nur eine Pauschalrechnung ausgestellt und abgehakt, was viele Firmen als Vorteil ansehen. Wenn natürlich einer Firma die Sammelrechnung oder das Modell des Servicepakets nicht behagt oder nicht wichtig ist, kann sie auch viel günstigere Angebote für nationale und internationale Dienstleistungen bei verschiedenen Service Providern einholen.

2.2.2 Vereinbarungen über das Niveau der Dienstleistung

Viele Service Provider schließen heutzutage sehr wettbewerbsfördernde SLA/SLGs (Service-Level Agreements/Service-Level Guarantees) ab, die die Grundlage der garantierten Leistung und Verfügbarkeit bei der Nutzung ihres Angebots festschreiben. Die Details solcher Vereinbarungen und die Strafe bei Nichterfüllung sollten klar definiert werden. Fragen Sie ihren Provider, wie diese Garantie geleistet wird und ob Berichte zu Ausnahmen (Scheitern des garantierten Dienstleistungsniveaus) automatisch erstellt und weitergegeben werden, oder ob es in der Verantwortung des Kunden liegt, den Provider über Ausnahmen zu befragen.

Diese Garantien beziehen sich meist auf die akzeptable Obergrenze für einen möglichen Verlust von Datenpaketen oder für Verzögerungen in ihrem Netzwerk, sowie auf die Verfügbarkeit von Zugangseinheiten und/oder eine maximal mögliche Anzahl von Ausfallzeiten.

Anhand der Verpflichtungen, die ein Dienstleistungsanbieter in SLAs freiwillig eingeht, kann man die Dienste gut unterscheiden. Es kann aber recht anstrengend werden, nach Verstößen und Strafen zu suchen.

2.2.3 Kriterien zur Auswahl von ISP-*Backbones*

Ein *Backbone*-Netzwerk eines ISP weist viele wichtige technische Charakteristika auf, wie z.B. die Folgenden:

- Physische Netzwerktopologie
- Engpässe des Netzwerks und Vertragsabschlüsse
- Qualität der Netzwerkkomponenten und Redundanz der Baugruppenelemente
- Zwischenverbindungen zu anderen Netzwerken, inklusive der Zieldistanz und der Vereinbarungen über den Datenaustausch

Dieser Abschnitt wendet sich sowohl an Kunden als auch an Designer der ISP-Netzwerke. Der Kunde sollte diese Eigenschaften bei der Auswahl seines Providers freilich genau abwägen; diese Charakteristika sind viel wichtiger als der Preis, wenn man die Qualität des Services beurteilen möchte. Der Architekt sollte die möglichen Vor- und Nachteile dieser Eigenschaften genau kennen, während er sein Netzwerk plant oder erweitert.

Physische Verbindungen

Der Kunde sollte sich genau über die physische Netzwerktopologie seines Providers informieren und dieser sollte ihm eine aktuelle Karte des Netzwerks, auf der jede Verbindung verzeichnet ist, übergeben. Eine bezüglich der Verbindungen gute physische Topologie arbeitet auf dem gesamten Gebiet der Informationsweiterleitung mit stabilen, geeigneten Bandbreiten, auch wenn eine einzelne oder mehrere Verbindungsbahnen ausfallen. Die Existenz von Hochgeschwindigkeits-*Backbone-Links* wie dem OC12 und OC48 garantiert dem Kunden nicht selbstverständlich superschnellen Zugang. Womöglich treten sie über eine langsame *Backbone*-Verbindung mit dem Netzwerk des Providers in Kontakt, oder es handelt sich um eine *high-speed Backbone-connection*, die absolut überlastet ist. Alles das sind Aspekte, die die Qualität einer Verbindung beeinflussen werden.

Mögliche ISP-Engpässe und Vertragsabschlüsse

Das Netzwerk eines Providers ist nur so stark wie seine schwächste Verknüpfung. Es gibt beim ISP zwei mögliche Engpässe: Überlastung einer *Backbone*-Endung oder Verengungen von Kreisen, die zu POPs oder zum *downstream*-Kunden führen. Ein Provider sollte seine Verbindungen nicht fahrlässig überlasten. ISPs, die versuchen Geld zu sparen und dabei ihre Router oder Verbindungen überladen, werden letztendlich an Glaubwürdigkeit einbüßen.

Zur Überlastung kommt es, wenn viele Links auf einen Schlag genutzt werden und so die Bandbreite der Leitung, die die Daten an ihren Bestimmungsort transportiert, überstrapaziert. Provider, die an einem POP 20 T1 verkaufen und über einen T1-Link mit einem NAP verbunden sind, werden es an dieser NAP-Verbindung mit Engpässen zu tun bekommen. Über den Daumen gepeilt kann man von einem Verhältnis 5:1 ausgehen, wie Sie auch Bild 2.3 entnehmen können. Zu jeder T1-*Backbone*-Verbindung sollte es folglich nicht mehr als fünf T1-Links geben. Die Höhe der Abonnements variiert je nach angebotenem Produkt. Normalerweise stellen Anbieter von dedizierten Hostings ungefähr ein Verhältnis von 8:1 oder gar 10:1 her. Die Werte basieren zumeist auf vorangegangenen Erfahrungen und Anwendungen, aber wenn man seine Wahl nicht genau bedenkt und vornimmt, kann es sehr schnell zu Datenstaus kommen.

Bild 2.3: Die höchste Leistung entspricht der schwächsten ISP-Verknüpfung

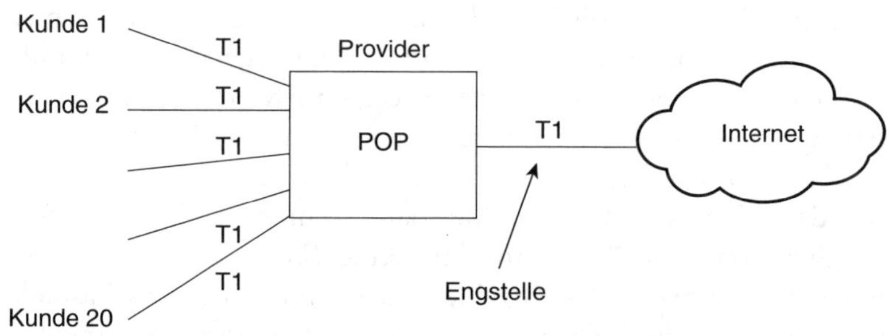

Es kann möglicherweise zu einem anderen Engpass führen, wenn eine *high-speed* Site Informationen auf einer *low-speed* Site abzurufen versucht. Man kann zu einem Web Server auf einer mit dem Internet über einen 56 kbps-Link verbundenen Site mit einer maximal gebündelten Schnelligkeit von nur 56 kbps Kontakt aufnehmen, egal wie hoch die Geschwindigkeit des Links ist, den die zum Site Zugang suchende Person benutzt. In Bild 2.4 wird dargestellt, wie ein Kunde das Internet mit T3 kontaktiert, das auf nicht mehr als 56 kbps beschränkt sein wird, wenn es an den Web Server herantritt. Machen Sie sich bitte außerdem klar, dass jeder andere Nutzer, der zur selben Zeit zu dieser Site will, ebenfalls diese 56 kbps-Verbindung mit den anderen teilen muss.

Bild 2.4: Durch kleinste Bandweite begrenzte Zugangsgeschwindigkeit

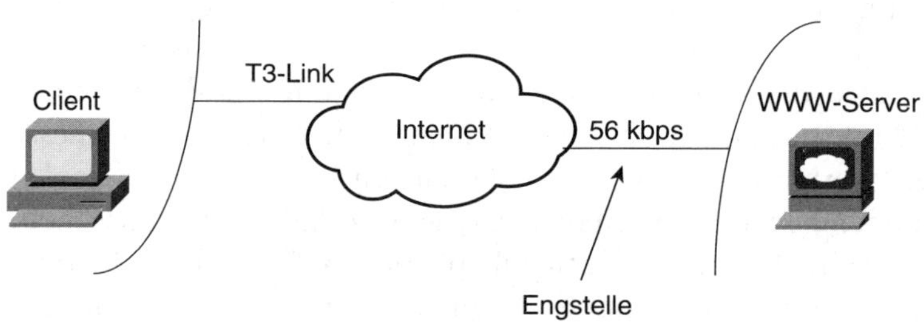

Der Provider ist dafür verantwortlich, Hilfestellung für den Gebrauch der Links in Ihrem Netzwerk zu leisten und Lösungen und Wege zu finden. Der Kunde sollte dem potentiellen Anbieter folgende Fragen stellen, bevor er ihm einen ISP-Dienst abkauft:

- Wie handhaben Sie den Link-Gebrauch?
- Ab welchem Punkt stellen Sie zusätzliche Kapazitäten zur Verfügung?

- Wie lauten die üblichen Vertragspunkte (verfügbare Kapazität – genutzte Kapazität) Ihres Dienstes?
- Wie sehen die typischen Vertragsregeln Ihres *Backbone*-Netzwerks und der Zwischenverbindungspunkte aus?
- Wo gibt es in Ihrem Service mögliche Engpässe?

Redundanz des ISP Internet Zugang

Was schief gehen kann, geht auch schief, und die Gefahren lauern Ihnen an jeder Ecke auf: Wegen schlechtem Wetter, wegen Carrier-Problemen oder einfach Pech – irgendwann wird die Verbindung eines ISPs zu einem NAP, zu einem anderen Anbieter oder einem anderen POP ausfallen. Und das führt dann möglicherweise dazu, dass Sie alle oder einen Teil ihrer Bestimmungsorte nicht mehr erreichen können. Ein großzügig konzipiertes Netzwerk leitet den Datenverkehr solange auf alternativen Wegen weiter zum jeweiligen Ziel, bis das Problem behoben ist. Ein gut ausgestattetes ISP-Netzwerk verfügt über POPs, die mit vielen NAPs, anderen Providern und vielen anderen POPs Verbindungen haben, wie in Bild 2.5 dargestellt ist.

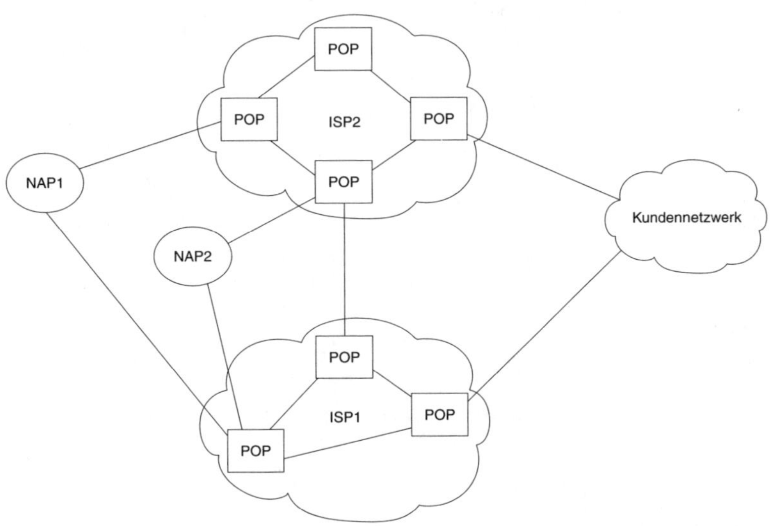

Bild 2.5: Ein redundantes Netzwerk bietet zuverlässigere Verbindungen

Sie sollten wissen, dass solche Partnerschaften und zusätzliche Verbindungen zu anderen Netzwerken normalerweise global angeboten werden. Anders ausgedrückt heißt das, daß, falls die Verbindung zu einem Provider über den erstrangigen Austauschpunkt fehlschlägt, sofort der nächstliegendste Ersatz-Austauschpunkt ausgewählt wird. Die Idee dahinter ist, dass man nicht etwa überschüssige Kapazitäten von einer Stelle aus zu einem anderen Netzwerk einräumt, sondern es geht darum, genügend freie Verbindungen und *Backbone*-Kapazität bereitzuhalten, um die Fehler an einer oder mehreren Stellen des Netzwerks kompensieren zu können. Man stellt also mehr Verbindungen und NAP-Bahnen an mehreren geographisch ideal gelegenen Punkten zur Verfügung. Durch diesen Ansatz gleicht man die Kosten der Redundanz-Verbindungen aus, da das Netzwerk sowohl bei normaler Arbeitsweise als auch in Fehlersituationen davon profitiert, dass diese freien Kapazitäten, anstatt nur von POP zu POP, weltweit ausgenützt werden können. Bild 2.6 illustriert den Fall einer unzureichenden Vernetzung, Bild 2.7 stellt das Modell mit redundanten Verbindungen dar.

Bild 2.6: Modell für weniger gute Verbindung

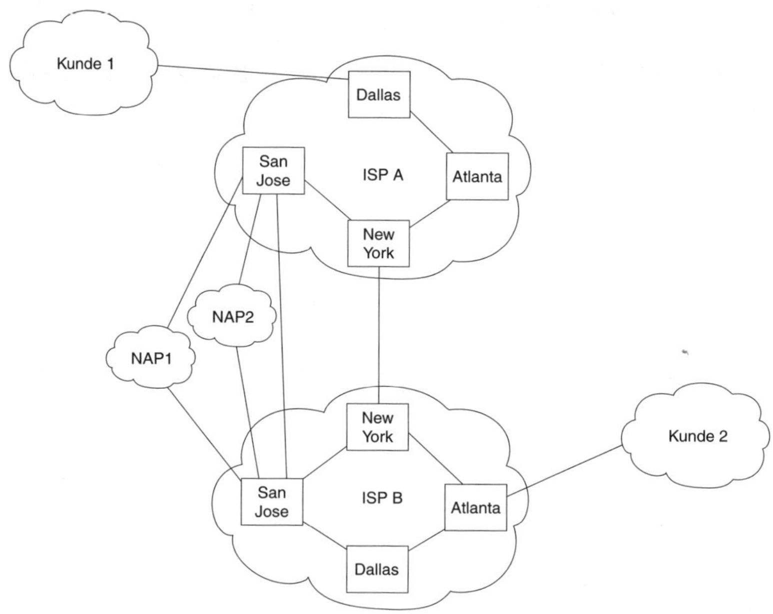

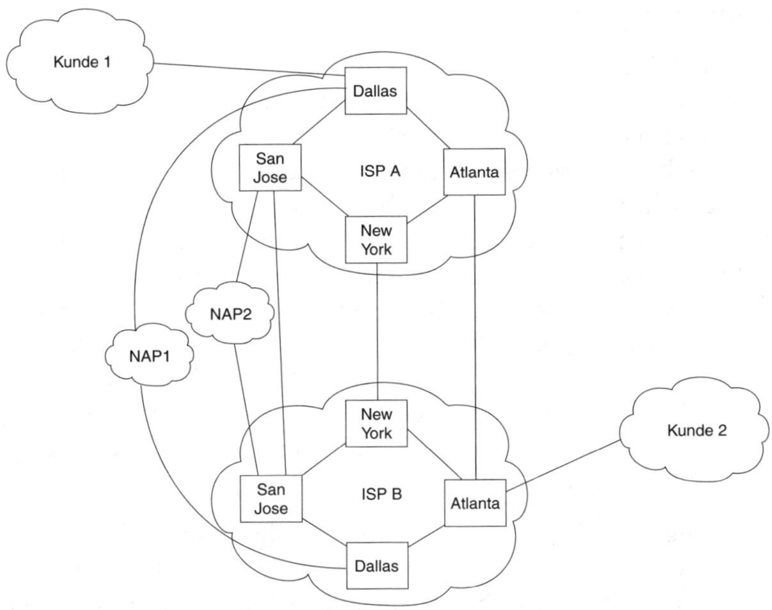

Bild 2.7: Modell für redundante Verbindungen

Man sollte sich auch mit den Einsparungsplänen eines Providers auseinandersetzen, wenn man sich mit Redundanz auseinandersetzt. Die meisten Anbieter halten auf ihrer Site kritische Hardwarekomponenten bereit und veranschlagen das Verhältnis von 1 : 1 für überzählige Ausstattung im Vergleich zu den Einheiten, die gerade in Gebrauch sind. Die Anzahl der überschüssigen Komponenten hängt gewöhnlich von der Beschaffung dieses Bestandteils ab und vom theoretischen MTBF (Zeitlicher Abstand zwischen dem Auftreten der Fehler – Mean Time Between Failures).

Manche Anbieter entscheiden sich dafür, den nicht genutzten Service auszuschöpfen. Meist geben sie ihn an Verkäufer weiter, die geographisch gut verteilte Depots unterhalten und ihren Inhalt mit mehreren Kunden teilen. Obwohl diese Vorgehensweise die MTTR (Zeitraum für die Reparatur – Mean Time To Repair) womöglich verlängert, wenn ein Problem auftritt, ist dies doch, auch wenn gelegentlich die Verfügbarkeit einer beliebten Komponente beschnitten wird, besser als überhaupt kein Sparplan.

Abstand zum Bestimmungsort

Es ist völlig falsch, davon auszugehen, dass sich der Kunde nur um die Anzahl der *IP hops*, d.h. der Zahl der IP-Router, die er braucht, um von seinem ISP aus ein bestimmtes Zielnetzwerk zu erreichen, kümmern sollte. In der Vergangenheit war es schon meist so, dass mehr *IP hops* auch potentiell mehr Paket-Transporte verzögerten, die Fracht am falschen Ort ablieferten oder verstümmelten. Heute arbeiten jedoch viele ISP *Backbone*-Netzwerke mit MPLS-(man leitet Daten weiter, die hierbei häufig protokollarisch etikettiert werden – Multiprotocol Label Switching), ATM- oder Frame Relay-Technologien. Hierbei entstehen auf der zweiten Ebene (Layer 2) viele *device hops*, die aber vom IP, z.B. durch einen *Tracerouter*, zurückverfolgt werden können.

Je weniger *IP hops* zum Ziel über ein bestimmtes Netzwerk unterwegs sind, desto deutlicher ist wohl auch die hinterlassene Spur im Vergleich zu einem Netzwerk, das mit vielen Hops arbeitet. Es ist jedenfalls wichtig zu wissen, auf welchen Techniken vermittelnde Netzwerke basieren, um irgendwelche Schlüsse ziehen zu können. Es kann zum Beispiel günstiger sein, durch mehrere *high-speed* Links als durch einen einzigen *low-speed* Link zu wandern.

Wie Sie ja inzwischen wissen, besteht das Internet aus einem Wirrwarr sich überlappender *Backbone*-Netzwerke, die über Austauschpunkte und direkte Verbindungen miteinander vernetzt sind. Da ist es gut, wenn man die Anzahl der *network*- oder *AS hops* (die Zahl der beim Routing gestreiften Domänen) zu gewissen Zielen genau bestimmt. Der Abstand zum Endziel hängt davon ab, wie viele Zielnetzwerke vom Provider Vernetzung kaufen und wie gut die Verbindung des Anbieters zu anderen Netzwerken ist. Kleinanbieter haben womöglich nur zu einem NAP Kontakt oder sind gar keinem NAP angeschlossen. Großanbieter haben häufig sowohl über NAPs als auch über direkte Zwischenverbindungen Anschluss zu anderen Netzwerken.

Vereinbarungen über den Datenaustausch

Es ist unbedingt notwendig, dass die ISPs Teil eines Traffic Exchange Agreements sind, welche gewöhnlich bilateral auf gleichberechtigter partnerschaftlicher Basis ausgehandelt werden. Bei der heutigen Architektur des Internet und den wenigen Regelungen, die bestimmen, wer sich wie (direkt oder an welchen NAPs) miteinander vernetzen sollte, steht es jedem ISP frei, wie er das Datenaustauschmodell angeht.

Die ISPs haben jahrelang erforscht, wie sie sich bezüglich der Zwischenverbindung von Netzwerken entscheiden sollen. Aber da man stets klären musste, wer wem wieviel zahlen sollte, hat man nur selten eine Einigung erzielen können. Wir sind schon in Kapitel 1 »Entwicklung des Internet« darauf eingegangen, dass größere ISPs immer öfter immer mehr Datenverkehr auf ein weiter verbreitetes direktes Zwischenverbindungsmodell umleiten. Die NAPs nutzen sie nur noch für die Verbindung zu kleineren Anbietern. Große Internet-Service-Provider haben außerdem ihre Maßgaben dafür, mit wem sie überhaupt an den NAPs eine Partnerschaft eingehen wollen, weiter eingeschränkt. Diese Information wird durch ein gegenseitiges Abkommen zwischen beiden Parteien, dem NDA (*Nondisclosure Agreement*), geschützt.

Potentielle Provider geben nur ungern Details der Vereinbarungen mit anderen Netzwerken zum Thema Datenaustausch preis. Sie stellen aber gerne Zahlen über gebündelte, verfügbare Kapazität und andere nützliche Informationen zu Verbindungen und Regelungen der Partnerschaften zur Verfügung. Die einzig wichtige Information könnte aber schlicht die Angabe darüber sein, auf welche Art der Anbieter mit anderen Netzwerken vernetzt ist. Über dieses wichtige Detail kann man nämlich auf die möglichen Durchlässigkeits-Charakteristika der Verbindung, die sie erwerben möchten, schließen.

2.2.4 Begrenzungspunkte

Zusätzlich zur Beschäftigung des Kunden mit Fragen der Kosten, *Backbones* und Zwischenverbindungen, sollte sich dieser mit dem Problem der Grenzpunkte (Demarcation Point – DP) auseinandersetzen, wenn er sich für eine ISP- und Durchführungsvereinbarung entscheiden möchte. Der Demarkationspunkt bezeichnet die Grenzlinie zwischen Netzwerk und Aufgabengebiet des Anbieters, dem Netz und der Verantwortung des Kunden. Das gilt vor allem innerhalb des Umkreises des dedizierten Hostings eines Anbieters. Man muss unbedingt zwischen den Aufgaben des Anbieters und den Verpflichtungen des Kunden unterscheiden können. Die Demarkationspunkte werden bis hin zu den Kabeln und Verbindungsstücken genau festgesetzt, damit es nicht zu Meinungsverschiedenheiten hinsichtlich Problemen im Umfeld oder im Netzwerk kommen kann. Bild 2.8 stellt einen typischen Demarkationspunkt zwischen einem ISP Netzwerk und dem Netzwerk eines Kunden dar.

Bild 2.8: Begrenzungspunkt

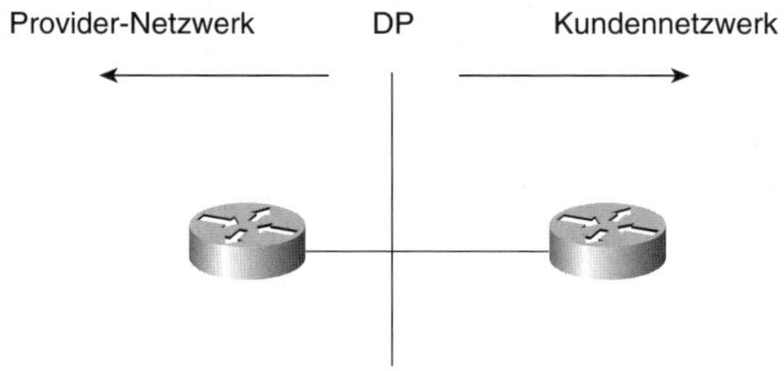

Jeder Provider definiert den Begrenzungspunkt anders. Das hängt meist davon ab, wer für die Kosten der Ausrüstung und der Zugangsleitung aufkommt, wo sich die Ausrüstung befindet und wer sie versorgt.

Voraussetzungen für die Ausrüstung des Kunden

Zur richtigen Ausstattung eines Kunden (Customer premises equipment – CPE) gehört normalerweise der Router, CSU/DSU, die Verkabelung und häufig auch ein analoges Modem für den OOB-(out-of-band) Zugang, für entsprechende Überprüfung und Management. ISPs stellen ihre Kunden gewöhnlich vor die Wahl, CPE und Zugangsleitungen zu kaufen, nur die Leitungen, oder nur eine monatliche Gebühr für die gesamte Ausstattung und die vom ISP erfüllten Zugangsbedingungen zu zahlen. Wie bei allen Dingen gibt es zu jedem Arrangement den zugehörigen Preis. Die ISPs sind dafür zuständig, die Ausrüstung oder die angebotenen Servicepakete zu pflegen. Zu den von ISPs zusammengestellten Paketen gehört die CPE und/oder der Zugang. Sollte der Kunde dieses Paket so nicht annehmen wollen, muss er eine Ausrüstung auswählen, die der ISP vorher für gut befunden hat. In Folge dessen wäre der Kunde dann auch für die Fehlervermeidung und die Pflege seiner eigenen Ausrüstung verantwortlich. Der Provider stellt sich zu einem Aufpreis für die Lösung von Problemen zur Verfügung. Bild 2.9 bis Bild 2.11 zeigen Beispiele für ISP-Pakete.

In der in Bild 2.9 veranschaulichten Situation ist der ISP für die Zugangsleitung und vom CSU/DSU bis zum fortsetzenden Verbindungsstück am Kundenstandort verantwortlich. Unter Umständen kann der Customer-Premises-Router verpflichtet werden, Richtlinien bezüglich des Datenspeichers und der Softwarewartung nachzukommen.

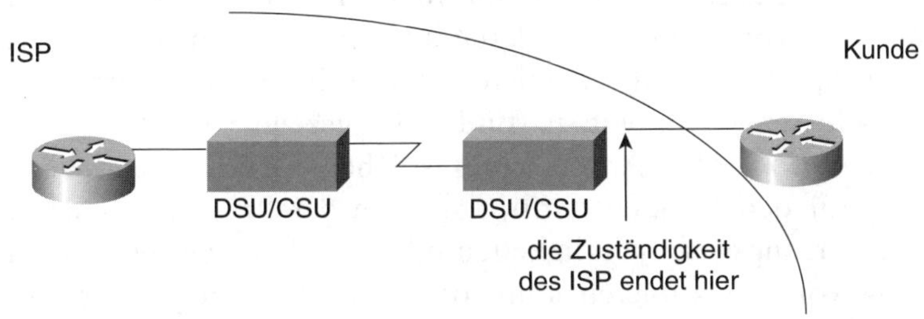

Bild 2.9: Beispiel: ISP bietet Zugang und CSU/DSU; der Kunde bietet Router

In der Situation in Bild 2.10 hat der ISP für alles gesorgt, seine Zuständigkeit endet am LAN Port des Routers bei den Vorgaben des Kunden.

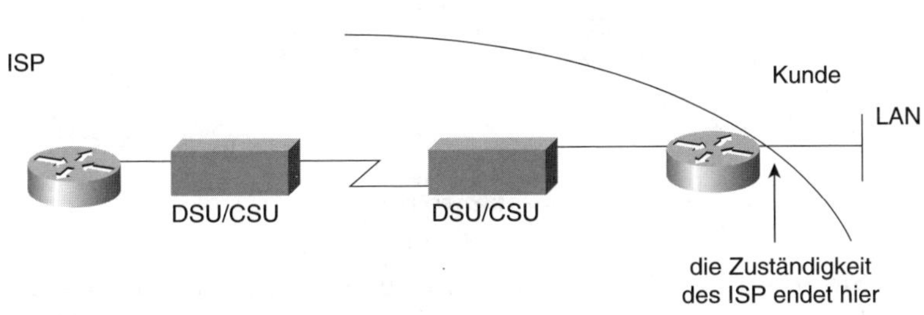

Bild 2.10: Beispiel: ISP bietet den Zugang, den Router und CSU/DSU

In Bild 2.11 kümmert sich der Kunde selbst um die CPE und Zugangsleitung. Die Verantwortung des Anbieters hört an der Verdrahtungsstelle der POPs, wo der ISP mit der Zentrale des Carriers Kontakt aufnimmt, auf.

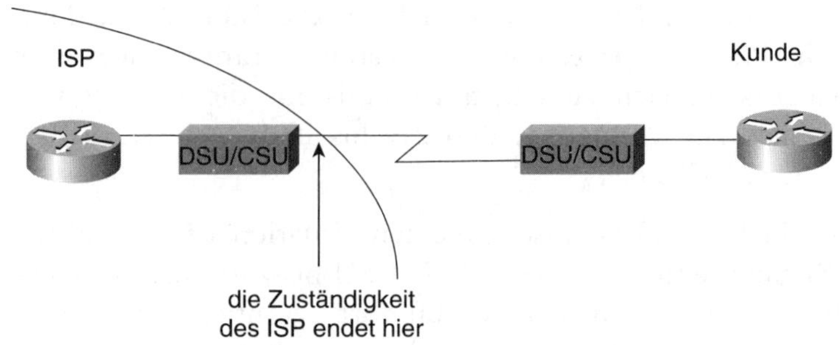

Bild 2.11: Beispiel: Kunde bietet alles

Angleichung der Router

Man gleicht Router an, indem man die Ausrüstung des einen mit den Vorgaben des anderen abstimmt. Wenn der Kundenrouter an die Site des Anbieters oder sein Hostingzentrum angeschlossen wird, wie in Bild 2.12 gezeigt, nennt man das *Collocation*. Der Anreiz eines solchen Kollokationsschemas liegt für den Kunden darin, dass ihm der Provider so schnellere Zugangsgeschwindigkeiten oder die Wartung der Ausstattung vor Ort anbieten kann oder dem Kunden eine größere Kontrolle über den Gebrauch der Zugangsbandbreite einräumt.

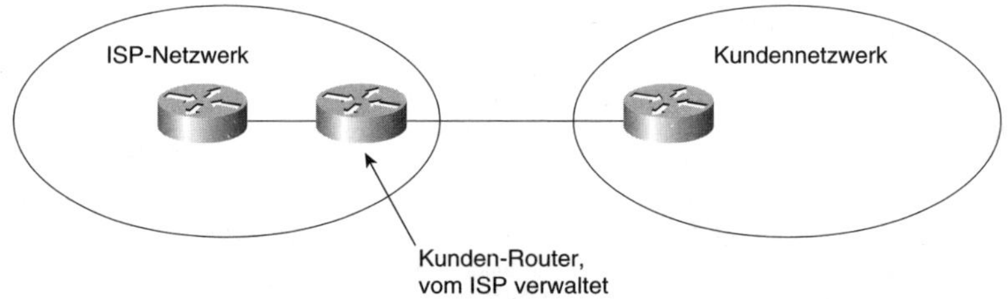

Bild 2.12: Anordnungsbeispiel: Der Router des Kunden auf Seiten des ISP

Die Situation in Bild 2.13 ist das Gegenstück zum in Bild 2.12 beschriebenen Fall. Hier stimmt der ISP seinen eigenen POP-Router mit der Site des Kunden ab. Normalerweise würde nun der ISP die Zugangsleitung und den Router kaufen und anschließend vom Kunden für den gesamten Service Gebühren verlangen.

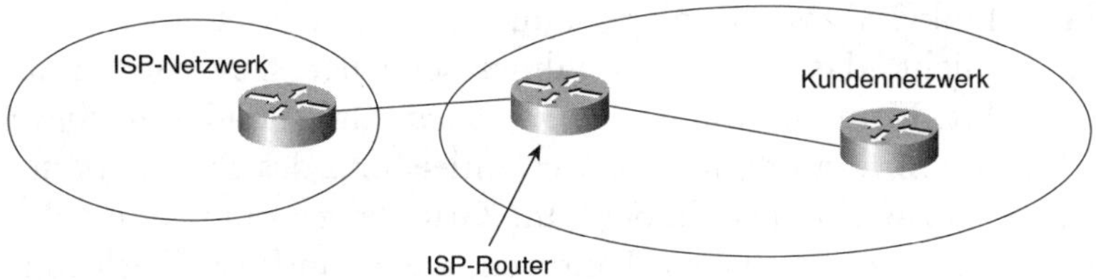

Bild 2.13: Anordnungsbeispiel: Der ISP Router auf Seite des Kunden

2.3 Vorschau

Die technischen Eigenschaften eines ISP-Netzwerks haben auch hinsichtlich der Qualität der Routingarchitektur schwerwiegende Rückwirkungen auf den Dienst des Kunden. Da der Kunde einige dieser Charakteristika vielleicht nicht direkt beeinflussen kann, ist es für ihn wichtig, sie zumindest einschätzen zu können und sich zu vergewissern, dass sie ihn mit der nötigen Vernetzung und Qualität versorgen.

Wenn Sie ein ISP-Kunde sind und Ihre Angleichungsvereinbarungen dahin gehen, dass Sie Ihre Ausrüstung nach ihren Vorgaben warten – auch wenn sie Ihnen nicht direkt gehört – können Sie vermutlich selbst bei der Entwicklung der Routingregeln und der Architektur ihres eigenen Netzwerkes Hand anlegen. Auch wenn Sie die Ausstattung nicht selbst in Schuss halten, müssen Sie doch bezüglich der Routingarchitektur Entscheidungen treffen und sich darauf verstehen.

Das nächste Kapitel schließt den Teil über das Grundwissen ab. Wir beschäftigen uns mit den Grundlagen der Adressvergabe im Internet und setzen uns mit der Erschöpfung der verfügbaren Adress-Speicherkapazität auseinander. Wenn wir mit der Vorarbeit fertig sind, werden wir im zweiten Teil der Buches zum Thema der Routingprotokolle ins Detail gehen.

2.4 Häufig gestellte Fragen

Frage – *Ist ein höherer Preis ein Hinweis darauf, dass die Verbindung eines ISP schneller und besser ist als die eines anderen?*

Antwort – Nicht unbedingt. Der höhere Preis ergibt sich zuweilen aus der Tatsache, dass der Provider in schnelle Verbindungen investiert hat, z.B. in OC12- oder OC48-*Back-*

bone-Links. Dass es solche Links gibt, bedeutet aber noch lange nicht, dass ihre Verbindung schneller sein wird. Eine schlechte Kombination aus *high-speed* Links und *low-speed* Clouds, z.B. könnte auf die Gesamtleistung des Providers negative Auswirkungen haben. Im Grunde genommen ist der Preis nur einer von vielen Faktoren, die Sie in Ihre Überlegungen einbeziehen sollten. Viel wichtiger ist eine gesunde Netzwerktopologie, die für Sie genügend freie Kapazitäten und geeignete Bandbreiten bereithalten sollte.

Frage – *Was ist die Ursache eines Engpasses in einem ISP-Backbone?*

Antwort – Engpässe treten auf, wenn zu viele für dieselbe Bandbreite auf einem physischen Link eingeschrieben sind oder dieser durch gleichzeitigen Gebrauch überlastet wird.

Frage – *Wenn ich mich an einen ISP anschließen möchte, sollte ich mir dann meine eigene Ausrüstung kaufen?*

Antwort – Wenn Sie ihre Ausstattung selbst kaufen, kann das Vor- und Nachteile haben. Nur Sie selbst können beurteilen, welches Modell den Bedürfnissen ihrer Organisation am ehesten entgegenkommt. Erst sollten Sie herausfinden, ob Ihr ISP darauf besteht, dass Sie dessen Ausrüstung verwenden (einige tun das). Sollte der ISP Ihnen erlauben, dass Sie sich Ihre eigene CPE zuzulegen, wird er doch möglicherweise eine gewisse Software und Hardware, die mit seinem System harmonisiert, zur Bedingung machen. Sie werden sich da wohl hauptsächlich am Preis orientieren. Kann sich Ihre Organisation eine so teure Investition leisten, auch die Aufrüstung und die nötigen Erweiterungen? Bei Kauf der Ausrüstung verpflichten Sie sich gegebenenfalls auch zur Instandhaltung, obwohl ja einige ISP sich dazu bereit erklären würden, diese Aufgabe für ein zusätzliches Entgeld zu übernehmen

In vielen Ländern wird die genutzte Ausstattung durch den Eingriff der Regierung eingeschränkt. Es ist äußerst wichtig, dass Sie Ihre Möglichkeiten genau kennen.

Frage – *Sollte meine Verbindung zu einem ISP wegen eines Fehlers in der Ausrüstung zusammenbrechen, wer ist dann für was verantwortlich?*

Antwort – Das hängt immer von den Dienstleistungen, die Sie mit dem ISP ausgehandelt haben, ab. Der vorher festgesetzte Demarkationspunkt zieht die Grenzlinie zwischen Ihren Verpflichtungen und den Verantwortlichkeiten des Providers.

Dieses Kapitel enthält die folgenden Schlüsselthemen:

- **Überblick über den Vorgang der Adressvergabe im Internet** – Ein Überblick über IPv4-A/B/C-Klassen-Adressvergabe und Basiskonzepte des Subnetting.
- **Subnet-Masken variabler Länge (Variable-length Subnet Masks - VLSMs)** – Beschreibung der *variable-length subnet masks* und wie man sie bei der effizienten Verteilung des IP-Adress-Speicherplatzes nutzen kann.
- **Erschöpfung des IP-Adress-Speicherplatzes** – Erläuterungen wie dem Problem der Überfüllung des IP-Adress-Speichers mittels kreativer Adressvergabe, Supernetting, privater Adressierung und den Protokollen der nächsten Generation entgegengewirkt werden kann
- **Private Adressvergabe und die Übersetzung der Netzwerkadressen (Network Address Translation - NAT)** – Der Gebrauch der NAT-Software, um die private und globale IP-Adressvergabe festzusetzen.
- **IP Version 6 (IPv6)** – Überblick über das Adressschema der nächsten IP-Generation (IP next generation - IPng) und darüber, wie es zum hierarchische Modell von CIDR und IPv4 passt.

Kapitel 3

IP-Adressierungs- und Verteilungs-Techniken

Dieses Kapitel möchten wir mit einem kurzen historischen Überblick über die Geschichte der Adressvergabe im Internet einleiten. Zugleich bieten wir Informationen zu alten IP-Version-4 (IPv4) Adressierungs- und Subnetting-Modellen. Basierend auf diesen Grundlagen werden Sie dann rund um das Thema der Verringerung der Kapazitäten des Adress-Speichers im Internet informiert. Danach wenden wir uns den Techniken der Adressvergabe und den Verteilungsstrategien wie dem *variable-length subnet masking* (VLSM), dem klassenlosen Routing zwischen Domänen (Classless Interdomain Routing – CIDR) und der Übersetzung der Netzwerkadressen (Network Address Translation – NAT) zu. Das Kapitel endet schließlich mit einer kurzen Einführung zur IP-Version 6 (IPv6).

Die Adressierungsstrategien sind sehr wichtig für die Routingarchitektur eines jeden Netzwerkes. Die Routingarchitektur und Router sind vor allem dafür da, jedem von ihnen geleiteten Verkehr einen Adressplatz zu bieten. Da das Internet so explosionsartig gewachsen ist, wurde die Adressmasse und die Entwicklung neuer Adressierungsstrategien zu einer großen Herausforderung für die Routingarchitekturen. Damit Sie die Konzepte hinter den Routingprotokollen schneller begreifen können, soll Ihnen hier ein Verständnis über die historischen Zusammenhänge und die Grundlagen der IP-Adressierung vermittelt werden.

3.1 Geschichte der Adressvergabe im Internet

Das Internet basiert heutzutage auf einem Adressierungsschema in der Version 4 der Internetprotokolle (IPv4)[1]. Man spricht gewöhnlich einfach vom *IP*. In diesem Abschnitt geht es um Folgendes:

- Basic IP Addressing
- Basic IP Subnetting[2]
- Variable-Length Subnet Mask (VLSM)3

3.1.1 Grundlagen der IP-Adressvergabe

Die IP-Adresse besteht aus einem einzigartigen, vierfachen Oktettwert (32-Bit), der in gepunkteter Dezimal-, oder gepunkteter Vierernotierung (dotted-decimal /or dotted-quad notation) in der Form W.X.Y.Z ausgedrückt wird. Die Punkte sollen jedes der vier Oktette der Adresse (z.B. 10.0.0.1) voneinander trennen. Das 32-Bit Adressfeld setzt sich aus zwei Teilen zusammen: der Netzwerk-, oder Linknummer (die für den Netzwerkteil in der Adresse steht) und dem »Gastgeber-« bzw. der *host*-Nummer (die den Host auf dem Netzwerksegment identifiziert).

Die Grenzen des Netzwerks und des Host wurden ursprünglich auf Grund der Klasse der IP-Adresse ausgelegt. Es gibt fünf definierte Klassen (drei davon werden für das Unicast-Addressing verwendet): A, B, C, D, und E. Tabelle 3.1 listet die verschiedenen Adressklassen und ihre Funktionen auf.

Tabelle 3.1: Klassifikation der IP Adressen

Klasse	Adressbereich	Bits hoher Ordnung	Netzwerk Bits	Host Bits	Funktion
A	0.0.0.0 to 127.255.255.255	0	7	24	Unicast
B	128.0.0.0 to 191.255.255.255	10	14	16	Unicast
C	192.0.0.0 to 223.255.255.255	110	21	8	Unicast
D	224.0.0.0 to 239.255.255.255	1110			Multicast
E	240.0.0.0 to 255.255.255.255	1111			Reserviert

Wie Sie unschwer erkennen können, werden nur die Klasse A- bis Klasse C-Adressen für Unicast verwendet werden und Klasse D-Adressen für Multicast. Der Adress-Speicher Klasse E ist reserviert. Einige Adressen innerhalb dieser Klassen sind zu einem bestimmten Zweck reserviert. Tabelle 3.2 listet einige dieser Adressen auf.

Tabelle 3.2: IP Adressen für spezielle Zwecke

Adressbereich	Zweck
0.0.0.0	Unbekanntes Netzwerk; Standardeinstellung
10.0.0.0 – 10.255.255.255	Reserviert für private Netze (RFC 1918)
127.0.0.0 – 127.255.255.255	Reserviert für loopback/lokale Adressen
172.16.0.0 – 172.31.255.255	Reserviert für Privatgebrauch (RFC 1918)
192.168.0.0 – 192.168.255.255	Reserviert für Privatgebrauch (RFC 1918)
255.255.255.255	Begrenzte Übertragung

Dieses auf Klassen basierende Adressschema wird auch als *classful model* bezeichnet. Die unterschiedlichen Klassen eignen sich für verschiedene Netzwerkkonfigurationen, je nach gewünschtem Verhältnis von Netzwerken zu Hosts. Die Auswirkungen der verschiedenen Klassen in ihrer Gesamtheit werden in diesem Kapitel Schritt für Schritt herausgestellt. Die nächsten Abschnitte konzentrieren sich auf die grundlegenden Definitionen jeder einzelnen Klasse.

Adressierung in Klasse A

Netzwerke der Klasse A werden auf der ganz linken Bit-Position der Adresse durch eine 0 dargestellt. Das erste Oktett (Bit 0 bis 7) der Adresse bezieht sich, beginnend beim ganz linken Bit, auf die Nummer des Netzwerks, die übrigen drei Oktette (Bit 8 bis 31) ergeben die Nummer des Host in diesem Netzwerk. Ein Beispiel für ein A-Klasse Netzwerk wäre 124.0.0.1, wobei 124.0.0.0 die Netzwerknummer darstellt, die Nummer des Host ist 1. Das Ergebnis dieser Darstellung, wie in Bild 3.1 gezeigt, sind 128 (2^7) A-Klassen-Netzwerknummern. Da aber 0.0.0.0 keine gültige Netzwerknummer ist, gibt es nur 127 (2^7–1) A-Klassen-Adressen.

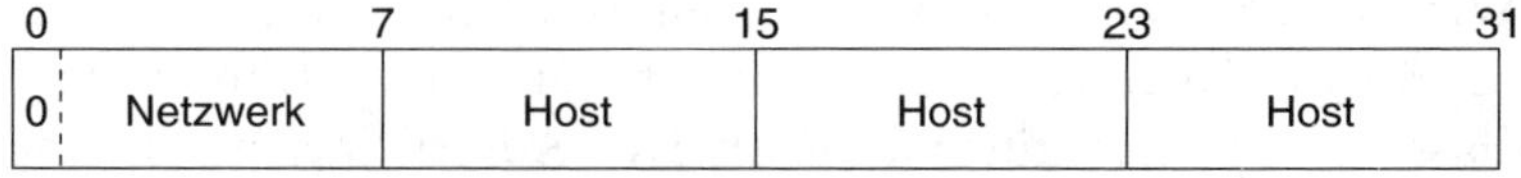

Bild 3.1: Beliebiges A-Klasse Format

Nachdem ein Netzwerk definiert wurde, dient die erste und die letzte Hostadresse innerhalb des Netzwerks einem besonderen Zweck. Die erste Adresse (in unserem vorherigen Beispiel 124.0.0.0) gibt die Netzwerknummer an, die letzte Adresse des Netzwerks gilt als *directed broadcast* Adresse des Netzwerks (124.255.255.255). Deshalb haben A-Klasse-Adressen nur 16777214 (2^{24}–2) statt16777216 (2^{24}) Hosts pro Netzwerk.

Adressierung in Klasse B

B-Klasse-Netzwerke werden mit 1 und 0 auf den zwei linken Bit der Adresse dargestellt. Die ersten beiden Oktette der Adresse (Bit 0 bis 15) stehen für den Netzwerkanteil der Adresse, die übrigen zwei Oktette (Bit 16 bis 31) geben die Nummer des Host dieses Netzwerks an. Das Ergebnis dieser Darstellung, wie in Bild 3.2 gezeigt, sind 16,384 (2^{14}) Netzwerknummern mit 65534 (2^{16}–2) Hosts pro Netzwerk. 172.16.0.1 wäre ein Beispiel für eine B-Klasse-Adresse, wobei 172.16.0.0 für das B-Klassen-Netzwerk und 1 für den Host steht.

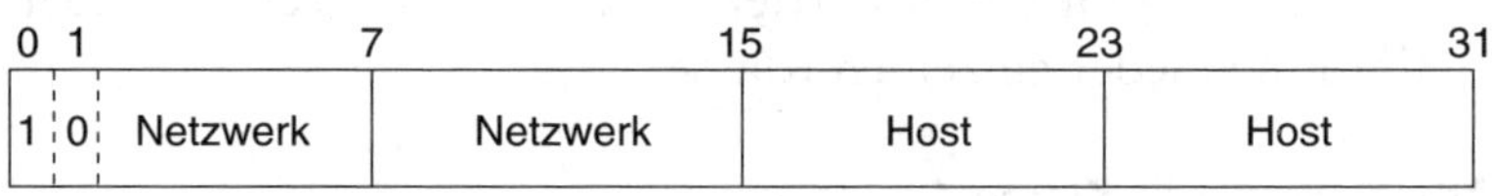

Bild 3.2: Beliebiges B-Klasse Format

Adressierung in Klasse C

Netzwerke der Klasse C werden durch 1, 1 und 0 auf den drei linken Bit abgebildet. Die Netzwerknummer wird von den ersten drei Oktetten (Bit 0 bis 23), die Hostnummer in diesem Netzwerk wird vom letzten Oktett (Bit 24 bis 31) dargestellt. Bild 3.3 zeigt das Ergebnis dieser Konfiguration, die 2,097,152 (2^{21}) Netzwerknummern mit 254 (2^{8}–2) Hosts pro Netzwerk. Als Beispiel eines C-Klasse-Netzwerks möchten wir hier 192.11.1.1 nennen. Hierbei ist 192.11.1.0 die Nummer des Netzwerks, die Hostnummer lautet 1.

0	1	2	7	15	23	31
1	1	0	Netzwerk	Netzwerk	Netzwerk	Host

Bild 3.3: Beliebiges C-Klasse Format

Adressierung in Klasse D

D-Klasse-Netzwerke werden durch 1, 1, 1, und 0 auf den ganz linken Bit-Positionen der Adresse ausgedrückt. Die D-Klassen-Adressen sind dem Multicasting vorbehalten, sie stellen Multicast-Gruppennummern dar.

Adressierung in Klasse E

An den linken vier Bit-Positionen der Adresse werden die E-Klasse-Netzwerke durch 1, 1, 1, und 1 skizziert. Der E-Klassen Adress-Speicher dient gegenwärtig experimentellen Zwecken.

3.1.2 Grundlagen des »IP-Subnetting«

Bei der Grundeinstellung eines untergeordneten Netzes und bei rangniedrigeren Netzen variabler Länge kommt es oft zu Missverständnissen. In diesem Abschnitt wenden wir uns in einer kurzen Einführung der Frage zu, wie das *Subnetting* funktioniert, im folgenden Abschnitt geht es dann um die Subnetz-Masken variabler Länge (VLSMs).

Ein *subnet*, oder *subnetwork* ist ein Untersystem eines A-, B- oder C-Klasse-Netzwerks. Um den Vorgang der Erstellung untergeordneter Netze besser verstehen zu können, ist es sinnvoll, sich intensiv mit den IP-Adressen zu befassen, die nicht in ein sekundäres Netz eingebettet sind. Wie wir bereits geklärt haben, setzt sich die IP-Adresse aus einem Netzwerk- und einem Host-Teilabschnitt zusammen. Daraus ergibt sich ein statisches, hierarchisches Adressierungsmodell auf zwei Niveaus, dem Netzwerk und dem Host. Im IP-Subnetting[2] gibt es durch das Konzept der Netzwerkmaske oder Netzmaske noch eine dritte hierarchische Stufe.

Die *netmask* entspricht einer Bitmaske mit Bit-Abschnitten, die mit den in der *classful IP* Netzwerknummer vorkommenden Bits korrespondieren und einem der Subnetznummer entsprechenden zusätzlichen Bit-Bündel.

In Bild 3.4 wird die Netzwerkmaske 255.0.0.0 auf das Netzwerk 10.0.0.0 angewendet. Die Maske in Binärschreibweise besteht aus einer Folge von aneinandergrenzenden Einsen, denen eine Reihe von benachbarten Nullen folgt. Der Abschnitt aus Einsen stellt den Netzwerkteil der Adresse dar, die Nullen stehen für den Hostanteil. Damit erhalten wir einen Mechanismus, mit dessen Hilfe wir die IP-Hostadresse 10.0.0.1 in einen Netzwerkteil von 10 und einen Hostanteil von 1 Abschnitten unterteilen können.

Bild 3.4: Grundlage für Maskenvergabe im Netzwerk

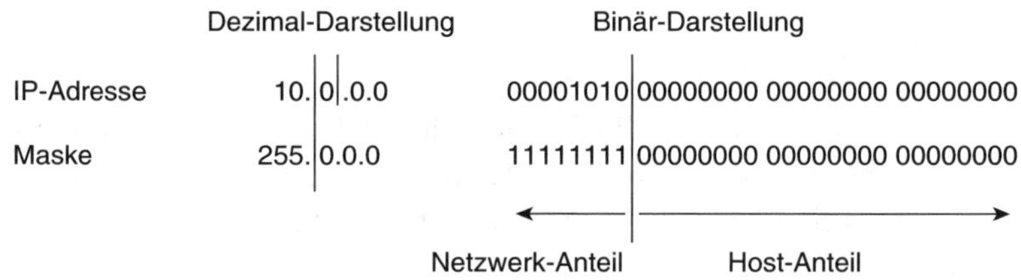

Die A-, B- und C-Klassen-Adressen verfügen alle drei über eine sogenannte natürliche Maske, jene Maske, die eben aus der Definition des Netzwerk- und des Hostanteils jeder Klasse hervorgeht. Die natürlichen Masken der A-, B- oder C-Klasse-Adressen lauten wie folgt:

– Die natürliche Maske der A-Klasse heißt 255.0.0.0

– Die natürliche Maske der B-Klasse entspricht 255.255.0.0

– Die natürliche Maske der C-Klasse lautet 255.255.255.0

Die Masken erleichtern die Schaffung eines Subnetzes, indem sie die Netzwerk- und Hostabschnitte der IP-Adresse voneinander trennen. Ohne Subnetze könnten Netzwerknummern nur eine beschränkte Anzahl von Funktionen erfüllen. Jedes physische Segment, zum Beispiel ein Ethernet, Token Ring-, oder FDDI-Bestandteil ist normalerweise mit einem oder mehreren Netzwerknummern verknüpft. Könnte man keine untergeordneten Netze erstellen, hätte ein A-Klasse-Netzwerk der Form 10.0.0.0 nur die eine Möglichkeit, sich mit einem einzigen physischen Segment, auf dem sich ca. 16 Millionen Hosts befinden, zu vereinigen. Bild 3.5 soll dies veranschaulichen.

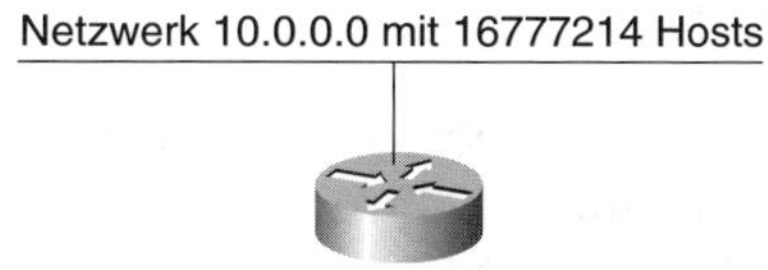

Bild 3.5: A-Klasse-Netzwerk ohne Subnetze

Durch den Gebrauch von Masken kann ein Netzwerk in kleinere Unternetzwerke unterteilt werden, indem man den Netzwerkanteil der Adresse einfach in den Bereich des Host hineinragen lässt. Die Technik des *Subnettings* versorgt uns so mit einer größeren Anzahl von sekundären Netzwerken, während sie gleichzeitig die Zahl der Hosts in jedem Netzwerk verringert.

In Bild 3.6 zeigen wir, wie eine Maske aus 255.255.0.0 auf Netzwerk 10.0.0.0 angewendet wird. Dieser Vorgang unterteilt die IP-Adresse in einen Netzwerkteil von 10, einen Subnetzabschnitt von 0 und einen Hostbereich von 1. Die 255.255.0.0 Maske macht dem Host einen Teil seines Bereichs streitig und fügt diesen dem Netzwerkabschnitt hinzu. Dadurch vergrößert sich die Ausdehnung des *classful ten-network* von einem einzelnen großen Netzwerk auf 256 Subnetzwerke zwischen 10.0.0.0 und 10.255.0.0. Das verringert die Menge der Hosts für jedes Subnetz von 16777214 auf 65534.

ANMERKUNG

Bitte beachten Sie, dass 10.0.0.0 in diesem Beispiel für das Null-Subnetz steht. Manche Software für Legat-Router verhindert den Gebrauch des Adressplatzes des Null-Subnetzes. Auch die Werkseinstellung der Cisco-Router lässt eine solche Nutzung nicht zu. Damit sie Null-Subnetze in IOS verwenden können, müssen Sie **ip subnet-zero** konfigurieren.

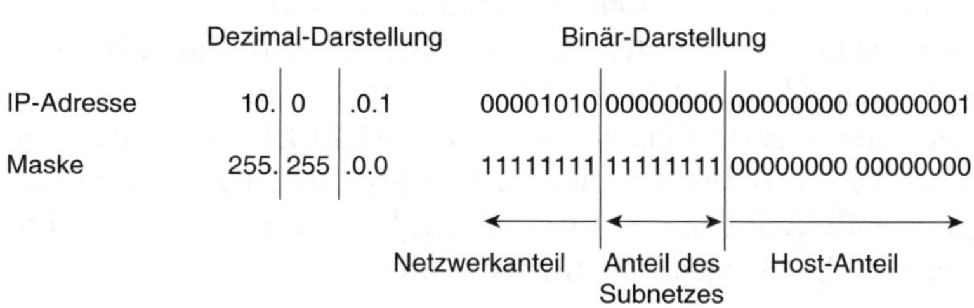

Bild 3.6: Grundlage zur Subnetzvergabe

3.1.3 VLSMs

Der Ausdruck *variable-length subnet mask (VLSM)* bezieht sich auf die Tatsache, dass ein Netzwerk mit verschiedenen Masken konfiguriert werden kann. Hinter VLSMs[3] steckt die Grundidee, durch die Unterteilung der Netzwerke in viele Unternetzwerke mehr Flexibilität bieten zu können. Gleichzeitig kann man einen beliebig großen Anteil des Hostbereichs an die Unternetzwerke bestmöglich verteilen. Ohne VLSM könnte man nur eine einzige Subnetz-Maske auf das gesamte Netzwerk anwenden. Dies würde dann auch die Zahl der Hosts im Vergleich zur Menge der nötigen Subnetze begrenzen. Wenn Sie eine Maske danach auswählen, genügend Unternetzwerke zu erhalten, könnten sie möglicherweise nicht in jedem Subnetz genügend Hostnummern ansiedeln. Dasselbe gilt für Hosts: eine Maske, die ausreichend Hosts zulässt, stellt vielleicht nicht genügend Subnetzspeicher zur Verfügung. VLSM erlaubt es, das Subnetzwerk mit beliebig vielen Hosts zu versehen, sodass der Verwalter des Netzwerks den Adress-Speicher besser nutzen kann.

Stellen Sie sich nun einmal vor, Sie müssten ein C-Klasse-Netzwerk namens 192.214.11.0 in drei Subnetze untergliedern. Für das eine Subnetz brauchen Sie 100 Hostnummern, die anderen zwei benötigen je 50 Hosts. Wenn Sie einmal die beiden Endnummern 0 (Netzwerknummer) und 255 (*directed-broadcast*-Adresse) des Netzwerks beiseite lassen, haben Sie theoretisch auf 246 Hostnummern Zugriff, von 192.214.11.0 bis 192.214.11.255. Wie Sie sehen werden, können Sie ohne VLSM keine Subnetz-Unterteilung vornehmen.

Um die realisierbaren Subnetz-Optionen eines 192.214.11.0 Netzwerks kennenzulernen, müssen Sie erst einmal die Netzwerkmaske identifizieren, die im Falle dieses altbewährten C-Klasse-Netzwerks durch 255.255.255.0 dargestellt wird (in den ersten drei Oktetten ausschließlich Einsen). Eine Handvoll Subnetzmasken der Form 255.255.255.X kann man verwenden, um das C-Klasse-Netzwerk 192.214.11.0 in mehrere Subnetze einzuteilen. Eine Maske muss über eine aneinander grenzende Reihe aus 1 Bit bestehen, beginnend beim ganz linken Bit, die übrigen Bits müssen Nullen sein.

ANMERKUNG

Anfangs mussten sich die Masken nicht unbedingt aus einer Gruppe benachbarter Einsen, denen dann Nullen folgen, zusammensetzen. Manche Versionen nutzten die »Mittel-Bits«, um den Hostbereich der Adresse zu identifizieren, und untergeordnete Bits für die Identifizierung des Subnetzwerks. Diese Flexibilität brachte den Netzwerkadministratoren nur geringe Vorteile ein, bereicherte aber das Routing um manchen Aspekt. Auf Grund dieser Komplexität musste man die Spezifizierung dahingehend verbessern, dass die Masken durch aneinander grenzende Einser-Gruppen dargestellt würden.

Tabelle 3.3 ist eine Auflistung der möglichen Masken, mit deren Hilfe man die 256 verfügbaren Adressen in zusätzliche Subnetze gliedern kann.

Tabelle 3.3: Mögliche C-Klasse Subnetze

Letztes Oktett	Binärdarstellung	Anzahl der Subnetze	Anzahl der Hosts*
128	1000 0000	2	128
192	1100 0000	4	64
224	1110 0000	8	32
240	1111 0000	16	16
248	1111 1000	32	8
252	1111 1100	64	4

*Beachten Sie, daß im Feld »Anzahl der Hosts« auch Netzwerk- und broadcast-Adresse enthalten sind

Bevor es VLSM gab, musste man ein klassisches Netzwerk unterteilen, indem man über das gesamte Netzwerk eine einzelne angrenzende Netzmaske legte. In diesem Fall, hatten Sie die Wahl, eine 255.255.255.128 Maske zu verwenden und die Adresse in zwei Unternetze mit je 128 Hosts zu teilen, oder Sie bedienten sich einer 255.255.255.192 Maske und gliederten die Adresse in vier Subnetze mit je 64 Hosts. Keine der beiden Optionen genügt der Anforderung, 100 Hosts auf das eine und je 50 Host auf die beiden anderen Segmente zu verteilen.

Dieses Ziel können Sie mit den Masken variabler Länge erreichen. Nehmen wir einmal an, Sie hätten das Netzwerk 192.214.11.0. Sie legen also die Maske 255.255.255.128 an, die Netzwerkadresse gliedert sich so in zwei Unternetze zu je 128 Hosts. Diese Subnetze würden folgendermaßen dargestellt: die untere Hälfte eines Netzwerks der Klasse C mit 192.214.11.0 (.0 bis .127), die obere Hälfte mit

192.214.11.128 (.128 bis .255). Unterteilen Sie nun das 192.214.11.128 Netz weiter mit der 255.255.255.192 Maske. So erhalten Sie zwei Unternetze mit je 64 Hosts: Subnetz 192.214.11.128 (.128 bis .191) und Subnetz 192.214.11.192 (.192 bis .255). Bild 3.7 und Bild 3.8 zeigen Ihnen, wie der Adress-Speicher richtig eingeteilt wird. (Erinnern Sie sich bitte, dass die Netzwerknummer und die *directed-broadcast*-Adresse hier zu den Hosts zählen.)

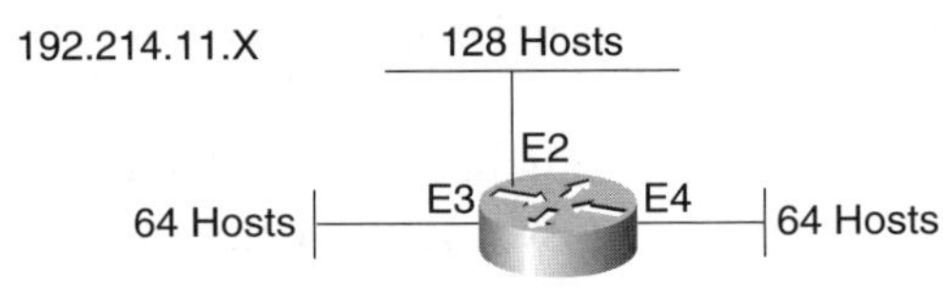

Bild 3.7: Beispiel: C-Klasse Netzwerk unterteilt in drei Subnetze

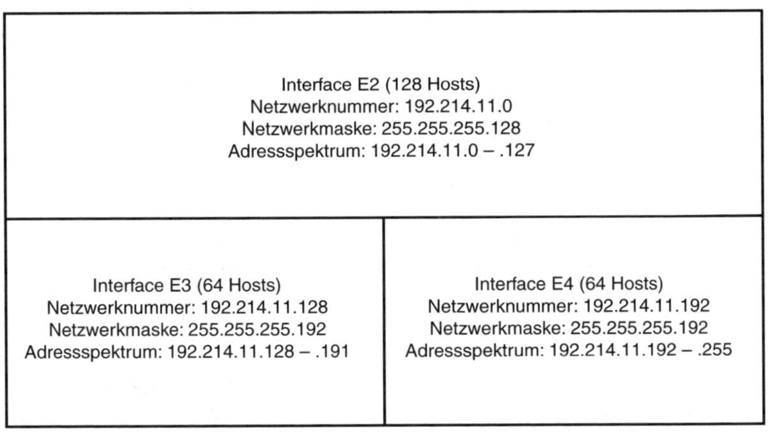

Bild 3.8: Gebrauch von VLSM um ein Netzwerk in Subnetze unterschiedlicher Größe aufzuteilen

Es ist Tatsache, dass nicht alle Routingprotokolle mit VLSM arbeiten können. Die Protokoll-Version 1 (RIP-1) und das Interior Gateway Routing-Protokoll (IGRP) führen bei der Aktualisierung des Routing keine Netzwerkmasken mit und können daher auch mit variabel unterteilten Netzwerken nicht korrekt umgehen. Heutzutage gibt es Protokolle wie z.B. das Open Shortest Path First (OSPF), das Enhanced IGRP (EIGRP), das Routing-Informationsprotokoll in Version 2 (RIP-2), oder das Intermediate System-to-Intermediate System (IS-IS). Dennoch haben die Administratoren immer noch Schwierigkeiten, diese Techniken anzuwenden. Viele der früheren Netzwerke haben auf RIP-1 und IGRP aufgebaut, darum ist ihre IP-Adresse nicht so angelegt, dass man sie besser in Blöcken gruppieren könnte. Da müssten sie ihre IP-Adressen schon auseinandernehmen, die Adressverwaltung müsste die Hosts neu nummerieren, damit sie in das neue Schema passen. Eine solche Aktion ist sehr aufwendig, daher wird diese Möglichkeit von vielen Administratoren verworfen. Dieses Nebeneinander verschiedener Systeme ist ein ständiger Knackpunkt für die Verwalter, die sich darum auch auf zu komplizierte Manöver und statisches Routing verlegt haben.

3.2 Erschöpfung des IP-Adressen-Speichers

Die Nachfrage für IP-Adressen steigt und belastet das Klassen-Modell schwer. Die meisten Firmen entschieden sich für B-Klasse-Adressen, weil sie zu dem Schluss kamen, dass diese ihren Anforderungen durch das ausgeglichene Verhältnis zwischen der Anzahl der Netzwerke und der Menge der Hosts am besten genügen. Die A-Klasse mit über 16 Millionen Hosts wäre ihnen zuviel gewesen, die C-Klasse beherbergt zu wenige Hosts pro Netzwerk. Bis 1991 wurde langsam deutlich, dass die Nachfrage für die B-Klasse nicht abnehmen würde. Also musste man Maßnahmen ergreifen, damit der B-Speicher nicht überfüllt würde.

Einerseits ging man zur kreativen IP-Adressvergabe über und machte den Gebrauch von Privatadressen für Organisationen möglich, die nicht auf globaler Ebene vernetzt waren. Zum anderen gründete man Arbeitsgruppen und Direktorien wie die Routing- und Addressing-(ROAD)Arbeitsgruppe und das IP next-generation-(IPng)Direktorat. 1992 schlug die ROAD Arbeitsgruppe die Verwendung des klassenlosen Routing (Classless Interdomain Routing – CIDR) zwischen Domänen als Maßnahme vor, sich von der Klassen-IP-Adressierungsmethode zu entfernen. Im selben Zeitraum arbeitet das IPng-Direktorium an der Entwicklung eines neuen, verbesserten IP-Adressierungsschemas. Dieses Schema nutzt die IP-Version 6 (IPv6), die schließlich die bei der IPv4 Adressierungsmethode aufgetauchten Probleme beheben sollte.

Man kann die Schritte zur Bekämpfung der Überlastung des IP-Adress-Speichers in folgende vier Kategorien einteilen:

– Kreative Zuordnung der IP-Adressen

- Klassenloses Routing zwischen Domänen (CIDR)[4]
- Private IP-Adressierung und Übersetzung der Netzwerkadressen (NAT)[5, 7]
- IP-Version 6 (IPv6)[8]

Die Sorge um die Vergabekapazitäten und die steigende Nachfrage nach IP-Adressen erzeugten die Notwendigkeit, den Vorgang der IP-Adressierung durch eine zentrale Registratur umstellen zu lassen. Ursprünglich übten die IANA- und der Internet Registrierdienst (IR) die volle Kontrolle auf die Vergabe von Adressen aus. Je nach Reihenfolge der Anfrage ordnete man die IP-Adressen den Organisationen zu, ohne geographische Faktoren oder das Wie und Wo die Organisation sich ans Internet anschließen würde, zu beachten. So entstanden Löcher im IP-Adress-Speicher – ein voneinander-Absondern zwischen einzelnen oder geringen IP-Adressmengen, während große, zusammenhängende Freiräume für Nummern zerstört wurden.

Man musste die Sache also anders angehen, große, zusammenhängende Adressplätze an verschiedene Administrationen (zum Beispiel an die Service Provider) verteilen, die ihrerseits Kundenadressen aus ihrem eigenen Speicher vergeben würden. Diese Delegierungsmethode der Adressvergabe führte zu einer kontrollierten und hierarchischen Zuteilung von IP-Adressen. Sie ähnelt in etwa der Vorgehensweise des Telefonnetz-Verteilungsschemas: die Vorwahl verweist auf die Region (vergleichbar den Netzwerken der Serviceanbieter), die folgenden Zahlen leiten zum zentralen Anschluss einer Telefonanlage (Kundenstamm des Service Providers), die übrigen Zahlen beziehen sich auf den Kunden X (Host).

3.2.1 Vergabe von IP-Adressen

Die Menge der A-Klasse-Netzwerknummern ist beschränkt, die Vergabe dieser Plätze streng geregelt. Obwohl auch weiterhin A-Klasse-Speicherplätze verteilt werden, werden sie nun auf der Basis von Subnetzwerken bewilligt, anstatt innerhalb des Gesamtrahmens der Klassen. Auch die Bewilligung der B-Klasse-Adressen kann eingeschränkt und auf Subnetzwerkbasis vorgenommen werden. Die C-Klasse-Adressen werden normalerweise aus dem Adress-Speicher des »Upstream«-Dienstleistungsanbieters vergeben. In der Tabelle 3.4 haben wir für Sie alle derzeit üblichen Zuweisungsmethoden für C-Klasse-Adressen zusammengefasst.

Tabelle 3.4: Zusammenfassung der C-Klasse Einteilung

Organisatorische Erfordernisse	Adresszuweisung
Weniger als 256 Adressen	1 C-Klasse Netzwerk
Weniger als 512 und mehr als 256 Adressen	2 zusammenhängende C-Klasse Netzwerke
Weniger als 1.024 aber mehr als 512 Adressen	4 zusammenhängende C-Klasse Netzwerke
Weniger als 2.048 aber mehr als 1.024 Adressen	8 zusammenhängende C-Klasse Netzwerke
Weniger als 4.096 aber mehr als 2.048 Adressen	16 zusammenhängende C-Klasse Netzwerke
Weniger als 8.192 aber mehr als 4.096 Adressen	32 zusammenhängende C-Klasse Netzwerke
Weniger als 16.384 aber mehr als 8.192 Adressen	64 zusammenhängende C-Klasse Netzwerke

Das American Registry for Internet Numbers (ARIN) und andere regionale Internetregistraturen zögern heute, dem Netzwerk des Endkunden direkt Speicher einzuräumen. Will ein Netzwerk direkt von ARIN einen Adressplatz bekommen, muss es zuerst die Zuweisung von mindestens 16 C-Klasse-Adressen oder 4096 Hosts rechtfertigen können. Auch mit einer solchen Berechtigung versehene Administratoren werden im Falle einer Anfrage dieser Größenordnung ermutigt, diesen Speicherplatz lieber bei ihrem Provider anzufordern.

Sie finden die empfohlenen Richtlinien für Kundenadressen, die aktuellen Regelungen zur Adressvergabe, Anforderungsschablonen und andere Informationen zum Thema auf ARINs Webserver (www.arin.net).

Hinsichtlich der geographischen Verteilung von Adress-Speicher gibt es vier Hauptgebiete: Europa, Nordamerika, Afrika jenseits der Sahara, den pazifischen Raum und Süd- und Zentralamerika. Tabelle 3.5 enthält eine Zusammenfassung der Platzhalter, die für diese Regionen zur Verfügung stehen. Das multiregionale Gebiet umfasst Netzwerknummern, die vor der Einführung dieser Vorgehensweise vergeben worden waren.

Tabelle 3.5: Vergabe von Adressenbereichen hinsichtlich der geographisch größten Gebiete

Adressenbereich	Geographische Zuordnung	Zuordnungsdatum
61.0.0.0-61.255.255.255	APNIC – Pacific Rim	April 1997
62.0.0.0-62.255.255.255	RIPE NCC – Europa	April 1997
63.0.0.0-63.255.255.255	ARIN	April 1997
64.0.0.0-64.255.255.255	ARIN	Juli 1999
128.0.0.0-191.255.255.255	Verschiedene Registrierungen	Mai 1993
192.0.0.0-192.255.255.255	Multiregional	Mai 1993
193.0.0.0-195.255.255.255	RIPE NCC – Europa	Mai 1993
196.0.0.0-198.255.255.255	Verschiedene Registrierungen	Mai 1993
199.0.0.0-199.255.255.255	ARIN – Nordamerika	Mai 1993
200.0.0.0-200.255.255.255	ARIN – Zentral and Südamerika	Mai 1993
201.0.0.0-201.255.255.255	Reserviert für Zentral- und Südamerika	Mai 1993
202.0.0.0-203.255.255.255	APNIC – Pacific Rim	Mai 1993
204.0.0.0-205.255.255.255	ARIN – Nordamerika	März1994
206.0.0.0-206.255.255.255	ARIN – Nordamerika	April 1995
207.0.0.0-207.255.255.255	ARIN – Nordamerika	November 1995
208.0.0.0-208.255.255.255	ARIN – Nordamerika	April 1996
209.0.0.0-209.255.255.255	ARIN – Nordamerika	Juni 1996
210.0.0.0-210.255.255.255	APNIC – Pacific Rim	Juni 1996
211.0.0.0-211.255.255.255	APNIC – Pacific Rim	Juni 1996
212.0.0.0-212.255.255.255	RIPE NCC – Europa	Oktober 1997
213.0.0.0-213.255.255.255	RIPE NCC – Europa	März 1999
216.0.0.0-217.255.255.255	ARIN – Nordamerika	April 1998

3.2.2 Klassenloses Routing zwischen Domänen

Das Wachstum des weltweiten IP-Routing in den letzten Jahren hat dazu geführt, dass die Router Gefahr laufen, reaktionsträge zu werden, weil sie nicht mehr über genügend »Saft« und Erinnerungsspeicher verfügen. Die Statistiken und Prognosen zur Wachstumsrate belegen, dass sich die Einträge in die Routingtafeln zwischen 1991 und 1995 alle zehn Monate verdoppelt haben und seit 1998 schon wieder bemerkenswert gewachsen sind. Bild 3.9 verdeutlicht dieses Wachstum.

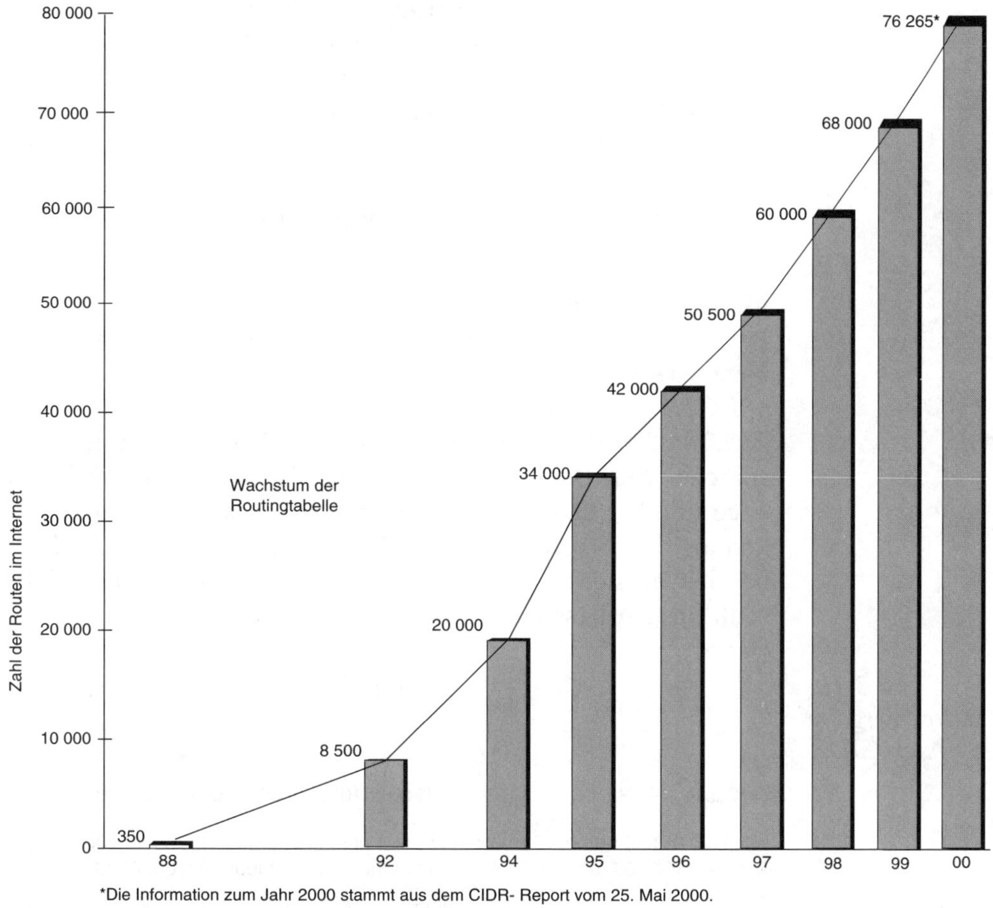

Bild 3.9: Wachstum der Internet Routingtabellen

Hätte man nichts unternommen, so wären die Routingtabelle bis 1995 auf etwa 80000 Routern angewachsen. Die jüngsten Daten von Anfang 2000 sprechen allerdings von ca. 76000 Routen. Der Rückgang dieses Anstiegs ist der Erfolg des im letzten Abschnitt behandelten IP-Adressvergabe-Schemas und der Anwendung des CIDR.

CIDR war ein Evolutionsschritt weg von den althergebrachten klassifizierten IP-Adressen – namentlich der Netzwerklassen A, B, und C. Das CIDR stellt das IP-Netzwerk durch eine Vorwahl dar, der IP-Adresse eines Netzwerks. Dann folgt ein Querstrich und schließlich die Angabe der Anzahl der ganz links stehenden, benachbarten Bit. Die Bit korrespondieren mit der Netzwerkmaske und gehören zu eben dieser Netzwerkadresse. Gehen wir zum Beispiel vom Netzwerk 198.32.0.0 mit der Vorwahl /16 aus, was dann wie folgt ausgeschrieben würde: 198.32.0.0/16. Das Präfix /16 zeigt an, dass es 16 Bit Masken gibt, wenn man ganz von links anfängt zu zählen. Dies entspricht dem IP-Netzwerk 198.32.0.0 mit einer 255.255.0.0 Netzmaske.

Man nennt ein Netzwerk *supernet*, wenn im Rahmen der Präfixnetzmaske weniger Bit als in der natürlichen Maske des Netzwerks vorhanden sind. Das C-Klasse-Netzwerk 198.32.1.0 hat beispielsweise eine natürliche Maske aus 255.255.255.0, was einem /24 in der CIDR-Schreibweise entspräche. Man kann die Darstellung 198.32.0.0 255.255.0.0 auch durch 198.32.0.0/16 ersetzen, beide haben kürzere Masken als die natürliche Maske (16 ist weniger als 24). Deshalb handelt es sich in diesem Fall um ein Supernetz. Bild 3.10 stellt diese Adressschemen dar.

Bild 3.10: Adressvergabe nach CIDR

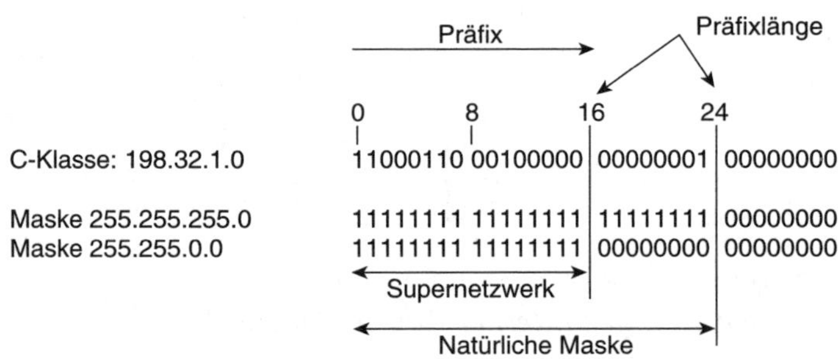

198.32.1.0 255.255.255.0 <==> 198.32.1.0/24
198.32.0.0 255.255.0.0 <==> 198.32.0.0/16

Durch diese Schreibweise kann man alle komplizierteren Router zu 198.32.0.0/16 (wie z.B. 198.32.0.0, 198.32.1.0, 198.32.2.0, u.s.w) in einen Topf werfen, den man als *aggregate* bezeichnet.

Diese Terminologie kann schon verwirren, vor allem weil die Ausdrücke Aggregat, CIDR-Block und Supernet häufig je nach

Belieben miteinander vertauscht werden. Gewöhnlich bezeichnen alle drei eine Gruppe benachbarter IP-Netzwerke, die gemeinsam in einer Route-Veröffentlichung auftauchen. Besser ausgedrückt: CISR erscheint in der <prefix/length>-Notation, Supernetze haben eine kürzere Präfixlänge als natürliche Masken und Aggregate bezeichnen jede Art der Route-Zusammenfassung.

Alle Netzwerke, die Elemente eines Aggregats oder eines CIDR-Blocks sind, gelten gemeinhin als spezifischer, da sie mehr Informationen über den Standort eines Netzwerks enthalten. Die ausführlicheren Präfixe sind länger als die Aggregate:

- 198.213.0.0/16 hat ein Aggregat der Länge 16
- 198.213.1.0/20 verfügt über eine spezifischere »Vorwahl« der Länge 20

CIDR-geeignete Routingdomänen werden im Gegensatz zu den traditionellen klassifizierten Routingdomänen als *klassenlos* (*classless*) bezeichnet. CIDR hat ein neues Bild einer hierarchischen Internetarchitektur gezeichnet, innerhalb der jede Domäne seine IP-Adresse von einer höher gelegenen Ebene erhält. Das schränkt die Vermehrung der Routen glücklicherweise sehr ein, besonders wenn man in der Nähe von *leaf-* oder *stub*-Netzwerken bündelt.

Leaf- oder *stub*-Netzwerke sind die Endpunkte des globalen Netzwerks. Sie gewähren im umgekehrten Fall den anderen Netzwerken keine Internetverbindung. Ein ISP mit vielen angeschlossenen *Leaf*-Netzwerken unterteilt seine Subnetze in viele kleinere Adressblöcke, um diese Kunden zu versorgen. Die Bündelung ermöglicht es dem ISP, ein IP-Netzwerk zu veröffentlichen, das normalerweise als Supernetz dargestellt wird. So muss er nicht für viele einzelne werben, dies wiederum führt zu effizienteren Routingstrategien und Ankündigungen, während gleichzeitig die Routenwerbung stabilisiert wird.

Bild 3.11 verdeutlicht die Effizienz der Aggregation.

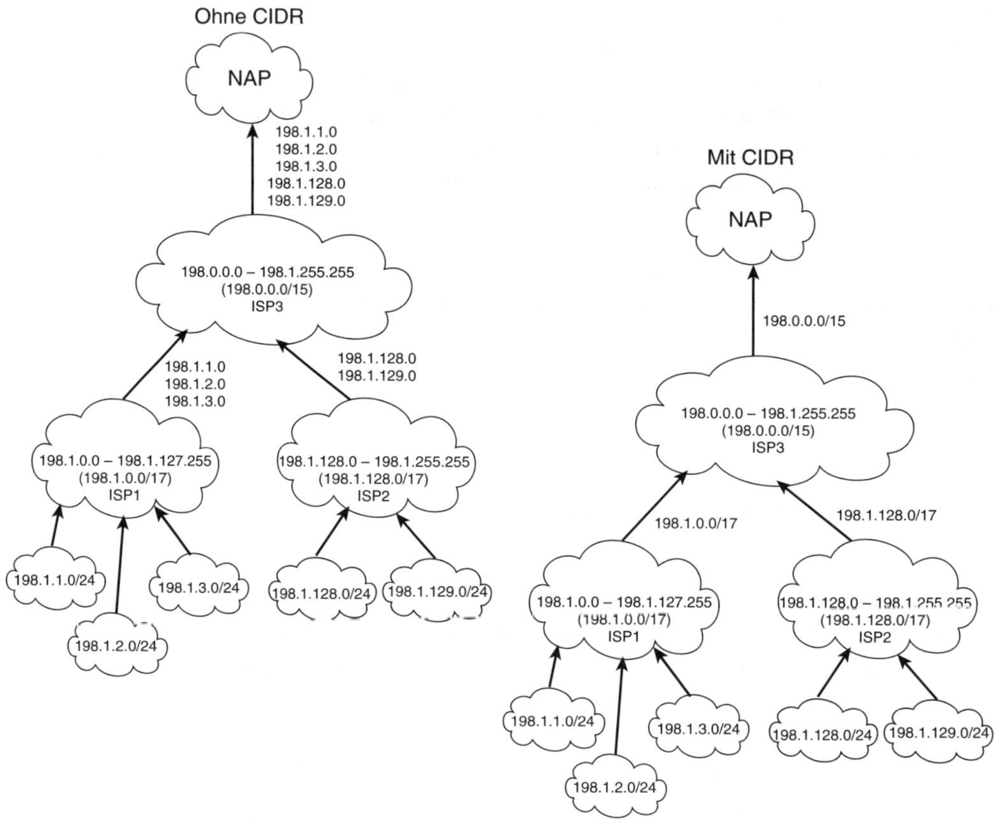

Bild 3.11: Gegenüberstellung von klassifizierter und CIDR Adressvergabe

In diesem Beispiel erhält ISP3 den Block von 198.0.0.0 bis 198.1.255.255 (198.0.0.0/15). Daraufhin verteilt ISP3 zwei kleinere seiner Adressblöcke an ISP1 und ISP2. ISP1 erhält die Speicherplätze 198.1.0.0 bis 198.1.127.255 (198.1.0.0/17), dafür bekommt ISP2 den Abschnitt von 198.1.128.0 bis 198.1.255.255 (198.1.128.0.0/17). ISP1 und ISP2 geben ihrerseits mit derselben Methode Adressblöcke an ihre eigenen Kunden weiter. Auf der linken Seite von Bild 3.11 sehen Sie, was passiert, wenn CIDR keine Verwendung findet: ISP1 und ISP2 werben für alle Subnetze ihrer Kunden, und ISP3 gibt all diese Informationen an die Außenwelt weiter. Dadurch entsteht in der globalen IP-Routingtabelle ein erheblicher Zuwachs.

Die rechte Seite von Bild 1.11 zeigt, wie die Situation aussieht, wenn CIDR angewendet wird: ISP1 und ISP2 bündeln die Informationen aus den Subnetzen ihrer Kunden, ISP1 wirbt für das Paket 198.1.0.0/17, ISP2 für Gut 198.1.128.0/17. ISP3 fasst die Subnetze seiner Kunden, ISP1 und ISP2, gleichermaßen zusammen und gibt einen einzelnen Block (198.0.0.0/15) an seine Partnernetzwerke weiter. Dies bedeutet eine große Ersparnis für die globalen IP-Routingtafeln.

Wie man sieht, ist es empfehlenswert, nah an den Leaf-Knoten zu bündeln. Der Effekt der Aggregation ist hier höher, weil sich die Mehrzahl der Subnetze, die zusammengefasst werden sollen, im Netzwerk des Kunden befindet. Schnürt man das Paket auf einer höheren Ebene, z.B. am ISP3, engt man noch weiter ein, da dieser Anbieter mit noch wenigeren Netzwerken zu tun hat, die von »Downstream«-Netzwerken der Kunden mit Informationen gefüttert wurden.

Die Aggregation funktioniert am besten, wenn jeder Kunde zu seinem Provider nur über eine Verbindung Kontakt aufnimmt (das nennt man *single-homing*) und wenn der Kunde auch seine IP-Adresse aus dem CIDR-Block-Fundus seines Anbieters erhält. Leider läuft das in der Realität aber oft ganz anders. Es kann beispielsweise zu Situationen kommen, in denen der Kunde bereits IP-Adressen hat, die nicht aus dem Speicher ihres Providers stammen. Ein anderes Beispiel: Manche Kunden (die selbst ebenfalls Provider sein könnten) sahen sich genötigt, mit vielen Anbietern gleichzeitig Kontakt aufzunehmen (diesen Fall beschreibt man mit dem Ausdruck *multihoming*). Als Ergebnis solcher Szenarien kommt es zu weiteren Komplikationen und die Flexibilität für die Aggregation nimmt ab.

Die Routingregel, immer der größten Übereinstimmung zu folgen: die »Longest Match Routing Rule«

Der Router sucht sich seinen Pfad immer entlang des längsten, passenden Gegenstücks: Ein Router, der sich zwischen zwei Präfixen unterschiedlicher Länge ein und desselben Netzwerkes entscheiden soll, wird immer die längere Maske wählen. Nehmen wir zum Beispiel einmal an, der Router findet folgende zwei Einträge auf seiner Routingtafel:

198.32.1.0/24 via path 1
198.32.0.0/16 via path 2

Bei dem Versuch, Informationen an Host 192.32.1.1 weiterzuleiten, sucht der Router nach dem längsten Gegenstück-Präfix und wird in unserem Beispiel mit seinen Daten Pfad 1 betreten. Bild 3.12 veranschaulicht die *longest match routing rule.* Die Domäne C wird mit den Updates 198.32.1.0/24 und 198.32.0.0/16 aktualisiert, die Daten kommen über Pfad 1 nach 198.32.1.1.

Bild 3.12: Verfolgen des längsten Weges

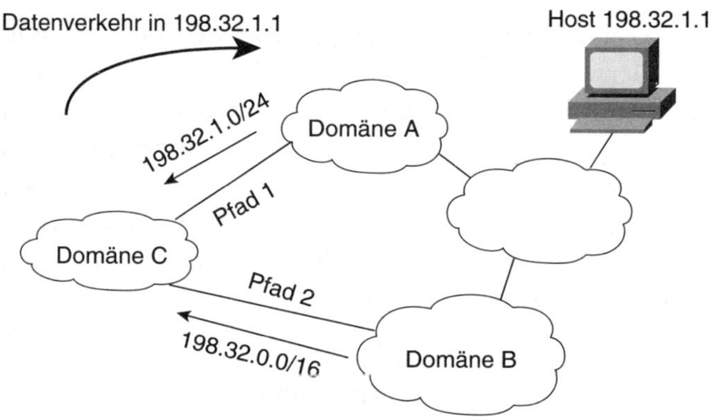

Sollte Pfad 1 aus irgendeinem Grund blockiert sein, fließt der Verkehr über die nächstgelegene Übereinstimmung, die auf der Routingtafel notiert ist, weiter. In unserem Fall wäre das dann Pfad 2. Sollte Domäne C identische Routing-Updates erhalten, mit Masken gleicher Länge die von Domäne A und Domäne B kommen, würde sich die Domäne C für den einen oder den anderen Weg, oder gar für beide entscheiden. Das hängt davon ab, über welche Techniken für das Ausbalancieren der Lasten diese Routingausführung in der Domäne verfügt.

Die Regel, immer der längeren Kongruenz zu folgen, setzt voraus, dass das Ziel, das ja mit vielen Domänen verbunden ist, von diesen exakt – und zwar in seiner genauen, nicht aggregierten Form – benannt wird. Da, wie in Bild 3.12 dargestellt, Domäne B nicht ausdrücklich für die Route 198.32.1.0/24 wirbt, bahnen sich die Daten vom Kunden zum Host stets ihren Weg über die längste Übereinstimmung des Präfixes, durch die Domäne A. Eine solche Routingkonfiguration kann aber für die Domäne A zur untragbaren Last werden.

Ungenauere Routen aus dem eigenen Aggregat eines Netzwerks

Eine deutliche Routingregel besagt, dass, um einem Routing-Karussell ausweichen zu können, das Netzwerk nie einer ungenauen Wegbeschreibung nachfolgen darf, die sich mit einer der eigenen Sammelrouten deckt. Wenn der Datenverkehr zwischen zwei Netzwerkelementen hin und her wandert, ohne daß er je am Ziel ankommt, nennt man das eine Routingschleife. *Default*-Routen 0.0.0.0/0 sind innerhalb dieser Regel ein Sonderfall. Das Netzwerk sollte nicht die *Default*-Route wählen, die Teil des eigenen angepriesenen Sammelpacks sind, um ans Ziel zu gelangen. Deshalb sollten Routingprotokolle, die Routen bündeln, immer ein Bit-Kontingent (Null0-Route in der Cisco-Sprache) für eben diese Aggregatroute zurückhalten. Die Daten, die in diesen »Eimer« (*bit bucket*) landen, werden »weggeworfen«, sodass mögliche Schleifen vermieden werden.

TIPP

Vermeiden Sie Schleifenbildung beim *Default*-Routing, indem Sie einen Bit-Eimer verwenden.

Bild 3.13 zeigt, wie ISP1 seine Domäne in einer einzelnen Route zusammenfasst 198.32.0.0/13.

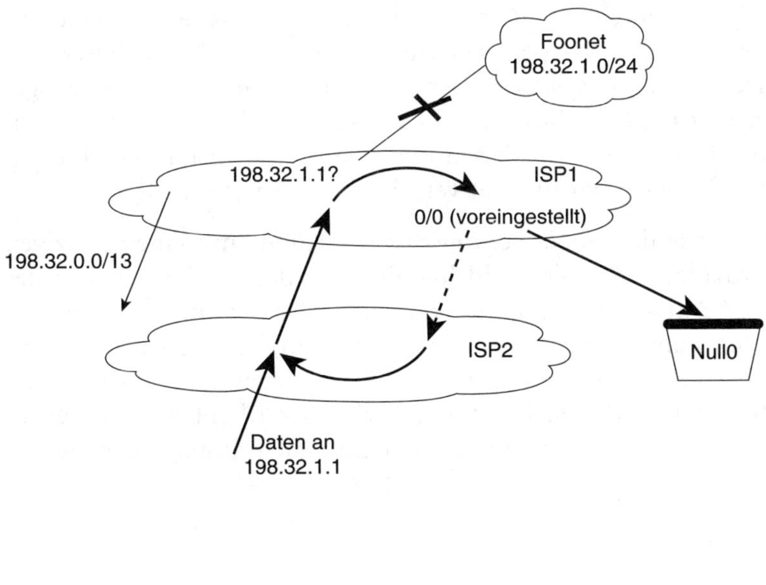

Bild 3.13: Schleifen durch Verfolgung eines unklaren Weges innerhalb des eigenen Aggregats

Stellen Sie sich vor, die Verbindung zwischen ISP1 und seinem Kunden Foonet (mit Netzwerk 198.32.1.0/24) würde abbrechen. Außerdem würde die ISP Grundeinstellungs-Route (*default route*) 0.0.0.0/0 im Falle, dass ISP1 eine Adresse nicht kennt, auf ISP2 verweisen. Der Datenfluss zu 198.32.1.1 längs der Sammelroute zum ISP1 würde nicht am Ziel ankommen, also gemäß der *Default*-Route zu ISP2 umdrehen. Die Daten würden zwischen ISP1 und ISP2 hin- und herwandern. Um diese Umkehrschleife zu vermeiden, installiert man im ISP1-Router einen Nulleintrag, der auf die Aggregatroute 198.32.0.0/13 verweist. Die Nullroute wird alle Pakete für einen nicht erreichbaren Bestimmungsort fallen lassen, für den die Wegbeschreibung ungenauer ist als die Aggregatroute.

Wird die Aggregation nicht korrekt ausgeführt, kann dies zu Schleifen oder schwarzen Löchern (*black holes*) führen. Als schwarzes Loch bezeichnet man den Zustand, wenn Daten, die eigentlich zu einem anderen Ziel sollten, an einem anderen Ort zum Stillstand kommen, von dem aus sie nicht weitergegeben werden können. Über diese und andere Routingprobleme werden Sie mehr erfahren, wenn Sie verschiedene Adress-Zuweisungsschemata kennenlernen und sehen, wie sie sich im Zusammenhang mit Aggregation auswirken.

»Single-Homing Situation«: Die Adresse stammt nicht aus dem Depot des Anbieters

Die bisher behandelten Routingregeln sowie die Beschaffenheit des Adress-Speichers eines Providers und ob dieser eingleisig (*single-homed*) oder mehrgleisig (*multihomed*) ausgerichtet ist, beeinflussen die Fähigkeit der Adressbündelung eines Netzwerkes. In diesen und den drei nächsten Abschnitten beschäftigen wir uns mit verschiedenen Fallbeispielen.

Im Falle des *single-homings* ist der Kunde mit einem einzigen Provider verbunden und hat eine IP-Adresse, die sich von der des Anbieters völlig unterscheidet. Das kann zum Beispiel vorkommen, wenn der Kunde den Provider gewechselt hat, aber seine, vom vorherigen Anbieter zugewiesene Adresse behält. Unter diesen Umständen wird der Klient normalerweise aufgefordert oder gar verpflichtet, sich unter einer neuen

Adresse anmelden zu lassen. Findet der Nummernwechsel nicht statt, kann der neue Anbieter die Adresse des Kunden nicht aggregieren. Hinzu kommt, dass auch die Aggregation des alten Providers nicht mehr so vorteilhaft sein wird wie zuvor, da in seinem Adress-Speicher nun ein Loch ist. Wenn man also die Adresse, die man von seinem alten Anbieter bekommen hat, weiterbenutzt, hat das zur Folge, dass immer mehr Routen in den weltweiten Internet-Routingtafeln erstellt werden müssen.

Wir werden mit dieser Situation auch in den späteren Kapiteln konfrontiert. Für jetzt reicht es, wenn sich der Administrator eines *single-homed* Netzwerkes darüber im Klaren ist, dass in seinem Fall die einfachste Routingoption meist auch die beste ist. Im *single-homing*-Fall nimmt jeder Kunde nur über eine Verbindung Kontakt zu seinem Provider auf. Der optimalste Ansatz wäre, Ihre *Default*-Route auf Ihren Provider hin zu orientieren. Der Provider sollte Ihren Adress-Speicher außerdem statisch zuweisen. Erst, wenn mehrfach belegte Verbindungen und Redundanz auftauchen, sollten Sie kompliziertere Lösungen in Erwägung ziehen.

Das KISS-Prinzip (Keep It Simple, Stupid – Dummer, mach es Dir einfach), dem eigentlich jeder Designer, Architekt, Techniker und Verwalter folgen sollte, impliziert, dass die billigste Lösung oft auch die beste ist.

Sachverhalt »Multihoming«: Die Adresse aus dem Depot eines einzigen Anbieters

In diesem Fallbeispiel (Momentaufnahme in Bild 3.14) steht der Kunde mit vielen Providern in Verbindung. Es handelt sich um Kunden, die so klein sind, dass sie ihre IP-Adresse von nur einem ihrer vielen Anbieter annehmen müssen, oder sie erhielten diese Adresse bereits zu einem Zeitpunkt, als sie noch zu den *single-homed* gehörten. Wir werden uns zwei ISPs (ISP1 und ISP2) und ihre Kunden ansehen: Onenet, Twonet, und Stubnet. Tabelle 3.6 enthält Informationen zur Spannweite der IP-Adressen und zu den zugehörigen Paketen und Providern jeder Domäne.

Tabelle 3.6: Aufstellung von Kunden und zugehörigen Anbietern

Domäne	Adressbereich	Aggregat	Provider	Bezugsort der Adresse
ISP1	198.24.0 – 198.31.255.255	198.24.0.0/13		
Onenet	198.24.0.0 – 198.24.15.0	198.24.0.0/20	ISP1, ISP2	ISP1
Stubnet	198.24.16.0 – 198.24.23.0	198.24.16.0/21	ISP1	ISP1
Twonet	198.24.56.0 – 198.24.63.0	198.24.56.0/21	ISP1, ISP2	ISP1
ISP2	198.32.0.0 – 198.39.255.255	198.32.0.0/13		

Bitte beachten Sie, dass Onenet und Twonet mit ISP1 und ISP2 verbunden sind (sie sind »multihomed«), die Spannweite ihrer Adressen haben sie vom ISP1 (siehe Bild 3.14).

Bild 3.14: Fehlerhafte Anwendung der Aggregate verursacht schwarze Löcher

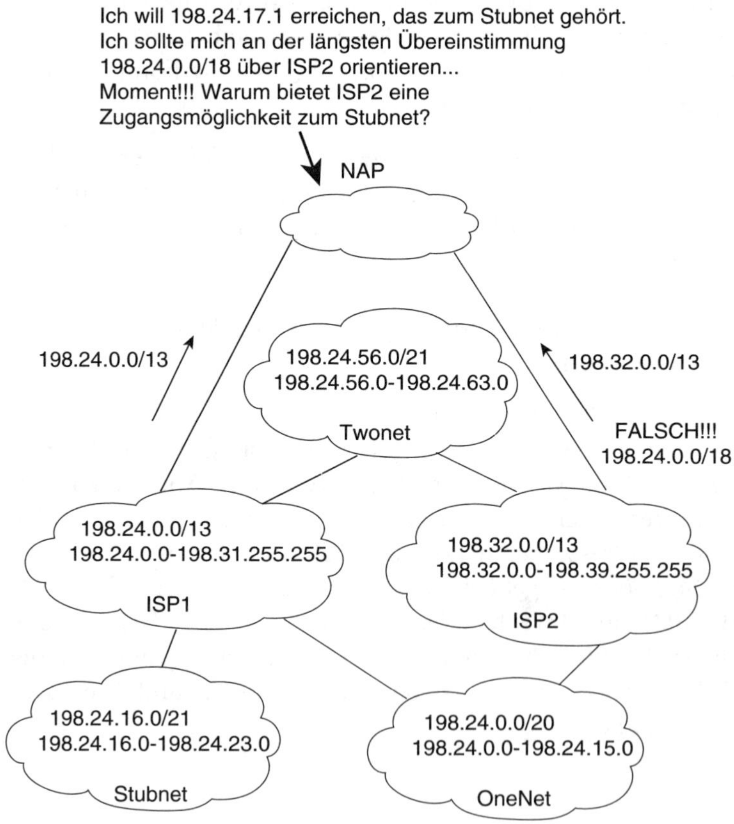

Es ist ein schwieriges Geschäft, für Aggregate zu werben. Sowohl Kunden als auch ISP müssen mit den IP-Adressbereichen, die das Aggregat einschließt, vorsichtig umgehen. Niemand darf die Routen (*proxy aggregation*) eines anderen bündeln, außer der bündelnde Teil ist ein Supernetz des anderen, oder beide Parteien sind sich völlig einig. Im nächsten Beispiel zeigen wir Ihnen, wie ISP2 ein schwarzes Routing-Loch verursachen kann, wenn es die Datenketten, die von Onenet und Twonet kommen, zusammenfasst.

ANMERKUNG

Schwarze Löcher entstehen, wenn Routen anderer Teilnehmer falsch oder ungeeignet zusammengefasst werden.

Wäre es Aufgabe von ISP2 gewesen, ein Aggregat aus Onenet und Twonet in einem Update (198.24.0.0/18), wie in Bild 3.14 dargestellt, herauszugeben, würde dadurch ein schwarzes Routingloch erzeugt. Stubnet könnte zum Beispiel als ISP1-Kunde einen IP-Adressplatz haben, der zu Bündel 198.24.0.0/18 gehört. Wenn nun ISP2 für dieses Paket wirbt, würde der Datenverkehr in Richtung Stubnet über die längste Übereinstimmungskette eines IP-Präfixes geleitet werden und beim ISP2 in einer Sackgasse landen. Deshalb sollte der ISP2 zu jeder IP-Adressspannweite seiner *downstream*-Kunden, die nicht zu seinem eigenen Adress-Speicher gehört, den er mit ISP1 (198.24.0.0/20 für Onenet und 198.24.56.0/21 für Twonet) teilt, genaue Angaben machen. Darüberhinaus muss ISP2 seinen eigenen Adress-Speicher mit 198.32.0.0/13 angeben.

In Bild 3.15 sehen Sie korrekt angepriesene Datenpakete. ISP2 wirbt ausschließlich für Onenet- und Twonet-Bündel. In diesem Fall werden Daten, die für Stubnet bestimmt sind, nie beim ISP2 stecken bleiben.

Achten Sie bitte auch darauf, dass ISP1 wie in Bild 3.15 zu sehen, auch in einzelne Bestandteilen aufgeschlüsselte Onenet- und Twonet-Aggregate veröffentlicht. Würde ISP1 nur das weniger-spezifische Paket 198.24.0.0/13 veröffentlichen, zöge der Datenverkehr für Onenet und Twonet den Weg über ISP2 vor, über den genauere Angaben gemacht wurden und längere Übereinstimmungszeilen vorliegen.

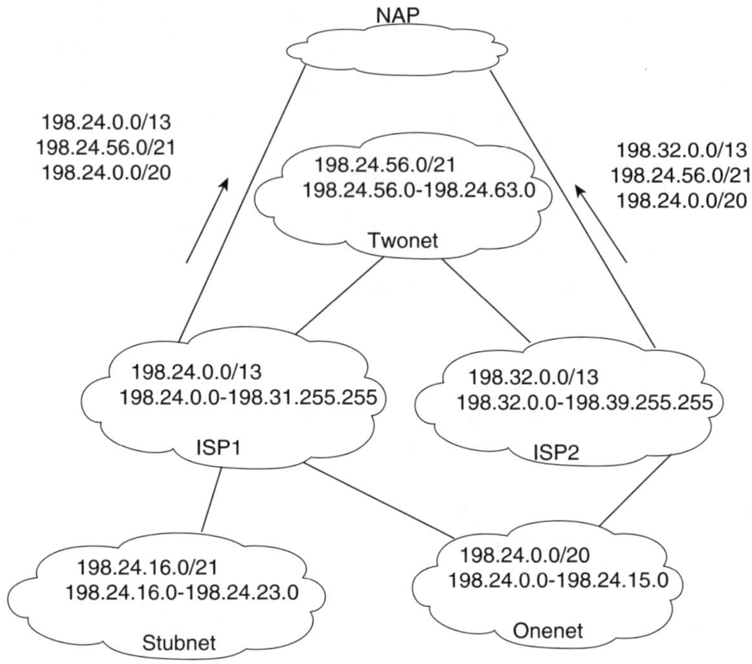

Bild 3.15: Korrekt angewendete Aggregate beugen schwarze Löcher vor

Sachverhalt »Multihoming«: Der Kunde erhält seine Adressen von mehreren Providern

Größere Domänen haben die Möglichkeit, sich von verschiedenen Providern, je nach geographischem Standort, IP-Adressen geben zu lassen.

Beachten Sie Bild 3.16. Largenet hat seine IP-Adressen von zwei verschiedenen Anbietern, von ISP1 und ISP2. Dadurch kann jeder Anbieter sein eigenes Adressdepot aggregieren, ohne bestimmte Abschnitte anderer Provider extra auflisten zu müssen. ISP1 wirbt in diesem Fall für Aggregat 198.24.0.0/13, ISP2 preist 198.32.0.0/13 an. Die IP-Adressblocks, die Largenet erhalten hat, sind jeweils Teilmenge eines der beiden Aggregate.

Der größte Haken an der in Bild 3.16 gezeigten Gestaltungsweise ist, dass keine *backup*-Routen zu *multihomed*-Organisationen aufrecht erhalten werden. ISP2 bietet nur den eigenen Adressblock an und veröffentlicht nicht das Paket, das er von ISP1 erhalten hat. Sollten sich bei ISP1 Probleme ergeben und 198.24.0.0/13 verloren werden, wirkt sich das auf den Verkehr zu Largenet über 198.24.0.0/20 aus, weil dieses an keiner anderen Stelle angeboten wird. Dasselbe gilt für Largenet-Adressen, die von ISP2 stammen. Scheitert die Verknüpfung zu ISP2, verschlechtert sich der Zugangsqualität des Abschnitts 198.32.0.0/20. Um diesem Zustand entgegenzuwirken, muss ISP1 198.32.0.0/20 und ISP2 198.24.0.0/20 veröffentlichen.

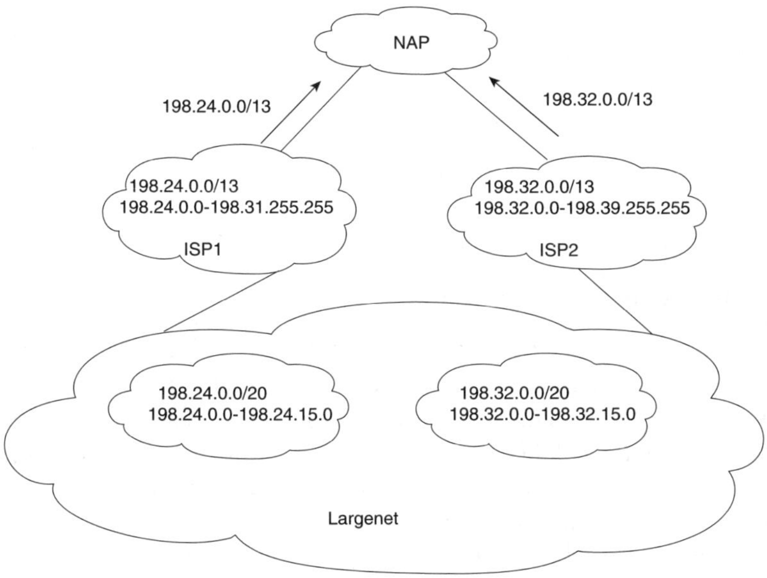

Bild 3.16: Multihome-Umgebung durch Adresszuteilung von verschiedenen Providern

Sachverhalt »Multihoming«: Die Adresse stammt von keinem der Provider

In Bild 3.17 handelt es sich nun um eine Situation, in der die Adressen aus einem Abschnitt stammen, der von ISP1 und ISP2 Adress-Speichern völlig unabhängig ist. Unter diesen Umständen veröffentlichen ISP1 und ISP2 neben ihren eigenen Zahlenreihen (198.24.0.0/13 und 198.32.0.0/13) auch noch ein genau definiertes Bündel (202.24.0.0/20). Ein Nachteil dieser Methode ist es aber, dass alle Internetrouter eine exakte Wegbeschreibung zu diesem neu eingeführten Abschnitt kennen müssen. Eine Vielzahl solcher Instanzen würden durch die Einträge die globalen Internet-Routingtafeln deutlich vergrößern.

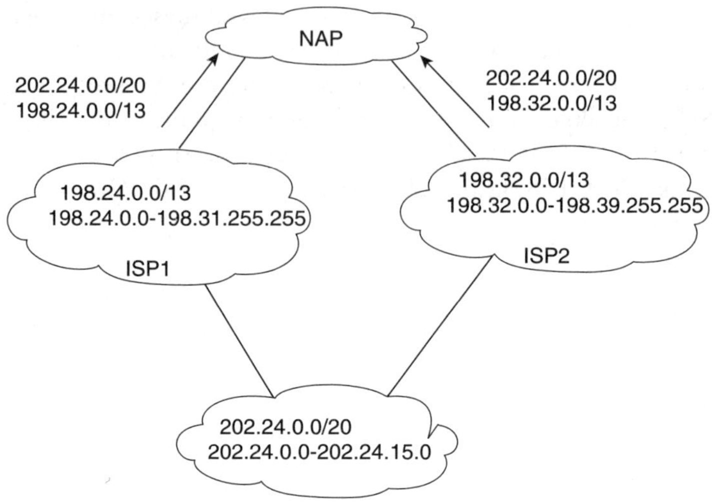

Bild 3.17: Adressen außerhalb des ISP Bereiches

Empfehlungen zur Aggregation

Schlussfolgerung: Eine Domäne, der eine Adressfolge zugeordnet wurde, hat die Kompetenz aber auch die Verantwortung für die Zusammenfassung dieser Adressen. Führt eine Domäne eine solche Aggregation aus, sollte sie Daten möglichst gut komprimieren, ohne dass das Ergebnis jedoch zweideutig interpretiert werden kann. Dies ist im Falle der *multihomed*-Netzwerke möglich.

Jede Lösung braucht ihr eigenes Design. Ein einziges, vorgefertigtes Rezept kann nicht in allen Fällen angewendet werden. *Single-homed*-Kunden wird nahegelegt, sich von ihrem direkten Provider ein einzelnes, aneinanderhängendes Präfix geben zu lassen. Sie sollten, wenn möglich, statisches Routing zu ihrem Provider durchführen, da sie so eventuellen Problemen mit komplizierteren, unnötigen Konfigurationen aus dem Weg gehen. Wechselt ein *single-homed*-Kunde den Anbieter, sollte er sich auch auf den Adress-Speicher des neuen Providers einstellen. Die Adressvergabe für *multihomed*-Klienten sollte derart gestaltet werden, dass die Aggregation optimiert wird. Sollte die Bündelung auf Redundanz stoßen, hat diese Vorrang, selbst wenn zusätzliche Netzwerke aufgelistet werden müssen.

Die Einführung von CIDR hat das explosionsartige Wachstum der Internet-Routingtabellen in den letzten Jahren recht gut eingeschränkt. Die Fassung Nr. 4 des Border Gateway Protokolls (BGP-4) ist das *interdomain*-Routingprotokoll erster Wahl im Internet, weil es die Routenaggregation und Werbung zwischen den Domänen äußerst gut im Griff hat. Sie werden in diesem Buch aber noch auf weitere Beispiele treffen, die belegen, wie wichtig CIDR für die Kontrolle der Leitung und Stabilität des Datenflusses ist.

Weitere Informationen zu CIDR, den aktuellen und bereits etwas älteren Größengaben zu den Internet-Routingtafeln, und andere interessante Informationen entnehmen Sie bitte den Hinweisen in Anhang A.

3.2.3 Private Adressvergabe und Übersetzung der Netzwerkadressen

Auf der Suche nach Methoden, mit deren Hilfe man die Vergabe von IP-Adressen etwas reduzieren könnte, musste man die verschiedenen Anforderungen für die Vernetzung gegeneinander abgrenzen und versuchen, die IP-Adressen dementsprechend einzurichten.

Die Hauptanliegen der meisten Organisationen für die Vernetzung fallen in folgende Kategorien:

- Globale Vernetzung
- Private Vernetzung

Globale Vernetzung

Unter weltweiten Verbindungsmöglichkeiten versteht man, dass Hosts innerhalb einer Organisation sowohl zu internen Hosts als auch zu Hosts im Internet Kontakt aufnehmen können. Um das zu ermöglichen, müssen die Hosts mit weltweit einzigartigen IP-Adressen ausgestattet werden, die innerhalb und außerhalb der Organisation anerkannt werden. Organisationen, die weltweit vernetzt sein wollen, sollten sich bei ihrem Dienstleistungsanbieter um IP-Adressen bemühen.

Private Vernetzung

Im Falle der privaten Vernetzung hat der Host innerhalb einer Organisation lediglich Zugang zu den anderen dort angesiedelten Hosts, nicht aber zu Hosts im Internet. Zu den Hosts, die nur privat vernetzt werden müssen, gehören z.B. ATM-Bankmaschinen, Kassenregistraturen von Einzelhändlern oder jeder Host, der nicht mit anderen Hosts außerhalb seiner Firma in Verbindung stehen muss. Private Hosts brauchen IP-Adressen, die es innerhalb ihrer Organisation nur einmal gibt. Für diesen Vernetzungstyp der »private Internets«, hat IANA folgende drei IP-Adress-Speicherblöcke reserviert:

- 10.0.0.0 bis 10.255.255.255 (eine einzelne A-Klasse-Netzwerknummer)
- 172.16.0.0 bis 172.31.255.255 (16 benachbarte B-Klasse-Netzwerknummern)
- 192.168.0.0 bis 192.168.255.255 (256 benachbarte C-Klasse-Netzwerknummern)

Zusätzliche Informationen zum Gebrauch und zu anderen reservierten Netzwerknummern gibt es unter: Internet RFC 1918[5].

Ein Unternehmen, das seine Adressen aus diesen drei Bereichen auswählt, muss weder von IANA noch einer Internet Registratur dazu die Erlaubnis einholen. Hosts mit einer privaten IP-Adresse können mit anderen Hosts innerhalb der Organisation kommunizieren. Wenn sie jedoch den Kontakt zu Hosts von außerhalb wünschen, geht das nur über einen *proxy gateway device* (»Türsteher«). Das kommt daher, dass auf IP-Paketen, die das interne Netzwerk verlassen, eine IP-Adresse steht, die außerhalb der Firma zweideutig ist und über externe Netzwerke nicht zugänglich ist. Da mehrere Firmen mit einem privaten Netzwerk dieselbe private IP-Adresse verwenden können, müssen weniger einzigartige, weltweit gültige IP-Adressen vergeben werden. So kann es neben Hosts mit Privatadressen auch Hosts mit »Global«-Adressen geben. Bild 3.18 veranschaulicht ein solches Umfeld.

Bild 3.18: Allgemeines Netz privater Anschlüsse

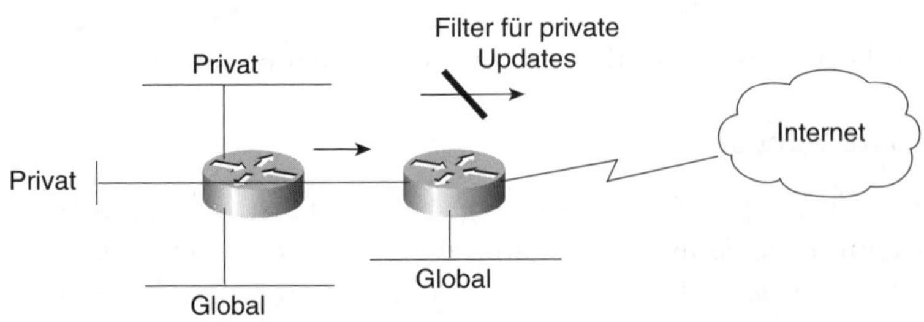

Eine Firma kann sich dafür entscheiden, die meisten ihrer Hosts privat zu führen und gewisse Segmente für Hosts mit globaler Adresse bereitzuhalten. Diese verbinden sich dann wie gewohnt ins Internet. Firmen, die sich privater Adressen bedienen, aber doch mit dem Internet vernetzt sind, haben die Pflicht, Routingfilter einzusetzen, damit der unberechtigte Zugriff vom Internet aus auf diese Privatadressen unterbunden werden kann. Die meisten Service Provider sollten sich jedoch an eindeutige Regeln halten: Richtlinien zu den von Kunden hereinkommenden Routing-Updates, die nur ihren globalen IP-Speicher dulden.

Dieser Ansatz ist von Nachteil, wenn eine Organisation sich später dazu entschließt, ihren Hosts den Schritt ins Internet zu ermöglichen. Dann müssen die privaten IP-Adressen umbenannt werden, damit sie zum weltweiten IP-Speicher passen. Diese Aufgabe ist aber seit Einführung neuer Protokolle wie z. B. dem Dynamic Host Configuration Protocol (DHCP)[6], viel leichter geworden. DHCP liefert einen Mechanismus, mit dessen Hilfe man Konfigurationsparameter (inklusive der IP-Adressen) durch den Gebrauch des TCP/IP Protokollsatzes an die Hosts weitervermitteln kann. Sind die Hosts für DHCP geeignet, können sie ihre neuen Adressen selbständig bei einem zentralen Server bestellen.

Eine weitere Möglichkeit wäre einen »Schutzhost« einzusetzen, der zwischen dem privaten Netzwerk und dem globalen Internet als Durchgangstor dient. In Bild 3.19 hat Host A eine private IP-Adresse. Will er außerhalb des Firmenbereichs surfen, so muss er sich erst bei Host B einloggen, von dem aus er nach draußen kommt. Pakete, die nach draußen gehen, sind mit der IP-Quelladresse von Host B beschriftet, der weltweit zu erreichen ist. Die dritte Option wäre, einen Übersetzer für Netzwerkadressen (Network Address Translator – NAT) in Anspruch zu nehmen.

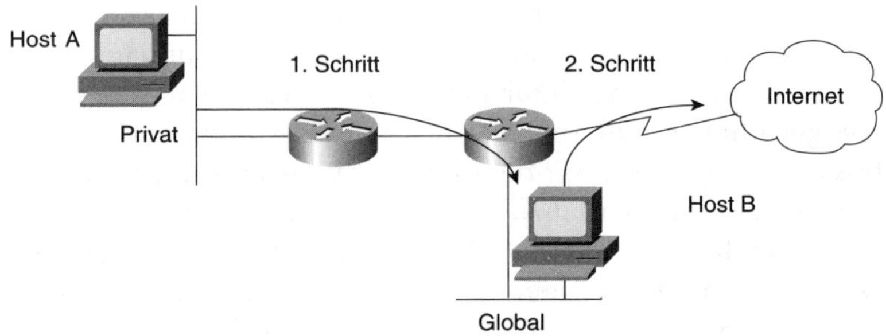

Bild 3.19: Internetzugang für Hosts mit Privatadresse

»Network Address Translator«

Firmen, die von einen privaten auf einen globalen Adress-Speicher umstellen, machen dies mittels eines Übersetzers (NAT)[7] von Netzwerkadressen. Die NAT-Technik erlaubt es privaten Netzwerken, sich im Internet zu bewegen, ohne ihre IP-Adressen umnummerieren zu müssen. Der NAT-Router wird an der Domänengrenze angesiedelt. Er übersetzt die privaten in globale Adressen und umgekehrt, sobald Hosts im Inneren mit Gesprächspartnern im Internet kommunizieren wollen.

In Bild 3.20 hat Host A die private IP-Adresse 10.1.1.1 und Host B die Privatadresse 10.1.1.2.

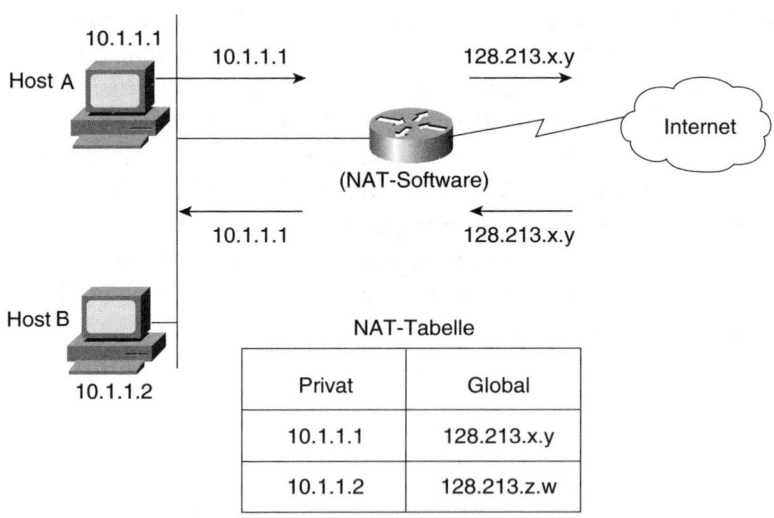

NAT-Tabelle

Privat	Global
10.1.1.1	128.213.x.y
10.1.1.2	128.213.z.w

Bild 3.20: Beispiel zu einem »Network Address Translator«

Wollen die Hosts A und B mit einem Bestimmungsort außerhalb des Firmennetzes Kontakt aufnehmen, ändert der NAT die IP-Ursprungsadresse des Pakets anhand einer vordefinierten oder dynamischen Kartierungsleitlinie in seiner NAT-Tabelle um. Die von Host A verschickten Päckchen tragen auf dem Weg zu ihrem Bestimmungsort die Absenderadresse 128.213.x.y. Die Hosts globaler Domänen werden von dieser Umadressierung nichts mitbekommen und werden ihre Antwort an die genannte globale IP-Quelle zurücksenden. Die »Post«, die von draußen kommt, wird anhand der Adresskartierung wieder auf die private IP-Adresse der internen Hostquelle dieser Konversation umadressiert.

Wir wollen in diesem Buch NAT nicht im Detail behandeln, vor allem, da es dieser Übersetzer mit vielen Grenzfällen und komplizierten Situationen zu tun bekommt. In diese Kategorie fallen auch Unternehmen, die Adressen verwenden, die sie nicht aus dem privaten IANA-Speicher gezogen haben. Hier kann es passieren, dass ein IR diesen Adressplatz bereits an eine andere Firma vergeben hat. Ein anderes kompliziertes Beispiel bezöge sich auf Unternehmen, denen weniger globale Adressen zugeteilt werden, als eigentlich für ihre internen Hosts ausreichen würden. Ist dies der Fall, so muss der NAT die privaten IP-Adressen auf eine kleinere Menge globaler Adressen verteilen.

Man muss nicht immer gleich ein extra Element dedizieren, damit der NAT richtig funktioniert, häufig ist er auch in der Router-Software eines bereits eingerichteten Netzwerks enthalten. Cisco Systems stellt den NAT beispielsweise als Bestandteil des Cisco Internetwork Operating Systems (IOS) zur Verfügung.

3.2.4 IP-Version 6

Die IP Version 6 (IPv6)[8], auch bekannt unter dem Namen IP next generation (IPng), hat die Einstellungen des existierenden IPv4 weiterentwickelt.

Der IPng-Vorschlag wurde im Juli 1992 auf dem Treffen der Internet Engineering Task Force (IETF) in Boston verkündet, als Antwort hierauf bildeten sich mehrere Arbeitsgruppen. IPv6 behandelt Themen wie die Erschöpfung der IP-Adressen, die Kapazitäten der Servicequalität, Knotenpunkte für Auto-Konfigurationen, Überprüfung der Authentizität und Sicherheitskapazitäten.

IPv6 befindet sich immer noch im Experimentierstadium. Es ist nicht leicht für die Firmen, die sich weitgehend auf IPv4 eingelassen haben, sich auf eine völlig neue Architektur umzustellen. Solange IPv4 noch Anhaltspunkte und Techniken weitergibt (so fadenscheinig sie auch sein mögen), die mit den Problemen in Zusammenhang stehen, für deren Beseitigung IPv6 konzipiert wurde, scheint IPv6 für viele Firmen nicht attraktiv genug zu sein. Zu welchem Zeitpunkt sich die Leute nun endlich dazu entschließen werden, auf IPv6 umzusatteln, steht noch in den Sternen. In diesem Buch beschäftigen wir uns nur mit Teilen des IPv6-Adressschemas und wie dieses im Vergleich zu IPv4 abschneidet.

IPv6-Adressen sind im Gegensatz zu den 32 Bit von IPv4 128 Bit lang. Dies sollte ein ausreichender Adress-Speicher sein, um den Internetfragen zu Erschöpfung und Skalierbarkeit die Stirn bieten zu können. 128 Bit Adresskapazität entspricht 2^{128}, das sind sehr viele Adressen!

Die verschiedenen IPv6-Adresstypen werden auf den ganz linken Bit der Adresse in einem Feld variabler Länge, das man als Präfixformat (Format Prefix – FP) bezeichnet, angezeigt (siehe Bild 3.21).

Bild 3.21: IPv6 Präfix- und Adressformat

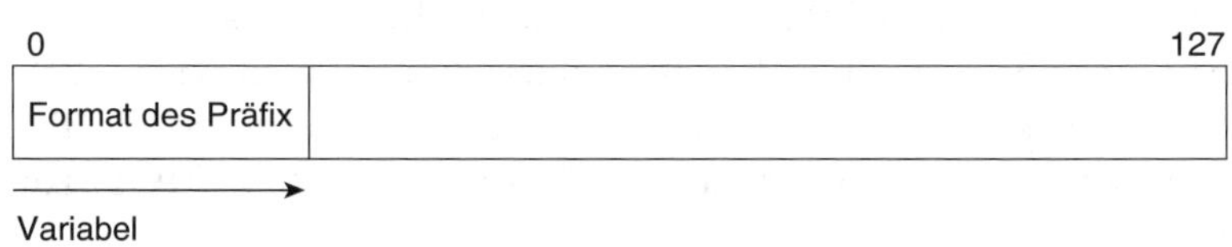

Tabelle 3.7 verzeichnet die ursprünglichen Standorte dieser Präfixe. IPv6 hat viele verschiedene Adresstypen definiert. Wir interessieren uns hier lediglich für die auf den Anbietern basierenden Unicast-Adressen und für die lokalen Adressen der Firmen, die mit IPv4-Techniken arbeiten.

Tabelle 3.7: Anordnung der IPv6 Präfixe

Beschreibung	Präfix-Format
Reserviert	0000 0000
Nicht zugewiesen	0000 0001
Reserviert für NSAP Plätze	0000 001
Reserviert für IPX Plätze	0000 010
Nicht zugewiesen	0000 011
Nicht zugewiesen	0000 1
Nicht zugewiesen	0001
Nicht zugewiesen	001
Provider-basierende Unicastadresse	010
Nicht zugewiesen	011
Reserviert für geographische Unicastadressen	100
Nicht zugewiesen	101
Nicht zugewiesen	110
Nicht zugewiesen	1110
Nicht zugewiesen	1111 0
Nicht zugewiesen	1111 10
Nicht zugewiesen	1111 110
Nicht zugewiesen	1111 1110 0
Adressen für lokalen Verknüpfungen	1111 1110 10
Adressen für lokale Sites	1111 1110 11
Multicastadressen	1111 1111

Auf den Providern basierende »Unicast«-Adressen

Die dem Provider zugeordnete *unicast*-Adressen ähneln den globalen IPv4-Adressen. Bild 3.22 zeigt ihr Format.

3	x Bits	y Bits	z Bits	w Bits	48-x-y-z-w Bits
010	REGISTRY ID	PROVIDER ID	SUBSCRIBER ID	SUBNET ID	INTERFACE ID

Bild 3.22: IPv6: Format der den Providern zugeordneten Unicastadressen

Man beschreibt das Feld für providerbasierende Unicastadressen folgendermaßen:

- **Format prefix** – Die ersten drei Bit lauten 010 und verweisen auf eine *provider-based* Unicastadresse.
- **REGISTRY ID** – Stellt die Internet-Adressregistriernummer fest, die die Identität (PROVIDER ID) des Providers zuordnet.
- **PROVIDER ID** – Identifiziert den Service Provider, der für die Adresse zuständig ist.

- **SUBSCRIBER ID** – Eruiert, welcher Subscriber mit dem Dienstleistungsanbieter in Verbindung steht.
- **SUBNET ID** – Deckt auf, welcher physische Link zu welcher Adresse gehört.
- **INTERFACE ID** – Filtert ein einzelnes Interface aus der Menge zum SUBNET ID gehörender Interfaces heraus. Das könnte zum Beispiel die traditionelle 48-Bit IEEE-802 Media Access Control (MAC) Adresse sein.

Die CIDR-Funktionen aus dem IPv4-Schema sind auch in die globalen IPv6-Adressen eingearbeitet. Die Adressen werden so festgelegt, dass man sie hierarchisch gliedern kann, wobei jede Einheit von einer höherstehenden die eigene Adressportion herabgereicht bekommt (siehe Bild 3.23)

Bild 3.23: IPv6 Hierarchie der Adresszuordnung

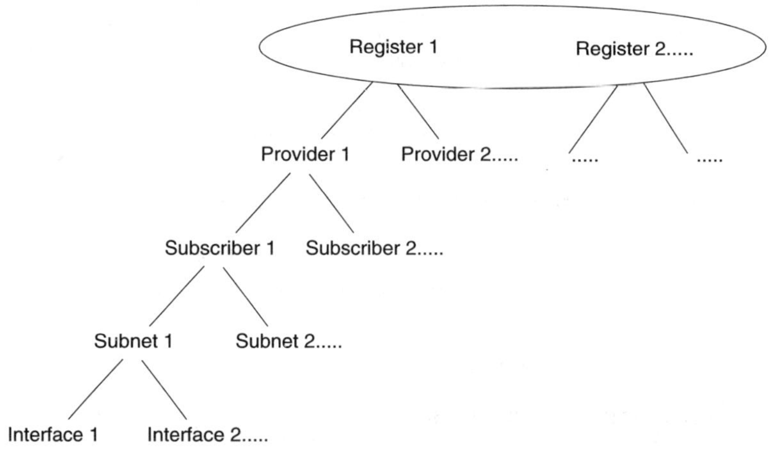

Adressen für den Ortsgebrauch

Die *Local-use*-Adressen ähneln den IPv4-Privatadressen, wie sie in RFC 1918 definiert werden. Die für die lokale Verwendung bestimmten Adressen kann man in zwei Typen einteilen:

- *Link-local-use* (Lokale Verknüpfungen) (Präfix 1111111010), die bis zu einem bestimmten physischen Segment privat sind.
- *Site-local-use* (Lokale Seite)(Präfix 1111111011), die bis hin zu einer gewissen Site privat sind.

Bild 3.24 zeigt das Format dieser Adressen für den lokalen Gebrauch.

10 Bits	x Bits	48-x Bits
1111111010	00000..	INTERFACE ID

Adressen für die lokale Nutzung von Links

10 Bits	x Bits	y Bits	118-x-y Bits
1111111011	00000..	SUBNET ID	INTERFACE ID

Adressen für die lokale Nutzung von Sites

Bild 3.24: Adressen für den lokalen Gebrauch

Local-use-Adressen sind von ortsgebundener Bedeutung. *Link-lokal*-Adressen sind bis zu einem bestimmten Segment ortsabhängig. *Site-lokal*-Adressen haben bis zu einer bestimmten Site lokale Bedeutung.

Firmen, die nicht mit dem Internet verbunden sind, können sich ihre Adressen selbst zuweisen, ohne nach Präfixen aus dem weltweiten Adress-Speicher fragen zu müssen. Möchte sich die Firma zu einem späteren Zeitpunkt an das globale Internet anschließen, wird die REGISTRY ID, PROVIDER ID und die SUBSCRIBER ID auf die bereits zugewiesenen Lokaladressen abgestimmt. Das ist natürlich ein großer Vorteil, wenn man nicht alle Privatadressen durch weltweit gültige Adressen ersetzen muss, oder die NAT-Tabellen einsetzen muss, damit alles im IPv4-Adressschema richtig funktioniert.

3.3 Vorschau

Die IP-Adressen und Fragen, die die Adressvergabe berühren, gehören zu den elementaren Grundlagen des Routing zwischen Domänen. Die IP-Adressvergabe legt fest, wo gewisse Informationen abgerufen werden können, gibt aber keine genaue Wegbeschreibung an, anhand derer man an diese Information gelangen könnte. Deshalb brauchen die Hosts einen Mechanismus, mit dessen Hilfe sie Informationen über Ziele austauschen und ausrechnen können, auf welchem Pfad man schnellstmöglich dorthin gelangt. Dieser Mechanismus heißt Routing.

Mit diesem Kapitel haben wir die Einführung in das nötige Grundwissen abgeschlossen um uns im Folgenden den Architekturen des Internetrouting im Detail widmen zu können. Im nächsten Kapitel geht es um die Grundlagen des *interdomain*-Routing, die auf den Konzepten der Adressvergabe, den globalen Netzwerken und auf den Domänen beruhen, über die wir bereits gesprochen haben. Auf Routing-Protokolle im Allgemeinen und BGP im Besonderen werden wir unsere Aufmerksamkeit richten und dabei die Durchführungsdetails des BGP bearbeiten, wie in Kapitel 5 ff. zu ersehen ist.

3.4 Häufig gestellte Fragen

Frage – *Wie unterscheidet sich VLSM vom Subnetting?*

Antwort – Gar nicht. VLSM ist ein Ausläufer des eigentlichen Subnettings. Die gleiche A-, B-, oder C-Klasseadresse wird hierbei untergliedert, indem man Masken unterschiedlicher Länge einsetzt.

Frage – *Wozu brauch ich VLSM*?

Antwort – Mit VLSM kann man IP-Adressen viel besser vergeben. Man ist flexibler, wenn es um die Zuweisung geeigneter Nummern an Hosts und Unternetzwerke geht, auch wenn die Zahl der IP-Adressen begrenzt ist.

Frage – *Wie unterscheidet sich CIDR vom Supernetting*?

Antwort – Das *Classless Inter-Domain-Routing* ist ein Mechanismus, mit dessen Hilfe Netzwerke sowohl für Super- als auch für Subnetze jenseits der normalen Grenzen der *classful* Netzwerkanzahl werben können. Supernetting ist hingegen eine Art der Repräsentation, die Masken zulässt, die kürzer als die natürlichen Masken sind, und solchermaßen Supernetze erzeugt.

Frage – *Ist das Klassen-Modell die Ursache für das Wachstum der weltweiten Routingtafeln*?

Antwort– Nein. Die Routingtabellen wachsen, weil sich immer mehr Organisationen an das Internet anschließen. Das *classful*-Modell bietet keine skalierbare Lösung für diese Entwicklung an.

Frage – *Ich habe ein Netzwerk, das mit älteren Protokollen wie z.B. dem RIP-1 und IGRP arbeitet. Was sollte ich bei der Entscheidung bedenken, ob ich für neuere Protokolle, die VLSM und CIDR unterstützen, aufrüsten sollte?*

Antwort – Wenn Sie der Meinung sind, dass Ihnen VLSM und CIDR bei der Verwaltung ihres Adress-Speichers eine große Hilfe sein könnten, wenn Sie glauben, dass diese Ihnen eine bessere Zusammenfassung Ihrer Routen ermöglichen würden, dann sollten Sie aufrüsten. Es könnte sich die Frage stellen, ob Ihre gegenwärtige Hardware neuere Protokolle überhaupt aushalten würde, da diese möglicherweise eine zusätzliche Verarbeitung oder Speicheranforderungen brauchen würden. Das hängt natürlich immer vom Protokoll ab, für das Sie aufrüsten. Ein anderes Thema bezieht sich auf die Koexistenz des alten und des neuen Protokolls. Da man Netzwerke normalerweise in Schritten aktualisiert, werden Sie in Situationen geraten, in denen beide Protokolle, das alte und das neue, miteinander konkurrieren. Da ältere *classful*-Routingprotokolle nicht mit VLSM oder CIDR umgehen können, sollte es Sie nicht überraschen, dass übermäßiger Gebrauch des statischen Routing nötig wird, um die Vernetzung Ihrer Domäne während der Übergangszeit zu sichern.

Frage – *Kann ich jede Routen auf meiner eigenen Routingtafel zusammenfassen?*

Antwort – Sie können nur diejenigen Routen aggregieren, die Sie selbst verwalten. Wenn Sie Routen bündeln, die nicht Ausläufer Ihrer Domäne sind, kann es zu schwarzen Löchern kommen.

Frage – *Kann ich meine IP-Adresse behalten, wenn ich mich von meinem Provider trenne?*

Antwort – Damit besser aggregiert werden kann, sieht die heutige Routingpraxis vor oder verlangt es gar, dass Sie die alte Adresse abgeben und von Ihrem neuen Provider Adressen erhalten. Erkundigen Sie sich bei Ihrem Anbieter nach seinen Regeln.

Frage – *Ich habe Hosts, die mit dem Internet verbunden sein wollen, und andere, die diese Vernetzung nicht brauchen. Kann ich für einen Teil der Hosts private Adressen verwenden, für die anderen aber nicht?*

Antwort – Ja, Sie können sowohl private als auch globale Adressen im selben Netzwerk verwenden. Wenn Sie dann bei Ihrem Provider Routen angeben, tun sie das nur für die legalen (nicht privaten) Netzwerke.

Frage – *Ich brauche einen Internetanschluss, aber nicht alle meine Adressen sind registriert. Ich kann es mir auch nicht leisten, sie umzunummerieren. Was soll ich tun?*

Antwort – Sie könnten die Network Address Translation (NAT) einsetzen, um all ihrer ungültigen Adressen in einen legitimen Adresspool einzugliedern, den Ihnen Ihr Provider geben wird.

3.5 Fußnoten

1 RFC 791, »Internet Protocol (IP)«, www.isi.edu/in-notes/rfc791.txt

2 RFC 917, »Internet Subnets«, www.isi.edu/in-notes/rfc917.txt

3 RFC 1878, »Variable Length Subnet Table for IPv4«, www.isi.edu/in-notes/rfc1878.txt

4 RFC 1519, »Classless Inter-Domain Routing (CIDR)«, www.isi.edu/in-notes/rfc1519.txt

5 RFC 1918, »Address Allocation for Private Internets«, www.isi.edu/in-notes/rfc1918.txt

6 RFC 1541, »Dynamic Host Configuration Protocol«, www.isi.edu/in-notes/rfc1541.txt

7 RFC 1631, »The IP Network Address Translator«, www.isi.edu/in-notes/rfc1631.txt

8 RFC 1884, »IP Version 6 Addressing Architecture«, www.isi.edu/in-notes/rfc1884.txt

Teil 2

Grundlagen der Routingprotokolle

Obwohl es in diesem Buch in erster Linie um externe Gateway-Protokolle gehen soll, also um das Routing zwischen verschiedenen autonomen Systemen, ist es doch sinnvoll, sich zuerst mit den internen Gateway-Protokollen auseinanderzusetzen. Beide beeinflussen sich nämlich gegenseitig in ihrer Konzeption und Verwirklichung. Deshalb wird das 4. Kapitel mit der Erläuterung derjenigen Protokolle beginnen, die für das Routing innerhalb eines autonomen Systems vorgesehen sind, bevor es auf die externen Gateway- Protokolle überleitet. Das 4. Kapitel schließt mit einem Überblick zu einem ganz besonderen externen Gateway- Protokoll, dem Border- Gateway Protocol (BGP), auf das wir uns im weiteren konzentrieren möchten. Das 5. Kapitel soll einen Eindruck von der Arbeitsweise der BGP-Version 4 (BGP-4) vermitteln, und klären, wie und was es mit den benachbarten Routern aushandelt. Außerdem behandelt das 5. Kapitel auch noch die an BGP-4 vorgenommenen multiprotokollarischen Erweiterungen, die Verhandlungen über die Leistungsfähigkeit des BGP-4 und die TCP-MD5-Signaturoption für BGP. Sie müssen erst die im 2. Teil des Buches vermittelten BGP-Grundkenntnisse erwerben, bevor wir die Fähigkeiten des Protokolls in der Praxis gestalterischer Routingprobleme später in diesem Buch einsetzen können.

Dieses Kapitel enthält die folgenden Schlüsselthemen:

- **Überblick über Router und das Routing** – Kurzer Einblick in die Grundlagen des Routing und die Interior-Gateway-Protokolle (IGPs) als Kontrast zu den detaillierten Ausführungen des anschließenden Kapitels über exterior Gateway Protocols.
- **Konzepte für Routingprotokolle** – In diesem Abschnitt geht es um Distanzvektoren und Algorithmen bezüglich verzweigtem Routing im Verknüpfungsstatus.
- **Einteilung der Welt in autonome Systeme** – Mehrere Router bilden ein autonomes System, in dem dieselben Routingregeln gelten. Es gibt mehrere verschiedenen Konfigurationsmöglichkeiten für autonome Systeme, je nach Anzahl der erwünschten Ausgänge zur Außenwelt und in Abhängigkeit davon, ob in dem System Transitverkehr zulässig sein soll.

Kapitel 4

Grundlagen des Routing zwischen Domänen

Das Internet ist ein Sammelbecken autonomer Systeme, die die verwalterische Autorität und die Routingregeln der verschiedenen Organisationen festlegen. Autonome Systeme bestehen aus Routern, die innerhalb ihrer Grenzen mit Interior Gateway-Protokollen (IGPs) arbeiten, z.B. mit dem Routing Information Protocol (RIP), Enhanced Interior Gateway Routing Protocol (EIGRP), Open Shortest Path First (OSPF) und dem IS-IS (Intermediate System-to-Intermediate System). Diese Router sind durch ein Exterior Gateway Protocol (EGP) miteinander verbunden. Das gegenwärtige Internet hat sich de facto auf ein Standard-EGP geeinigt, dem Border Gateway Protocol Version 4 (BGP-4), das in RFC 1771[1] definiert wird.

4.1 Überblick über Router und das Routing

Router sind Geräte, die den Datenverkehr zwischen Hosts dirigieren. Sie erstellen Routingtafeln, auf denen Informationen über die besten Wege zu allen bereits bekannten Zielen gesammelt werden. Man muss für das Grundlagen-Routing folgende Schritte beachten:

Erster Schritt: Router lassen ein Programm laufen, das *routing protocol* genannt wird. Es ermöglicht ihnen, Information über Routen an andere Router im Netzwerk weiterzugeben oder zu erhalten.

Zweiter Schritt: Router verwenden diese Informationen, um Routingtabellen zu verbreiten, die mit jedem einzelnen Routingprotokoll zusammenhängen.

Dritter Schritt: Router prüfen die Routingtafeln der verschiednen Routingprotokolle (wenn mehr als ein Routingprotokoll durchgeführt wird) und wählen den oder die besten Pfade zum jeweiligen Bestimmungsort aus.

Vierter Schritt: Router bringen mit diesem Ziel die entsprechende Daten-Link-Schichtadresse des nächsten *hop* (Sprung) (*next-hop device*) in Verbindung und stellen fest, welches lokale externe *Interface* genutzt werden soll, um die Informationspakete am Bestimmungsort abliefern zu können. Bitte nehmen Sie zur Kenntnis, dass dieser nächste *hop* ein anderer Router sein kann, oder gar der Zielhost.

Fünfter Schritt: Die durchzureichende Information (die Schichtadresse des Datenlinks und des Ausgangsinterfaces) des *next-hop device* erscheint auf der Tabelle für weiterzuleitende Informationen des Routers

Sechster Schritt: Erhält ein Router ein Paket, untersucht er den angegebenen *header*, um die Zieladresse festzustellen.

Siebter Schritt: Der Router untersucht seine Weiterleitungstabelle, um das externe Interface und die Adresse des nächsten *Hop* herauszufinden, und so den Bestimmungsort erreicht.

Achter Schritt: Der Router erfüllt alle weiteren nötigen Funktionen (z.B. die Verminderung von IP TTL oder die Manipulation der Einstellungen von IP TOS) und gibt das Paket dann an die entsprechende Station weiter.

Neunter Schritt: Das geht so weiter, bis der Zielhost erreicht ist. Diese Vorgehensweise reflektiert das Paradigma des Routing von *hop* zu *hop*, dessen sich im allgemeinen die Netzwerke bedienen, um die Pakete um- und weiterzuleiten.

Man hat EGPs wie das BGP eingeführt, weil IGPs in Netzwerken, die über die Unternehmensebene hinausgehen, nicht gut skalieren können, da es in diesen Netzwerken tausende Knoten und viele tausend Router gibt. Man hat die IGPs für solche Zwecke einfach nicht vorgesehen. In diesem Kapitel geht es um die Grundfunktionen der IGP.

4.1.1 Ein Beispiel für »Elementar-Routing«

Bild 4.1 beschreibt drei Router, RTA, RTB, und RTC, die drei örtliche Netzwerke (*local area networks*) 192.10.1.0, 192.10.5.0, und 192.10.6.0 über serielle Verbindungen miteinander verknüpfen. Jeder *serial link* wird durch seine eigene Netzwerknummer dargestellt, was auf drei zusätzliche Netzwerke hinausläuft: 192.10.2.0, 192.10.3.0, und 192.10.4.0. Jedes Netzwerk hat eine zugehörige Metrik, die die Höhe der Gesamtkosten für die Übermittelung des Verkehrs an einen bestimmten Knoten angibt. Der Link zwischen RTA und RTB beispielsweise ist mit 2000 viel teurer als der Link zu 60 zwischen RTA und RTC. Übertragen auf die Wirklichkeit wäre der Link zwischen RTA und RTB vielleicht ein 56 Kbps-Link mit viel größeren Verzögerungen als der T1-Link zwischen RTA und RTC und der T1-Link zwischen RTC und RTB zusammengenommen.

Die Router RTA, RTB, und RTC würden also über IGP Netzwerkinformationen austauschen und ihre jeweiligen eigenen IP-Routingtafeln erstellen. Bild 4.1 zeigt Beispiele für RTAs IP-Routingtafeln zu zwei verschiedenen Situationen. In der einen Situation tauschen die Router Routinginformationen via RIP aus, in der anderen nutzen sie OSPF.

Ein Beispiel dafür, wie der Verkehr zwischen zwei Endstationen verläuft: Will Host 192.10.1.2 mit Host 192.10.6.2 kommunizieren, nutzt er seine lokale, manuell eingerichtete Originalroute, um den Verkehr erst einmal an RTA weiterzuleiten. RTA sucht seine IP-Routingtabelle nach jedem Netzwerk ab, das zu dieser Zielangabe passen würde und findet heraus, dass das Netzwerk 192.10.6.0 über den nächsten *hop* 192.10.3.2 (RTC) auf der seriellen Linie 2 (S2) zu erreichen wäre. RTC erhält diese Daten und versucht, auf seiner IP-Routingtabelle (nicht angezeigt), das Ziel herauszufinden. RTC würde herausfinden, dass der Host mit seinem Ethernet-0 Interface (E0) in direkter Verbindung steht und würde den Verkehr an 192.10.6.2 weiterleiten.

Bild 4.1: Grundlegendes Routingverhalten

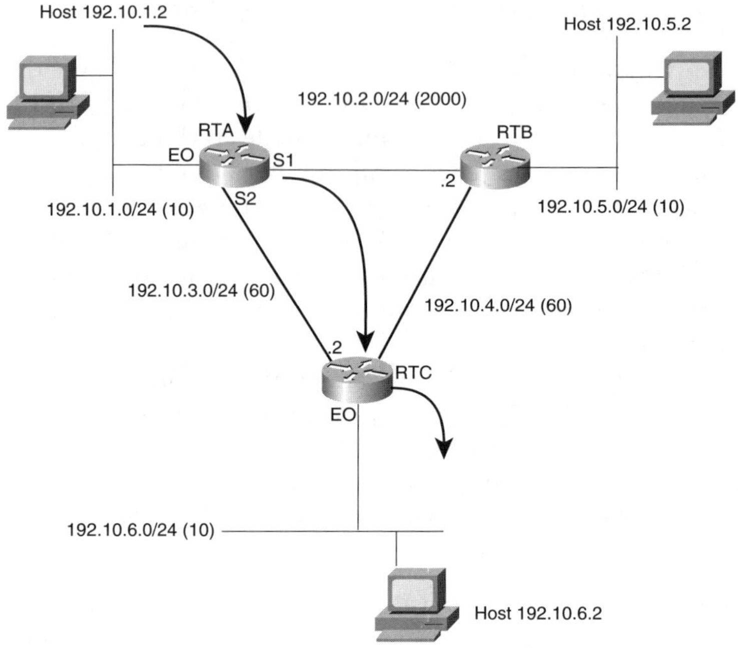

RTAs Routingtabelle (RIP)

Ziel	Nächster Hop	Hop-Zählung
192.10.1.0	angeschlossen (E0)	-
192.10.2.0	angeschlossen (S1)	-
192.10.3.0	angeschlossen (S2)	-
192.10.4.0	192.10.2.2 (S1) 192.10.3.2 (S2)	1 1
192.10.5.0	192.10.2.2 (S1)	1
192.10.6.0	192.10.3.2 (S2)	1

RTAs Routingtabelle (OSPF)

Ziel	Nächster Hop	Hop-Zählung
192.10.1.0	angeschlossen (E0)	-
192.10.2.0	angeschlossen (S1)	-
192.10.3.0	angeschlossen (S2)	-
192.10.4.0	192.10.3.2 (S2)	120
192.10.5.0	192.10.3.2 (S2)	130
192.10.6.0	192.10.3.2 (S2)	70

In diesem Beispiel ist es egal, ob RTA das RIP oder OSPF benutzt. RIP oder OSPF fallen jedoch in verschiedene IGP-Protokollkategorien: in Distanzvektoren-Protokolle bzw. Link-Status-Protokolle. Ginge es in Bild 4.1 um ein anderes Routingbeispiel, hinge das Ergebnis möglicherweise davon ab, ob sie sich an der RIP- oder OSPF-Situation orientieren. An diesem Punkt ist es sinnvoll, sich mit den Eigenschaften beider IGP-Protokollkategorien zu beschäftigen, um zu sehen, wie sich diese Protokolle entwickelt haben, um den immer anspruchsvolleren Anforderungen an das Routing genügen zu können.

4.2 Konzepte für Routingprotokolle

Im Allgemeinen basieren die meisten heute verwendeten Routingprotokolle auf einer der zwei verbreiteten Routingalgorithmen, dem Link-Status oder dem Distanzvektor. In den nächsten Abschnitten wollen wir uns über die verschiedenen Eigenheiten von Distanzvektor-und Linkstatus-Algorithmen unterhalten.

4.2.1 Routingprotokolle auf Basis von Distanzvektoren

Manchmal spricht man, wenn von Distanzvektoren die Rede ist, auch von »Bellman-Ford«-Protokollen, benannt nach der Person, die den Algorithmus entwickelt hat, um den kürzesten Weg (*shortest paths*[2]) errechnen zu können. Benannt auch nach denjenigen, die als erste über den verbreiteten Gebrauch dieser Algorithmen[3] berichteten. Der Ausdruck *distance vector* ergibt sich aus der Tatsache, dass in dem Protokoll eine Vektorenliste der Distanzen (Zählung der *Hop* oder anderer Metren) enthalten ist, die mit der Routingnachricht über das Zielpräfix in Zusammenhang steht.

Distanzvektoren-Routingprotokolle wie das Routing Information Protocol (RIP) nutzen einen weitverbreiteten Berechnungsansatz, um für jedes Zielpräfix die entsprechende Route auszurechnen. Anders ausgedrückt ist es im Falle der Distanzvektoren-Protokolle notwendig, dass jeder Knoten separat den besten Weg (*output link*) zum jeweiligen Zielpräfix errechnet.

Hat der Router den besten Weg ausgewählt, verschickt er an seinen Nachbarn Distanzvektoren, um sie über die Erreichbarkeit jedes einzelnen Zielpräfixes zu unterrichten. Außerdem teilt er ihnen die entsprechenden Metren zu dem Pfad mit, den er ausgewählt hat, um dieses Präfix zu erreichen. Parallel dazu errechnen auch seine Nachbarn den besten Pfad zu jedem zugänglichen Bestimmungsort und informieren ihre Nachbarn über den verfügbaren Weg (und die zugehörigen Metren), den sie selbst gewählt haben, um ans Ziel zu kommen. Sobald der Router die detaillierten Nachrichten seiner Partner zu auserwähltem Ziel und zugehörigen Metren erhalten hat, kann er feststellen, ob es vielleicht über einen anderen Nachbarn einen günstigeren Weg gäbe. Wiederum unterrichtet der Router seine Nachbarn, welchen Pfad (und die dazugehörenden Metren) er nun ausgesucht hat, um die Endstation zu erreichen. Dieser Kreislauf setzt sich fort, bis sich alle Router auf den besten Weg geeinigt haben, um an das jeweilige Zielpräfix heranzukommen.

Die anfänglichen Detailangaben zu Distanzvektoren-Routingprotokollen wie der RIP-Version 1 (RIP-1) brachten einige Nachteile mit sich. RIP-1 entschied sich zum Beispiel für ein einziges Metrum, um einen Pfad für die Anzahl der *hops* auszuwählen. Das brachte einige Beschränkungen mit sich. Wenn Sie sich zum Beispiel einmal mit der RTA-Routingtabellen in Bild 4.1 auseinandersetzen: die eine Tabelle listet die Routinginformationen auf, die man beachtet, wenn man RIP benutzt, die andere führt die Informationen für OSPF aus (OSPF ist ein Linkstatus-Routingprotokoll, mit dem wir uns im nächsten Abschnitt näher beschäftigen werden).

Wird RIP-1 angewendet, würde sich RTA für den direkten Link zwischen RTA und RTB entscheiden, um zu Netzwerk 192.10.5.0 zu gelangen. RTA zieht diese Verknüpfung vor, weil der direkte Weg nur einen *hop* über den RTB-Pfad erfordert, während man für den Weg von RTC nach RTB zwei *hops* bräuchte. RTA weiß aber nicht, dass der RTA-RTB-Link über keine besonders hohen Kapazitäten verfügt, dies eine Verbindung mit langen Verzögerungen ist und dass der RTC-RTB-Pfad einen viel höheren Service bieten würde.

Wählt man den Weg aber nur anhand von OSPF und anderer Maßstäbe als der Anzahl der *hops* aus, würde RTA erkennen, dass der Weg zu RTB über RTC (Kosten: 60 + 60 = 120; 2 *hops*) eigentlich besser ist als der direkte Pfad (Kosten: 2000; 1 *hop*).

Hinzu kommt, dass *hop*-Zählungen ins Unendliche führen können. Althergebrachte Distanzvektoren-Protokolle (z.B. RIP-1) haben eine beschränkte Zahl an *hops*, meist 15, über die hinaus eine Route als unerreichbar gilt. Das aber würde die Verbreitung von Routing-Updates hemmen und bei größeren Netzwerken (mehr als 15 Knoten auf einer bestimmten Datenstraße) Probleme erzeugen. Es ist ein Fehler der Distanzvektoren-Protokolle, dass sie sich nur auf das Zählen von *hops* verlassen, obwohl neue (d.h. RIP-2 und EIGRP) nicht hierauf beschränkt sind.

Auch die Art, wie Routinginformationen ausgetauscht werden, ist mangelhaft. Traditionelle Distanzvektoren-Protokolle arbeiten mit der Vorgabe, dass sich die Router sämtliche IP-Netzwerknummern, die sie über regelmäßige Kontakte zu Distanzvektoren-Übertragungen (*distance vector broadcasts*) erhalten haben, gegenseitig mitteilen. Diese *broadcasts* werden ausgestrahlt, wenn der *refresh-timer* (Zeitschaltung zur Informationsauffrischung), der an die Weitergabe einer Nachricht gekoppelt ist, ausläuft. Hört dieser Wecker auf, werden neue Informationen ausgestrahlt und an Ihre Nachbarn weitergegeben. Danach wird der Wecker neu gestellt und solange er nicht abgelaufen ist, wird es auch keine neue Nachrichten geben. Stellen Sie sich vor, ein Link oder Pfad würde blockiert, kurz nachdem die Information gerade aufgefrischt wurde. Solange der *refresh-timer* nicht abgelaufen ist, würde niemand von diesem Problem erfahren. Dadurch würden die Informationen viel später am Ziel ankommen.

Glücklicherweise arbeiten neuere Distanzvektoren-Protokolle wie EIGRP und RIP-2 mit einem Konzept, das *triggered updates* genannt wird. Diese reaktionsschnellen Updates berichten über Fehler, sobald diese auftreten, sodass die Konvergenz viel schneller erreicht werden kann.

Sie sind vielleicht bereits darauf gekommen, dass es für große Netzwerke, oder auch für kleine, die über viele Zielpräfixe verfügen, sehr schwierig werden könnte, ihre Routingtabellen regelmäßig mit ihren Partnern zu besprechen. Dadurch können sie sich auch nicht so schnell auf einen Pfad einigen. Auch die Gesamtunkosten für die CPUs und Links, die entstehen, wenn Routinginformationen regelmäßig angepriesen werden, könnten zu hoch ansteigen. Neuere Distanzvektoren-Protokolle haben außerdem begonnen, die Vermittlung von Distanzvektoren zwischen Nachbarn verlässlicher zu machen, sodass es kaum mehr nötig ist, den anderen die gesamte Routingtafel immer wieder anzubieten.

Der Ausdruck *Konvergenz* bezieht sich auf den Zeitpunkt, zu dem das gesamte Netzwerk erfahren hat, dass man einen bestimmten Pfad gefunden hat, ein Weg verschwunden ist oder sich eine Route verändert hat. Die ursprünglichen Distanzvektoren-Protokolle funktionierten auf Basis regelmäßiger Aktualisierung und *hold-down*-Timern: Erhält man nicht innerhalb eines gewissen Zeitraums Informationen zu einer Route, erhält diese den Stillstand-Status, was bedeutet, dass die Route als veraltet gilt und aus der Routingtabelle verschwindet. Der Stillstand und Alterungsprozess drückt sich in Minuten der Konvergenzzeit aus, bis das gesamte Netzwerk erfahren hat, dass ein Reiseweg verworfen wurde. Die Verzögerung von dem Augenblick an, ab dem ein Kurs nicht mehr verfügbar ist, bis zu dem Zeitpunkt, wo die Route aus der Routingtabelle ausgemustert wird kann zu temporären Weiterleitungs-Schleifen und schwarzen Löchern führen.

Es ist eine weitere Eigenheit der Distanzvektoren-Protokolle (beispielsweise des RIP), dass man dieser Route dennoch das Prädikat »Stillstandstatus« verleiht, obwohl eine aktive Route verschwinden, aber dann mit höherer Metrik (angenommen, ein anderer Router veröffentlicht Informationen zu einem möglichen, »guten« Alternativkurs) wieder auftauchen könnte. Dadurch vergrößert sich der Zeitraum, innerhalb dessen das gesamte Netzwerk den gleichen Wissensstand erreicht.

Ein weiterer Minuspunkt für die erste Generation der Distanzvektoren-Protokolle besteht in ihrer »klassifizierten« Struktur und der Unfähigkeit, VLSM oder CIDR zu unterstützen. Diese Distanzvektoren-Protokolle geben innerhalb ihrer Updates keine Maskeninformationen weiter und sind für diese Technologien folglich ungeeignet. Erhält ein Router in RIP-1 bezüglich eines bestimmten Interfaces ein Routing-Update, wird er seine lokal definierten Subnetzmasken an diese Aktualisierung anpassen. IGRP geht genauso vor wie RIP-1, würde jedoch auf A-, B- und C-Klasse-Netzwerkmasken zurückgreifen, sollte ein Teil der übermittelten Netzwerkadresse nicht zur lokalen Netzwerkadresse passen. Dies kann Verwirrung stiften (im Falle dass das Interface zu einem Netzwerk gehört, das variabel unterteilt ist) und zur Fehlinterpretation des erhaltenen Routing-Updates führen. Neuere Distanzvektoren-Protokolle wie RIP-Version 2 (RIP-2) und EIGRP, haben die zuvor genannten Schwierigkeiten überwunden.

Man hat einige Veränderungen vorgenommen, um Mängel in Verbindung mit Verfahrensweisen der traditionellen Distanzvektoren-Routingprotokolle zu beheben. RIP-2 und EIGRP können beispielsweise VLSM und CIDR unterstützen. IGRP und EIGRP sind fähig, in zusammengesetzten Metren, die die

Eigenschaften (wie Bandbreite, Nutzung, Verzögerung, MTU usw.) eines Links entlang einem Pfad darstellen, die ihnen erlauben einen günstgeren Pfad zu errechnen als nur eine *hop* Zählung zu verwenden.

Die Einfachheit und Ausgewogenheit der Distanzvektoren-Protokolle hat dazu geführt, dass sie immer beliebter wurden. Der größte Nachteil der alten Ausführung der Distanzvektoren-Protokolle liegt in der langsam vor sich gehenden Anpassung, eine Eigenschaft, die während topologischer Veränderungen Weiterleitungs-Schleifen und/oder mit schwarzen Löchern durchzogenen Datenverkehr nach sich ziehen kann. Neuere Distanzvektoren-Protokolle, vor allem EIGRP, konvergieren jedoch eigentlich ganz gut.

Dieser Abschnitt wäre nicht komplett, würde man nicht erwähnen, dass BGP zur Kategorie der Distanzvektoren gehört. Zusätzlich zu den Eigenheiten der regulären Distanzvektoren führt BGP einen weiteren Mechanismus, den sogenannten Pfadvektor mit sich. Der *path vector* wird angewendet, um zu verhindern, dass bis ins Unendliche weitergezählt wird, ein Problem, über das wir bereits berichtet haben. Im Grunde genommen führt der Pfadvektor nur eine Liste der Routing-Domänen (die *AS numbers*), die der Kurs kreuzt. Erhält eine Domäne eine Wegbeschreibung, auf deren Strecke der *domain identifier* dieser Domäne bereits verzeichnet ist, wird diese Route ignoriert. Diese Pfadinformation sorgt für einen Mechanismus, der Routingschleifen auflöst. Man kann die Informationen außerdem nutzen, um die auf der Domäne basierenden Regelungen anzuwenden. Diese und viele andere Pfadeigenschaften werden wir in den folgenden Kapiteln noch ausführlicher behandeln.

4.2.2 »Link-Status«-Routingprotokolle

Link-state routing protocols, wie das Open Shortest Path First (OSPF)[4] und das Intermediate System-to-Intermediate System (IS-IS)[5], machen sich weitverbreitete, replizierte Datenbankenmodelle zu Nutzen und werden als komplexere Routingprotokolle angesehen. Link-Statusprotokolle arbeiten unter der Voraussetzung, dass Router Informationselemente, die *link states*, austauschen. Diese informieren über Links und Knoten an der kurssuchenden Domäne. Das bedeutet, dass

Router, die Link-Statusprotokolle ausführen, nicht wie die Distanzvektoren-Protokolle miteinander Routingtabellen tauschen. Sie informieren sich eher gegenseitig über angrenzende Nachbarn, Netzwerke und Metren, die mit der Verbindung zu tun haben.

Man kann Link-Statusprotokolle auch als Puzzlespiel sehen. Jeder Netzwerkrouter liefert ein Puzzlestück (Linkstatus), das ihn beschreibt und aussagt, an welcher Stelle er mit angrenzenden Puzzleteilen zusammenhängt. Außerdem fertigt der Router eine Metrenliste an, die in Verbindung mit jedem anderen Puzzleteil stehen. Das Puzzlestück des lokalen Routers wird dann im Netzwerk durch einen Fließmechanismus verlässlich weitergereicht, von Router zu Router, bis jeder Knoten der Domäne eine Kopie des Puzzlestücks erhalten hat. Zum Schluss hat dann jeder Router im Netzwerk eine Kopie von jedem Puzzlestück, die er in der sogenannten *link-state database* abspeichert. Jeder Router setzt dann selbständig das Puzzle zusammen, sodass letztendlich jeder Router im Netzwerk eine identische Kopie des gesamten Puzzles hat.

Dann wendet der Router den SPF-(Shortest Path First – den kürzesten Pfad zuerst) Algorithmus (gewöhnlich meist den Dijkstra-Algorithmus) auf das Puzzle an, um einen verzweigten Stammbaum der kürzesten Wegbeschreibungen zum jeweiligen Bestimmungsort mit ihm selbst als Ursprung, erstellen zu können.

Im Folgenden werden einige Vorteile der Link-Statusprotokolle genannt:

- **Die *hops* werden nicht gezählt** – Es gibt keine Begrenzung in der Anzahl der *hops*. Link-Statusprotokolle funktionieren aufgrund von Link-Metren, unabhängig von der Anzahl der *hops*.
- Blättern Sie bitte zu dem Beispiel, in welchem sich Link-Statusprotokolle mehr auf Metren als auf das Zählen von *hops* verlassen, zu den RTA-Routingtabellen in Bild 4.1 zurück. Im OSPF-Fall wählte RTA anhand der Linkkosten den optimalen Pfad zu RTB aus. Die Routingliste des RTA nennt den nächsten *hop* 192.10.3.2 (RTC), um 192.10.5.0 (RTB) erreichen zu können. Im Gegensatz hierzu wählt RTA im RIP-Fall eine weniger ideale Route.

- **Repräsentation der Bandbreite** – Die Link-Bandbreite und die Verzögerungen können (manuell oder dynamisch) als Faktoren einbezogen werden, wenn man die kürzeste Wegstrecke zu einem gewissen Ziel errechnet. Dadurch kann man die Lasten besser verteilen, da man statt der *hop*-Zahlen eher die Kosten der Links bedenkt.
- **Bessere Konvergenz** – Die Domäne wird durch die Link-Status-Updates sofort über Link- und Knoten-Veränderungen informiert. So können alle Router innerhalb der Domäne schnellstens ihre Routingtabellen aktualisieren (manche ähneln der Aktualisierung durch *triggered updates*).
- **Unterstützung von VLSM und CIDR** – Die Informationen über Masken, die als Teil der Datenschwemme in den Domänen ankommen, werden durch *link-state*-Protokolle ausgetauscht. So können Netzwerke mit *variable-length subnet*-Masken ganz einfach identifiziert werden.
- **Bessere Hierarchie** – Während Distanzvektoren-Netzwerke »flach« angelegt sind, versorgen uns Link-Statusprotokolle mit einem Mechanismus, mit dessen Hilfe wir die Domäne in verschiedene Gebiete oder Ebenen unterteilen können. Dieser hierarchische Ansatz lässt uns viel besser mit der Instabilität des Netzwerks innerhalb gewisser Gebiete umgehen.

Man sollte die Link-Status-Algorithmen auf das inwendige Routing beschränken. Trotzdem sorgen sie ja traditionellerweise für bessere Routing-Skalierbarkeit, weswegen man die Link-Status-Algorithmen auch auf größere und kompliziertere Topologien anwenden könnte. Die Link-Statusprotokolle können jedoch nicht wirklich für die globale Vernetzung, die man im Internet für das Routing zwischen Domänen bräuchte, sorgen.

Es gibt Fälle, in denen einzelne Router überfordert sein können: Ist das Netzwerk sehr groß, oder überlappen die Routen, weil einige Links instabil sind, wird es schwierig, den Link-Status weiterzugeben und zu berechnen.

Es soll nicht Ziel dieses Buches sein, die IGPs im Detail zu besprechen, deshalb möchten wir Sie auf zwei hervorragende Bücher, die sich mit den verschiedenen Link-Status und Distanzvektoren-Routingprotokollen auseinandersetzen, hinweisen: *Interconnections, Second Edition: Bridges, Routers, Switches and Internetworking Protocols*[6] von Radia Perlman und *OSPF: Anatomy of an Internet Routing Protocol*[7] von John T. Moy.

Die meisten großen Service Provider nutzen heutzutage für *intra-AS*-Routing vorzugsweise Link-Statusprotokolle, weil diese über hohe Konvergenzkapazitäten verfügen. Die beiden vornehmlich unter diesen Bedingungen eingesetzten Protokolle heißen OSPF und IS-IS.

Viele ältere Dienstleistungsanbieter haben IS-IS als IGP gewählt, viele der jüngeren wählen OSPF oder IS-IS. Anfangs mag es so scheinen, als würden die älteren Netzwerke lieber mit IS-IS als mit OSPF arbeiten, weil die U.S.-Regierung von den Netzwerken die Unterstützung von ISO CLNP verlangte, bevor sie mit diesen Netzwerken einen Vertrag abschloss (Halten Sie sich bitte vor Augen, dass IS-IS sowohl CLNP als auch IP-Netzwerk-Schichteninformation ausführen kann, während OSPF nur mit IP-Informationen arbeiten kann). Gerüchte im Internet besagen jedoch, die ersten Anbieter hätten sich damals bei der Wahl ihres Routingprotokolls deshalb für die IS-IS-Einstellungen entschieden, weil diese viel stabiler seinen als die von OSPF. Diese Stabilität hatte ganz offensichtlich Einfluss darauf, für welches IGP sich die Service Provider entschieden.

Heute werden beide, IS-IS und OSPF sehr oft in ISP-Netzwerken verwendet. Da IS-IS so ausgereift und stabil ist, wird es immer noch in großen Netzwerken angewandt, und außerdem bleibt es auch für manch jüngeres Netzwerk das bevorzugte IGP.

4.3 Einteilung der Welt in autonome Systeme

Die Exterior-Routingprotokolle hat man eingeführt, um die Weiterverbreitung der Routingtabellen zu kontrollieren und um das Internet besser zu strukturieren. Diesen Überblick gewann man, indem man die Routingdomänen klar voneinander abgrenzte und separaten Verwaltungen zuordnete. Diese Einheiten nennt man *Autonome Systeme* (*autonomous systems-*

ASs), die unabhängig davon ihren eigenen Regeln folgen und einzigartige IGPs haben.

In den frühen Tagen des Internet verwendete man ein auswärtiges Übergangs-Protokoll namens EGP[8] (Exterior-Gateway-Protokoll, nicht zu verwechseln mit heutigem EGP). Das NSFNET nutzte EGP um Erreichbarkeitsinformationen zwischen dem *Backbone* und den regionalen Netzwerken auszutauschen. Obwohl der Gebrauch von EGP weit verbreitet war, musste man ein neueres und robusteres Protokoll erfinden. Das EGB war nämlich in seiner Topologie eingeschränkt, kam nicht gegen Routingschleifen an und konnte schlecht Routingregeln aufstellen. Gegenwärtig ist BGP-4 de facto das Standardprotokoll für das Routing zwischen Domänen im Internet.

Anmerkung

Bitte machen Sie sich klar, dass der Hauptunterschied zwischen intra-AS- und inter-AS-Routing darin besteht, dass intra-AS-Routing normalerweise in Einklang mit den erwünschten technischen Anforderungen optimiert wird. Die inter-AS-Einstellungen geben hingegen meist die politischen und geschäftlichen Verhältnisse zwischen den Netzwerken und beteiligten Firmen wieder.

4.3.1 Statisches Routing, Grundeinstellungs-Routing und dynamisches Routing

Bevor wir die wichtigsten Möglichkeiten, wie autonome Systeme an ISPs angeschlossen werden können, vorstellen und betrachten, wollen wir zuerst die Basisterminologie und die grundlegendsten Routingkonzepte aufzeigen:

- Der Ausdruck *Static Routing* bezieht sich darauf, dass Wegbeschreibungen zu verschiedenen Zielen manuell aufgelistet werden, oder aber auch wie schon der Name sagt statisch im Router verzeichnet sind. Die Erreichbarkeit des Netzwerks hängt in diesem Fall nicht von der Existenz oder dem Status eben dieses Netzwerkes ab. Ob das Ziel nun aktiv ist oder nicht, die statischen Routen verbleiben in der Routingtabelle und der Verkehr wird trotzdem weiterhin in die spezifizierte Richtung weitergeleitet.

- *Default Routing*, die Routing-Grundeinstellungen, sind ein letzter Notausgang. Die Daten, die an einen Empfänger gerichtet sind, den der Router nicht kennt, werden an diesen *Default*-Ausgang weitergeleitet. Das Defaultrouting ist die einfachste Möglichkeit einer Domäne, die mit einem einzigen Ausgang verbunden ist, einen Kurs zu finden.
- *Dynamisches Routing* ist ein Ausdruck dafür, dass man Routen durch ein inwendiges oder auswärtiges Routingprotokoll kennenlernt. Ob ein Netzwerk erreichbar bleibt hängt von dessen Existenz und Status ab. Gibt es den Bestimmungsort nicht mehr, verschwindet auch die Route aus der Routingtabelle und die Daten werden nicht in Richtung auf dieses Ziel weitergegeben.

Diese drei Routingansätze sind auf alle in den kommenden Abschnitten behandelten AS-Konfigurationen anwendbar. Normalerweise gibt es jedoch eine ideale Vorgehensweise. Indem wir in diesem Kapitel also die verschiedenen autonomen Systeme veranschaulichen, stellen wir auch fest, ob das statische, das dynamische oder das Default-Routing, oder eine Kombination aus diesen am geeignetsten ist. Dann geht es in diesem Kapitel auch noch darum, ob inwendige oder auswärtige Routingprotokolle angebracht sind. Erst in Kapitel 6 werden wir die Wahl des Routingtyps für die verschiedenen AS-Topologien näher betrachten.

Denken Sie bitte immer daran, dass das statische oder das Defaultrouting nicht Ihre Feinde sind. Die stabilsten (aber manchmal nicht ganz so flexiblen) Konfigurationen basieren auf statischem Routing. Viele meinen, sie seien technisch nicht ganz auf dem neuesten Stand, nur weil sie kein dynamisches Routing ablaufen lassen. Wenn man aber versucht, in Situationen, die das nicht verlangen, dynamisches Routing mit Gewalt einzusetzen, verschwendet man damit Bandweite, Mühe und Geld. Erinnern Sie sich bitte an das im vorherigen Kapitel vorgestellte KISS-Prinzip!

4.3.2 Autonome Systeme

Ein *autonomous system* (AS) setzt sich aus mehreren Routern mit einer einzigen gemeinsamen Routingregelung zusammen, es wird von einer einzigen technischen Administration verwaltet und benutzt gewöhnlich ein einziges IGP gemeinsam (das AS kann auch aus mehreren IGPs bestehen, die zusammen arbeiten, um inwendiges Routing zu ermöglichen).

Von außen betrachtet wirkt das gesamte AS als Einheit. Jedes AS hat eine eigene Identifizierungsnummer, die ihm von einer Internet-Registrierstelle, oder einem Dienstleistungsanbieter im Falle eines privaten AS zugewiesen wird. Über das Routing informieren sich die ASs gegenseitig über ein Exterior-Gateway-Protokoll, wie zum Beispiel BGP-4, wie in Bild 4.2 dargestellt.

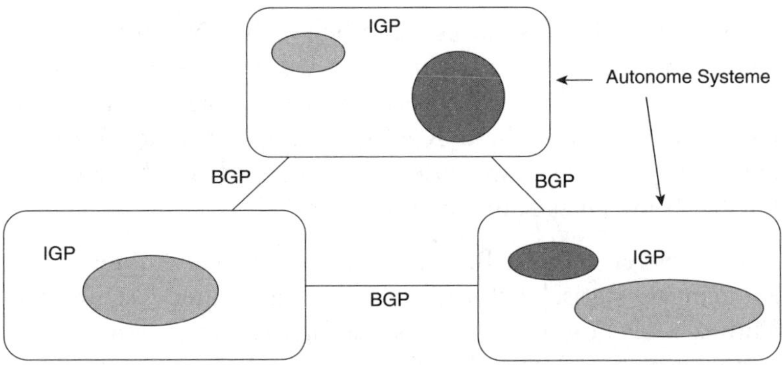

Bild 4.2: Informationsaustausch über Routing unter autonomen Systemen

Indem wir die Internetwelt in Verwaltungseinheiten einteilen, erhalten wir ein großes Netzwerk (in dem Sinne, dass das Internet auch ein Riesen-OSPF-oder IS-IS-Netzwerk hätte sein können), unterteilt in kleinere und besser zu handhabende Netzwerke. Diese als ASs abgebildeten Netzwerke können nun ihre eigenen Regeln und Regelwerke aufstellen, die das Netzwerk und die angebotenen Dienste von anderen unterscheidet. Jedes AS kann sein eigenes IGP-Set ausführen, ganz unabhängig von denen anderer Netzwerke.

In den nächsten Abschnitten geht es um mögliche Netzwerkkonfigurationen mit *stub-*(*single-homed*), *multihomed-non-transit- und multihomed-transit-*Netzwerken.

»Stub AS«

AS wird als »stumpf« angesehen, wenn es Netzwerke außerhalb seiner Domäne mittels eines einzigen Ausgangs erreicht. Diese Art AS wird im Zusammenhang mit anderen Providern auch als *single-homed* bezeichnet. In Bild 4.3 sehen Sie ein solches *single-homed-* oder *stub*-AS.

Bild 4.3: Single-Homed (Stub) AS

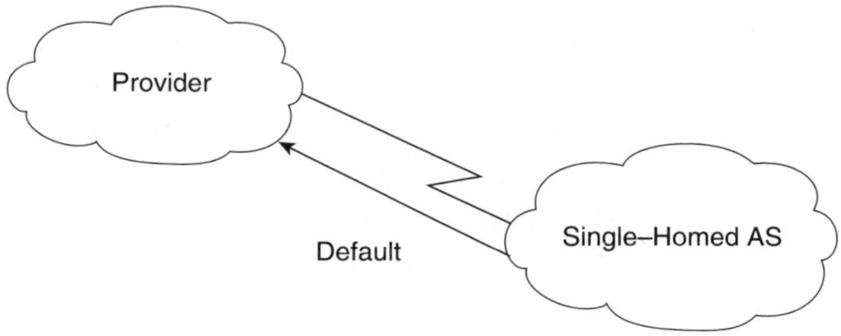

Ein *single-homed*-AS hat es eigentlich nicht nötig Internetrouten seiner Anbieter kennenzulernen. Da es nur einen Ausgang gibt, kann jeglicher Datenverkehr den Anbieter unbeachtet lassen. Nutzt man diese Konfiguration, kann der Provider mehrere Methoden anwenden, um bei anderen Netzwerken für die Route eines Kunden zu werben.

Der Anbieter hätte z.B. die Möglichkeit, die Subnetze des Kunden als statische Einträge in seinem Router festzuhalten. Mittels BGP könnte er diese statischen Einträge dann im Internet anbieten. Mit Hilfe dieser Methode könnte man sehr gut abwägen, ob die Kundenroute durch ein kleines Set aggregierter Routen dargestellt werden kann. Verfügt der Klient über zu viele unzusammenhängende *subnets*, wird die Definition statischer Routen für alle diese Subnetzwerke ineffizient.

Als Alternative hierzu könnte der Provider IGPs damit betrauen, für die Kundennetzwerke Werbung zu machen. Man kann IGP zwischen Kunden und Anbieter einsetzen, damit der Kunde für seine Routen werben kann. Dies begünstigt außerdem dynamisches Routing, bei dem Informationen zu Netzwerken und Änderungen dynamisch an den Provider weitergegeben werden. Diese Methode ist aber relativ ungewöhnlich, hauptsächlich, weil sie nicht richtig abwägt, denn eine Instabilität des Kundenlinks kann zu instabilen IGPs führen.

Die dritte Möglichkeit für ISP zu erlernen, wie man für Kundenrouten werben kann, besteht darin, zwischen Klient und Anbieter BGP zu verwenden. Sollte AS stumpf sein, wird es sehr schwierig von einem IRR eine registrierte AS-Nummer zu ergattern, da die Routingregelungen des Klienten die Verlängerung der Satzung eines einzelnen Provider sind.

ANMERKUNG

RFC 1930[9] stellt einige Leitlinien für die Einrichtung, Auswahl und Registrierung der Nummer eines autonomen Systems vor.

Stattdessen könnte der Anbieter seinem Kunden selbst eine AS-Nummer aus seiner privaten Auswahl (65412-65535) erteilen, immer vorausgesetzt, die Routingsatzung des Providers unterstützt wie in RFC 2270[10] beschrieben, die Nutzung des privaten AS-Speichers für Kunden.

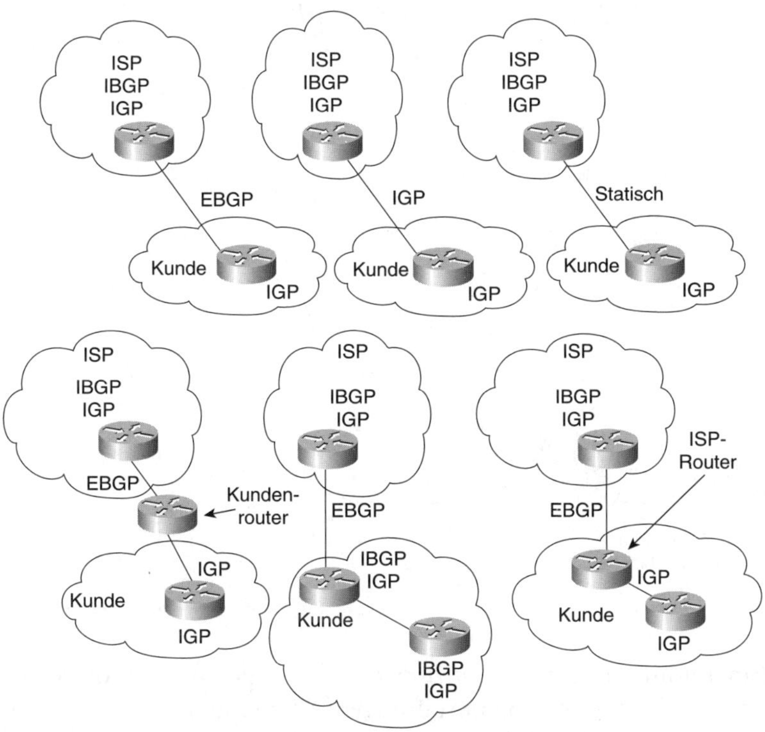

Bild 4.4: Stub ASs: Mögliche Auswahl der Protokollvarianten

Zwischen dem ISP und seinem Kunden können einige Kombinationen aus Protokollen zur Anwendung kommen. Bild 4.4 stellt mögliche Konfigurationen dar, wobei nur *stub*-ASs als Beispiel herangezogen werden (Die Bedeutung von EBGP und IBGP erörtern wir erst in den folgenden Abschnitten). Der Provider könnte die Kundenrouter auch auf ihre POPs ausweiten, oder er könnte seine Router auf die Netzwerke seiner Kunden ausdehnen. Sie sollten bedenken, dass es nicht sofort in jeder Situation notwendig ist, dass der Kunde wie bereits erwähnt mit seinem Provider durch BGP verbunden ist.

»Multihomed Nontransit AS«

Ein AS gilt als *multihomed*, wenn es mehr als nur einen Ausgang zur Außenwelt hat. Das AS kann diese Ausgänge hin zu einem einzelnen Provider oder zu mehreren haben. Ein *nontransit*-AS lässt den Datenverkehr nicht durch sich hindurchfließen. Jeder Verkehr, dessen Quelle und Empfänger außerhalb des AS liegt, wird als *Transit Traffic* bezeichnet. In Bild 4.5 sieht man ein AS (AS1), das bezüglich der beiden Anbieter ISP1 und ISP2 undurchlässig und *mutlihomed* ist.

Bild 4.5: Beispiel eines »multihomed«, undurchlässigen AS

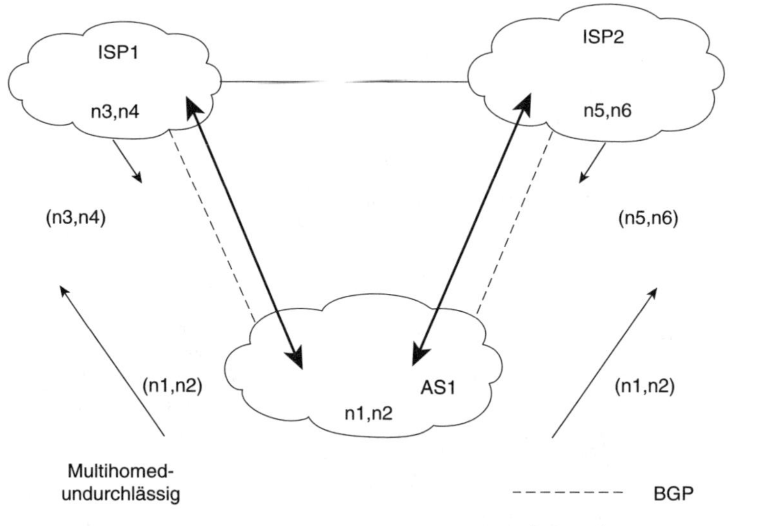

Ein undurchlässiges (*nontransit*) AS würde nur für die eigenen, nicht für Wegbeschreibungen Werbung machen, die es von einem anderen AS übernommen hat. Das hat zur Folge, dass der Verkehr zu einem Ziel, das nicht im AS liegt, auch nicht an dieses AS gerät. In Bild 4.5 lernt AS1 die Strecken n3 und n4 kennen, die über den ISP1 laufen und die Routen n5 und n6, die über ISP2 verlaufen. AS preist aber nur die eigenen, örtlichen Routen (n1, n2) an. Es erzählt ISP2 nicht von den Wegbeschreibungen, die es von ISP1 bekommen hat und

ISP1 erfährt nichts über Routen, die AS von ISP2 beschrieben bekam. AS1 öffnet sich nicht dem auswärtigen Verkehr, sollte z.B. ISP1 versuchen auf den Pfad n5 oder n6 zu gelangen, oder sollte ISP2 durch AS1 die Straßen n3 oder n4 benutzen wollen. ISP1 und ISP2 können AS1 durch ein *Default-* oder statisches Routing zwingen, ihre Daten direkt durchzulassen. Um dies zu verhindern, kann AS1 den gesamten auf sich gerichteten Verkehr dahingehend ausfiltern, welche Empfänger nicht zu AS1 gehören.

Multihomed-nontransit-AS müssen mit ihren Providern nicht unbedingt mit BGP arbeiten, obwohl das ratsam ist und meist vom Anbieter verlangt wird. Sie werden in den späteren Kapiteln des Buches erkennen, dass es viele Vorteile mit sich bringt, wenn man im Kontakt mit den Providern BGP-4 einsetzt, da man besser die Verbreitung von Routen und das Filtern kontrollieren kann.

»Multihomed Transit AS«

Ein *multihomed transit* AS unterhält zur Außenwelt mehr als eine Verbindung und kann dennoch von einem anderen AS genutzt werden, um Daten durchzuleiten (siehe Bild 4.6). Als Transitverkehr (im Verhältnis zum *multihomed*-AS) bezeichnet man den Datenfluss, der sich zwischen einem Absender und einem Empfänger bewegt, die beide mit dem örtlichen AS nichts zu tun haben.

Obwohl BGP-4 eigentlich ein auswärtiges Gateway-Protokoll ist, kann es doch innerhalb eines AS als Leitung angewandt werden, um BGP-Updates auszutauschen. BGP-Verbindungen zwischen Routern innerhalb eines autonomen Systems nennt man *Internal BGP (IBGP)*. BGP-Verbindungen zwischen Routern verschiedener autonomer Systeme heißen *External BGP (EBGP)*. Router mit IBGP werden als *transit routers* bezeichnet, wenn sie den Transitverkehr, der durch den AS fließt, weiterleiten.

Ein Transit-AS würde sein Wissen über Routen, das ihm von einem anderen AS vermittelt wurde, an andere AS weitervermitteln. Auf diese Weise öffnet sich das *transit*-AS dem Verkehr, für den es garnicht bestimmt ist. Den *multihomed-transit*-AS wird geraten, für ihre Verbindungen zu anderen AS mit BGP-4 zu arbeiten, gleichzeitig aber die internen nontransit

Router von Routen aus dem Internet abzuschirmen. Nicht alle Router innerhalb einer Domäne müssen unbedingt mit BGP arbeiten. Interne, nichtdurchlässige Router könnten mit BGP-Routern das Default-Routing ablaufen lassen. Dadurch würde die Zahl der Routen vermindert, die die *internal nontransit routers* einbeziehen müssen. In den meisten großen Service-Provider-Netzwerken arbeiten jedoch sämtliche Router intern mit einem ganzen BGP-Routenset.

Bild 4.6 zeigt ein *multihomed*-durchlässiges autonomes System AS1, das mit den beiden Anbietern ISP1 und ISP2 in Kontakt steht. AS1 lernt durch ISP1 und ISP2 die Routen n3, n4, n5 und n6 kennen und wirbt seinerseits bei ISP1 und ISP2 für alles Erlernte, einschließlich der eigenen örtlichen Kursbeschreibungen. In diesem Fall kann ISP1 das AS1 als Übergangs-AS nutzen, um die Netzwerke n5 und n6 zu erreichen und ISP2 gelangt über AS1 zu den Netzwerken n3 und n4.

Bild 4.6: Multihomed Transit AS, das BGP intern und extern verwendet

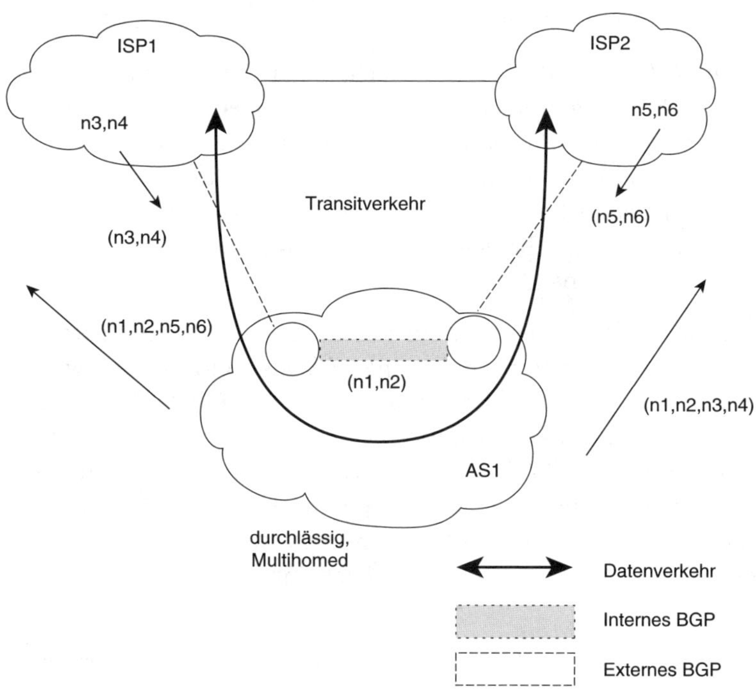

4.4 Vorschau

Das Border Gateway Protocol hat für die Routing-Architekturen im Internet den Grundstein gelegt. Indem man die Netzwerke in autonome Systeme unterteilte, hat man die logischen administrativen und politischen Grenzen zwischen den Organisationen abgesteckt. Dadurch können die inwendigen Durchgangs-Protokolle (Interior Gateway Protocols) unabhängig voneinander ablaufen, während sich die Netzwerke gleichzeitig weiterhin über BGP miteinander in Verbindung setzen können, um für globales Routing zu sorgen.

Das fünfte Kapitel bietet einen Überblick darüber, wie BGP-4 arbeitet, einschließlich einer detaillierten Besprechung der message-*header*-Formate.

4.5 Häufig gestellte Fragen

Frage – *Was ist der Unterschied zwischen einer Domäne und einem autonomen System?*

Antwort – Beide Ausdrücke beziehen sich auf eine Routersammlung. Die Bezeichnung Domain wird verwendet, wenn von einer Zahl Router die Rede ist, die mit demselben Routingprotokoll arbeiten, z.B. die RIP-Domäne oder die OSPF-Domäne. Das AS steht für eine oder mehrere Domänen unter derselben Verwaltung, die ihre Routingsatzung mit anderen AS zusammengelegt haben.

Frage – *Meine Firma hat per RIP Anschluss an einen ISP. Sollte ich statt dessen lieber BGP einsetzen?*

Antwort – Wenn Sie in nächster Zeit erwägen, zu mehreren Anbietern Kontakt aufzubauen, sollten Sie mit Ihrem Provider die Möglichkeit besprechen, mit BGP zu arbeiten. Wenn es aber für ihren Datenverkehr nicht nötig ist, mit vielen Anbietern in Verbindung zu stehen, ist es so, wie es ist, ganz in Ordnung.

Frage – *Ich unterhalte zu einem Provider eine einzelne IGP-Verbindung. Ich habe vor, diesen Anbieter an anderer Stelle zu kontaktieren. Kann ich diese Verbindung via IGP herstellen, oder sollte ich BGP anwenden?*

Antwort – Das hängt vom Provider ab. Manche Anbieter ermöglichen die Kontaktaufnahme an mehreren Standorten über IGP, andere wollen lieber, dass Sie BGP verwenden. Konkret: Nutzen Sie BGP, können Sie ihren Datenfluss besser kontrollieren, wie es sich in den folgenden Kapiteln noch zeigen wird.

Frage – *Ich dachte immer, BGP liefe nur zwischen autonomen Systemen. Die Sache mit BGP innerhalb eines AS verwirrt mich etwas.*

Antwort – Denken Sie sich BGP als Tunnel innerhalb des AS (IBGP) durch den die Routinginformation läuft. Ist Ihr AS durchlässig, wird IBGP all Ihre internen Nontransit-Router von der möglicherweise riesigen Anzahl externer Routing-Updates abschirmen. Sollten es sich aber bei Ihnen andererseits um kein Transit-AS handeln, werden Sie doch im Laufe dieses Buches feststellen, das IBGP Ihnen bessere Kontrolle darüber gibt, welchen Ausgang und welchen Eingang Sie für Ihre Daten wählen wollen.

Frage – *Wir reden hier von BGP-4, aber verwendet nicht jeder noch BGP-1, -2, oder -3 ? Und was ist mit EGP?*

Antwort – BGP-4 ist das de facto im Internet genutzte *interdomain-routing*-Protokoll. EGP und BGP-1, -2, und -3 sind veraltet. Durch BGP-4's Unterstützung für CIDR, Zuwachs-Updates, bessere Filterung und Auslegung der Satzung kann jeder viel leichter auf neue Protokolle umschalten.

Frage – *Ich habe vor, zu meinem Internet Service Provider eine neue Verbindung aufzubauen. soll ich bei meiner RIR eine AS-Nummer beantragen?*

Antwort – Es wäre tatsächlich eine Möglichkeit, sich eine AS-Nummer zu holen. Obwohl Sie sich vorher mit Ihrem Anbieter absprechen sollten, ob der über genug Platz verfügt, um die Verwendung privater ASs für Kunden vertragen zu können, die zu einem einzelnen Provider mehrere Ausgänge unterhalten. Außerdem sollten Sie Ihr RIR (Regionale-Internet-Registratur) fragen, ob er AS-Nummern an Netzwerke vergibt, die nur mit einem einzigen Provider in Verbindung stehen.

4.6 Fußnoten

1 RFC 1771, »A Border Gateway Protocol 4 (BGP-4)«, www.isi.edu/in-notes/rfc1771.txt

2 Bellman, R. *Dynamic Programming* (Princeton University Press, 1957)

3 Ford, L. R., Jr. and D. R. Fulkerson. *Flows in Networks* (Princeton University Press, 1962)

4 RFC 1583, »OSPF Version 2«, www.isi.edu/in-notes/rfc1583.txt

5 ISO 10589, »Intermediate System to Intermediate System«; RFC 1195, »Use of OSI IS-IS for Routing in TCP/IP and Dual Environments«, www.isi.edu/in-notes/rfc1195.txt

6 Perlman, Radia. *Interconnections, Second Edition: Bridges, Routers, Switches, and Internetworking Protocols* (Boston, Mass.: Addison-Wesley Longman, Inc., 1999)

7 Moy, John. *OSPF: Anatomy of an Internet Routing Protocol* (Boston, Mass.: Addison-Wesley Longman, Inc., 1998)

8 RFC 904, »Exterior Gateway Protocol Formal Specification«, www.isi.edu/in-notes/rfc904.txt

9 RFC 1930, »Guidelines for creation, selection, and registration of an Autonomous System (AS)«, www.isi.edu/in-notes/rfc1930.txt

10 RFC 2270, »Using a Dedicated AS for Sites Homed to a Single Provider«, www.isi.edu/in-notes/rfc2270.txt

Dieses Kapitel enthält die folgenden Schlüsselthemen:

- **Wie funktioniert BGP** – Übersicht darüber, wie das Border-Gateway-Protokoll (Version 4) vorgeht, inklusive des *Message-Header*-Formats, und wie und was es mit den benachbarten Routern aushandelt. Wir werden auf die Form und den Zweck der vier Haupt-Botschaftstypen des BGP eingehen: OPEN, NOTIFICATION, KEEPALIVE und UPDATE.
- **Multiprotokollarische Erweiterung des BGP-4** – Wir werden uns mit Multiprotokoll-BGP beschäftigen, das ursprünglich ausdrücklich für Multicasting zwischen Domänen gedacht war, aber auch andere Protokolle einbeziehen kann.
- **Aushandlung von Fähigkeiten mit BGP-4** – Die BGP Capabilities Negotiation stellt einen Mechanismus dar, mit dessen Hilfe man in BGP gut neue Anwendungen einführen kann. Über die Arbeitsweise und über Details dieser Features werden Sie in den späteren Kapiteln noch mehr erfahren.
- **TCP MD5 Signatur-Option für BGP** – Die TCP MD5 Signature-Option wurde BGP beigefügt, um BGP vor irreführenden TCP-Segmenten, insbesondere dem TCP-Reset, zu schützen. Wir werden auf die Arbeitsweise und auf ein paar damit verbundene Warnungen eingehen.

Kapitel 5

Border-Gateway-Protokoll Version 4

Das Border-Gateway-Protokoll (BGP) hat seit seiner ursprünglichen Ausführung, der Version BGP-1 von 1989, mehrere Phasen und Verbesserungen durchlaufen. Seit 1993 wurde BGP-4 eingesetzt. Diese ist die erste BGP-Fassung, die sich, wie bereits erwähnt, mit *Aggregation* (Classless Interdomain Routing [CIDR]) und *Supernetting* auseinandersetzt.

BGP schränkt die zugrunde liegende Netzwerktopologie nicht ein. Es geht davon aus, dass innerhalb eines autonomen Systems das Routing im Rahmen eines, innerhalb des AS gültigen Routingprotokolls (Interior Gateway Protocol [IGP]) stattfindet. In diesem Buch bedeutet *intra* »innerhalb einer Einheit« und *inter* »zwischen Einheiten«. BGP konstruiert einen Graphen autonomer Systeme, der anhand des Informationsaustauschs zwischen BGP-Routern errechnet wird. Die Umgebung eines solchen Graphen wird manchmal auch als *tree* »Baum« bezeichnet. Soweit es BGP betrifft, ist das gesamte Internet ein Graph aus AS, wobei jedes AS durch eine einzigartige AS-Nummer identifiziert wird. Die Verbindung zweier AS bildet einen Pfad, mehrere Informationen bezüglich eines Pfades ergeben eine Wegbeschreibung, die an ein bestimmtes Ziel führt. Das BGP nutzt die Pfadinformation, die sich auf ein bekanntes Ziel bezieht, um für ein schleifenloses Routing zwischen den Domänen garantieren zu können. Bild 5.1 veranschaulicht dieses allgemeine Pfad-»Baum-«Konzept.

Bild 5.1: Einfaches Baumdiagramm eines AS-Pfades

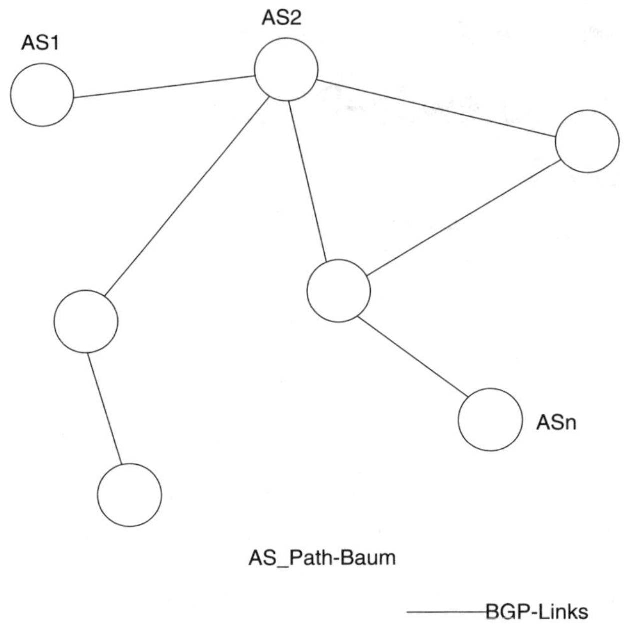

5.1 Arbeitsweise des BGP

BGP ist ein Pfadvektorenprotokoll, mit dessen Hilfe man Routinginformationen zwischen autonomen Systemen hin- und hertransportieren kann. Der Ausdruck Pfadvektor (*path vector)* ergibt sich aus der Tatsache, dass die BGP-Routinginformation eine Sequenz aus AS-Nummern in sich trägt. Diese Nummernfolge identifiziert die Strecke der AS, die ein Netzwerkpräfix entlang gelaufen ist. Die Pfadinformation, die mit dem Präfix zusammenhängt, wird verwendet, um Schleifen zu verhindern.

BGP nutzt TCP als sein Transportprotokoll (Port 179). Das TCP kümmert sich um die Verlässlichkeit des Transports (z.B. Rücksendung), sodass diese Aufgabe nicht auf BGP abgewälzt werden muss. Dadurch erledigt sich die anstrengende Aufgabe, auch die Frage der Verlässlichkeit ins Protokoll aufzunehmen.

Router, an denen ein BGP-Routingprozess abläuft, werden auch *BGP speakers* genannt. Zwei BGP-»Sprecher«, die zwischen sich eine TCP-Verbindung herstellen, um miteinander

Routinginformationen auszutauschen, sind »Nachbarn« oder »Partner« (*neighbors* oder *peers*). Bild 5.2 illustriert dieses Verhältnis. Partnerrouter lassen sich gegenseitig offene Botschaften zukommen, um die Verbindung der Parameter festzulegen. Diese Nachrichten dient dazu, über Wertangaben wie beispielsweise der Versionsnummer des BGP-Speakers zu konferieren.

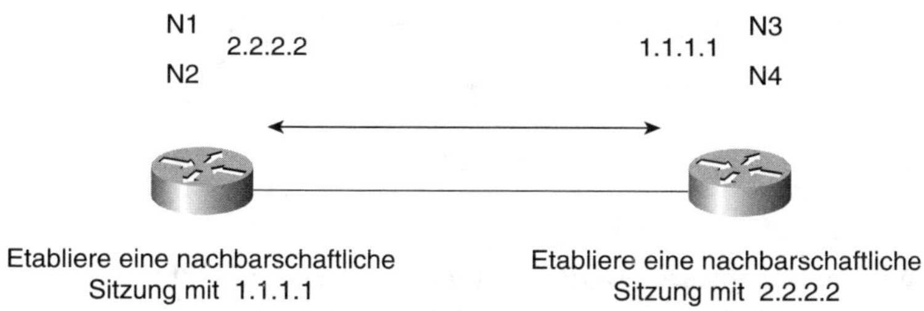

Bild 5.2: BGP Router werden Nachbarn

BGP liefert zudem einen Mechanismus, den *graceful close mechanism*, durch den man geschickt eine Verbindung zu einem Partner wieder auflösen kann. Man könnte auch sagen: falls es zwischen zwei Geschäftspartnern zu einer Meinungsverschiedenheit, sei es als Ergebnis einer Konfiguration, von Inkompatibilität, aufgrund des Einschreitens eines Operators oder aus anderen Umständen kommen sollte, verschickt man einfach eine NOTIFICATION-Fehlermeldung. Die Verbindung zum Partner kommt dann nicht zustande oder wird abgebrochen. Dieser Mechanismus ist sehr vorteilhaft, da beide Partner der Meinung sind, dass jene Verbindung nicht eingerichtet oder aufrecht erhalten werden kann und verschwenden daher hierauf keine Mühe. Dadurch können die Ressourcen, die anderenfalls zur Aufrechterhaltung der Verbindung eingesetzt würden, oder für den blinden Versuch, eine solche aufzubauen, gespart werden. Der *graceful close mechanism* sorgt einfach dafür, dass alle anstehenden Nachrichten, besonders die NOTIFICATION-Fehlermeldung, ausgesendet werden, bevor die TCP-Sitzung endet.

Zu Beginn einer BGP-Sitzung mehrerer BGP-Speaker werden alle kandidierenden BGP-Routen wie in Bild 5.3 dargestellt, ausgetauscht. Nachdem sich die Sitzung etabliert hat, und nachdem der anfängliche Routenaustausch abgewickelt ist, werden nur zusätzliche Updates als Netzwerkinformationsänderungen versendet. Die zusätzliche Aktualisierung zeigt im

Vergleich zu kompletten, regelmäßigen Updates eine deutliche Verbesserung für CPU-*overhead* und die Zuweisung der Bandbreite. Das regelmäßige Update wurde von den vorhergehenden Protokollen, z.B. EGP, eingesetzt.

Bild 5.3: Der Austausch aller Routing-Updates

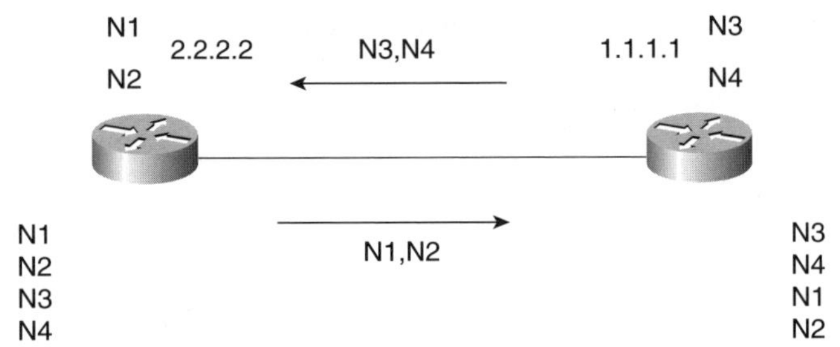

Zwischen mehreren BGP-Routern wird durch UPDATE-*Messages* für Routen geworben. Neben anderen Dingen enthält die UPDATE-Nachricht eine Liste der <*length, prefix*>-Tupel, die die Liste der über einen BGP-Speaker erreichbaren Ziele angeben. Außerdem enthält die UPDATE-Botschaft auch die Pfadeigenschaften, z.B. Informationen über den Beliebtheitsgrad einer bestimmte Route und die Liste der AS, die die Strecke durchquerte.

Sollte eine Route unbegehbar werden, verständigt der BGP-Speaker seine Nachbarn, während er die ungültige Route aus dem Sortiment nimmt. Wie in Bild 5.4 gezeigt, ist die zurückgezogene Route Teil der UPDATE-*Message*. Diese Routen stehen nicht mehr zur Verfügung. Hat sich die Information zu einer Route verändert, oder man hat für dasselbe Präfix einen neuen Pfad gewählt, muss man diese Route nicht einziehen. Es reicht, wenn bekannt gegeben wird, dass diese Route ersetzt wurde.

Bild 5.4: N1 fällt aus; Senden von Teil-Updates

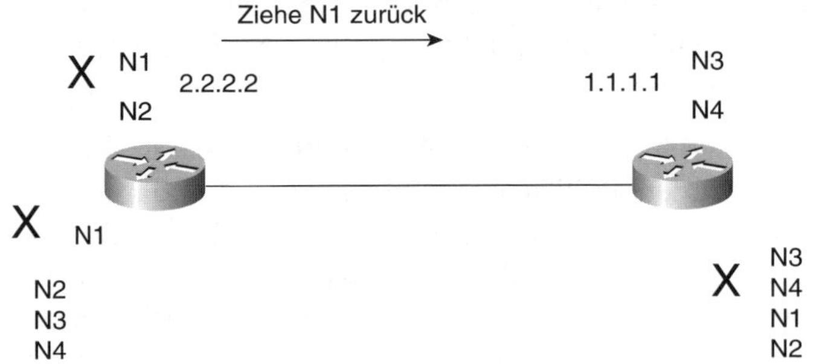

In Bild 5.5 sehen wir eine Stillstandsituation (*steady-state* Situation): Tritt kein Routing-Austausch auf, senden die Router nur KEEPALIVE-Pakete hin und her.

Bild 5.5: Stillstand; N1 funktioniert noch immer nicht

BGP-Nachbarn verschicken regelmäßig KEEPALIVE-Botschaften, damit die Verbindung aktiv bleibt. KEEPALIVE Pakete (je 19 Bytes) sollten eigentlich die CPU oder Link-Bandbreite des Routers nicht belasten, da sie nur sehr wenig Bandbreite (alle 60 Sekunden ein augenblickliches 152-Bit-Paket, oder pro Partner ungefähr 2,5 Bps während einer periodischen Rate von 60 Sekunden) brauchen.

BGP notiert für jede Tabellenversion eine Nummer, um den gegenwärtigen Zustand der BGP-Routingtabelle immer genau ausmachen zu können. Ändert sich die Tabelle, drückt BGP das durch die Nummerierung der Tabellenversion aus. Entstehen ständig neue Versionen einer Tabelle, ist das gewöhnlich ein Zeichen dafür, dass das Netzwerk instabil ist (obwohl das in Netzwerken großer Internet-Service-Provider ganz üblich ist). Da dem so ist, veranlaßt eine Instabilität der mit dem Internet verbundenen Netzwerke überall auf der Erde einen Anstieg der Tabellen-Versionsnummer und das an jedem BGP-Speaker, der vollen Einblick in die Internet-Routingtabellen hat. Um der Wirkung dieser Instabilität entgegenzuwirken, hat man Gegenmaßnahmen ergriffen, z.B. indem man unklare, wirre Wegbeschreibungen aussortiert. Hierauf gehen wir im 10. Kapitel näher ein.

5.1.1 Format des BGP Message Header

Das Format des BGP *Message Header* ist ein 16-Byte Markerfeld, auf das ein 2-Byte Längen-Feld und ein 1-Byte Typ-Feld folgt. Bild 5.6 zeigt das Grundformat des BGP-Nachrichten-Headers.

Bild 5.6: Das Format des BGP Message Header

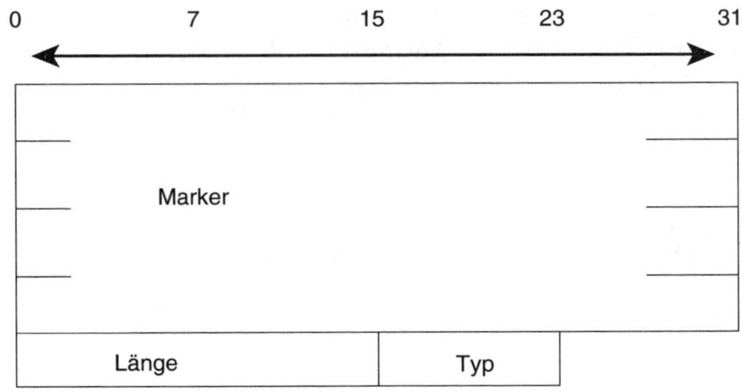

Je nach Art der Nachricht folgt auf den Header, also der Information zu Sender, Empfänger und Fehlerkontrolle am Anfang eines verschickten Datenpakets ein Datenabschnitt. Die KEEPALIVE-Botschaft besteht z.B. nur aus der Information des Headers ohne nachfolgende Daten.

Das 16-Byte Markerfeld findet Anwendung, um die Urheberschaft der hereinkommenden BGP-Nachricht zu überprüfen, oder um fehlerhafte Abstimmung zwischen zwei BGP-Partnern aufzudecken. Das Markerfeld kann eine oder beide der folgenden zwei Formate haben:

- Ist die Botschaft dem Typ nach OPEN (offen), oder wenn an der OPEN-Nachricht keine Information zur Herkunft hängt, muss das Markerfeld ganz aus 1en bestehen
- Anderenfalls wird das Markerfeld entsprechend eines Teils des Mechanismus zur Überprüfung der Authentizität berechnet. Wir werden in diesem Kapitel noch auf den Gebrauch der TCP MD5 Signaturoption dieses Markers eingehen.

Das 2-Byte Längen-Feld dient dazu, die Gesamtlänge der BGP-Nachricht, inklusive des Headers, anzugeben. Die kleinste BGP-Botschaft ist nicht kürzer als 19 Bytes (16+2+1) und nicht länger als 4096 Bytes.

Das 1-Byte Typ-Feld gibt den Typ der Nachricht an, mit folgenden Möglichkeiten:

- OPEN
- UPDATE

– NOTIFICATION

– KEEPALIVE

In den nächsten Abschnitten geht es detailiert um den Zweck und das exakte Format dieser vier Botschaftsarten.

5.1.2 BGP-nachbarschaftliche Verhandlungen

Ein wichtiger Schritt des BGP-Protokolls ist es, die BGP-Nachbarn miteinander ins Gespräch zu bringen. Bevor eine solche Sitzung möglich ist, können auch keine Updates ausgetauscht werden. Die Verhandlungsfähigkeit der Nachbarn hängt davon ab, ob die TCP-Transportverbindung erfolgreich fertiggestellt wird, die OPEN-Nachricht richtig durchgegeben wird und ob die UPDATE- und KEEPALIVE-Botschaften in regelmäßigen Abständen erhalten werden.

Das Format der OPEN-Nachricht

Bild 5.7 veranschaulicht das Format der OPEN-Botschaft.

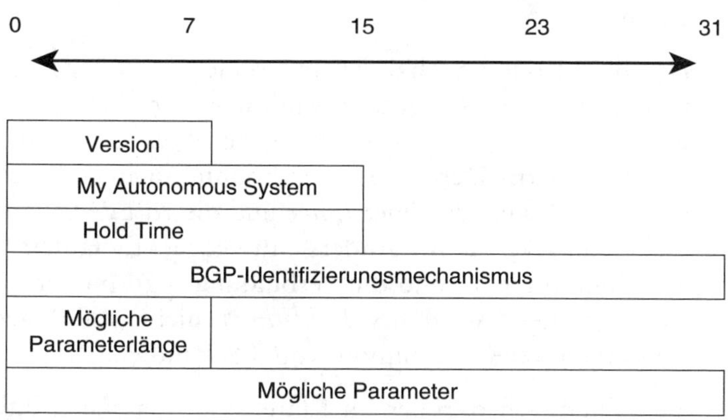

Bild 5.7: Format: OPEN-Nachricht

Die folgende Beschreibung fasst jedes Feld der OPEN-Nachricht zusammen:

– **Version** – Darunter versteht man eine nicht gekennzeichnete 1-Byte Zahl, die die Version der BGP-*Message*, z.B. BGP-3 oder BGP-4, angibt. Während die Nachbarn miteinander verhandeln, einigen sich die BGP-Partner auf eine Versionsnummer. Die BGP-Partner streben die Version mit der höchsten gemeinsamen Nummer an, die beide unterstützen. Sie vertagen die BGP-Sitzung und die Verhandlung so lange, bis sich die Partner für eine beiderseits unterstützte Version entschieden haben. Bei Cisco Systems gibt es die Möglichkeit, sich schon vorher auf eine zur Verhandlung stehende Version festzulegen, damit die Debatte schneller abgeschlossen werden kann. Die Version wird meist statisch eingesetzt, wenn die Versionen der BGP-Partner bereits bekannt sind, obwohl die meisten Einstellungen mit BGP-4 beginnen und darauf eingerichtet sind.

- **My Autonomous System** – Ein 2-Byte-Feld gibt die AS-Nummer des BGP-Speakers an.
- **Hold-Timer** – Der *hold-timer* ist eine nicht gekennzeichnete 2-Byte Zahl, die die maximale Zeit in Sekunden angibt, die zwischen aufeinanderfolgenden KEEPALIVE- oder UPDATE-Nachrichten verstreichen darf. Diese Stoppuhr zählt von 0 bis zum zeitlichen Abstandswert. Ist eine KEPPALIFE- oder UPDATE-Meldung eingegangen, schaltet der *hold-timer* auf 0 zurück. Verstreicht für einen bestimmten Nachbarn die »Stoppzeit«, wird dieser Nachbar für »tot« erklärt.

  Der BGP-Router verhandelt mit seinen Nachbarn über einen Wert der *hold*-Zeit und wählt den, der niedriger ist – je nachdem wählt man also den eigenen *hold-timer* oder den des Nachbarn. Der *hold-timer* könnte auch Null sein, in diesem Fall wird der *hold-timer* und die KEEPALIVE-*timer* nicht zurückgestellt. Anders ausgedrückt, laufen diese Stoppuhren nie ab und die Verbindung wird immer für aktiv angesehen. Wird der *hold-timer* nicht auf 0 gestellt, steht er auf einem Minimum von 3 Sekunden.

  Sie sollten sich darüber im Klaren sein, dass sich die Verhandlungen zur Versionsnummer (da die Debatte immer wieder neu aufgenommen wird, bis beide Knoten sich auf eine gemeinsame Version geeinigt haben) ganz anders gestalten, als die zum *hold-timer* (man nutzt den Minimalwert der beiden BGP-*speaker*). In beiden Fällen wird nur die OPEN-Nachricht von beiden Routern verschickt. Passen die Werte nicht (im Falle des *hold-timers*) zusammen, wird die Sitzung nicht mehr neu angesetzt.

- **BGP-Identifizierungsmechanismus** – Eine nicht gekennzeichnete 4-Byte Zahl gibt den Wert der BGP-ID des Absenders an. In den Einstellungen von Cisco entspricht diese normalerweise der ID des Routers (RID), die als höchste IP-Adresse des Routers gewertet wird. Oder die RID stimmt mit der höchsten Umkehrschleifen-Adresse zu Beginn der BGP-Sitzung überein. Eine *loopback*-Adresse stellt die IP-Adresse eines virtuellen *software-interfaces* dar, das stets als aktiv gilt, ganz unabhängig vom Zustand irgendeines physischen *interfaces*.
- **Mögliche Parameterlänge (Optional Parameter Length – Opt Parm Len)** – Eine nicht gekennzeichnete 1-Byte Zahl zeigt die Gesamtlänge eines Optionalen-Parameter-Feldes in Bytes an. Ein Längenwert von 0 gibt an, dass kein optionaler Parameter zur Verfügung steht.
- **Mögliche Parameter** – Dies ist ein Feld variabler Länge das eine Liste optionaler Parameter beinhaltet, welche bei Verhandlungen in einer BGP Partner Session gebraucht werden. Dieses Feld wird durch die Dreiergruppe <Parameter Type, Parameter Length, Parameter Value> mit der Länge 1-Byte bzw. 1-Byte mit variabler Länge ausgedrückt. Ein Beispiel für optionale Parameter wäre der Informations-Parameter »Authentizität« (Type 1), der die Konferenz mit einem BGP-Partner beglaubigt.

5.1.3 Darstellung einer Finite State Machine

Die Verhandlung der BGP-Nachbarn durchwandert viele Stufen, bevor die Verbindung vollständig eingegangen werden kann. In Bild 5.8 sehen Sie eine vereinfachte Darstellung des letztendlichen Zustands (Finite State Machine – FSM), inklusive der wichtigsten Vorgänge mit Verweis auf die Botschaften (OPEN, KEEPALIVE, NOTIFICATION), die dem Partner beim Übergang vom einen zum anderen Zustand zugesandt wurden.

Bild 5.8: BGP Nachbarschaftsbeziehungen der Finite State Machine

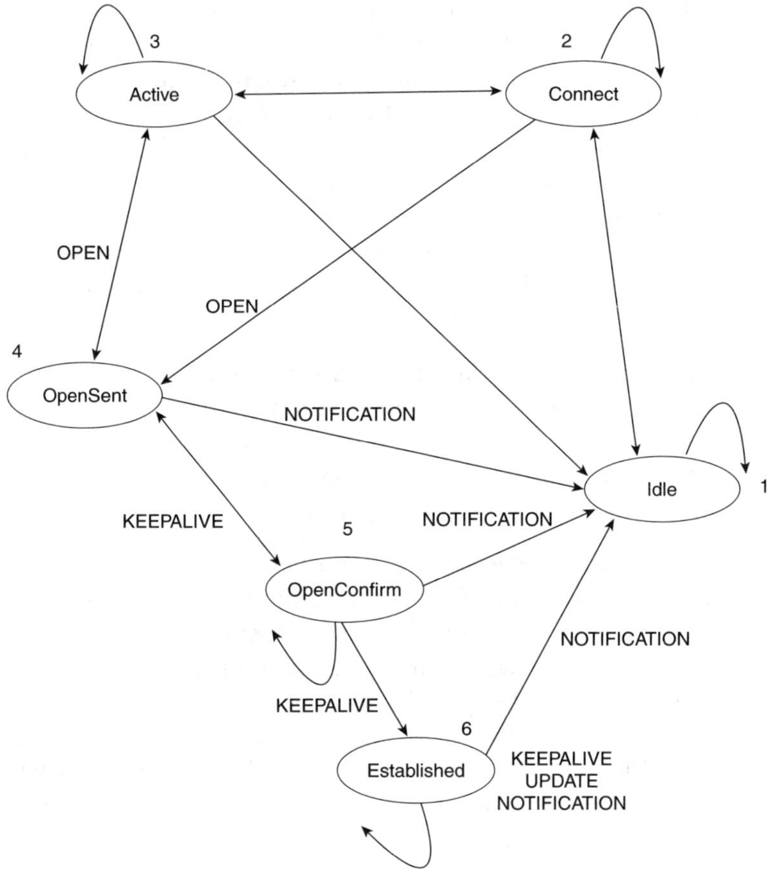

Im Folgenden wollen wir die wichtigsten Stadien des FSM-Beispiels laut Bild 5.8 auflisten:

1 **Idle (»untätig«)** – Dies ist die erste Stufe der Verbindung. BGP wartet auf den Startschuss, der vom Operator oder dem BGP-System abgegeben wird. Läutet der Administrator durch eine Routerkonfiguration eine BGP-Sitzung ein, oder lässt er eine bereits bestehende Verhandlung von vorne anfangen, bringt das die Dinge normalerweise ins Rollen. Nach dem Startschuss initiiert das BGP seine Ressourcen, stellt den *ConnectRetry-Timer* zurück und erstellt eine TCP-Transportverbindung. Dann beginnt es sich nach einer Verbindung umzuhören, die eventuell von einem entfernten Partner eingeleitet werden könnte. BGP geht dann in einen Verbindungsmodus über. Treten Fehler auf, fällt das BGP in den IDLE-Zustand zurück.

2 **Connect** (»**verbunden**«) – BGP wartet darauf, dass die Transportprotokoll-Verbindung zustande kommt. Ist die TCP-Transportverbindung erfolgreich, bedeutet dies den Übergang zum Stadium »OpenSent« (hierhin wird auch die OPEN-*Message* versendet). Ist die Transportverbindung nicht erfolgreich, begeben wir uns in den »Aktive«-Modus. Läuft der *ConnectRetry-Timer* aus, bleiben wir im »Connect«-Stadium, die »Stoppuhr« wird neu gestellt und die Transportverbindung wird eingeleitet. Kommt es zu einem Zwischenfall (der vom System oder dem Operator verursacht wurde), kehren wir zum »Idle«-Status zurück.

3 **Active** – BGP bemüht sich um einen Partner, indem es eine Transportprotokoll-Verbindung einrichtet. Steht die Transportverbindung, gelangen wir ins »OpenSent«-Stadium (es wird eine OPEN-Botschaft verschickt). Läuft der *Connect-Retry-Timer* aus, wird er von BGP neu gestellt und wir kehren in den »Connect«-Status zurück. Außerdem bemüht sich BGP weiterhin um eine Verbindung, die womöglich ein anderer Partner herstellt. Wir könnten auch auf »Idle« zurückfallen, falls es zu weiteren Ereignissen kommt, wenn z.B. das System oder der Operator einen Stopp herbeiführt.

Wenn die Verbindungsstatus mit dem Nachbarn ständig zwischen »connect« und »active« hin- und herschwankt ist in der Regel mit der TCP-Transportverbindung etwas nicht in Ordnung. Das kann an zu vielen TCP-Rückübermittlungen liegen, oder daran, dass ein Nachbar die IP-Adresse seines Partners nicht erreichen kann.

4 **OpenSent** – BGP wartet auf die OPEN-Botschaft seines Partners. Die OPEN-Nachricht wird auf ihre Richtigkeit hin überprüft. Wird ein Fehler entdeckt, zum Beispiel eine falsche Versionsnummer oder ein nicht akzeptierbares AS, verschickt das System eine Fehler-NOTIFICATION-Meldung und kehrt in den »Idle«-Status zurück. Treten keine Fehler auf, beginnt BGP damit, KEEPALIVE-Nachrichten zu versenden und stellt den KEEPALIVE-Timer neu. In diesem Stadium wird die Stoppzeit ausgehandelt, wobei man sich nach dem geringsten Wert richtet. Beträgt die *hold-time* 0, wird der *hold-timer* und der KEEPALIVE-Timer nicht wieder gestartet.

Im »OpenSent«-Modus erkennt das BGP, indem er seine AS-Nummer mit der AS-Nummer seines Partners vergleicht, ob der Partner zum gleichen AS (»innerhalb« – Internal BGP) oder einem anderen AS (»außerhalb« – External BGP) gehört.

Wird entdeckt, dass eine TCP-Transportverbindung nicht mehr vorhanden ist, begibt sich das System zurück in den »Aktive«-Status. In Reaktion auf jeden anderen Fehler, z.B. Ablauf des *hold-timers*, gibt BGP eine NOTIFICATION-Nachricht mit dem entsprechenden Fehlercode aus und verfällt ins »Idle«-Stadium. Auch wenn das System oder der Operator einen Stopp herbeiführen, wird in den »Idle«-Status zurückgekehrt.

5 **OpenConfirm** – BGP wartet auf eine KEEPALIVE-*Message*. Erhält es ein KEEPALIVE, bedeutet dies den Übergang zu »Established«, d.h., die Verhandlungen mit dem Nachbarn sind abgeschlossen. Erhält das System eine KEEPALIVE-Nachricht, stellt es den *hold-timer* (immer angenommen, die ausgehandelte *hold-time* ist nicht 0) neu. Erhält es eine NOTIFICATION-Botschaft, kehrt das System in den »Idle«-Status zurück. Das System versendet regelmäßig in einem, vom KEEPALIVE-Timer festgesetzten Abstand, KEEPALIVE-Nachrichten. Falls eine Benachrichtigung über den Abbruch der Transportverbindung auftaucht, oder falls das System (auf Veranlassung des Systems oder des Operators) anhält, fällt es in den »Idle«-Modus zurück. Handelt es sich um einen anderen Vorfall, gibt das System eine NOTIFICATION-*Message* mit einem FSM- (Finite State Machine) Fehlercode aus und kehrt in den »Idle«-Status zurück.

6 **Established** – Dies ist das letzte Stadium der Verhandlung mit einem Nachbarn. Zu diesem Zeitpunkt beginnt BGP, mit seinen Partnern UPDATE-Pakete auszutauschen. Immer angenommen, er steht nicht auf 0, beginnt der *hold-timer* bei Erhalt eine UPDATE- oder KEEPALIVE-Nachricht von vorne. Erreicht eine NOTIFICATION-Botschaft das System (sollte ein Fehler aufgetreten sein) so kehrt es in den »Idle«-Status zurück.

Die UPDATE-*Message* wird auf Fehler, z.B. auf fehlende, doppelte u.a. Attribute, untersucht. Wird ein Fehler gefunden, erhält der Partner eine NOTIFICATION-Botschaft und das System kehrt zurück zum »Idle«-Status .Auch wenn die Stoppzeit abläuft, eine Benachrichtigung eines Transportprotokolls zu einer Verbindungsunterbrechung eintrifft, das System anhält, oder ein anderer Vorfall eintritt, das System begibt sich zurück in den »Idle«-Status

5.1.4 NOTIFICATION-Nachricht

Aus der vorausgegangenen Untersuchung der *Finite-State*-Maschinerie, sollte klar hervor gehen, dass es innerhalb der verschiedenen Stadien viele Möglichkeiten gibt, Fehler zu entdecken. Jedesmal, wenn ein Fehler auftaucht, wird eine NOTIFICATION-Nachricht ausgesendet. Daraufhin wird die Verbindung zum Partner beendet. Der Netzwerkadministrator muss diese NOTIFICATION-Nachricht auswerten, um die spezifische Eigenschaften des Fehlers feststellen zu können, der im Routingprotokoll aufgetaucht ist. In Bild 5.9 sehen Sie das allgemeine *Message*format.

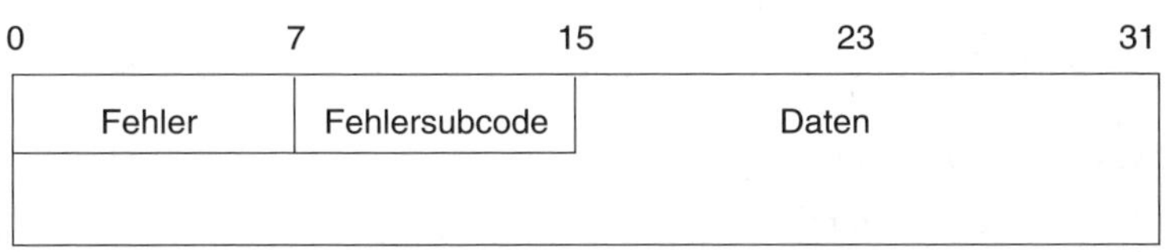

Bild 5.9: Das Format: NOTIFICATION-Message

Die NOTIFICATION-Nachricht besteht aus einem Fehlercode (1 Byte), dem *Error-Subcode* (1 Byte)und dem Datenfeld (variabel).

Der Fehlercode zeigt den Benachrichtigungstypus an, der *Error-Subcode* liefert genauere Information zu Fehlerart. Im Datenfeld befinden sich die Daten, die sich auf den Fehler beziehen, z.B. ein fehlerhafter Header, eine illegale AS-Nummer, usw. Tabelle 5.1 listet die möglichen Fehler und ihre *Subcodes* auf.

Tabelle 5.1: Mögliche BGP Fehlercodes

Fehlercode	Fehler-Subcode
1–Nachrichten-header-Fehler	1–Verbindung nicht synchronisiert 2–Ungültige Länge der Nachricht 3–Ungültiger Nachrichtentyp
2–OPEN-Nachrichten-Fehler	1–Versionsnummer nicht unterstützt 2–Ungültiger Partner AS 3–Ungültige BGP Identität 4–Optionaler Parameter wird nicht unterstützt 5–Authentizitätsfehler 6–Nicht akzeptierter Hold Timer 7–Verständigung nicht unterstützt
3–UPDATE Nachrichten-Fehler	1–Schlecht beschriebene Attributliste 2–Nichterkanntes Well-Known Attribut 3–Fehlen eines Well-Known Attributs 4–Fehler in der Attribut-Flagge 5–Fehlerhafte Attributlänge 6–Ungültige Attributherkunft 7–AS Routing Loop 8–Ungültiges NEXT_HOP Attribut 9–Fehlerhaftes optionales Attribut 10–Ungültiger Netzwerkbereich 11–Schlecht gebildeter AS_PATH
4–Hold Timer abgelaufen	N/A
5–Fehler der Finite State Machine (für Fehler, die vom FSM entdeckt werden)	N/A
6–Abbruch (für fatale Fehler, die hier nicht aufgeführt sind)	N/A

5.1.5 KEEPALIVE-*Message*

KEEPALIVEs sind Meldungen, die regelmäßig zwischen den Partnern ausgetauscht werden, um festzustellen, ob ein Partner grundsätzlich erreichbar ist. Wie wir bereits festgestellt haben, handelt es sich bei der Hold-Time um den maximalen Zeitraum, der verstreichen darf, bis die nächste KEEPALIVE- oder UPDATE-Botschaft eintrifft. Die KEEPALIVEs werden in einem Intevall ausgesendet, das kürzer ist als die Hold-Time (die Sitzung gilt als immer noch stattfindend). Als angemessenes zeitliches KEEPALIVE-Intervall empfiehlt sich ein Drittel des *hold-timer*-Wertes. Beträgt der Wert des *hold-timers* 0, werden keine regelmäßigen KEEPALIVE-Botschaften ausgestrahlt. Wie bereits erwähnt ist die KEEPALIVE-*Message* ein 19-Byte-BGP-Nachrichtheader, an dem keine weiteren Daten hängen, oder sie kann in dem Intervall unterdrückt werden in dem eine UPDATE-Nachricht versandt wird.

5.1.6 UPDATE-*Message* und Routinginformation

Im Mittelpunkt des BGP-Protokolls steht das Konzept der Routing-Updates. Wird das Routing aktualisiert, enthält das entsprechende Update alle notwendigen Informationen, die das BGP braucht, um ein schleifenfreies Bild des Netzwerks anfertigen zu können. Im Folgenden werden die elementaren Bausteine einer UPDATE-*Message* aufgezählt.

- Network Layer Reachability Information (NLRI) – Information zur Erreichbarkeit der Netzwerkschicht
- Pfadeigenschaften
- unausführbare Routen

Bild 5.10 stellt diese Komponenten im Kontext eines UPDATE-*Message*formats dar.

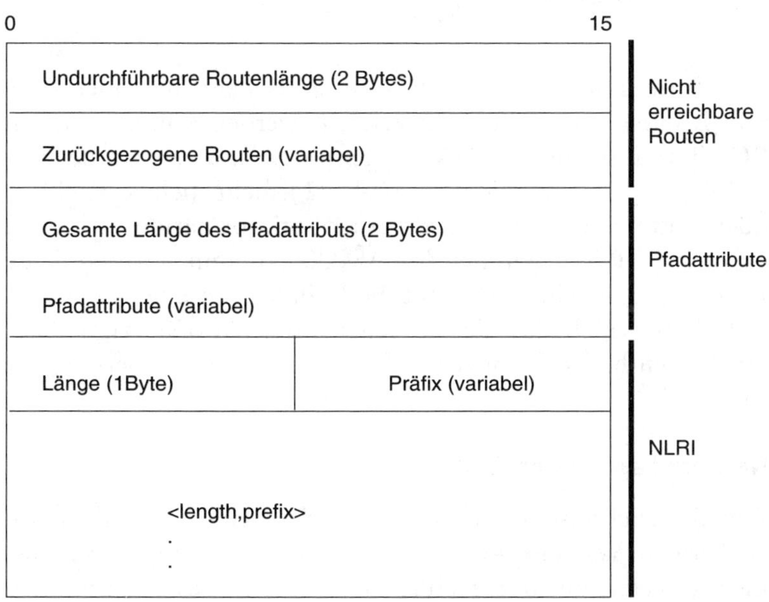

Bild 5.10: Das Format: BGP UPDATE-Message

Der NLRI weist in Form einer Präfix-Route darauf hin, für welche Netzwerke geworben wird. Die Liste der Pfadattribute ermöglicht es BGP, Routingschleifen zu entdecken und stattet es mit der nötigen Flexibilität aus, entweder lokalen oder globalen Routingregeln Geltung zu verschaffen. Ein Beispiel für eine BGP-Pfadeigenschaft ist das AS_PATH-Attribut, welche eine AS-Zahlenreihe darstellt, die eine Route vor Erreichen des BGP-Routers durchlaufen hat.

In Bild 5.11 sehen Sie zum Beispiel, wie AS3 mehrere BGP-UPDATEs von AS2 erhält, die angeben, dass Netzwerk 10.10.1.0/24 (NLRI) über zwei AS Hops erreichbar ist – erst AS2, dann AS1. Aufgrund dieser Information kann AS3 seine Daten an 10.10.1.0/24 über ein Transit-AS, nämlich AS2, an das Ziel AS (=AS1) lenken.

Bild 5.11: Beispiel eines BGP Routing Update

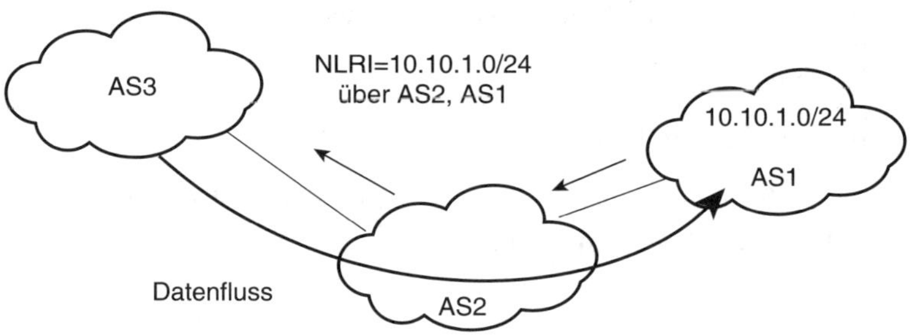

Der dritte Teil der UPDATE-*Message* besteht aus einer Liste von Routen, die nicht mehr erreicht werden können oder in BGP-Terminologie »zurückgezogen« (*withdrawn*) wurden. Ist in Bild 5.11 der Standort 10.10.1.0/24 nicht mehr erreichbar, oder sollte eine Änderung der Attributinformation auftreten, so kann BGP in jedem der drei ASs die von ihm veröffentlichte Route zurückziehen. Das tut BGP, indem es eine UPDATE-Botschaft verschickt, die die neuen Informationen zum Pfadattribut enthält oder anzeigt, dass das Netzwerk unerreichbar ist.

Network Layer Reachability

Eine der wichtigsten Verbesserungen der BGP-4 gegenüber den vorherigen Versionen besteht darin, dass es neue Mechanismen anbietet, mit deren Hilfe man klassenloses Routing zwischen Domänen (Classless Interdomain Routing – CIDR) unterstützen kann. Wir sind bereits im 3. Kapitel auf das Konzept des CIDR eingegangen. CIDR bedeutet die Weiterentwicklung des traditionellen klassifizierten (A-, B-, C-,) IP-Modells hin zum Konzept der IP-Präfixe und zum klassenlosen Modell.

Das IP-Präfix ist eine IP-Netzwerkadresse, die die Anzahl der Bits (links oder rechts) angibt, aus denen eine Netzwerknummer besteht. Die Informationen über Erreichbarkeit einer Netzwerkschicht (Network Layer Reachability Information – NLRI) ist ein Mechanismus, den BGP gebraucht, um klassenloses Routing zu unterstützen. Die NLRI ist ein Teil der BGP-UPDATE-Botschaft, auf deren Liste einige Bestimmungsorte verzeichnet sind, über die BGP seine anderen BGP-Nachbarn informieren will. Die NLRI besteht aus ein oder mehr Beispielen für das 2-Tupel-Format <length, prefix>, wobei die Länge durch die Zahl der Masken-Bits eines bestimmten Präfixes angegeben wird.

Bild 5.12 zeigt die NLRI <19, 198.24.160.0>. Das Präfix heißt 198.24.160.0 und die Länge besteht aus einer 19-Bit-Mask (man fängt beim Präfix ganz links an zu zählen).

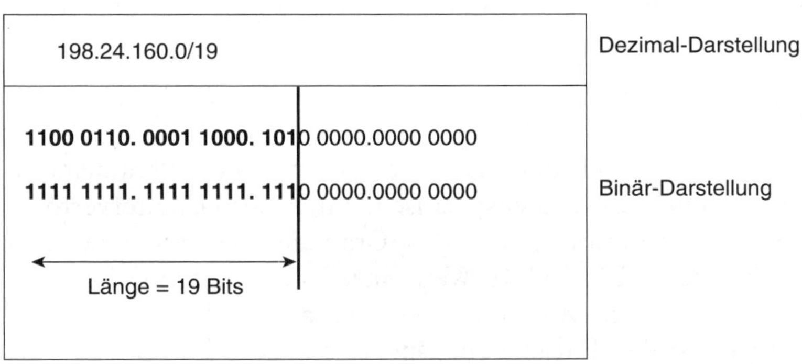

Bild 5.12: Beispiel für NLRI

Zurückgezogene Routen

Withdrawn Routes versorgen uns mit einer Liste der Routingupdates, die nicht durchführbar sind, oder nicht mehr angeboten werden und deshalb aus der BGP-Routingtabelle zurückgezogen (d.h. entfernt) werden müssen. Die annullierten Routen haben dasselbe Format wie die NLRI: eine IP-Adresse und die Zahl der Bit in dieser IP-Adresse, wobei man von links anfängt zu zählen, wie es in Bild 5.13 zu sehen ist.

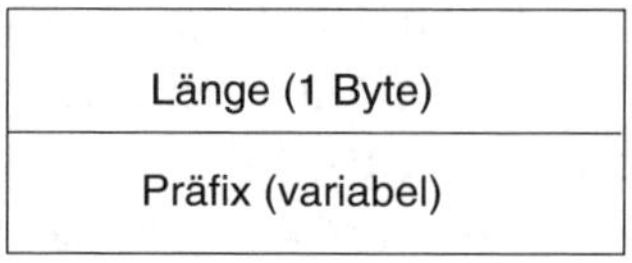

Bild 5.13: Allgemeine Form eines Withdrawn Routes Field

Die ungültigen Routen werden auch durch das 2-Tuple-<length, prefix> Format dargestellt. Ein Tupel der Form <18, 192.213.128.0> zeigt an, dass eine Route der Form 192.213.128.0 255.255.192.0 (oder in CIDR-Format der Form 192.213.128.0/18) entfernt werden sollte.

Das Längenfeld der undurchführbaren Routen (Unfeasible Routes Length Field) innerhalb der UPDATE-Nachricht repräsentiert die Länge der Gesamtzahl der aussortierten Routen in Bytes. In einem UPDATE können mehrere Routen genannt werden, die gleichzeitig zurückgezogen werden sollen. Die Botschaft kann aber auch besagen, dass gar keine Routen eingestellt werden müssen. Die *Unfeasible Routes Length* »0« sagt letzteres aus. Andererseits kann eine UPDATE-Mitteilung höchstens für eine Route werben, die durch viele Pfadattribute beschrieben werden kann. Mit einer UPDATE-Meldung ohne neue NLRI oder Informationen zu Pfadeigenschaften gibt man nur bekannt, welche Routen aus dem Serviceangebot gestrichen werden sollten.

Pfadattribute

Die Eigenschaften des BGP bestehen aus einem Parameterset, mit dem man die routenspezifische Information weiterverfolgt, z.B. die Pfadinformation, den Grad der Bevorzugung einer Route, den NEXT_HOP-Wert einer Route und eine Informationssammlung. Mit Hilfe dieser Parameter kann man BGP filtern und den Entscheidungsprozess hinsichtlich einer Route vorantreiben. Jede UPDATE-Bekanntmachung enthält eine Sequenz aus Pfadeigenschaften variabler Länge. Das Pfadattribut besteht aus der Dreiergruppe <Eigenschaftsart, Attributlänge, Attributwert>. Der Typus des Attributs besteht in einem 2-Byte-Feld, das sich aus einer 1-Byte Eigenschaftsflagge (*attribute flag*) und einem 1-Byte Typcode der Eigenschaft zusammensetzt. Bild 5.14 zeigt die allgemeine Form des Pfad-Attribut-Typus.

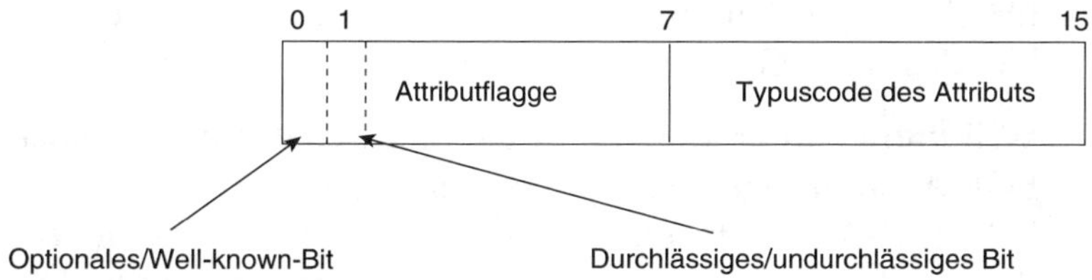

Bild 5.14: Format eines Pfad Attribut Typus

Die Pfadattribute kann man in vier Kategorien einteilen: wohlbekannt obligatorisch, wohlbekannt nach eigenem Gutdünken, optional-transitiv und optional-nichttransitiv. Diese vier Kategorien (*well-known mandatory*, *well-known discretionary*, *optional transitive* und *optional nontransitive*) werden durch die ersten zwei Bit des Attribut-Flaggenfeldes (*Attribute Flags Field*) beschrieben:

- Das erste Bit (Bit 0) des Attribut-Flaggenfelds zeigt an, ob das Attribut wohlbekannt ist (0) oder optional (1).
- Das zweite Bit (Bit 1) gibt an, ob das optionale Attribut nicht-transitiv (0) oder transitiv (1) ist. Wohlbekannte Eigenschaften sind immer transitiv, deshalb steht das zweite Bit immer auf 1.
- Das dritte Bit (Bit 2) bestimmt, ob die Information des optionalen, transitiven Attributs vollständig (0) ist oder partiell (1).
- Das vierte Bit (Bit 3) verweist darauf, ob die Attributlänge 1 Byte (0) oder 2 Byte (1) beträgt.
- Die vier Bit auf niedrigeren Niveaus (4 bis 7) im Attribut-Flaggenfeld werden derzeit nicht genutzt und werden stets mit »0« angegeben.

Die folgende Beschreibung geht auf die Bedeutung jeder Eigenschafts-Kategorie ein:

- **Well-known mandatory** – Eigenschaft, die im BGP-UPDATE-Paket unbedingt enthalten sein muss. Diese Disposition muss von allen BGP-Durchführungen anerkannt werden. Fehlt ein *well-known*-Attribut, so entsteht ein NOTIFICATION-Fehler und die Sitzung wird beendet. Dies geschieht, damit sich alle BGP-Durchführungsorgane auf ein Standardset der Eigenschaften einigen. Als Beispiel für ein wohlbekanntes obligatorisches Attribut wollen wir hier das AS_PATH-Attribute nennen.

- **Well-known discretionary** – Eine Eigenschaft, die von allen BGP-Ausführungen akzeptiert wird, aber in einer BGP-UPDATE-Botschaft auftauchen kann oder eben nicht. Als Beispiel für eine wohlbekannte, nach eigenem Gutdünken wirksame Disposition möchten wir hier den LOCAL_REF anführen.

Zusätzlich zu den wohlbekannten Eigenschaften kann ein Pfad auch eines oder mehrere Attribute nach Wahl enthalten. Optionale Eigenschaften müssen nicht unbedingt von allen BGP-Durchführungsorganen beachtet werden. Optionale Charakteristika können transitiv oder nicht-transitiv sein:

- **Optional-transitiv** – Wird ein zur freien Auswahl stehendes Attribut nicht durch die BGP-Erfüllung anerkannt, sucht diese Instanz nach einer transitiven Flagge, um zu erkennen, ob sie sich für eine bestimmte Disposition eignet. Ist die Flagge geeignet, was bedeutet, dass sich die Eigenschaft transitiv verhält, dann sollte die BGP-Ausführung das Attribut akzeptieren und an die anderen BGP-Sprecher weiterreichen.
- **Optional-nicht-transitiv** – Wird ein optionales Charakteristikum nicht als gültig angesehen, und die transitive Flagge ist nicht gesetzt, d.h. die Disposition ist nicht-transitiv, sollte das Attribut einfach ignoriert werden und nicht an die BGP-Partner weitervermittelt werden.

Das Attribute-Type-Code-Byte beinhaltet den Code der Eigenschaft. Derzeit werden die folgenden Attribute, wie in Tabelle 5.2 dokumentiert, definiert.

Tabelle 5.2: Attribut-Codes für Typen

Attribut-nummer	Attributname	Kategorie-/Typen-Code	Zusammen-hängende RFC/Internet Konzept
1	ORIGIN	Wohlbekannte Pflicht, Code1	RFC 1771
2	AS_PATH	Wohlbekannte Pflicht, Code 2	RFC 1771
3	NEXT_HOP	Wohlbekannte Pflicht, Code 3	RFC 1771

Tabelle 5.2: Attribut-Codes für Typen (Fortsetzung)

Attribut-nummer	Attributname	Kategorie-/Typen-Code	Zusammen-hängende RFC/Internet Konzept
4	MULTI_EXIT_DISC	Optional nontransitive, Code 4	RFC 1771
5	LOCAL_PREF	Wohlbekanntes Ermessen, Code 5	RFC 1771
6	ATOMIC_AGGREGATE	Wohlbekanntes Ermessen, Code 6	RFC 1771
7	AGGREGATOR	Optional transitiv, Code 7	RFC 1771
8	COMMUNITY	Optional transitiv, Code 8	RFC 1997[1]
9	ORIGINATOR_ID	Optional nichttransitiv, Code 9	RFC 1966[2]
10	Cluster Liste	Optional nichttransitiv, Code 10	RFC 1966
11	DPA	Zielpunkt Attribut für BGP	Internet-konzept
12	Anbieter	BGP/IDRP Route Server	RFC 1863[3]
13	RCID_PATH/ CLUSTER_ID	BGP/IDRP Route Server	RFC 1863
14	Multiprotokoll erreichbar NLRI	Optional nichttransitiv, Code 14	RFC 2283[4]
15	Multiprotokoll nicht erreichbar NLRI	Optional nichttransitiv, Code 15	RFC 2283
16	Großgemeinschaften		Konzept-ramachandra-bgp-ext-communities-00.txt, »Arbeit macht Fortschritt «
256		Reserviert für Forschung und Entwicklung	

5.2 Verhandlung über die Fähigkeiten von BGP

Die IETF IDR-(Inter-Domain Routing) Arbeitsgruppe[5] entwickelt immer noch die Verhandlungs-Spezifikation der Fähigkeiten des BGP. Wir werden uns mit deren Nützlichkeit auseinandersetzen, um Ihr Verständnis für die kommenden Erläuterungen zu neuen Mechanismen zu schulen, die die Möglichkeiten nutzen, die sie zur Verfügung stellt, um BGP neue Anwendungen hinzuzufügen.

Die Kapazitäten der BGP-4-Spezifikation werden immer noch ausgehandelt. Es ist Sinn dieser Spezifikation, in BGP-4 neue optionale Parameter einzuführen, die als Fähigkeiten bezeichnet werden. Dadurch soll die Einführung neuer Anwendungen in BGP erleichtert werden, indem für *graceful capability negotiation* gesorgt wird, ohne dass damit die Suche nach BGP-Partnern aufgehört werden muss.

Unterstützt ein BGP-Speaker die Verhandlungen zu den Fähigkeiten, schickt er seinem BGP-Partner eine OPEN-*Message*, kann diese Nachricht einen Parameter zu optionalen Fähigkeiten beinhalten. Ein BGP-Speaker untersucht die in den Fähigkeits-Parametern der OPEN-Botschaft enthaltene Information, um festzustellen, welche Fähigkeiten der Partner unterstützt. Erkennt der BGP-Speaker, dass der Partner eine bestimmte Befähigung unterstützt, kann der Speaker diese Fähigkeit bei seinem Partner einsetzen.

Der BGP-Speaker stellt folgendermaßen fest, dass ein Partner eine Fähigkeit nicht unterstützt: Der Speaker erhält als Antwort auf eine OPEN-*Message*, die den neuen optionalen Parameter in sich trägt, eine NOTIFICATION-Botschaft. Diese Meldung enthält ein Fehler-Subcode-Set namens »Unsupported Optional Parameter«. Trifft dies ein, kann der BGP-Speaker versuchen, die Verbindung wieder herzustellen, ohne den optionalen Fähigkeits-Parameter nochmals an den Partner zu schicken.

Die BGP-Befähigung steht im Parametertyp 24 und enthält ein oder mehrere Tripel <Capability Code, Capability Length, Capability Value>, wobei jedes Tripel in einer in Bild 5.15 dargestellten Kodierung auftaucht.

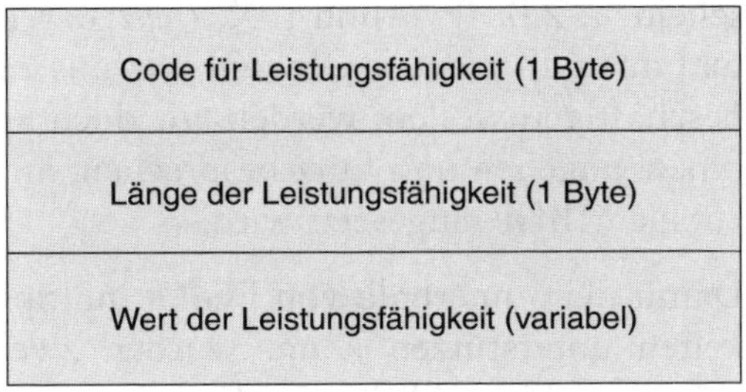

Bild 5.15: Format der optionalen BGP Fähigkeits-Parameter

Der Gebrauch und die Bedeutung dieser drei Felder sind wie folgt:

- **Fähigkeits-Code** – Ein 1-Byte-Feld, das die individuellen Fähigkeiten eindeutig feststellt.
- **Länge der Fähigkeit** – Ein 1-Byte Feld, in dem die Länge des Werts des Fähigkeitsfelds in Bytes ausgedrückt wird.
- **Wert der Fähigkeit** – Ein Feld variabler Länge, das gemäß des Werts eines Fähigkeitscode-Feldes interpretiert wird.

Der Fähigkeits-Code »0« ist momentan besetzt. Die Kodierung von 128 bis 255 sind ebenfalls derzeit für verkaufsspezifische Anwendungen reserviert.

Cisco IOS nutzt bereits Codes von BGP, um am BGP – BGP *Route Refresh* und *Outbound Request Filter* (ORF) neue Anwendungen vorzustellen. Beide Filter werden bereits eingesetzt und in späteren Kapiteln ausführlicher behandelt.

BGP *Capabilities* bietet ein großes Potential, wenn man in BGP neue *Features*, neue Anwendungen, einführen will. Sie sollten sich jedoch darüber im Klaren sein, dass einige solcher *Features* ganz gut in Verkäuferhand bleiben könnten.

5.3 Multiprotokollarische Erweiterungen für BGP

Das multiprotokollarische BGP (MBGP), auch BGP-4+ genannt oder irrtümlicherweise auf den Begriff »Multicast BGP« ausgeweitet, wird in RFC 2283 definiert und über die BGP-Fähigkeiten ausgehandelt. MBGP verleiht dem BGP-4-Protokoll rückwärts kompatible Erweiterungen. Diese ermöglichen es, für Netzwerk-Schichtprotokolle, die sich von IPv4 unterscheiden, z.B. IPv6 und IPX, (*network layer protocols*) Informationen zu tragen. Obwohl wir uns nicht lange mit MBGP beschäftigen wollen, werden wir doch auf die neuen Attributtypen eingehen und kurz besprechen, an welchen Stellen heutzutage MBGP eingesetzt wird.

Damit man innerhalb von BGP-4 multiprotokollarische Fähigkeiten unterstützen kann, wurden zwei neue Attribute eingeführt: Für Multiprotokolle erreichbare NLRI (MP_REACH_NLRI) und Multiprotokolle unerreichbare NLRI (MP_UNREACH_NLRI).

Multiprotokollarisch erreichbare NLRI (MP_REACH_NLRI) ist ein optionales, nicht-transitives Charakteristikum, das zu drei Zwecken eingesetzt werden kann:

- Um bei einem Partner für eine durchführbare Routen-Werbung zu sorgen.
- Um einem Router zu erlauben, für die Netzwerk-Schichtadresse eines Routers zu werben, die als nächster Hop auf das Ziel hin genutzt werden sollte, das im NLRI-Feld der MP_NLRI-Eigenschaft erscheint.
- Damit ein gegebener Router einige oder alle Subnetzwerk-Punkte des Attachments (SNPAs) bekannt geben kann, die innerhalb eines örtlichen Systems existieren.
- Multiprotokollarisch nicht erreichbare NLRI (MP_UNREACH_NLRI) ist ein wählbares, nicht-transitives Attribut, das eingesetzt werden kann, um eine oder mehrere nicht mehr passierbare Routen aus dem Service herauszunehmen.

Die neuen von MBGP eingeführten Eigenschaften ermöglichen es, ein bestimmtes Netzwerk-Schichtprotokoll mit der *next-hop*-Information in Verbindung zu bringen, und befähigen dazu, ein bestimmtes Netzwerk-Schichtprotokoll mit NLRI zu assoziieren Man nutzt die in RFC 1700[6] definierte Adress-Familieninformation, um bestimmte Netzwerk-Schichtprotokolle (*network layer protocols*) identifizieren zu können.

Heutzutage nutzt man die Multiprotokoll-Erweiterung von BGP meist für das Multicast-Routing zwischen Domänen. Deshalb erweitern die Leute wohl lieber MBGP zu Multicast-BGP, anstatt auf Multiprotokollarisches BGP. Verwendet man

MBGP für Multicast, trägt BGP zwei Routensets: eines für *unicast*-Routing, eines für *multicast*-Routing. Die ins *multicast*-Routing eingebundenen Routen werden dann von PIM (Protocol-Independent Multicast) für die RPF-Überprüfung (*Reverse Path Forwarding*) eingesetzt, um Daten-Verteilungsbäume zu bilden.

Vor MBGP griff man für *multicast*-Routing zwischen Domänen auf die Infrastruktur des *unicast*-BGPs zurück. Dazu mussten die *unicast*- und *multicast*-Topologien jedoch kongruent sein. Mit MBGP ist das *interdomain multicasting* flexibler geworden, der Netzwerkadministrator kann die Ressourcen des Netzwerks besser kontrollieren.

Wenn Sie noch mehr Informationen zu IP-*multicast*-Routing im Zusammenhang mit Protokollen und ihrem Verhalten benötigen, dann greifen Sie bitte zu Beau Williamsons *Developing IP Multicast Networks*[7].

5.4 TCP MD5 Signatur-Option

Die in RFC 2385[8] definierte TCP MD5 Signatur-Option hilft BGP, sich vor falschen TCP-Segmenten, besonders aber vor TCP-Resets zu schützen. Die TCP MD5 Signatur-Option führt den Nachrichten-Verarbeitungs-Algorithmus von MD5 ein, den RFC 1321[9] definiert. Nähere Einzelheiten zur Nützlichkeit der TCP MD5 Signatur-Option finden Sie in der Spezifikation.

Die Erweiterung liefert TCP einen Mechanismus, durch den in jedem TCP-Segment eine Verarbeitungs-Nachricht steckt. Die Verarbeitungseinheit verwendet die Informationen, die nur den Verbindungs-Endpunkten bekannt sind, und dient dem Segment als Signatur.

Wendet man den MD5-Algorithmus an den folgenden Stellen an, und zwar in der angegebenen Reihenfolge, erhält man die für ein gegebenes Segment bestimmte Auslese:

1. TCP-Pseudo-*header*, in der Reihenfolge: Absender-IP-Adresse, Ziel-IP-Adresse, *zero-padded* Protokollnummer und Segmentlänge.

2. TCP-*header*, ohne Optionen und mit einer Prüfungssumme auf 0.
3. TCP-Segmentdaten
4. Unabhängig definiertes Schlüssel- oder Passwort, das sowohl der TCP-Absender als auch der Empfänger kennen.

Erreicht TCP ein signiertes Segment, entschlüsselt es der Empfänger mit einem lokalen Schlüssel, um sein eigenes Ergebnis errechnen und mit dem Wert der erhaltenen Ausarbeitung vergleichen zu können. Unterscheiden sich die verglichenen Ergebnisse, sollte das Segment herausgelöst werden und darf dem Sender keinerlei Antwort zukommen lassen.

Ist der Empfänger darauf eingerichtet, die Option zu nutzen, sollte das Fehlen einer Signatur eines Senders nicht dazu führen, dass der Adressat den Gebrauch der Option einstellen muss.

Die MD5-Option tritt in jedem Segment auf und hat stets eine Länge von 16 Bytes. (Rufen Sie die verfügbaren 16 Bytes im BGP-Botschafts-Header ab, die für diesen Zeck reserviert wurden.) Bild 5.16 zeigt das Format.

Bild 5.16: Format einer MD5-Option

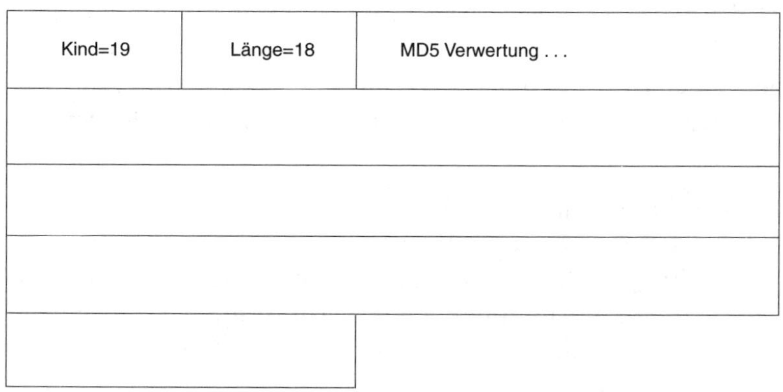

Die MD5-Option bewirkt, dass potentiell widrige TCP-Resets vom Empfänger des Resets ignoriert werden, wenn der Absender den Schlüsselwert nicht kennt. Bitte beachten Sie, dass der Schlüssel nie über die Verbindung weitergegeben wird, und dass nur die Endpunkte den Wert kennen sollten.

Mit dieser Option sind einige Probleme verknüpft. Am bemerkenswertesten ist es, dass sich der MD5-Algorithmus als zu unsicher entpuppt hat, um Suchattacken entgegentreten zu können. Deshalb halten ihn einige in dieser Anwendung für unzureichend. Glücklicherweise verhindert die derzeitige Spezifikation nicht, dass *alternative-hashing*-Algorithmen eingesetzt werden können.

Außerdem ergeben sich Probleme mit der Qualität der Leistung, die mit der Errechnung des Auslese-Werts in Zusammenhang stehen. Das kommt daher, weil jedes TCP-Segment vorsieht, dass sowohl Sender als auch Empfänger die *hashing*-Funktion erfüllen, um den Schlüsselwert zu bilden. Überdies sollte der Adressat die beiden Werte vergleichen, bevor er die Nachricht annimmt. Daraus ergibt sich eine bedenkliche Verzögerung der BGP-*Message*-Verarbeitung und Verbreitung.

Trotz dieser Nebenwirkungen nimmt diese Option bereits einen Großteil des Routingraums innerhalb und zwischen Domänen ein.

5.5 Vorschau

BGP präsentiert als Protokoll einige fundamentale Routingelemente, die flexibel genug sind, um aus Sicht des Administrators die volle Kontrolle zu ermöglichen. Die Stärke des BGP liegt in seinen Eigenschaften und Techniken zur Routenfilterung. Attribute sind einfach Parameter, die so angepasst werden können, dass sie sich auf den BGP-Entscheidungsprozess auswirken. Man kann Routen auf Präfix- oder auf Pfadniveau filtern. Indem man die Routen filtert und in Kombination Eigenschaften anpasst, kann man die Routingmethode optimieren. Die Daten folgen einer Straßenkarte, die durch Routing-Updates erstellt wurde. Modifiziert man das Routingverhalten, so verändert man letztendlich auch den Kurs des Datenverkehrs. Im nächsten Kapitel wollen wir konkret an die Sache herangehen, um ein Grundwissen zu vermitteln, wie man mit BGP Routingregelungen entwickeln und etablieren sollte.

5.6 Häufig gestellte Fragen

Frage – *Verschickt BGP wie RIP regelmäßige Updates?*

Antwort – Nein. BGP tauscht Routinginformationen aus, sobald eine BGP-Session etabliert wurde. Danach verständigen sich die BGP-Partner nur gegenseitig über Netzwerkveränderungen.

Frage – *»Etablieren« sich BGP-Sessions erst, nachdem alle Routing-Updates zwischen den BGP-Nachbarn ausgetauscht wurden?*

Antwort – Nein. Andersrum: Der Routing-Austausch zeigt erst Wirkung, wenn sich beide BGP-Nachbarn auf alle Parameter geeinigt haben und sich die Session etabliert hat.

Frage – *Ist die Network Layer Reachability Information (NLRI) das eigentliche BGP-Routing-Update?*

Antwort – Nein. Die NLRI ist eines der Elemente, die in einer BGP-UPDATE-Nachricht enthalten sind. Andere Elemente wären z.B.: die Attribute und die nicht erreichbaren Netzwerke.

Frage – *In Zusammenhang mit optionalen BGP-Parametern sprechen Sie vom Beispiel der Feststellung der Urheberschaft. Wie wichtig ist die Authentifizierung?*

Antwort – Der Befund der Authentizität ist ein Werkzeug, um einen BGP-Partner einschätzen zu können. Dies soll Hacker davon abhalten, die Identität Ihres Partners anzunehmen und Sie mit falschen Informationen zu füttern. In dem man die Urheberschaft ergründet, verifizieren beide Partner die Verbindung durch einen Passwortmechanismus.

Frage – *An welcher Stelle trägt das BGP Informationen über AS-Nummern?*

Antwort – Die AS-Nummern werden als Teil des AS_PATH-Attributs, das in der UPDATE-Message enthalten ist, aufgehoben.

Frage – *Ist die BGP-Verbindung symmetrisch, oder bedient es sich eines master/slave-Verhältnisses?*

Antwort – Im BGP gibt es keine master- und slave-Rollen. Auf der Transportebene wird die Verbindung immer von einer Seite aus initiiert, die als Klient auftritt (mit einer TCP-Sourceport-Nummer, die höher liegt als 2048), der sich einem Server anschließt (Port 179). Dieser Kunde hat aber keinen Einfluss auf das Protokollniveau.

Frage – *Der Link zu meinem Provider hat eine Schutzmauer (firewall). Was musst getan werden, damit BGP funktioniert?*

Antwort – Die Schutzmauer muss so konfiguriert werden, dass die TCP-Verbindung am Port 179 mindestens in eine Richtung funktioniert (vom Provider zu Ihnen, oder von Ihnen zum Provider). Sie sollten vorsichtig sein, da einige Anbieter mit dem passiven BGP-Modus arbeiten (ihr Router versucht nicht von sich aus, eine BGP-Verbindung aufzubauen).

5.7 Fußnoten

1 RFC 1997, »BGP Communities Attribute«, www.isi.edu/in-notes/rfc1997.txt

2 RFC 1966, »BGP Route Reflection: An alternative to full mesh IBGP«, www.isi.edu/innotes/rfc1966.txt

3 RFC 1863, »A BGP/IDRP Route Server alternative to a full mesh routing«, www.isi.edu/in-notes/rfc1863.txt

4 RFC 2283, »Multiprotocol Extensions for BGP-4«, www.isi.edu/in-notes/rfc2283.txt

5 IETF Inter-Domain Routing Working Group, www.ietf.org/html.charters/idr-charter.html

6 RFC 1700, »Assigned Numbers«, www.isi.edu/in-notes/rfc1700.txt

7 Williamson, Beau. *Developing IP Multicast Networks* (Indianapolis, Ind.: Cisco Press, 1999)

8 RFC 2385, »Protection of BGP Sessions via the TCP MD5 Signature Option«, www.isi.edu/in-notes/rfc2385.txt

9 RFC 1321, »The MD5 *Message*-Digest Algorithm«, www.isi.edu/in-notes/rfc1321.txt

TEIL 3

Effektive Internet-Routingdesigns

Sie sind jetzt schon in der Lage, die Attribute und die Arbeitsweise des BGP für die praktische Lösung von Routingproblemen einzusetzen. Das 6. Kapitel läutet diesen Prozess ein, indem es die Manipulationstechniken des BGP für Attribute untersucht. Das 7. Kapitel stellt drei elementare Designkriterien vor: die Schaffung freier Kapazitäten, von Symmetrie und Lastenverteilung. Das 8. Kapitel beschäftigt sich mit der Frage, wie BGP auf die internen Protokolle abgestimmt werden kann, und im 9. Kapitel soll es darum gehen, wie das BGP-Potential ausgeschöpft werden kann, um große und im Wachstum befindliche Netzwerke steuern zu können. Das 10. Kapitel beschäftigt sich mit dem Problem der Netzwerkstabilität und den beständig zunehmenden Anforderungen an die Designerziele. In diesem Teil des Buches haben wir uns an Beispielen orientiert, wir verwenden spezifizierte Topologien und Szenarien, um Routingdesign-Konzepte und Anwendungen zu illustrieren.

Dieses Kapitel enthält die folgenden Schlüsselthemen:

- **Aufbau von Partnersessions** – Wir spielen den Verhandlungsprozess zwischen BGP und seinen Nachbarn durch.
- **Quellen der Routing-Updates** – Wodurch und mit welcher Methode Routen in BGP verzeichnet werden, wirkt sich auf die Genauigkeit und Stabilität der Routinginformation aus.
- **Überlappende Protokolle: Hintertüren** – Bieten überlappende Protokolle Alternativ-Routen in ein Netzwerk und aus einem Netzwerk heraus an, steht auch eine Methode, diese nach Grad ihrer Beliebtheit einzustufen, zur Verfügung.
- **Der vereinfachte Routingprozess** – Das Entscheidungsmodell, demgemäss BGP Wegbeschreibungen erhält, filtert, auswählt und für sie wirbt, als ein beständiger Prozess.
- **Kontrolle der BGP-Routen** – Im Kern des BGP befindet sich eine Sammlung der Eigenschaften, die der Administrator einsetzen kann, um das Routing entsprechend den Bedürfnissen seines Netzwerks zu kontrollieren.
- **Filterung der Routen und Manipulation der Attribute** – Ein an Beispielen orientierter systematischer Blick auf die Art und Weise, wie BGP eine Routenwahl zulässt oder ausschließt und Attribute manipuliert, um ein Routing-Updateset definieren zu können, das ein autonomes System betreten und verlassen kann.
- **BGP-4-Aggregation** – Auflistung mehrerer spezifischer Situationsbeispiele, mit verschiedenen Aggregations-Wahlmöglichkeiten und wie BGP-4 sie aufeinander abstimmt.

Kapitel 6
Steigerung der BGP-Fähigkeiten

Bis jetzt hat sich dieses Buch in erster Linie mit allgemeinen Definitionen inwendiger und auswärtiger Gateway-Protokolle beschäftigt und einen Überblick über deren besondere Aufgaben und der Verbindung untereinander geboten. Das Border-Gateway-Protokoll (BGP) ist auch aus einer technischen Perspektive seiner funktionellen Elemente dargestellt worden. In diesem Kapitel sollen Sie mit den etwas praktischeren Durchführungsdetails des BGP als Teilproblem der Gesamtgestaltung einer verlässlichen Internet-Vernetzung konfrontiert werden. Dieses Kapitel untersucht spezifische BGP-Eigenschaften und wie diese einzeln und gemeinschaftlich eingesetzt werden können, um Designschwierigkeiten entgegenzutreten. Obwohl sich die Terminologie, die Eigenschaften und Details in diesem Kapitel speziell auf BGP beziehen, lassen sich die generellen Konzepte und hier aufgeworfenen Problemstellungen auf die Gestaltung der Routingarchitektur anwenden, unabhängig davon, welche Protokolle im konkreten Fall eingesetzt werden.

6.1 Aufbau von Partnersessions

Im letzten Kapitel haben wir uns auf ziemlich technischem Niveau mit dem Verhandlungsprozess der BGP-Nachbarn auseinandergesetzt. Das Hauptaugenmerk lag auf dem Format der während der Gespräche ausgetauschten Botschaften. In diesem Kapitel wollen wir die Untersuchung auf zusätzliche Unterpunkte der Debatte ausweiten. Außerdem stellt dieser Abschnitt Unterschiede zwischen dem inwendigen und auswärtigen BGP vor, die sich in der Praxis auf den Aufbau von Partnersessions auswirken.

Obwohl BGP normalerweise dazu eingesetzt wird, um für eine schleifenfreie Topologie zwischen Domänen zu sorgen, nutzt man BGP auch innerhalb eines autonomen Systems (AS), um die inwendigen Router mit Kontaktinformationen über externe Ziele zu versorgen. Eine Nachbarverbindung (auch *peer connection* genannt) zwischen zwei Routern kann innerhalb desselben AS eingerichtet werden. In diesem Fall heißt das BGP »*internal* BGP« (IBGP). Dementsprechend heißt eine Partnerverbindung zwischen Routern aus verschiedenen AS »*external* BGP« (EBGP). Bild 6.1 stellt diese Umgebungen dar.

Bild 6.1: Interne und externe BGP-Ausführungen

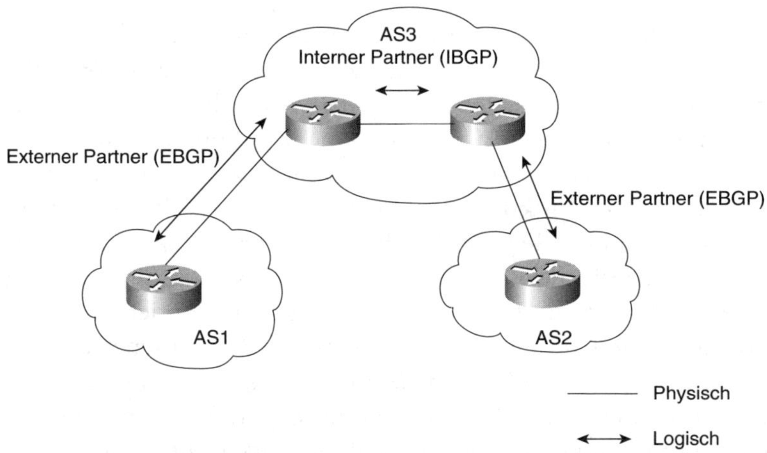

Die Partnerrouter vergleichen hinsichtlich der Etablierung einer Nachbarkonferenz und während der Debatte um den Austausch einer OPEN-Nachricht verwendete AS-Nummern, und stellen fest, ob sie Partner desselben oder unterschiedlicher AS sind. Der Unterschied zwischen EBGP und IBGP manifestiert sich darin, wie jeder Partner mit den Routing-Updates verfahren würde, die ihm sein Partner zuschickt. Die inwendigen und auswärtigen BGPs unterscheiden sich auch in der Art und Weise, wie verschiedene BGP-Eigenschaften bei externen gegenüber internen Verbindungen weitergeleitet werden.

Der Vorgang der Nachbarverhandlungen verläuft für interne und externe Nachbarn ziemlich gleich, wenn man den Aufbau der TCP-Verbindung auf dem Transportniveau betrachtet.

Eine gute IP-Vernetzung zwischen den beiden Nachbarn ist überaus wichtig, damit eine solche Transportsession etabliert werden kann. Man muss die IP-Vernetzung erreichen, ohne BGP als Protokoll zu verwenden. Ansonsten befände sich die Sitzung unter seltener Konstellation, wie im folgenden Beispiel beschrieben:

> Die Nachbarn erreichen einander über irgendein Interior-Gateway-Protokoll (IGP). Die BGP-Konferenz wird etabliert, BGP-Botschaften werden ausgetauscht. Die IP-Verbindung bricht aus irgendwelchen Gründen ab, aber die BGP-TCP-Session dauert an, weil die Nachbarn immer noch über BGP in Kontakt stehen. Letztendlich wird sich aber auch die Session auflösen, weil eine BGP-Sitzung nicht auf BGP gründen kann, um die Vernetzung der Nachbarn zu garantieren – das zugrundeliegende Substrat sorgt für die Erreichbarkeit des NEXT_HOP. Ein anderes Beispiel wäre, wenn man eine genauere Route über BGP erlernt, als diejenige, mit deren Hilfe die Partner-Verbindung hergestellt wurde.

Es ist üblich, dass für die IBGP-*Peeringsessions* ein Interior-Gateway-Protokoll (IGP) oder eine statische Route konfiguriert wird, die für IP-Vernetzung sorgt. Im Grunde genommen muss ein Pingpaket, auf dem die IP-Absenderadresse (die IP-Adresse des einen BGP-Partner) und die IP-Empfängeradresse (die IP-Adresse des zweiten Partners) steht, ans Ziel gelangen, damit eine Transportsession initiiert werden kann. Im Allgemeinen sorgt im Falle einer externen BGP-Sitzung eine Route durch ein direkt verbundenes Interface für IP-Erreichbarkeit.

6.1.1 Vergleich physischer und logischer Verbindungen

Externe BGP-Nachbarn müssen laut einer Bestimmung eine physische Verbindung zueinander unterhalten, sodass sie direkt aneinander grenzen. BGP gibt keine UPDATE-Botschaft seines externen BGP-Partners weiter, wenn dieser nicht physisch mit ihm verbunden ist, außer diese wurde auf anderem Wege definiert. Es treten aber dennoch Situationen auf, in denen sich externe Nachbarn nicht am selben physischen Segment treffen können. Solche Nachbarn verfügen über eine logische Verbindung (mehrere IP-Hops entfernt), sind aber nicht physisch miteinander verbunden. Das geschieht beispielsweise, wenn man BGP zwischen externen Nachbarn über BGP-fremde Router laufen läßt. In dieser Situation bietet Cisco (und die meisten anderen Verkäufer) einen zusätzlichen Weg an, um diese Einschränkung zu umgehen. BGP bräuchte eine extra Konfiguration, um angeben zu können, wenn sein externer Partner nicht physisch angebunden ist.

ANMERKUNG

Indirekt miteinander verbundene externe Nachbarn brauchen eine extra Konfiguration.

Eine BGP-Session bestehend aus externen Partnern, die nicht physisch verbunden sind, wird als *multihop-EBGP* bezeichnet. In Bild 6.2 kann RT2 BGP nicht ausführen, RT1 und RT3 hingegen schon. Deshalb unterhalten die externen Nachbarn RT1 und RT3 eine logische Verbindung und pflegen ihre Partnerschaft über *multihop*-EBGP. (Bedenken Sie aber auch, dass RT2 irgendwie an die geeigneten Routinginformationen kommen muss, um mögliche Vorwärtsschleifen oder schwarze Löcher in den Paketen vermeiden zu können.)

Bild 6.2: BGP externe Multihop-Umgebung

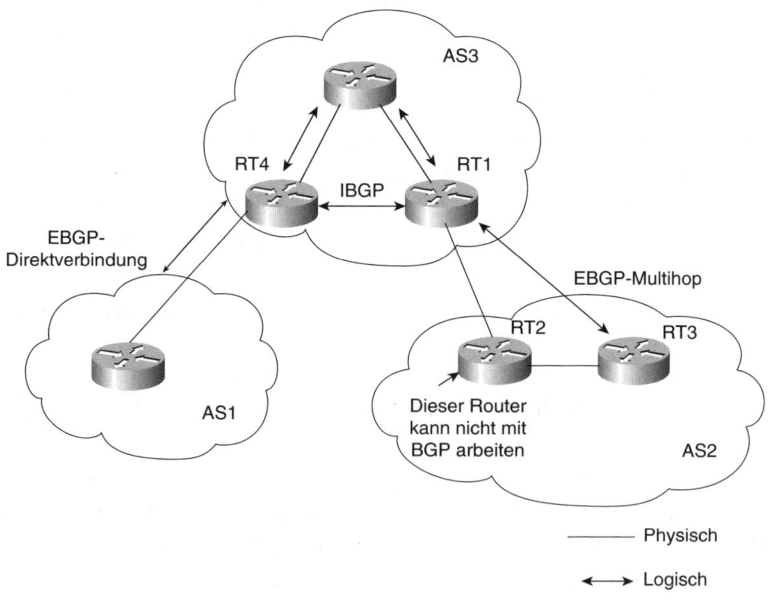

Andererseits unterliegen Nachbarn innerhalb desselben autonomen Systems (interne Nachbarn) keinerlei Beschränkungen dahingehend, ob man mit dem Partner in physischer Verbindung steht oder ob dieser über mehrere IP-Hops zu erreichen ist. Solange die beiden Nachbarn miteinander vernetzt sind, braucht BGP keine zusätzliche Konfiguration. In Bild 6.2 sind RT1 und RT4 logisch, aber nicht physisch verbunden. Da beide zum selben AS gehören, ist keine weitere Konfiguration nötig, damit sie mit IBGP arbeiten können.

6.1.2 Erhalt einer IP-Adresse

Die IP-Adresse des Nachbarn könnte die Adresse eines beliebigen Interfaces (z.B. Ethernet, Token Ring, oder seriell) des Routers sein. Sie sollten sich stets bewusst sein, dass die Stabilität einer Nachbarverbindung von der Stabilität der IP-Adresse, die Sie auswählen, abhängt.

ANMERKUNG

Die Stabilität der Session hängt von der Stabilität der IP-Nachbaradressen ab.

Gehört die IP-Adresse zu einer Ethernetkarte, die mit Hardware-Problemen zu kämpfen hat und deshalb sehr oft die Verbindung abbricht, leidet darunter die Nachbarverbindung und die Stabilität des Routingsystems. Cisco bietet Ihnen die Möglichkeit und Fähigkeit, ein virtuelles, stets aktives Interface zu konfigurieren, das man *loopback interface* nennt. Verknotet man die BGP-Nachbarverbindung mit einem *loopback*-Interface, so stützt sich die BGP-Sitzung nicht auf irgendein Hardware-Interface, das möglicherweise Probleme bereiten könnte.

Es ist nicht immer nötig, ein *loopback*-Interface hinzuzufügen (dazu ist ja dann auch wieder mehr Konfiguration nötig). Sind externe BGP-Nachbarn direkt verbunden, und werden die IP-Adressen der direkt verbundenen Segmente für die Nachbarverhandlungen eingesetzt, dann bringt eine *loopback*-Adresse keinen zusätzlichen Vorteil. Ist der physische Link zwischen den beiden Partnern problematisch, wird die Konferenz mit oder ohne Umkehrschleife scheitern.

ANMERKUNG

Sehen Sie hierzu den Abschnitt »Klärung der Authentizität einer BGP-Session« von Kapitel 11

Authentifizierung der BGP Session

Wie Sie bereits im 4. Kapitel »Grundlagen des Routings zwischen Domänen«, gesehen haben, ermöglicht der BGP-Messageheader die Authentifizierung der Quelle. Diese Feststellung der Quelle ist eine Vorsichtsmaßnahme gegen Hacker, die sich anstelle Ihrer BGP-Partner einschleichen und ungültige Routinginformationen in Ihr AS schleusen könnten. Die Klärung der Authentizität zwischen zwei BGP-Partnern ermöglicht es, die Konferenz zwischen Ihnen und Ihrem Nachbarn als korrekt zu identifizieren, indem Sie gemeinsame Geheimschlüssel verwenden. Versucht ein Nachbar, ein Gespräch ohne den entsprechenden Schlüssel einzuleiten, wird er ignoriert. Die derzeit in BGP-4 verfügbaren Werkzeuge zur Erhellung der Authenzität nutzen den Algorithmus der Nachrichtenverarbeitungs-Version 5 (MD5). In diesem Buch wollen wir den MD5 *Authentication-Algorithm* nicht im Detail erläutern, soviel sei jedoch gesagt, dass er für zusätzliche Sicherheit der zugrunde liegenden TCP-Transportverbindung sorgt.

6.1.3 Kontinuität des BGP innerhalb eines AS

Abgesehen vom Spezialfall der Routenreflexion, preist BGP, um Routinginformations-Schleifen innerhalb eines AS zu vermeiden, bei internen BGP-Partnern nicht wiederholt diejenigen Routen an, deren Beschreibung er von anderen IBGP-Partnern erhalten hat. Deshalb ist es wichtig, dass innerhalb des AS alle IBGP eng miteinander verknüpft sind. Anders ausgedrückt: Jeder BGP-Router im AS muss mit allen anderen BGP-Routern im AS ein ständiges BGP-Gespräch zu führen. In Bild 6.3 zeigen wir Ihnen einen besonders häufigen Fehler der Administratoren, wenn sie das BGP-Routing innerhalb eines AS einrichten.

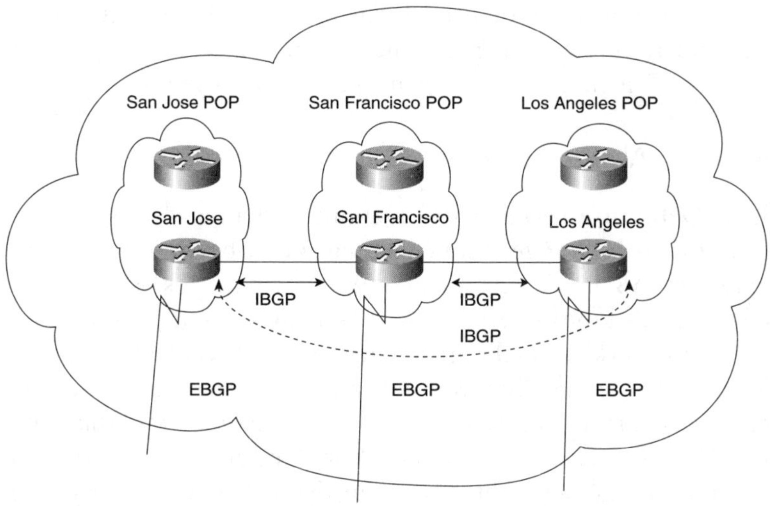

Bild 6.3: Allgemeiner Fehler im BGP-Verlauf

In der in Bild 6.3 gezeigten Situation unterhält ein ISP »Wohnorte« (Points of Presence – POPs) in San Jose, San Francisco und Los Angeles. An jedem POP stehen mehrere nicht mit BGP arbeitende Router und ein BGP-Grenzrouter, der mit anderen AS das EBGP verwendet. Der Administrator konfiguriert eine IBGP-Verbindung zwischen dem Grenzrouter in San Jose und dem in San Francisco. Er erstellt außerdem die Konfiguration eines anderen IBGP-Anschlusses zwischen dem Grenzrouter in San Francisco und dem in Los Angeles. In dieser Konfiguration werden EBGP-Wegbeschreibungen, die aus San Jose eingetroffen sind, an San Francisco weitergegeben, aus San Francisco stammende EBGP-Routen werden nach San Jose und Los Angeles übermittelt. EBGP-Routen, die über Los Angeles in Erfahrung gebracht wurden, landen als Beschreibung in San Francisco. In dieser Darstellung ist das Routing aber nicht vollständig: Das in San Jose erlernte Wissen zu einer EBGP-Wegstrecke wird nicht an Los Angeles vermittelt und Kenntnisse aus Los Angeles erreichen nicht San Jose. Das kommt daher, weil der Router in San Francisco nicht in der Lage ist, IBGP-Routen zwischen San Jose und Los Angeles weiterzugeben. Hierzu fehlt eine zusätzliche IBGP-Verbindung zwischen San Jose und Los Angeles (dargestellt als gepunktete Line). Im 9. Kapitel erfahren Sie, wie man mit einer solchen

Situation umgeht, indem man das Konzept der Spiegelrouten anwendet, eine Möglichkeit, die viel besser skaliert, falls sehr viele IBGP-Router zu einem einzelnen AS gehören.

6.1.4 Abstimmung innerhalb eines AS

Laut Definition verlangt das Default-Verhalten des BGP, dass es mit dem IGP abgestimmt werden muss, bevor das BGP bei externen AS für Transitrouten werben darf. Es ist wichtig, dass Ihr AS kontinuierlich für dieselben Routen wirbt, damit der Datenverkehr nicht unnötigerweise schwarze Löcher bekommt. Sollte ein IBGP-Speaker z.B. für einen Kurs zu einem externen Partner werben, bevor ihn alle Router innerhalb Ihres AS durch IGP kennenlernen konnten, erreichen Daten Ihr AS, die an Ziele gerichtet sind, zu deren Erreichen einige der Router möglicherweise noch nicht die entsprechenden Informationen haben.

Immer wenn ein Router von einem IBGP-Partner aktualisierte Informationen zu einem Ziel erhält, versucht der Router herauszufinden, ob dieses intern erreichbar ist, bevor er das Update an andere EBGP-Partner weiterleitet. Der Router tut dies, indem er das Zielpräfix zuerst dahingehend überprüft, ob es eine Wegbeschreibung zum *next-hop*-Router gibt, dann sucht er nach einem Zielpräfix in IGP. Dieser Router-Check klärt, ob nicht-BGP-Router den Verkehr an den Bestimmungsort weiterleiten können. Einmal angenommen das IGP erkennt das Ziel, verkündet es der Router den anderen EBGP-Partnern. Anderenfalls sieht der Router das Zielpräfix als nicht mit dem IGP synchronisiert an und macht deshalb keine Werbung dafür.

Betrachten Sie bitte die Situation in Bild 6.4. ISP1 und ISP2 nutzen ISP3 als Übergangs-AS. ISP3 hat in seinem AS viele Router und arbeitet nur an den Grenzroutern mit BGP. (Auch wenn RTB und RTD Transitverkehr leiten, hat ISP3 an diesen Routern kein BGP konfiguriert.) ISP3 lässt für innere Vernetzung innerhalb seines AS ein Interior-Gateway-Protokoll ablaufen.

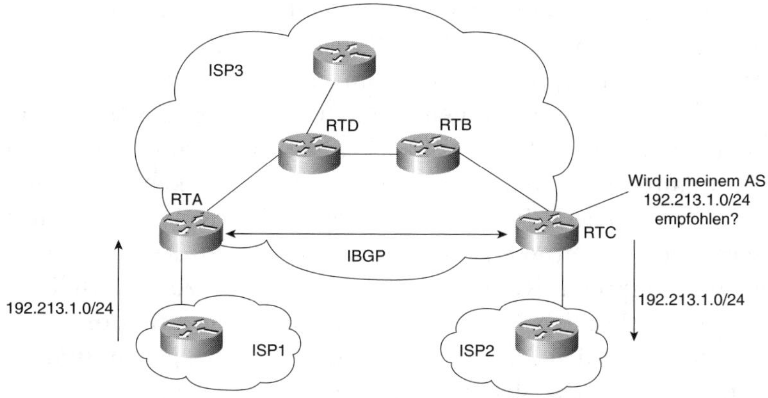

Bild 6.4: Synchronisation der BGP-Routen

Nehmen wir an, dass ISP1 bei ISP3 für die Route 192.213.1.0/24 Werbung macht. Da RTA und RTC mit IBGP arbeiten, macht RTA RTC mit dieser Route bekannt. Bitte beachten Sie, dass keine anderen Router außer RTA und RTC BGP einsetzen, und bisher also nichts von der Existenz der Route 192.213.1.0/24 wissen.

In der in Bild 6.4 dargestellten Situation werden, falls RTC ISP2 mit der Route vertraut macht, die Daten in Richtung 192.213.1.0/24 plötzlich zum RTC fließen. RTC wird auf seiner Routingtabelle nachsehen und dann den Verkehr zum RTB weiterleiten. Da RTB keinen Einblick in die BGP-Routen hat und deshalb deren Ziel nicht kennt, wird er die Daten einfach fallen lassen. Der Datenfluss versiegt, weil BGP und IGP nicht synchronisiert wurden.

Die BGP-Regel besagt, dass der BGP-Router externen Nachbarn keine Ziele beschreiben sollte, die er über IBGP-Nachbarn kennengelernt hat, außer diese Ziele sind auch über IGP bekannt. Das nennt man Synchronisation. Hat der Router über IGP von diesen Zielen erfahren, nimmt er an, dass die Route bereits innerhalb des AS angekündigt wurde, und dass die interne Erreichbarkeit gewährleistet ist.

Es ergeben sich schwerwiegende Folgen, wenn man einem IGP gewaltsam BGP-Routen einimpft. Muss man die Routen von BGP wieder in IGP zurückverteilen, ist das für die internen Router mit hohen Unkosten verbunden, hauptsächlich hinsichtlich der IGP-Skalierbarkeit: Die IGPs sind, wie bereits erwähnt, nicht geeignet, mit vielen Routen umzugehen. Außerdem ist es nicht notwendig, alle externen Routen innerhalb des AS zu verzeichnen. Man kann das Routing leicht ausführen, indem man die internen nicht-BGP-Router standardmäßig auf einen der BGP-Router einstellt. Natürlich hat das dann ein nicht ganz so optimales Routing zufolge, da es keine Garantie gibt, dass für jede Route die kürzeste Wegstrecke ausgewählt wird. Die Kosten jedoch sind im Vergleich zu dem Aufwand, mehrere tausend Routen innerhalb des AS zu unterhalten, minimal. Allerdings kann es in einer solchen Situation recht schwierig werden, mit *Default*-Routern umzugehen und es könnten Routingschleifen auftauchen.

Die meisten BGP-Ausführungssysteme bauen einen Software-»Notschalter« ein, mit dem der Netzwerkoperator die Synchronisation ausschalten kann. Wie Sie vielleicht schon vermuten, befiehlt das Cisco-BGP-Unterkommando **no synchronization,** wenn man es konfiguriert, dem BGP, die Anforderungen für die Synchronisation zu übergehen. Der *Subcommand* erlaubt es BGP, für Routen zu werben, die es über IBGP erlernt hat, ganz egal, ob eine IGP-Route existiert. In der Praxis kann man in den meisten Situationen die Synchronisation ganz gefahrlos am Grenzrouter ausschalten, immer angenommen, dass alle Transitrouter im AS mit einem voll verknüpften IBGP arbeiten. In diesem Fall wird die interne Erreichbarkeit dadurch garantiert, weil eine Route an einem Grenzrouter, die durch EBGP bekannt geworden ist, automatisch über BGP an alle Transitrouter übermittelt wird. Man kann also sagen, dass wirklich die allerüblichste Konfiguration der mit dem Internet verbundenen Netzwerke darin besteht, die BGP-Synchronisation abzuschalten und auf das Maschennetz der IBGP-Router zu bauen. Eine schreckliche Vorstellung, viele tausend Routen in ein IGP einzuspeisen zu müssen!

6.2 Quellen der Routing-Updates

In Netzwerken, die so kompliziert aufgebaut sind wie das heutige Internet, ist die Stabilität der Routen eine wichtige Angelegenheit. Es gibt hinsichtlich der Routenfluktuation einen engen Zusammenhang zwischen der Stabilität der Zugangs-Links im Internet und der Art und Weise, wie die Routinginformation über BGP ins Internet gelangt. Die Information kann dynamisch oder statisch in BGP eingegeben werden. Dynamisch eingetragene Routen kehren bei den BGP-Routingtabellen ein und aus, je nach dem Status des Netzwerks, das sie identifizieren. Statisch eingegebene Routen bleiben stets in den BGP-Routingtabellen, unabhängig vom Status des von ihnen identifizierten Netzwerks. Deshalb wird auch die dynamische Werbung für ein nicht mehr weiterexistierendes Netzwerk eingestellt, während die statische Werbung anhält. Wie Sie bald sehen werden, haben beide Methoden ihre Vor- und Nachteile.

TIPP

Sehen Sie hierzu den Abschnitt »Dynamische Informationseingabe ins BGP« aus Kapitel 11

Man kann die dynamisch eingegebene Information weiter einteilen, nämlich in völlig dynamisch (alle IGP-Routen werden mit dem **redistribute** BGP-Subkommando wieder in BGP rückübersetzt) und semidynamisch (nur gewisse IGP-Routen werden per **network** BGP-Subkommando in BGP übertragen). Diese Unterteilung gibt die Eingriffsebene des Nutzers und die Kontrollebene, auf der festgelegt wird, für welche Routen geworben werden soll, wieder.

Die Information wird dynamisch in BGP umgesetzt, indem man zulässt, dass alle IGP-Routen automatisch in BGP rückübersetzt werden. Heutzutage werden sehr viele verschiedene IGPs in autonomen Systemen verwendet, einschließlich des Routing-Informationen-Protokolls (RIP), des Interior-Gateway-Routing-Protokolls (IGRP), des Enhanced IGRP (EIGRP), des Open Shortest Path First (OSPF), und des Intermediate System-to-Intermediate System (IS-IS) Routingprotokolls. Die dynamische Rücküberführung hat den Vorteil, dass die Konfiguration erleichtert wird: Alle internen IGP-Routen stellen selbständig auf BGP um, ganz egal, welche Protokolle genau benutzt werden.

TIPP

Sehen Sie hierzu den Abschnitt »Dynamische Informationseingabe ins BGP« aus Kapitel 11

Eine andere Methode, Informationen ins BGP einzugeben, die aber nicht ganz so dynamisch verläuft, sieht vor, dass man eine Auswahl der IGP-Netzwerke, für die geworben werden soll, manuell spezifiziert. Hierfür erstellt man unter Zuhilfenahme des **network**-BGP-Unterkommandos eine manuelle Liste für die Übertragung in BGP. Diese Vorgehensweise ist weniger als perfekt dynamisch, da der Router über eine Liste aller Präfixe, die angepriesen werden sollen, verfügen muss. Der Router überträgt nicht alle IGP-Routen automatisch in BGP. Ist die Präfixliste zu lang, kann sie unmöglich weitergeführt werden.

BGP geht davon aus, dass alle mit dem **network**-Kommando definierten Netzwerke auch wirklich existent sind, und versucht das zu überprüfen, indem es dies in der IP-Routingtabelle nachkontrolliert. Findet BGP für diese Netzwerke kein exaktes Gegenstück, kommen diese auch nicht ins Angebot. Betrachten Sie bitte folgendes Fallbeispiel: Eine beigefügte **mask** wurde nicht mit dem **network**-Befehl spezifiziert (beispielsweise **network 10.10.0.0 mask 255.255.0.0**) und gleichzeitig ist die automatische Zusammenfassungsfunktion (das Default) aktiviert. In diesem Fall wird sich die Existenz beliebiger Subsets eines *classful*-Präfixes, das durch den **network**-Command spezifiziert wurde (z.B. **network 10.0.0.0** mit dem existierenden 10.10.10.0/24), dahingehend auswirken, dass für das classful-Präfix geworben wird (In unserem Beispiel wird 10.0.0.0/8 angepriesen). Dieser intelligente Verifizierungsschritt steigert die BGP-Standfestigkeit derart, dass andere externe Netzwerke wegen eines Routers, der für ein Netzwerk wirbt, das ohne Verbindung ist oder ihm anderweitig unbekannt ist, nicht mehr fehlgeleitet werden.

Die Eingabe von Routen in BGP über das **network**-Kommando ermöglicht eine bessere Kontrolle der Routenwerbung. Pflegt man IGPs durch Rückverteilung ins BGP ein, kann das als Nebeneffekt haben, dass ungewollte oder unvollständige Informationen in BGP gelangen, und das werden wir Ihnen im Folgenden zeigen.

Eindringen unerwünschter oder fehlerhafter Informationen

Die Umverteilung des gesamten IGP auf BGP kann sich auch dahingehend auswirken, dass einige nicht willkommene Informationen bis in das BGP vordringen. Bei derartigen Informationen könnte es sich um private oder illegale (nicht registrierte) interne Adressen handeln, die eigentlich nur innerhalb eines AS verwendet werden sollten. Oder wir haben es mit Informationen zu tun, die sich auf Routen mit einer Präfixlänge beziehen, die nicht zur Aggregationssatzung des Anbieters passt, z.B.: einer Host-Route mit der Präfixlänge /32. Hier muss sorgfältig gefiltert werden, damit unerwünschte Konsequenzen ausbleiben. Immerhin ermöglicht die Standardeinstellung in jüngeren IOS-Veröffentlichungen die Selbst-Zusammenfassung der Routen (in klassenvolle Grenzen).

TIPP

Sehen Sie hierzu »Quellen der Routing-Updates« aus Kapitel 11

Es können auch fehlerhafte Informationen im BGP ankommen, wenn es zu einem gegenseitigen Routenaustausch zwischen BGP und IGP kommt. Genauso wie IGP in BGP umgekehrt werden kann, können auch BGP-Routen per Neuverteilung in ein AS eingegliedert werden. Kommt es zu einer Rückverteilung in beide Richtungen, nennt man das *mutual redistribution*. Im Falle dieser gegenseitigen Rückverteilung können Angaben, die von außerhalb des AS stammen, ins Internet zurückgeschickt werden, als kämen sie ursprünglich von diesem AS. Bild 6.5 weist auf die mit der gegenseitigen Rückdistribution zwischen Protokollen verbundenen Gefahren hin.

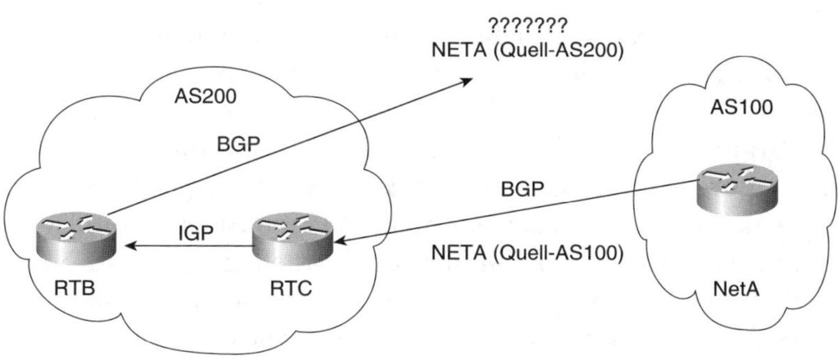

Bild 6.5: Beispiel zur Rückverteilung in beide Richtungen

In Bild 6.5 ist AS100 der Ursprung von NetA und verschickt diese Information via BGP nach AS200. Der Grenzrouter RTC pflegt diese BGP-Information in IGP ein. RTB hört durch IGP von der AS100s Bekanntmachung. RTB ist darauf eingerichtet, IGP-Informationen in BGP zu übersetzen. Hinsichtlich der meisten IGPs verfügt RTB nicht über die entsprechenden Möglichkeiten, um die Präfixe des AS100s von seinen eigenen internen Präfixen zu unterscheiden, da diese Art Wissen nicht durch IGP abgedeckt wird. Daher wird am Ende für NetA über BGP zurück ins Internet Werbung gemacht werden, als ob es vom AS200 abstammen würde. Dies wird die mit dem Internet verbundenen AS verwirren, da NetA anstatt der einen (AS100) nun scheinbar zwei Quellen hat.

Wiederum sollte man, um diese Situation zu entschärfen, an den Grenzroutern besondere Filterung ansetzen, um festzustellen, welche einzelnen Netzwerke von IGP in BGP übertragen werden sollten. Das hätte vielleicht verhindert, dass NetA von RTB in BGP zurückversetzt wurde. Für Protokolle, die zwischen internen und externen Routen unterscheiden können, wie z.B. OSPF, kann der Administrator die Einstellungen so vornehmen, dass das Protokoll nur interne Routen in BGP übersetzt. (In der Durchführung von Cisco werden auswärtige OSPF-Routen automatisch abgesondert und nicht in BGP umgesetzt. Der Administrator kann diese Verhaltensweise aber ausschalten.) In der Variante, dass Protokolle (z.B. RIP oder IGRP) keine Unterscheidung zwischen inwendigen und auswärtigen Routen treffen, sollte man die Routen dementsprechend »kennzeichnen«, um externe von internen Routen zu trennen.

Instabile Routen

Ob man IGP-Routen in BGP dynamisch oder halbdynamisch einpflegt, entscheidet sich je nach Grad der Abhängigkeit der BGP-Routen von den IGP-Routen. Sie könnten natürlich damit argumentieren, dass dies gar nicht so schlecht sei, da dies den aktuellen Status eines Netzwerks wiedergeben würde. Aber das hat auch seine Nachteile. Halten Sie sich bitte Folgendes vor Augen: Im Rahmen der aktuellen, globalen Netzwerkvernetzung wirkt sich die Routenfluktuation innerhalb Ihres AS auf andere Netzwerke aus, die mit dem Internet verbunden sind und über BGP kommunizieren. Die von Ihnen propagierte IPG-Route wird sich in eine BGP-Route umwandeln. Fällt eine Route aus, wird über BGP eine WITHDRAWN-Mitteilung ausgestrahlt, die alle Partner dazu aufruft, diesen Kurs aus ihren BGP-Routingtabellen zu streichen.

Eine Wegbeschreibung, die in Ihrem AS ständig schwankt, wird deshalb laufend von anderen AS übermittelt und zurückgezogen werden. Dieses Beispiel einer einzigen fluktuierenden Route ist sehr vereinfacht: Stellen Sie sich nun einmal vor, hunderte dieser fluktuierenden Routen treten in hunderten von ASs auf. Die Stabilität des Internet würde dadurch sehr schwer gefährdet!

Man greift hart durch, um die Wirkung fluktuierender Routen aufs Internet möglichst einzuschränken. Sie werden im 10. Kapitel einen *route dampening* genannten Prozess kennenlernen, der für die Veröffentlichung fluktuierender Routen je nach Grad der Instabilität Strafen verhängt und diese letztendlich unterbindet. Die Routenwerbung kann für Minuten oder gar Stunden unterbrochen sein (bis sie sich stabilisieren).

Es ist nicht einfach, die Stabilität der Routen zu überprüfen, weil das oft von Faktoren abhängt, auf die Sie keinen Einfluss haben. Solche Faktoren wären z.B. instabile Zugangslinks oder mangelhafte Hardware. Man kann Routenstabilität etwa durch Aggregation bekämpfen. Repräsentiert die *aggregate-route*-Bekanntgabe mehr als eine Route, verursacht eine einzelne fluktuierende Route im Aggregat dennoch keinen Kreislauf innerhalb des Bündels. Die Zusammenfassung kann sich im Kunden- oder Anbieter-Rahmen abspielen, abhängig vom Niveau der Information, die zwischen Kunde und Provider ausgetauscht werden soll. Im Vorgaberahmen des Kunden erspart man dem Anbieter den Anblick der fluktuierenden, kundeneigenen Routen. Bündelt man innerhalb den vom Provider gesteckten Grenzen, würde das Fluktuationsproblem des Kunden auf den Anbieter übergreifen, aber nicht bis ins Internet durchsickern. Gegen Ende dieses Kapitels beschäftigen wir uns noch mit der BGP-4-Aggregation, zuvor aber soll es hier um viele der Techniken gehen, die angewendet werden, um BGP zu steigern.

Man kann die Stabilität der Routen auch dadurch sichern, dass man die Routenwerbung von der Existenz der Route als solcher abkoppelt. Dies nennt man *static injection of routes* (statische Eingabe von Routen) in BGP und wird im folgenden Abschnitt erläutert.

6.2.1 Statische Eingabe von Informationen in BGP

Es hat sich heutzutage die Methode, Informationen statisch in BGP einzupflegen, als besonders effektiv herauskristallisiert, um für die Stabilität der Routen zu sorgen. Natürlich hat diese Vorgehensweisen auch ihre Nachteile.

TIPP

Sehen Sie hierzu auch »Statische Informationseingabe ins BGP« aus Kapitel 11

Um in BGP statische Informationen eingeben zu können, müssen IGP-Routen (oder Bündel), für die bei anderen Partnern geworben werden soll, manuell als statische Routen eingestellt werden. Dadurch werden diese Routen nie aus der IP-Routingtabelle verschwinden, also werden sie stets angepriesen. Da Administratoren natürlich nie gern für Routen werben, die womöglich aussortiert oder unerreichbar sein könnten, hängt es immer von der einzelnen Situation ab, ob es sinnvoll ist, die Information statisch einzupflegen.

Wird zum Beispiel für eine Route nur von einem einzigen Punkt aus im Internet geworben, so mag das kaum ein großes Problem sein, würde in diesem Fall eine abgebrochene Route angepriesen. Die Hosts, die auf ihrem Weg zum Ziel sind, werden mit dieser Route scheitern, gleichgültig, ob diese veröffentlicht wird.

Wird aber eine Route von vielen verschiedenen Punkten aus im Internet veröffentlicht und zwar aufgrund einer statischen Einstellung, kann das zu schwarzen Löchern im Datenverkehr führen. Sollten Probleme innerhalb des AS verhindern, dass der Grenzrouter das Netzwerk erreicht, das anpreist, werden die für dieses Ziel bestimmten Daten fallengelassen, obwohl sie dort vielleicht über andere Zwischenverbindungspunkte hätten ankommen können.

Die eigentliche Werbung für statische Routen kann mit jeder hier beschriebenen Methode ausgeführt werden. Man kann veröffentlichen, indem man alle statischen Routen mit dem **redistribute**-Befehl erneut eingibt, oder eine Auswahl statischer Routen per **network**-Kommando zurückübersetzt. Die letzte Methode ist ein Modell, mit dessen Hilfe man die Routeneingabe besser kontrollieren kann. Denn die Redistribution kann dazu führen, dass unerwünschte statische Routen per BGP übertragen werden, obwohl das auch geschehen kann, wenn umgeleitete Routen gefiltert werden.

6.2.2 Der Ursprung der Routen

BGP sieht Netzwerke, die per **network**-Kommando oder durch Bündelung veröffentlicht werden als AS-interne Netzwerke an. BGP wird das ORIGIN (Ursprungs-) Attribut in jeder Route mit einschließen, als wäre es IPG(i). Andererseits wird jedesmal, wenn eine Route per Redistribution (statisch oder dynamisch) in BGP eingegeben wird, der ORIGIN der Route INCOMPLETE (unvollständig) sein, weil zurückübersetzte Routen von überall herkommen können.

Schließlich wird jede Route, die über EGP bekannt wurde, mit diesem ORIGIN-Wert bezeichnet. Beachten Sie bitte, dass Bündelrouten den schlimmsten ORIGIN-Wert aller Komponentenrouten annehmen.

Bild 6.6 illustriert diese Probleme. In Situation 1 wurden alle Netzwerke während des BGP-Prozesses per **network**-Befehl aufgelistet. Achten Sie bitte darauf, dass BGP von 10.0.0.0 und 11.0.0.0 annimmt, sie stammten ursprünglich aus IGP. Netzwerk 12.0.0.0 ist das einzige dem Router unbekannte Netzwerk (das nicht in der IP-Routingtabelle verzeichnet ist). Wie Sie sehen, wird 12.0.0.0 nicht per BGP veröffentlicht, obwohl es durch das **network**-Kommando in die Liste aufgenommen wurde.

Zweite Situation: Netzwerke 10.0.0.0, 11.0.0.0 und 12.0.0.0 wurden durch statische Routen definiert. Netzwerk 11.0.0.0 wurde ebenfalls durch den **network**-Befehl festgelegt. Und Netzwerk 13.0.0.0 lernte der Router dynamisch über IGP kennen. Alle diese Netzwerke sind in BGP durch Redistribution eingetragen worden. Deshalb werden die Netzwerke 10.0.0.0, 12.0.0.0 und 13.0.0.0 mit der ORIGIN-Angabe INCOMPLETE veröffentlicht, da diese Netzwerke durch Rückverteilung in BGP eingefügt wurden.

Netzwerk 11.0.0.0 wurde per ausdrücklicher Rückverteilung statischer Routen in BGP eingegeben, aber auch über den **network**-Befehl nativ in BGP definiert. Deshalb wird es mit dem ORIGIN IGP(i) herausgegeben. Wäre Netzwerk 11.0.0.0 nicht durch ein statisches **network**-Kommando festgelegt worden, würde es mit dem ORIGIN INCOMPLETE ausgesendet. Man sollte sich darüber im Klaren sein, dass Netzwerk 11.0.0.0 nicht zurückübersetzt werden musste, weil es völlig ausreicht, das Netzwerk statisch festzulegen und per **network**-Befehl aufzulisten, um es in BGP einpflegen zu können.

Obwohl das ORIGIN-Attribut an dieser Stelle unwesentlich ist, wird es im BGP-Prozess verwendet, um sich für eine der zwei Routen zu entscheiden.

Bild 6.6: Gegenüberstellung der Verhaltensweisen von ORIGIN Attributen

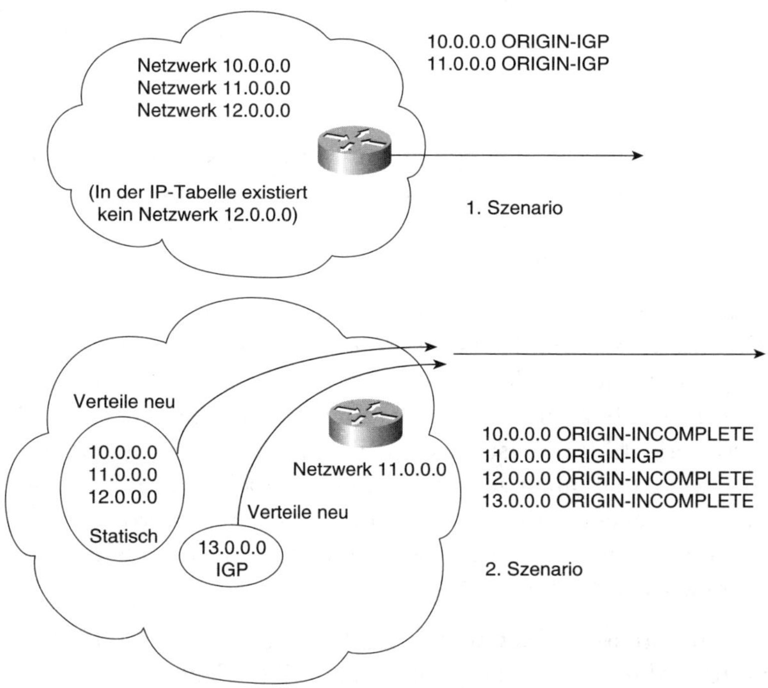

6.2.3 Vergleichsbeispiel statischer Routen gegenüber dynamischer: Mobile Netzwerke

Militärische Einheiten sind im Allgemeinen mobil. Dadurch wird es schwierig, IP-Adressen zuzuweisen. Üblicherweise wollen diese mobilen Einheiten ihre Subnetze und IP-Adressen überall hin mitnehmen und weiterbenutzen, als wären sie nie umgezogen. Sollen diese Netzwerke Teil eines globalen Netzwerkes werden und über BGP angepriesen werden, kann man sie schlecht statisch angeben. Daher müssten die statischen Kommandos jedesmal, wenn eine Einheit umzieht, aus dem Grenzrouter eines AS entfernt und dem Grenzrouter eines anderen AS an einem anderen Ort wieder eingefügt werden.

Da man solche Komplikationen besser verhindert, ist es notwendig, diese Netzwerke dynamisch in BGP einzupflegen. Eine Lösung wäre, IGP an jedem Standorten ins BGP einzugeben. Dadurch würde jedesmal, wenn eine IP-Adresse umzieht, die Werbung an dem einen Ort verschwinden und an einem neuen wieder auftauchen. Manchmal sind Netzwerkadministratoren aus den bereits bekannten Gründen mit dieser Lösung nicht zufrieden, zum Beispiel da es Probleme gibt, alles wieder rückzuverteilen, oder weil man extensiv filtern muss.

Man könnte diese Netzwerke aber auch an allen Grenzroutern aller Standorte per **network**-Kommando festlegen. Da BGP die Existenz dieser Routen in der IP-Routingtabelle überprüft, bevor es diese bekannt gibt, würde BGP nur diejenigen Routen herausgeben, die auf den Standort der mobilen Einheit zulaufen. Alle anderen Standorte würden aufhören, diese Routen bekannt zu geben, da sie nicht zum IGP des einen bestimmten AS gehören.

6.3 Überlappende Protokolle: Backdoors

Arbeiten verschiedenen IGPs und EGPS für die Erstellung von Routen zusammen, kann man die Routen über verschiedene Protokolle kennenlernen. Der Datenverkehr wird dahingehend beeinflusst, welches Protokoll Sie nun den anderen vorziehen. Fließt der Verkehr z.B. entlang einer RIP-Route, kreuzt er vielleicht den einen Link, folgt er aber einer externen BGP-Route, trifft er womöglich auf einen anderen. *Backdoor*-Links bieten einen alternativen IGP-Pfad an, den man anstatt des externen BGP-Pfades wählen kann. Über den *Backdoor*-Link erreichbare IGP-Routen nennt man *backdoor routes*. Da es solche alternative Routen gibt, ist auch ein Mechanismus notwendig, mit dessen Hilfe man dem einen Protokoll gegenüber einem anderen den Vorzug geben kann. Cisco Systems hat den »Vorzugsparameter« eines Protokolls, genannt *administrative distance*, ausgearbeitet. Je geringer die administrative Distanz eines Routingprotokolls ist, desto höher wird die Präferenz dieses Protokolls angesetzt.

Man sollte schon wissen, dass die administrative Distanz ein Parameterwert ist, der sich nur auf lokal konfigurierte Router anlegen lässt und keinem anderen Router des AS bekannt ist, noch an diese weitergegeben wird. Wenn Sie also vorhaben, die administrative Distanz eines Routers Ihres AS zu verändern, sollten sie auch die anderen Router modifizieren, um für eine solide Routingentscheidung garantieren zu können. Tabelle 6.1 listet die Distanzen laut den Cisco-Einstellungen auf.

TIPP

Sehen Sie hierzu den Abschnitt »Überlappende Protokolle: Backdoors« aus Kapitel 11

Tabelle 6.1: Default-Werte für Protokollabstände

Protokoll	Distanz
Direktverbindung	0
Statisch	1
EBGP	20
EIGRP (intern)	90
IGRP	100
OSPF	110
ISIS	115
RIP	120
EGP	140
EIGRP (extern)	170
IBGP	200
BGP lokal	200
Unbekannt	255

Tabelle 6.1 zeigt, daß ein direkt verbundener Router einer statischen Route stets vorgezogen wird. Diese wiederum ist der EBGP-Route vorzuziehen, usw. Wir möchten Sie darauf hinweisen, dass EBGP-Routen mit einem Abstand von 20 allen anderen IGP-Routen vorgezogen werden.

Bild 6.7 veranschaulicht den Gebrauch der *Backdoor*-Routen. AS1 erhält zu NetA aus zwei verschiedenen Routen ein Update. AS1 erhält am Link nach AS3 über EBGP und über den *Backdoor*-Link zwischen AS1 und AS2, der mit RIP arbeitet, Informationen zu Routen. Laut Tabelle 6.1wird der Router für die EBGP-Route automatisch einen Abstand von 20 ansetzen und der RIP eine Distanz von 120 einräumen. In AS1 werden die Router, die die Wegbeschreibung durch EBGP (AS Grenzrouter) erlernt haben, die geringere Distanz in die Routingtabelle eintragen. Deshalb werden die Daten nach NetA entlang der indirekten BGP-Route über AS3 und AS2 folgen, anstatt den direkten RIP-Kurs über AS2 zu wählen.

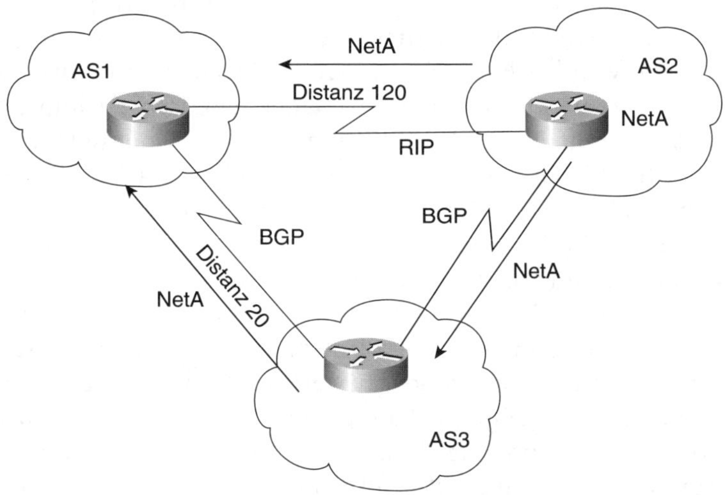

Bild 6.7: Komplikationen des Backdoor Routing

Cisco hat einen Weg gefunden, dass die IGP-Routen gegenüber den EBGP-Routen immer Vorrang haben. Das Konzept ist ganz einfach: Bestimmte EBGP-Routen können auch als *Backdoor*-Routen ausgegeben werden, wodurch die Distanz dieser Routen dem Abstand der »BGP-lokal«-Route entspricht (der Default liegt bei 200). Laut Tabelle 6.1 liegt dieser Abstand höher als der irgendeiner durch IGP erlernten Route, sodass die *Backdoor*-IGP-Route vorgezogen wird.

Eine andere Möglichkeit bestünde, wie bereits besprochen, darin, den **distance**-BGP-Subcommand anzuwenden, um die administrative Distanz aller vom Router erlernten BGP-Präfixe zu verändern.

6.4 Vereinfachte Darstellung des Routingprozesses

Bis jetzt haben wir uns in diesem Kapitel mit vereinzelten Aspekten des Routings – besonders der Partnerverhandlung und dem statischen Routing im Vergleich zum dynamischen, auseinandergesetzt. Bevor wir uns näher mit der Routingkonfiguration beschäftigen, sollten wir kurz anhalten und einmal den gesamten BGP-Routingprozess überblicken.

Das BGP ist ein ziemlich einfaches Protokoll, deshalb ist es auch so flexibel. Die Partner tauschen miteinander über UPDATE-Nachrichten Routinginformationen. BGP-Router erhalten die UPDATE-Botschaften, wenden einige Regeln auf sie an oder verwenden Filter, und geben die Routen dann an andere BGP-Partner weiter. Es bedarf einer gewissen Ausführungsweise, damit alle BGP-Updates von der IP-Routingtabelle in einer BGP-Routingtabelle erscheinen. Sollte es für ein und dasselbe Ziel mehrere Routen geben, überschwemmt BGP seine Partner nicht etwa mit diesen. Es sucht im Gegenteil die beste Route aus und gibt sie weiter. BGP gibt EBGP-Routen der Partner und IBGP-Routen der Routen-Spiegelungs-Kunden weiter. Außerdem kann BGP auch Routingupdates erstellen, um für interne Netzwerke zu werben, die zum eigenen autonomen System gehören. Gültige, aus dem System stammende Lokalrouten und die besten von BGP-Partnern erlernten Routen werden der IP-Routingtabelle hinzugefügt. Die IP-Routingtabelle liefert die letztendliche Routingentscheidung und veröffentlicht normalerweise die Transport-Tabellen.

Wollten wir ein Modell des BGP-Prozesses erstellen, so müssten wir uns vorstellen, dass jeder BGP-Speaker über seinen eigenen Routenfonds und über verschiedene, auf die Routen angewandte Regelwerke (obwohl es in Wirklichkeit wohl nur einen Fond gibt) verfügt. Zu dem Modell würden auch folgende Komponenten zählen:

- Ein Routendepot, das der Router von seinen Partnern erhält.
- Ein *Input Policy Engine*, der die Routen filtern und ihre Eigenschaften verändern kann.
- Ein Entscheidungsprozess, der festsetzt, welche Routen der Router selbst benutzen wird.
- Eine Auswahl derjenigen Routen, die der Router selbst verwendet.

– Ein *Output Policy Engine*, der die Routen filtern und ihre Charakteristika manipulieren kann.

– Ein Routensortiment, für das der Router bei seinen anderen Partnern wirbt.

Bild 6.8 veranschaulicht dieses Modell. Im Folgenden beschäftigen wir uns mit jeder dieser Komponenten im Detail.

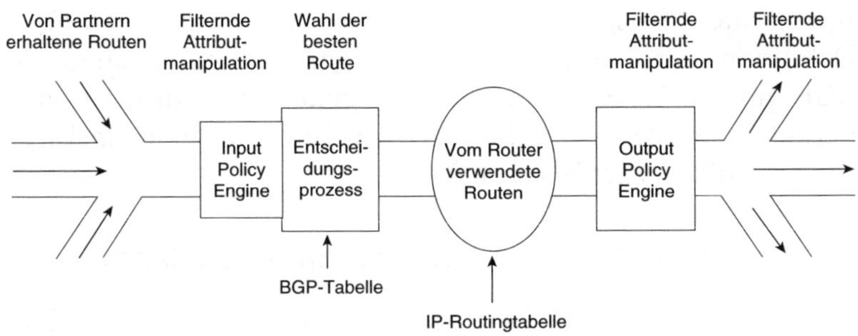

Bild 6.8: Überblick über den Routing-Prozess

6.4.1 BGP-Routen: Werbung und Speicherung

Wie in RFC 1771 spezifiziert:

> Für die Zwecke dieses Protokolls wird eine Route als Informationseinheit definiert, die den Bestimmungsort mit den Eigenschaften eines Pfades in Richtung auf das Ziel kombiniert:
>
> Zwischen zwei BGP-Speakern wird durch eine UPDATE-Message für Routen geworben: Ziel ist das System, dessen IP-Adresse im Informationsfeld bezüglich der Erreichbarkeit eines Schichtnetzwerks (Network Layer Reachability Information – NLRI) auftaucht. Der Pfad ist die Information, die im Pfadattributfeld derselben UPDATE-Nachricht verzeichnet ist.
>
> Die Routen werden in den Routinginformations-Datenbanken (RIBs) gespeichert, und zwar in. Adj-RIBs-In, Loc-RIB und in der Adj-RIBs-Out. Routen, die an andere BGP-Speaker weitervermittelt werden sollen, müssen in der Adj-RIB-Out stehen. Wegbeschreibungen, die der lokale BGP-Speaker verwenden möchte, müssen in der Loc-RIB gespeichert werden. Der Next-Hop für jede dieser Routen muss beim örtlichen BGP-Speaker in der weiterleitenden Infor-

mationsbasis (Forwarding Information Base – FIP) vorliegen. Routen, die von anderen BGP-Speakern übermittelt wurden, stehen in der Adj-RIBs-In.

Sollte sich ein BGP-Speaker dazu entschließen, eine Route zu veröffentlichen, dann fügt er dem Pfadattribut der Route womöglich etwas hinzu oder modifiziert es, bevor er sie an seinen Partner weitergibt.

Bitte achten Sie im Folgenden darauf, dass in Zukunft, laut Definition der Ausdruck »Route« im Zusammenhang mit BGP eine Informationseinheit bezeichnet, die Informationen bezüglich des Ziels und die Eigenschaften eines Pfads in Richtung auf dieses Ziel zusammenfasst.

6.4.2 Die BGP-Routinginformations-Grundlagen

Bild 6.9 zeigt, dass die BGP-Routingtabelle aus drei verschiedenen Teilen besteht: Adj-Routing Information Base (RIB)-In, Loc-RIB und Adj-RIB-Out.

Bild 6.9: Logische Darstellung der BGP Routingtabelle

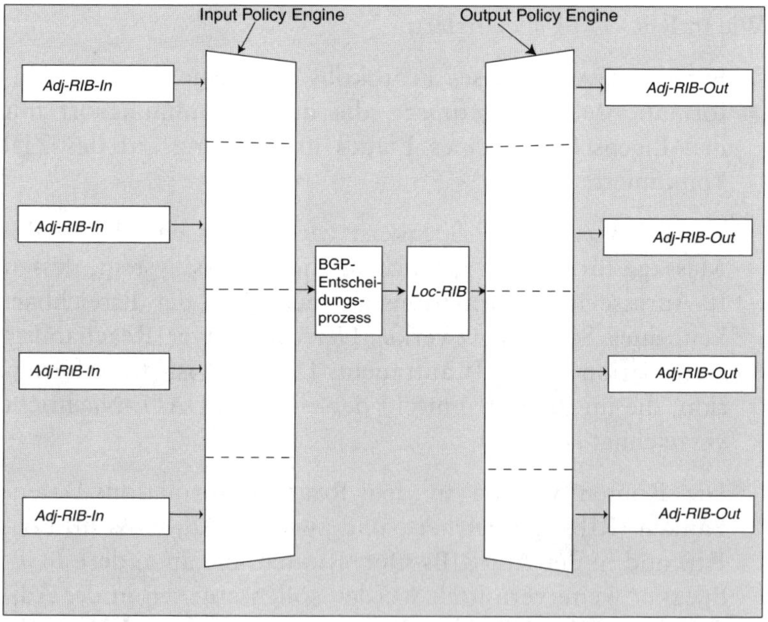

Eine Adj-RIB-In steht mit jedem einzelnen Partner seines BGP-Speakers in Verbindung. Die Bank speichert Informationen, die sie über eingebundene UPDATE-Nachrichten von einem

Partner erhalten hat. Der Inhalt aller Adj-RIBs-In steht als Input zum BGP-Entscheidungsprozess zur Verfügung, nachdem er manipuliert oder gar von einer mit dem Partner in Verbindung stehenden Input Policy Engine gefiltert wurde.

Die Loc-RIB enthält nur die bevorzugten Routen, die als der beste Pfad zu jedem Ziel ausgewählt wurden. Die Loc-RIB ist das Ergebnis des BGP-Prozesses, nach welchem die Input Policy Engines die neuen lokalen Regelungen anwenden.

Die Adj-RIB-Out ist mit jedem einzelnen Partner eines BGP-Speakers logisch verbunden. Die Bank speichert Informationen, die der BGP-Speaker ausgewählt hat, um für sie bei einem Partner Werbung zu machen. Die Adj-RIB-Out erfasst Informationen aus der Loc-RIB, für die bei einem Partner geworben werden sollen, sobald die zugehörige Output Policy Engine angewendet worden ist.

Obwohl in diesem Modell zwischen Adj-RIBs-In, Loc-RIB, and Adj-RIBs-Out unterschieden wird, ist es nicht unbedingt nötig, drei separate Kopien der Routinginformation zu speichern. In Wirklichkeit lagern die meisten Einstellungen mit Hinweisen versehene Kopien der Informationen ein, um Wissen zu konservieren.

6.4.3 Routen aus der Hand des Partners

Ein BGP-Speaker erhält vom externen und / oder internen Partnern via UPDATE-Nachrichten Wegbeschreibungen (und die dazugehörenden Eigenschaften). Je nach Konfiguration der *Input Policy Engines*, dringen einige dieser Routen bis in die Loc-RIB vor.

6.4.4 Input Policy Engine

Der Motor zur Regelung der Eingangsdaten filtert Routen und manipuliert Eigenschaften. Gefiltert wird unter Zuhilfenahme verschiedener Parameter, z.B. den IP-Präfixen, AS_PATH und anderer BGP-Attributwerte. BGP nutzt die *Input Policy Engine* außerdem, um Pfadattribute dahingehend zu verändern, dass der eigene Entscheidungsprozess beeinflusst wird. Damit will BGP auch darauf einwirken, welche Routen dann tatsächlich verwendet werden, um zu einem bestimmten Zielort zu gelangen. Entschließt sich BGP beispielsweise dazu, ein bestimmtes Präfix, das von einem gewissen Partner kommt, zu filtern, heißt das, dass BGP dieses Ziel nicht über diesen Partner erreichen will. Wenn aber BGP diesem Präfix einen besseren LOCAL-PREF-Wert zuordnet, deutet das darauf hin, dass BGP dieses Präfix eines speziellen Partners dem ähnlichen Präfix eines anderen Partners vorzieht. Die Input Policy Engine wendet eintreffende, vom Operator konfigurierte Regelungen an.

6.4.5 Vom Router verwendete Routen

Die durch den Entscheidungsprozess herausgearbeiteten besten Routen landen in der Loc-RIB. Diese Routen werden zu Kandidaten, die anderen Partnern vorgestellt oder in der IP-Routingtabelle verzeichnet werden. Wird eine Route nicht in der Loc-RIB gespeichert, kann sie auch nicht in der Adj-RIB-Out gespeichert werden, damit sie den Partnern angepriesen wird.

Zusätzlich zu den von anderen Partnern erhaltenen Routen, verfasst der Router (wenn er dementsprechend konfiguriert ist) Updates über die Netzwerke innerhalb seines autonomen Systems. Auf diese Weise veröffentlicht ein AS sein internes Netzwerk in der Außenwelt.

6.4.6 Output Policy Engine

Das ist die gleiche wie die *Input Policy Engine*, wird aber auf der Output-Seite eingesetzt. Die vom Router verwendeten Routen (die besten Routen) und die vom Router lokal generierten Wegbeschreibungen werden an die *Output Policy Engine* zur Prozessierung weitergegeben. Die *Output Policy Engine* hat die Möglichkeit, Filter einzusetzen oder einige der BGP-Eigenschaften (z.B. AS_PATH oder die Metrik) zu verändern, bevor er ein Update herausgibt.

Die *Output Policy Engine* unterscheidet zwischen internen und externen Partnern. Es können zum Beispiel Routen, die durch einen internen Partner bekannt geworden sind, nicht an einen anderen internen Partner weitergeleitet werden.

6.4.7 An Partner weitergegebene Routen

Das Routenset, das man dem Partner übergibt, enthält diejenigen Routen, die die *Output Policy Engine* erfolgreich durchlaufen haben und den internen oder externen BGP-Partnern angeboten werden.

6.4.8 Umgebungsmodell des Routing

Bild 6.10 zeigt den auf BGP-Routen angewendeten Prozess in einer modellhaften Umgebung. Im Bild erhält AS5 von AS1 und AS2 Wegbeschreibungen und erstellt auch seine eigenen Routen (172.16.10.0/24). Um das Ganze zu vereinfachen, betrachten Sie bitte die Fließrichtung der Updates, in einer Richtung von links nach rechts.

Wenn Sie das Modell der *Engine* auf AS5 beziehen, werden sie zu diesen Ergebnissen kommen.

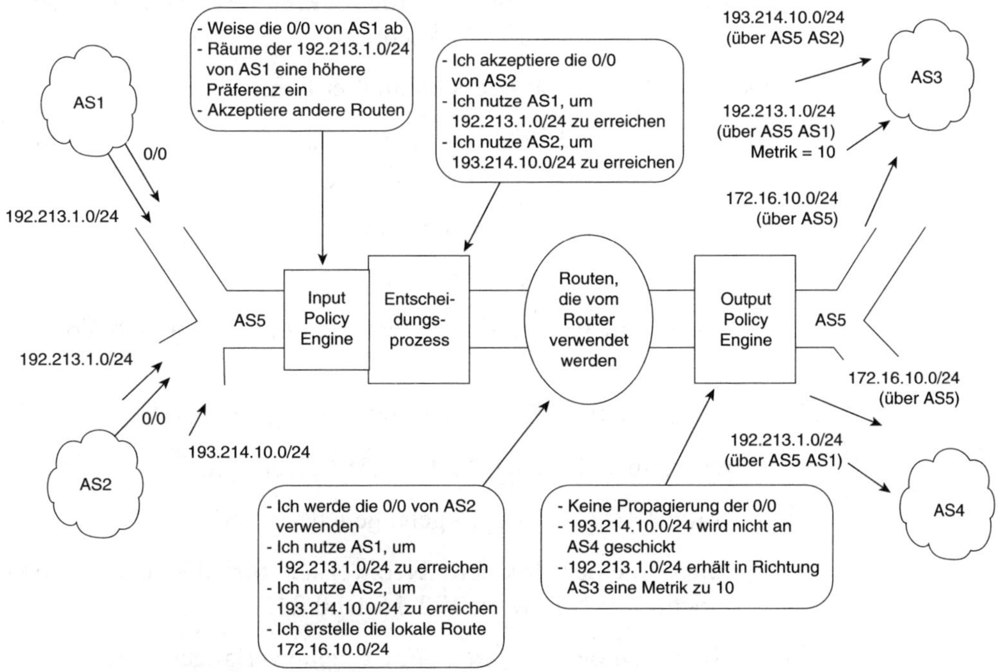

Bild 6.10: Umgebungsmodell des Routing

Von Partnern erhaltene Routen (die Routen, die vom AS1 und AS2 eintreffen) sind folgendermaßen zusammengesetzt:

- 192.213.1.0/24 via AS1
- 0/0 (Dies ist eine Default-Route) via AS1
- 193.214.10.0/24 via AS2
- 0/0 (Dies ist eine Default-Route) via AS2
- 192.213.1.0/24 via AS2

Die Kriterien der *Input Policy Engine* setzen Folgendes voraus:

- Die Default-Route 0/0 von AS1 wird nicht akzeptiert.
- Der Route 192.213.1.0/24 wird von AS1 kommend Vorrang gegenüber der Route 192.213.1.0/24, die von AS2 kommt, eingeräumt.
- Alle anderen Routen werden akzeptiert (Dadurch wird auch 193.214.10.0/24 akzeptiert).

Der Entscheidungsprozess beinhaltet Folgendes:

- Da 192.213.1.0/24 auf der Straße vom AS1 »Vorfahrt« hat, erreiche ich 192.213.1.0/24 am besten via AS1.
- 193.214.10.0/24 erreiche ich über AS2.
- Ich akzeptiere 0/0 über AS2.

Aus den vom Router eingesetzten Routen ergibt sich Folgendes:

- Ich werde 0/0 als den Default von AS2 verwenden.
- Ich kann 192.213.1.0/24 via AS1 erreichen.
- Nach 193.214.10.0/24 gelange ich via AS2.
- Eines meiner lokalen Netzwerke, für die ich werben möchte, ist Netzwerk 172.16.10.0/24.

Die Kriterien der *Output Policy Engine* verlangen Folgendes:

- Werben Sie nicht für die Default-Route 0/0.
- Machen Sie bei AS4 keine Werbung für 193.214.10.0/24.

- Geben Sie 192.213.1.0/24, um sie an AS3 zu senden, eine Metrik von 10.

Routen nach AS3, die Partnern angeboten werden, bestehen aus Folgendem:

- 192.213.1.0/24 (via AS5 AS1) (d.h. zuerst AS5, und dann AS1) mit einer Metrik von 10
- 172.16.10.0/24 (via AS5)
- 193.214.10.0/24 (via AS5 AS2)

Routen nach AS4, die Partnern angeboten werden, bestehen aus Folgendem:

- 192.213.1.0/24 (via AS5 AS1)
- 172.16.10.0/24 (via AS5)

6.4.9 Zusammenfassung des BGP-Entscheidungsprozesses

Das BGP gründet seinen Entscheidungsprozess auf den Attributwerten. Wird BGP mit mehreren Routen, die dasselbe Ziel und die gleiche Präfixlänge haben, konfrontiert, wählt es die beste Wegstrecke für den Routingverkehr zu diesem Bestimmungsort aus. Im Folgenden sehen wir, nach welchen Kriterien BGP die beste Route auswählt:

1. Die Route wird ignoriert, wenn der nächste Hop nicht erreichbar ist. (Deshalb ist es so wichtig, dass eine IGP-Route zum nächsten Hop existiert.)
2. Der Pfad mit dem größten Gewicht wird vorgezogen. (Gewicht ist ein dem Router nahegelegener Eigenschaftsparameter von Cisco.)
3. Ist das Gewicht der Routen gleich, wird die Route mit dem höchsten lokalen Vorrang vorgezogen.
4. Gibt es keine Routen lokalen Ursprungs und die lokale Präferenz ist gleich, so wählt man die Route mit dem kürzesten AS_PATH.
5. Ist der AS_PATH gleich lang, entscheidet man sich für die Route mit dem geringsten *origin type* (wobei IGP geringer ist als EGP und EGP niedriger als INCOMPLETE).

6. Wenn der Ursprungstypus gleich ist, also die Routen aus derselben AS-Quelle stammen, orientiert man sich bei der Wahl einer Route am niedrigsten MED-Wert (oder wenn **bgp always-compare-med** aktiviert ist.).
7. Haben die Routen denselben MED-Wert, zieht man EBGP-Pfade den IBGP-Pfaden vor.
8. Sollten alle gerade geschilderten Szenarien identisch sein, wird man sich für diejenige Route, die über den nächstgelegenen IGP-Nachbarn zu erreichen ist, entscheiden. Man wählt folglich den kürzesten internen Pfad innerhalb des AS, um ans Ziel zu kommen. (Man folgt dem kürzesten Weg zum BGP NEXT_HOP.)
9. Handelt es sich um denselben internen Pfad, übernimmt die BGP ROUTER_ID die letztendliche Entscheidung. Die Route, die vom BGP-Router kommend die niedrigste RID hat, wird vorgezogen. Im Falle des Cisco IOS, ist die RID die *loopback*-Adresse, falls eine solche konfiguriert ist. Anderenfalls ist die RID die höchste IP-Adresse des Routers. Die Festsetzung der RID ist verkaufsabhängig.

Bitte beachten Sie, dass, falls der BGP-Multipath aktiviert ist (näheres hierzu im 11. Kapitel), die Schritte 7 bis 9 übersprungen werden können, sodass alle Pfade derselben AS_PATH-Länge und desselben MED-Werts in die Routingtabelle eingetragen werden könnten. Manche Einstellung sind auch dafür bekannt, dass sie den 9. Schritt umgehen und die zuerst installierten Routen als aktive Routen nutzen.

6.5 Kontrolle der BGP-Routen

Im letzten Abschnitt ging es um Regelungs-Mechanismen, mit deren Hilfe man Eigenschaften anpassen und Routen filtern kann. In diesen Unterkapiteln geht es um Detailfragen der Attributmanipulation und des

Filterns von Routen. Diese Details sind der Schlüssel dazu, wie man Routinginformationen kontrollieren kann. Wir werden auf jede BGP-Eigenschaft einzeln eingehen, um genau aufzeigen zu können, was verändert wird.

Der Verkehr innerhalb und außerhalb eines AS verläuft gemäß der von der Route ausgewiesenen Straßenkarte. Verändert man die Route, ändert sich auch der Verlauf des Datenflusses. Organisationen und Dienstleistungsanbieter stellen in diesem Zusammenhang bezüglich der Kontrolle der Routen häufig die folgenden Fragen:

- Wie verhindere ich, dass für mein privates Netzwerk geworben wird?
- Wie kann ich Routing-Updates, die von einem bestimmten Nachbarn stammen, filtern?
- Wie kann ich mich davon überzeugen, dass ich diesen Link oder diesen Provider anstatt eines anderen nutze?

Sie werden erkennen, dass BGP für entsprechende »Haken« und Attribute sorgt, um solchen und anderen Problemstellungen zu begegnen.

6.5.1 BGP-Pfadattribute

Die BGP-Attribute stellen sich als Parameterset dar, das die Eigenschaften eines Präfixes (Route) umschreibt. Der BGP-Entscheidungsprozess kombiniert diese Charakteristika mit dem beschriebenen Präfix, vergleicht alle verfügbaren Pfade hin zu einem bestimmten Ziel und sucht die besten Routen aus, die auf diesen Bestimmungsort hinführen sollen. Wie Sie wissen, sind diese Attribute in jedem BGP-UPDATE-Paket enthalten und belegen die Pfadinformation eines zugehörigen Präfixes. In den nächsten Teilabschnitten gehr es eben um diese Attribute und darum, wie sie angepasst werden können, um auf das Routingverhalten Einfluss zu nehmen.

Bevor wir uns mit den BGP-Pfadeigenschaften befassen, wollen wir kurz auf vier verschiedene Kategorien der Pfadattribute eingehen:

- *Well-known mandatory*
- *Well-known discretionary*
- *Optional transitive*
- *Optional nontransitive*

Der folgende Abschnitt stammt aus RFC 1771:

> Wohlbekannte Attribute müssen von allen BGP-Einstellungen anerkannt werden. Einige dieser Eigenschaften sind unumgänglich und müssen in jeder UPDATE-Nachricht mit eingeschlossen werden. Manche Eigenschaften sind frei wählbar und können in einer beliebigen UPDATE-Botschaft enthalten sein, müssen es aber nicht.
>
> Alle *wellknown*-Attribute müssen an die anderen BGP-Partner (wenn sie je nach Bedarf richtig aktualisiert worden sind) weitergereicht werden.
>
> Zu den wohlbekannten Eigenschaften kann jeder Pfad zudem ein oder mehrere beliebige Charakteristika haben. Das heißt nicht, dass es so verlangt oder erwartet wird, dass alle BGP-Einstellungen alle frei wählbaren Attribute unterstützen. Die Ausrichtung des Transitiv-Bits im Oktett der Eigenschaftenflagge bestimmt die Handhabung eines unbekannten optionalen Attributs. Mit nicht anerkannten transitiven und fakultativen Eigenschaften ausgestattete Pfade sollten akzeptiert werden. Wird ein solcher Pfad übernommen und an andere BGP-Partner weitergegeben, so muss das *unrecognized transitive optional* Attribut dieses Pfades zusammen mit dem Pfad an die anderen BGP-Partner übermittelt werden, wobei das Partialbit im Attribut-Flaggoktett auf 1 gestellt sein muss. Wird ein Pfad aber mit einer anerkannten, transitiven und frei wählbaren Eigenschaft akzeptiert und an die BGP-Partner weitervermittelt und das Partialbit im *Attribute-Flags*-Oktett wurde von einem Vorgänger-AS auf 1 festgelegt, wird es vom aktuellen AS nicht auf 0 zurückgestellt. Nicht anerkannte, nicht-transitive, optionale Charakteristika müssen stillschweigend ignoriert werden und dürfen nicht an andere BGP-Partner weitergereicht werden.
>
> Neue, transitive, optionale Eigenschaften können dem Pfad durch dessen Urheber oder jedem anderen, sich auf dem Pfad befindlichen AS hinzugefügt werden. Das Partialbit im Oktett der Attributflagge wird auf 1 eingestellt, wenn die neuen Attribute nicht vom Urheber eingeführt wurden. Die Regeln, wie man neue, nicht-transitive, fakultative Charakteristika anfügen kann, hängen von der Beschaffenheit des jeweiligen Attributs ab. Derartige Regeln sollten in

der Erfassung eines jeden neuen nicht-transitiven und frei wählbaren Attributs enthalten sein. (Beispielhaft hierfür wäre das MULTI_EXIT_DISC-Attribut.) Alle optionalen (transitiven oder nicht-transitiven) Eigenschaften können, wenn nötig, von den auf dem Pfad befindlichen autonomen Systemen aktualisiert werden.

Die derzeitig definierten BGP-Attribute werden in der nachstehenden Liste erläutert. Nähere Informationen liefern die zugehörigen nachfolgenden Abschnitte.

- **ORIGIN (Type Code 1)** – Das ist ein wohlbekanntes, obligatorisches Attribut, das den Ursprung der Pfadinformation festhält. Das Datenoktett kann folgende Werte annehmen:

  0: IGP – Innerhalb des Ursprungs-AS angegebene Information zur Erreichbarkeit der Netzwerkschicht (*Network Layer Reachability Information*).

  1: EGP – Eine über EGP angeeignete Network Layer Reachability Information.

  2: INCOMPLETE – Aus anderen Quellen stammende Network Layer Reachability Information.

- **AS_PATH (Type Code 2)** – Ein wohlbekanntes Pflicht-Attribut, das sich aus einer Folge von AS-Pfadsegmenten zusammensetzt. Jedes Pfadsegment wird durch eine Dreiergruppe aus <path segment type, path segment length, path segment value> dargestellt.

- **NEXT_HOP (Type Code 3)** – Eine *well-known mandatory* Eigenschaft, die die IP-Adresse des Grenzrouters angibt, der als nächster Hop in Richtung Ziel genutzt werden sollte. Der Bestimmungsort ist im Netzwerkschicht-Erreichbarkeits-Feld der UPDATE-Nachricht verzeichnet.

- **MULTI_EXIT_DISC (Type Code 4)** – Ein frei wählbares, nicht transitives Attribut in Form einer Vier-Oktett-, nicht-negativen Zahlenreihe. Der Wert dieser Eigenschaft kann während des Entscheidungsprozesses des BGP-Speaker zu Rate gezogen werden, um die verschiedenen Ausgangspunkte zu einem benachbarten autonomen System unterscheiden zu können.

- **LOCAL_PREF (Type Code 5)** – Eine wohlbekannte, beliebig einsetzbare Eigenschaft aus einer Vier-Oktett-nicht-negativen Zahlenreihe. Dieses Attribut findet Verwendung, wenn der BGP-Speaker andere BGP-Speaker seines eigenen AS von der Wichtigkeit eines Ursprungs-Speaker für eine veröffentlichte Route unterrichten möchte.
- **ATOMIC_AGGREGATE (Type Code 6)** – Eine *well-known discretionary* Eigenschaft der Länge 0. Dieses Attribut wird vom BGP-Speaker eingesetzt, um anderen BGP-Speakern mitzuteilen, dass das lokale System eine weniger spezifische Route ausgewählt hat, ohne eine spezifischere Route auszusuchen, die bereits im System enthalten ist.
- **AGGREGATOR (Type Code 7)** – Ein optionales Transitiv-Attribut der Länge 6. In dieser Eigenschaft ist die letzte AS-Nummer, die die Aggregatroute gebildet hat, enthalten (als zwei Oktetts kodiert). Hierauf folgt die IP-Adresse desjenigen BGP-Speakers, der die Aggregatroute geformt hat(Kodierung durch vier Oktette).
- **COMMUNITY (Type Code 8)** – Eine optional transitive Eigenschaft variabler Länge. Das Attribut setzt sich aus einem vier-Oktett-Werte-Set zusammen, wovon jedes eine bestimmte Gemeinschaft angibt. Alle mit dieser Eigenschaft versehenen Routen gehören zu den Gruppen, wie sie in den Eigenschaften aufgeführt sind.

TIPP

Sehen Sie hierzu den Abschnitt »BGP Attribute« aus Kapitel 11

Das Ursprungs-Attribut

Die ORIGIN-Eigenschaft ist ein wohlbekanntes Pflicht-Attribut (Type Code 1), das den Ursprung des Routingupdates bezüglich des autonomen Systems angibt, das dieses herausgegeben hat. BGP arbeitet mit drei Ursprungstypen:

- **IGP** – Die Information zur Erreichbarkeit der Netzwerkschicht (Network Layer Reachability Information – NLRI) steht innerhalb des Ursprungs-AS verzeichnet.

- **EGP** – Die NLRI erhält man über das *Exterior-Gateway*-Protokoll (EGP).
- **INCOMPLETE** – Die *Network-Layer-Reachability-Information* stammt aus anderen Quellen.

BGP bezieht das ORIGIN-Attribut in seinen Entscheidungs-Findungs-Prozess mit ein, um eine Rangfolge der Präferenz von verschiedenen Routen erstellen zu können. BGP bevorzugt insbesondere denjenigen Pfad mit dem niedrigsten Ursprungstypus, wobei IGP niedriger steht als EGP und EGP geringer als INCOMPLETE. Bitte blättern Sie zum vorangegangenen Abschnitt »Der Ursprung der Routen« zurück, wenn Sie sich im Detail über die Berechnung desUrsprungsattribut informieren wollen.

Die AS_PATH-Eigenschaft

Das AS_PATH-Attribut ist eine wohlbekannte Pflicht-Eigenschaft (Type Code 2), die eine Sequenz autonomer Systemnummern enthält. Diese Nummern stehen für den Pfad, dem eine Route gefolgt ist. Routen, die innerhalb eines AS vom einen zum anderen BGP-Partner weitergegeben wurden, belassen die AS_PATH-Information wie sie ist. Werden die Routen jedoch an externe BGP-Partner weitervermittelt, so fügt das AS, das die Route erstellt seine eigene AS-Nummer hinzu. Auch jedes nachfolgende AS, das die Route erhält und dann an einen anderen EBGP-Partner weitergibt, fügt die eigene AS-Nummer der Liste bei. Man nennt den Vorgang, bei dem die AS-Nummer am Listenanfang vermerkt wird *prepending*. Die endgültige Liste enthält die Nummern sämtlicher AS, die eine Route durchwandert hat. Die Nummer desjenigen autonomen Systems, von dem aus die Route gestartet ist, steht am Ende der Liste (kurz vor dem ORIGIN-Code). Dieser Typus einer AS_PATH-Liste wird mit *AS_SEQUENCE* bezeichnet, weil alle AS-Nummern der Reihe nach aufgelistet sind.

TIPP

Sehen Sie hierzu den Abschnitt »AS_PATH Attribut« aus Kapitel 11

Das BGP nutzt die AS_PATH-Eigenschaft als Bestandteil der Routingupdates (des UPDATE-Pakets), um eine schleifenfreie Internet-Beschaffenheit garantieren zu können. Jede Route, die zwischen BGP-Partnern ausgetauscht wird, führt eine Liste aller AS-Nummern, denen sie begegnet ist. Wird die Route einem autonomen System vorgeschlagen, dessen AS-Nummer bereits in der AS_SEQUENCE auftaucht, so wird das UPDATE ignoriert. Die BGP-Speaker fügen ihre AS-Nummern bei, wenn sie einem anderen AS Routingupdates offerieren. Wird die Route innerhalb desselben AS an einen BGP-Speaker übermittelt, so wird die AS_PATH-Information intakt belassen.

Bild 6.11 zeigt das AS_PATH-Attribut an jeder Station der Route 172.16.10.0/24, die aus AS1 stammt und erst an AS2, dann AS3 und AS4 weitergereicht und dann wieder zurück zu AS1 geleitet wird. Achten Sie bitte darauf, wie ein AS jedes AS, das die Route an andere externe Partner weitergibt, seine eigene AS-Nummer am Anfang der Liste einträgt. Wenn die Route wieder bei AS1 eintrifft, erkennt der BGP-Grenzrouter, dass diese Route in seinem AS (die AS-Nummer 1 erscheint auf der Liste) bereits schon einmal gelistet ist und akzeptiert sie daher nicht.

Bild 6.11: Das AS_PATH Attribut und seine Schleifen

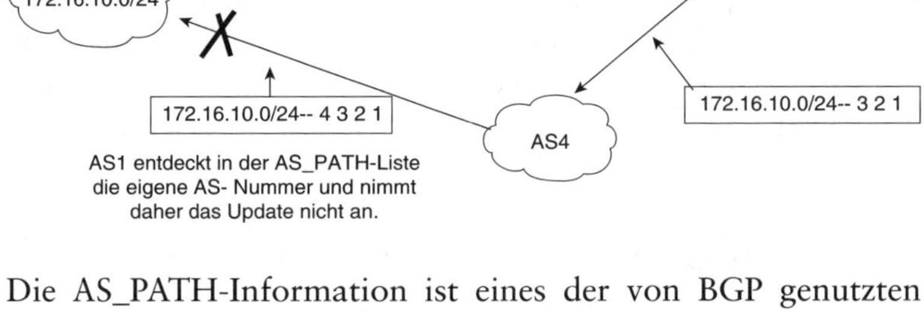

Die AS_PATH-Information ist eines der von BGP genutzten Attribute, um festzustellen, welches die beste Route in Richtung auf ein Ziel wäre. BGP vergleicht zwei oder mehrere verschiedene Routen unter der Voraussetzung, dass alle Eigenschaften höherer Priorität einander gleichen. Hierbei wird immer der kürzere AS_PATH einem Längeren vorgezogen. Im Falle eines Gleichstands werden andere Eigenschaften deshalb geprüft, um festzustellen, welcher der günstigste Weg zu einem Bestimmungsort wäre (Siehe Abschnitt »Zusammenfassung des BGP-Entscheidungsprozesses«).

Die NEXT_HOP-Eigenschaft

Das NEXT_HOP-Attribut ist eine wohlbekannte, obligatorische Eigenschaft (Type Code 3). Dieses Attribut ist im Zusammenhang mit einem IGP leicht abgeändert; hier ist der nächste Hop in Richtung auf ein Ziel die IP-Adresse des angebundenen Interfaces desjenigen Routers, der die Route bekannt gegeben hat.

TIPP

Sehen Sie hierzu den Abschnitt»NEXT_HOP Attribut« aus Kapitel 11

Das Konzept des nächsten Hop in Zusammenhang mit BGP ist ein bisschen komplexer. Es nimmt eine der folgenden Formen an:

- Im Falle von EBGP-Sitzungen entspricht der nächste Hop der IP-Adresse des Nachbarn, der die Route bekannt gemacht hat.
- In IBGP-Sessions ist der nächste Hop einer Route, die innerhalb des AS entstand, die IP-Adresse des Nachbarn, der die Route aufruft.
- Routen, die über EBGP in eine AS weitergeleitet werden, wird der von EBGP erlernte nächste Hop unverändert in IBGP eingetragen. Der *next-hop* ist die IP-Adresse desjenigen EBGP-Nachbarn, von dem die Route erlernt wurde.
- Wird die Route über ein Multiaccess-Medium (z.B. Ethernet, Frame Relay, usw.) veröffentlicht, so ist der nächste Hop gewöhnlich die IP-Adresse des Interfaces. Dieses Interface gehört zu einem Router, der mit demjenigen Medium verbundenen ist, aus dem die Route stammt.

Bild 6.12 veranschaulicht die Umgebung des BGP NEXT_HOP-Attributs.

Bild 6.12: Beispiel zu BGP NEXT_ HOP

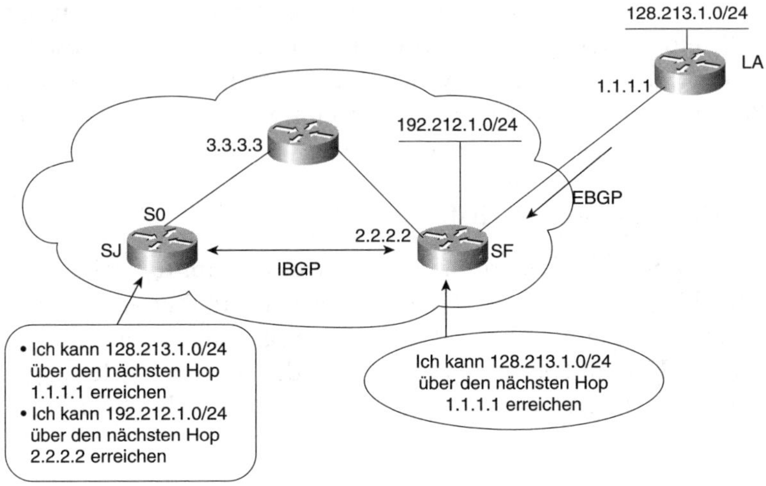

Der SF-Router hält mit dem LA-Router eine EBGP-Sitzung ab und konferiert mit dem SJ-Router in einer IBGP-Session. Der SF-Router lernt die Route128.213.1.0/24 durch den LA-Router kennen und überträgt dafür die lokale Route 192.212.1.0/24 in BGP.

Der SJ-Router erlernt die Route 192.212.1.0/24 über 2.2.2.2, der IP-Adresse des die Route vorschlagenden IBGP-Partners. Deshalb ist 2.2.2.2 laut Definition der nächste Hop für SJ, um 192.212.1.0/24 zu erreichen. Dementsprechend kommt der SF-Router auf dem Weg vom LA-Router über den nächsten Hop 1.1.1.1 nach 128.213.1.0/24. Der SF-Router gibt dieses Routenupdate einschließlich der unveränderten *next-hop*-Information über IBGP an SJ weiter. Daher erhält der SJ-Router das BGP-Update zu 128.213.1.0/24 mit dem nächsten Hop 1.1.1.1. Dies ist ein Beispiel dafür, wie der nächste Hop von EBGP nach IBGP weitergetragen wird.

Wie Sie in diesem Beispiel erkennen können, ist der nächste Hop nicht unbedingt über eine direkte Verbindung erreichbar. Der nächste Hop nach 128.213.1.0/24 wäre für SJ eigentlich 1.1.1.1, aber um wirklich dort anzukommen, muss der Durchgang über 3.3.3.3 gewählt werden. Deshalb muss der Router, wenn er die *next-hop*-Vorgehensweise nutzen will, wiederholt im IP nachsehen (IP *recursive lookup*), um zu wissen, wohin das Paket gesendet werden soll. Um den nächsten Hop 1.1.1.1 zu erreichen, schaut der SJ-Router immer wieder in seiner IGP-Routingtabelle nach, wie er nach 1.1.1.1 kommen kann. Dieser rekursive Suchdurchlauf hält so lange an, bis der Router das Ziel 1.1.1.1 mit einem nach außen hin wirksamen Interface verbinden kann. Dasselbe rekursive Verhalten wird eingehalten, um den nächsten Hop 2.2.2.2 zu erreichen. Kann zu einem Hop keine Verbindung aufgebaut werden, so gilt die Route beim BGP als unzugänglich.

Im folgenden Beispiel geht es darum, wie der IP *recursive lookup* eingesetzt wird, um den Datenverkehr in Richtung auf den Bestimmungsort zu lenken. Tabelle 6.2 und Tabelle 6.3 zeigen die für den SJ-Router in Bild 6.12 nötigen BGP- und IP-Routingtabellen.

Tabelle 6.2: BGP Tabelle der SJ Router

Ziel	Nächster Hop
192.212.1.0/24	2.2.2.2
128.213.1.0/24	1.1.1.1

Tabelle 6.3: Routingtabelle der SJ Router

Ziel	Nächster Hop
192.212.1.0/24	2.2.2.2
2.2.2.0/24	3.3.3.3
3.3.3.0/24	Verbunden; Seriell0
128.213.1.0/24	1.1.1.1
1.1.1.0/24	3.3.3.3

Tabelle 6.2 verweist darauf, dass man über den nächsten Hop 1.1.1.1 zu Standort 128.213.1.0/24 gelangen kann. Wirft man einen Blick auf die IP-Routingtabelle, so kann man sehen, dass Netzwerk 1.1.1.0/24 über den *next hop* 3.3.3.3 erreichbar ist. Eine weitere Überprüfung der IP-Routingtabelle ergibt, dass zu Netzwerk 3.3.3.0/24 über den seriellen Anschluss 0 eine direkte Verbindung besteht. Dies bedeutet, dass die Daten zum nächsten Hop 1.1.1.1 über das Serial 0 laufen sollten. Dieselbe Argumentationsweise lässt sich auf den Transport von Daten zum nächsten Hop 2.2.2.2 anwenden.

Man muss recht achtsam sein, um die Erreichbarkeit des BGP NEXT_HOP über einige IGPs oder statisches Routing gewährleisten zu können. Ist der IBGP NEXT_HOP unerreichbar, so gilt die BGP-Route für nicht beschreitbar.

Das MULTI_EXIT_DISC-Attribut

Bei der Fähigkeit, zwischen vielen Ausgängen unterscheiden zu können (durch den BGP Multiexit Discriminator – MULTI_ EXIT_DISC oder MED), handelt es sich um eine optionale, nicht transitive Eigenschaft (Type Code 4). Dies ist ein Hinweis für externe Nachbarn auf den beliebtesten Pfad in ein AS mit mehreren Eingängen. Der MED ist außerdem als externe Metrik einer Route bekannt. Ein geringerer MED-Wert wird einem höheren MED-Wert vorgezogen.

Im Gegensatz zum LOCAL_PREF wird das MED-Attribut zwischen autonomen Systemen ausgetauscht, aber es verlässt das AS, von dem es empfangen wurde, nicht. Erhält das AS ein Update, das einen bestimmten MED-Wert aufweist, wird dieser Wert in die Entscheidungsfindung des AS mit einbezogen. Gibt BGP das Routingupdate an ein anderes AS weiter, wird der MED-Wert auf 0 zurückgestellt (außer der nach außen wandernde MED ist ausdrücklich auf einen bestimmten Wert eingestellt).

Hat das AS die Route selbst erstellt, so wird der MED-Wert meist an die interne IGP-Metrik der Route angeglichen. Wenn ein Kunde zum selben Anbieter mehrere Verbindungen unterhält, kann sich das als recht nützlich erweisen. Die IGP-Metrik innerhalb des AS eines Kunden gibt an, wie nah oder fern das Netzwerk von einem bestimmten Eingang zu diesem AS entfernt ist. Ein Netzwerk, das dem Eingang A näher ist als Eingang B wird im Grenzrouter zu A eine niedrigere IGP-Metrik verzeichnen. Wird die IGP-Metrik auf MED übertragen, so sollten die Daten über den, dem Bestimmungsort am nächsten gelegenen Link, im AS eintreffen. Dieses Verhalten ergibt sich, weil immer der niedrigere MED gewählt wird, um an dasselbe Ziel zu gelangen. Sowohl Anbieter als auch Kunden können die MEDs einsetzen, um die Daten gleichmäßig auf verschiedene Links zwischen zwei AS verteilen zu können.

Sofern nicht anders angegeben, vergleicht der Router die MED-Eigenschaften der von externen Nachbarn, aber aus dem gleichen AS stammenden Pfade. MEDs unterschiedlicher autonomer Systeme sind nicht vergleichbar, da der mit einer Route zusammenhängende MED normalerweise auf die interne Beschaffenheit des AS, die Routingregeln und auf das Routingprotokoll verweist. Vergleicht man die MEDs verschiedener autonomer Systeme, so wäre das, als würde man Äpfel und Birnen vergleichen. Cisco bietet aber dennoch denjenigen Administratoren, die das aus irgendwelchen Gründen tun wollen, das Routerkommando **bgp always-compare-med** an, das das BGP dazu anweist, die MEDs verschiedener AS für dieselbe Route zu vergleichen.

TIPP

Sehen Sie hierzu »MULTI_EXIT_DISC Attribut« aus Kapitel 11

In dem in Bild 6.13 illustrierten Beispiel zeigt der MED an, wie ein AS die nach außen orientierte Entscheidung eines anderen AS beeinflussen kann. In Bild 6.13 versuchen ANET und YNET, auf den nach außen gerichteten Verkehr des XNETs einzuwirken, indem sie ihm verschiedene MED-Werte übermitteln.

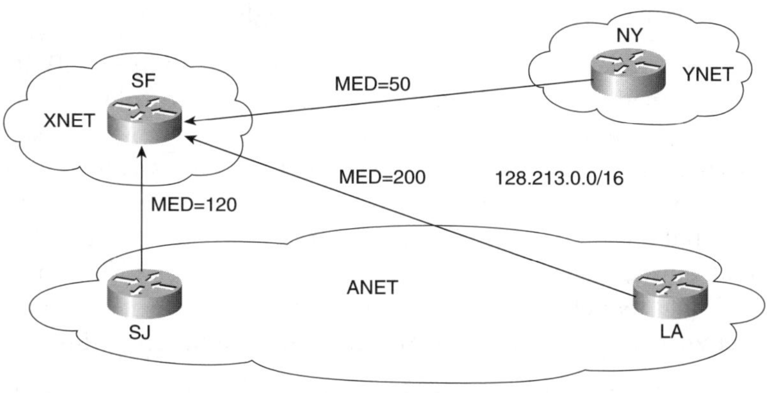

Bild 6.13: Auswirkung des MED Attributs

XNET erhält aus drei verschiedenen Quellen Routingupdates zu 128.213.0.0/16: SJ (Metrik 120), LA (Metrik 200) und NY (Metrik 50). SF wird die beiden von ANET angegebenen Metrik-Werte vergleichen und sich für den SJ-Router entscheiden, weil dieser eine niedrigere Metrik (120) anbietet. Wird das Kommando **bgp always-compare-med** auf den SF-Router angewendet, so wird dieser die Metrik 120 mit der von NY stammenden Metrik 50 vergleichen. In diesem Fall wird sich der Router für NY entscheiden, um nach 128.213.0.0/16 zu kommen. Machen Sie sich bitte bewusst, dass SF diese Entscheidung beeinflusst haben könnte. Indem er nämlich die LOCAL_REF-Eigenschaft innerhalb des XNET einsetzt, kann er sich gegen die Metren, die von außerhalb des AS eintreffen, behaupten. Der MED ist dennoch von Nutzen, sollte es das XNET vorziehen, seine BGP-Entscheidungen lieber von externen Faktoren abhängig zu machen, um die Konfiguration des Routers an seiner Grenze zu erleichtern. Kunden, die über mehrere Standorte zum selben Anbieter Verbindung haben, könnten mit ihren Providern Metren austauschen, um den nach außen gerichteten Verkehr jeweils gegenseitig zu beeinflussen, da dies zu besserem Lastenausgleich führt.

MEDs werden durch Aggregation in gewissen Situationen etwas eingeengt: Wenn nämlich die Provider einen bestimmten CIDR-Block für die verschiedenen Standorte in ihrem Netzwerk bekannt geben und kleinere Routen aus diesem Block ausschließen. Die Anwendung der MEDs könnte in diesen Fällen zu qualitativ geringerem Routing führen, da die näher bestimmten Routen des CIDR-Blocks über das gesamte AS verstreut sein könnten, sodass die mit den feinkörnigeren Routen verbundenen MEDs nicht mehr verfügbar wären.

Einigen Anbietern fehlen die näheren Angaben zu ihren CIDR-Blocks, wenn sie MEDs einsetzen, um das auszuführen, was man gemeinhin als *best-exit*-Routing bezeichnet. Mit diesen spezifischen Daten lassen sich aber die Partner auswählen, mit deren Hilfe man die durch die Aggregation eingetretenen Nachteile beheben kann. Das hierbei auftretende Problem besteht darin, dass die Bekanntgabe ausführlicherer Erläuterungen sich manchmal schwierig gestaltet. Ein Scheitern kann aber zu einigen weniger optimalen Routingsituationen führen.

Die MEDs werden nicht immer von den Partnern akzeptiert, aber nicht nur aus dem Grund, weil es durch Aggregation zu weniger günstigen Situationen kommen kann. Viele Netzwerke extrahieren vielmehr die MED-Werte nicht aus einer intelligenten IGP-Metrik oder sie kümmern sich nicht um die Stabilität des MED-Wertes. Die Netzwerke sorgen also nicht über alle von ihren AS bekannt gegebenen Präfixe für Konsistenz. In beiden Fällen ergibt sich für die AS, die von vernünftigen MEDs abhängig sind, dass sie nur sehr schwer Entscheidungen treffen können.

Wenn ein Anbieter weder MEDs noch andere Attributmanipulations-Techniken zu Hilfe nimmt, um den besten Ausgangspfad herauszufiltern, so wird das häufig *closest-exit* oder *hot potato*-Routing genannt. Die vielen Nachteile, die die Manipulationstechniken mit sich bringen, haben dazu geführt, daß das Routing zum nächstgelegenen Ausgang momentan das bevorzugte Routingmodell zwischen Domänen ist, das heutzutage an den Datenaustauschs-Punkten verwendet wird.

Die Local_Preference-Eigenschaft

Das Attribut der lokalen Präferenz (LOCAL_PREF) ist eine wohlbekannte, nicht obligatorische Eigenschaft (Type Code 5). *Das local preference*-Attribut gibt den Grad der Bevorzugung einer Route an, um diese mit anderen Routen hinsichtlich desselben Ziels vergleichen zu können. Ein höherer lokaler Präferenzwert deutet darauf hin, dass diese Route beliebter ist. Die lokale Präferenz bezieht sich, wie der Name schon sagt, lokal auf ein autonomes System und wird nur zwischen IBGP-Partnern ausgetauscht. Ein über BGP mit anderen AS in Verbindung stehendes AS wird von verschiedenen AS Routingupdates zum selben Ziel erhalten. Die lokale Präferenz wird gewöhnlich dazu verwendet, den Ausgang eines AS hin zu einem bestimmten Ziel festzulegen. Da dieses Attribut zwischen allen BGP-Routern innerhalb eines AS übermittelt wird, werden alle BGP-Router bezüglich der Frage, wie das AS verlassen werden kann, einer Meinung sein.

TIPP

Sehen Sie hierzu auch den Abschnitt»LOCAL_PREF Attribut« aus Kapitel 11

Betrachten Sie die in Bild 6.14 dargestellte Umgebung. Nehmen wir einmal an, Firma ANET hätte bei zwei Service-Providern Internetanschlüsse eingekauft, nämlich bei XNET und YNET. ANET ist mit YNET über einen primärenT3-Link und mit XNET über einen T1 Backup-Link verbunden.

Für ANET ist es wichtig, zu entscheiden, welchen Weg der nach draußen gehende Verkehr nehmen wird. Für normale Prozeduren bevorzugt ANET nach YNET natürlich T3-Link, da dieser ein Hochgeschwindigkeits-Link ist.

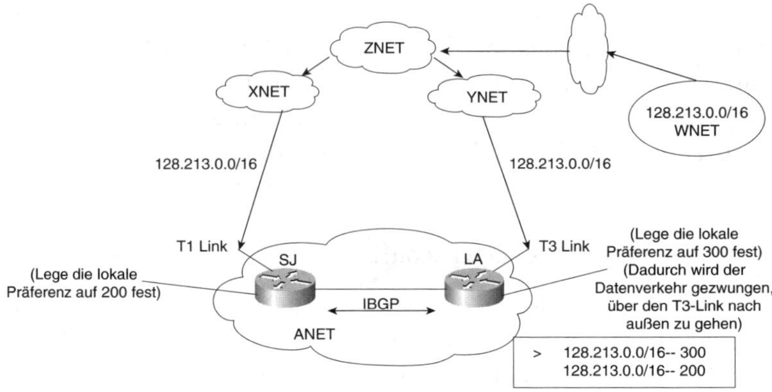

Bild 6.14: Beispiel eines LOCAL_PREF-Attributs

Das ist genau der Punkt, an dem die lokale Präferenz ins Spiel kommt: Der LA-Router etikettiert die von YNET eingegangenen Routen mit einer Lokalpräferenz von 300. Der SJ setzt hier einen geringeren Wert von z.B. 200 für von YNET stammende Routen an. Da beide Router, LA und SJ, über IBGP Routingupdates austauschen, sind beide der Meinung, dass wegen der höheren lokalen Präferenz der Ausgang aus AS über YNET geht. In Bild 6.14 lernt ANET die Route 128.213.0.0/16 via XNET und YNET kennen. Der SJ und LA-Router stimmen darüber ab, ob YNET wegen des höheren Präferenzwertes 300 als Ausgang zu Ziel 128.213.0.0/16 genutzt werden sollte. Da die Präferenz nur für das AS (ANET) lokal gilt, beeinflussen in diesem Fall diskutierte Manipulationen den nach außen strebenden Verkehr des AS und nicht den für innen bestimmten. Die für Ziele innerhalb des AS vorgesehenen Daten können immer noch über den T1-Link eintreten.

Der Anlagen-Gewichtsparameter (**weight** *parameter*) von Cisco ähnelt der Lokalpräferenz in dem Punkt, dass es den Routen den größeren Vorrang einräumt, die ein größeres Gewicht haben. Der Unterschied liegt darin, dass der Gewichts-Parameter örtlich an den Router gebunden ist, also nicht zwischen Routern ausgetauscht wird, auch wenn sich diese im selben AS befänden. Der **weight**-Parameter hat Einfluß auf die, beim selben Router (beispielsweise ein Router mit mehreren Verbindungen zu zwei oder mehreren Providern) von verschiedenen Anbieter hereinkommenden Routen. Der **weight**-Parameter hat gegenüber allen anderen BGP-Attributen die höhere Präferenz, er gilt als ausschlaggebend für die Entscheidung, welcher Route Vorrang eingeräumt werden soll.

Das ATOMIC_AGGREGATE-Attribut

Die Aggregation der Routen führt zu einem Informationsverlust, da das Bündel aus mehreren Quellen stammt, die sich durch unterschiedliche Eigenschaften auszeichnen. Die ATOMIC_AGGREGAT-Eigenschaft ist ein wohlbekanntes, fakultativ einsetzbares Attribut (Type Code 6), das als Hinweis auf einen Informationsverlust eingefügt wird. Ein System, das für Bündel wirbt, die den Verlust von Informationen nach sich ziehen, muß dazu verpflichtet werden, dem Router das ATOMIC_AGGREGATE-Attribut anzuheften.

Das ATOMIC_AGGREGATE sollte aber nicht angehängt werden, wenn im Aggregat eine zusätzliche Information enthalten ist, die auf den Ursprungsort der gebündelten Information weist. Ein Beispiel hierfür wäre ein Aggregat mit einem AS_SET Parameter, mit dem wir uns bereits beschäftigt haben. Ein Aggregat, das ein Set derjenigen AS, die dieses Bündel bilden, in sich trägt, muss keine ATOMIC_AGGREGAT-Eigenschaft beifügen.

TIPP

Sehen Sie hierzu auch »Nur Aggregat, Vernachlässigung von Speziellerem« aus Kapitel 11

Die AGGREGATOR-Eigenschaft

Die AGGREGATOR-Eigenschaft ist ein optionales, transitives Attribut (Type Code 7). Sie gibt an, welches autonome System und welcher Router ein Aggregat herausgegeben haben. Ein BGP-Speaker, der Routen bündelt, würde z.B. das AGGREGATOR-Attribut beifügen, das die AS-Nummer und die IP-Adresse des Speaker enthält. In den Cisco-Einstellungen entspricht die IP-Adresse der ROUTER_ID (RID), die wiederum die *loopback*-Adresse des Routers, sofern er existiert, angibt. Gibt es keine *loopback*-Adresse, wird die höchste IP-Adresse auf dem Router zur RID. Das *loopback*-Interface ist dasjenige virtuelle Interface, mit dem wir uns in diesem Kapitel bereits früher auseinandergesetzt haben. Bild 6.15 illustriert das AGGREGATOR-Attribut.

Bild 6.15: Beispiel für AGGREGATOR-Darstellung

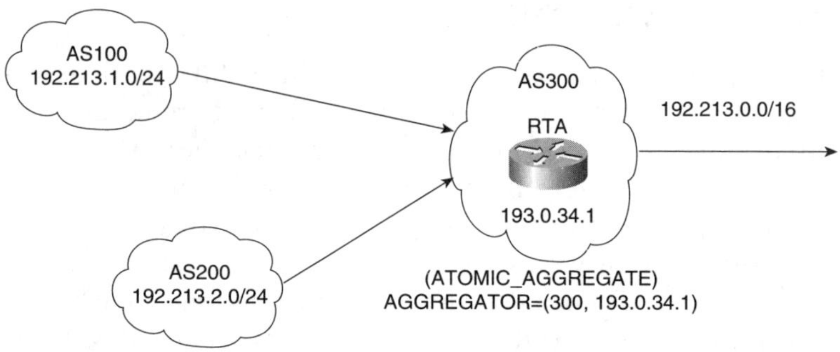

AS300 erhält von AS100 bzw. AS200 die Routen 192.213.1.0/24 und 192.213.2.0/24. Veröffentlicht RTA das Bündel 192.213.0.0/16, so hat er die Wahl, dabei die AGGREGATOR-Eigenschaft mit einzubeziehen, die sich aus der AS-Nummer 300 und der RID 193.0.34.1 des Routers (RTA) zusammensetzt, der das Aggregat erstellt.

Das COMMUNITY-Attribut

Im BGP-Kontext bezeichnet *community* eine Gruppe von Bestimmungsorten, die über gemeinsame Eigenschaften verfügen. Eine Gemeinschaft ist nicht auf ein Netzwerk oder ein autonomes System beschränkt, hier gibt es keine physischen Grenzen. Nehmen wir z.B. eine Netzwerkgruppe, die der Bildungs- oder Regierungs-Gemeinschaft angehören. Diese Netzwerke können in jedem beliebigen autonomen System ansässig sein. Man setzt Gemeinschaften ein, um Routingregelungen vereinfachen zu können, da man die Routen aufgrund ihrer logischen Zugehörigkeit statt anhand eines IP-Präfixes oder einer AS-Nummer identifiziert. Ein BGP-Speaker kann dieses Attribut in Kombination mit anderen Eigenschaften einsetzen, um zu kontrollieren, welche Route akzeptiert, vorgezogen und an die BGP-Nachbarn weitergegeben werden soll.

TIPP

Sehen Sie hierzu auch »COMMUNITY-Attribut« aus Kapitel 11

Bei der COMMUNITY-Eigenschaft (Type Code 8) handelt es sich um ein optionales, transitives Attribut. Es verfügt über eine variable Länge und besteht aus einem Set aus 4-Byte-Werten. Die Gemeinden im Raum von 0x00000000 bis

0x0000FFFF und von 0xFFFF0000 bis 0xFFFFFFFF sind reserviert. Diese Gemeinden sind *well-known*, d.h. sie sind von globaler Bedeutung. Hier zwei Beispiele für »wohlbekannte« Gemeinschaften:

- **NO_EXPORT** (0xFFFFFF01) – Eine Route mit diesem *community*-Wert sollte für Partner außerhalb eines AS nicht veröffentlicht werden.
- **NO_ADVERTISE** (0xFFFFFF02) – Eine Route mit dieser »Gemeinschafts«-Wertangabe sollte, wenn sie erhalten wird, für keinen BGP-Partner weiter veröffentlicht werden.

Neben den *well-known community*-Eigenschaften können auch private *community*-Attribute für einen besonderen Zweck definiert werden, ebenso die in RFC 1998[1] festgelegten Attribute. RFC 1998[1] beschreibt einen Mechanismus, mit dessen Hilfe Gemeinschaften dazu herangezogen werden können, die Auswahl des BGP-Pfades in Service-Provider-Netzwerken zu manipulieren.

Es ist üblich, die ersten 2 Bytes des *community*-Attributs für die AS-Nummer zu verwenden und die letzten 2 Bytes für die Definition eines Wertes im Verhältnis zu diesem AS einzusetzen. Ein Provider (AS256), der eine »Meine-Partner-Router« genannte, private Gemeinschaft definieren will, könnte z.B. die in Dezimalschreibweise dargestellte Gemeinschaft 256:1 verwenden. Die Zahl 256 gibt an, dass dieser spezielle Anbieter die Gemeinschaft explizit dargestellt hat. Die 1 ist für den Provider von besonderer Bedeutung. In unserem Fall bezeichnet sie die Gruppe der »Meine-Partner-Router«.

Eine Route kann mehr als eine *community*-Eigenschaft haben. Ein BGP-Speaker, der in einer Route mehrere »Gemeinschafts«-Attribute entdeckt, kann mit einem, mehreren oder allen Attributen arbeiten. Der Router hat zudem die Möglichkeit, *community*-Eigenschaften hinzuzufügen oder zu manipulieren, bevor er die Routen an andere interne und externe Partner weitergibt.

In Bild 6.16 lernen wir den einfachen Gebrauch des COMMUNITY-Attributs kennen. XNET schickt an YNET die Routen X und Y versehen mit einem NO_EXPORT-*community*-Attribut und die Route Z ohne Modifizierung. Der im YNET befindliche BGP-Router wird die Route Z nur an ZNET weitergeben. Die Routen X und Y werden aufgrund des NO_EXPORT-*community*-Anhangs nicht offeriert.

Bild 6.16: Einfache Anwendung des COMMUNITY Attributs

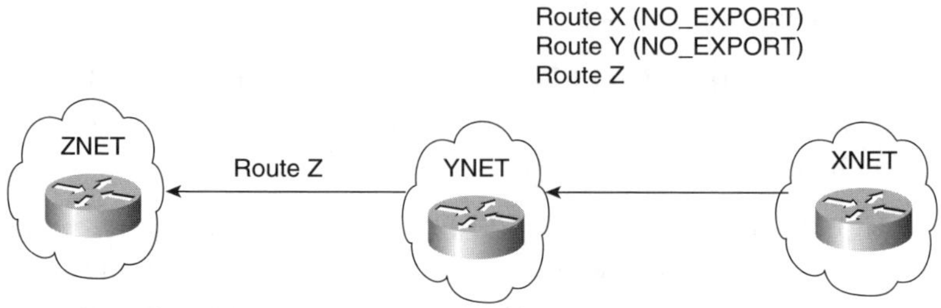

Sie werden in den späteren Kapiteln erkennen, dass Gemeinschaften für große Flexibilität in Bezug auf die Festlegung der Routingregeln sorgen.

Andere Attribute

ANMERKUNG

Die ORIGINATOR_ID-, CLUSTER_ID-, und die CLUSTER_LIST-Eigenschaften werden im 9. Kapitel behandelt.

6.5.2 Das NEXT_HOP-Verhalten der Medien mit mehreren Zugängen

Ein Medium wird als *multiaccess* (MA) angesehen, wenn eine Vielzahl von, mit diesem Medium verbundenen Routern mit vielen anderen Routern in Kontakt stehen, mit denen sie Daten austauschen können. Router teilen sich an einem MA-Medium dieselben IP-Subnetze und haben zu allen anderen Routern in diesem Medium über einen (direkt verbundenen) Hop physischen Zugang. Beispiele für Medien mit vielen Zugängen sind Ethernet, FDDI, Token Ring, Frame Relay, und ATM

Die Regel, die eine IP in Bezug auf die MA-Medien vertritt, besagt, dass ein Router stets für den eigentlichen Urheber einer Route werben sollte, falls sich die Quelle der Route im selben Medium befindet wie der Router, der diese Route gerade kennengelernt hat. Anders ausgedrückt: Wirbt RTA (Router A) für eine von RTB erlernte Route, und teilen sich RTA und RTB ein gemeinsames Medium, so sollte RTA, sobald er für eine Route Werbung macht, auch RTB als Quelle dieser Route angeben. Tut er das nicht, so müssten andere Router im selben Medium, wie z.B. RTC, einen unnötigen Hop über RTA hin zu einem Router (im Beispiel RTB) betreten, der doch eigentlich auf demselben Segment angesiedelt ist.

In Bild 6.17 teilen sich RTA, RTB und RTC ein gemeinsames *multiaccess*-Medium. RTA und RTC arbeiten mit EBGP, RTC und RTB setzen OSPF ein. RTC hat per OSPF durch RTB das Netzwerk 11.11.11.0/24 erlernt. Dieses Präfix offeriert RTC nun RTA über EBGP. Da RTA und RTB verschiedene Routingprotokolle einsetzen, denken Sie möglicherweise, dass RTA den Router RTC (10.10.10.2) als nächsten Hop nach 11.11.11.0/24 in Betracht ziehen könnte, aber dies trifft nicht zu. Das korrekte Verhalten für RTA besteht darin, als nächsten Hop RTB (10.10.10.3) zu berücksichtigen, weil RTB sich mit RTC dasselbe Medium teilt.

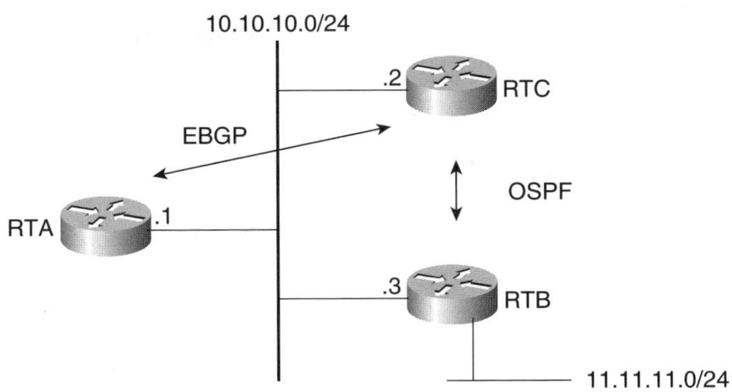

Bild 6.17: Darstellung einer Muti-access Media Umgebung

Im Falle, dass es sich um ein *broadcast*-Medium handelt, wie z.B. Ethernet und FDDI ist die physische Vernetzung bereits gegeben und die Wahl des nächsten Hop stellt kein Problem dar. In der Situation, dass das Medium *nonbroadcast* ist, beispielsweise das Frame Relay und ATM, sollte man besonders vorsichtig sein, wie es im folgenden Abschnitt beschrieben wird.

6.5.3 Die Wahl des NEXT_HOP über Nonbroadcast-Multiaccess-Medien

Medien wie Frame Relay und ATM bezeichnet man als *nonbroadcast-mutliaccess*-Medien. Die direkte Interaktion zwischen vielen Routern kann nicht durchgeführt werden, ohne daß die virtuellen Kreisläufe jedes Routers auf alle anderen Router eingestellt sind. Diese Konfiguration bezeichnet man als *full-mesh*-Topologie, sie wird aber aus mehreren Gründen nicht immer durchgeführt. In der Praxis werden virtuelle Frame-Relay- oder ATM-Kreisläufe zu einem bestimmten Preis pro Kreisbahn vom *access-carrier* bereitgestellt, zusätzliche *circuits* kosten extra.

Zuzüglich zu den abschreckenden Kosten greifen viele Organisationen auf die »*hub and spoke*«-Vorgehensweise zurück. Dieser Ansatz sieht vor, dass mehrere entfernte Schauplätze über virtuelle Kreisbahnen verfügen. Diese *circuits* leiten zu einem oder mehreren Konzentrations-Routern an einem zentralen Standort (der *hub site*), an dem sich die Informationen befinden. Bild 6.18 zeigt ein Beispiel für das *next-hop* Verhalten in einer *nonbroadcast-multiaccess*-Umgebung.

Bild 6.18: Beispiel für einen nonbroadcast-multiaccess NEXT_HOP

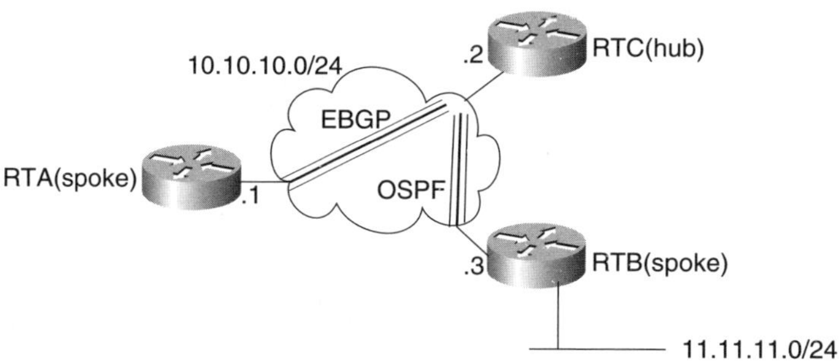

Der einzige Unterschied zwischen den in Bild 6.17 und Bild 6.18 gezeigten Umgebungen besteht darin, dass das Medium in Bild 6.18 eine NBMA-(*nonbroadcast multiaccess*) Frame-Relay-Wolke ist. RTC ist der *hub*-Router und RTA und RTB sind die *spokes*. Sehen Sie, wie zwischen RTC und RTA und zwischen RTC und RTB virtuelle Kreisläufe angelegt sind, nicht aber zwischen RTA und RTB. Das nennt man *partial-mesh* Topologie.

RTA erhält von RTC ein Routingupdate zu 11.11.11.0/24, RTC lernt dafür das Präfix des Urhebers RTB kennen. RTA wird versuchen, RTB (10.10.10.3) als nächsten Hop (dasselbe Verhalten wie bei den MA-Medien) zu benutzen. Die Pakete werden nicht weitergeleitet werden können, weil zwischen RTA und RTB keine virtuellen *circuits* existieren.

Cisco IOS unterstützt Sonderfall-Parameter, die diese Situation entschärfen. Der **next-hop-self** Parameter (als Bestandteil des BGP-**neighbor**-Befehls konfiguriert) zwingt den Router (in unserem Beispiel RTC) dazu, für 11.11.11.0/24 mit sich selbst als nächsten Hop (10.10.10.2) zu werben. RTA würde seine Daten dann an RTC weiterleiten, um das Ziel 11.11.11.0/24 zu erreichen.

6.5.4 Die Verwendung des *next-hop-self* im Vergleich zur Werbung für DMZ

Die Entmilitarisierte Zone (Demilitarized Zone – DMZ) definiert ein von autonomen Systemen gemeinschaftlich genutztes Netzwerk. Das vom DMZ-Link gebrauchte IP-Subnetz kann einem ans Netz angeschlossenen AS gehören, muss aber nicht. Sie haben ja bereits gesehen, dass die vom EBGP-Partner bekannt gegebene Adresse des nächsten Hop innerhalb des IBGP gespeichert wird. Für IGP ist es sehr wichtig, die über das NEXT_HOP-Attribut in der UPDATE-Nachricht notierte IP-Adresse erreichen zu können. Das kann z.B. dadurch verwirklicht werden, dass das DMZ-Subnetz zu IGP gehört, und das Subnetz im AS veröffentlicht wird. Die andere Möglichkeit besteht darin, die *next-hop*-Adresse »abzudrängen«, indem man dem nächsten Hop als Adresse die IP-Adresse des IBGP-Grenznachbarn aufzwingt.

In Bild 6.19 erhält der Router SJ zu 128.213.1.0/24 mit dem nächsten Hop 1.1.1.1 (Teil der DMZ) Update. Um an den nächsten Hop zu kommen, kann SJ z.B. innerhalb des AS Netzwerk 1.1.1.0/24 veröffentlichen durch den SF Grenzrouter.

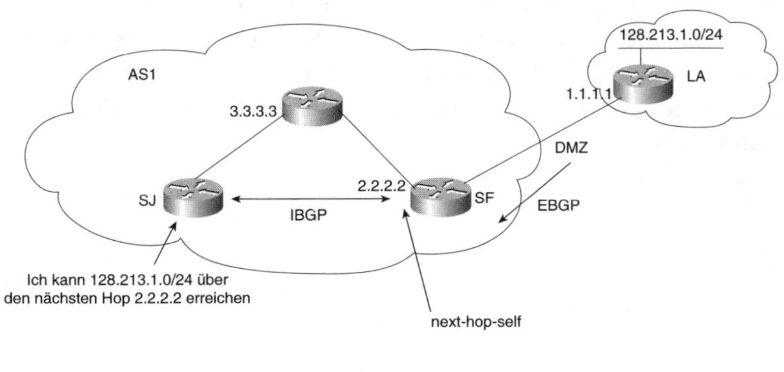

Bild 6.19: Anwendung des next-hop-self-Parameter

Eine andere Möglichkeit wäre, dass der SF-Router den **next-hop-self** Parameter als Bestandteil der Verbindung zum IBGP-Nachbarn hin zu SJ einsetzt. Damit lautet die *next-hop*-Adresse aller EBGP-Routen auf 2.2.2.2, die bereits zu IGP gehört. Der nächste Hop ist nun für SJ problemlos erreichbar.

Für welche Methode Sie sich entscheiden, hängt davon ab, ob Sie zur DMZ wollen: beispielsweise, wenn ein Operator innerhalb des AS in Richtung eines DMZ Router-Interface **pingen** will. Damit der **ping** erfolgreich ist, muss DMZ in IGP integriert sein. Ist das nicht der Fall, so ist die DMZ möglicherweise nur über einen weniger günstigen Pfad außerhalb des AS zu erreichen. Anstatt von innerhalb des AS in die DMZ zu gelangen, könnte der Router auch versuchen, durch einen anderen EBGP-Link in die DMZ zu kommen. Findet in dieser Situation **next-hop-self** Anwendung, so kann man dadurch sicherstellen, dass der nächste Hop von innerhalb des AS zugänglich ist. In allen anderen Fällen ähneln sich die beiden Methoden hinsichtlich der Funktionalität des BGP-Routing.

Man sollte außerdem wissen, dass die Teilnehmer eines Internet-Ausstauschpunktes oft darauf drängen, dass der in den UPDATE-Botschaften spezifizierte BGP NEXT_HOP, der IP-Adresse des Partners entsprechen sollte aus Gründen der Rücksicht.

6.5.5 Der Gebrauch privater autonomer Systeme

Die InterNIC verteilt an Kunden, deren Routingregelung ein Produkt der Satzung ihres Providers ist, generell keine legalen AS-Nummern, um diese aufzusparen. Deshalb bittet der Anbieter die Kunden, die mit demselben Provider auf *single-homed*- oder *multihomed*-Weise verbunden sind, eine AS-Nummer zu verwenden, die aus dem Privatdepot des AS stammt (64512 to 65535). Dadurch tragen alle, von Kunden an ihren Provider geschickten BGP-Updates, private AS-Nummern.

TIPP

Sehen Sie hierzu auch »Gebrauch von privaten AS« aus Kapitel 11

Private AS Nummern dürfen nicht ins Internet durchsickern, weil sie nicht einzigartig sind. Deshalb hat Cisco einen Mechanismus entwickelt, der private AS-Nummern aus der AS_PATH-Liste entfernt, bevor die Routen dem Internet bekannt gemacht werden. Dieses Feature ist also eine Art Stellvertreter der eigentlichen Veröffentlichung. Bild 6.20 zeigt, wie private AS-Nummern aus der AS_PATH-Liste gestrichen werden.

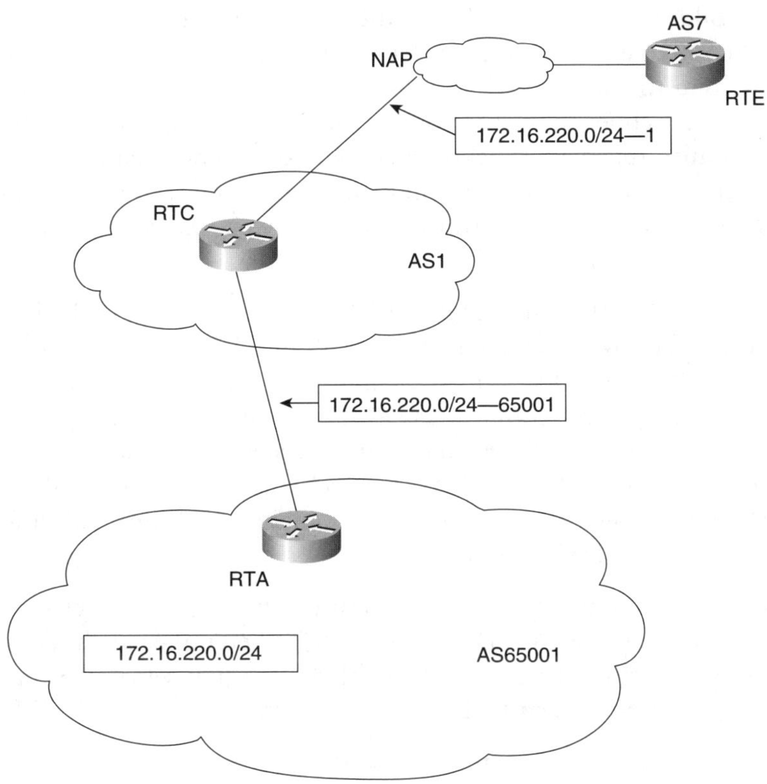

Bild 6.20: Streichen von privaten AS-Nummern

ANMERKUNG

Im ersten Kapitel ging es um so genannte Netzwerk-Zugangspunkt (Network Access Points – NAPs) und deren Rolle bei der Erstellung von Zwischenverbindungen zu mehreren Anbietern. Die BGP-Anschlüsse an den NAP werden manchmal über einen Route Server eingerichtet, an dem sich viele AS über EBGP partnerschaftlich zu einem einzigen System zusammenschließen. Der Route Server hätte in diesem Fall eine eigene AS-Nummer. In Bild 6.20 wird der NAP durch den Routensever RTE mit der AS-Nummer 7 repräsentiert. Das Konzept des Route Servers kann jedesmal verwendet werden, wenn mehrere AS sich auf einen einzelnen Punkt konzentrieren, um EBGP-Updates auszutauschen.

In Bild 6.20 sorgt AS1 für die Vernetzung seines Kunden AS65001 zum Internet. Da der Konsument nur einen Provider hat und für die nächste Zukunft auch nicht vorhat, sich anderen anzuschließen, hat er von seinem Anbieter eine private AS-Nummer zugewiesen bekommen. Will der Kunde später zu einem weiteren Provider Kontakt aufbauen, sollte ihm die zuständige Internet-Registratur eine weltweit einzigartige AS-Nummer geben.

Die von AS65001 stammenden Präfixe haben einen AS_PATH zu 65001. Achten Sie darauf, wie Präfix 172.16.220.0/24 in Bild 6.20, AS65001 verlässt: Damit AS1 dieses Präfix im Internet publizieren kann, muss es die private AS-Nummer entfernen. Wenn das Präfix dann im Internet auftaucht, wird es so aussehen, als käme es ursprünglich aus dem AS des Anbieters. Sehen Sie, wie nun Präfix 172.16.220.0/24 am NAP mit einem AS_PATH 1 ankommtt!

BGP wird die privaten AS nur dann beschneiden, wenn es Updates an externe Partner weitergibt. Das heißt aber auch, dass die Verkürzung der AS am RTC als Bestandteil seiner Verbindung zum Nachbarn RTE konfiguriert ist.

Private AS sollten nur an einzelne Provider angeschlossen sein. Wenn nämlich der AS_PATH aus einer Mischung privater und legaler AS-Nummern besteht, wird BGP das als illegales Design auslegen und die privaten AS-Nummern nicht aus der Liste streichen und das Update wird dann wie gewohnt behandelt. Nur AS_PATH-Listen, die mindestens eine AS-Nummer im Zwischenraum von 64512 bis 65535 verzeichnen, werden verjüngt.

Zusätzliche Informationen zu einer Routingarchitektur, die mit privaten AS arbeitet, erhalten Sie in RFC 2270[2], »Using a Dedicated AS for Sites Homed to a Single Provider.«

6.5.6 AS_PATH und Fragen in Bezug auf die Bündelung von Routen

Zur Routenaggregation gehört auch die Zusammenfassung einer Präfixreihe zu einem oder mehreren Bündeln oder zu CIDR-Blocks. Dadurch wird die Zahl der Routen in der Routingtabelle minimiert. Ein Nachteil der Bündelung von Routen besteht im Verlust der Feinkörnigkeit der einzelnen, spezifischen Routen eines Aggregats. Es wird zum Beispiel die AS_PATH-Information, die in einer Vielzahl Routen gegeben ist, verlorengehen, wenn diese Routen zu einem einzelnen Werbepaket zusammengeschweißt werden. Dies kann zu Routingschleifen führen, da eine Route, die ein AS bereits durchquert hat, von diesem als neue Route wieder aufgenommen werden könnte.

Um dieses unerwünschte Geschehen zu vereiteln, definiert BGP einen anderen AS_PATH-Objekttypus, den sogenannten AS_SET. Die AS werden in ungeordneter Reihenfolge aufgelistet, einschließlich der AS, die die Route schon durchquert hat. Aggregate mit beigefügter AS_SET-Information tragen ein Sammelset derjenigen Attribute, aus denen die einzelnen, vom Bündel zusammengefassten, individuellen Routen bestehen.

In Bild 6.21 wirbt AS1 für 192.213.1.0/24 und AS2 für 192.213.2.0/24. AS3 fasst beide Routen zu 192.213.0.0/16 zusammen. Jedes AS, das ein Aggregat anbietet, hält sich selbst für den Urheber dieser Route, unabhängig davon, woher diese Route stammt. Wirbt AS3 für das Routenbündel 192.213.0.0/16, so stünde in der AS_PATH-Information lediglich die 3. Dadurch würden Informationen verlorengehen, da die beiden Schöpfer der Routen, AS1 und AS2, im AS_PATH nicht mehr aufgeführt würden. Sollten andere AS das Aggregat den beiden, AS1 und AS2, erneut anbieten, so würden diese die Routen wieder annehmen. Dadurch könnten aber Routingschleifen entstehen.

Bild 6.21: Auswirkungen des AS_SET

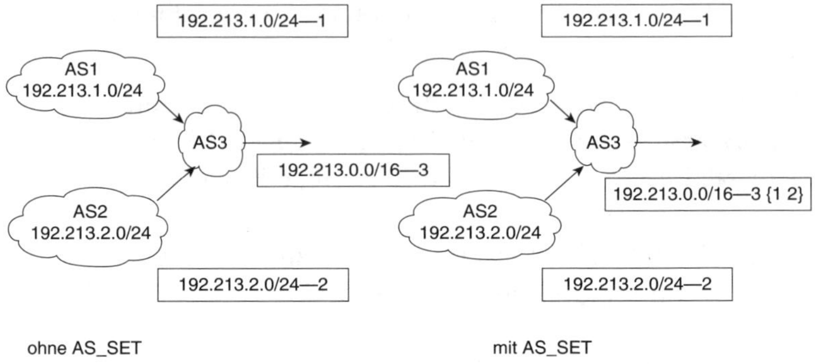

Mit Hilfe des AS_SET kann AS3 Aggregat 192.213.0.0/16 publizieren und gleichzeitig die Informationen zu den Komponenten des Bündels erhalten. Das Set {1 2} zeigt ohne besondere Reihenfolge an, dass das Bündel von den beiden AS stammt. Die AS_PATH-Information des Aggregats mit der AS_SET-Option würde 3 {1 2} lauten.

Man erhält automatisch ein mit dem Aggregat zusammenhängendes AS_SET, wenn der **AS_SET**-Parameter spezifiziert wird, bevor eine **aggregate-address**-Verlautbarung erscheint.

6.5.7 AS_PATH Manipulation

Die AS_PATH-Information wird oft dahingehend verändert, um auf das Routinggeschehen zwischen Domänen Einfluss auszuüben. Da sich BGP immer lieber für den kürzeren AS_PATH-Pfad entscheidet, sind viele Netzwerkoperatoren versucht, die Pfadinformation um einen »Dummy«-Eintrag zu erweitern. So würde die Pfadlänge erweitert und der Datenfluss umgeleitet oder manipuliert. Die Einstellungen von Cisco ermöglichen es dem Nutzer, AS-Nummern an den Anfang eines AS_PATH zu stellen (man nennt das Verfahren, durch das die AS-Nummer an den Anfang der Liste eingetragen wird *prepending*) um die Pfadlänge zu erweitern. Im folgenden Beispiel sehen Sie, wie dieses Feature eingesetzt werden kann.

TIPP

Sehen Sie hierzu auch »AS_PATH Manipulation« aus Kapitel 11

In Bild 6.22 ist AS50 mit zwei Providern, AS200 und AS100 verbunden. AS100 ist direkt an den NAP angeschlossen, AS200 muss über AS300 einen extra Hop benutzen, um zum NAP zu kommen.

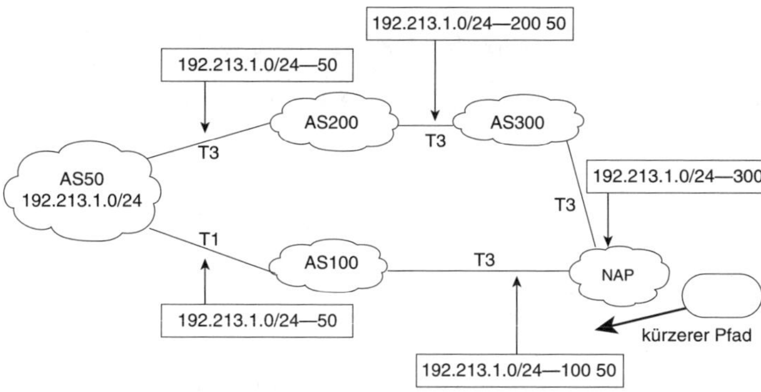

Bild 6.22: Routing-Umgebung wird vor ein Dummy AS eingefügt

Bild 6.22 zeigt Ordnungsstufen eines ein AS durchquerendes Präfixes 192.213.1.0/24 auf dem Weg zum NAP. Trifft das Präfix 192.213.1.0/24 über AS300 beim NAP ein, so hat es einen AS_PATH zu 300 200 50. Erreicht dasselbe Präfix den NAP über AS100, hätte es einen AS_PATH zu 100 50, so dass es sich um einen kürzeren Pfad handelt als über AS300. Der AS-*upstream* vom NAP aus wird die kürzere AS_PATH-Länge bevorzugen und den Verkehr in Richtung auf 192.213.1.0/24 über AS100 leiten.

AS50 ist über dieses Verhalten unglücklich, da es den Verkehr lieber in inneren Grenzen über seinen T3-Link höherer Bandweite nach AS200 laufen lassen würde. Deshalb wird AS50 die AS_Path-Information durch den Zusatz von »Dummy«-AS-Nummern manipulieren, wenn es an AS100 Routingupdates schickt. Es ist üblich, dass AS50 seine AS-Nummer so oft wiederholt, bis sich das Verhältnis zu seinen Gunsten verschiebt und der Pfad über AS200 der Kürzere ist.

In Bild 6.23 setzt AS50 die AS-Nummern 50 50 nur am Anfang des AS_PATH des Präfixes 192.213.1.0/24 ein. Das Präfix wird AS100 empfohlen. In dem Augenblick, wenn das Präfix 192.213.1.0/24 über AS100 beim NAP eintrifft, hat es den AS_PATH 100 50 50 50, der länger ist als der AS_PATH 300 200 50 über AS300. der AS-*upstream* zum NAP wird sich für den kürzeren Weg entscheiden und die für das Ziel 192.213.1.0/24 bestimmten Daten über AS300 leiten.

Bild 6.23: Routing-Umgebung nach Einführung eines Dummy AS

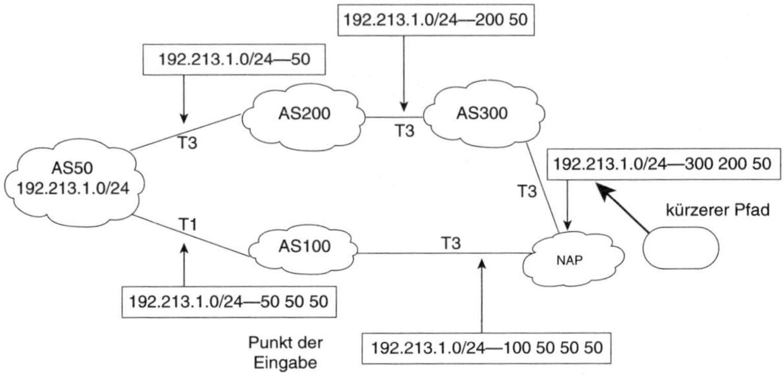

In der Praxis sollte die Bogusnummer immer ein Duplikat desjenigen AS sein, das die Route oder den Nachbarn, von dem die Route erlernt wurde (im Falle, dass ein AS die Pfadlänge hereinkommender Updates verlängert), bekannt gibt. Jede zusätzlich angefügte Nummer führt zu Missverständnissen und könnte möglicherweise Routingschleifen oder schwarze Löcher verursachen. Achten Sie bitte besonders auf den in Bild 6.23 dargestellten Zusatzpunkt.

6.6 Die Filterung von Routen und Attributmanipulation

Das Konzept der Routenfilterung ist ziemlich geradlinig. Ein BGP-Speaker kann entscheiden, welche Routen er verschicken und von seinen BGP-Partnern annehmen möchte. Die Filterung von Routen ist für die Definition der Routingregeln ausschlaggebend. Ein autonomes System kann den für die inneren Grenzen bestimmten Verkehr, den es von anderen Nachbarn anzunehmen bereit ist, festlegen. Dies geschieht, indem es eine genaue Liste der Routen erstellt, die es seinen Nachbarn empfiehlt. Entsprechend kann das AS auch kontrollieren, an welchen Routen der für außerhalb der Grenzen bestimmte Verkehr entlang läuft, indem es die Routen spezifiziert, die es von seinen Nachbarn akzeptiert.

TIPP

Sehen Sie hierzu auch »Identifikation und Filterung von Routen, die auf NLRI beruhen« aus Kapitel 11

Auch auf dem Protokollniveau wird gefiltert, um die Zahl der Routingupdates, die von einem ins andere Protokoll fließen, zu beschränken. Wir haben uns in diesem Kapitel bereits mit der Möglichkeit auseinandergesetzt, BGP-Routen in IGP zu übertragen oder IGP oder statische Routen in BGP einzufügen. Die Cisco-Terminologie für diesen Prozess lautet auf *redistributing* zwischen Protokollen. In diesem Kapitel ging es auch um die mit der gegenseitigen Rückverteilung zwischen Protokollen verbundenen Gefahren. Das Herausfiltern ist sehr wichtig, um genau spezifizieren zu können, was von BGP nach IGP und umgekehrt verläuft.

Die Attribute der gefilterten Routen können manipuliert worden sein. Die Attributmanipulation wirkt sich auf den BGP-Entscheidungsprozess aus, der nach der besten Route zu einem bestimmten Ziel sucht.

6.6.1 Nach innen und außen orientierte Filterung

Sowohl die Filterung innerhalb der Grenzen, als auch das Konzept der nach außen gerichteten Filterung kann auf partnerschaftlichem und Protokoll-Niveau angewendet werden. Bild 6.24 illustriert diesen Umstand.

Hinsichtlich der zwischen BGP-Partnern ausgetauschten Routen konzentriert sich die nach innen orientierte Filterung durch den BGP-Speaker auf Routingupdates, die von anderen Partnern übermittelt wurden. Das *outbound filtering* begrenzt hingegen die vom BGP-Speaker an andere Partner weiterempfohlenen Routingupdates. Der Filterungsvorgang bleibt bei externen (EBGP) wie internen (IBGP) Partnern gleich.

Auf Protokollniveau begrenzt das *inbound filtering* die Zahl der in ein Protokoll übertragenen Routingupdates. Die nach außen orientierte Filterung schränkt die Zahl derjenigen Routingupdates ein, die von diesem Protokoll eingesetzt werden. Im Zusammenhang mit BGP dämmt die nach innen gerichtete Filterung die Updatemenge, die von anderen Protokollen, wie beispielsweise IGP und statischen Routen, in BGP zurückübertragen werden, ein. Nach außen gerichtete Updates werden ausgefiltert und auch die Zahl derer eingeschränkt, die von BGP wieder in IGP rückübertragen werden.

Bild 6.24: Beispiel für Filterung innerhalb/außerhalb der Grenzen

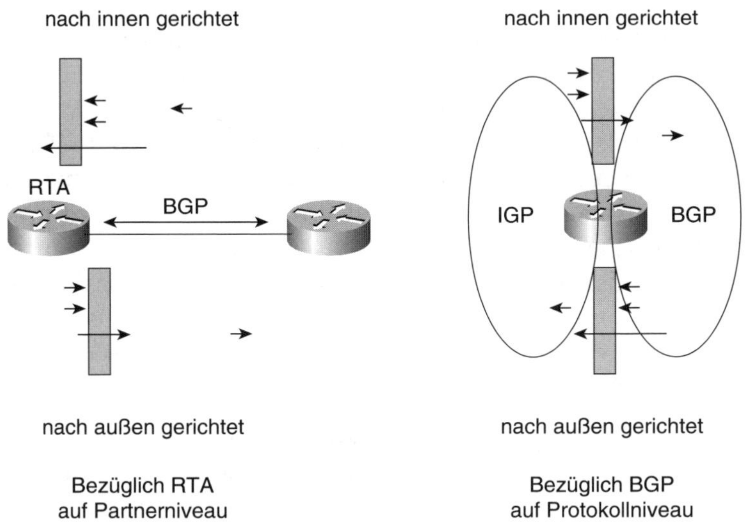

6.6.2 Prozess der Filterung und Manipulation

Die Filterung und Manipulation von Routen oder Routensets läuft in drei Schritten ab:

1. Identifizierung der Routen
2. Zulassung oder Ausschluss der Routen
3. Manipulation der Attribute

Cisco verwendet um zu filtern, Zugangs-, Präfix-, oder AS-Path-Zugangslisten. Außerdem arbeitet Cisco mit »Straßenkarten« für Routen, um sowohl zu filtern als auch Eigenschaften manipulieren zu können. Das Konzept der Routenkarten wird im 11. Kapitel behandelt.

Identifizierung von Routen

Routen zu identifizieren ist ein Prozess, währenddessen man Kriterien zur Aussortierung der Routen einsetzt. Solche Kriterien könnten auf dem IP-Präfix der Route des AS, aus dem die Route stammt, oder auf einer Liste von ASs, die die Route durchquert hat basieren, oder sich aus einem spezifischen Attributwert innerhalb der Route, u.s.w., herleiten. Die Filterungsregeln enthalten eine Liste der Kriterieninstanzen. Die Route wird mit dem ersten Kennzeichen in der Liste verglichen. Passt die Route nicht zur ersten Kategorie, wird sie mit der zweiten Instanz auf der Liste überprüft. Sobald für die Route ein passendes Gegenstück gefunden ist, gilt sie als definiert und wird mit keinen anderen Instanzen mehr verglichen.

Wird eine Route mit der gesamten Instanzenliste abgeglichen und man findet immer noch keine Übereinstimmung, so wird sie verworfen.

Gewöhnlich identifiziert man Routen anhand der Network Layer Reachability Information (NLRI) und / oder anhand des AS_PATH. Beide Methoden werden wir in den folgenden Abschnitten noch detaillierter erläutern.

Identifizierung der Routen anhand der NLRI

Ein BGP kann durch seine NLRI, also dem Präfix und der Maske, identifiziert werden, wie schon im 4. Kapitel dargelegt wurde. Zu Filterungszwecken wird ein Präfix oder eine Präfixfolge definiert. Fällt die Route in diesen Rahmen, so wird sie identifiziert.

TIPP

Sehen Sie hierzu auch »Identifikation und Filterung von Routen, die auf NLRI beruhen« aus Kapitel 11

Bild 6.25 veranschaulicht das Filterungskriterium zu 10.1.0.0 0.0.255.255 das für eine Abfolge von Routen steht, die durch ein Präfix 10.1.0.0 und eine *inverse mask* 0.0.255.255 identifiziert sind. Die Nullen in der Maske verweisen auf eine Übereinstimmung, die Einsen hingegen zeigen ein »*do-not-care*«-(»mir egal«) Bit an. Die Reihenfolge 10.1.0.0 0.0.255.255 wird alle Routen der Form 10.1.X.X identifizieren. Mit dem in Bild 6.25 gezeigten Präfix konfrontiert, wird dieser Filter 10.1.1.0/24, 10.1.2.0/24 und 10.1.2.2/30 erkennen und 11.2.0.0/16 und 12.1.1.0/24 ausschließen. Die auf Präfixen basierende Filterung wird in späteren Kapitel noch unter die Lupe genommen.

Bild 6.25: Beispiel für ein NLRI Filterkriterium

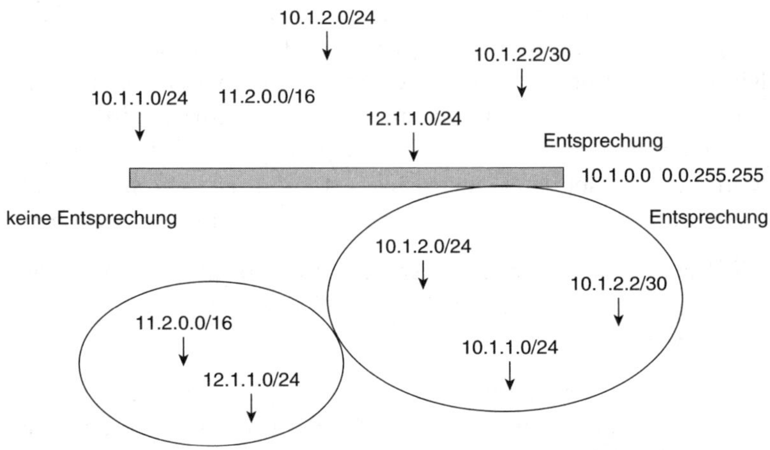

Die Präfixlisten sind momentan der beliebteste Mechanismus, der für die Filterung von Routen eingesetzt wird. Sie sind erst kürzlich in IOS eingeführt worden, bringen aber einige Vorteile im Vergleich zu traditionellen Zugangslisten mit sich.

Präfixlisten weisen eine wesentlich effizientere Kontrollnachsicht-(*lookup*) Struktur auf und schonen die für die Erstellung und Weiterleitung der Routingupdates nötigen Ressourcen. Bis heute können Präfixlisten nicht in anderer Funktion als der Filterung von Routing-Protokollinformation eingesetzt werden.

Einer der Hauptvorteile der Präfixlisten liegt in ihrer Fähigkeit, anwachsende Updates durchzuführen. Sie können also hinzufügen, auslöschen oder eine Liste verändern, ohne sie vollständig neu aufbauen zu müssen. Auch die Syntax für die Konfiguration der Präfixlisten ist viel intuitiver als die, die für traditionelle Zugangslisten eingesetzt wird. Im 11. Kapitel erhalten Sie Richtlinien für die Konfiguration von Präfixlisten.

Identifizierung von Routen auf Grundlage des AS_PATH

Will man Routen basierend auf der AS_PATH-Information identifizieren, so hat man es hier mit einem weiteren Bit zu tun. Wie Sie bereits erfahren haben, ist der AS_PATH eine Liste derjenigen autonomen Systeme, die eine Route durchquert hat, bevor sie bei einem BGP-Partner angekommen ist. Die

Liste selbst wiederum besteht aus einer Symbolkette, die aus Zeichen des folgenden Sets zusammengesetzt ist:

- Den Nummern 0 bis 9
- Freistelle
- Linke geschweifte Klammer {
- Rechte geschweifte Klammer }
- Linke Klammer (
- Rechte Klammer)
- Anfang der *input-string*
- Ende der *input-string*
- Komma ,

Die AS_PATH-Liste 10 2, ist zum Beispiel ein »Anfang der Kette«-Symbol, dem die Angabe 1 folgt, dann folgt 0, ein Leerzeichen, die 2 und schließlich ein *end-of-string-character.*

TIPP

Sehen Sie hierzu auch »Identifikation und Filterung von Routen, die auf NLRI gründen«

Die AS_PATH-Liste versucht man zu identifizieren, indem man sie mit einer sogenannten *regular expression* vergleicht. Ein »gebräuchlicher Ausdruck« ist lediglich ein Muster aus Zeichen, das durch eine Formel, z.B. ^200 100$, ausgedrückt wird. Im Beispiel repräsentiert die *regular expression* eine Liste, die mit 200 beginnt, dann folgt ein Leerzeichen und am Ende steht 100. Das ^ und $ stehen für den Anfang bzw. das Ende der Kette.

TIPP

Eine *regular expression* kann aus Einzel-Zeichen- oder Mehrfach-Zeichen-Mustern gebildet werden.

Zulassung oder Verwerfung von Routen

Sobald eine Route identifiziert ist, kann man auch mit ihr arbeiten. Die Route wird entweder zugelassen oder ausgeschlossen, je nachdem, welche Filterungsregeln zu diesem Thema gelten. Die Entscheidungskriterien, ob eine Route verwendet wird oder verworfen, hängt von den Regelungen ab, die ein AS aufgestellt hat. Wird die Route zugelassen, so wird sie entweder übernommen, wie sie ist, oder einer Modifikation ihrer Attribute unterzogen. Auch dies variiert je nachdem, welche Eigenschaft abgeändert werden soll. Wird die Route verworfen, so wird sie gelöscht, sodass sie nicht mehr verfügbar ist.

Attributmanipulation

Wird eine Route zugelassen, so können ihre Eigenschaften verändert werden, um den Entscheidungsprozess zu beeinflussen. In früheren Abschnitten haben Sie erfahren, wie Attribute, beispielsweise die lokale Präferenz und MED, beigefügt, erweitert oder verkürzt werden können, damit eine Route der anderen vorgezogen wird. Sie werden später noch lernen, dass die Attributmanipulation ein Schlüssel für die Etablierung von Routenregelungen, dem Ausbalancieren von Lasten und der Routensymmetrie ist.

In Bild 6.26 wird im Detail gezeigt, wie mehrere Instanzen auf ein Routenset angewendet werden können, um Übereinstimmungen finden zu können.

Beachten Sie bitte, dass jede Instanz ein oder mehrere Kriterien haben kann. Eine Route kann zum Beispiel hinsichtlich ihres Präfixes und der AS_PATH-Information überprüft werden und muss alle Vorgaben erfüllen, bevor es zu einer Übereinstimmung kommen kann.

Machen Sie sich bitte auch bewusst, dass, sobald eine Route passt, sie mit keiner anderen Instanz mehr verglichen wird. Darum ist die Reihenfolge, in der die *instances* abgeprüft werden, sehr wichtig. Steht z.B. eine Instanz, die alle Routen zulässt, am Anfang der Liste, wird sie alle anderen Vergleichskategorien ins Abseits drängen.

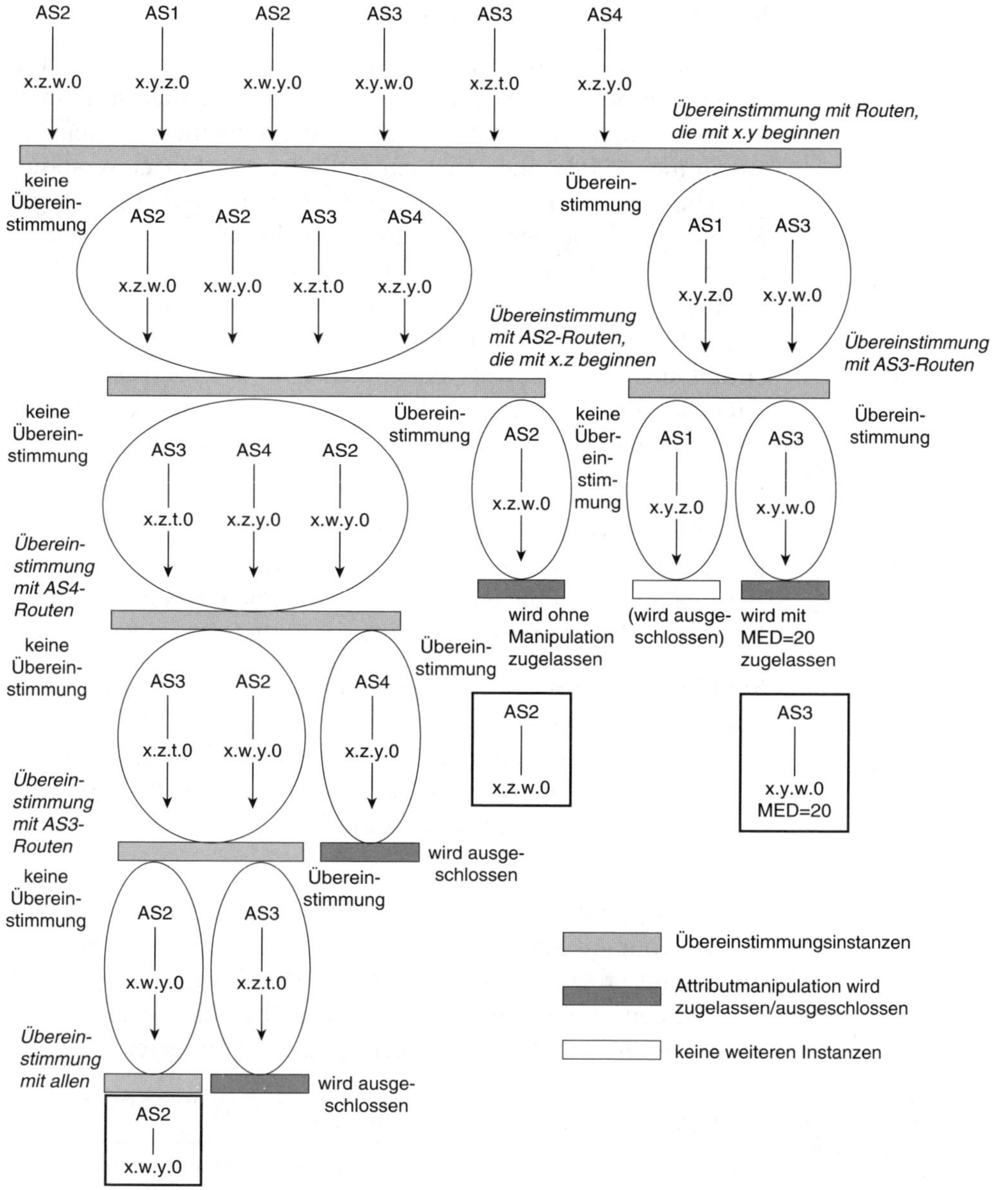

Bild 6.26: Zusammenfassendes Beispiel von Routenfilterungs- und -Manipulationsvorgängen

Muster aus *single-characters*

Ein Einzel-Zeichenmuster passt möglichst genau zu einem Einzel-Symbol. Die *regular expression* »3« versucht mit einem *single-character*, mit der Zahl 3 in einer Eingabekette übereinzustimmen. Sie können eine ganze Reihe von Einzel-Symbolen passend zu einer Kette spezifizieren. Reihen werden in eckigen Klammern einbezogen ([ ]). Es ist nicht wichtig, in welcher Reihenfolge die eine Kette füllenden *characters* aufgelistet werden. Die *regular expression* beispielsweise der Kette [efghEFGH] versucht, jedem der in den eckigen Klammern enthaltenen Zeichen in einer *input-string* zu entsprechen. Im Falle der Eingabeketten »Hallo« und »da« passt die *regular expression* zu beiden Listen, da beide das Zeichen »a« enthalten.

Abschnitte können aufgelistet werden, indem man ihre Endpunkte angibt. Die Abschnitte [a-z] und [0-9] verweisen zum Beispiel auf jeden dazwischenliegenden Buchstaben von a bis z bzw. auf jedes numerische Zeichen zwischen 0 und 9.

Sie können die Suche nach Übereinstimmungen auch umkehren oder ignorieren, indem Sie vor jeden Abschnitt ein »Hütchen (^) setzten. Zu Abschnitt [^a-dA-D] passen beispielsweise alle Buchstaben außer a, b, c, d, A, B, C oder D. Manche Symbole sind von besonderer Bedeutung, z.B. »$« und »_« (Tabelle 6.4).

Um die besonderen Symbole als Teil der Input-Liste verzeichnen zu können, muss man einen Querstrich \ davor setzen. Die Spanweite [abc\$] stimmt z.B. mit einer Eingabekette aus den Buchstaben und Zeichen a, b, c und $ überein. Tabelle 6.4 listet die in *regular expressions* verwendeten Sonderzeichen auf.

Tabelle 6.4: Spezielle Eigenschaften der regulären Ausdrücke

Charakter	Symbol	spezielle Bedeutung
Punkt	.	Bezieht sich auf alle characters, inklusive dem white space
Stern	*	Bezieht sich auf 0 oder mehrere Sequenzen des Musters
Pluszeichen	+	Bezieht sich auf 1 oder mehrere Sequenzen des Musters.
Fragezeichen	?	Bezieht sich auf 0 oder eine Erscheinung des Musters.

Charakter	Symbol	spezielle Bedeutung
»Hütchen«	^	Bezieht sich auf den Anfang des Eingabezeile. Wird auch verwendet, um ein Muster, falls innerhalb des Charakter-Anfangsarrangemants auftretend, abzuweisen.[^range].
Dollar-Zeichen	$	Zeigt das Ende der Eingabe an.
Unterstrich	_	Zeigt ein Komma (,), Klammer auf ({), Klammer zu (}), runde Klammer auf, runde Klammer zu, Anfang der Eingabe, Ende der Eingabe, oder ein Leerzeichen.
Klammern	[range]	Bezeichnet eine Gruppe von Mustern mit single characters.
Bindestrich	-	Trennt die Endpunkte einer Anordnung.

Tabelle 6.4: Spezielle Eigenschaften der regulären Ausdrücke (Fortsetzung)

Muster aus *multiple-characters*

Regular expressions mit mehreren Zeichen sind lediglich eine geordnete Sequenz von Einzel-Charakter-Mustern. Das Muster ergibt sich aus einer Kombination von Buchstaben, Nummern, Tastaturzeichen und Symbolen mit besonderer Bedeutung. Hier ein Beispiel für eine *regular expression* mit mehreren Zeichen: 100 1[0-9]. Diese *regular expression* stimmt mit jeder *string* überein, die die exakte Sequenz 100, gefolgt von einer Freistelle, dann einer 1 und schließlich jeder Zahl zwischen 0 und 9, enthält. Jede der folgenden Eingabestränge würde zu dieser *regular expression* passen: 123 **100 10** 11 oder **100 19** oder 19 **100 11** 200, usw.

Aufbau komplexer *regular expressions*

Mit den in Tabelle 6.4 aufgeführten Sonderzeichen können komplizierte, doch sehr nützliche *regular expressions* erstellt werden. Man verwendet das »Hütchen« (^) und das Dollarzeichen ($), um das Muster der *regular expression* mit dem Anfang und dem Ende einer Input-Kette abzustimmen. Mit anderen Symbolen wie beispielsweise dem Stern (*), dem Plus-Zeichen (+) und dem Fragezeichen (?) können Sie Muster innerhalb einer *regular expression* wiederholen.

Das folgende Beispiel passt auf jede Anzahl auftretender a, einschließlich des Falls, das der Buchstabe a überhaupt nicht auftaucht:

> a* ist zu jedem der folgenden Fälle äquivalent: (Nichts), a, aa, aaa, aaaa, usw.

Das nächste Modell sieht vor, dass mindestens ein Buchstabe a in der Kette vorkommt, zu der eine Übereinstimmung hergestellt werden soll:

> a+ ist äquivalent zu a, aa, aaa, aaaa, usw.

Es folgt ein Beispiel zu einer Liste, in der der Buchstabe vorkommen kann, oder nicht:

> bab ist zu bb oder bab äquivalent.

Um die Eingabereihe von Mustern aus mehreren Symbolen zu wiederholen, wird das Muster in Klammern gesetzt. Die Darstellungsweise (ab)+ entspricht ab oder abab.

Das Unterstrich-Zeichen (_) passt zum Beginn eines Strangs (^), zum Ende ($), zu runden Klammern, zur Freistelle, zu geschweiften Klammern, zum Komma oder zum Unterstrich. Der Punkt (.) passt zu Einzelzeichen, einschließlich einer Leerstelle. Bild 6.27, Tabelle 6.5 und Tabelle 6.6 zeigen, wie Zeichen miteinander verwoben werden können, um eine brauchbare *regular expression* zu kreieren.

Betrachten Sie die in Bild 6.27 illustrierte Netzwerktopologie: AS400, AS300, AS200, AS100 und AS50 geben die Routen NetA, NetB, NetC, NetD, bzw. NetE heraus. Router RTA in AS50 erhält von seinen Nachbarn AS100 und AS300 zu diesen Netzwerken Updates. Nach Abschluss des BGP-Entscheidungsprozesses wählt RTA den laut Tabelle 6.5 besten Pfad, um zu diesen Netzwerken zu gelangen.

Bild 6.27: Darstellung der Netzbeschaffenheit für komplexe reguläre Ausdrücke

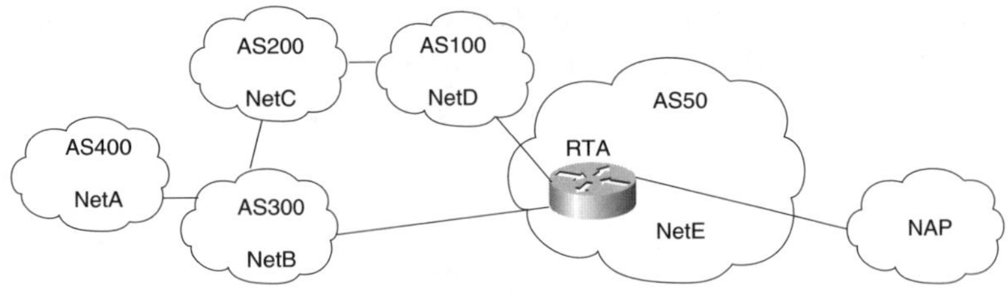

Netzwerk	AS_PATH
NetzA	300 400
NetzB	300
NetzC	100 200
NetzD	100
NetzE	leer

Tabelle 6.5: Beste BGP Routenwahl für RTA

Tabelle 6.6 gibt die *regular expressions* wieder, anhand derer die Absprachen möglicher Routenfilterung getroffen werden, auf die sich RTA stützen kann, wenn er dem NAP Routen bekannt gibt.

Angebotene Routen von RTA zu den NAP	Ausdruck	Pfadinformation	Ausgabe
Nur lokale Routen	^$	leer	NetzE
Alle Routen	.*	alle Pfade	NetzA, NetzB, NetzC, NetzD, NetzE
Routen, die von direkt verknüpften Kunden stammen	^300$ ^100$	300 100	NetB, NetD
Verbundene Kundenrouten und deren Routen	^300_ ^100_	300 400 300 100 200 100	NetA, NetB, NetC, NetD
Routen, die aus AS200 stammen	_200$	100 200	NetC
Routen die AS100 passiert haben	_100_	100 200 100	NetC, NetD

Die Angabe »^$« bezeichnet eine leere Pfadliste, eigentlich aber die lokalen Routen. (Erinnern Sie sich bitte daran, dass ein lokales AS erst mit einem Pfad verbunden ist, wenn dieser bei EBGP angeboten wird, vorher ist es also nicht angeschlossen und steht auf Null.) Das ^ und das $-Zeichen definieren die Enden einer Kette. Der Unterstrich in _200$ beschränkt die AS-Nummer auf die exakte Zahl 200, nicht etwa 1200 oder 2200.

Tabelle 6.6: Liste der Ausdrücke und resultierende Ausgaben für reguläre Ausdrücke

Die auf der AS_PATH-Information basierende Filterung ist recht effektiv, da alle Routingupdates, die gleichzeitig zum AS_PATH gehören, gefiltert werden. Ohne diese Art der Filterung, müssten tausende Routen einzeln auf einer Liste erscheinen, oder Mitglied einer bereits identifizierten BGP-Gemeinde sein.

6.6.3 Partnergruppierungen

Eine BGP *peer group* ist eine Gruppierung von BGP-Nachbarn, die die gleiche Update-Satzung gemeinsam haben. Anstatt die gleichen Regelungen für jeden einzelnen Nachbarn separat zu definieren, denken Sie sich für die Gruppe der Partner einen Namen aus, und stellen Regeln für eben diese *peer group* auf. Bestimmt zum Beispiel ein Administrator die Regelungen bezüglich seiner BGP-Partner, so wird er dieselben Regelungen auch in Bezug auf die Mehrheit seiner Partner einsetzen und sie damit als eine Partnergruppierung definieren.

Partnergruppierungen ersparen dem Operator nicht nur, für jeden BGP-Partner erneut konfigurieren zu müssen, auch der BGP-Router an sich muss die Regelungen nicht immer wieder für jeden Nachbarn neu durchleuchten. Im Kontakt mit Partnergruppierungen formuliert der Router die Updates nach der Satzung der *peer group* nur ein einziges Mal, und gibt es dann an alle Nachbarn innerhalb der Gruppe weiter.

In Bild 6.28 hat RTA drei interne Partner mit derselben internen Satzung. RTA hat auch drei externe Partner mit der entsprechend gleichlautenden Regelung. Die Konfiguration des Routers RTA ist auf zwei Partnergruppierungen ausgelegt, eine innerhalb und eine außerhalb des autonomen Systems. Jede Partnergruppierung verfügt über ein Regelset, das der RTA bezüglich seiner Partner eingesetzt hat. Diese Regelungen könnten aus einem Set IP-Präfixfilter oder AS_PATH-Filtern und anderen möglichen Attributmanipulationen zusammengestellt sein. Diese Regeln werden auf die Nachbarn, die eine *peer-group* bilden, angewendet, nachdem die Partnergruppierungen definiert worden sind.

Früher hatte Cisco IOS EBGP-Partnern derselben Partnergruppierung einige Beschränkungen auferlegt. Seither haben Verbesserungen diese Auflagen aus dem Weg geräumt. Deshalb wollen wir keine zusätzliche Zeit darauf verwenden, diese Beschränkungen zu erörtern. Sie sollten aber, wenn sie ältere Versionen des IOS anwenden, darauf vorbereitet sein, dass dann ein paar dieser erwähnten Auflagen noch gültig sein könnten. Lesen Sie den Ihrer speziellen IOS-Version zugehörigen Cisco-Vermerk, um Näheres hierzu zu erfahren.

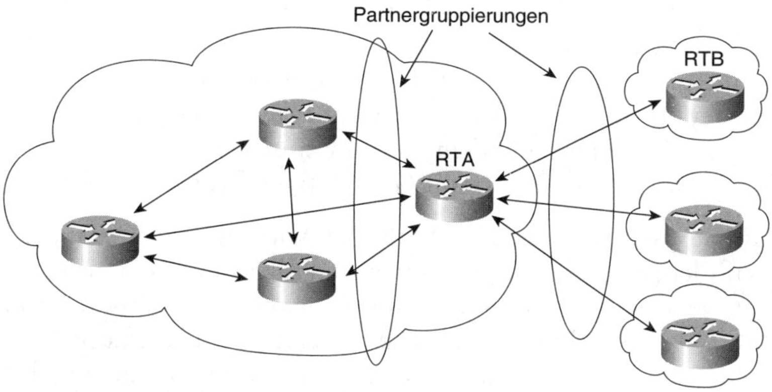

Bild 6.28: Aufstellung von Partnergruppierungen

Ausnahmen in Bezug auf Partnergruppierungen

Ausnahmen treten auf, wenn einige der zu einer *peer group* zählenden Nachbarn sich in ihren Regelungen von ihren Nachbarn unterscheiden. Der Nachbar kann über zusätzliche Regeln verfügen, die das innerhalb der Partnergruppierung geltende Regelset ergänzen. Nehmen wir an, RTA benötigt in Hinblick auf seinen Partner RTB in der in Bild 6.28 gezeigten Situation ein weiteres Filterset. RTA kann die Zusatzfilter hinsichtlich RTB einsetzen, wobei ihm RTB weiterhin in der externen *peer group* als Partner erhalten bleibt.

TIPP

Sehen Sie hierzu den Abschnitt »Partnergruppierungen« aus Kapitel 11

6.7 BGP-4-Aggregate

Eine der Hauptverbesserungen des BGP-4 im Vergleich zu früheren BGP-Versionen besteht in seiner Fähigkeit, mit CIDR und der Erstellung von Supernetzwerken umzugehen. Auf CIDR und Supernetting als Hilfsmittel zur Kontrolle des Wachstums der IP-Routingtabellen und der Erschöpfung des IP-Adress-Speichers sind wir bereits in Abschnitt 3 eingegangen.

Die Bündelung bezieht sich auf in der BGP-Routingtabelle eingetragene Routen. Im Gegensatz zu dem an anderer Stelle in diesem Kapitel bereits diskutierten **network**-Befehl, der auf in der IP-Routingtabelle verzeichnete Routen angewendet wird. Man kann bündeln, sobald mindestens eine weitere Route des Aggregats in der BGP-Routingtabelle auftaucht.

Cisco Systems bietet eine Reihe an Vorgehensweisen an, gemäß denen Aggregate manipuliert werden um sicherzustellen, dass jede im Internet auftretende Notwendigkeit erfüllt wird. In diesem Abschnitt geht es zuerst einmal um einfache Bündelungstechniken, später beschäftigen wir uns dann mit den komplizierteren (und spannenderen) Situationen.

6.7.1 Nur Aggregate zugelassen, spezifischere Routen ausgeschlossen

Hier geht es um einen Fall, in dem für ein Aggregat geworben und alle seine spezifischeren Routen ausgcklammcrt werden. Das wird dann so gehandhabt, wenn die genauer ausgeklügelten Routen keine extra Vorteile einbringen, z.B. daß für die Weiterleitung des Verkehrs bessere Entscheidungen getroffen werden könnten.

TIPP

Sehen Sie hierzu den Abschnitt »NurAggregate zugelassen, spezifischere Routen ausgeschlossen« aus Kapitel 11

Bild 6.29 veranschaulicht eine Situation, die sich dadurch auszeichnet, dass die Routingupdates zu einem einzigen Bündel zusammengeworfen werden. Stellen Sie sich vor, AS100 hat für seine Subnetzwerke die Spannweite von 172.16.0.0/24 bis 172.16.15.0/24. Das schließt die Abschnitte 172.16.0.X, 172.16.1.X, usw. mit ein. Die Liste der spezifischen Präfixe kann in der Spannweite 172.16.0.0/20 zusammengefasst werden. Das Aggregat 172.16.0.0/20 wird herausgegeben und alle genauer ausgearbeiteten Präfixe werden unterdrückt.

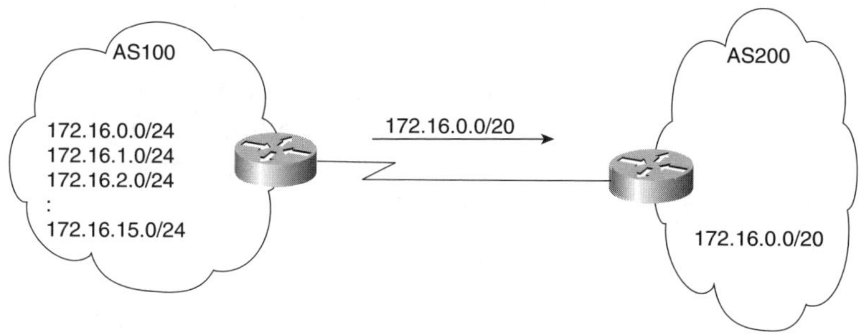

Bild 6.29: Beispiel eines BGP-4 Aggregats: Umgehen bestimmter Routen

6.7.2 Aggregate und spezifischere Routen

Es gibt eine Reihe von Umständen, unter denen ein AS sowohl ein Aggregat als auch dessen genauer ausdifferenzierte Routen aussendet. Das trifft auf diejenigen Situationen zu, in denen der Kunde mit einem einzigen Provider über mehrere Verknüpfungspunkte verbunden ist (*multihomed*). Der Anbieter arbeitet mit den spezifischeren Routen, um bessere Entscheidung hinsichtlich des an den Kunden abzusendenden Verkehrs treffen zu können. Gleichzeitig kann der Provider das Aggregat nur gegenüber dem NAP publik machen, um die Anzahl der im Internet angebotenen Routen gering zu halten. Dies zeigt Bild 6.30.

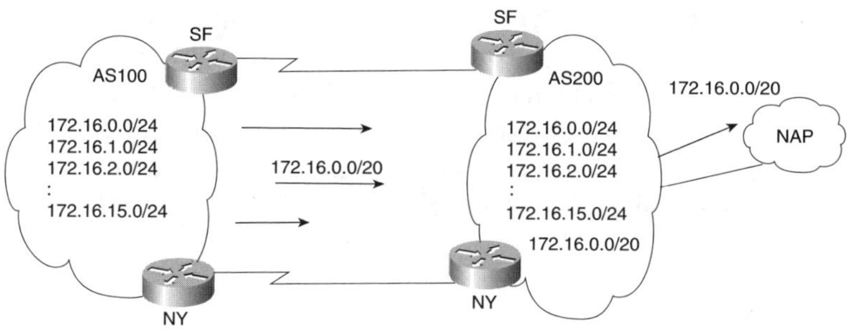

Bild 6.30: BGP-4 Aggregate, die spezifische Routen beinhalten

AS100 unterhält zu Anbieter AS200 über SF- und NY-Links mehrere Verbindungen (*multihomed*). AS100 kann AS200 nur das Aggregat 172.16.0.0/20 als solches, oder zusammen mit allen genauer ausformulierten Routen zuschicken. Wird das Bündel für sich sowohl über die SF- als auch über die NY-Links versendet, so verläuft auch der Datenverkehr von

AS200 in Richtung As100 immer über den einen oder den anderen Link. Durch dieses Verfahren wird die Masse des Verkehrs ungleichmäßig verteilt. (Die ausgewogene Verteilung der Lasten wird im 7. Kapitel erläutert.) AS200 verschickt das Aggregat und alle spezifischeren Routen, um die Fracht besser ausbalancieren zu können. An jeden Link könnten verschiedene Metriken zu den verschiedenen Routen herausgegeben werden. Dadurch kann AS200 auf Grund der spezifischen Netzwerknummer entscheiden, ob es einen SF- oder NY-Link benutzen soll, um AS100 zu erreichen.

TIPP

Sehen Sie hierzu den Abschnitt»Aggregat und zusätzliche, noch spezifischere Routen«

Um zu verhindern, dass die Routingtabellen das Niveau der Anbieter übersteigen, werden die vom Kunden stammenden spezifischeren Routen gewöhnlich auf dem Anbieterlevel zurückgehalten. AS200 würde nur das Bündel 172.16.0.0/20 an den NAP weitergeben und die genauer ausgearbeiteten Routen aussparen.

Gewöhnlich halten die Provider den Konfigurations- und Administrationsaufwand gerne gering. In dieser Situation kann man die Sache dynamisch anpacken, um zu verhindern, dass die spezifischeren Routen an den NAP weiterempfohlen werden. Das wird erreicht, indem AS100 alle Updates zu ausführlicheren Wegbeschreibungen mit dem *community*-Attribut **NO_EXPORT** etikettiert, das Bündel aber so belässt, wie es ist. Dies wird in Bild 6.31 deutlich.

Bild 6.31: Beispiel: Gemeinsames No_Export Routen Aggregat

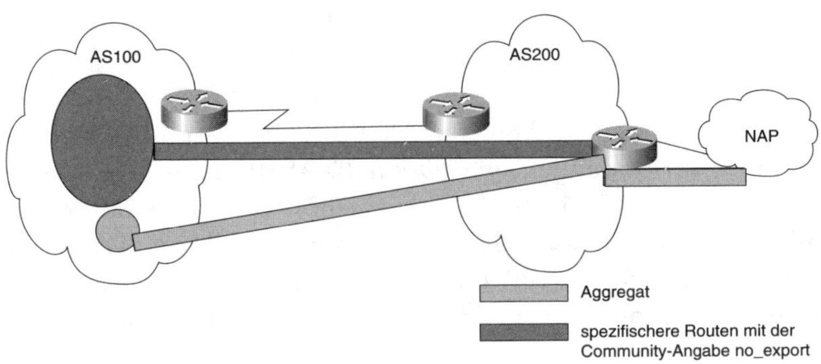

Sobald AS200 diese Updates von AS100 erhält, wird es die den spezifischen Routen des AS100 zugeordnete *community*-Bezeichnung als Aufforderung dahingehend erkennen, die Updates nicht an seine externen Partner weiterzuleiten. Das Aggregat wird wie gewohnt anderen Partnern und dem NAP weiterempfohlen.

6.7.3 Aggregate mit einem Subset der spezifischeren Routen

In einigen Situationen muss zusammen mit dem Aggregat auch ein Sortiment genauer ausgearbeiteter Routen weitergegeben werden. Bild 6.32 zeigt einen Fall, für den dies sinnvoll wäre.

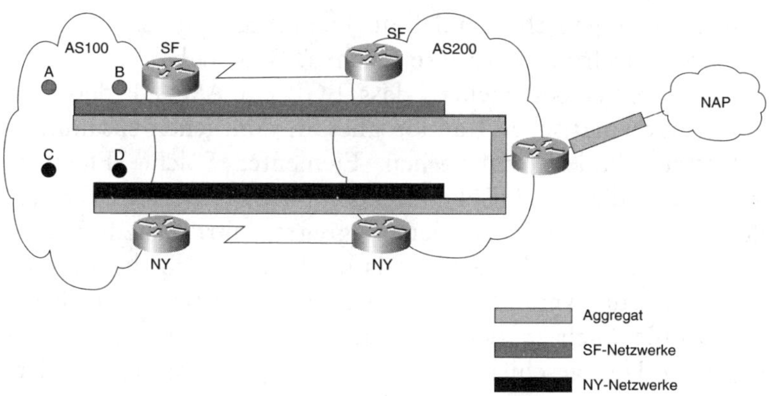

Bild 6.32: Beispiel: Aggregat das ein Subset an spezifischen Routen enthält

In Bild 6.32, ist AS100 zu AS200 *multihomed.* AS100 möchte, dass auch auf die, in der Nähe von SF gelegenen Netzwerke, über den SF-Link zugegriffen werden kann und dass der Zugang im Umkreis des NY über den NY-Link organisiert wird. Das könnte auf folgende Weise erreicht werden:

- Auf dem SF-Link werden nur das Aggregat und die SF-Netzwerke veröffentlicht.
- Auf dem NY-Link werden nur das Aggregat und die NY-Netzwerke veröffentlicht

Unter diesen Umständen kann AS200 die SF-Netzwerke nur über den SF-Link und die NY-Netzwerke ausschließlich über den NY-Link erreichen. Auf Netzwerke an anderen Standorten kann über beide oder einen der beiden Links zugegriffen werden. Sollte ein Link ausfallen, so können alle Netzwerke dennoch weiterhin durch die Befolgung der Aggregatroute, die an beiden Links veröffentlicht wird, erreicht werden. Die *no-export*-Verfahrensweise, mit der wir uns im vorangegangenen Beispiel befasst haben, kann eingesetzt werden, damit dem NAP nur das Aggregat an sich weiterempfohlen wird.

TIPP

Sehen Sie hierzu den Abschnitt »Aggregatbildung anhand eines Sortiments aus spezifischeren Routen« aus Kapitel 11

6.7.4 Informationsverlust innerhalb von Aggregaten

Die Routenbündelung verursacht den Verlust von Informationen, da die Eigenschaften der zu einem Aggregat zusammengefassten Einzelrouten verloren gehen. Wir haben in diesem Kapitel bereits besprochen, dass BGP ein AS_SET definiert, einen mathematischen Katalog aller, in sämtlichen zusammengefassten Pfaden enthaltenen Elemente. Solche Elemente wären z.B. die AS_PATH- und *community*-Attribute. Verwendet man das AS_SET mit dem Aggregat, führt das zur zusätzlichen Instabilität der Route, dadurch, dass sich die summarisch erfassten Veränderungen der Eigenschaften einer einzelnen Route auch in der Veränderung des Aggregats niederschlagen. Dies geschieht, indem das Aggregat ständig aus dem Angebot genommen und aktualisiert wird.

TIPP

Sehen Sie hierzu den Abschnitt »Veränderung der Aggregateigenschaften« aus Kapitel 11

In manchen Situationen ist es notwendig, dass die Eigenschaften des Aggregats verändert werden. Das trifft beispielsweise auf den Fall zu, wenn das Aggregat unerwünschte Eigenschaften von den Routen übernommen hat, die in ihm gebündelt sind (im Falle des AS_SET). Ein konkretes Beispiel hierfür wäre das NO_EXPORT-*community*-Attribut, eine Eigenschaft, die das Bündel von einer spezifischeren Route übernommen hat und die dazu führt, dass das Aggregat nicht mehr an andere AS übermittelt wird. Eine andere Situation, die die

Veränderung von Aggregateigenschaften notwendig macht, ergibt sich, wenn das Präferenzniveau für ein bestimmtes Aggregat widergespiegelt werden soll: zum Beispiel, wenn ein Kunde einem bestimmten Provider über mehrere Links Aggregate empfiehlt. Der Kunde möchte vielleicht gerne, dass das Bündel mit verschiedenen MEDs auf vielerlei Links nach draußen geht, um auf den Eingangspunkt zu einem AS Einfluss nehmen zu können. Cisco hat Techniken entwickelt, mit deren Hilfe der Nutzer die Eigenschaften eines Aggregats entsprechend modifizieren kann.

TIPP

Sehen Sie hierzu den Abschitt »Informationsverlust innerhalb Aggregaten« aus Kapitel 11

Sie wissen bereits, dass ein mit AS_Set ausgestattetes Bündel über ein vollständiges Set aller Attribute (einschließlich AS-Nummern) verfügt, die in den zum Bündel geschnürten einzelnen Routen vorkommen. Setzt sich das Aggregat aus Routen zusammen, die aus unterschiedlichen AS stammen, wird es sinnvoll, genau anzugeben, welche Routen im Aggregat enthalten sind. Das würde dann in einer *hub*- und *spoke*-Situation helfen, in der jedes der *leaf*-AS über ein separates Subset des Aggregats verfügt, das vom *hub* erstellt wurde. Bei der Gestaltung eines Aggregats würde das *hub*-AS die spezifischeren Routen aussparen, die zu demjenigen *leaf*-AS gehören, das dasselbe Aggregat erhalten soll. Das beim *leaf*-AS eintreffende Bündel würde keine AS-Nummer des *leaf*-AS tragen, also würde es auch nicht zurückgewiesen. Bild 6.33 gibt ein Beispiel dazu, wo dies eingesetzt werden könnte.

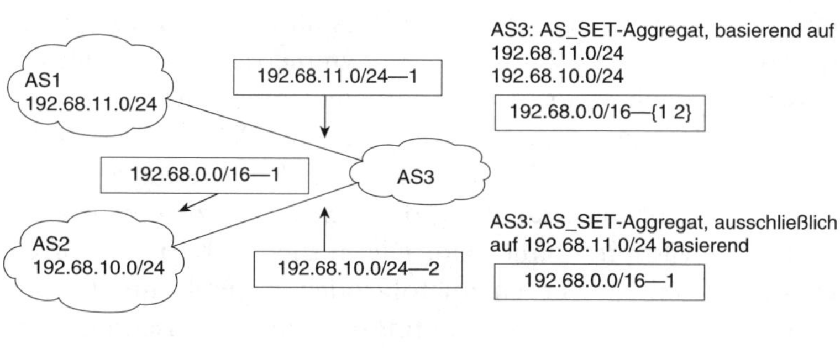

Bild 6.33: Gestaltung des Aggregats, das auf einem Subset noch spezifischerer Routen gründet

AS3 ist ein *hub*-AS, dem von den autonomen *leaf*-Systemen AS1 und AS3 die Routen 192.68.11.0/24 und 192.68.10.0/24 vermittelt werden. Präfix 192.68.11.0/24 hat einen AS_PATH zu 1, und 192.68.10.0/24 hat einen AS_PATH zu 2. Erstellt AS3 das AS_SET-Aggregat anhand aller spezifischeren Routen, so würde die AS_PATH-Information {1 2} lauten. Das Aggregat selbst würde, sobald es an AS1 oder an AS2 zurückgesendet wird, zur Vermeidung von Schleifen abgeblockt werden. AS1 würde seine AS-Nummer in der AS_PATH-Information entdecken und daher das Update fallenlassen. Das Gleiche gilt für AS2. Wenn Sie genau festlegen könnten, welche spezifischeren Routen ein Aggregat bilden sollen, so könnten Sie beispielsweise angeben, dass das Bündel nur auf 192.68.11.0/24 basierend erstellt werden darf. Dadurch stünde die AS_PATH-Information auf 1 und würde AS2 nicht enthalten. Das Aggregat könnte nun problemlos an AS2 zurückgesendet werden. AS2 kann dieses Aggregat einsetzen, um die Daten zu allen im AS1 gelegenen Bestimmungsorten zu dirigieren.

TIPP

Sehen Sie hierzu den Abschnitt »Gestaltung des Aggregats auf Basis eines Subsets spezifischerer Routen« aus Kapitel 11

6.8 Vorschau

Bisher haben wir Ihnen die Grundlagen zum Thema Routingprotokolle vermittelt und die verschiedenen Besonderheiten des BGP untersucht. Sie sollten nun in der Lage sein, diese Werkzeuge allmählich zur Erstellung spezifischer Internet-Topologien einzusetzen. Während Sie das tun, werden Sie mit unterschiedlichen, übergreifenden Gestaltungszielen jonglieren müssen – mit freien Kapazitäten, Symmetrie und der gleichmäßigen Verteilung der Lasten – die entsprechend der jeweiligen Anforderungen des Netzwerks in ihrer Wichtigkeit divergieren können. Manchmal sind diese Erfordernisse widersprüchlich. Auf die Bedeutung der Gestaltungsziele gehen wir im nächsten Kapitel näher ein. Die in diesem Kapitel erörterten Eigenschaften werden im folgenden Kapitel zum Einsatz kommen, um die für das Routing-Design gewünschten Leistungen zu erbringen.

Will man die Leistungsfähigkeit des BGP insofern beeinflussen, dass die Netzwerkanforderungen erfüllt werden können, so muss man sich sowohl mit der Umgebung außerhalb als auch innerhalb des AS auseinandersetzen. Anders ausgedrückt: die von dem Netzwerk, an das Sie angeschlossen sind, festgelegten Regelungen haben, obwohl sie gewöhnlich außerhalb Ihrer direkten Kontrolle gelten, praktische Auswirkungen darauf, wie Sie BGP an Ihrem Ende konfigurieren. All dieses wird in den nächsten Kapiteln noch verständlicher, wenn es in den Fallbeispielen um vielschichtige freie Kapazitäten, Symmetrie und das Ausbalancieren von Datenlasten geht, die anhand der im gegenwärtigen Internet verwendeten Architekturen dargestellt werden.

6.9 Häufig gestellte Fragen

Frage – *Wenn meine IBGP-Partner keine direkte Verbindung zueinander haben, muss ich dann den EBGP-Multihop benutzen?*

Antwort – Nein. IBGP-Partner sind nicht dazu verpflichtet, miteinander vernetzt zu sein. Der EBGP-Multihop ist nur für EBGP da.

Frage – *Sollte ich meine BGP-Routen in IGP übertragen, damit sie synchronisiert werden?*

Antwort – Nein. Es ist nicht empfehlenswert, BGP-Routen in Ihr IGP einzupflegen. Sie sollten die BGP-Synchronisation lieber ausschalten. Versichern Sie sich aber, dass dies sich nicht negativ auf die Erreichbarkeit innerhalb Ihres AS auswirkt.

Frage – *Ist es für die Stabilität meiner BGP-Routen ratsamer, meine IGP-Routen über den network-Befehl aufzulisten, anstatt IGP in BGP zurückzuverteilen?*

Antwort – Nein. In beiden Fällen führt die Fluktuation ihrer IGP-Routen zur Fluktuation Ihrer BGP-Routen. Der **network**-Befehl erleichtert es Ihnen lediglich, zu kontrollieren, was Ihr IGP in BGP weiterleiten darf, wenn Sie mit Rückverteilung arbeiten. Wenn Sie Routenfluktuation vermeiden wollen, auch wenn Ihr IGP-Routing nicht stabil verläuft, dann sollten Sie das **network**-Komanndo mit statischen Routen (z.B. mit der Distanz 254) auf Null0 kombinieren.

Frage – *Muss ich meine angeschlossenen Interfaces durch das network-Kommando in einer Liste aufführen?*

Antwort – Wenn Sie wollen, dass die direkt verbundenen Unternetzwerke über BGP erreichbar sind, dann können Sie so für sie werben. Wenn nicht, müssen Sie das nicht.

Frage – *Ich habe zwei Grenzrouter, die mit meinem Provider »auf EBGP« sprechen, untereinander aber IBGP verwenden. Wenn ich die Liste meiner IGP-Routen über den network-Befehl an beide Router weitergebe, würde das dann in den IBGP-Konferenzen eine Schleife verursachen?*

Antwort – Nein, Sie würden keine Schleifen herbeiführen. Im Gegenteil, mit einer solchen Vorgehensweise gewinnen Sie Kapazitäten. Fällt einer Ihrer Grenzrouter aus, so wird der andere Router die gleichen Netzwerke immer noch weiter bekannt machen.

Frage – *Ich habe nur für ein paar Routen meines Nachbarn Verwendung. Kann ich auf meiner Linkseite filtern?*

Antwort – Ja, das können Sie. Sie sollten Ihren Nachbarn aber bitten, ihnen nur diejenigen Routen weiterzugeben, die Sie auch wirklich brauchen. So minimieren Sie den unnötigen Gebrauch der Linkbandweite und überflüssige Routenfluktuation. Filtern Sie aber auch gleichzeitig an Ihrem Ende der Leitung, um sich selbst vor möglichem Missgeschick zu bewahren, falls Ihr Nachbar mehr Routen zusendet, als Sie eigentlich erwartet hatten.

Frage – *Mein Anbieter braucht mich angeblich dazu und will, dass ich ihm an verschiedene Links vielerlei lokale Präferenzen schicke. Stimmt das?*

Antwort – Nein. Lokale Präferenzen werden innerhalb des AS festgelegt und nicht in EBGP-Sitzungen weitergetragen. Eine bessere Lösung wäre aber vielleicht, Ihren Provider zu bitten, eine Routenkarte zu erstellen. Diese Karte würde dann aufgrund der BGP-community-strings (wie die in RFC 1998 definierten) zu seiner Seite der peering session passen, so dass sein AS auf die lokalen Präferenzen für Ihre Routen eingestellt wäre. Sie werden Ihre Routen mit einem geeigneten community-Strang versehen müssen, damit seine Partnerkonferenz die korrekte lokale Präferenz festlegt. Sie könnten dafür auch MEDs einsetzen.

Frage – *Ich erhalte von meinem Anbieter einen MED, der meinen Datenverkehr auf eine Art beeinflusst, die mit meinem IGP kontrastiert. Was soll ich tun?*

Antwort – Wenn Sie durch den Erhalt von MEDs Probleme bekommen, dann sollten Sie Ihren Provider bitten, keine mehr an Sie zu versenden. Oder Sie könnten MED an Ihrem Ende der Leitung auch auf 0 stellen.

Frage – *Ich unterhalte zu mehreren Anbietern Verbindungen. Manchmal wird mein AS geradezu von der enormen Datenmenge erschlagen, die eigentlich gar nicht in mein AS gehört. Was könnte hier nicht in Ordnung sein?*

Antwort – Es könnte sein, dass Sie Routen, die Ihnen vom einen Provider übermittelt wurden, an andere Anbieter weiterempfehlen. Andere autonome Systeme nutzen vielleicht Ihr AS als Durchgangsstation für ihre Daten. Sorgen Sie dafür, dass Sie gegenüber Ihren Providern nur Ihre eigenen Routen anpreisen.

Frage – *Ich bin in Hinblick auf ein und denselben Provider multihomed. Muss ich dafür sorgen, dass Routen, die ich über den einen Link erlernt habe, auch dem zweiten Link bekannt werden?*

Antwort – Eigentlich können Sie davon ausgehen, dass die auf Seite Ihres Anbieters herrschenden BGP-Regelungen die aus Ihrer Richtung eintreffenden Routen aussortieren. So werden Wegbeschreibungen, die dem AS bereits bekannt waren, entdeckt und ignoriert. Das ist allerdings eine ziemlich unpraktische Methode. Dadurch verbrauchen Sie nämlich CPU- und Link-Ressourcen für unnütze Informationen. Wenn irgendwie möglich sollten Sie es daher so einrichten, dass Sie nur Ihre eigenen Routen weitergeben.

Frage – *Ich bin ein Provider und habe einem meiner Kunden eine private AS-Nummer zugeteilt. Jetzt will dieser Kunde aber mit einem anderen Anbieter eine neue Verbindung aufbauen. Was würde passieren, wenn er die private AS-Nummer weiter benutzt?*

Antwort – Obwohl das im Internet heutzutage gelegentlich vorkommt, empfindet man es doch als eine nicht erwünschenswerte Konfiguration. Wenn Sie das Netzwerk eines Kunden im Internet bekannt gemacht haben, entfernen Sie die private AS-Nummer und vermitteln die Routen weiter, als würden sie aus Ihrem eigenen AS stammen. Wenn nun der zweite Anbieter genauso verfährt, so beanspruchen schließlich zwei einzigartige AS die Urheberschaft für ein und dasselbe Kundennetzwerk. So entstehen möglicherweise Routingschleifen. Außerdem könnte es sich so ergeben, dass eine spezifischere Route plötzlich nur über einen der beiden Provider verfügbar ist und so auch die Möglichkeit verloren geht, die Last unter den Verbindungen aufzuteilen. Dazu würde es nämlich dann kommen, wenn die Kundenadresse auf irgendeine Weise gebündelt würde, bevor sie an andere Netzwerke weitergegeben wird. Wenn Ihr Kunde vom zuständigen RIR keine globale AS-Nummer erhalten kann, sollte er beide Anbieter dazu bringen, sich gründlich aufeinander abzustimmen. Die beiden Provider sind zudem dazu aufgerufen, die entsprechenden Details hinsichtlich der Lastenteilung und der mit der Konfiguration zusammenhängenden Fehlerszenarien zu liefern.

Frage – *Ich stehe mit einem Provider in San Francisco in Verbindung und veröffentliche meine Wegbeschreibungen über BGP weiter. Ich bin im Begriff, zu einem anderen Anbieter in LA Kontakt aufzubauen. Sollte ich mir eine andere AS-Nummer besorgen?*

Antwort – Wenn die beide Netzwerke, das in SF und das in LA, derselben Verwaltung unterliegen und sich mit anderen AS nach denselben Regelungen verhalten, dann gehören sie auch dem gleichen AS an. Erinnern Sie sich, dass man Netzwerke anhand des BGP dadurch voneinander unterscheidet, dass man die jeweiligen Verwaltungs- und Satzungs-Grenzen absteckt. Netzwerktopologie und Vernetzung sollten die ausschlaggebenden Faktoren sein.

6.10 Fußnoten

1 RFC 1998, »An Application of the BGP Community Attribute in Multi-home Routing«, www.isi.edu/in-notes/rfc1998.txt

2 RFC 2270, »Using a Dedicated AS for Sites Homed to a Single Provider«, www.isi.edu/in-notes/rfc2270.txt

Dieses Kapitel enthält die folgenden Schlüsselthemen:

- **Freie Kapazitäten** - Ein wichtiges Ziel der Routingarchitektur besteht darin, die Stabilität zu fördern, indem alternative (*Default-*) Routen für den Fall bereitgestellt werden, dass ein Link ausfällt.
- **Einrichtung von *Default*-Routen** - Die Konfiguration von *Default*-Routen stellt den grundlegendsten Schritt zur Schaffung freier Kapazitäten in Netzwerkverbindungen dar. Wenn mehrere *Default*-Routen existieren, sind Methoden nötig, um eine Rangliste nach Präferenz erstellen zu können.
- **Symmetrie** - Oft ist es auch Ziel der Routingarchitektur, Routen so zu konfigurieren, dass bestimmte Daten im AS eintreffen und es an gleicher Stelle wieder verlassen.
- **Ausbalancieren von Netzlasten** - Der Datenverkehr wird auf mehrere Links verteilt, um die Leistung des Netzwerks optimal zu gestalten.
- **Konkrete Situationen** - Verschiedene repräsentative Netzwerkdesigns werden bezüglich der Schaffung freier Kapazitäten, der Symmetrie und der gleichmäßigen Verteilung der Netzlasten untersucht. Es werden zu den verschiedenen Szenarien Beispiele für die jeweilige Konfiguration der Attribute aufgeführt, die diese Gestaltungsziele verwirklichen soll.

Kapitel 7

Freie Kapazitäten, Symmetrie und das Ausbalancieren von Netzlasten

Jeder, der im Internet schnelle Durchsatzverbindungen einzurichtet, muss sich den Fragen stellen, die im Zusammenhang mit den freien Kapazitäten, der Symmetrie und der gleichmäßigen Aufteilung der Netzlasten auftauchen. Internet Service Provider (ISPs) und mit ihnen verbundene Gesellschaften sollten entsprechend kontrollieren können, wie die Daten in ihr jeweiliges autonomes System (AS) gelangen und es wieder verlassen.

Man schafft einen Überschuss an freien Kapazitäten, indem man für den Datenverkehr viele alternative Pfade bereithält, gewöhnlich dadurch, dass man mehrere Verbindungen zu einem oder mehreren AS unterhält. *Symmetrie* bedeutet, dass Daten, die das AS durch einen bestimmten Ausgang verlassen, zu diesem auch wieder durch jenen Eingang zurückkehren. *Load balancing* bezeichnet die Fähigkeit, die Daten optimal auf mehrere Links zu verteilen. Diese drei Anforderungen zusammen betrachtet lassen erahnen, wie spannend aber auch mühsam es ist, eine optimale Lösung für das Routingproblem zu erarbeiten.

Es gibt keinen Schalter, den Sie betätigen können, um genau das zu erreichen, was Sie gerne wollen. Im Internet können viele Provider Daten kontrollieren und manipulieren, die womöglich sehr viele AS durchqueren. Jeder Provider kann den Verkehr umdirigieren. Die Kunst, für die Balance der Verkehrsströme zu sorgen, hängt von der Koordination einer Vielzahl von Einheiten ab.

Das Haupt-Gestaltungsproblem, wie man die Schaffung freier Kapazitäten am besten fördert, für Symmetrie sorgt und die Netzlasten gleichmäßig verteilt, stellt sich jedem Netzwerk. Die jeweilige Lösung hängt allerdings von den Anforderungen und der Konfiguration jedes einzelnen Netzwerks ab. In diesem Kapitel wenden wir uns den allgemeinen Konfigurationsproblemen innerhalb des Kontextes mehrerer spezifischer Netzwerkkonfigurationen zu. Sie werden vielleicht Ihre exakte Netzwerkkonfiguration hier in diesen Beispielen nicht wiederfinden, aber die allgemeine Fragestellung und die Einfügungsmethoden, die sich aus ihr ergeben, werden Sie mit einem Modell versorgen, anhand dessen Sie nach ihren Routing-Bedürfnissen forschen und gestalten können.

Bevor wir uns aber konkreten Netzwerkszenarien widmen, sollten wir uns einige elementare Grundkonzepte und Definitionen in Bezug auf freie Kapazitäten zu eigen machen.

7.1 Redundanz: freie Kapazitäten

Obwohl Gesellschaften und Anbieter eine ununterbrochene Vernetzung vorziehen würden, kommt es eben hin und wieder aus dem einen oder anderen Grund zu Verbindungsproblemen. Die Verbindung liegt nicht in der Verantwortung einer einzelnen Einheit. Die Verbindung eines Routers zum Internet betrifft den Router, die CSU/DSU (Channel Service Unit/Data Service Unit), die Energie, Verkabelung, physische Zugangsleitungen und viele Administratoren – jeder Faktor jeweils mit Auswirkungen auf verschiedene Bereiche der Verbindung. Die Verbindung kann auch jederzeit durch menschliches Versagen, Softwarefehler, physische Mängel oder widrige, unvorhergesehene Umstände (z.B. schlechtes Wetter oder Stromausfall) gestört werden.

Aus all diesen genannten Gründen sind freie Kapazitäten überall erwünscht. Die Schaffung freier Kapazitäten lässt sich aber nur schwer mit der Symmetrie vereinbaren. »Überfluss« und Symmetrie stellen Gestaltungsziele dar, die einander widersprechen können. Je mehr freie Kapazitäten ein Netzwerk hat, desto weniger vorhersehbar sind Eingangs- und Ausgangsort der Daten. Verfügt der Kunde über mehrere Verbindungen, einen Anschluss an einen Point Of Presence (POP) in

San Francisco und einen anderen zu einem POP beispielsweise in New York, so kehrt der San Francisco verlassende Verkehr vielleicht von New York zurück. Fügt man noch einen dritten Anschluss zu einem POP in Dallas hinzu, dann wird die Verbindung noch zuverlässiger, es wird aber schwieriger, für Datensymmetrie zu sorgen. Netzwerkadministratoren müssen diese Konsequenzen bedenken, während sie Routingregelungen einführen.

7.1.1 Der Druck geographischer Beschränkungen

Zusätzlich zur Motivation, wegen ihrer größeren Verlässlichkeit für stärkere Redundanz zu sorgen, sehen sich Firmen gelegentlich auch dem Druck ausgesetzt, aus geographischen Erwägungen zusätzlich freie Kapazitäten zu schaffen. Viele heutige Firmen haben einen nationalen, internationalen oder multinationalen Charakter. Das autonome System stellt für sie eine logische Einheit dar, die sich über verschiedene physische Standorte erstreckt. Eine Gesellschaft, die in einem AS beheimatet ist, das sich über verschiedene geographische Punkte erstreckt, hat die Möglichkeit, Dienste von einem oder verschiedenen Providern in unterschiedlichen Regionen in Anspruch zu nehmen. In Bild 7.1 hat das Büro des AS1 in San Francisco Kontakt zum POP des ISP1 in San Francisco, die New Yorker Abteilung ist mit dem New Yorker POP des ISP2 verbunden. Unter diesen Umständen kann der Datenverkehr einen in Richtung auf seinen Bestimmungsort kürzeren Pfad über den geographisch näherliegenden POP nehmen.

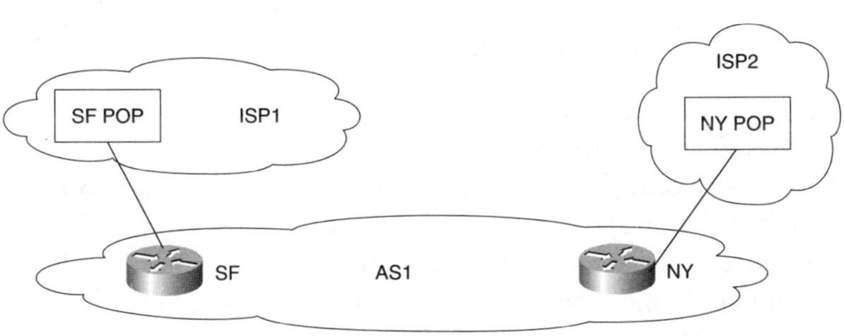

Bild 7.1: Geographisch begründete Multihoming Situation

Da freie Kapazitäten immer im Zusammenhang mit der Tatsache stehen, dass es alternative Routen zu und von einem Netzwerk gibt, bedeutet dies auch, dass die extra erhaltenen

Routinginformationen auch in der Routingtabelle verzeichnet werden müssen. Das *Default*-Routing ist ein praktisches Alternativ-Werkzeug, um ein Übermaß zusätzlichen Routings zu vermeiden. Das *Default*-Routing ruft backup-Routen auf, wenn die primären Verbindungen zusammenbrechen. Im folgenden Abschnitt wollen wir versuchen, die verschiedenen Aspekte des *Default*-Routing darzulegen und zu definieren, wie es eingesetzt werden kann, um vereinfachte Routingsituationen zu schaffen.

7.1.2 Festlegung von Default-Routen

Default-Routen zu befolgen ist eine sehr wirksame Methode, mit der sich die Zahl der Routen, die ein Router zu lernen hat, eingrenzen lässt und mit deren Hilfe Netzwerke an Redundanz gewinnen, falls Fehler oder Verbindungsunterbrechungen auftreten. Es ist wichtig zu verstehen, wie *Default*-Routing funktioniert. Cisco nennt den *Default*-Routenpfad die »letzte Routing-Verbindungsmöglichkeit« *(gateway of last resort)*. So wie es das Leben erleichtert, wenn richtig konfiguriert wird, so wird es auch schwerer, wenn das Routing nicht korrekt eingestellt ist.

Laut Definition ist eine *Default*-Route eine in einer IP-Transporttabelle aufgeführte Wegbeschreibung, die verwendet wird, wenn es zu einem Bestimmungsort keinen Routing-Eintrag gibt. Man könnte auch sagen, eine *Default*-Route stehe für die letzte Chance, wenn eine bestimmte Routeninformation zu einem Ziel nicht vorliegt, dieses doch noch zu erreichen.

Dynamisch gelernte Default-Routen

Die allgemein bekannte *Default*-Route wird gewöhnlich durch die Netzwerkmasken-Kombination 0.0.0.0/0.0.0.0 (oder auch durch 0/0) dargestellt. Diese Route kann durch dynamische Veröffentlichung zwischen Routern ausgetauscht werden. Jedes System, das diese Route ausgibt, präsentiert sich anderen Systemen als die letzte Routing-Verbindungsmöglichkeit in einer scheinbar ausweglosen Situation. Bild 7.2 zeigt eine solche Konfiguration.

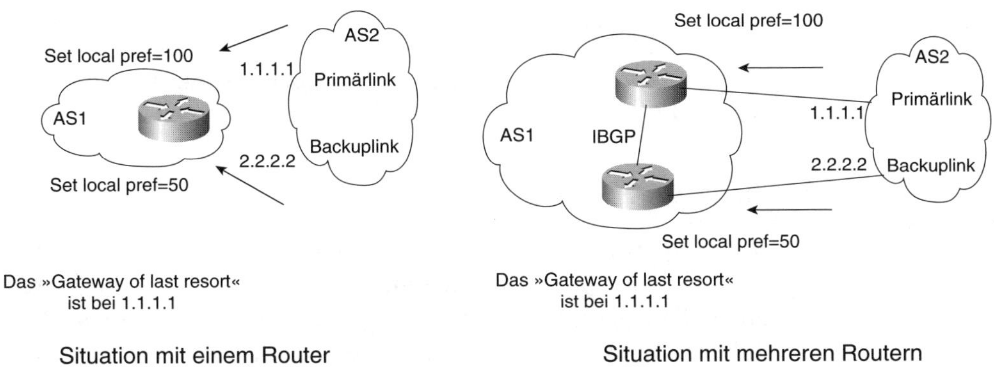

Bild 7.2: Dynamische Default-Konfiguration

Dynamische Default-Routen (0/0) können über BGP oder IGP gelernt werden, je nachdem, welches Protokoll zwischen zwei Domänen gültig ist. Zum Zweck der Einrichtung freier Kapazitäten oder wenn es darum geht, mögliche Fehler beheben zu können, sollten Sie Ihre *defaults* aus mehreren Quellen beziehen. Im BGP-Kontext kann die lokale Präferenz so festgelegt werden, dass die Default-Routen einen Grad der Präferenz dazu angibt, welche *Default*-Routen Vorrang haben und welche als *Backup*-Route gedacht ist. Wenn die eine Default-Route ausfällt, springt die andere ein.

Im linken Teil von Bild 7.2 stellt ein einzelner Router über zwei Verbindungen zwischen AS1 und AS2 Kontakt her. Wenn sich AS1 entschließt, möglichst wenige Routen von AS2 anzunehmen, so kann AS1 nur die 0/0 *Default*-Route akzeptieren. In diesem Beispiel erlernt AS1 die 0/0 von zwei Links und setzt Prioritäten, indem es die lokale Präferenz auf dem primären Link auf 100 setzt und dem Stütz-(*backup*-)Link die 50 (oder eine andere Zahl, die niedriger ist als 100) zuteilt. Unter normalen Bedingungen befände sich der »letzte Notausgang« bei 1.1.1.1.

Im Falle der Situation mit mehreren Routern (siehe rechte Seite in Bild 7.2) kann man selbiges auch mit mehreren Routern erreichen, solange innerhalb des AS IBGP gilt. Die zwischen den IBGP-Routern ausgetauschte lokale Präferenz definiert die primären und die *Backup*-Links.

TIPP

Sehen Sie hierzu den Abschnitt »Dynamisch erlernte Defaults« aus Kapitel 12

Statisch festgelegte Defaults

Viele Operatoren entscheiden sich dazu, dynamisch erlernte Default-Routen auszusortieren, um zu vermeiden, dass Daten an Stellen geraten, an denen sie eigentlich nichts zu suchen haben. Ein AS hat eben auch die Möglichkeit, seine eigenen *defaults* statisch einzustellen, indem es seine eigene 0/0 Route festschreibt. Statisch festgelegte *Default*-Routen ermöglichen es, das Routingverhalten besser zu kontrollieren, da der Operator selbst in der Lage ist, seine letzte Routing-Möglichkeit zu definieren, anstatt sich diese von einer außenstehenden Einheit aufzwingen zu lassen. Und eben deshalb werden dynamisch erlernte *Default*-Routen von vielen Operatoren ausgesondert, weil sie nicht wollen, daß der Verkehr dort endet, wo er eigentlich nicht vorgesehen war.

TIPP

Sehen Sie hierzu Abschnitt »Statische Default-Konfigurationen« aus Kapitel 12

Ein Operator kann die *Default*-Route 0/0 statisch so festlegen, dass sie auf Folgendes verweist:

- Auf die IP-Adresse des *next-hop*-Durchgangs
- Auf ein bestimmtes Router-Interface
- Auf eine Netzwerknummer

Bild 7.3 illustriert die ersten beiden Möglichkeiten. Auf der linken Seite richtet ein Router seine eigene 0/0 *Default*-Route statisch auf die IP-Adresse 1.1.1.1 aus. Rechts orientiert derselbe Router seine *Default*-Route in Richtung eines Ethernet-Interfaces. Im letzteren der beiden Ansätze muss durch weitere Verarbeitung herausgefunden werden, zu wem auf dem Segment der Datenverkehr geleitet werden soll. Ein solcher Vorgang beinhaltet normalerweise, dass man Address-Resolution-

Protocol-(ARP)[1]-Pakete verschickt, um die physische Adresse des *next-hop*-Routers feststellen zu können.

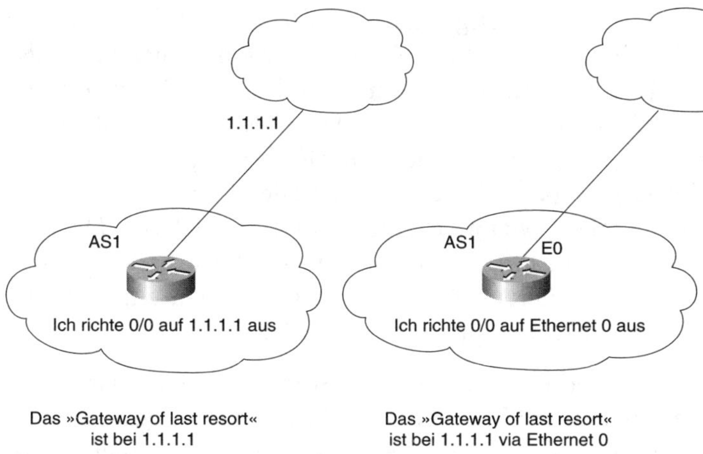

Bild 7.3: Konfiguration des statischen Defaults

Ein System kann seine *Default*-Routen auch nach einer Netzwerknummer ausrichten, die es von einem anderen System erfahren hat. In Bild 7.4 erlernt AS1 die Route 192.213.0.0/16 dynamisch von AS2. Wenn AS1 seine *Default*-Route auf 192.213.0.0/16 hin orientiert, wird dieses Netzwerk automatisch zum *gateway of last resort* (letzte Routing-Verbindungsmöglichkeit). Diese Vorgehensweise überprüft und identifiziert wiederholt Routen (*recursive route lookup*), um die IP-Adresse des nächsten Hop-Durchgangs zuersehen. In diesem Beispiel stellt sich durch mehrmalige Untersuchung der Routen heraus, dass das Netzwerk 192.213.0.0/16 über den nächsten Hop 1.1.1.1 erlernt wurde. Die Daten werden dementsprechend weitergeleitet.

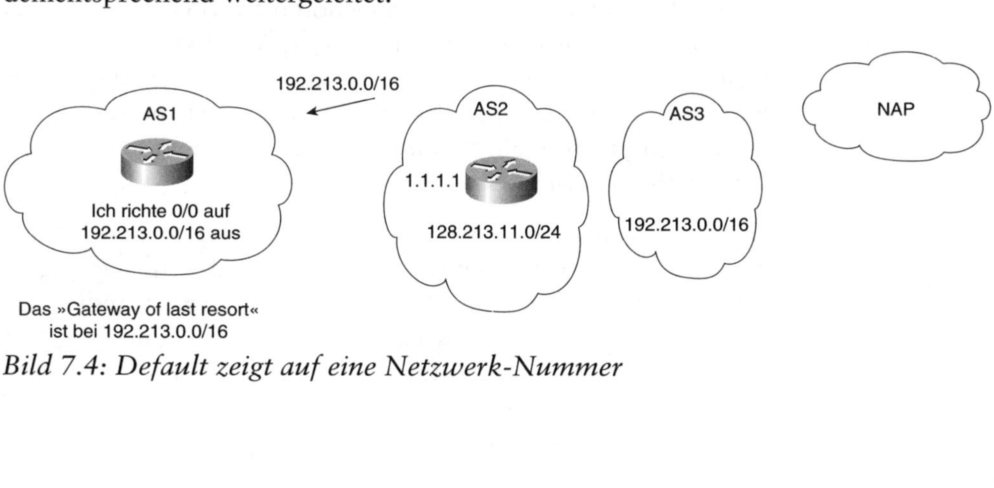

Bild 7.4: Default zeigt auf eine Netzwerk-Nummer

Es ist Voraussetzung, dass *Default*-Routen selbstständig von der Bildfläche verschwinden, wenn der Ort an den sie verweisen, nicht mehr existiert. Cisco lässt auf die Existenz einer Einheit eine statisch festgelegte *Default*-Route folgen, die auf diese Einheit hinweist. Verweist die *Default*-Route beispielsweise auf eine Netzwerknummer, und dieses Netzwerk ist nicht mehr erreichbar (es ist in der IP-Routingtabelle nicht eingetragen), so wird auch der Eintrag der *Default*-Route aus der IP-Routingtabelle verschwinden. Diese Art der Handhabung ist nützlich, wenn in einer Situation vielerlei *Default*-Routen existieren. Eine *Default*-Route wird als die Vorrangige eingesetzt, die anderen *Default*-Routen springen ein, falls die primäre *Default*-Route ungültig geworden ist.

Default-Netzwerke sollten so ausgewählt werden, dass sie so nah wie möglich am Internet (je mehr *upstream*, desto besser) liegen. Dadurch können sie den Link gegenüber einem NAP oder anderen Zwischenverbindungen zu Service Providern besser in seiner Gesamtheit, anstatt nur in Teilen repräsentieren. Das wird dann wichtig, wenn das AS, mit dem Sie verbunden sind, über eine einzige Verbindung zu einem NAP verfügt. In Bild 7.4 kann AS1 die *Default*-Route in Richtung auf seinen Provider AS2 ausrichten, indem er auf das Präfix 128.213.11.0/24 oder das Supernetzwerk 192.213.0.0/16 verweist. Wenn sich die *Default*-Route an 128.213.11.0/24 orientiert, so hängt sie von der Stabilität eines Teil-Links (von AS1 nach AS2) ab und ist nicht an die Stabilität des gesamten Links (von AS1 nach AS3) in Richtung NAP geknüpft. Bricht der Link zwischen AS2 und AS3 ab, wird AS1 dennoch weiterhin Daten an AS2 weitersenden, anstatt sie an irgendeine andere *Default*-Route (immer angenommen, AS1 hat noch andere Anbieter) zu schicken. Eine bessere Wahl als die *Default*-Route wäre das Supernetzwerk 192.213.0.0/16, weil dessen Existenz den Gesamtlink gegenüber dem NAP besser repräsentiert und nicht mehr von irgendwelchen sich einschaltenden Links abhängig ist.

Die ausgewählten Netzwerke sollten keine spezifischen Subnetzwerke sein. Ein Subnetzwerke, das sich »überschlägt«, bringt Ihre *Default*-Route möglicherweise dazu, ständig ein- oder auszusetzen. Da ist es besser, die *Default*-Routen anstatt nur auf einen bestimmten Link, auf ein Haupt-Aggregat oder ein Supernetzwerk hin zu orientieren, das die Stabilität eines ganzen Anbieters wiederspiegelt.

Multiple statische *Default*-Routen können auch parallel genutzt werden. Man kann multiple statische *Default*-Routen festlegen, indem man sie in Richtung mehrerer Netzwerke ausrichtet (aus Stabilitätsgründen möglichst unter Zuhilfenahme von Aggregaten) und einen Präferenzgrad bestimmt, indem man das lokale BGP-Präferenzattribut einsetzt. Das würde auf einen einzelnen Router, der über mehrere Verbindungen an einen Provider geknüpft ist zutreffen, oder auf mehrere Router, die innerhalb des AS mit IBGP arbeiten. Beide Situationen werden in Bild 7.5 dargestellt. Diese Szenarien ähneln den in Bild 7.4 illustrierten. Der einzige Unterschied liegt darin, dass der Kunde seine eigene *Default*-Route einstellt, anstatt sich darauf zu verlassen, dass ihm sein Anbieter die 0/0 *Default*-Route zusendet. In diesem Fallbeispiel entscheidet sich der Kunde für 128.213.0.0/16 mit der lokalen Präferenz zu 100 über den oberen Link. Der untere Link wird basierend auf einer für die *Default*-Route veranschlagten lokalen Präferenz zu 50 als Stütze und Absicherung eingesetzt, wenn der primäre Link ausfallen sollte.

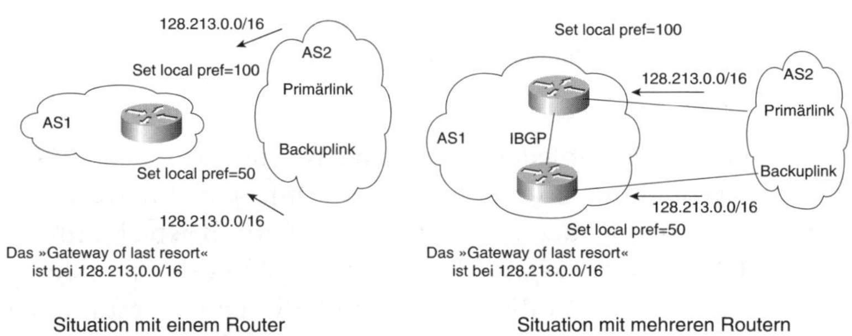

Bild 7.5: Statisches Anzielen mehrerer Netzwerk-Defaults

Eine weitere Möglichkeit, *Default*-Routen statisch festzulegen, kann durch den Einsatz des Cisco-Distanzenparameters (siehe Tabelle 6.1 in Kapitel 6) zur Bestimmung des Präferenzgrades genutzt werden. Da der Distanzparameter zwischen den Routern nicht ausgetauscht wird, würde dies nur funktionieren, wenn einer der Router über mehrere Verbindungen Anschluss hat.

Werden zwei statische *Default*-Routen mit verschiedenen Distanzen definiert, so wird die *Default*-Route mit dem geringeren Abstand gewinnen. Setzt die bessere *Default*-Route aus, springt die zweite *Default*-Route ein. Haben die beiden *Default*-Routen aber dieselbe Distanz, so wird der Datenverkehr gleichmäßig zwischen den zwei *Default*-Routenpfaden aufgeteilt. Hier setzen Mechanismen ein, die zum Gebrauch des jeweiligen zugrundeliegenden Umschalte-Modus angeboten werden.

Bild 7.6 veranschaulicht, wie Distanzparameter eingesetzt werden, um multiple *Default*-Routen konfigurieren zu können.AS1 ist über zwei Links mit AS2 verbunden und richtet seine eigenen *Default*-Routen auf AS2. AS1 nutzt den einen Link primär, indem es der statischen *Default*-Route einen Abstand mit 50 zuweist. Die *Default*-Route hat im Vergleich zum *backup*-Link mit 60 also eine niedrigere Distanz. Sollte der primäre Link ausfallen, wird der *backup*-Link den Verkehr weiterleiten.

Bild 7.6: Statisches Anzielen von multiplen Verbindungen durch die Default

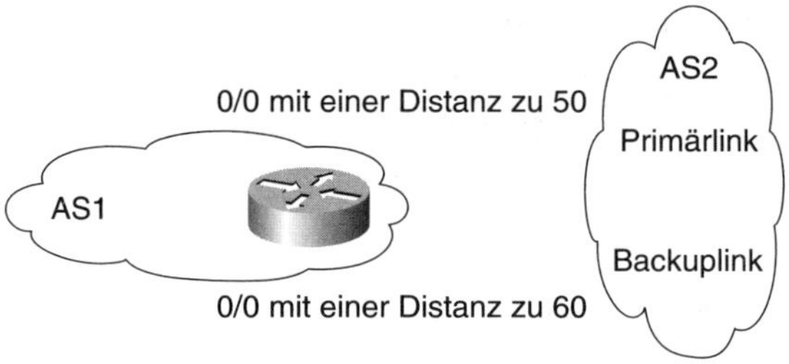

Bitte beachten Sie folgendes: Ist eine Route mit einem Interface in Verbindung, so muß erst dieses Interface unerreichbar sein, bevor die Route ungültig wird. Zum Beispiel tauscht Cisco-HDLC über *Default*-Routen KEEPALIVE-Nachrichten aus. Treffen die KEEPALIVES innerhalb eines bestimmten Zeitraums nicht ein, so wird die Interface-Protokollverbindung beendet. Dadurch wird die Route aussortiert. Andererseits tauscht ein Frame Relay oder virtueller ATM-Energiekreislauf mit dem *remote*-Router keine KEEPALIVE-Botschaften aus. Deshalb wird sowohl das Interface, als auch die zugehörige Route aktiviert bleiben, auch wenn der virtuelle Kreislauf versagt.

7.2 Symmetrie

Der Ausdruck *Symmetrie* bezeichnet den Tatbestand, dass Daten, die das AS von einem bestimmten Ausgang aus verlassen, an derselben Stelle auch wieder hereinkommen. Das kann man leicht herbeiführen, wenn es nur einen einzigen Ein- und Ausgang gibt. Da aber freie Kapazitäten geschaffen werden sollten und darüber hinaus mehrere Verbindungen existieren, tendiert der Verkehr jedoch dazu, asymmetrisch zu verlaufen. Verhält sich der Verkehr jedoch nicht symmetrisch, dann stellen Kunden und Anbieter bald fest, dass sie nicht besonders gut kontrollieren können, wie die Daten in ihr AS gelangen oder es verlassen. Daten, die das autonome System an der Ostküste verlassen, wählen am Ende vielleicht, von der Westküste zurückkommend die »romantische Straße«, und bereisen dann innerhalb des AS mehrere Hops, bevor sie wieder an ihrem Ursprungsort eintreffen. Das ist gewöhnlich eine Folge des Routing zum nächstgelegenen Ausgang, mit dem wir uns im 6. Kapitel auseinandergesetzt haben.

In Wirklichkeit ist aber alles nur halb so schlimm, wie es aussieht. In manchen Situationen ist asymmetrisch verlaufender Verkehr je nach Anwendung und allgemeiner physischer Topologie recht zufriedenstellend, sofern es sich auf die Linkgeschwindigkeit und die Anzahl der Hops zwischen den Standorten bezieht. Generell hätten es Kunden und Provider gern, wenn ihre Daten nahe oder an selber Stelle wieder eintreffen, an der sie das AS verlassen haben. So kann man die Gefahr potentieller Verzögerungen stark begrenzen, die anderenfalls eintreten könnte. Dann wiederum möchte der Kunde den Verkehr vielleicht so lange wie möglich in seinem Netzwerk weiterleiten, um Verspätungen oder die Überlastung seiner Partner-Netzwerke zu vermeiden.

Wenn Sie Symmetrie erreichen wollen, sollten Sie einen Link als primär deklarieren und sich sehr bemühen, dass der Hauptanteil der Daten so geleitet wird, dass er über diesen Link geht. Wir wollen mehrere Methoden, wie man durch die Spezifizierung von Regelungen für Symmetrie sorgen kann, durchgehen. Sie sollten aber wissen, dass Asymmetrie in der Praxis viel häufiger vorkommt, sich daraus aber dennoch keine allzu großen Schwierigkeiten ergeben.

7.3 Gleichmäßige Verteilung von Netzlasten

Das Ausgleichen von Netzlasten bedeutet die Möglichkeit, den Datenverkehr auf mehrere Verbindungen aufzuteilen. Eine allgemein übliche Missinterpretation des Ausbalancierens ist, dass die Netzlasten gleichmäßig aufgeteilt werden. Es ist schon zu schwierig, Daten paritätisch zu verteilen, auch wenn der Verkehr in ein Netzwerk gerät, das nur von einer Administration betreut wird. Da aber die Daten mit vielen Mitspielern in Berührung kommen, ist es in den meisten Fällen fast unmöglich, den Verkehr völlig gleichmäßig aufzuteilen. Mit dem Ausbalancieren von Netzlasten versucht man für die Daten ein Verteilungsmuster zu erstellen, das die als freie Kapazitäten zur Verfügung stehenden multiplen Links, bestmöglich ausnützt. Um diese zu erreichen, müssen Sie sehr genau wissen, welchen Datenverkehr Sie ins Gleichgewicht bringen wollen; hereinkommende oder für außerhalb bestimmte Daten.

Sie dürfen den Verkehr nicht als Einheit sehen. Sie sollten den Datenverkehr als zwei separate, nach innen oder nach außen gerichtete Einheiten sehen. In Hinblick auf ein autonomes System wird der für innen bestimmte Verkehr von anderen AS erhalten, der nach außen gehende Verkehr ist an andere AS gerichtet.

Nehmen wir an, Sie stünden mit zwei ISP in Kontakt und die Daten überlasten Ihren Link zu ISP1. Ihre erste Frage sollte lauten: Um welche Art Verkehr handelt es sich denn, für den nach draußen oder nach drinnen? Kommen alle Daten von ISP1, oder verschicken Sie alles an ISP1?

Die Verlaufsmuster für inwendige und auswärtige Daten gestalten sich je nach der Art, wie Sie Ihre Routen veröffentlichen und wie Sie Routen von anderen AS erlernen. Der nach innen gerichteter Verkehr wird davon beeinflusst, wie das AS in der Außenwelt mit seinen Netzwerken wirbt. Die von außenstehenden AS eintreffenden Routingupdates wirken hingegen auf die für draußen bestimmten Daten ein. Versuchen Sie bitte, diese Vorgänge genau zu verstehen, weil sie die Basis dessen sind, was wir im Weiteren besprechen wollen. Wenn wir ab jetzt davon sprechen, wie Schritte unternommen werden können, um auf den nach innen gerichteten Verkehr einzuwirken, dann geht es darum, wie wir nach außen orientierte

Routing-Ankündigungen mit Eigenschaften ausstatten, weil die Art, wie andere von uns Routen erlernen, Auswirkungen darauf hat, wie und in welche Bahnen der Verkehr innerhalb des AS verläuft. Ähnlich verhält es sich, wenn wir darüber sprechen, den nach außen gerichteten Verkehr beeinflussen zu wollen. Dann nämlich sprechen wir davon, den für innen bestimmten Routing-Bekanntgaben Attribute zuzufügen. Die Art, wie unser Netzwerk Routen erlernt, beeinflusst nämlich, wie der nach außen orientierte Datenverkehr geleitet wird. Bild 7.7 zeigt, wie sich der nach außen oder innen gerichtete Datenverkehr verhält.

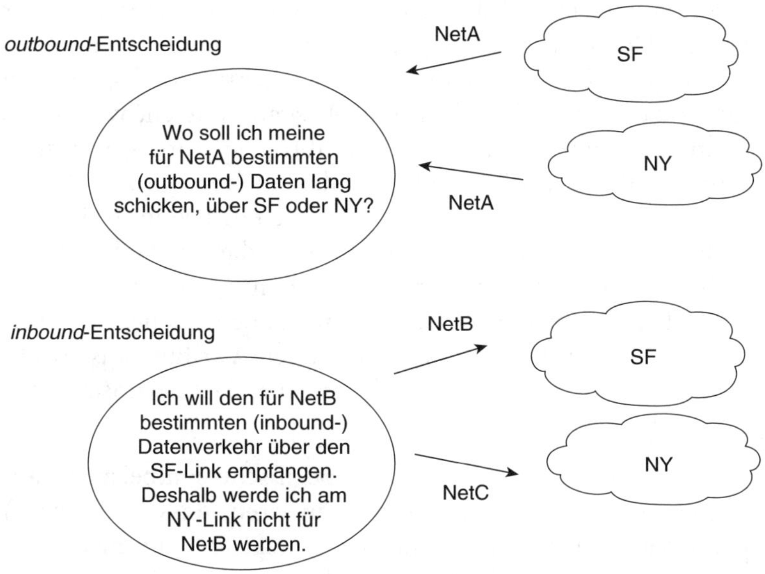

Bild 7.7: Entscheidungen über Eingang und Ausgang

Wie Sie sehen, hängt die Frage, auf welchem Weg der nach außen gehenden Verkehr NetA erreichen wird, davon ab, woher man NetA kennt. Da NetA von SF und NY empfangen wird, wird der nach außen gerichtete Datenverkehr über SF oder NY laufen können.

Andererseits wird der Pfad, den der für innen bestimmte Verkehr nehmen wird, um zu den lokalen Netzwerken NetB und NetC zu gelangen, dadurch bestimmt, wie Sie diese Netzwerke veröffentlichen. Wenn Sie für NetC nur über den NY-Link veröffentlichen, wird der nach NetC gerichtete Datenverkehr über den NY-Link hereinkommen. Genauso werden die an

NetB gerichteten Daten, wenn Sie NetB nur über den SF-Link publik machen, den SF-Link benutzen. Obwohl diese Situation für den im System eintreffenden Verkehr scheinbar optimal ist, so hat man die beiden angebotenen Netzwerke leider doch nicht mit großen freien Kapazitäten versorgen können.

7.4 Fallbeispiele: Gestaltung freier Kapazitäten, von Symmetrie und der Netzlastenbalance

Jetzt wissen Sie schon, wie die Gestaltungsziele für Redundanz, Symmetrie und dem Ausgleich von Netzlasten einander überschneiden oder womöglich auch miteinander konkurrieren können. Wie kann man Daten auf mehrere Links verteilen und trotzdem nur einen Ein- und Ausgang nutzen, wie es das Symmetriegebot eigentlich vorschreibt? Das wird sogar noch schwerer, wenn die multiplen Links im autonomen System auch noch auf mehrere Router verteilt sind. Die im 6. Kapitel beschriebenen Attribute sind Werkzeuge, die für die Schaffung der gewünschten freien Kapazitäten, von Symmetrie und der Netzlastenbalance eingesetzt werden können. Es liegt im Aufgabenbereich des Operators, die richtigen Attribute auszuwählen, zu konfigurieren und zu filtern, um das erwünschte Ergebnis zu erzielen.

In diesem Abschnitt führen wir spezifische Fallbeispiele auf und versuchen, sie derart zu konfigurieren, dass Redundanz, Symmetrie und die Verteilung der Netzlasten optimiert werden. Die Situationen lassen sich nicht auf alle beliebigen Netzwerkkonfigurationen übertragen, und die dargestellten Lösungsvorschläge sind nicht die einzigen. Das Wissen aber, das sie vermitteln, kann in allen anderen Situationen nützlich sein und Ihnen helfen, bessere und effizientere Gestaltungsmöglichkeiten zu finden und zu verwirklichen.

Bei der ersten Situation handelt es sich um einen ganz einfachen Fall, die nachfolgenden Szenarien sind dann jeweils etwas komplizierter. Bitte beachten Sie, dass die in vielen Fällen zwischen dem Kunden und Provider eingezeichnete dünne Linie bedeuten, dass ein Anbieter seinerseits auch ein Kunde eines anderen Providers sein kann. Der prinzipielle Unterschied besteht darin, dass der Kunde einen Internetanschluss erhält, indem er sich an Provider bindet. Er selbst bietet anderen Kunden aber keine Vernetzung an. Provider bieten Internet-Vernetzungsdienste an, und können ihrerseits auch Kunden anderer Anbieter sein.

Die in den folgenden Abschnitten dargestellten Situationen sind eingeteilt je nachdem, ob der Kunde von seinem Provider minimale oder gar keine Wegbeschreibungen, partielle Routen, Vollrouten oder eine Kombination all dieser erhält. Im *default-only*-genannten Fall, dass der Kunde vereinzelte oder gar keine Routen akzeptiert, können Sie davon ausgehen, dass der Kunde immer noch die 0/0 Route oder ein paar Aggregatrouten erlernen kann, wodurch der Kunde immer noch eine statische *Default*-Route einstellen kann. Partielles Routing schließt normalerweise die lokalen Routen des Providers und die Routen seiner anderen Kunden mit ein. Der Ausdruck »volles Routing« (*full routing*) bezieht sich auf alle existierenden Internetrouten – ca. 75000 Routen Anfang 2000. Eine Kombination dieser Situationen tritt ein, wenn ein Kunde vom selben Provider eine *Default*-Route und partielle Routen erhält, oder partielle Routen vom einen und Vollrouten vom anderen Anbieter, usw.

7.4.1 Situation: Singlehoming

Singlehomed-Kunden verfügen über Standorte, die über eine einzige Verbindung zu einem Service Provider zum Internet Zugang haben. Bild 7.8 zeigt einen solchen Fall.

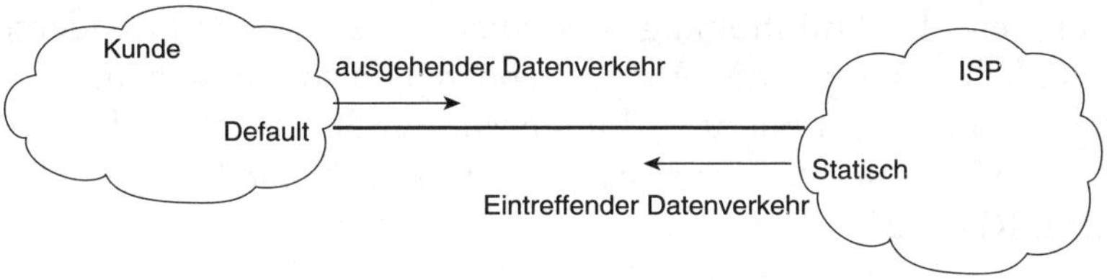

Bild 7.8: Darstellung einer singlehomed-site Situation

Der Kunde kann gewöhnlich adäquat bedient werden, indem die *Default*-Routen auf den Provider ausgerichtet werden. Der Provider kann auch statisches Routing einsetzen, um den Kunden zu erreichen. Diese ist die billigste Methode und äußerst effektiv. Unter dem technischen Aspekt betrachtet, muss weder der Kunde noch der Provider mit BGP arbeiten. Also muss der Kundenrouter auch keine Internetrouten erlernen.

Dadurch schont und spart man gründlich Datenspeicher und den *processing overhead*. In diesem Fall spielt die Frage nach Routensymmetrie keine Rolle, weil der Verkehr durch einen einzigen Ein- und Ausgang kommt und geht.

Sites, die mit einem Provider durch einen einzigen Anschluss Kontakt haben, sind im Allgemeinen eben von einer einzigen Verbindung zum Internet abhängig. Ein Backup ist hier nicht vorgesehen. Bricht der Anschluss zusammen, kann der Kunde die Zeitspanne abwarten, bis die Verbindung wieder hergestellt ist. Eine solche Vereinbarung ist für Kommunikationsanforderungen in Zusammenhang mit schwierig übermittelbaren Daten unzureichend. Eine *singlehomed*-Site ohne eine Ersatzverbindung wäre für Anwendungen, die auf ein hohes Niveau an Zuverlässigkeit angewiesen sind, nicht geeignet. Sie sollten außerdem beachten, dass der Einsatz standardisierter statischer/*Default*-Routingkonfigurationen diese Situation noch unbefriedigender gestalten würde.

7.4.2 Situation: Multihoming zu einem einzelnen Providern

Ein Kunde, der über denselben Provider mehrere Anschlüsse zum Internet hat, gilt als *multihomed* bezüglich eines einzelnen Providers. Gehen Sie davon aus, daß im Falle des Multihoming bezüglich eines einzigen Providers BGP als Routingprotokoll verwendet wird. Obwohl dies nicht immer notwendig ist, würde ein Einsatz des BGP wahrscheinlich die größte Flexibilität ermöglichen. Außerdem ist es unter diesen Umständen (des Multihomings bezüglich eines einzigen Providers) möglich, eine private AS zu benützen, also muss man sich nicht um die AS-Nummer kümmern. Für zusätzliche Informationen beachten Sie bitte, wie schon im 6. Kapitel vorgeschlagen, RFC 2270.

In den nächsten Abschnitten geht es nun um folgende Szenarien:

- Nur *Default*-Route, ein primärer Link und ein Backup-Link
- *Default*-Route, primärer und Backup-Link plus partielles Routing

- *Default*-Route, primärer und Backup-Link plus volles und partielles Routing
- Automatischer Ausgleich von Netzlasten
- Balance zwischen zwei Routern, die sich mehrere Pfade teilen

Nur *Default*-Route, ein primärer Link und ein Backup-Link

In diesem Beispiel konfiguriert der Kunde sein *Default*-Routing in Richtung des Providers und akzeptiert keine partiellen oder Vollrouten. Der Kunde kann in Bezug auf beide Verbindungen *Default*-Routen laufen lassen. In Bild 7.9 will der Kunde den einen Link als primäre Datenautobahn und den anderen als Umleitungsstraße nutzen, sollte der primäre Link ausfallen. Gäbe es zum Anbieter mehr als zwei Verbindungen, so könnte der Kunde multiple *Default*-Routen mit variierenden Präferenzniveaus herstellen.

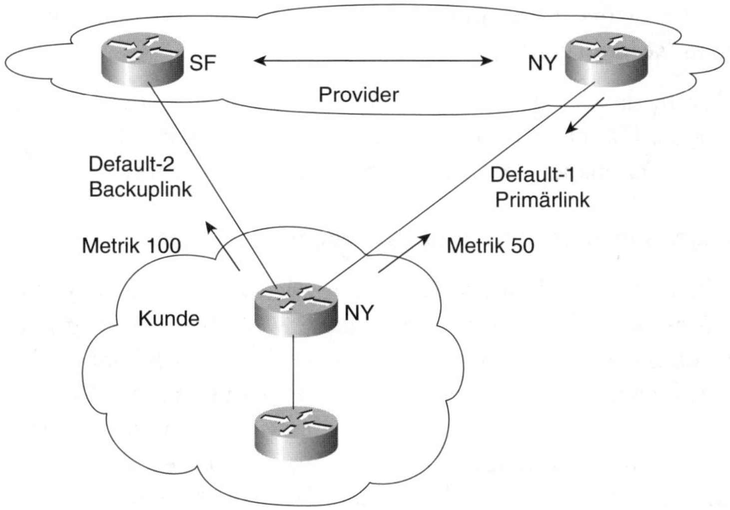

Bild 7.9: Grundschema zu grundlegendem Multihoming/Einzelanbieter

TIPP

Sehen Sie hierzu den Abschnitt »Nur *Default*-Route, ein primärer Link und ein Backup-Link« aus Kapitel 12

In den folgenden zwei Abschnitten werden wir uns mit der Kontrolle des inwendigen wie auswärtigen Verkehrs befassen.

Der nach außen gerichtete Datenverkehr des Kunden

In der in Bild 7.9 dargestellten Situation, in der ein einzelner Router für den Kontakt mit dem Provider an mehreren Standorten eingesetzt wird, können multiple statische *Default*-Routen mit unterschiedlichen Abstandswerten verwendet werden. Die *Default*-Route der geringsten Distanz wird als die primäre gelten. Die 0/0 *Default*-Route oder einige wenige Aggregatrouten können auch dynamisch vom Anbieter erlernt werden, damit der Kunde seine *Default*-Route einstellen kann. Durch die Festlegung lokaler Präferenz kann eine *Default*-Route der anderen vorgezogen werden.

Angenommen die *Default*-Route nach NY wird in Bild 7.9 der nach SF orientierten *Default*-Route vorgezogen: Für normale Unternehmungen wird der Kunde den NY-Link als primären Link vorziehen und der SF-Link wäre nur der Reservelink.

Für den für außerhalb des AS bestimmten Verkehr ist der Ausgleich von Netzlasten keine Option, da die gesamten Daten über die primäre Leitung verschickt werden, und die sekundäre in Reserve gehalten wird.

Dadurch, dass es nicht zum Ausgleich der Netzlasten kommt, ergibt sich aber kein Nachteil, da der Kundenrouter dafür weniger Datenspeicher- und Prozessorenergie verbraucht.

Der nach innen gerichtete Datenverkehr des Kunden

Der Kunde kann dem Provider seine Netzwerke über BGP bekannt geben. Der Anbieter wird über zwei Pfade Zugang zum Kunden haben. Der inwendige Datenverkehr des Kunden wird davon beeinflusst, welchen Pfad der Provider wählt. Normalerweise entscheidet sich der Provider (immer angenommen, alle bei ihm eintreffenden BGP-Attribute sind gleich) dahingehend, dass der Verkehr durch den nächstgelegenen Ausgang des Anbieters zum AS des Kunden reist. Befinden sich die für den Kunden bestimmten Daten näher am NY-Link, werden sie auch über NY im AS des Kunden eintreffen. Bewegt sich der Verkehr in der Nähe von SF, wird er auch über SF im AS ankommen.

Der Kunde hat über all diese Faktoren keine Kontrolle. Kunden, die diese Art der Einflussnahme überbrücken und den eintreffenden Verkehr auf den einen oder anderen Pfad dirigieren möchten, können dies erreichen, indem sie ihre Routen mit verschiedener Metrik anbieten. Der Anbieter wird seine Daten anhand des Metrikwerts zum Kunden weiterleiten. In Bild 7.9 wirbt der Kunde mit Kurs auf NY für seine Routen mit einer Metrik zu 50, und mit einem Metrikwert zu 100 in Richtung auf SF. Deshalb werden die für den Kunden gedachten Daten die Route über NY nehmen.

Default-Route, primärer und Backup-Link plus partielles Routing

In diesem Fallbeispiel verhält es sich wie in der Situation mit *Default*-Route, primärem und Reserve-Link, nur dass der Kunde über seinen Anbieter auch partielles Routing in Anspruch nehmen kann. Bild 7.10 illustriert diesen Sachverhalt.

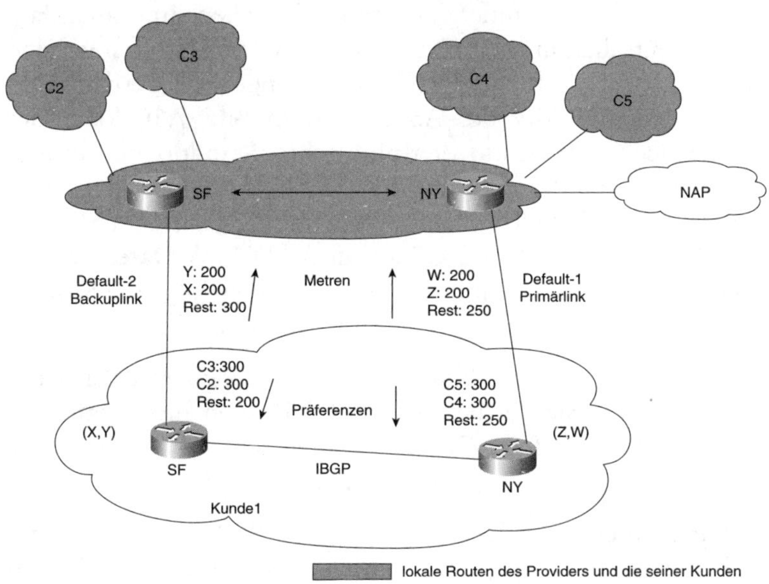

Bild 7.10: Schematische Darstellung eines Multihoming/Einzelanbieters mit partiellem Routing

Die in Bild 7.10 dargestellte Vorgehensweise stattet den Kunden mit mehr Flexibilität aus. Er kann seine Ausgänge viel besser auswählen, da er über mehr Routinginformationen verfügt. Hier wird es im Folgenden sowohl um inwendige wie auch auswärtige Datenverkehrs-Schemata gehen.

Tipp

Sehen Sie hierzu den Abschnitt »*Default*-Route, primäre und Backup-Routing plus partielles Routing« aus Kapitel 12

Der nach außen gerichtete Datenverkehr des Kunden

Stellen Sie sich eine Situation vor, in der Kunde1 mit dem Provider über zwei separate Router in Verbindung steht. Der Kunde hat die Wahl, zu entscheiden, welchen Pfad jede einzelne der partiellen Routen nehmen soll. Das geschieht, indem der Kunde den verschiedenen, in sein AS kommenden Routen eine andere lokale Präferenz zugesteht.

Lokale Präferenzen können an einen AS-Pfad, auf Präfixbasis oder auf beides angelegt werden. Wenn die lokale Präferenz auf einem AS-Pfad basiert, wird sie sich auf alle in einem bestimmten AS vorkommenden Präfixe beziehen. Im Falle, dass Routingentscheidungen anhand von Präfixen getroffen werden müssen, kann die lokale Präferenz so eingestellt werden, dass sie auf jedem Präfix des AS basiert. In Bild 7.10 kann der Kunde sich, gestützt auf den physischen Standort bestimmter AS oder Präfixe hinsichtlich des AS des Anbieters, dazu entschließen, den Kunden 2 und 3 (C2 und C3) auf dem SF-Link und den Kunden C4 und C5 auf dem NY-Link Daten weiterzugeben. Der Kunde kann dies tun, indem er folgende Schritte befolgt:

- Für Routen, die Sie über den NY-Link kennen gelernt haben, setzten Sie für die C4- und C5-Routen eine lokale Präferenz zu 300 fest. Geben sie allen anderen Routen eine Präferenz zu 250 (einschließlich C2 und C3).
- Für Routen, von denen Sie über den SF-Link erfahren haben, sollten Sie für die C2- und C3-Routen eine lokale Präferenz zu 300 veranschlagen. Setzen Sie für alle anderen Routen (einschließlich C4 und C5) die Präferenz auf 200 fest.

Wenn sich ein Kunde mehreren Routen gegenüber sieht, die (über internes und externes BGP) zum selben Ziel führen, wird er die C4- und C5-Routen über den NY-Link vorziehen (300 ist mehr als 200). Ebenso wird sich der Kunde auch lieber für die C2- und C3-Routen über den SF-Link entscheiden (300 ist mehr als 250). Für Kunden, die nicht zu C2, C3, C4 oder C5 gehören, würde der NY-Link vorgezogen (250 ist mehr als 200).

Für alle anderen, dem Kunden 1 unbekannten Internetrouten wird *Default*-Route in der primären und Reserve-*Default*-Routenart gehandhabt. Die 0/0 *Default*-Route würde vom Provider über beide Links dynamisch erlernt oder könnte statisch eingestellt werden, sodass sie auf eines der Providernetzwerke ausgerichtet ist. Lokale Präferenzen könnten dazu eingesetzt werden, um sich zugunsten einer primären *Default*-Route gegenüber einer Reserve-*Default*-Route entscheiden zu können. Auf Grund der Art und Weise, wie die lokale Präferenz für die Kunden C2, C3, C4 und C5 festgesetzt wurde, würden alle Routen einschließlich der 0/0 über den NY-Link bevorzugt (250 ist mehr als 200).

Man könnte das auch ganz anders handhaben: Indem nämlich der Provider dem Kunden seine Metren mitteilt, müsste auf Seiten des Kunden wesentlich weniger konfiguriert werden. Auf diese Option wurde bereits im 6. Kapitel eingegangen. Sollten die vom Provider erhaltenen Metren die relative Distanz des Netzwerks zum Ausgang in Richtung Kundennetzwerk (z. B. C2, C3, C4 oder C5) repräsentieren, so kann der Kunde (C1) seinen für außen bestimmten Datenballast entsprechend aufteilen. Daten zu C4 und C5 würden über den NY-Link nach außen gelangen, Der für C2 und C3 bestimmte Verkehr liefe über den SF-Link. Andere Daten würden das AS des C1 je nach den Metren, die an jedem Link in Bezug auf die Routen kennengelernt wurden, verlassen. Für diese Methode muss zwar weniger konfiguriert werden, dafür ist sie aber auch weniger deterministisch, da der genaue Weg, den die Daten des C1 nehmen, vollständig davon abhängt, ob der Anbieter auch wirklich die korrekten und akkuraten MEDs angibt. Sie sollten sich in Erinnerung rufen, dass dieser Routingtyp als *best-exit routing* bezeichnet wird. Die besten Ergebnisse würden wohl erzielt, wenn man sich für eine Kombination beider Methoden entscheiden würde.

Der nach Innen gerichtete Datenverkehr des Kunden

Der Kunde kann auf den für innerhalb des AS bestimmten Verkehr einwirken, indem er an verschiedenen Links mit unterschiedlichen Metren wirbt. Manche Provider empfehlen ihren Kunden, ihre internen IGP-Metren als BGP-Metren weiterzugeben (wie im 6. Kapitel dargestellt). So kann der Provider seinem Kunden die Daten über einen dem Ziel näher gelegenen Link zusenden. In Bild 7.10 hat sich der Kunde entschieden, die Metren per Hand so einzustellen, dass sich folgendes ergibt:

- Für Routen, die an den NY-Link gehen sollen, werden die Z- und W-Präfixe mit einem MED zu 200 verschickt. Geben Sie allen anderen Präfixen eine Metrik zu 250 (einschließlich X und Y)
- Für Routen, die für den SF-Link gedacht sind, sollten Sie die X- und Y-Präfixe mit einem MED-Wert zu 200 ausgeben. Alle anderen Präfixe (einschließlich Z und W) erhalten einen MED-Wert zu 300.

Werden dem Provider mehrere Routen zu einem Ziel vorgestellt, so greift er über den NY-Link (200 ist weniger als 300) auf die Z- und W-Präfixe zurück. Genauso wird der Anbieter von den X- und Y-Präfixen über den SF-Link (200 ist weniger als 250) Gebrauch machen. In Hinblick auf all diejenigen Präfixe, die nicht zu X, Y, W und Z gehören, wird sich der Provider für den NY-Link (250 liegt niedriger als 300) entscheiden.

RFC 1998[2] gibt noch eine andere Methode an, mit deren Hilfe sich der für innerhalb des AS bestimmte Datenverkehr beeinflussen lässt. Auf diesen Fall wollen wir hier aber nicht mehr eingehen, möchten Ihnen aber empfehlen, sich über die dort beschriebene Methodik zu informieren.

Default-Route, primärer und Backup-Link plus volles und partielles Routing

Kunden, die über mehrere Verbindungen an einen einzelnen Provider angeschlossen sind, können an all ihren Providerverbindungen Vollrouten erhalten oder an einem Link eine Kombination aus Vollrouten und an den anderen keine Routen (*default*) oder partielle Routen haben. Dieselben Methoden, die wir in den vorangegangenen Abschnitten besprochen haben, sind auch auf diesen Fall anwendbar: die lokale Präferenz wird eingesetzt, um den nach außen gerichteten Datenverkehr des Kunden zu kontrollieren, und die Metrik (oder die von RFC 1998 vorgeschlagene Vorgehensweise) wird so eingestellt, dass man den nach innen gerichteten Verkehr des Kunden beeinflussen kann. Außerdem kann man, wenn zwischen Kunden und Provider interne Metren ausgetauscht werden, auf einem gewissen Niveau auch für Netzlastenbalance sorgen.

STOPP

Wenn es um nach außen orientierten Datenverkehr geht, ist es gefährlich, wenn Ausgänge für spezifische Routen manipuliert werden. Wenn die nach außen gerichteten Daten, die sich, den Anweisungen einer IGP-*Default*-Route folgend, auf dem Weg zum BGP-Router des Kunden befinden, an einen anderen Router weitergeleitet werden, der die *Default*-Route zum BGP-Router befolgt, können Routingschleifen entstehen. Wenn man anders ausgedrückt also, Defaultrouter nutzt, so sollten sich alle Router in der Domäne gleich verhalten, besonders aber, wenn Fehler auftreten. Das mag Ihnen jetzt ziemlich verwirrend vorkommen, aber wir werden das im nächsten Kapitel näher erläutern.

Automatisches Ausbalancieren von Netzlasten

Sie haben vielleicht schon anhand der vorangegangenen Situationen erkannt, daß die Aufteilung von Netzlasten keine sehr intuitive Aktion ist, sondern im Voraus geplant sein will. Für identische Ziele, die über EBGP erlernt werden und aus demselben autonomen System stammen, unterstützt die Cisco IOS-Software die dynamische Verteilung von Netzlasten an einem einzelnen Router. Dadurch wird der Konfigurationsaufwand niedriger gehalten.

ANMERKUNG

Wir möchten Sie nochmals darauf aufmerksam machen, dass ein tatsächlich wirkungsvoller Ausgleich von Netzlasten sowohl von den zugrunde liegenden Paket-Umlegungs-Methoden abhängt wie von den jeweiligen Routingprotokollen. In diesem Buch wollen wir uns mit diesem Problem zwar nicht näher beschäftigen, wollen Ihnen aber sehr empfehlen, sich mit den Umlegungsmethoden vertraut zu machen.

Bild 7.11 zeigt eine Situation, in der derselbe Router (NY) mit seinem Provider über zwei Links verbunden ist und auf beiden Links identische Routingupdates erhält.

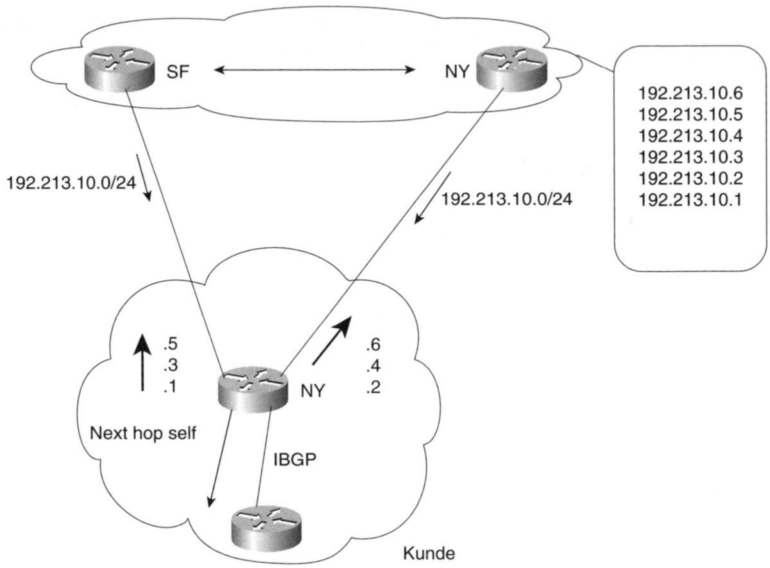

Bild 7.11: Router, der zwei identische Routen von zwei verschiedenen Quellen erhält

Ein Ciscorouter wird in Richtung auf das gleiche Ziel bis zu sechs (lokal in seiner IP-Routingtabelle) identische BGP-Routen bereithalten. Sobald er aber seinen IBGP-Partnern EBGP-Updates zukommen lässt, wird er nur eine einzige, seine beste Route auf ein bestimmtes Ziel weitergeben. Die *next-hop*-Adresse der Route wird automatisch verändert, so dass sie die IP-Adresse des NY-Routers wiedergibt, anstatt dass die *next-hop*-EBGP-Adresse in IBGP hineingetragen wird. Beachten Sie bitte, dass dies nur automatisch erfolgt, falls die Verteilung von Netzlasten dynamisch konfiguriert ist.

In der *Default*-Route wird ein Ciscorouter Netzlasten je nach Ziel (Host) aufteilen. Die Balance der Netzlasten basierend auf der Vorgabe »je nach Ziel« wird durch eine Art Kettenbrief (*round-robin*) hergestellt. Der eine Host wird an einen Pfad (Interface) angeschlossen, der nächste an einen anderen usw.

Bild 7.11 setzt voraus, dass der Kunde für das Netzwerk 192.213.10.0/24 zwei identische Routen erhält. Ohne automatischen Ausgleich von Netzlasten entscheidet sich der BGP-Prozess lieber für einen einzigen Pfad. Der Netzwerkadministrator hat die Aufgabe, die BGP-Attribute so zu modifizieren, dass die Daten auf mehrere Pfade aufgeteilt werden.

TIPP

Sehen Sie hierzu den Abschnitt »Balance von Netzlasten mittels BGP Multipath« aus Kapitel 12

Durch die automatische Verteilung verzeichnet BGP für das Präfix 192.213.10.0/24 zwei Einträge, einen über den SF-Link und einen über den NY-Link. Der nach außen gerichtete Datenverkehr des Kundennetzwerks wird unter der Annahme, dass der Kunde Daten zu den Bestimmungsorten 192.213.10.1 bis 192.213.10.6 schicken muss, reihum auf die beiden Links verteilt. Ziel 10.1 wird über den SF-Link erreicht, Ziel 10.2 erreicht man über den NY-Link, Ziel 10.3 über den SF-Link, usw.

ANMERKUNG

Wie besprochen verzeichnet BGP laut *Default*-Route zu jedem Ziel nur eine einzige, beste Route in der IP-Routingtabelle. Durch BGP-Multipath können jedoch auch mehrere Pfade in der IP-Routingtabelle eingetragen werden, solange sie nur über dasselbe benachbarte AS kennen gelernt wurden. Der **maximum-paths**-Routerkonfigurationsbefehl kann auch eingesetzt werden, damit der Router bis zu sechs Pfade in Richtung auf ein einziges Zielnetzwerk erlernt. Das 12. Kapitel versorgt Sie mit zusätzlichen Konfigurationsinformationen zu BGP-Multipath.

Auf diese Art funktioniert die Verteilung von Netzlasten nur, wenn es beim selben Router eintreffende, identische Routingupdates sind, die vom selben Provider stammen. Geht es aber um eine Situation, in der Sie es mit mehreren Providern zu tun haben, ist diese Methode, Netzlasten auszugleichen, nicht effektiv.

Balance zwischen zwei Routern, die sich mehrere Pfade teilen

Unter gewissen Umständen teilen sich, wie in Bild 7.12 dargestellt, zwei Router als Reserve, oder für Vorgänge größerer Bandbreite mehrere physische Pfade. Der automatische Ausgleich von Netzlasten funktioniert zwar gut für den nach außen orientierten Verkehr, für nach innen gerichtete Daten müssen Sie sich aber mit der Manipulation von Metren behelfen, um die Entscheidung des Providers zu beeinflussen.

Bild 7.12: Netzlastenausgleich zwischen zwei Routern, die sich mehrere Pfade teilen

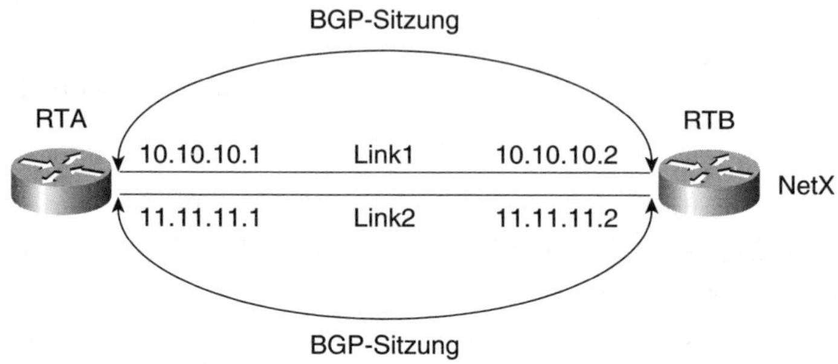

Um den Datenverkehr, wie in Bild 7.12 aufgezeigt, verteilen zu können, kann man z.B. »dynamisches Ausbalancieren« einrichten. Das wäre dann einfach eine Sondersituation des bereits beschriebenen Falls des automatischen Ausgleichs von Netzlasten. Die dynamische Verteilung der Netzlasten würde die Router aber mit überflüssigen Extrainformationen versorgen. Jeder Router würde vom anderen doppelt Update-Botschaften erhalten. Im Falle des vollständigen Routings würden folglich an jedem Link ungefähr 70 000 Routen eintreffen. Um dies zu vermeiden, kann man (vorzugsweise) in der in Bild 7.12 dargestellten Situation für Netzlastenbalance sorgen, indem man mit statischen Routen arbeitet.

Unter normalen Umständen merkt sich BGP zu jedem erlernten Präfix den günstigsten nächsten Hop. Wie in Tabelle 7.1 zu sehen ist, empfängt RTA für NetX zwei identische BGP-Routen:

Tabelle 7.1: RTA's BGP Tabelle – NetzX erreichbar über 10.10.10.2

Ziel	Nächster Hop
NetzX	10.10.10.2 (am besten)
NetzX	11.11.11.2

BGP sucht sich die beste Route aus und wird sie in seine IP-Routingtabelle eintragen. In unserem Beispiel entscheidet sich BGP für die Route über den nächsten Hop 10.10.10.2. Tabelle 7.2 zeigt Die IP-Routingtabelle des RTA, in der der nächste Hop 10.10.10.2 über Link1 zu erreichen ist. Aus dieser Konfiguration ergibt sich, dass die gesamten Daten über Link1 an diejenigen Netzwerke verschickt werden, die durch RTB erlernt wurden. Dadurch lassen sich die Netzlasten aber nicht aufteilen.

Tabelle 7.2: RTA's IP Routing Tabelle – NetzX erreichbar über Link1

Ziel	Nächster Hop
NetzX 10.10.10.0/24	10.10.10.2 Link1

TIPP

Sehen Sie hierzu den Abschnitt »Balance zwischen zwei Routern, die sich mehrere Pfade teilen« aus Kapitel 12

Sie können BGP austricksen und den nächsten Hop auf ein virtuelles Interface, statt auf einen physischen Link einstellen, um eine ausgewogenere, intelligentere Netzlastenbalance zu erwirken. Dann wird die IP-Routingtabelle dafür herangezogen, die eigentliche Verteilung der Netzlasten vorzunehmen, indem die virtuelle Interface-IP-Adresse (*next-hop*) so eingetragen wird, dass direkt angeschlossene Interface-IP-Adressen vervielfacht werden. In Bild 7.13 kann RTB ein Loopback-Interface (virtuelles Interface) zugeordnet werden und RTA kann diese Adresse nutzen, um die BGP-Nachbarverbindung herzustellen. Dadurch wird das Loopback-Interface selbst und nicht etwa die IP-Adresse des physischen Links als nächster Hop verwendet. Man kann die Netzlasten unabhängig von BGP sowohl durch dynamisches IGP als auch durch statisches Routing auf die Links verteilen.

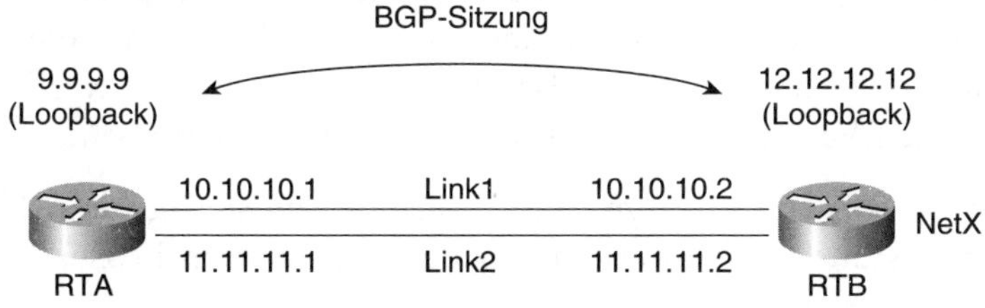

Bild 7.13: Eine BGP-Einzelsitzung über mehrere physische Links

Wie in Tabelle 7.3 gezeigt, wird RTA seine BGP-Routen über seinen Nachbarn 12.12.12.12 erhalten und kann NetX über den nächsten Hop 12.12.12.12 erreichen.

Tabelle 7.3: RTA's BGP Tabelle – NetzX erreichbar über 12.12.12.12

Ziel	Nächster Hop
NetzX	12.12.12.12

Tabelle 7.4 stellt die IP-Routingtabelle des RTA dar. Der nächste Hop 12.12.12.12 ist über Link1 und Link2 zugänglich. Das Netzwerk 12.12.12.0/24 ist über IGP erreichbar, oder indem man mehrere statische Routen in Richtung auf Link1 und Link2 ausrichtet. So kann der Router die Daten aufteilen. Da die Routen in diesem Fallbeispiel wiederholt überprüft werden (*recursive route lookup*), werden die Netzlasten eher je nach Netzwerk als nach Bestimmungsort ausbalanciert. Die an Netzwerke gerichteten, von RTB kennen gelernten Daten können nun bezüglich ihrer Netzlast durch *round-robin* auf mehrere Links verteilt werden.

Tabelle 7.4: RTA's Routing Tabelle – NetzX erreichbar überLink1 oder Link 2

Ziel	Nächster Hop
NetzX	12.12.12.12
12.12.12.0/24	Link1
12.12.12.0/24	Link2

7.4.3 Situation: Multihoming mit verschiedenen Anbietern

Ein Kunde, der mit mehreren Providern in Kontakt steht, gilt als mit verschiedenen Anbietern »*multihomed*«. Die starke Motivation für Multihoming liegt in der Schaffung freier Kapazitäten und der Überwindung geographischer Einschränkungen. Wir werden uns in diesem Beispiel von Fall zu Fall mit dem Verlauf des »Außenverkehrs« für jede Wiederholung dieser Situation auseinandersetzen. Der »Innenverkehr« verhält sich in allen diesen Beispielen gleich, deshalb werden wir dessen Verlauf zu Ende dieses Abschnitts beschreiben.

Jetzt soll es erst einmal um folgende Themen gehen, die alle mit Multihoming mit verschiedenen Anbietern in Zusammenhang stehen:

- Nur *Default*-Route, primärer Link und Backup-Link
- *Default*-Route, primärer und Backup-Link plus partielles Routing

– *Default*-Route, primärer und Backup-Link plus volles und partielles Routing
– Der nach innen gerichtete Datenverkehr des Kunden (AS_PATH-Manipulation)

Nur *Default*-Route, primärer Link und Backup-Link

In diesem Fall kann der Kunde *Default*-Routen zum Provider folgen. Ein Link wird als primärer, ein zweiter als Reservelink genutzt. Bild 7.14 zeigt eine hierfür relevante Situation.

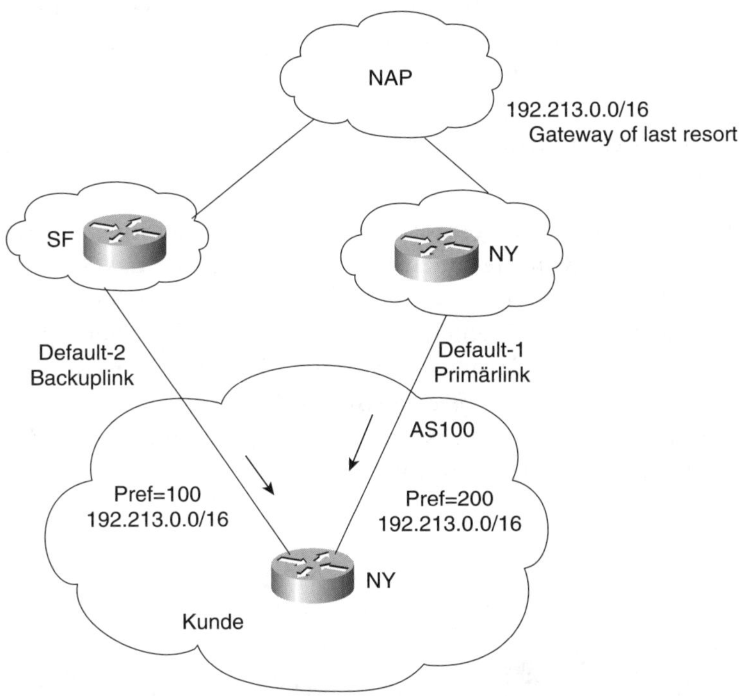

Bild 7.14: Multihoming zu zwei Providern

Ein Kunde kann die *Default*-Routen zu den zwei Anbietern durch statische Routen einstellen oder durch die dynamische Werbung beider Provider für *Default*-Routen kennen lernen. Der Kunde kann für die eine oder andere *Default*-Route seine Vorliebe ausdrücken, indem er die administrative Distanz oder lokale Präferenz entsprechend einstellt. Eine gute Methode, um die *Default*-Routen auf beide Anbieter zeigen zu lassen, besteht darin, dasselbe Netzwerk von beiden Providern zu akzeptieren. Der Kunde wird seine 0/0-*Default*-Route basierend auf diesem Netzwerk konfigurieren und kann die lokale Präferenz so manipulieren, dass ein Link dem anderen vorgezogen wird. Wird die eine *Default*-Route zurückgezogen, weil in Richtung auf den einen Provider ein Linkfehler aufgetreten ist, springt die andere *Default*-Route ein. Der Kunde kann sich mit dem Anbieter darauf verständigen, dass nur der eine Netzwerkeintrag verschickt wird, oder der Kunde kann auf seiner Seite alle Updates aussortieren, außer dem einen notwenigen Eintrag.

In Bild 7.14 lässt der Kunde die *Default*-Route auf das Präfix 192.213.0.0/16 verweisen, das er von beiden Providern erhält. Der NY-Link wird der primäre, der SF-Link der Backup-Link sein. Deshalb legt der Kunde die höchste lokale Präferenz für den NY-Link fest (200).

Default-Route, primärer und Backup-Link plus partielles Routing

Dadurch, dass zu dem gerade beschriebenen Situationsbeispiel noch partielles Routing hinzu kommt, ändert sich das Verhalten des Außenverkehrs. Bild 7.15 illustriert die neue Situation. Der Kunde kann von einem oder von beiden Anbietern partielles Routing in Anspruch nehmen. Zusätzlich muss der Kunde in Richtung auf beide Provider *Default*-Routen akzeptieren oder konfigurieren, wobei die eine gegenüber der anderen *Default*-Route bevorzugt wird.

Bild 7.15: Multihoming zu zwei Providern plus partielles Routing

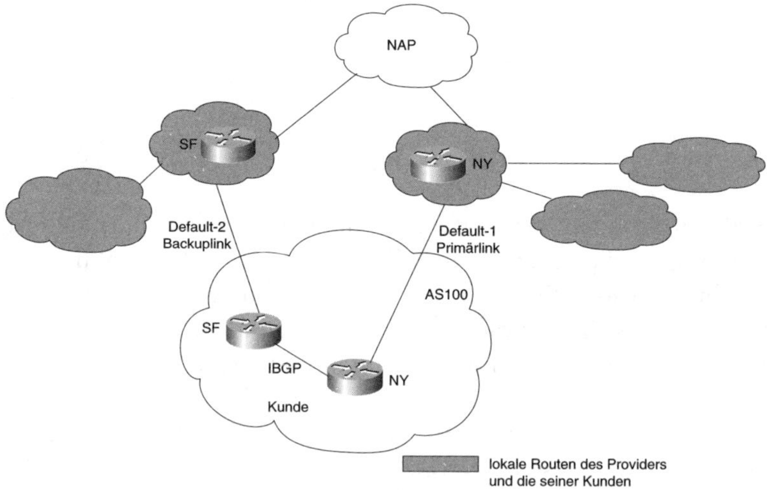

Indem der Kunde partielles Routing seitens der Anbieter akzeptiert, muss er nicht alle Internetrouten sehen und kann die beste Routenwahl schon dann treffen, wenn er zu seinen eigenen Providern Routen erstellt. (Bei einigen Großprovider kann es sich bei partiellen Routen um eine ziemlich große Routenzahl handeln.) In dem in Bild 7.15 gezeigten Beispiel, wird BGP die richtige Wahl treffen und der Kunde wird sich für den Providerlink entscheiden, der dem Zielnetzwerk (kürzester AS_PATH) am nächsten liegt. Für andere Internetrouten kann das Grundprinzip der primären und Reservelinks angewendet werden. Der Kunde kann ein bestimmtes Netzwerk als *Default*-Netzwerk benennen, dieses Netzwerk von beiden Providern akzeptieren und die lokale Präferenz einsetzen, um einen Link dem anderen vorzuziehen.

Default-Route, primärer und Backup-Link plus volles und partielles Routing

Wenn man zu verschiedenen Anbietern mehrere Verbindungen unterhält, ist es nicht unbedingt notwendig, von einem oder beiden Providern Vollrouten anzunehmen; außer natürlich, der Kunde hat seinerseits vor, Provider zu sein, und will an seine Kunden Vollrouten weitergeben (und agiert als Transit-AS). In Bild 7.16 sehen Sie eine dementsprechende Situation.

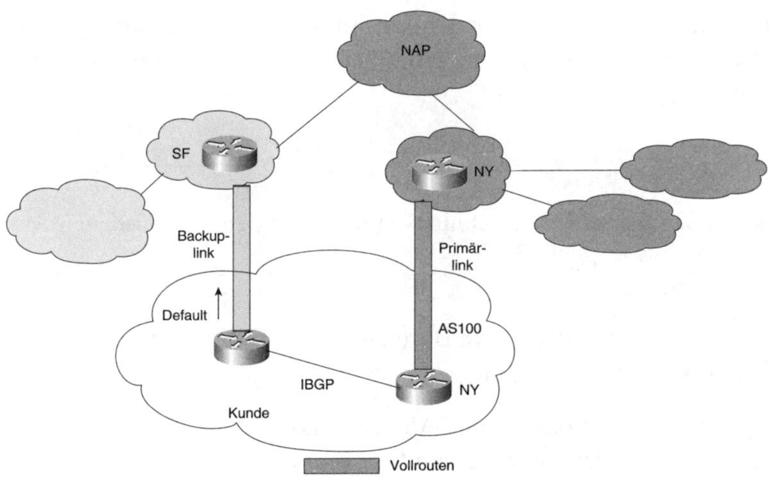

Bild 7.16: Multihoming zu zwei Providern mit vollem und partiellem Routing

Der Kunde kann von einem oder von beiden Anbietern volles Routing annehmen, je nachdem, ob er eine effektive Verteilung der Netzlasten braucht. Im Falle des vollen Routing von beiden (oder mehreren) Anbietern kann der Kunde die lokale Präferenz einsetzen, um zu entscheiden, welche Netzwerke über welchen Provider erreichbar sein sollen. Diese Entscheidung wird auf Grund der AS-, der Präfix- oder möglicherweise, auf Grund der *community-string*-Information getroffen. In manchen Fällen will der Kunde vielleicht vom einen Anbieter volles Routing und vereinbart gleichzeitig mit dem anderen Provider partielles oder Defaultrouting. Dadurch pickt sich der Kunde sozusagen die Rosinen aus dem Kuchen, ohne dass er sich mit Vollrouten von verschiedenen Links herumschlagen muss. Wir werden Ihnen noch zeigen, wie sehr durch Anbieter verursachte Internetinstabilitäten die CPU der Router belasten können.

In Bild 7.16 erhält der Kunde von seinem NY-Provider Vollrouten und vom SF-Provider partielle Routen. Der Kunde richtet zudem seine *Default*-Route auf den SF-Provider aus. Wegen des kürzeren AS_PATH wird für die lokalen und die Kundenrouten aus SF der SF-Link genutzt. Alle anderen Routen laufen über den NY-Link, weil der SF-Link nur partielle Routen zu bieten hat. Sollte der SF-Link ausfallen, können alle Netzwerke über den NY-Link erreicht werden. Sollte der NY-Link ausfallen, kann der Kunde immer noch alle Internetrouten erreichen, indem er einer *Default*-Route zum SF-Link folgt.

TIPP

Sehen Sie hierzu den Abschnitt »Multihoming zu verschiedenen Anbietern« aus Kapitel 12

Der nach innen gerichtete Datenverkehr des Kunden (AS_PATH-Manipulation)

Der Verkehr innerhalb des AS wird davon beeinflusst, wie der Kunde dem Provider gegenüber für seine Netzwerke wirbt. Bitte beachten Sie, dass es in dem Beispiel mit mehreren Providern keine Auswirkungen hat, wenn vom Kunden verschiedene Metren verschickt werden. Das kommt daher, weil der

MED-Wert nicht transitiv ist. Oder anders ausgedrückt: der MED-Wert wird nur über die direkten Upstream-Provider des Kunden bekannt und wird nicht von Anbieter zu Anbieter weitergegeben.

Um dynamisch auf das Providerverhalten einwirken zu können, kann der Kunde das AS_PATH-Attribut manipulieren, indem er in den AS_PATH falsche (»*bogus*«) Einträge einfügt, um diesen Pfad künstlich zu verlängern. Die Anbieter erhalten dann dieselbe Präfixinformation mit unterschiedlichen Pfadlängen und wählen dann den kürzeren Pfad (vorausgesetzt, alle Attribute mit höherer Priorität sind gleich). Bitte machen Sie sich klar, dass es bei mehreren Providern nicht ausreicht den direkten Anbieter zu beeinflussen, allein weil es keine Garantie dafür gibt, daß der angrenzende Provider seinerseits von anderen Anbietern Daten für die Netzwerke eben dieses Kunden erhält. Die Pfadmanipulation muss alle Provider bis zum Austauschpunkt hin betreffen, weil sich die Waage (soweit es die AS_PATH-Länge angeht) an dieser Stelle auf die eine oder andere Seite hin neigt.

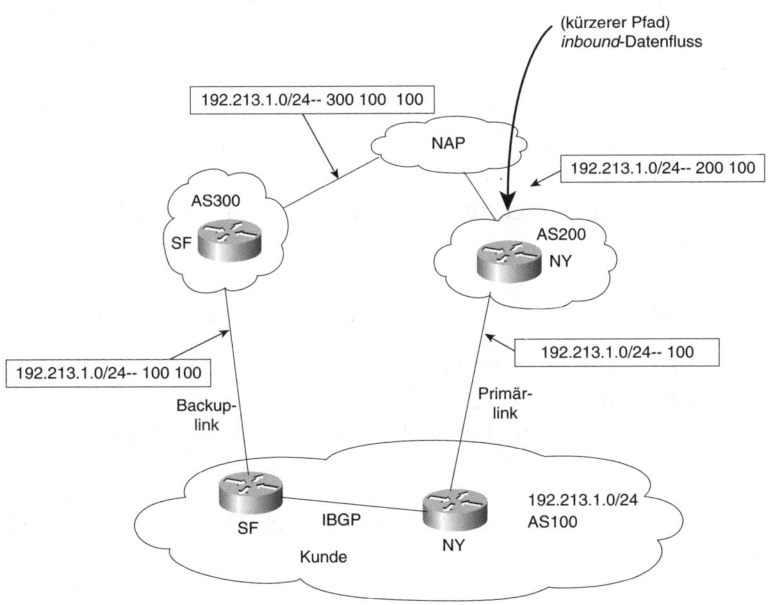

Bild 7.17: Anwendung von Bogus AS Pfadeinträgen, um das Routing zu beeinflussen

Bild 7.17 veranschaulicht, wie Scheineinträge im AS_PATH das Routing beeinflussen. Der Kunde (AS100) hat in seinen AS_PATH zum AS300 einen Scheineintrag (100) eingefügt.

Die Anbieter am NAP werden dieselben Präfixe mit unterschiedlicher Pfadlänge (300 100 100 gegenüber 200 100) erhalten und werden sich für den kürzeren Weg über AS200 entscheiden (vorausgesetzt, die Attribute mit höherer Priorität sind gleich). Der Scheineintrag sollte eine Wiederholung des AS sein, von dem der Eintrag stammt (in unserem Fall 100).

7.4.4 Situation: Kunden desselben Anbieters mit einem Reservelink

Manchmal vereinbaren Kunden mit den gleichen Interessen, sich gegenseitig durch interne Vernetzung und Reservevernetzung zum Internet zuunterstützen. Diese Kunden unterhalten mit dem gleichen Provider eine Verbindung und kommunizieren gleichzeitig miteinander über einen alternativen, privaten Link. Hier kann es zu folgenden zwei typischen Situationen kommen:

- Der private Link kann als sekundärer (Backup-) Link genutzt werden, wenn der Internetlink ausfällt.
- Der private Link kann für den internen Datenverkehr zwischen zwei Firmen als primärer Link genutzt werden und als Reservelink, sollte der Internetlink ausfallen. Soll diese Reservestrategie funktionieren, müssen die Kunden beim Anbieter für ihre Netzwerke Werbung machen. Wenn der Internetlink eines anderen Kunden ausfällt, muss jeder Kunde in der Lage sein, für den anderen als Transit-AS zu fungieren.

Ausschließliche Nutzung des privaten Links als Reservelink

Bild 7.18 stellt eine Situation dar, in der AS2 und AS3 mit demselben Provider – AS1 – in Kontakt stehen. AS2 und AS3 haben einen privaten Link, den sie lediglich als Reserve nutzen. AS2 und AS3 folgen den gleichen Satzungsregeln.

Für das in Bild 7.18 skizzierte Umfeld in Zusammenhang mit dem Backup sind die Überlegungen, die den Außenverkehr des AS2 betreffen, von besonderem Interesse. Unabhängig davon, ob AS2 vom Anbieter und von AS3 volles Routing oder eine Kombination aus *Default-*, vollem und partiellem Routing erhält: AS2 wird seine lokale Präferenz so einstellen müssen, dass Routen, die von AS1 aus eintreffen, ein höherer Wert (200) zugewiesen wird als denjenigen Routen, die von AS3 stammen (100). Hieraus ergibt sich, dass der Provider AS1 immer bevorzugt wird, und dass der private Link ausschließlich als Reserve fungiert. Sollte AS2 partielles Routing akzeptieren, kann AS2 seine *Default*-Route sowohl nach dem Provider (AS1) als auch auf AS3 ausrichten. Indem er eine höhere lokale Präferenz festlegt, sorgt er dafür, dass wirklich alle Daten an den Anbieter weitergeschickt werden. Wenn AS2 vom Provider volles, und von AS3 partielles Routing bekommt, so kann AS2 eine *Default*-Route zu AS3 unterhalten, die genutzt werden kann, wenn der Providerlink ausfällt. Die *Default*-Route, die AS2 durch AS3 erlernt, sollte nicht auf eine geringere lokale Präferenz eingestellt werden müssen, als das volle Routing, das AS2 vom Anbieter erlernt.

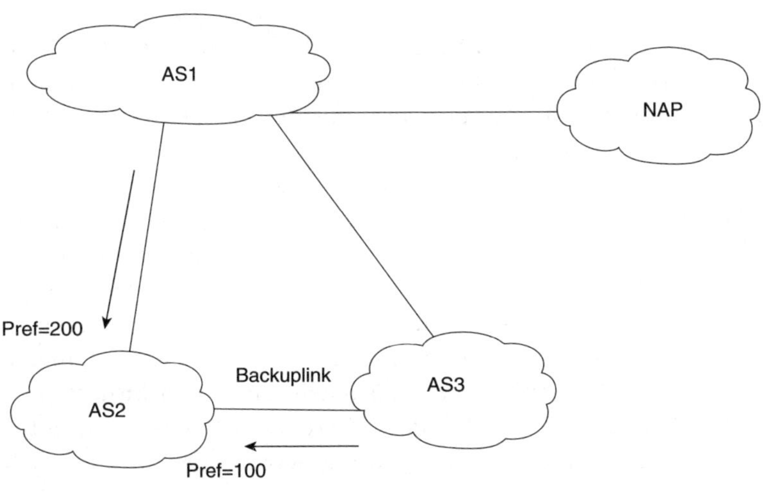

Bild 7.18: Privater Link, der als Backup verwendet wird

Nutzung des privaten Links als Primärlink zwischen AS2 und AS3

Bild 7.19 zeigt, wie der Link zwischen AS2 und AS3 für den gesamten Datenverkehr in Richtung der lokalen Netzwerke des AS3 oder zu den Kunden des AS3 als primärer Link eingesetzt wird. Alle anderen Daten sollten über den Link zum Provider AS1 laufen. Die beiden (privater und Provider-) Links sollten einander als backup-Möglichkeit dienen.

Bild 7.19: Private Links in Verwendung als AS Verbindungen

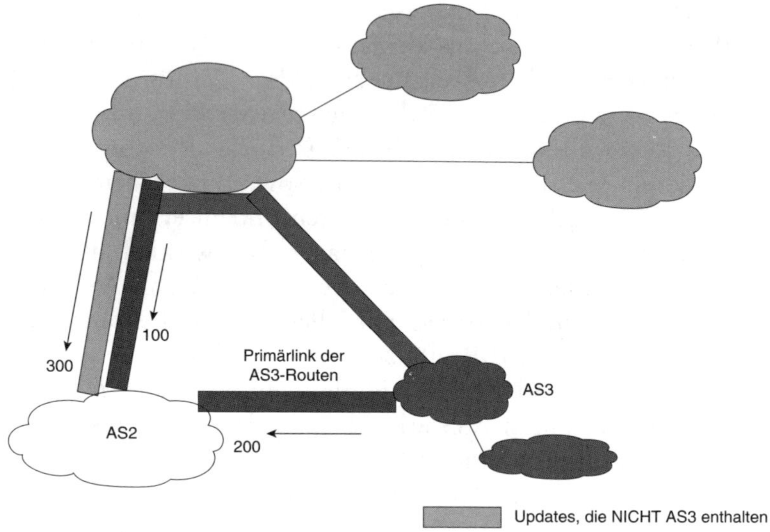

Nehmen wir einmal an, in dem in Bild 7.19 dargestellten Umfeld wären *Default-*, volles und partielles Routing enthalten. Im Folgenden geht es, betrachtet aus der Perspektive des AS2, um die Auswirkungen des inwendigen und auswärtigen Datenverkehrs. Diese Situation wird normalerweise durch das BGP-Verhalten der *Default-*Route bestimmt. Da der kürzere Weg immer bevorzugt wird (vorausgesetzt, alle Attribute mit höherer Priorität sind gleich), werden AS2 und AS3 immer den privaten Link wählen, um die gegenseitigen Netzwerke zu erreichen. Wir werden, um einmal mit den BGP-Satzungen experimentieren zu können, versuchen, uns dieser Situation zu stellen, indem wir das lokale Präferenzattribut so manipulieren, dass der Außenverkehr dadurch betroffen wird.

TIPP

Sehen Sie hierzu den Abschnitt »Kunden desselben Anbieters mit einem Backup-Link« aus Kapitel 12

Der nach außen orientierte Datenverkehr des AS2

Ob AS2 nun vom Provider und AS3 *Default-*, volles oder partielles Routing annimmt, es sollte die lokale Präferenz für alle Updates, die sich nicht auf AS3 beziehen, höher als alle anderen Updates festsetzten. In Bild 7.19 erhalten alle Routen, die nicht von AS3 stammen, eine lokale Präferenz zu 300. Updates, die AS3 über den privaten Link an AS2 weitergibt (einschließlich der Routen, die von AS3 stammen), wird eine lokale Präferenz zu 200 zugewiesen. Updates, die der Provider herausgibt und die Routen enthalten, die ursprünglich von AS3 kommen, werden wiederum an AS2 weitergegeben, das sie im Rahmen einer lokalen Defaultpräferenz zu 100 verzeichnet. Dadurch wird sichergestellt, dass der private Link zwischen AS2 und AS3 gewählt wird (200 ist mehr als 100).

In Bezug auf alle anderen Daten akzeptiert AS2 *Default*-Routen oder kreiert seine eigenen *Default*-Routen in Richtung Anbieter und AS3, wobei der Provider Vorrang hat.

AS2 kann von AS3 auch ausschließlich Routen lokalen Ursprungs annehmen und vom Anbieter keine anderen Routen akzeptieren. AS2 richtet dann seine *Default*-Routen auf beide ein und erklärt den Provider zum bevorzugten Ausgang. Hierdurch wird jeglicher, für AS3 bestimmte Verkehr über den privaten Link laufen und alle anderen Daten wandern über den Link zum Provider (wegen der besseren *Default*-Route). Sollte der Providerlink ausfallen, wird die *Default*-Route zum Privatlink aktiviert.

Der nach innen orientierte Datenverkehr des AS2

In allen bisher für die 4. Situation erläuterten Fallbeispielen verhielt sich der für innerhalb des AS bestimmte Datenverkehr gleich. Aufgrund der kürzeren Pfadlänge werden die aus dem Internet im AS eintreffenden Daten immer auf dem Link laufen, der vom Anbieter zu AS2 führt. Ebenfalls aufgrund der kürzeren Pfadlänge werden auch alle Daten, die von AS3 oder seinen Kunden stammen, den Privatlink nehmen. Und so sollte es im Idealfall laufen.

7.4.5 Situation: Kunden verschiedener Anbieter mit einem Backup-Link

Es kommt nicht selten vor, dass separate AS auf Internet-Zwischenverbindungen bestehen und verschiedene Internet-Service-Provider haben. Immer, wenn wir es mit mehreren Providern zu tun haben und die Kunden dieser Anbieter sich darauf einigen, einander Rückendeckung zu geben, kann dies sehr kompliziert werden. Dieser Abschnitt trägt die vorangegangene Diskussion noch ein Stück weiter, indem wir darauf eingehen, wie man, aus der Sicht des Providers, mit der Backup-Vernetzung umzugehen hat.

In Bild 7.20 ist AS1 Kunde des ISP1 und AS2 Kunde des ISP2. AS1 und AS2 haben außerdem miteinander vereinbart, dass der Privatlink zwischen den beiden AS als Reservelink verwendet werden kann, wenn einer der primären Internetlinks aussetzen sollte.

Bild 7.20: Kunden mehrerer Provider mit einem Backup Link

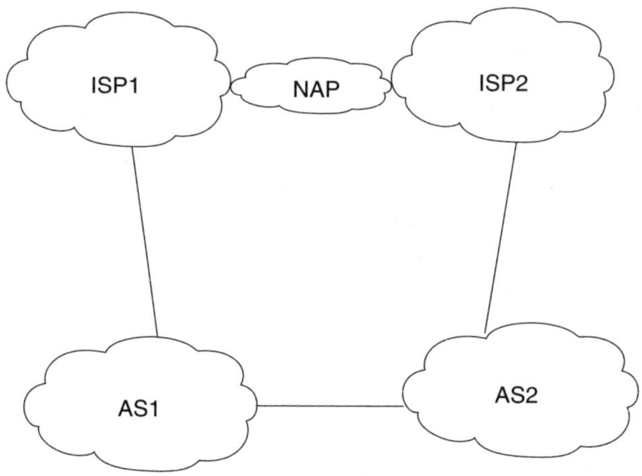

Ein individuelles AS lässt sich von einem anderen AS normalerweise nur ungern als Durchgang benutzen. Im Falle des im 6. Kapitel in Bild 20 dargestellten AS1 will dieses, dass ISP1 seine Routingkonfiguration so einstellt, dass ISP1 AS2 über ISP2 erreichen kann. Entsprechend würde es AS2 vorziehen, wenn ISP2 seine Routingkonfiguration so anordnet, dass ISP2 über ISP1 Zugang zu AS1 erhält. Damit in dieser Situation der Reservelink richtig funktioniert, muss AS1 bei ISP1 für die Netzwerke des AS2 werben, und AS2 macht bei ISP2 Werbung für die Netzwerke des AS1.

TIPP

Sehen Sie hierzu den Abschnitt »Kunden mehrerer Provider mit einem Backup-Link« aus Kapitel 12

Die Diskussion um primär- und Backup-Link spielt sich im selben Rahmen ab wie in der im vorangegangenen Abschnitt besprochenen »4. Situation: Kunden desselben Anbieters mit einem Reservelink« Der Privatlink kann ein purer Reservelink sein oder für den internen Datenverkehr zwischen Kunden verwendet werden.

Die Vorgabe, dass der Provider keinen anderen Kunden nutzen darf, um einen anderen zu erreichen, verkompliziert die Lage. ISP1 wird die lokale Präferenz so einstellen müssen, dass die vom ISP2 eintreffenden AS2-Routen höher bewertet werden als die AS2-Routen, die über AS1 hereinkommen. Dadurch würde ISP1 unter normalen Arbeitsbedingungen ISP2 nutzen, um AS2 zu erreichen. Dieselbe Strategie könnte sich auch für ISP2 ergeben.

Provider beschränken die Konfiguration ihrer Netzwerke soweit möglich gerne auf ein Minimum. Sollte ein Provider aber mehrere Kunden haben, die sich täglich im Netz aufhalten, kann es recht mühselig werden, wenn er die lokale Präferenz für jeden manuell manipulieren muss. Die Anbieter richten ihre Satzungen auch lieber auf AS-Nummern aus, als auf bestimmte Netzwerke.

Sie können die notwendigen Regelungen auf verschiedenen Wegen einführen. Die erste Einstellung, die eine Koordination zwischen Anbietern und Kunden verlangt, ist der BGP-*community*-Ansatz. Das zweite Verfahren funktioniert durch die Manipulation des AS_PATH. Die AS_PATH-Manipulation ist leichter einfügbar, aber möglicherweise nicht in allen Verkaufsprodukten gegeben. Außerdem müssen Sie bei der AS_PATH-Manipulation den Anbieter womöglich mit seinen Kunden koordinieren, wenn der Provider mit restriktiven AS_PATH-Filtern arbeitet.

Der Community-Ansatz

Der Einsatz der *community*-Methode ist sehr effektiv. Provider ordnen gewissen *community*-Werten gerne die entsprechenden lokalen Präferenzwerte zu (siehe RFC 1998). Die Anbieter weisen den Routingupdates ihrer Kunden, die mit einem spezifischen *community*-Etikett versehen sind, automatisch einen korrespondierenden lokalen Präferenzwert zu.

Damit diese Situation nicht unübersichtlich wird, beschäftigen wir uns hier nur mit Routing und der Erstellung von Regelungen aus Sicht des ISP1. Aus Sicht des ISP2 sähe die ganze Sachlage aber genauso aus. Der in Bild 7.21 gezeigte Datenverkehr kann in mindestens drei Teile aufgeteilt werden.

Bild 7.21: Lösung mittels Community-Ansatz

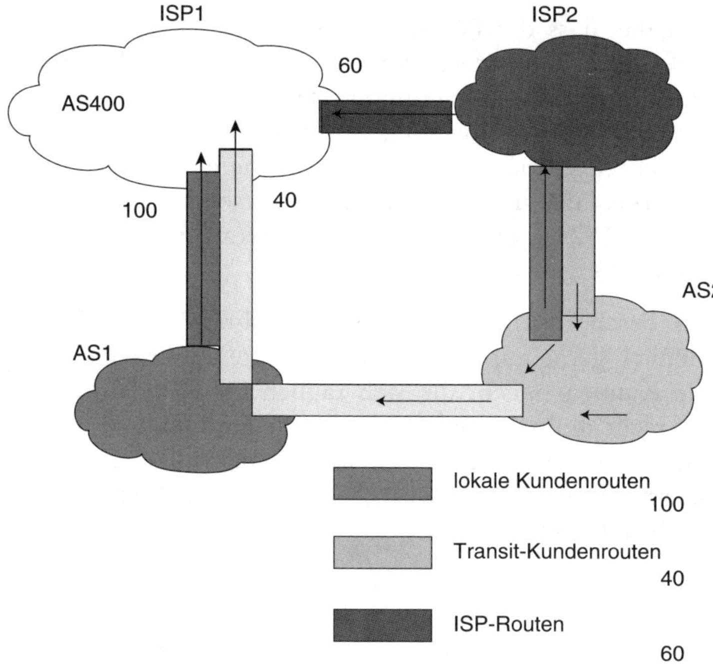

Es könnten sich auch noch mehr »Fließmuster« (*flow pattern*) ergeben, je nach Zahl der Verbindungen, die ein Kunde zu seinem Anbieter unterhält, aber schon die drei folgenden Grundmuster beschreiben die geforderten Überlegungen.

Aus der Perspektive des ISP1 können *flow patterns* wie folgt zusammengefasst werden:

- **1. Muster** – Routen, die vom Kunden AS1 stammen, oder lokale Kundenrouten.
- **2. Muster** – Routen, die über den AS1 auf der Durchreise sind. Diese Routen kommen von AS2 und bestehen aus den Routen des AS2 und all denjenigen Routen, die AS2 von ISP2 erhält. ISP1 nutzt diese Information, um AS2 über AS1 als Backup zu erreichen, falls der AS2-Link zum ISP2

ausfällt. Dieses Muster wird als Kunden-Transitroute bezeichnet.

- **3. Muster** – Alle anderen Routen, die von ISP2 kommen, oder ISP-Routen. In diesen können auch Routen enthalten sein, die durch AS2 kennengelernt wurden.

Nachdem die Routen nun in verschiedene Kategorien eingeteilt sind, wird ISP1 jedem Muster einen *community*-Wert zuordnen und dynamisch auf die lokale Präferenz ausrichten. Diese sind in Tabelle 7.5 aufgelistet.

Muster	Community	Lokale Präferenz
lokale Kundenrouten	Keine	100
Kunden-Transitrouten	400:40	40
ISP Routen	400:60	60

Tabelle 7.5: Dynamisches Kartieren der lokalen Präferenzen

ISP1 wird alle seine Kunden und angeschlossenen ISPs davon in Kenntnis setzten, daß seine lokalen Präferenzwerte gemäß Tabelle 7.5 dynamisch festgelegt sind. Die Kunden können dann die Entscheidung des ISP dynamisch beeinflussen, indem sie ihm die entsprechenden *community*-Werte zuschicken. In Bild 7.21 versendet AS1 seine lokalen Routen ohne *community*-Angabe und die Transitrouten mit *community* zu 400:40. ISP2 verschickt seine Routen mit *community* zu 400:60.

Entsprechend der in Tabelle 7.5 zusammengefassten Präferenzen bevorzugt ISP1 die lokalen Routen des AS1 über seinen direkten Link zu AS1 (die Präferenz 100 liegt am höchsten). Alle anderen Routen, einschließlich der AS2-Routen, empfängt ISP1 lieber über ISP2 (die Präferenz 60 ist höher als 40)

TIPP

Sehen Sie hierzu den Abschnitt »Kunden unterschiedlicher Anbieter mit einem Backup-Link« aus Kapitel 12

Der AS_Path-Manipulationsansatz

Die AS_PATH-Manipulationsmethode verläuft genauso wie das Verfahren, das wir in Zusammenhang mit Multihoming mit verschiedenen Anbietern im Abschnitt »Der nach innen gerichtete Datenverkehr des Kunden (AS_PATH-Manipulation)« besprochen haben. Diese Methode ist geradlinig und hat sich als eine der effizientesten Vorgehensweisen erwiesen, um die Routingentscheidung des Anbieters beeinflussen zu können. In Bild 7.22 sehen Sie die Darstellung eines Umfelds, in dem die Manipulation des AS_PATH angewendet wird, um Routingprozesse zu dirigieren.

Bild 7.22: Beispiel einer AS Pfadmanipulation

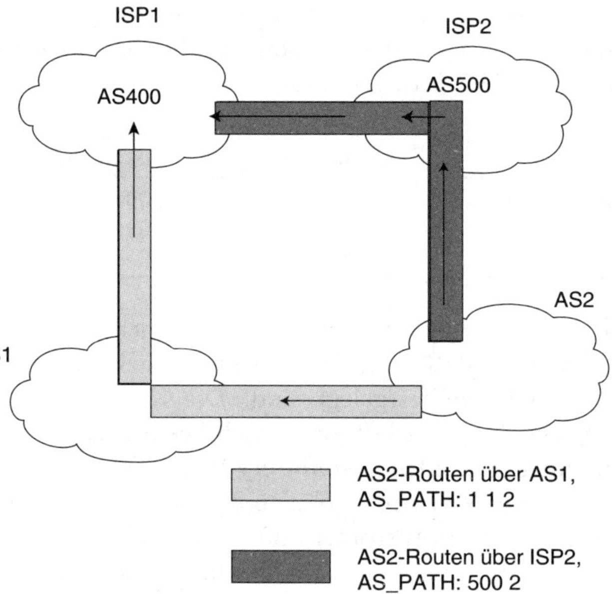

Für den in Bild 7.22 dargestellten Fall wird vorrausgesetzt, dass alle lokalen Präferenzattribute auf *Default*-Routen-Einstellung gehalten werden, um zu vermeiden, daß das AS_PATH-Attribut übergangen wird. Nach dieser Vorgabe wird das AS_PATH-Attribut so manipuliert, dass ISP1 für Daten, die an AS1 gehen sollen, den direkten Link zu AS1 nehmen werden und den direkten Link zu ISP2 wählt, wenn es sich um Daten handelt, die für ISP2 bestimmt sind. Diese Wahl wird anhand des kürzesten AS_PATH getroffen.

Für Daten, die an AS2 gerichtet sind, steht ISP1 ein gleicher Pfad über ISP2 und AS1 zur Verfügung. Der AS_PATH des ISP1 zu AS2 über AS1 lautet »1 2«, und der AS_PATH über ISP2 heißt »500 2«, beide mit gleichwertiger Länge.

Um die Entscheidung des ISP1 beeinflussen zu können, muss AS1, wenn es ISP1 die Routen des AS2 anbietet, die AS_PATH-Länge erweitern, indem es die AS_PATH-Liste mit einer zusätzlichen AS-Nummer verlängert. Normalerweise wird AS1 seine eigene AS-Nummer hinzufügen. Der neue AS_PATH des ISP1, um AS2 über AS1 zu erreichen, lautet nun »1 1 2«. Somit ist er länger als der AS_PATH (»500 2«), durch den ISP1 über ISP2 Zugang zu AS2 bekommt. Hieraus ergibt sich unter normalen Umständen, dass ISP1 ISP2 verwendet, um AS2 zu erreichen.

TIPP

Sehen Sie hierzu den Abschnitt »AS Pfad Annäherung« aus Kapitel 12

7.5 Vorschau

Sie gewinnen über alle Daten, die Ihr autonomes System betreten oder verlassen, die volle Kontrolle, wenn Sie in der Lage sind, Routing auch in den entferntesten Ecken ihrer Domäne zu meistern. Dazu gehört aber auch die Art und Weise, wie der Verkehr innerhalb des AS verläuft, bevor er dieses verlässt. Nicht alle Router innerhalb des AS arbeiten mit BGP. Router, die nur IGP laufen lassen, führen gewöhnlich aufgrund ihrer geringeren Speicherungsmöglichkeiten keine vollständige Liste aller Internetrouten. Um an externe Routen zu kommen, lassen interne Router innerhalb des AS meistens *Default*-Routen ablaufen. Dies ist eine der meistgenutzten Optionen, um außerhalb des AS gelegene Ziele zu erreichen. Mit dem Einsatz von *Default*-Routen wächst aber gleichzeitig die Gefahr, Routingschleifen zu verursachen, wenn sich die Regelungen Ihres BGP und IGP widersprechen. Im nächsten Kapitel wollen wir Ihnen zeigen, wie Sie Ihre BGP-Regelungen so konzipieren können, dass sie mit IGP-*Default*-Routen harmonisieren. Im folgenden Kapitel soll es auch darum gehen, wie regelgerechtes Routing eingesetzt werden kann, um das Routingverhalten kontrollieren zu können, und zwar auf Basis der IP-Adressquellen anstatt aufgrund des traditionellen zielgerichteten Routings.

7.6 Häufig gestellte Fragen

Frage – *Ich habe eine Default-Route statisch in Richtung meines Providers eingestellt, indem sie sich an einem Netzwerk ausrichtet, das ich über BGP kenne. Was passiert, wenn dieses Netzwerk schwankt?*

Antwort – Ihre *Default*-Route wird ein- und aussetzen. Deshalb sollten Sie ja Ihre *Default*-Route nicht auf ein bestimmtes Subnetzwerk orientieren. Verweisen Sie immer auf ein Aggregat oder Supernetzwerk, weil die weniger leicht Purzelbäume schlagen.

Frage – *Ich habe die Möglichkeit, über BGP eine 0/0-Default zu bekommen, oder ich kann eine statische Default-Route definieren. Was halten Sie für die klügere Variante?*

Antwort – Für den Grenzrouter sind beide Methoden gleich attraktiv, solange das Aggregat, auf das Sie verweisen, stabil bleibt. Wenn Sie aber, andererseits, die 0/0 über BGP erhalten, wird sie an alle Ihre IBGP-Partner weitergeleitet werden, und dann besteht die Möglichkeit, dass Sie sie letztendlich auch an Ihre anderen EBGP-Partner übermitteln. Wenn Sie Ihre *Default*-Route statisch definieren, haben Sie bessere Kontrollmöglichkeiten.

Frage – *Mein AS ist an zwei Provider angeschlossen, einer sitzt in SF, der andere in NY. Ich will, dass die Daten, die von meiner San-Jose-Site kommen oder dorthin gehen, auf dem SF-Link verkehren. Der gesamte Restverkehr soll über den NY-Link fließen. Was muss ich tun, um dies zu erreichen?*

Antwort – Weil wir es mit zwei verschiedenen Anbietern zu tun haben, sollten MEDs verwendet werden. Die einzige Option, die Sie haben, besteht darin, entweder für den nach innen gerichteten Verkehr den AS_PATH zu manipulieren (oder möglicherweise auch die in RFC 1998 beschriebenen Methoden anzuwenden) oder für den Außenverkehr die lokale Präferenz zu modifizieren. Wenn Sie genau wissen, welche Netzwerke die SJ-Nutzer erreichen wollen, können Sie diesen Zielen am SF-Ausgang eine bessere lokale Präferenz einräumen. Wenn die SJ-Site aber so angelegt ist, dass ihr alle Ziele zugänglich sein müssen, wird die Festlegung einer günstigeren lokalen Präferenz am SF-Link dazu führen, dass Ihr gesamter

Außenverkehr über den SF-Link nach außen zu gelangen sucht. Dies würde aber Ihrer Vorgabe widersprechen, dass der gesamte Restverkehr über den NY-Link laufen soll.

Sie könnten diese Situation aber auch handhaben, indem sie regelgerechtes Routing betreiben, wodurch der Router die Quelladresse ausfindig macht und die Daten dementsprechend umdirigiert. Diese Vorgehensweise wird im 8. Kapitel beschrieben.

Frage – *Ich erweitere meine Routen um AS-Nummern, um die Balance meines Datenverkehrs zu verschieben. Ich kann aber keinen Erfolg feststellen. Warum?*

Antwort – Denken Sie daran, dass mehrere Provider Ihre Updates untereinander austauschen. Irgendeiner dieser Provider hebt die Wirkung Ihrer Pfadlänge vielleicht durch die Angabe einer lokalen Präferenz auf. Fragen Sie bei Ihren Anbietern nach.

Frage – *Muss ich BGP-Regelungen bestimmen? Kann ich das nicht BGP selbst überlassen, sich den korrekten Pfad auszuklügeln?*

Antwort – Nein, Sie müssen die Regelungen nicht unbedingt selbst festsetzen. Sie sollten sich aber darüber im Klaren sein, dass BGP die Schnelligkeit ihrer Links und Ihre Datenanforderungen als Nutzer nicht mit einkalkuliert. Wenn Sie mit Ihrem Verkehrsmuster, so wie es ist, zufrieden sind, müssen Sie auch keine Attribute verändern.

7.7 Fußnoten

1 RFC 826, »Address Resolution Protocol (ARP)«, www.isi.edu/in-notes/rfc826.txt

2 RFC 1998, »An Application of the BGP Community Attribute in Multi-home Routing«, www.isi.edu/in-notes/rfc1998.txt

Dieses Kapitel enthält die folgenden Schlüsselthemen:

- **Interaktion zwischen nicht-BGP-Routern und BGP-Routern** – Kurzer Überblick über die Möglichkeiten, wie nicht-BGP-Router innerhalb eines AS mit der Außenwelt kommunizieren können.
- ***Default*-Routen innerhalb des AS: Primär / Backupregelungen** – Verschiedene Methoden, mit denen eine mögliche Schleifenbildung (*loops*) vermieden werden kann, wenn das *Default*-Routing innerhalb eines AS in Konflikt mit der Zielsetzung steht, einen primären und einen Reservelink nach außerhalb des AS bereit zu stellen.
- **Grundeinstellungen innerhalb des AS: andere BGP-Regelungen** – Überblick über die Routingregelungen, die neben den Primär- und Backupregelungen existieren und innerhalb des AS Schleifen verursachen können.
- **Regelgerechtes Routing** – Definition und Beispiel einer Methode, wie Routen auf Datenquell-IP-Adressenbasis und Bestimmungsort-IP-Adressenbasis kontrolliert werden können, anstatt nur anhand ihres Ziels.

Kapitel 8

Kontrolle über das Routing innerhalb des autonomen Systems (AS)

Im letzten Kapitel ging es um die Interaktion zwischen verschiedenen AS und darum, wie BGP-Attribute manipuliert werden können, um für Symmetrie, freie Kapazitäten und Lastenbalance zu sorgen. Wir haben uns dabei auf das Verhalten des BGP-Grenzrouters konzentriert, der das AS mit anderen ASs verbindet.

Auf den meisten IGP Routern läuft BGP, von denen vielleicht einige *leaf nodes* haben, die nur über die Interior-Gateway-Protocols (IGPs) laufen. Andererseits haben die meisten Kunden nur sehr wenige Router, auf denen BGP läuft, und die Mehrzahl ihrer internen IGP-Router sind laut Grundeinstellungsrouting auf die BGP-Router eingestellt. In diesen Fällen ist es wichtig, dass die BGP-Regelungen mit dem Routing innerhalb des AS harmonisieren. Einander widersprechende Regelungen können Routingschleifen verursachen, falls sich das physische Layout des AS nicht mit dem logischen Layout deckt. In diesem Kapitel interessieren wir uns für die Interaktion zwischen BGP-Routen und IGPs innerhalb des AS und wollen Möglichkeiten aufzeigen, wie die Routen durch regelgerechtes Routing kontrolliert werden können.

8.1 Interaktion zwischen nicht-BGP-Routern und BGP-Routern

Nicht-BGP-Router innerhalb des AS können durch die Anwendung folgender Methoden mit der Außenwelt in Kontakt treten:

- Einfügung des BGP in IGP
- Befolgung von *Default*-Routen innerhalb des AS

8.1.1 Einfügung des BGP in IGP

Es ist nicht sehr ratsam, BGP-Vollrouten in IGP zu übernehmen. Dies führt nämlich in jedem IGP zur exzessiven Zunahme des Routing. Inwendige Routingprotokolle waren nie für mehr gedacht, als die Netzwerke innerhalb Ihres AS zu handhaben, vielleicht zusätzlich zu wenigen externen Routen anderer IGPs.

Das heißt nun aber nicht, daß BGP-Routen nie in IGPs übertragen werden dürften. Je nach Zahl der BGP-Routen und wie schwierig sie in IGP zu integrieren sind, kann es ganz nützlich sein, partielle BGP-Routen in IGP einzugeben. Wenn Sie diesem Kurs folgen wollen, sollten Sie aber sehr vorsichtig sein, damit Sie Routen, die ins IGP durchgesickert sind, kontrollieren können. Es soll nicht Aufgabe dieses Buches sein, sich mit Detailfragen zu beschäftigen, die die Übersetzung von BGP in IGPs betreffen. Dennoch gibt es hier einiges zu bedenken: die Größe des verfügbaren Datenspeichers, zur Verfügung stehende CPU-Ressourcen, um die Pfade und die Erstellung von Routingupdates berechnen zu können, Linknutzung des Routingkontrollverkehrs, Auswirkungen auf die Konvergenz, Leistungsgrenzen des IGP und die Netzwerktopologie. All diese Faktoren und viele andere, sind eine Überlegung wert.

Wenn man partielle BGP-Routen von bestimmten Punkten des AS aus in IGP überträgt, kann man dadurch den entsprechenden nach außen gerichteten Datenverkehr unter Umständen leichter zu einem bestimmten Ausgang hin lenken. Der Außenverkehr in Richtung anderer Internetrouten muss dann immer noch den Grundeinstellungen zu den BGP-Routern folgen. Obwohl die Übertragung von BGP-Routen in IGP die optimale Routinglösung zu sein scheint, bringt sie doch ihre

Nachteile mit sich. Wenn das IGP z.B. »klassenvoll« (*classful*) ist (wie beispielsweise RIP-1 oder das Interior-Gateway-Routing-Protocol [IGRP]), werden Informationen zu »klassenlosen« Routingblocks zwischen Domänen (CIDR) verloren gehen. Das andere große Problem besteht in der potentiellen Instabilität der eingefügten BGP-Routen, wodurch auch das IGP instabil werden kann. Einige größere Netzwerkzusammenbrüche werden darauf zurückgeführt, dass IGP auf Grund der Fluktuation sehr vieler externer Routen versagt hat.

8.1.2 Folgen von *Default*-Routen innerhalb des AS

Eine einfachere Lösung für nicht-BGP-Router eines AS, die Außenwelt zu erreichen ist, derjenigen *Default*-Route Ihres AS zum nächstgelegenen *exterior-gateway-Router* (Außentor-Router) zu folgen, der Sie aus dem AS hinausbefördert. Jeder Grenzrouter eines autonomen Systems kann dem AS eine *Default*-Route einpflanzen. Jeder IGP-Router könnte die *Default*-Route von einem oder mehreren Routern erhalten. Jeder IGP-Router wählt den besten Weg zu einem externen Ziel je nach internem Kostenaufwand oder Metrik, mit der die *Default*-Route erreicht werden kann. Sobald die Daten bei den BGP-Routern eintreffen, setzen sie ihn davon in Kenntnis, nach welchen Kriterien BGP den besten Pfad ausgewählt hat. Bild 8.1 stellt nicht-BGP-Router innerhalb eines AS dar, die den *Default*-Routen folgen, um den nächstgelegenen BGP-Router zu erreichen.

RTC und RTD sind BGP-Grenzrouter, die die *Default*-Route 0/0 in AS1 einfügen. RTB ist ein interner BGP-Transitrouter, der mit RTC und RTD vollkommen IBGP verflochten ist. Interne nicht-BGP-Router, wie beispielsweise RTA erhalten die *Default*-Route aus verschiedenen IGP-Quellen. Sie bevorzugen die niedrigste IGP-Metrik. In Bild 8.1 erhält RTA die 0/0 von RTB mit einer Metrik zu 10, von RTE mit einer Metrik zu 20 (von RTA zu RTB: 10, + von RTB zu RTE: 10), und von RTF mit einer Metrik zu 30 (von RTA zu RTF: 10, + von RTF zu RTG: 10, + von RTG zu RTB oder RTC: 10). RTA zieht die *Default*-Route über seinen Link zu RTB vor, da dieser mit der geringsten internen Metrik belegt ist (10). Sobald die Daten bei RTB eingetroffen sind, wird dessen BGP-Routingtabelle verwendet, um die außerhalb des AS liegenden Ziele zu erreichen.

Bild 8.1: Beispiel: Folgen der Default-Routen

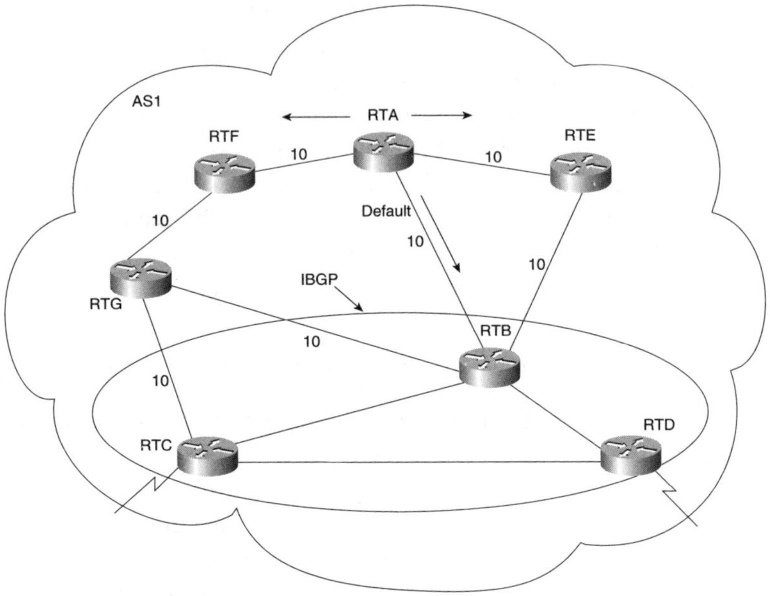

TIPP

Sehen Sie hierzu die Beispiele 12-38 bis 12-41

Innerhalb des AS mit IBGP zu arbeiten ist wichtig, da mit dessen Hilfe sowohl der Datenverkehr besser dirigiert werden kann, der das AS verlassen soll, als auch wie in den bereits genannten Fällen (wenn ein Partner-AS für die Dauer einer Fehlfunktion einen Ersatzdurchgang anbietet) der Transitverkehr weitertransportiert werden kann. Außerdem können die im vorangegangenen Kapitel besprochenen Symmetrietechniken nicht angewendet werden, wenn mehrere BGP-Router nicht mit IBGP arbeiten.

8.2 Konflikt der BGP-Regelungen mit internen *Default*-Routen

Je nach der physischen Topologie eines AS und abhängig davon, wie die BGP-Regelungen festgesetzt sind, kann es zu einigen unliebsamen Situationen kommen. Es könnten zum Beispiel Daten, die innerhalb eines AS IGP-*Default*-Routen befolgen, um einen BGP-Grenzrouter zu erreichen, in einen infiniten Kreislauf geraten. Dies geschieht, wenn die BGP-Router sich widersprechender BGP-Satzungen anhängen, die veranlassen, den Datenverkehr ins AS zurückzuschicken.

TIPP

Sehen Sie hierzu den Abschnitt »Policy Routing« aus Kapitel 12

In diesem Abschnitt geht es um Situationen, in denen es zu Routingschleifen kommen kann. Wir wollen mit möglichen Lösungen für diese Problem experimentieren. Wir werden uns mit den folgenden zwei Fällen beschäftigen:

- *Default*-Routen innerhalb des AS in Verbindung mit einer primär-/Backup-BGP-Satzung
- *Default*-Routen innerhalb des AS in Verbindung mit anderen BGP-Satzungen

8.2.1 *Default*-Routen innerhalb des AS: Primärlink-/Backup-BGP-Satzung

Betrachten Sie bitte die in Bild 8.2 dargestellte Routingsituation: AS1 hat über zwei Verbindungen Anschluss an das Internet. Der Router RTC in SF arbeitet eng zusammen mit dem Provider mit dem Exterior-Border-Gateway-Protocol (EBGP), und RTD in NY setzt EBGP zum Kontakt mit einem anderen Provider ein. Innerhalb des AS arbeiten RTC und RTD mit IBGP, sind aber nicht physisch miteinander verbunden. Deshalb müssen Daten, die zwischen RTC und RTD ausgetauscht werden sollen, durch die Router RTA und RTB fließen.

Wir gehen davon aus, dass RTC und RTD von ihren jeweiligen Providern Vollrouten erhalten. RTC und RTD fügen dem IGP in AS1 außerdem eine 0/0-*Default*-Route bei. Weiterhin setzen wir voraus, dass AS1 gerne die primär-/Reservelink-Technik anwenden würde, um den New Yorker T3-Link als Primärlink einsetzen zu können. AS1 würde Routen, die den NY-T3-Link kreuzen, mit einer höheren lokalen Präferenz ausstatten, damit dieser Link der Primärlink ist. Der SF-T1-Link wird als Reservelink genutzt, daher wird der gesamte Außenverkehr, der bei RTC ankommt, wieder an RTD zurückgeschickt.

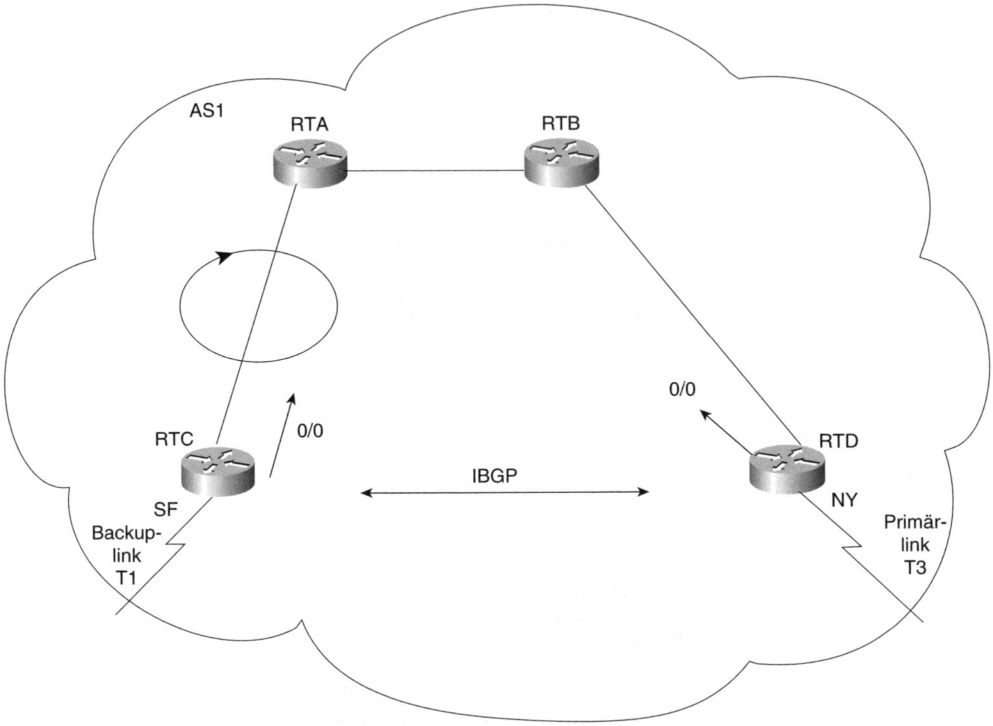

Bild 8.2: Beispiel: Entstehung von Schleifen beim Nachfolgen der Default-Routen

RTA und RTB sind interne nicht-BGP-Router. Sie tauschen sich mit allen Routern im AS per IGP aus. RTA und RTB kommen mit keiner der externen Routen in Berührung. Sie folgen in Richtung RTC oder RTD Grundeinstellungen, entsprechend der niedrigeren IGP-Metrik. Daten, die für außenstehende Netzwerke bestimmt sind und zu RTA gelangen, werden letztendlich an der *Default*-Route entlang zu RTC weitergeleitet, und Daten, die bei RTB ankommen, folgen der *Default*-Route in Richtung RTD.

Wenn der Verkehr bei RTC eintrifft, lenkt er ihn zu RTD, da die BGP-Regelung vorsieht, dass NY der Primärlink ist. Da RTC über keine direkte Verbindung zu RTD verfügt, schickt er die Daten weiter zu RTA. RTA empfängt den Datenverkehr und gibt ihn zurück an RTC, sodass zwischen RTA und RTC eine Routingschleife entsteht.

Als nächstes untersuchen wir mehrere Szenarien, in denen es darum geht, während der Nutzung von *Default*-Routen für primär/Backup-Routing innerhalb eines AS mögliche Schleifen zu vermeiden.

1. Situation: Manipulation der IGP-Metrik

In diesem Fall wollen wir eine Routingschleifensituation umgehen, indem wir den gesamten, für externe Ziele bestimmten Verkehr einer *Default*-Route zu RTD folgen lassen. Dies kann sich ergeben, wenn RTC die 0/0-*Default*-Route mit einer sehr hohen Metrik ins IGP einpflegt, sodass die von RTD eingefügte 0/0-*Default*-Route für alle internen Router kürzer ist. Datenverkehr sollte niemals über RTC laufen, um unbekannte (externe) Ziele zu verfolgen, außer der NY Link würde ausfallen.

2. Situation: Der IBGP-Pfad ist kürzer als der IGP-Pfad

Die Existenz eines kürzeren Pfades zwischen IBGP-Routern garantiert, dass die Daten nicht über die nur-IGP-Router umkehren, um ihr Ziel zu erreichen. Dies wird nur notwendig, wenn BGP-Regelungen vorschreiben, dass der Verkehr vom einen zum anderen BGP-Router zurückgeleitet werden muss. Ein solcher Fall tritt ein, wenn ein IBGP-Router nicht über externe Links verfügt, auf denen er den Verkehr weiterschicken kann. Hat er einen externen Link, so wird dieser nicht als bester Pfad genutzt (dies trifft auf RTC in Bild 8.2 zu).

In der in Bild 8.2 dargestellten Situation kann eine Routingschleife vermieden werden, wenn sich die mit IBGP arbeitenden Grenzrouter RTC und RTD außerdem ein physisches Segment oder einen seriellen Link teilen. Daten, die aus Richtung des RTA bei RTC ankommen, würden über einen physischen Link (im Bild nicht angezeigt) zurückgeleitet. Dieser Link würde sich als kürzerer, direkter Pfad zwischen RTC und RTD anbieten und würde im Falle, dass einer der anderen Links nicht mehr verfügbar sein sollte, für die Verknüpfung sorgen.

3. Situation: Mit BGP arbeitende Transitrouter

Wenn man auf allen Transitroutern BGP laufen lässt, stellt man damit sicher, dass der Datenverkehr sobald er bei einem dieser Router eintrifft, aus dem AS herausgeleitet werden kann. Würden sich RTA und RTB in Bild 8.2 vollständig durch IBGP mit RTC und RTD verketten, so könnte der gesamte, sich bei RTA oder RTB einstellende Verkehr, auf intelligente Weise den geeigneten Pfad aus dem Netzwerk nach außen ausfindig machen. Es ist zwar am einfachsten, RTA und RTB mit BGP-Vollrouten zu beladen, Sie könnten in RTA und RTB aber auch mit etwas größerer Umsicht, nur partielle Routen und/oder BGP-*Default*-Routen installieren. Bitte beachten Sie, dass RTA und RTB dennoch herangezogen werden können, um den Verkehr zwischen Grenzroutern weiterzutragen, obwohl AS1 vielleicht gar kein Transit-AS ist. Interne nur-IGP-Router werden wie in Bild 8.2 dargestellt, die IBGP-*cloud* nutzen, um die Außenwelt zu kontaktieren.

4. Situation: Wer erstellt die *Default*-Route, und wie wird sie erstellt?

In dieser Situation kann eine Schleife vermieden werden, indem der Primärrouter eine *Default*-Route in IGP erstellt, während sich der Sekundärrouter zurückhält. In unserem Beispiel würde RTD die 0/0 in IGP einpflegen, RTC aber würde keine Maßnahmen ergreifen. Der gesamte Verkehr würde der *Default*-Route zu RTD folgen.

Diese Lösung funktioniert nur unter normalen Umständen, würde aber in Backup-Situationen scheitern. Fiele der NY-Link aus, würden die IGP-Router die 0/0-*Default*-Route verlieren. Da RTC keinerlei *Default*-Routen ausgibt, würde der auf Ziele außerhalb des AS gerichtete Verkehr zusammenbrechen.

Eine Idealsituation sähe für RTC so aus, dass er die *Default*-Route nur in IGP eingeben müsste, wenn der NY-Link ausfällt. Bricht der NY-Link zusammen, sollte RTD stoppen, und RTC sollte damit beginnen, die *Default*-Route ins IGP einzutragen. Damit dieser Mechanismus so einsetzen kann, müssen sich die Router folgendermaßen verhalten:

- **Ein BGP-Router sollte aufhören, die *Default*-Route in IGP einzupflegen, wenn der externe Link des Routers ausfällt –** Dies kann ganz leicht erzielt werden, wenn das IGP die Rückübertragung der externen *Default*-Route 0/0 ins IGP zulässt. Immer, wenn die externe 0/0 aufhört zu existieren, verschwindet mit ihr auch die IGP-*Default*-Route. Die Verfügbarkeit und das Verhalten der Rückübertragung hängt davon ab, mit welchem IGP und mit welchen speziellen Geschäftspraktiken Sie arbeiten. Die Rückübertragungsmethode von Cisco unterscheidet sich damit von denen anderer Provider

- **Ein BGP-Router sollte die *Default*-Route nur dann in IGP einpflegen, wenn die *Default*-Route einen lokal angeschlossenen externen Link nutzen wird** – Hierdurch wird jeder Router dazu verpflichtet, eine *Default*-Route nicht mehr zu erzeugen, sobald er eine *Default*-Route bevorzugt, die von innerhalb des AS kommt, gegenüber einer, die von außerhalb stammt. Als Begründung für diese Verpflichtung gilt, dass der Primärlink immer noch aktiv ist und demzufolge genutzt werden sollte, wenn der Sekundärrouter die von innerhalb des AS kommende *Default*-Route favorisiert. Wenn also der Primärlink aussetzt, wird der Sekundärlink derjenigen *Default*-Route den Vorrang einräumen, die von außerhalb des AS stammt, und wird diese in IGP einpflegen. Diese Situation ist anhand eines Beispiels leichter erklärbar und somit verständlicher.

TIPP

Sehen Sie hierzu den Abschnitt »Verfolgen der *Default*-Route innerhalb des AS« aus Kapitel 12

In den nächsten zwei Beispielen klären wir die Unterschiede zwischen einer RIP- oder OSPF-gestalteten Default-Route in Cisco-Ausführung.

Die durch RIP erzeugte *Default*-Route

In der in Bild 8.3 dargestellten Situation können RTC und RTD eine 0/0-*Default*-Route lernen oder statisch selbst auf ihre jeweiligen Provider konfigurieren. Unter normalen Umständen wird RTD die 0/0 automatisch (oder durch kontrollierte Rückumverteilung) in RIP eintragen. RTC entdeckt die Anwesenheit einer von RTD stammenden *Default*-Route und stellt deshalb die eigene Verbreitung einer *Default*-Route ein. Alle Daten werden an RTD weitergeleitet.

Bild 8.3: Einbinden der 0/0-Default-Route ins RIP

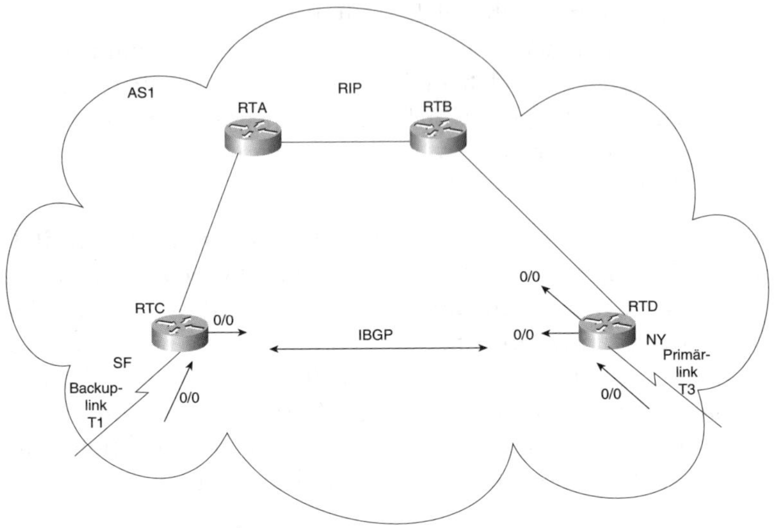

Sobald der NY-Link aussetzt, wird RTD aufhören eine *Default*-Route ins RIP zu führen. RTC erkennt über RIP den Verlust der 0/0 und pflegt seine eigene *Default*-Route ein. Wir möchten Sie darauf hinweisen, dass RTC die 0/0-*Default*-Route, RIP und möglicherweise IBGP (wenn RTD die 0/0 in die IBGP-Session weitergetragen hat) über EBGP (vom lokal angeschlossenen, externen Netzwerk) empfängt. RTC bevorzugt, aufgrund der höheren lokalen Präferenz über RTD, die 0/0 über IBGP. Weil RTCs IBGP-administrative Distanz auf 200 steht, also höher liegt als die RIP-Distanz zu 120 (siehe Tabelle 1 im 6. Kapitel), hat die 0/0-*Default*-Route vor RIP Vorrang, da sie die geringste administrative Distanz aufweist.

Die durch OSPF erzeugte *Default*-Route

OSPF verhält sich anders als RIP. Die BGP-0/0-Route kann nicht über Rückübersetzung in OSPF weitergegeben werden. OSPF bietet andere Möglichkeiten, damit das Protokoll die 0/0 jederzeit und sogar besser zu OSPF führen kann, wenn in der IP-Routingtabelle eine 0/0-Defaultroute gefunden wird. Übertragen Sie nun dieses Verhalten auf das in Bild 8.4 dargestellte Beispiel:

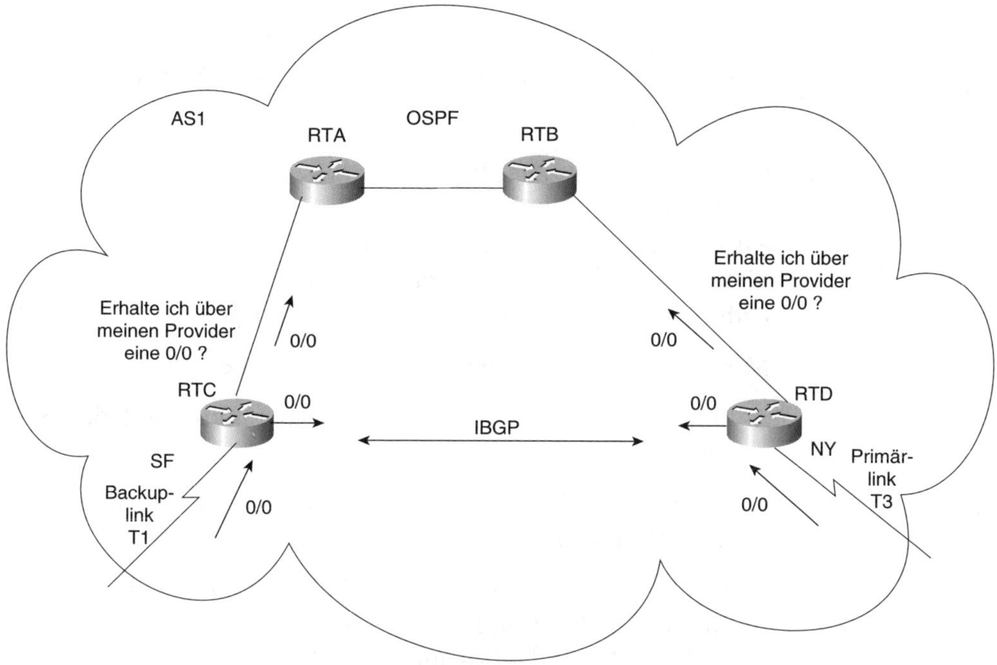

Bild 8.4: Einbinden der 0/0-Default-Route ins OSPF

RTD und RTC empfangen die 0/0-Route über EBGP oder verweisen mit einer statischen *Default*-Route auf ihre jeweiligen Provider. Wenn RTD und RTC so konfiguriert sind, dass die 0/0-*Default*-Route in OSPF eingepflegt ist, wird das primär/Backup-Modell versagen, solange sie selbst eine 0/0-Route in ihrer IP-Routingtabelle verzeichnen. Das primär/Backup-Modell funktioniert nicht, weil RTD und RTC die 0/0-Route voneinander über IBGP erhalten. RTC wird das 0/0-Präfix immer in OSPF eingeben, ganz gleich, ob der NY-Link aktiv oder ausgefallen ist. Außerdem wird RTC anders als im RIP-Szenario, die von RTD kommende OSPF-*Default*-Route ignorieren, weil RTC zudem dafür konfiguriert ist, seine eigene *Default*-Route auszugeben.

Um dieser Situation beikommen zu können, muss man die Router RTD und RTC so konfigurieren, dass sie angewiesen werden, die 0/0-Route nur in OSPF weiter zu verbreiten, wenn ihre eigene *Default*-Route auf ihre jeweiligen Anbieter ausgerichtet ist.

Tipp

Sehen Sie hierzu den Abschnitt »Anwendung von OSPF als IGP« aus Kapitel 12

Es zeigt sich also, dass RTD die 0/0-Route in OSPF einpflegen wird, wenn sich RTD unter allen *Default*-Routen für diejenige entscheidet, die auf seinen Provider hinweist. Ebenso wird RTC, wenn RTC die *Default*-Route favorisiert, die zu seinem Anbieter deutet, die 0/0-Route zu OSPF führen.

Mit diesem neuen Modell wird sich Folgendes ergeben:

- Unter normalen Arbeitsbedingungen funktioniert der NY-Link
- RTD zieht die externe *Default*-Route allen anderen vor und gibt die 0/0-Route in OSPF ein.
- RTC empfängt die 0/0 über EBGP (von seinem eigenen Anbieter), IBGP und OSPF. Wie bereits erwähnt, ignoriert es die OSPF-*Default*-Route.
- RTC bevorzugt die von RTD über IBGP bei ihm eintreffende 0/0 aufgrund ihrer höheren lokalen Präferenz.
- Da die 0/0 nicht über RTCs Provider erlernt wird, gibt RTC keine *Default*-Routen in OSPF ein.
- Sollte der NY-Link ausfallen, verliert RTD die 0/0-Route seines Providers, erhält über IBGP aber weiterhin eine 0/0-Route und verbreitet in OSPF eine 0/0-Route, da die 0/0-Route nicht über RTDs Provider erlernt wurde.
- RTC empfängt die 0/0-Route nicht mehr über IBGP und bevorzugt die 0/0-Route über seinen Provider. Dann beginnt RTC, die 0/0-Route in OSPF einzupflegen.

8.2.2 *Default*-Routen innerhalb des AS: andere BGP-Regelungen

Wir haben bereits geklärt, dass Schleifen jederzeit entstehen können, wenn die IGP-Grundeinstellungen mit den BGP-Regelungen nicht harmonisieren. Im primär/Backup-Szenario könnten Sie kontrollieren, welcher Router die *Default*-Route ausgeben sollte, da Sie von Anfang an entscheiden, welcher der Primärrouter für den Datenverkehr außerhalb des AS ist. Ihr AS könnte aber auch manchmal Routingregeln unterliegen, die durch auswärtige Faktoren bestimmt wurden. Oder das normale IBGP/EBGP-Routing gibt für Ihr AS keinen spezifischen Ausgangspunkt an, was zu Komplikationen mit Ihren *Default*-Routen führen würde.

Nehmen wir einmal die in Bild 8.5 gezeigte Situation: AS1 steht mit seinem Provider AS2 in Kontakt und erlernt an zwei Standorten, SF und NY, volle oder partielle Routen. AS1 gibt sowohl von seinem SF-Router RTC als auch vom NY-Router RTD aus *Default*-Routen ein, sodass die internen Standorte an den nächstgelegenen Ausgängen austreten.

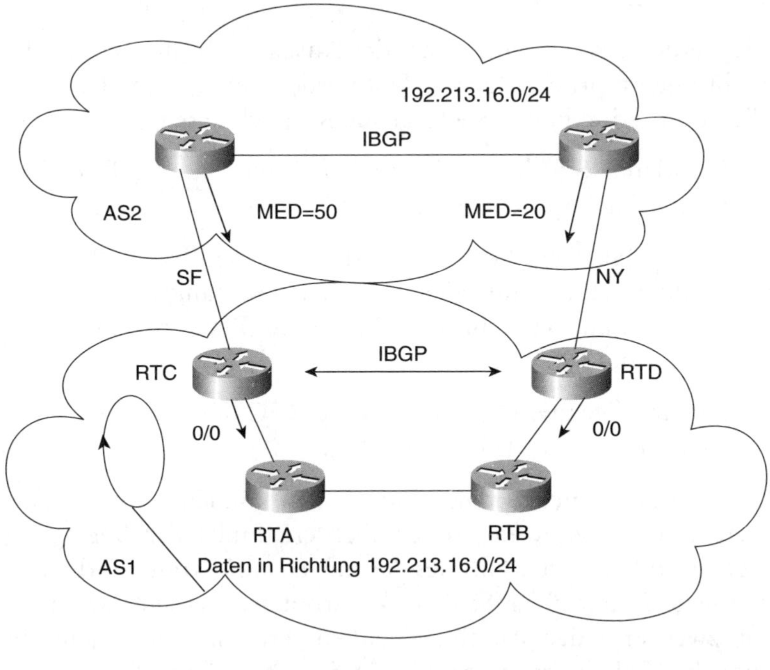

Bild 8.5: Handlungsweisen, die von außenliegenden Quellen eingeführt wurden

Nehmen wir weiterhin an, dass AS1 bei der Eingabe der *Default*-Routen sehr umsichtig vorgeht. Der SF-Router würde nie eine *Default*-Route einpflegen, wenn der SF-Link inaktiv ist und der NY-Router sieht davon ab, eine *Default*-Route einzugeben, wenn der NY-Link ausgefallen ist. Alles läuft wunderbar und funktioniert prima, bis Provider AS2 anfängt, AS1 Metren (MED) anzubieten.

Wir gehen in Bild 8.5 davon aus, dass AS2 seine Updates mit den internen IGP-Metren als MED-Werte an AS1 verschickt. AS1 erhält sowohl am SF- als auch am NY-Link dieselben Netzwerke, aber mit unterschiedlichen MED-Werten. Zu jedem Netzwerk folgt BGP dem Pfad mit dem geringsten Metrikwert. Empfängt RTC beispielsweise am SF-Link Netzwerk 192.231.16.0/24 mit MED 50 und am NY-Link mit MED 20, zieht RTC den NY-Link vor. Das könnte sich dann so auswirken, dass RTA auf dem Weg zu 192.231.16.0/24 zuerst der internen *Default*-Route zu RTC folgt, dann aber angewiesen wird, stattdessen zu RTD zu gehen. Entsprechend würde RTB vielleicht einer *Default*-Route zu RTD folgen und dann zu RTC umdirigiert werden. In beiden Fällen entstünde eine infinite Schleife (*loop*).

Sie werden also einsehen, dass der Ausgang für alle Netzwerke nicht wie im primär/Backup-Fall vordefiniert werden kann. In dieser Situation haben Sie folgende Möglichkeiten:

- Ignorieren Sie den MED und arbeiten Sie auf Basis des primär/Backup-Szenarios.
- Richten Sie zwischen RTC und RTD eine kürzere Pfadverbindung ein, damit der zwischen Ausgangspunkten zurückgeleitete Verkehr den kürzesten Pfad zwischen den IBGP-Routern folgt.
- Arbeiten Sie zwischen RTA, RTB, RTC und RTD mit einer IBGP-Verkettung (»IBGP *mesh*«).

Auch in anderen, normalen Situationen können Schleifen auftreten. Jedesmal, wenn Ihnen mehrere Links zur Verfügung stehen und Sie innerhalb des AS mit *Default*-Routen arbeiten, können Sie mit einer Schleife konfrontiert werden. Wenn Sie an zwei Provider Anschluss haben, erreichen Sie vielleicht manche Ziele besser über den einen, andere über den zweiten Anbieter. Wenn Ihr IGP den *Default*-Routen folgt, landen Sie vielleicht ohne Wendemöglichkeit am falschen Ausgang.

Bis jetzt haben Sie gesehen, dass es zwei Möglichkeiten gibt, Loopingprobleme zu lösen: entweder müssen BGP und IGP genauer angeben, an welchem Ausgang man das AS verlassen soll, oder verhindern, dass der Datenverkehr zwischen den

IBGP-Routern wieder über nur-IBGP-Router zurückfließt. Je besser Sie den Verlauf Ihres Datenverkehrs kennen, desto leichter lassen sich auch Schleifen vermeiden.

8.3 Regelgerechtes Routing

Durch *Policy Routing* kann man Routen kontrollieren, die auf Quellen beruhen, oder auf Quelle und Ziel, oder sich, anstatt sich nur auf das Ziel zu beziehen, auf den Verlauf des Verkehrs stützen. Durch regelgerechtes Routing erlaubt man sowohl die Kontrolle des Datenverlaufs innerhalb eines AS als auch zwischen ASs. *Policy Routing* ist die veredelte Form des statischen Routing. Es wird angewendet, wenn Sie ein Routingverhalten erzwingen wollen, das von den Vorschriften dynamischer Routingprotokolle abweicht.

Mit statischem Routing dirigieren Sie den Verkehr je nach Datenziel. Für Ziel 1 bestimmte Daten können über Punkt A übermittelt werden, Daten für Ziel 2 können über Punkt B weitergegeben werden.

Regelgerechtes Routing ermöglicht Ihnen, an Stelle des standardisierten, zielorientierten Routing, die Daten je nach Quelle oder anhand einer Kombination aus Quellangabe und Empfänger (oder anhand anderer Attribute) weiterzuleiten. Von Netzwerk 1 stammender Verkehr kann über Punkt A geleitet werden, oder der Verkehr von Netzwerk 1 mit dem Ziel Netzwerk 2 kann über Punkt B vermittelt werden.

TIPP

Sehen Sie hierzu Beispiel 12-6, »Regelgerechtes Routing«

Die folgenden Abschnitte untersuchen regelgerechtes Routing auf Basis der Datenquelle und Datenquelle / Datenziel, sowie andere Anwendungen des *Policy Routing*.

8.3.1 Auf der Datenquelle basierendes Policy Routing

Beachten Sie bitte das in Bild 8.6 dargestellte Beispiel. Angenommen AS1 hat von zwei verschiedenen Providern Netzwerknummern zugewiesen bekommen: Der Adreßbereich

10.10.10.0/24 wurde aus AS3 genommen, der Bereich 11.11.11.0/24 aus AS4. AS1 möchte, dass der gesamte, aus seinen Netzwerken 10.10.10.0/24 stammende Verkehr in Richtung AS3 geleitet wird, und dass alle Daten aus den Netzwerken 11.11.11.0/24 zu AS4 dirigiert werden, unabhängig vom letztendlichen Bestimmungsort des Datenverkehrs. Um diese Bedingung zu erfüllen, könnte AS1 regelgerechtes Routing einsetzen. Damit zwingt es alle mit einer IP-Quelladresse versehenen Daten, die zu den Netzwerken 10.10.10.0/24 gehören, zum nächsten Hop 1.1.1.1. Außerdem sorgt es dafür, dass alle Daten mit einer zu 11.11.11.0/24 gehörenden IP-Quelladresse den nächsten Hop 2.2.2.2 nehmen müssen.

Bild 8.6: Schematische Darstellung eines »Policy Routing« nach Datenquelle

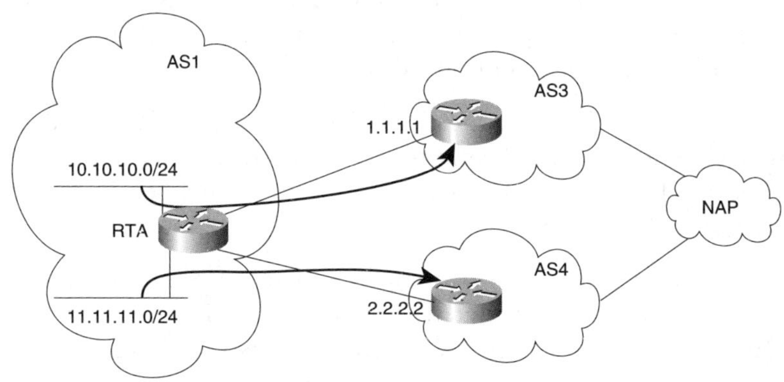

8.3.2 Regelgerechtes Routing auf der Basis von Datenquelle / Datenzielort

Policy Routing kann auch aufgrund einer Datenquell/Datenziel-Kombination durchgeführt werden, wie in Bild 8.7 zu sehen ist.

Wir gehen davon aus, dass RTA für alle aus Netzwerk 10.10.10.0/24 stammenden Daten, die für Netzwerk 12.12.12.0/24 in NY bestimmt sind, den SF-Link nutzen möchte. Für alle Daten, die aus Netzwerk 10.10.10.0/24 stammen und zu Netzwerk 13.13.13.0/24 nach NY sollen, möchte RTA den SF-Link nutzen. Durch regelgerechtes Routing kann man für die Datenkombination (Quelle = 10.10.10.0/24, Ziel = 12.12.12.0/24) als nächsten Hop 1.1.1.1 bestimmen. Dieser Datenkombination (Quelle = 10.10.10.0/24, Ziel = 13.13.13.0/24)wird der nächste Hop 2.2.2.2. zugewiesen.

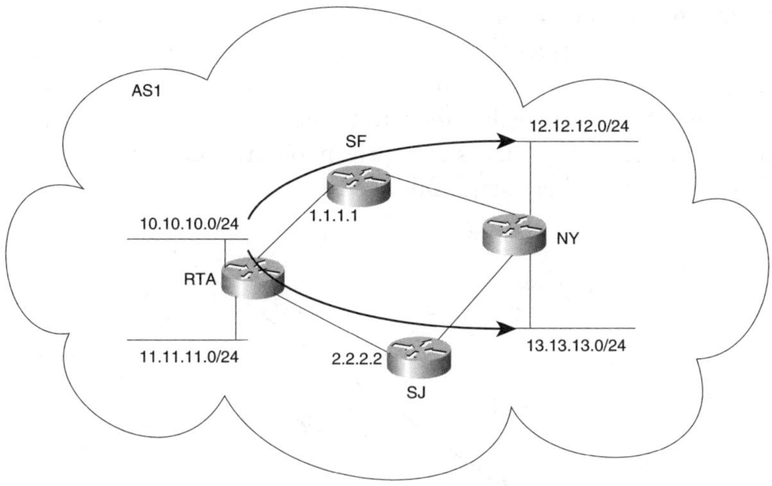

Bild 8.7: Schematische Darstellung eines »Policy Routing« nach Datenquelle und Ziel

8.3.3 Policy Routing-Grundeinstellungen auf dynamisches Routing

Sobald man statisches Verhalten erzwingt, wird auch »backup« ein Thema. Es muss unbedingt sichergestellt werden, dass Alternativen dafür zur Verfügung stehen, wenn der *policy-routed*-Verkehr nicht weitergeleitet werden kann, weil der Hop ausgefallen ist. Cisco bietet kreative Möglichkeiten an, regelgerechtes Routing durchzuführen, indem mehrere nächste Hops für den *policy-routed*-Verkehr bereitgestellt werden. Ist der nächste Hop ausgefallen oder nicht verfügbar, kann der Router so konfiguriert werden, dass er den Datenverkehr entsprechend des normalen, dynamischen Routing (d.h. basierend auf dem Ziel) weiterschickt: siehe Bild 8.8.

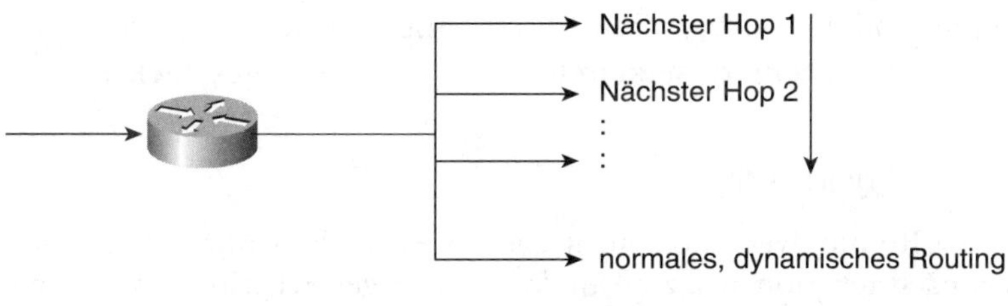

Bild 8.8: Policy Routing Grundeinstellung auf dynamisches Routing

8.3.4 Andere Anwendungen des Policy Routing

Eine sehr praktische Einrichtung des regelgerechten Routing ist die Nutzung von *Firewalls* (»Feuerschutzwände«). *Firewalls* sind Hilfsmittel, durch deren Anwendung die Sicherheitsanforderungen für den Verkehr erfüllt werden. Zur Ausstattung einer *Firewall* gehört Paketfilterung, Feststellung der Urheberschaft und Verschlüsselung. Je nach Netzwerksetup entschließt sich der Administrator, einen Teil oder den gesamten eintreffenden (oder sich entfernenden) Verkehr zu einer *Firewall* zu schicken: siehe Bild 8.9.

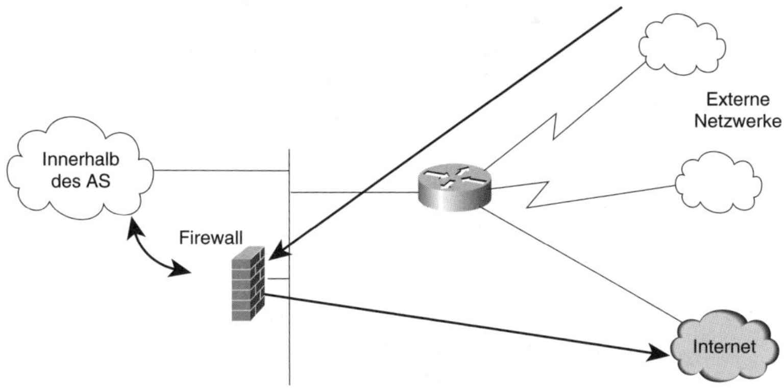

Bild 8.9: Eingehender oder ausgehender Verkehr kann durch eine Firewall gelotst werden

Eine für diese Anwendung geeignete Situation könnte sich z.B. ergeben, wenn eine Organisation durch einen Einwähl-Service Daten erhält. Vielleicht veranlasst die Organisation, dass Einwählkunden von entfernt gelegenen Sites erst eine *Firewall* passieren, bevor sie das Internet erreichen. Befindet sich eine *Firewall* auf Verkehrskurs, gibt es keine Probleme. Manchmal läuft der Verkehr aber (wie in Bild 8.9) auf seinem normalen Weg an der *Firewall* vorbei. Man kann auf einem an externe Netzwerke grenzenden Router regelgerechtes Routing so konfigurieren, dass die ankommenden Einwähldaten auf die *Firewall* hin gezwungen werden. Nachdem die *Firewall* ihre Regelungen oder die Verschlüsselung angewendet hat, wird der *Einwähl*-Verkehr zu seinem letztendlichen Ziel geschickt.

ANMERKUNG

Policy Routing verändert nicht das Datenziel. Es wirkt sich nur auf den nächsten Hop aus, zu dem der Verkehr geleitet wird, bevor er an sein endgültiges Ziel weitergeschickt wird.

Regelgerechtes Routing wird auch für Einwähl-Dienste genutzt, um den Verkehr, wie in Bild 8.10 gezeigt, besser ausbalancieren zu können.

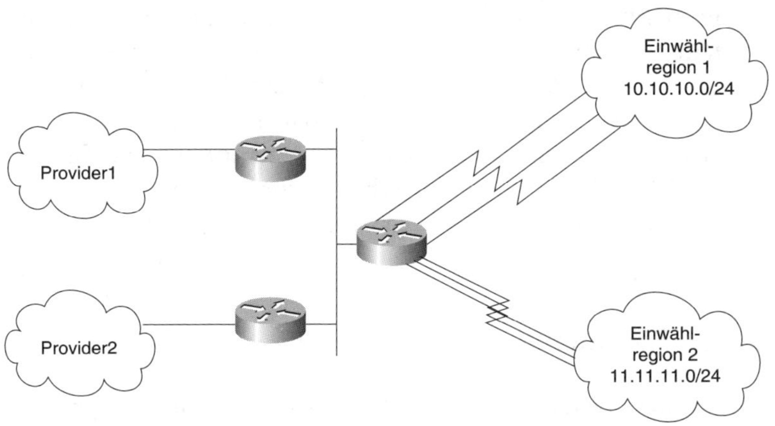

Bild 8.10: Ausgleich von Einwähl-Verkehr bezüglich einer Quelle

Einwähl-Nutzer, die auf einen bestimmten Point of Presence (POP) zugreifen, können anhand ihrer IP-Quelladresse zu bestimmten Providern dirigiert werden. Wie in Bild 8.10 dargestellt, können Einwähl-Nutzer aus der Region 1 zu Provider 1 geleitet werden, während Einwähl-Nutzer in Region 2 zu Provider 2 geführt werden.

Policy Routing ist kein Ersatz für dynamisches Routing sondern sollte dieses ergänzen. Regelgerechtes Routing hat auch seine Nachteile:

- Für die Identifizierung der Datenquelle oder einer Kombination aus Quelle und Ziel ist eine zusätzliche statische Konfiguration nötig. Hierbei muss sehr darauf geachtet werden, dass andere Verkehrsflüsse nicht unterbrochen werden, und es müssen für die Daten andere Alternativen spezifiziert werden, falls eine Backupsituation eintreten sollte.
- Policy Routing ist sehr CPU-intensiv, da es sich an der IP-Quelladresse orientiert. Dynamisches und statisches Routing basiert hingegen auf der IP-Zieladresse. Überall werden, basierend auf dem Ziel der Daten, ausgereifte *caching*- und *switching*-Techniken angewendet und eingefügt. Die meisten Anwendungen haben die auf der Quelle des IP-Pakets basierenden Routing- und *caching*-Techniken noch nicht richtig optimiert. Daher belegt regelgerechtes Routing zusätzliche CPU-Kreise, um die Quelladresse ausfindig machen zu können. Dieses Verhalten ändert sich, sobald sich die eingepflegten Techniken so weit verbessert haben, dass

die Bahnen der IP-Daten leichter eingeschätzt werden können. Anhand dieser Bahnen können sich *caches* über Quelle und Ziel der Daten auf dem Laufenden halten. Diese neuen *caching*-Methoden würde Router davon befreien, durch die Suche nach übereinstimmenden Quellen des IP-Verkehrs in ihrer Arbeit unterbrochen zu werden. Außerdem würde Policy Routing wesentlich effektiver und praktischer.

8.4 Vorschau

Autonome Systeme können ihren Administratoren größenmäßig über den Kopf wachsen. Service-Provider könnten sich mit einer riesigen, internen BGP-Verkettung konfrontiert sehen, die mit viel Mühe und leider nur ineffizient kontrolliert werden kann. Unternehmensnetzwerke können so schnell wachsen, dass die internen Gateway-Protokolle sich sehr anstrengen müssen, um mit den Instabilitäten Schritt halten zu können. Die Kunst der Kontrolle weitläufiger autonomer Systeme liegt darin, diese riesigen Domänen so zu untergliedern, dass sie in kleinere, besser handhabbare Einheiten zerfallen. Im nächsten Kapitel stellen wir Konzepte und Techniken vor, mit deren Hilfe Provider und Kunden Architekturmodelle erstellen können, um innerhalb ihrer Domänen ein Routing mit Struktur zu verwirklichen.

8.5 Häufig gestellte Fragen

Frage – *Ich lasse zwischen meinen Grenzroutern kein IBGP laufen. Muss ich mir über Routingschleifen Sorgen machen?*

Antwort – Bei der Interaktion zwischen IGP und BGP können keine Routingschleifen auftreten. Wenn Ihre internen Router in Richtung der BGP-Grenzrouter einer Default folgen, kann der Verkehr, wenn er die Grenzrouter erreicht, nur einen möglichen Weg über die EBGP-Session nach außen nehmen.

Frage – *Ich habe zwei mit IBGP arbeitende BGP-Grenzrouter, die über einen seriellen Link miteinander verbunden sind. Ich nutze die lokale Präferenz, um meine Ausgänge zu kontrollieren. Was passiert, wenn die serielle Leitung ausfällt?*

Antwort – Wenn Sie BGP-Regelungen festsetzen, durch die der Verkehr zwischen den BGP-Grenzroutern verschickt wird, wird sich das selbe Szenario einstellen, als ob Sie zwischen den Grenzroutern keinen Link hätten. Solange die serielle Leitung unterbrochen ist, verläuft Ihr Datenverkehr innerhalb des AS möglicherweise letztendlich im Kreis.

Frage – *Wenn ich zwischen meinen IBGP-Grenzroutern einen seriellen Link dazu verwende, den Verkehr vom einen zum anderen Router zu leiten, sollte dieser Link dann genauso schnell sein wie meine Links zu meinen Providern?*

Antwort – Der einzige Verkehr, der auf dieser Leitung laufen würde, ist Außenverkehr, der zwischen Grenzroutern zurückgelenkt wird, und ein bisschen Innenverkehr. Versuchen Sie sich auszurechnen, wieviel Prozent dies im Vergleich zu Ihrem Gesamtverkehr ausmacht, dann können Sie einschätzen, wie groß die geeignete Linkbandbreite sein sollte.

Frage – *Ich muss Daten nach X über meine serielle Leitung schicken und Daten nach Y über meine Ethernet-Leitung. Kann ich das per Policy Routing erledigen?*

Antwort – Was Sie da eben beschrieben haben, können Sie auch durch statisches Routing, das auf der Zielangabe basiert, ausführen. Regelgerechtes Routing, das anhand der Quelle oder einer Kombination aus Quelle und Ziel arbeitet, ist hier nicht nötig.

Frage – *Soll ich Policy Routing über mein nach außen gerichtetes oder über mein nach innen orientiertes Routerinterface anwenden?*

Antwort – Policy Routing überprüft die Quelladressen, die in ein Interface kommen. Konfigurieren Sie auf dem nach innen gerichteten Interface.

Dieses Kapitel enthält die folgenden Schlüsselthemen:

- **Routenreflektoren** – Eine Methode, expandierende Verkettungsanforderungen (*mesh requirements*) großer autonomer Systeme (ASs) zu verwalten. Hierfür dienen ausgesuchte Router als Fokuspunkte für interne BGP-Sessions.
- **Zusammenschlüsse** – Eine Methode, expandierende Verkettungsanforderungen in großen autonomen Systemen (ASs)zu handhaben, indem Sub-ASs geschaffen werden.
- **Kontrolle der IGP-Expansion** – Methoden zur Handhabung von Netzwerken, in denen die Expansion durch die Nutzung mehrerer IGPs charakterisiert wird.
- **Virtuelle Privatnetzwerke mit Routenreflektoren** – Eine Methode zur Entwicklung eingeschränkter Netzwerkzugänge innerhalb eines AS durch den Einsatz von Routenreflektoren.

Kapitel 9

Kontrolle weitläufiger autonomer Systeme

Autonome Systeme, die aus hunderten Routingknoten bestehen, können für Netzwerkadministratoren ein ernstes Routingmanagement-Problem darstellen. Service-Provider und Kunden haben alle mit ihren eigenen Problemen zu kämpfen, sobald sie sich mit großen Netzwerken auseinandersetzen müssen. Auf Seiten des Service-Provider arbeitet die Mehrheit der Router mit dem Border-Gateway-Protokoll (BGP). Die BGP-Regel besagt, dass ein Interior-Border-Gateway-Protocol-(IBGP-) speaker nie bei einem dritten IBGP-speaker eine Route veröffentlichen darf, die er von einem anderen IBGP-speaker gelernt hat. Aufgrund dieser Regel kann sich die IBGP-Verkettung (*mesh*) derart vergrößern, dass sie der Provider nicht mehr kontrollieren kann. Auf Kundenseite laufen auf der Mehrzahl der Router die Interior-Gateway-Protokolle (IGPs), was dem Kunden womöglich ebenfalls über den Kopf wachsen könnte.

Dieses Kapitel befasst sich mit Methoden und Techniken, durch welche sich der Einsatz von BGP und der IGPs innerhalb großer ASs besser kontrollieren lässt. Es gibt keine festen Regeln, die vorschreiben, dass Provider oder Kunde eine der im Kapitel erläuterten Methoden anwenden sollte oder nicht, oder welche Methode die beste ist. Sie sollten sich darüber im Klaren sein, dass jede neue Technik auch ihre Schwierigkeiten mit sich bringt. Wenn man in einer Situation eine gar zu komplexe Technik anwendet, ohne dass dies wirklich nötig wäre, kann dies mehr schaden als nützen. Im Voraus zu planen kann Ihnen aber unterwegs ziemlich viel Kopfzerbrechen ersparen.

9.1 Routenreflektoren

In einigen Internet-Service-Provider-(ISP-) Netzwerken kann die interne BGP-Verkettung ziemlich anwachsen (mehr als 100 interne BGP-Sessions pro Router). Da ist es dann doch sehr ratsam, ein paar neue *peering*-Mechanismen einzubauen. Das *route reflector-*[1]Konzept gründet auf der Idee, einen *concentration* (Sammel-) Router zu bestimmen, der als Fokus für alle internen BGP-Sessions fungieren soll. Mehrere (Kunden-) BGP-Router können sich mit einem Zentralserver (dem Routenreflektor) zusammenschließen und dann gehen die Routenreflektoren untereinander Partnerschaften ein. Obwohl die BGP-Regel konstatiert, dass Routen, die über einen IBGP-Speaker erlernt wurden, nicht bei einem anderen IBGP-Speaker angepriesen werden können, ermöglicht die Routenreflektion den Routenreflektor-Servern trotzdem diese Routen, wie später noch beschrieben, zu reflektieren, sodass die engen Maschen der IBGP-Voll-Verkettung gelockert werden.

Routenreflektoren sind nur für ASs empfehlenswert, die eine große interne BGP-Verkettung haben. Das Routenreflektoren-Konzept führt am Routenreflektoren-Server einen Prozessierungsüberschuss ein, und wenn falsch konfiguriert wurde, kann es unter Umständen zu Routingschleifen und Routinginstabilität kommen. Daher sind Routenreflektoren nicht für jede beliebige Topologie zu empfehlen.

Nachdem wir hier kurz die Nachteile skizziert haben, muß gesagt werden, daß die Routenreflektion sowohl den Routenreflektor-Servern als auch den Kunden schließlich auch einige Vorteile bringt. Die Einrichtung eines Routenreflektor-Servers könnte beispielsweise so optimiert werden, dass man einfach UPDATE-Botschaften kopiert, bevor sie an mehrere Partner verschickt werden, anstatt für jeden Partner eine separate Nachricht zu erzeugen. Außerdem gehen die meisten Kunden nur mit einem lokalen Routenreflektor-Server eine Partnerschaft ein, sodass sich die Zahl der Sessions, die aufrecht erhalten werden müssen, signifikant verringert.

Tipp

Sehen Sie hierzu den Abschnitt »Routenreflektor« aus Kapitel 12

9.1.1 Interne Partner ohne Routenreflektoren

Ohne Routenreflektoren haben BGP-Speaker in einem AS eine logische Voll-Verkettung. Dieses Verhalten haben wir in diesem Buch bereits behandelt, die folgende Illustration dient nur zur Erinnerung. In Bild 9.1 formieren RTA, RTB und RTC eine interne, BGP-logische Voll-Verkettung. Jeder Router fungiert als BGP-Partner der anderen zwei Router. RTA und RTB sind physisch verbunden, ebenso RTB und RTC. Zwischen RTA und RTC besteht kein physischer Anschluss.

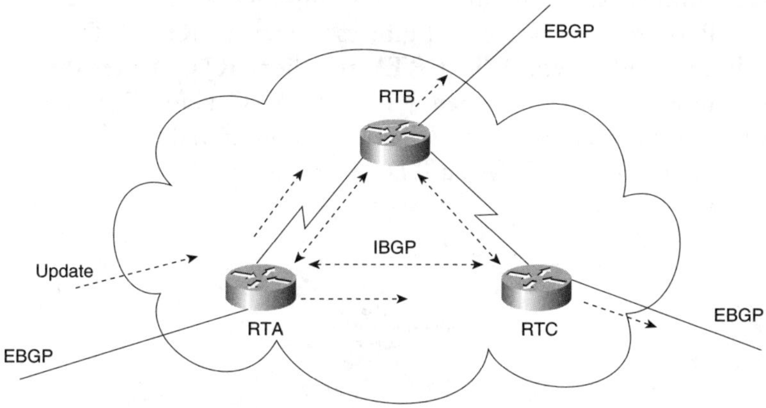

Bild 9.1: Interne Partner einer Voll-Verkettung

Wenn RTA von einem externen Partner ein Update erhält, gibt er dieses Update an seine zwei internen Partner, RTB und RTC, weiter. Bitte beachten Sie, dass es RTA trotz des Fehlens physischer Vernetzung zwischen RTA und RTC gelingt, das Update über die BGP-Partnersession an RTC weiterzugeben. RTB und RTC reichen das Update ihrerseits an ihre externen Partner weiter.

Die UPDATE-Botschaft, die RTB von RTA in Empfang nimmt, wird nicht wiederum auch RTC weitergereicht, da RTC ein interner Partner ist und die UPDATE-Nachricht, die RTB erhalten hat von einem internen Partner (RTA) stammt. Ohne die interne BGP-Session zwischen RTA und RTC würde RTC nie das Update bekommen. Deshalb ist die vollständige IBGP-Verkettung notwendig.

9.1.2 Interne Partner mit Routenreflektoren

Die Routenreflektoren agieren als Konzentrationspunkte für andere Router, die als Klienten bezeichnet werden *(clients)*. Die Klienten »verbrüdern« sich mit dem Routenreflektor und tauschen mit ihm Routinginformationen aus. Im Gegenzug reicht der Routenreflektor die Informationen zwischen den Klienten und an andere IBGP und Exterior-Border-Gateway-Protocol-(EBGP-) Partner weiter (oder reflektiert sie).

In Bild 9.2 ist RTB als ein Routenreflektor mit zwei Klienten, RTA und RTC, konfiguriert. RTA empfängt von einem externen Partner ein Update und gibt es weiter an RTB. RTB spiegelt das Update von Klient RTA zu Klient RTC. Unter diesen Umständen sollte zwischen RTA und RTC keine Partnersession konfiguriert werden, da ja der Routenreflektor die BGP-Informationen von RTA zu RTC weiterleitet.

Bild 9.2: Interne Partner, die Routenreflektoren verwenden

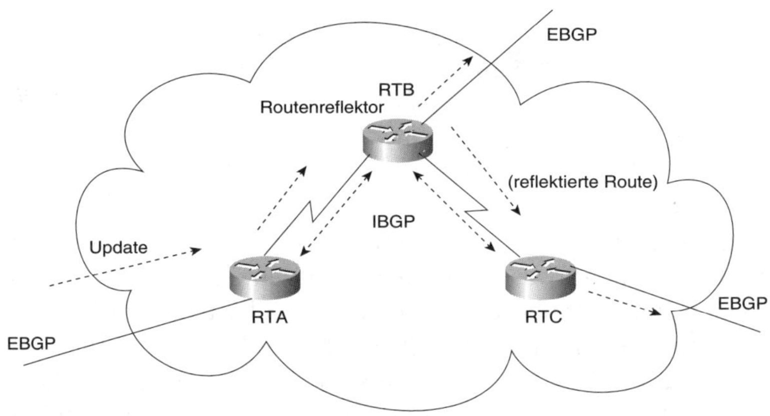

In einem AS, in dem der Administrator ansonsten sehr viele BGP-Sessions zwischen den Routern aufbauen müsste, sorgt das Routenreflektoren-Konzept für eine sehr hilfreiche und skalierbare Lösung des Problems.

9.1.3 Benennung von Arbeits-Konventionen und Regeln

Der Routenreflektor ist ein Router, der die Routenreflektions-Funktion ausübt. Die IBGP-Partner des Routenreflektors lassen sich in zwei Kategorien einteilen: Klienten und Nicht-Klienten. Ein Routenreflektor und seine Klienten bilden ein *cluster* (Kontingent). Alle Partner des Routenreflektors, die nicht im cluster enthalten sind, heißen Nicht-Klienten. Bild 9.3 stellt diese Komponenten dar.

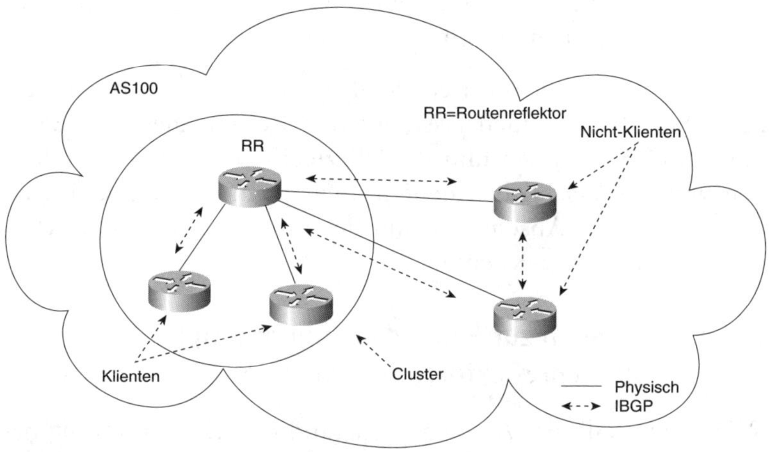

Bild 9.3: Bestandteile eines Routen Reflexionsvorgangs

Nicht-Klienten (Standard IBGP-Speaker) müssen auch vollständig miteinander und mit dem Routenreflektor verkettet sein, da auch sie die normalen IBGP-Veröffentlichungsregeln befolgen, obwohl es für sie nicht mehr nötig ist, sich mit den Klienten des Routenreflektors zu »verbrüdern«. Klienten sollten mit internen Speakern, die nicht zu ihrem cluster gehören, keine Partnerschaft eingehen. Wie Sie sehen, treffen diese Bedingungen auf die Klienten und Nicht-Klienten in Bild 9.3 zu.

Die Routenreflektorfunktion wird nur dem Routenreflektor übertragen. Alle Klienten und Nicht-Klienten sind normale BGP-Partner, die von ihrem Routenreflektor gar keine Ahnung haben. Routenreflektoren-Klienten gelten als solche, nur weil der Routenreflektor sie als seine Klienten auf der Liste eingetragen hat.

Jeder Routenreflektor, der mehrere Routen für das gleiche Ziel auffängt, setzt den gewöhnlichen BGP-Entscheidungsprozess in Gang, um den besten Pfad von allen herauszugreifen. Der beste Pfad würde innerhalb des AS gemäß folgender Aktionsregeln verbreitet werden:

- Wenn man die Route von einem *nonclient*-Partner entgegengenommen hat, wird sie nur zu Klienten weiterreflektiert.

– Wenn man die Route von einem Klienten-Partner empfangen hat, reflektiert man sie an alle *nonclient*-Partner und auch an die Klienten-Partner.

– Stammt die Route von einem EBGP-Partner, reflektiert man sie an alle Klienten-und Nicht-Klienten-Partner.

Da die Routenreflektion ein Konzept ist, das sich nur innerhalb des AS anwenden lässt, werden Router, die sich außerhalb des AS befinden und die UPDATEs über EBGP empfangen würden, als Nicht-Klienten angesehen. Sie verhalten sich hinsichtlich der Absendung und des Empfangs von UPDATEs wie normale Nicht-Klienten.

9.1.4 Themen zur Redundanz und multiple Routenreflektoren in einem AS

Wenn innerhalb des AS keine vollständige BGP-Verkettung besteht, werden bald die Redundanz und Verlässlichkeit zum wichtigen Thema werden. Scheitert ein Routenreflektor, geraten seine Klienten in die Isolation. Die Verfügbarkeit freier Kapazitäten bedingt, dass es in einem *cluster,* also in einer Schar, in der sich Klienten simultan mit mehreren Routern partnerschaftlich verbinden können, mehrere Routenreflektoren geben muss. Fällt ein Routenreflektor aus, sollten der oder die anderen immer noch zur Verfügung stehen.

Man kann die Notwendigkeit, logische Redundanz mit physischen, freien Kapazitäten zu ergänzen, nicht stark genug betonen. Es erscheint nicht zweckmäßig, freie Routenreflektoren-Kapazitäten zu schaffen, wenn es nicht einmal physische, freie Kapazitäten gibt. Das Arrangement der logischen freien Kapazitäten auf der linken Seite von Bild 9.4 zeigt RTA als Klient von RR1 und RR2 (RR steht in dieser und in den folgenden Darstellungen für »Routenreflektor«). RTA versucht, sich einen Link mit vielen freien Kapazitäten zu schaffen, indem er mit beiden Routenreflektoren in Verbindung steht. Leider wird RTA, sollte die Verbindung zu RR1 abreißen oder RR1 an sich ausfallen, isoliert. Die logische Vernetzung zwischen RTA und RR2 bringt keinen praktischen Vorteil. Sie bedeutet lediglich mehr Datenspeicher und Prozessorüberschuss.

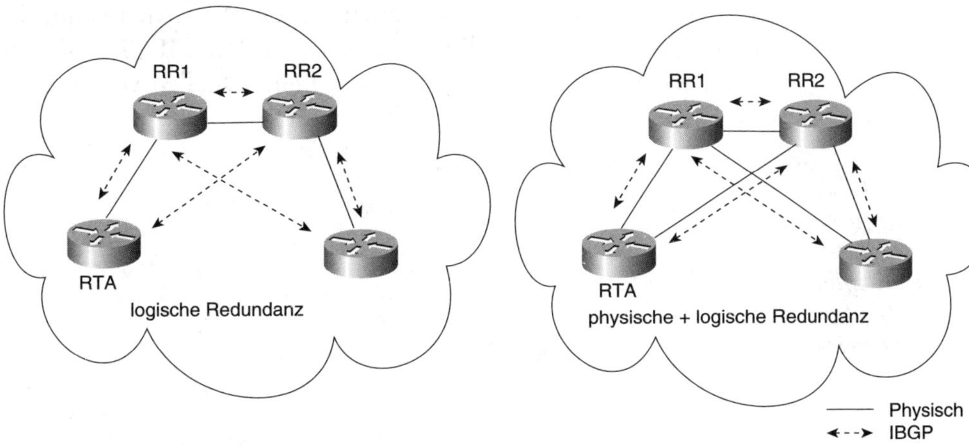

Bild 9.4: Vergleich von Lösungen zu logischer und physischer Redundanz

Die auf der rechten Seite in Bild 9.4 dargestellte Konfiguration der physischen, freien Kapazitäten zeigt an, wie physische Redundanz logischer Redundanz den Rücken stärken kann. Im Falle eines Fehlers im Link zu RR1 kann sich RTA an RR2 wenden.

9.1.5 Modelle zur Routenreflektions-Topologie

Nationale Netzwerke sind normalerweise von Konzentrationspunkten aus über geographische Regionen ausgebreitet. Die Provider haben in verschiedenen US-Regionen »Präsenzpunkte» (Points of Presence -POPs), die manchmal *hubs* genannt werden. Diese sind mit Hochgeschwindigkeits-Links in verschiedenen Regionen der USA versehen, die verschiedene Standorte in einer Teilverkettung miteinander verbinden. Das Routenreflektoren-Konzept kann eingesetzt werden, um die mit BGP arbeitenden Router logisch miteinander in einem Muster zu verbinden, das der physischen Topologie folgt. Bild 9.5 veranschaulicht ein komplexes Arrangement, in dem Routenreflektoren eine Rolle spielen.

Abgesehen von der Tatsache, dass Routenreflektoren im Gegensatz zu ihren Klienten immer mit mehr IBGP-Sessions Schritt halten müssen, könnte jeder beliebige Router als Routenreflektor konfiguriert werden. Ihre physische Topologie sollte Hauptindikator dafür sein, welcher Router sich am ehesten als Routenreflektor eignen würde. Außerdem sind, da die Klienten nicht unbedingt mit vielen anderen IBGP-Routern eine Partnerschaft eingehen müssen, mehr Quellen vorhanden, um EBGP-Verbindungen handhaben zu können.

Bild 9.5: Komplexe Umgebung einer multiplen Routenreflexion

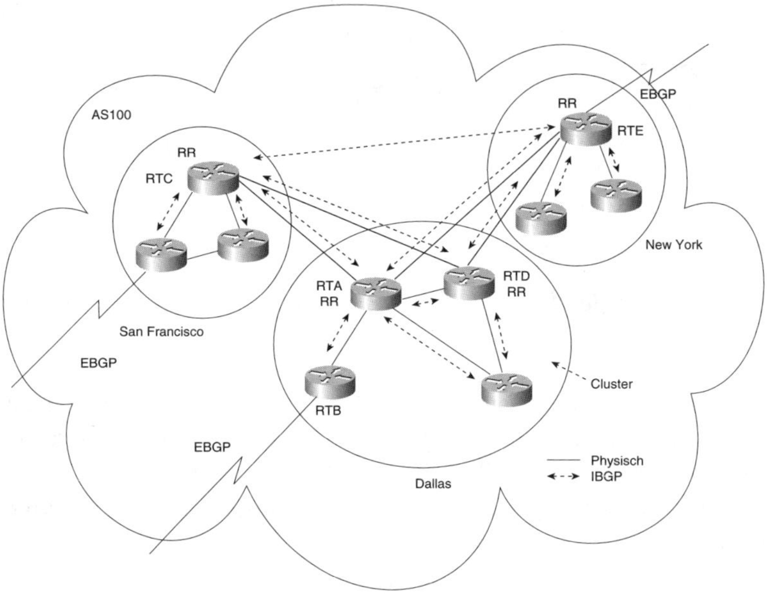

In Bild 9.5 ist AS100 in drei *cluster* unterteilt: San Francisco, Dallas und New York. Der Dallas-*cluster* hat für die freien Kapazitäten mehrere RRs. RTA und RTD stellen zwischen San Francisco und New York eine physische Verbindung her. In der Wahl der RRs ist es sinnvoll, den eigentlichen, physischen Datenfluss zu verfolgen. Deshalb sind RTA und RTD die günstigste RR-Wahl im Dallas-*cluster*.

In San Francisco unterhält Router RTC eine physische Verbindung zwischen San Francisco und Dallas, deshalb wäre RTC der beste Kandidat für ein RR. Dieselbe Begründung gilt auch im Falle des New Yorker clusters. RTE verbindet New York physisch mit Dallas und ist der günstigste RR-Kandidat.

Der Routenreflektor hält die IBGP-Attribute in Stand

Das Routenreflektor-Konzept verändert nicht das IBGP-Verhalten – der Routenreflektor ist nicht autorisiert, Attribute der reflektierten IBGP-Routen zu modifizieren. Das NEXT_HOP-

Attribut bleibt beispielsweise wie es ist, wenn eine IBGP-Route unter den RRs ausgetauscht wird. Dies ist notwendig, um Schleifen innerhalb des AS vorzubeugen.

Bild 9.6 veranschaulicht, warum der RR die Attribute der reflektierten IBGP-Route nicht abändern sollte. Das NEXT_HOP-Attribut wird als Beispiel verwendet. Bild 9.6 konzentriert sich auf den Teil des Netzwerkes, an dem Dallas an San Francisco angeschlossen ist.

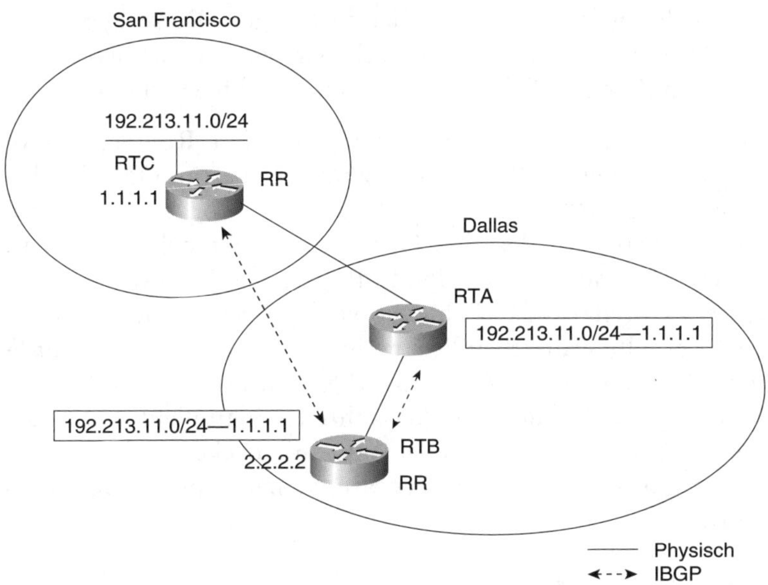

Bild 9.6: Der Routenreflektor schützt IBGP Attribute

Obwohl die Routenreflexions-Regeln eigentlich untersagen, dass der Routenreflektor irgendwelche Eigenschaften modifiziert, wird dies in vielen Ausführungen erlaubt und/oder auch, dass gefiltert wird. Seien Sie vorsichtig, wenn Sie in der Praxis derartige Handlungen durchführen müssen.

Nehmen wir an, RTB würde anstelle des RTA zum Routenreflektor bestimmt und zwischen RTB (2.2.2.2) und RTC (1.1.1.1) würde eine IBGP-Session konfiguriert. Das sieht überflüssig aus, weil RTA die Daten physisch weitergibt, während RTB logischerweise die BGP-Routen zwischen RTA und RTC reflektiert. RTB wird von seinem IBGP-Nachbarn RTC mit dem nächsten Hop 1.1.1.1 das Präfix 192.213.11.0/24 erhalten. RTB wird die Route ebenfalls mit dem nächsten Hop an 1.1.1.1 zu seinem Klienten RTA weiterspiegeln. Dies ist das erwünschte Standardverhalten einer Routenreflektion.

Würde RTB andererseits seinen nächsten Hop auf seine IP-Adresse 2.2.2.2 umstellen, würde RTA versuchen, RTB zu nützen, um Ziel 192.213.11.0/24 zu erreichen. So würde zwischen RTA und RTB eine Schleife entstehen, weil RTA RTBs nächsten Hop nehmen würde. Das würde dazu führen, daß RTA Daten an RTB weitergeben würde. Im Folgenden würde RTB die Daten wieder an RTA zurückschicken, in der Absicht, sie zu ihrem letztendlichen Ziel zu bringen. Diese hypothetische Situation stellt exemplarisch dar, warum der Routenreflektor auf keinen Fall IBGP-Attribute modifizieren darf.

Es ist ein weiteres Mal erwähnenswert, dass Routenreflektoren nur die jeweils beste Route zu einem bestimmten Ziel bekannt geben. Wenn also ein Routenreflektor von mehreren Klienten-Partnern dasselbe Präfix vorgestellt bekommt, wird anderen Partnern nur ein Pfad offeriert. Bei Einsatz von Routenreflektoren ist die Zahl der verfügbaren Pfade zu einem Ziel deshalb wahrscheinlich geringer als im Falle einer *full-mesh*-Konfiguration. Aufgrund dieses Umstands wollen wir Ihnen nochmals empfehlen, dass Ihre Routenreflektoren-Topologie sich mit der physischen Topologie decken sollte, da das Routing ansonsten möglicherweise weniger optimal verlaufen würde.

Vermeidung von Loops

BGP verlässt sich auf die Informationen im AS_PATH, um Schleifen leichter entdecken zu können. Ein BGP-Update, das versucht, wieder in das AS zu gelangen, aus dem es ursprünglich stammt, wird vom Grenzrouter des Quell-AS zurückgewiesen.

Mit der Einführung von Routenreflektoren erhöht sich das Risiko potentieller *loops* im AS. Ein Routingupdate, das ein *cluster* verlässt, kann auch wieder in dieses eintreten. Schleifen innerhalb des AS können durch den traditionellen AS_PATH-Ansatz nicht ausfindig gemacht werden, da die Routingupdates nicht über eine Ursprungs-AS_PATH-Signatur verfügen. Deshalb bietet BGP, wenn Routenreflektoren eingeschaltet werden, zwei Zusatzmaßnahmen zur Vermeidung von Schleifen innerhalb des AS an – den Gebrauch einer ORIGINATOR_ID und einer CLUSTER_LIST.

Nutzung einer ORIGINATOR_ID

Die *ORIGINATOR_ID* ist ein 4-Byte optionales, nicht-transitives BGP-Attribut (Typcode 9). Dieses Attribut trägt die ROUTER_ID des Routen-Urhebers in das lokale AS und wird durch den Routenreflektor der UPDATE-Botschaft beigefügt. Wenn das Update aufgrund schlechter Konfiguration wieder an seinem Ursprung landet, sollte es von seinem Urheber entsorgt werden.

Die CLUSTER_LIST

Die *CLUSTER_LIST* ist eine optionale, nicht-transitive BGP-Eigenschaft (Typkode 10). Jeder *cluster* wird mit CLUstER_ID repräsentiert.

Eine CLUSTER_LIST ist eine Folge von CLUSTER_IDs, die Pfadinformationen bezüglich der *cluster*-Liste, die ein Update durchmessen hat, enthält. Wenn ein Routenreflektor eine Route von seinen Klienten zu Nicht-Klienten außerhalb des *clusters* reflektiert, fügt er der CLUSTER_LIST die lokale CLUSTER_ID hinzu oder er erstellt eine Liste, wenn noch keine vorhanden ist. Erhält der Routenreflektor ein UPDATE, in dessen CLUSTER_LIST der lokale CLUSTER_ID-Wert bereits enthalten ist, sollte er das Update fallen lassen. Auf diese Weise dient die CLUSTER_LIST als Hilfsmittel zur Vermeidung von Schleifen innerhalb des AS, während die bereits erläuterte AS_PATH-Liste UPDATEs, die durch mehrere, externe AS ziehen, Schleifen vermeiden hilft.

9.1.6 Routenreflektoren und Partner-Gruppen

Sie werden sich, bezogen auf das 6. Kapitel noch daran erinnern, dass eine Partner-Gruppe eine Gruppe von BGP-Nachbarn ist, die ähnliche Routingregelungen gemeinsam haben. Routenreflektoren konnten vormals nur in Verbindung mit Partnergruppierungen eingesetzt werden, wenn alle Klienten des Routenreflektors innerhalb eines *clusters* vollständig verkettet waren. Den Grund hierfür kann man sich am besten anhand des folgenden Beispiels erarbeiten. In einer typischen

Routenreflektions-Situation erlernt Router A von Router B ein Präfix. Als Reaktion sendet Router A Router B eine UPDATE-Botschaft, in der eine WITHDRAWN ROUTES-Information steht, um diesem die Route zu entfernen. Das heißt, Router A informiert Router B, dass dieses Präfix über A nicht erreichbar ist. Dadurch wird eine Schleifensituation vermieden, in der A behauptet, dass ein Präfix über B zu erreichen wäre, B jedoch angibt, es sei über A erreichbar.

In einer Partner-Gruppe wird an alle Mitglieder eine UPDATE-Message (mit nachfolgender WITHDRAWN ROUTES-Information) geschickt. In einer Partnergruppierung/Routenreflektor-Situation wird ein Routenreflektor, der durch einen Klienten ein Präfix erlernt, diese Route aber »vergiften« möchte, letztendlich auch all seinen anderen Klienten dieses Präfix entziehen. Da die Klienten nicht über BGP miteinander kommunizieren, geht dieses Präfix verloren. Deshalb ist eine IBGP-Verkettung zwischen den Klienten eines Routenreflektors unbedingt nötig, damit die anderen Klienten das Präfix von dessen Urheber persönlich erlernen können. Sogar im Rahmen dieses Designs vermeiden es die Netzwerkadministratoren, eine vollständige Verkettung aller IBGP-Router durch eine Maschenverdichtung zwischen Routenreflektoren und Klienten im AS einzurichten (anstatt zwischen Klienten innerhalb eines *clusters*).

Glücklicherweise befreit das IOS die Routenreflektoren-Klienten von der Verpflichtung einer vollständigen Verkettung. Klienten eines Routenreflektors, die als Partner-Gruppe konfiguriert sind, müssen derzeit nicht vollständig verkettet sein.

Durch den Einsatz von Partnergruppierungen besteht das AS-Design aus Kreisen vollständig verketteter BGP-Speaker. Die Routenreflektoren sind untereinander vollständig verkettet und die Klienten sind nur dafür da, um mit den Routenreflektoren eine Verbindung einzugehen. Bild 9.7 illustriert ein solches Umfeld. Jedes eingekreiste Gebiet stellt ein abgegrenztes Partner-Gruppen- und Routenreflektoren-*cluster* dar. Im Gegensatz hierzu zeigt Bild 9.8 welches die Anforderungen wären, wenn keine Routenreflektoren eingesetzt würden.

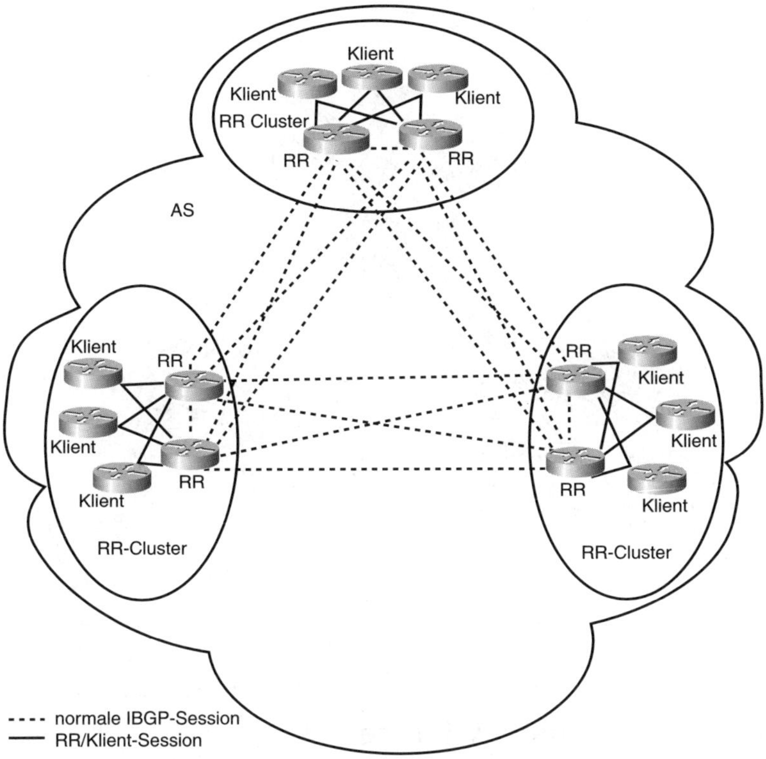

Bild 9.7: Typische Topologie für BGP Routenreflexion

Als Resümee lässt sich festhalten, dass sich das Routenreflektoren-Konzept bei großen Netzwerken wachsender Beliebtheit erfreut, da es sich um einen recht einfachen und schrittweise realisierbaren Ansatz handelt für den keine größeren Kosten aufgewendet werden müssen. Zudem ist der Übergang vom nicht-Routenreflektoren- zum Routenreflektoren-Design einfach. Nur diejenigen Router, die Routenreflektoren werden sollen, müssen modifiziert werden, alle anderen arbeiten wie gewohnt weiter. Außerdem können Router, die kein Routenreflektoren-Verhalten einführen, wie Klienten oder Nicht-Klienten, Teil des AS sein, ohne dass BGP-Routinginformationen verloren gehen.

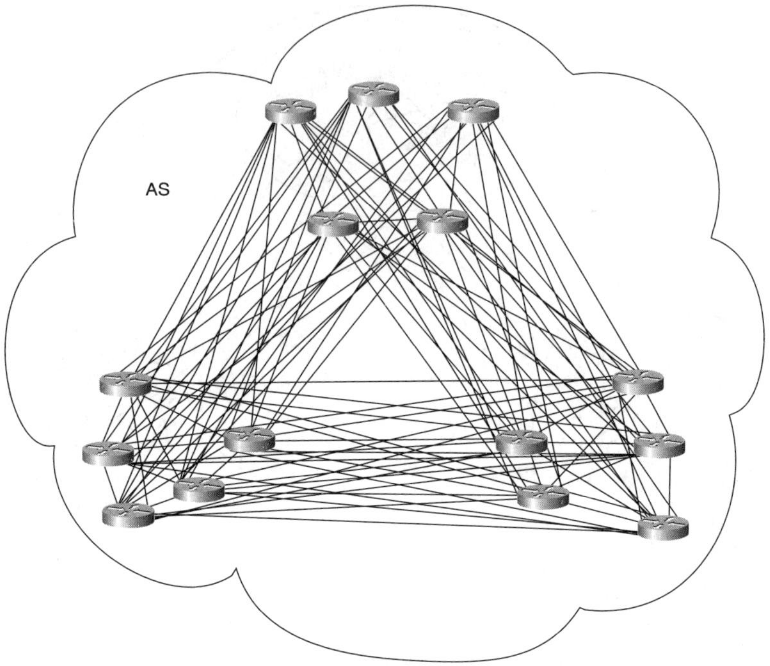

Bild 9.8: Voll-vernetzte BGP-Topologie

9.2 Zusammenschlüsse

Die Bildung eines Zusammenschlusses (*confederation*[2]) ist eine weitere Möglichkeit, mit dem explosionsartigen Wachstum einer IBGP-Verkettung innerhalb eines AS umzugehen. Ähnlich wie die Routenreflexion ist ein Zusammenschluss nur empfehlenswert, wenn die Formierung von IBGP-Partnerschaften pro Router sehr viele IBGP-Partner-Sessions in Anspruch nimmt.

TIPP

Sehen Sie hierzu den Abschnitt »Zusammenschluss« aus Kapitel 12

BGP-Zusammenschlüsse basieren auf dem Konzept, dass ein AS in mehrere Sub-ASs untergliedert werden kann. Innerhalb eines jeden Sub-AS sind alle IBGP-Regeln gültig. Alle BGP-Router innerhalb eines Sub-AS müssen z.B. vollständig miteinander verkettet sein. Da jedes Sub-AS eine andere AS-Nummer hat, muss zwischen ihnen externes BGP laufen. Obwohl also zwischen Sub-ASs mit EBG gearbeitet wird, verhält sich das Routing innerhalb des Zusammenschlusses wie IBGP-Routing in einem einzelnen AS. Anders gesagt, der nächste Hop, MED und die lokale Präferenz-Information bleiben erhalten, wenn die Grenzen des Sub-AS überschritten werden. Nach außen sieht ein Zusammenschluss aus wie ein einzelnes AS. Bild 9.9 zeigt ein Beispiel für einen Zusammenschluss.

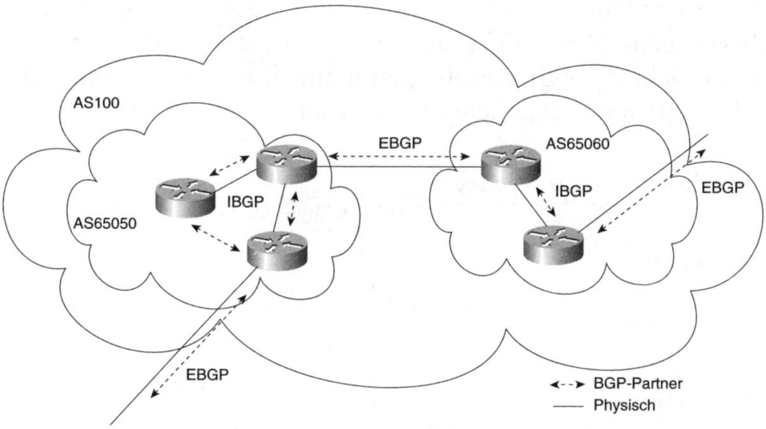

Bild 9.9: Darstellung eines Zusammenschlusses von Sub-AS-Konstruktionen

In Bild 9.9 ist AS100 in zwei Sub-ASs unterteilt: AS65050 und AS65060. Das AS als Ganzes gesehen hat nun den Charakter einer einzigen großen Konföderation, und wird durch eine einzige Bündnisnummer, 100, identifiziert. Alle Sub-ASs werden von der Außenwelt abgeschirmt und können eine beliebige AS-Nummer zugewiesen bekommen. Die Nummer kann aus der privaten AS-Nummernfolge (64512 bis 65534, wie in RFC 1930[3] aufgeführt) gewählt werden, damit nicht irgendeine formale AS-Nummer verwendet werden muss.

Wie bereits erwähnt wird innerhalb des Sub-AS eine vollständige IBGP-Verkettung benutzt. EBGP wird zwischen den Sub-ASs, wie auch zwischen dem Zusammenschluss als solchem und außerhalb der ASs eingesetzt. Zusammenschlüssen fällt es leicht, innerhalb des gesamten AS Routingschleifen aufzuspüren, da zwischen den Sub-ASs mit EBGP gearbeitet wird. Die AS_PATH-Liste ist ein Schleifen-Vermeidungs-Mechanismus, der Routingupdates, die das Sub-AS verlassen hatten, dabei ertappt, wie sie versuchen, ins gleiche Sub-AS zurückzukehren. Ein Routingupdate, das versucht, wieder ein Sub-AS zu betreten, aus dem es ursprünglich stammt, wird enttarnt, weil das Sub-AS seine eigene Sub-AS-Nummer auf der Liste des Update-AS_PATHs wiederentdecken wird.

9.2.1 Nachteile von Zusammenschlüssen

Der Nachteil der Zusammenschlüsse liegt darin, dass für den Übergang von einem bündnislosen zu einem Bündnis-Design die Router gründlich rekonfiguriert werden müssen und sich auch ein großer Wechsel in der logischen Topologie ergibt. Außerdem kann es vorkommen, dass das Routing durch einen Zusammenschluss nicht auf dem optimalen Pfad verläuft, wenn nicht die BGP-Regelungen manuell justiert werden. Bild 9.10 9-10 veranschaulicht dieses Problem.

Bild 9.10: AS Verbindung von internem und externem Routing

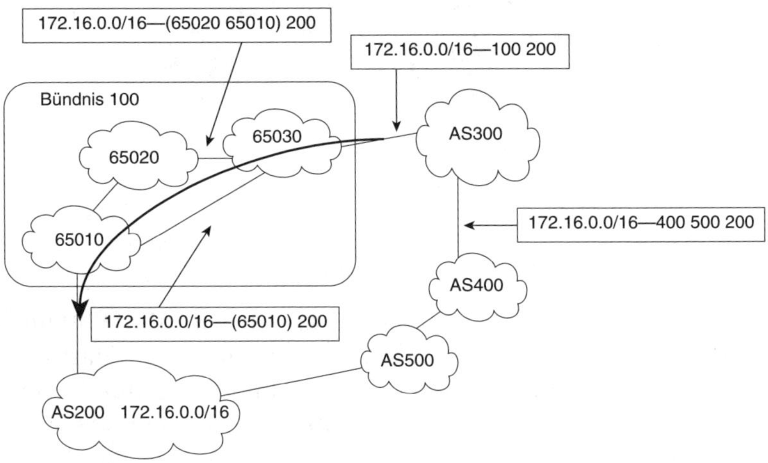

Zusammenschluss 100 setzt sich aus drei Sub-ASs zusammen: 65010, 65020 und 65030. Der AS_PATH innerhalb des Zusammenschlusses ergibt sich aus der Folge der ASs und Sub-ASs, die die Route durchquert hat. Im Standard-BGP leitet sich aus dem kürzesten AS_PATH der beste Pfad her, den der Verkehr durchlaufen kann. In einem Zusammenschluss üben jedoch die Sub-ASs keinen Einfluss auf die Gesamt-AS_PATH-Länge aus. Ein Präfix das beispielsweise aus zwei AS_PATHs gleicher Länge besteht, die jeweils eine unterschiedliche Sub-AS_PATH-Länge aufweisen, könnte zu weniger günstigem Routing innerhalb des AS beitragen. Hier ist unklar, welcher der bessere Pfad ist. Aus Sicht des Sub-AS 65030 ist die AS_PATH-(65010) Länge mit der AS-PATH (65020 65010) identisch. Die Daten innerhalb des Zusammenschlusses könnten sich für jeden der beiden Pfade entscheiden. Um das Routingverhalten auf geeignete Weise beeinflussen zu können, müssen zusätzliche Regelungen aufgestellt werden. Es könnte zum Beispiel die lokale Präferenz so konfiguriert werden, dass der AS_PATH (65010) dem AS_PATH (65020 65010) vorgezogen würde.

Da der Zusammenschluss ein einzelnes AS ist, ist der Weg, den externe ASs durch den Zusammenschluss nehmen, unbekannt. Dadurch werden ASs, die ihre Routingregelungen auf die AS_PATH-Länge gründen, in die Irre geführt. AS300 entscheidet sich wahrscheinlich, um zu AS200 zu gelangen, lieber für den Weg über Zusammenschluss 100, weil ihm dieser Pfad kürzer zu sein scheint, als der durch AS400 und AS500. In Wirklichkeit ist aber der Weg über Zusammenschluss 100 nicht kürzer, weil er auf seinem Kurs gleich durch drei Sub-ASs (65030 65020 65010) führt, während der Alternativpfad (AS400 AS500) nur zwei ASs enthält. AS300 wird nie von diesem Haken erfahren, solange das AS100-Zusammenschluss-Design nicht offengelegt wird.

9.2.2 Routenaustausch und BGP-Entscheidungen im Bündnisumfeld

Obwohl sogar Routen unter den Sub-ASs eines Zusammenschlusses über EBGP ausgetauscht werden, gelten bezüglich des gesamten AS doch alle IBGP-Regeln, sodass sich das AS weiterhin als einzelne Routing-Domäne verhalten muss. Der EBGP NEXT_HOP wird immer noch innerhalb des AS weitergetragen, sowie auch die MED und LOCAL_PREF-Werte.

Insoweit es den BGP-Entscheidungsalgorithmus betrifft, verändert sich im Vergleich dazu, wie innerhalb des Zusammenschlusses Routen erstellt werden, nur die Art, wie BGP den Kurs aus dem Zusammenschluss nach außen festlegt. Ohne Zusammenschluss werden die EBGP- den IBGP-Routen vorgezogen. Im Rahmen eines Zusammenschlusses haben wir einen neuen EBGP-Routentyp zwischen den Sub-ASs vorgestellt, die Zusammenschluss-externe Route. BGP skaliert seine Vorzugs-Routen folgendermaßen:

> EBGP-Routen, die aus dem Zusammenschluss hinausführen > Zusammenschluss-externe Routen > IBGP-Routen

Wenn also BGP die Wahl hat zwischen zwei Pfaden, die zum gleichen Ziel führen – einer, der aus dem Zusammenschluss hinaus führt, und einer, der innerhalb des gesamten Bündnisgebiets verläuft – wird sich BGP für den externen Pfad entscheiden. Muss sich BGP aber zwischen zwei Pfaden zum gleichen Ziel entscheiden, einer innerhalb des Sub-AS, der andere außerhalb, wird sich BGP den externen Pfad, also den, der aus dem Sub-AS hinausführt, aussuchen. Immer vorausgesetzt natürlich, dass sich alle anderen Attribute gleichen.

9.2.3 Empfohlenes Bündnis-Design

Wenn Sub-ASs willkürlich ausgewählt und im Rahmen eines Zusammenschlusses angeschlossen werden, kann dies Probleme verursachen. Es kann z.B. unnötiger Arbeitsaufwand anfallen, weil am Schluss eines jeden Sub-AS von anderen Sub-ASs über einen einzigen Pfad ähnliche Informationen eingegeben werden. Qualitative Einbußen halten Einzug, weil plötzlich alle Pfade innerhalb des AS dieselbe Pfadlänge aufweisen, wie wir bereits erläutert haben.

Die Erfahrung hat gezeigt, dass eine zentralisierte Bündnisarchitektur zu dem allerbesten Routingverhalten resultiert. Das zentralisierte Design sieht so aus, dass alle Sub-ASs miteinander über ein zentrales Sub-AS *Backbone* Informationen austauchen.

In Bild 9.11 kommuniziert jedes Sub-AS nur mit einem anderen Sub-AS. Hieraus ergibt sich in Bezug auf AS_PATH-Länge und Routenaustausch innerhalb des Zusammenschlusses viel gleichförmigeres Routing.

Bild 9.11: Zentralistischer Zusammenschluss

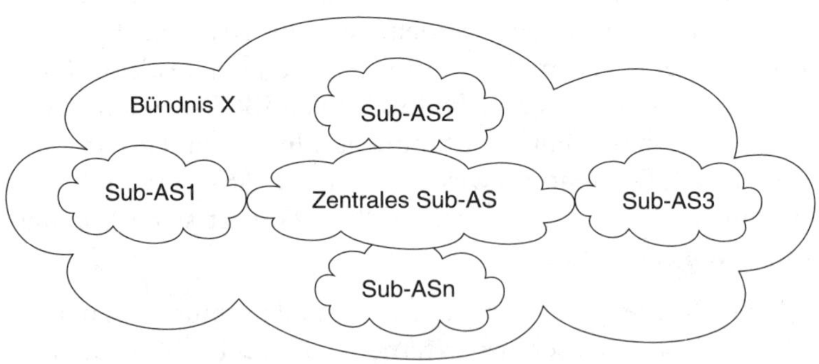

9.2.4 Zusammenschluss oder Routenreflektoren

Der Entschluss, entweder Routenreflektoren einzusetzen oder einen Zusammenschluss zu bilden fällt nicht leicht. Obwohl die verschiedensten Organisationen mit der Routenreflektoren-Technik die unterschiedlichsten Stabilitätsniveaus erlebt haben, empfiehlt Cisco diese Methode, wenn die IBPG-Verkettung stufenweise vor sich gehen soll. Die gegenwärtig realisierten Lösungsmodelle haben bewiesen, dass Routenreflektoren viel flexibler einzusetzen und instandzuhalten sind. Andererseits kann aber im Rahmen eines Zusammenschlusses im einen Sub-AS ganz unabhängig von IGPs in anderen Sub-ASs mit IGP gearbeitet werden, wodurch man die Instabilität größerer IGPs besser kontrollieren könnte.

Unter Umständen können Routenreflektoren auch in Verbindung mit Zusammenschlüssen verwendet werden. Insbesondere kann ein AS in Sub-ASs unterteilt werden, die in ihrem Inneren mit Routenreflektoren arbeiten.

Für welches Vorgehen Sie sich auch entscheiden mögen, Sie sollten die Beschränkungen und die Auswirkungen jeder Methode genau kennen und begreifen und Ihr Netzwerk dementsprechend gestalten.

9.3 Kontrolle der IGP-Expansion

Eine Gefahr, wenn Administratoren ihre Netzwerke bis an die Grenzen ihrer Leistungsfähigkeit bringen können, besteht darin, sie derart wuchern zu lassen, dass der Umgang mit IGP schwierig wird. Ob das IGP so veraltet ist wie RIP-Version 1, oder so fortgeschritten wie Open-Shortest-Path-First (OSPF) und Intermediate System-to-Intermediate System (IS-IS), es wird das Problem der Skalierbarkeit auftauchen. Wir haben uns in diesem Kapitel bis jetzt mit Routenreflektoren und Zusammenschlüssen bezüglich der Handhabung von IBGP-Wachstum auseinandergesetzt. Ein skalierbarer Weg, die IGP-Expansion zu handhaben, ist, dass das AS in mehrere Regionen eingeteilt wird, die jeweils mit einem einzelnen, abgegrenzten IGP arbeiten. Die einzelnen Regionen müssen ihrerseits über BGP verbunden sein. Mit diesem Design würde die Stabilität einer Region keine Auswirkungen auf die einer anderen haben.

Nach welchen Kriterien sollten Netzwerkdesigner und Architekten entscheiden, ob ihre Netzwerke untergliedert werden sollten? Eines ist sicher: das Internet ist ein Riesennetzwerk, das nicht durch die Verwendung eines IGP zu managen ist, darum wird es durch BGP in Segmente unterteilt.

Was zeichnet ein großes oder kleines Netzwerk aus? Die Zahl der Router oder der Routen, und wenn dem so ist, welche Zahl ist die Maßgebende? Je nach Erfahrung des Administrators werden Sie hier eine andere Antwort erhalten. Die allgemeine Antwort auf diese Frage hängt hauptsächlich davon ab, wie robust das IGP ist und welche Tools es zu bieten hat, um die Explosion der Routenanzahl und Instabilität zu kontrollieren. Des weiteren muss abgeschätzt werden, ob die BGP-Segmentierung eine vorteilhaftere und günstigere (im Sinne von Kosten und Aufwand) Methode darstellt als die Option, sich auf die IGP-Tools zu verlassen.

Protokolle wie OSPF und IS-IS offerieren gewisse hierarchische Methoden, Routeninstabilitäten zu kontrollieren und Hilfsmittel, durch die Routen zusammengefasst werden können. Trotz dieser Methoden kann IGP durch allzu großes Wachstum außer Kontrolle geraten. Eine gängige Arbeitsrichtlinie für heutige Netzwerke besagt, dass IP-Routingtabellen, die zwischen 2 000 und 3 000 IGP-interne Routen verzeichnen, möglicherweise ihre Grenzen erreicht haben, und dass man in einem solchen Fall nachprüfen und sicherstellen sollte, dass sich diese Tabellen nicht weiter vergrößern. Nicht die Anzahl der Routen an sich verursacht Probleme, da BGP-Transitrouter heutzutage über 75 000 Internetrouten ohne Schwierigkeiten weitertragen können. Zum Konfliktfall kommt es erst in Situationen (z.B. Hardware-und Zugangsleitungs-Instabilität), unter denen diese Routen nicht mehr wissen, wohin, und letztendlich ständig umspringen und versuchen zu konvergieren. Damit verursachen sie das, was man gemeinhin als Netzwerk-»meltdown« bezeichnet.

Heißt das, dass Netzwerke mit 3 000 IGP-Routen über BGP segmentiert werden müssen? Nicht unbedingt. In den meisten Fällen reicht es, das IGP an sich, mit der Betonung auf Anwendung von IGP-Segmentierung und Zusammenfassungs-Techniken umzurüsten, sodass die Zahl der Routen auf ein manövrierbares Niveau zurückgeschraubt wird.

Damit Sie verstehen können, warum die Entscheidung, das Wachstum mittels BGP-Segmentierung zu kontrollieren, reiflich überlegt sein will, müssen Sie wissen, auf was verzichtet werden muss, wenn die ASs untergliedert werden. Die größte Stärke der IGPs, besonders der auf Link-Status-Protokollen basierenden, lag immer in der Konvergenz, also der Fähigkeit, sich schnell an Netzwerkveränderungen anpassen zu können. Weitere Stärken sind die Fähigkeiten, ein hohes Niveau der Verfügbarkeit freier Kapazitäten und der Lastenbalance zu entwickeln.

BGP wurde allerdings geschaffen, um Regelungen über die Grenzen des AS hinaus anwendbar zu machen, ohne sich jedoch besonders auf Konvergenz zu konzentrieren. Während Routingdomänen mit Hilfe von BGP untergliedert werden, wird zwar innerhalb der neu entstandenen einzelnen Segmente für Konvergenz gesorgt. Diese löst sich aber möglicherweise auf, sobald die lokal verwalteten AS-Grenzen überschritten werden, da BGP hinsichtlich des Transports von Routingupdates von TCP-Sessions abhängig ist.

Ein weiterer Nachteil ist die zusätzliche Nutzerintervention, die nötig wird, um die BGP-Regelungen, die für dieses unterteilte Sub-AS-Modell eingeführt werden mussten, zu kontrollieren und handhaben zu können. Wie wir in diesem Buch aufzeigen konnten, ist die Attributmanipulation bisher die einzige Möglichkeit, das Routingverhalten des BGP zu beeinflussen. Da leuchtet es ein, dass die Kontrolle der Routingregelungen vieler Sub-ASs schwerer fällt, als die einer Routingsatzung eines einzigen IGP. In Kenntnis all dieser Faktoren sollten Netzwerkarchitekten eher in der Lage sein, ihre Netzwerke unter rationalen Gesichtspunkten zu gestalten. Da wir in diesem Buch nicht näher auf diese Faktoren eingehen können, wollen wir Sie auf das Buch *Large-Scale IP Network Solutions*[4] hinweisen, das Ihnen einen ziemlich nützlichen Überbick darüber gibt, wie diese Probleme bezeichnet und gelöst werden können.

In diesem Abschnitt soll es nun um zwei Methoden gehen, wie ein AS untergliedert werden kann:

- Viele Regionen, die durch IBGP geteilt werden
- Viele Regionen, die durch EBGP geteilt werden

9.3.1 Untergliederung des AS in mehrere Regionen, die durch IBGP voneinander getrennt werden

Das AS lässt sich in viele Regionen aufteilen, die alle ein anderes und unabhängiges IGP führen können. Die Regionen sind durch ein vollständiges IBGP-Maschennetz logisch miteinander verbunden. Die Regionen könnten in einer *full-meshed*-Topologie, wie Bild 9.12 zeigt, der besseren freien Kapazitäten wegen auch noch physisch miteinander in Kontakt stehen.

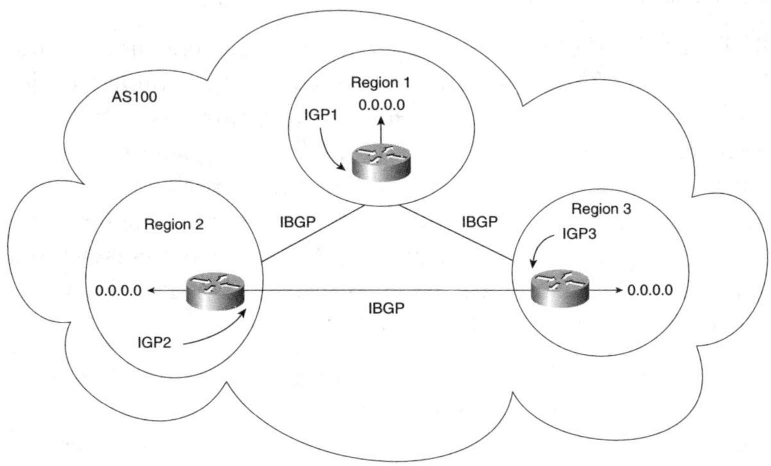

Bild 9.12: Mehrere Regionen per IBGP

Jede Region wird seine IGP-Routen in IBGP eintragen und innerhalb der Region eine *Default*-Route bekannt geben. Deshalb wird sich jede Region entlang der *Default*-Route an den BGP-Grenzrouter richten, wenn sie ein Ziel anvisiert, das nicht in der Region liegt. Die regionalen Grenzrouter werden alle Routen aus allen Regionen kennen (Austausch über IBGP) und den Datenverkehr dementsprechend weiterleiten. Jede Region wird von den Instabilitäten aller anderen Regionen völlig abgeschirmt, da die internen nicht-BGP-Router nur mit Routen behelligt werden, die die jeweilige Region beinhalten. Sie können ein separates IGP verwenden, wenn Sie ein dynamisches Routingprotokoll brauchen, um zwischen regionalen Grenzroutern, die am vollständigen IBGP-*mesh* teilhaben, Erreichbarkeit zu garantieren.

In diesem Design fehlt noch ein wichtiges Puzzlestück: die Internet-Vernetzung. Wenn man sich in dieser Situation mit dem

Internet verbinden möchte, muss noch mehr eingeplant werden. Wie in Bild 9.12 dargestellt, folgt jede Region schon einer *Default*-Route, um die anderen Regionen im AS zu erreichen. Problematisch wird es erst, wenn der BGP-Grenzrouter (der Region) keine kontinuierliche Synchronisation mit den eigentlichen Routen durchführt, die er am Verbindungspunkt mit dem Internet kennengelernt hat. In diesem Fall müssen sich die internen nicht-BGP-Router, wie in Bild 9.13 dargestellt, zwischen der *Default*-Route zum Internet und der *Default*-Route in andere Regionen entscheiden.

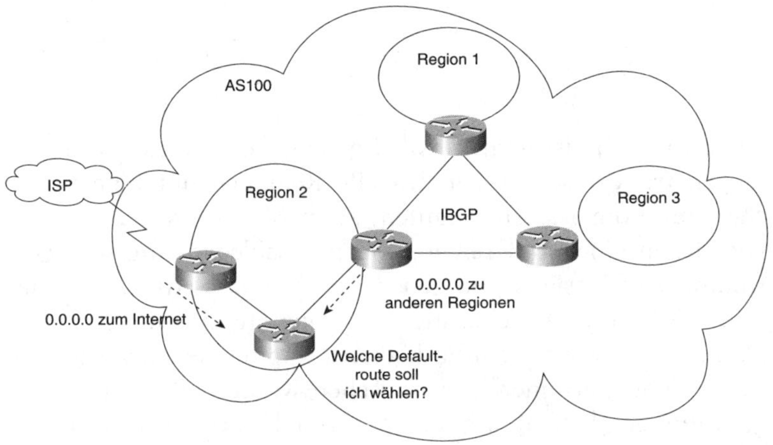

Bild 9.13: Eine Vielzahl miteinander im Konflikt stehender Default-Routen

Um dieser Situation beikommen zu können, sollten alle Regionen für die Default stets auf den regionalen BGP-Grenzrouter verweisen, ob es nun darum geht, Ziele im Internet zu erreichen oder welche in anderen intra-AS-Regionen. Dies macht es aber notwendig, dass die Internetverbindung, wie in Bild 9.14 dargestellt, Teil des zentralen IBGP-*mesh* ist.

Die Regionen 1, 2 und 3 sind über eine IBGP-Verkettung miteinander verbunden, die auch für Internet-Vernetzung sorgt. Interne nicht-BGP-Routen in jeder Region sind in ihrer Grundeinstellung auf den BGP-Grenzrouter ausgerichtet, der alle Routen in sich birgt. Wenn das Ziel in irgendeiner der anderen Regionen liegt, werden die Daten zu dieser Region geleitet. Anderenfalls wird der Verkehr gemäß den BGP-Regelungen an die Internetverbindungen weiterdirigiert.

Bild 9.14: Multiple Regions with Internet Connectivity

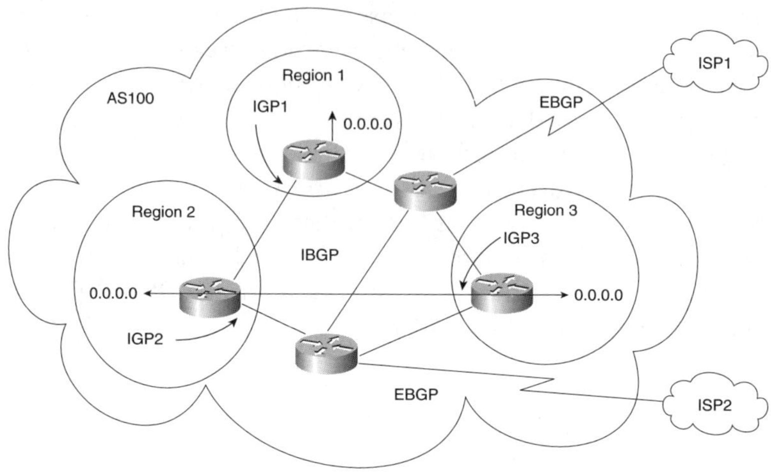

Diese Methode ist nicht flexibel genug, für jede Region Regelungen treffen zu können. Da alle Regionen unter dem gleichen autonomen System laufen, kann BGP Präfixe der einen, von denen einer anderen Region nur schlecht unterscheiden. Komplexere Designs könnten das *community*-Attribut benutzen, um Präfixe der einzelnen Regionen auseinanderzuhalten. Dies könnte, wie Sie am Ende dieses Kapitels sehen werden, in Verbindung mit einer hierarchischen Routenreflexions-Konfiguration geschehen, um große virtuelle Privatnetzwerke zu schaffen.

9.3.2 Untergliederung des AS in mehrere Regionen, die durch EBGP voneinander getrennt sind

Wenn zwischen Regionen flexible Regelungen notwenig sind, um den Datenverkehr entsprechend dirigieren zu können, kann jede Region zum Beispiel als ein separates autonomes System dargestellt werden. Zwischen den ASs wird mit EBGP gearbeitet, innerhalb des AS läuft IBGP. Sie können ein gesondertes IGP nutzen, wenn zusätzliche Anforderungen für ein dynamisches Routingprotokoll bestehen, um die Erreichbarkeit zwischen EBGP-Partnern zu bewerkstelligen. Bild 9.15 illustriert diese AS-Segmentierungsmethode.

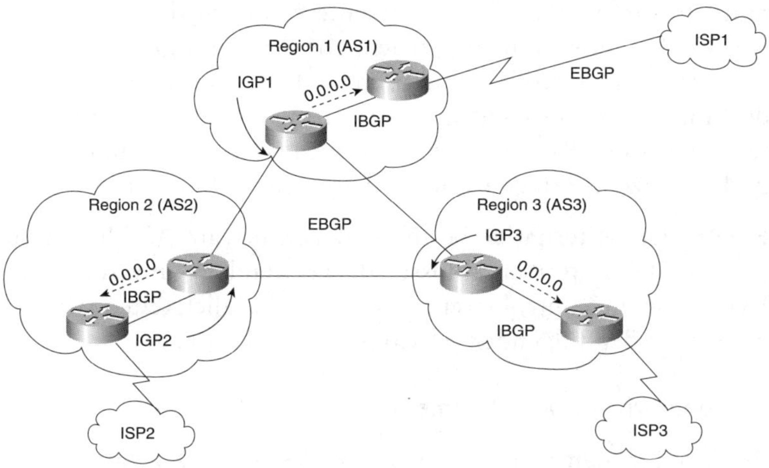

Bild 9.15: Eine Vielzahl durch EBGP unterteilter Regionen

Auf den ersten Blick scheint dies die günstigste schrittweise Lösung zu sein, wie man mit dem Wachstum eines großen IGP umgehen kann. Das AS ist nun in mehrere ASs untergliedert, wobei für jede Region eine gesonderte AS-Nummer steht und eine »Vorzugsverbindung« zum Internet zugeordnet ist. Jedes AS trägt seine IGP-Routen in BGP ein, sodass diese allen anderen AS und dem Internet bekannt gegeben werden. Die internen nicht-BGP-Router einer jeden Region sind in ihrer Grundeinstellung auf die regionalen BGP-Grenzrouter ausgerichtet, die alle Routen zur Verfügung haben. BGP-Regelungen können die lokale Präferenz der Präfixe so einstellen, dass die regionalen BGP-Grenzrouter für die gesamte Kommunikation zwischen Regionen, interne Firmenlinks den externen Internetverbindungen vorziehen. Zugunsten der externen Vernetzung mit dem Internet räumt jede Region ihrem eigenen externen Provider für Internetvernetzung den Vorrang ein. Sollte der Link zu ihrem »Lieblingsanbieter« ausfallen, können externe Provider anderer Regionen herangezogen werden.

Dieses Design macht sich gut auf dem Papier, bis Sie es verwirklichen wollen! Es ist nicht leicht, all die AS-Nummern der ARIN (American Registry for Internet Numbers) oder anderer regionaler Internetregistraturen (RIRs) zu rechtfertigen, die für so ein Netzwerk nötig sind. AS-Nummern sind beschränkte »Rohstoffe«, die sich schnell erschöpfen können. ARIN und andere RIRs werden von einem Netzwerkadministrator vermutlich durchschlagende Argumente erwarten, bevor sie ihm so viele AS-Nummern zugestehen. Die Rechtfertigung, dass Sie viele ASs nutzen wollen, damit das IGP stabiler läuft, wird leider normalerweise nicht als ausreichend durchgehen. Sie sollten Ihr lokales RIR um Informationen bitten, was nun genau und in Einzelheiten eine annehmbare Begründung wäre.

Eine andere Alternative bestünde darin, private AS-Nummern oder BGP-Zusammenschlüsse zu verwenden, um die IGP-Expansion zu kontrollieren. Mit diesen Möglichkeiten werden wir uns in den folgenden Abschnitten beschäftigen.

Nutzung privater AS-Nummern

Auch durch den Gebrauch privater AS-Nummern lassen sich große autonome Systeme in mehrere Regionen aufteilen, die durch EBGP miteinander verbunden sind. Die Regionen werden intern mit IBGP und im Kontakt miteinander mit EBGP arbeiten. Außerdem wird jede Regionaldomäne ihre lokalen Präfixe in BGP eintragen, um die interregionale Vernetzung zu vereinfachen. Die internen nicht-BGP-Router jeder Region werden ihre Default-Route auf die regionalen BGP-Grenzrouter, die über alle Routen verfügen, einstellen. Zu guter letzt können Sie auch mit einem gesonderten IGP arbeiten, sofern Sie ein dynamisches Protokoll brauchen, um unter den Regionen EBGP-Vernetzung zu etablieren.

Dieses Modell ist ohne Internetverbindung funktionsfähig. Die privaten AS-Nummern müssen jedoch vor der Außenwelt versteckt werden, sobald zum Internet Verbindung aufgenommen wird. Sollen die privaten AS-Nummern verdeckt werden, wird ein tiefergreifendes Design nötig. Bild 9.16 zeigt eine Methode, die angewendet werden kann, um die Konfliktsituation von privaten AS-Nummern mit Internetvernetzung zu entschärfen.

In Bild 9.16 ist ein AS zu sehen, das in mehrere private Sub-ASs unterteilt ist. Region 1 heißt nun AS65001, Region 2 ist AS65002 und Region 3 erscheint als AS65003. In jedem privaten AS laufen unterschiedliche, einander ausschließende IGPs.

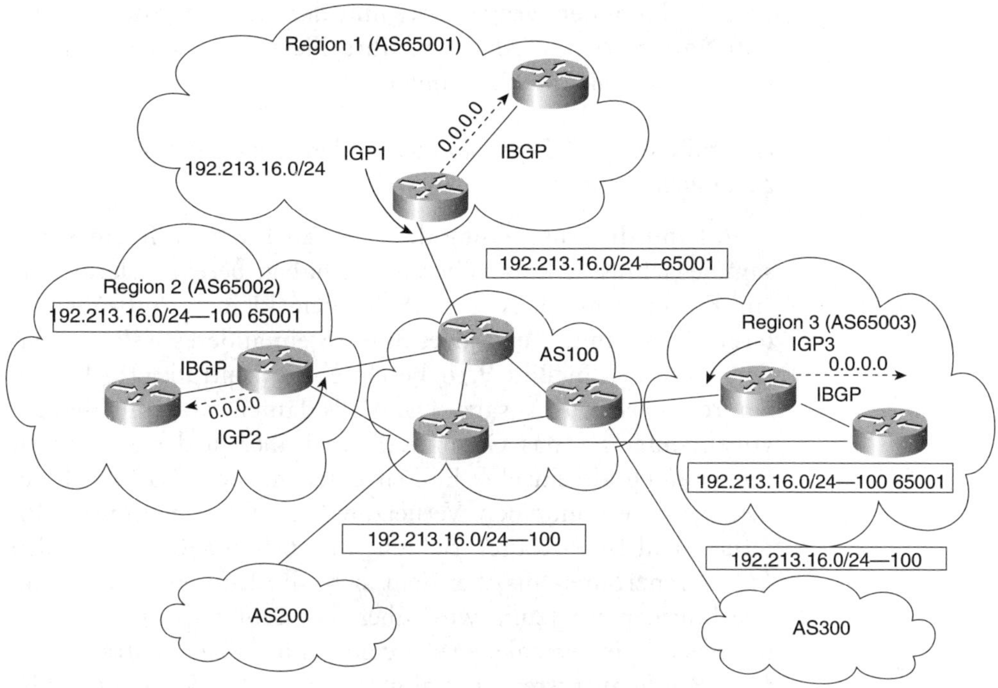

Bild 9.16: Private AS in einer Multiprovider-Umgebung

Um die Vernetzung mit vielen externen Internetprovidern zu erleichtern, wird AS100 als Verbindungspunkt zwischen allen privaten ASs eingeführt. Es muss erwähnt werden, dass dieses zentrale Backbone-AS eine legale AS-Nummer hat. Alle privaten ASs werden sich der interregionalen und Internet-Vernetzung wegen als EBGP-Partner dem Backbone AS100 anschließen.

Der Netzwerkadministrator setzt die im 6. Kapitel erläuterten AS_PATH-*stripping*-Techniken ein, um die privaten AS-Nummern daran zu hindern, zu externen Internetprovidern durchzusickern. AS100 stutzt die privaten AS-Nummern jeder Region zusammen, bevor es deren BGP-Updates an die externen Internetprovider weitergibt.

In Bild 9.16 gibt AS65001 das Präfix 192.213.16.0/24 heraus. Bei allen anderen Privat-ASs taucht dieses Präfix mit einem AS_PATH 100 65001 auf. Wenn das Präfix an die beiden externen ASs, AS200 und AS300 übermittelt wird, wird die private AS-Nummer weggekürzt, und der Rest-AS_PATH lautet 100. Im Internet wird für all Ihre Netzwerke geworben, als würden sie von AS100 stammen.

Kontrolle der IGP-Expansion durch den Einsatz eines Zusammenschlusses

Man kann die Ausweitung der IGPs auch mit Hilfe eines Zusammenschlusses kontrollieren. Sie haben bereits gelernt, wie ein Zusammenschluss das AS in viele kleinere Sub-ASs untergliedern kann. Wenn jedes Sub-AS ein anderes IGP verwendet, wäre das in Bild 9.16 beschriebene zentralisierte Design ein realisierbarer Ansatz. Die IGPs laufen nun unabhängig voneinander ab, das Gesamt-AS wird aber in der Außenwelt immer noch als einzelne Einheit gesehen. Jedes IGP wird wegen der interregionalen Vernetzung in BGP eingetragen. Interne nicht-BGP-Router richten ihre *Default*-Route auf den BGP-Grenzrouter aus, bei dem sich alle Routen ansammeln. Die Internetvernetzung wird über das Zentral-AS gewährleistet, das all die verschiedenen Regionen mit einer zentralen *Default*-Route ausrüstet. Dies ähnelt dem in Bild 9.16 abgebildeten Szenario.

Dummerweise verlangen Zusammenschlüsse extra-Konfigurationen und unterstützen nicht dieselben Fähigkeiten bei der Erstellung von Sub-ASs Regelungen, da das Gesamt-AS immer noch als Einheit gilt. Außerdem könnte eine nicht zentralisierte Gestaltung eines Zusammenschlusses Komplikationen verursachen, wie z.B. durch das Auftreten unvorteilhafter Routen, die den Verkehr innerhalb des Zusammenschlusses wahllos umleiten.

9.4 Vorschau

Bisher haben Sie gelernt, welch wirkungsvolles Instrument BGP sein kann, um dem Routing ein etwas strukturierteres Aussehen zu verpassen. Sie haben gelernt, wie man den Datenverkehr manipuliert und ein AS in besser konrollierbare Elemente untergliedert. Ein weiterer Aspekt, mit dem wir uns noch näher befassen müssen, ist die Routeninstabilität im Internet. Viele Faktoren leiten Routenfluktuation ein und diese verursacht ihrerseits Verkehrsfluktuation. Einige dieser Elemente können umgangen werden, aber andere sind außer Kontrolle. Das Internet ist heute für alltägliche Arbeiten nicht wegzudenken, es liegt also in Ihrem eigenen Interesse, das Internet zu respektieren und zu schützen. Das folgende Kapitel diskutiert die Ursachen für Routeninstabilitäten und einige der Maßnahmen, die ergriffen werden können, um diesen entgegenzuwirken, oder die Folgen abzuschwächen.

9.5 Häufig gestellte Fragen

Frage – *Ich habe einen SF-hub und einen SJ-hub. Halten sie es für besser, sie voneinander in verschiedene ASs zu teilen und zwischen ihnen lieber BGP als ein IGP laufen zu lassen?*

Antwort – Das hört sich nicht so an, als würde es sich hier um einen über BGB zur Segmentierung geeigneten Fall handeln. Bitte beachten Sie, dass, auch wenn die Segmentierung eine bessere hierarchische Ordnung und Kontrolle ermöglicht, sie auch mehr von BGP-Verhalten vorgegebene Routingregelungen einführt. In kleineren Netzwerken wie dem Ihren können sie dieselbe Stabilität erreichen, indem sie durch die Verwendung eines IGPs entsprechend hierarchisches Routing ausüben.

Frage – *Ich habe nicht genügend BGP-Partner, um einen Einsatz von Routenreflektoren zu rechtfertigen. Was ist, wenn ich sie dennoch einsetze?*

Antwort – Sie bringen es zu normalem Routing. Sie sollten aber wissen, dass Sie sich mit diesem Modell auf zentralisierte Router verlassen müssen, die die BGP-Routen an andere Teile Ihres Netzwerks weiterreichen sollen. Der RR muss nicht nur mehr Leistung erbringen, sondern er entwickelt sich auch zur Achillesferse. Deshalb müssten Sie eine Zusatzversorgung bereitstellen, sodass aus Gründen der freien Kapazität mindestens zwei RRs vorhanden sind. Sie könnten womöglich auch noch mit anderen Faktoren konfrontiert werden, mit Partner-Gruppen und Attributmodifikation, zum Beispiel, worauf in diesem Kapitel eingegangen wurde. Wenn die Kosten für Sie kein Thema sind, stellt die RR-Konfiguration kein Problem dar.

Frage – *Im Bündnisumfeld wird eine EBGP-externe Route einer bündnisexternen Route gegenüber bevorzugt. Heißt das dann, dass ich nie ein anderes Sub-AS als Ausgang nutzen kann?*

Antwort – Nein. Mit Hilfe von Attributen wie zum Beispiel der lokalen Präferenz können Sie stets zu dem Ausgang gelangen, der Ihnen gerade vorschwebt.

Frage – *Wenn die lokale Präferenz nicht zwischen ASs hin und her gereicht wird, geschieht das auch nicht zwischen Sub-ASs innerhalb eines Zusammenschlusses, oder?*

Antwort – Das stimmt nicht. Wenn Sie zusätzlich konfigurieren, wird es das Sub-AS merken, wenn es mit einem externen Partner innerhalb eines Zusammenschlusses kommuniziert und wird alle Attribute beibehalten, die normalerweise durch IBGP aufrechterhalten werden.

Frage – *Ich muss Routenreflektoren konfigurieren, aber meine derzeitige Routersoftware ist hierauf nicht eingerichtet. Muss ich jetzt all meine Router gleichzeitig aufrüsten?*

Antwort – Nein. Sie müssen nur diejenigen Router aufrüsten, die RRs werden sollen. Die anderen Router werden sich wie ein konventioneller IBGP-Speaker verhalten. Das wird Ihnen helfen, wenn Sie ihr Netzwerk nach und nach vorsichtig auf das neue Design einstimmen.

9.6 Fußnoten

1 RFC 1966, »BGP Route Reflection: An Alternative to Full Mesh IBGP«, www.isi.edu/in-notes/rfc1966.txt

2 RFC 1965, »Autonomous System Confederations for BGP«, www.isi.edu/in-notes/rfc1965.txt

3 RFC 1930, »Guidelines for Creation, Selection, and Registration of an Autonomous System (AS)«, www.isi.edu/in-notes/rfc1930.txt

4 Raza, Khalid and Mark Turner. *Large-Scale IP Network Solutions* (Indianapolis, Ind.: Cisco Press, 2000)

Dieses Kapitel enthält die folgenden Schlüsselthemen:

- **Routeninstabilitäten im Internet** – Kurze Untersuchung der häufigsten Ursachen für instabile Routen.
- **Schutz gegen den Ausfall von Routen und *cache*** – Cisco bietet ein sanftes Konfigurations-Feature an, das Administratoren befähigt, Attribute ganz schnell zu rekonfigurieren, während Routen und *cache* nur minimal belastet werden.
- **BGP-Routenauffrischung** – Border-Gateway-Protokoll-(BGP)-Routenauffrischung stellt einen Mechanismus dar, mit dessen Hilfe neue Regelungen eingeführt werden, indem von einem Partner ein frisches Routenset gefordert wird, ohne dass die BGP-Verbindung neu aufgenommen werden muss oder die Ankündigung einer Route missachtet wird.
- **Routendämpfung** – BGPs *route-dampening* Feature identifiziert und unterdrückt instabile Routen, für höhere Zuverlässigkeit außerhalb und innerhalb des autonomen Systems.

Kapitel 10

Gestaltung stabiler Internet-Netzwerke

Der Schwerpunkt für eine zuverlässigen Internetvernetzung liegt bei der Einrichtung und Wartung stabiler Routen innerhalb und zwischen den Netzwerken. Mehrere Design-Fehler und Probleme können dazu beisteuern, Verbindungen zum Internet zu destabilisieren. Dieses Kapitel soll einige der Ursachen für Routeninstabilitäten erkunden und Techniken erörtern, wie diese eingedämmt werden können.

10.1 Routeninstabilitäten im Internet

Das Verschwinden von Routen, die zuvor in der Routingtabelle existiert haben, ist das Hauptmerkmal für Routeninstabilität. Eine solche Route kann plötzlich auftauchen und wieder verschwinden, ein Zustand, der manchmal *flapping* (»Flackern«) genannt wird. Hinsichtlich des Routingprotokolls äußert sich das darin, dass BGP ein Routingupdate aussendet und es dann ganz schnell wieder zurückzieht. Ein Router, der eine UPDATE- oder WITHDRAWN-Nachricht erhält, ist dazu verpflichtet, sie an seine Partner weiterzugeben. Diese Botschaften sind für alle Border-Gateway-Protocol-(BGP)-Netzwerke einsehbar, die mit dem globalen Internet verbunden sind. Setzt sich dieser Vorgang fort, wird die Routingleistung und Qualität leiden.

Hier folgen einige Faktoren, die sich auf Routeninstabilitäten im Internet auswirken:

- Instabilität des Interior-Gateway-Protokolls (IGP)
- Fehlerhafte Hardware

- Softwareprobleme
- Unzureichendes CPU-Leistungsvermögen
- Ungenügende Speicherkapazitäten
- Netzwerkaufrüstung und routinierte Pflege
- Menschliches Versagen
- Linkstau

10.1.1 IGP-Instabilität

Wenn man IGPs dynamisch in BGP eingibt, kann das zu unnötiger Routeninstabilität führen. Probleme, die innerhalb einer Domäne auftreten, können sich zu Problemen außerhalb der Domäne fortentwickeln. Wir sind im 6. Kapitel darauf eingegangen, dass die Installation statischen Routings in BGP dieses Problem beheben kann.

Auch die Routenaggregation an Grenz- oder *core*-Routern kann die Wahrscheinlichkeit unerwünschter Nebeneffekte, die in Zusammenhang mit der Eintragung von IGPs in BGP auftreten können, verringern. Mit der Bündelung werden viele Routeneinträge als zusammengefasstes Aggregat in BGP eingefügt. Einzelne Routeninstabilitäten in einem beliebigen, einzelnen Element des Aggregats haben keinen Einfluss auf die Stabilität des Aggregats an sich.

Dennoch sind manche Netzwerkdesigner dazu gezwungen, sich aus sehr triftigen Gründen auf dynamisches Routing zu verlassen:

- BGP-Ausführungen können nur eine fixe Anzahl von Netzwerkeinträgen handhaben, die statisch veröffentlicht werden. Die zugelassene Anzahl statischer Routen variiert von Verkäufer zu Verkäufer. Wie hoch dieses Limit auch jeweils liegen mag, Netzwerke, die diese Hürde überspringen möchten, setzen voraus, dass der Administrator das IGP in BGP einfügt.
- Manchem Administrator ist bei dem Gedanken unwohl, dass Netzwerke, die sie statisch werben, von dem Router, der für sie wirbt, nicht mehr erreicht werden könnten. Das ist verständlich, insbesondere in Fällen, wo die Routen an

verschiedenen Punkten im AS angepriesen werden. Wenn man für Routen wirbt, die undurchführbar sind, kann man schwarze Löcher verursachen.

10.1.2 Fehlerhafte Hardware

Fehlerhafte Interfaces, Systeme oder Leitungen können sich auf die Routenstabilität auswirken. Ein Interface, das nur zeitweise zur Verfügung steht, lässt möglicherweise Routinginformationen überspringen. Hardwarefehler sind zu einem gewissen Grad jenseits der Kontrolle der Dienstleistungsnutzer. Freie System- und Link-Kapazitäten sind wichtige Hilfsmittel, durch die man einen durch Ausfälle verursachten Vernetzungsverlust auffangen kann. Wenn aber ein physisches Versagen vorliegt, wird das Routing unterbrochen, und der Routingpfad fällt wie ein Kartenhaus in sich zusammen.

10.1.3 Softwareprobleme

Softwareprobleme (*bugs*) können einen Systemausfall hervorrufen und das Netzwerkeintabil machen. Entwicklungsteams für Routingprotokolle tun ihr bestes, damit diese Probleme behoben werden, bevor die Software an die Kunden ausgeliefert wird. Dennoch ist es beinahe unmöglich, jede Situation, die sich in einem lebendigen Netzwerk ergeben könnte, vorauszusehen. Die Administratoren sollten mit der neuen Software und neuen Features im Testlabor experimentieren und in ihrer Wirkung einschätzbare oder geringere Dosen in ihrem Netzwerk testen, um ein gewisses Niveau der Vertrautheit mit der Materie zu erlangen, bevor die Software im Produktionsumfeld eingesetzt wird.

10.1.4 Unzulängliche CPU-Power

Je mehr Routingupdates und Peering-Sessions der Router bewältigen muss, desto mehr CPU-Leistung muss er beanspruchen. Stellen Sie sich den Router als Packesel vor und die Routing- und Daten-Lasten wären die Säcke, die Sie ihm aufladen: Wäre es da ein Wunder, wenn der Esel Fortbewegungsprobleme hätte, wenn Sie ihm einen 2-Zentnersack aufladen? Die Auswahl des richtigen Systems mit der passenden CPU-

Leistung ist entscheidend für die Beantwortung all Ihrer speziellen Routinganforderungen.

Im Anfangsstadium der BGP-Tabelle, nachdem sich die BGP-Sessions etabliert haben, kann der Prozessor eines Systems über 90% seiner Zeit darauf verwenden, Updates durchzuführen. Wenn die Links instabil werden und überlastet sind, gerät der Router aber vielleicht am Ende in einen Teufelskreis: die CPU ist zu beschäftigt, sich mit Updates herumzuschlagen, wodurch die BGP-Sessions aussetzen, wodurch wiederum weitere Instabilität hervorgerufen wird.

10.1.5 Ungenügender Speicherraum

Zusätzlich zu dem Speicher, den ein Router braucht, um sein eigenes arbeitendes System am Laufen zu halten, muss der Router auch noch Routingtabellen, *cache*-Tabellen, Datenbanken und andere Software abspeichern, um sein Leistungsvermögen zu erhalten. Ein Router, der seine Speichergrenzen erreicht, hört unter Umständen auf, zu funktionieren, sodass auch alle Routen, die er kennt oder für die er wirbt, verloren gehen.

Aus der BGP-Perspektive betrachtet, besteht ein Routingeintrag aus einer Einheit in der IP-Weiterleitungs-Tabelle und aus der jeweiligen, entsprechenden Information, die in der BGP-Routingtabelle vorliegen mag. Heutzutage finden sich in den Internet-Routingtabellen über 75 000 Routen, und ihre Zahl steigt jeden Monat weiter. Systeme, die aus dem Internet von dem einen oder mehreren Provider Vollrouten beziehen, können mit ihren 32 MB Speicher (für die Speicherung von BGP und anderen Routinginformationen) kaum Schritt halten (wenn sie`s überhaupt können). Die meisten Anbieter haben ihre Systeme auf 96, 128 oder gar 256 MB Routingtabellen-Speicher aufgerüstet. Ungenügender Speicher an sich verursacht schon oft Instabilitäten. Da ein Router, der schon einmal keinen Speicher mehr übrig hatte, später gar nicht mehr fähig ist, den ganzen Haufen verstreuter Speicherplätze wieder zusammen zu sammeln, und wird deshalb (solange er nicht neu gestartet wird) zur permanenten Quelle instabiler Routen.

10.1.6 Netzwerkaufrüstung und routinierte Pflege

Netzwerke sind dynamisch. Für die Qualitäts- und Leistungsverbesserungen, Site-Sicherung und Expansions-unterstützende Maßnahmen müssen Änderungen und Anpassungen vorgenommen werden. Zu diesen Veränderungen mag gehören, dass für eine neue Software- oder Hardwareversion Upgrades nötig sind, neue Links hinzukommen, mehr Bandbreite ermöglicht wird, oder das Netzwerklayout neu konfiguriert wird.

Aus offensichtlichen Gründen ziehen es Administratoren vor, ihr System abzumelden, um es zu einem Zeitpunkt aufzurüsten, zu dem es aus Erfahrung sowieso nur minimal genutzt wird. Die Dauer einer solchen Auszeit darf für manche Netzwerke und sogar in der Nacht – aufgrund der Zeitzonenunterschiede – nur eine Stunde betragen. Trotz dieser Schwierigkeiten ist die Aufrüstungsperiode selbst nicht der fehleranfälligste Zeitraum, da sich die Administratoren normalerweise vorher einen Notfall-Plan ausgedacht haben und sich auch wieder mit dem alten Setup behelfen können, wenn das neue nicht gleich funktioniert. Sollten sich aber Konfigurations- oder Software/Hardware-Probleme einstellen, wird sich die Netzwerkinstabilität erst bemerkbar machen, wenn am nächsten Morgen alle wieder online sind. Zu diesem Zeitpunkt ist aber eine Rückkehr zum alten Setup keine wirklich Option. Leider fangen die Administratoren in dieser Situation manchmal an, die Konfiguration ganz schnell zu ergänzen oder zu ändern, wodurch sich die Situation meistens noch verschlimmert.

Um die Wahrscheinlichkeit solcher Unterbrechungen einzuschränken, sollten Netzwerkveränderungen möglichst erst in einem nicht an Produktion beteiligten Umfeld simuliert werden. Außerdem sollte man mehrere größerer Eingriffe nicht gleichzeitig vornehmen. Ein Provider würde sich zum Beispiel sehr unklug verhalten, wenn er im größeren Ausmaß Routersoftware aufrüsten würde, gleichzeitig noch die Hardware wechselt und die Verkabelung umändert. Gute Planung und Netzwerksimulation sind das A und O einer erfolgreichen Netzwerkaufrüstung.

10.1.7 Menschliches Versagen

Die meisten durch menschliches Versagen verursachen Netzwerkinstabilitäten treten auf, weil ein Administrator eine Verwaltungsregelung umgeht oder eine Veränderung vornimmt, ohne die möglichen Auswirkungen zu kennen. In komplexen Netzwerk-Konfigurationen können leicht Fehler unterlaufen. Ein falscher Filter, und ein ganzes AS kann abgegrenzt sein. Administratoren sollten Probleme vorhersehen, bevor sie überhaupt entstehen.

Hier ein Beispiel für die Art der Fehlurteile, die getroffen werden können: Jeder Router kann seinen Nachbarn über BGP die Default 0.0.0.0 schicken. Wenn Sie aber nicht Acht geben, wird der Verkehr auf der falschen Route landen. So wie das Gegenüber verpflichtet ist, Ihnen die passenden *Default*-Routen zu senden, haben Sie die Aufgabe, sich selbst zu schützen, indem Sie sicherstellen, dass Sie alle unerwünschten Routen, *Default*-Routen oder andere die Ihren Weg kreuzen, aussortieren. Die Liste der möglichen menschlichen Versagenarten ist sehr lang: manch einer veröffentlicht das Netzwerk eines anderen, ein Provider kann aufhören, Ihr Netzwerk zu veröffentlichen, oder jemand fasst die falschen Netzwerke zusammen. Auf den Punkt gebracht: Sie dürfen nie von den anderen erwarten, dass diese sich nach Ihren Regeln richten. Es kann sein, dass andere Administratoren (normalerweise unabsichtlich) Routen einführen, die mit Ihren Routen im direkten Konflikt stehen. Dann kann es passieren, daß die Qualität, Leistungsfähigkeit und die Vernetzung nachlässt.

10.1.8 Linkstau

Wenn ein Link versagt, kann es in manchen Situationen dazu kommen, dass ein anderer Link mit Daten überlastet wird. Dies tritt ein, weil der Link den ganzen zusätzlichen Verkehr bearbeiten muss, der jetzt über ihn geroutet wird plus den normalen Daten. Selbst wenn der Link den Datendurchsatz unterstützt, ist vielleicht der Router, je nachLeistungsfähigkeit, durch die zusätzlichen Belastung überfordert. Dies kann sich beim Endnutzer als höherer Leistungsverlust ausdrücken.

Für den Versuch, gegen Netzwerkinstabilitäten vorzugehen, haben die BGP-Ausführungen mehrere sehr hilfreiche Merkmale eingeführt. Obwohl diese Features keine Komplettlösung darstellen, sind sie doch sehr bedeutsame präventive Maßnahmen gegen Routeninstabilitäten.

10.2 BGP-Stabilitäts-Features

Natürlich ist die Entwicklung effektiver Routingregelungen und ihre korrekte Konfigurierung das Fundament für den Aufbau von Stabilität. BGPs Attributauswahl, die sich als roter Faden durch dieses Buch zieht, ist ein Werkzeug zur Erarbeitung dieser Basisstabilität. Zusätzlich möchten wir hier ein paar BGP-Funktionen nennen, die helfen können, einen Schutzwall gegen die Auswirkungen von Routeninstabilität zu errichten:

- Kontrolle von Routing- und *cache*-Fehlern
- BGP-Routenauffrischung
- BGP-Routendämpfung

10.2.1 Kontrolle von Routing- und *cache*-Fehlern

Die Transportprotokoll-Verbindung, die zwischen zwei Nachbarn stattfindet, ist die Basis jeder BGP-Konversation. Die Nachbarverbindung an sich beruht auf einer OPEN-Message, in der Parameter, wie beispielsweise die BGP-Versionsnummer, enthalten sind. Außerdem tragen ausgetauschte Routingupdates verschiedene Attribute, wie zum Beispiel die Metrik, *community*-Angabe und den AS_PATH. Immer wenn ein Administrator Attribute oder Regelungen ändert, bestimmen traditionelle BGP-Ausführungen, dass eine BGP-TCP-Session mit seinen Nachbarn neu hergestellt wird (abgebrochen und erneut aufgenommen), bevor das modifizierte Routingverhalten realisiert werden kann.

Leider wird jedes Mal, wenn eine TCP-Session wieder neu aufgebaut wird, das Routing unterbrochen. Wenn eine Session erneuert wird, wird das Routing-*cache* für ungültig erklärt. Routen verschwinden und im ganzen Internet breitet sich Routeninstabilität aus. Bis die Session endlich wieder online ist und Routen und *caches* sich neu eingerichtet haben, kann schon richtiger Schaden entstanden sein.

Cisco hat einen Mechanismus eingeführt, die sogenannte *soft reconfiguration*, die die Administratoren befähigt, im Schnellverfahren Attribute zu rekonfigurieren, ohne gleich eine etablierte TCP-Session abzuwürgen oder manuell ein Routenflackern auszulösen. Hierdurch wird das Routing-*cache* nicht ausgelöscht und die Auswirkungen auf die Route halten sich in Grenzen.

TIPP

Sehen Sie hierzu den Abschnitt »Kontrolle von Routing- und Cache-Fehlern« aus Kapitel 12

Ein Nachteil der »sanften« Rekonfiguration besteht darin, dass hierfür ein Set nicht modifizierter Routen (das entsprechende Adj-RIB-In, das sich mit dem Adj-RIB-Out des Partners auf einer Linie befinden sollte) von bestimmten Partner(n) im lokalen Memory gespeichert werden muss. Die Belegung des Speichers, die für den Einsatz der *soft reconfiguration* mit Großpartnern nötig wird, kann recht beachtlich sein. Eine Daumenregel besagt, dass man für jede von einem Partner erlernten Route 250 Bytes Speicher einkalulieren muss.

10.2.2 BGP-Routenauffrischung

Kürzlich wurde eine neue Lösung gefunden, die den nachteiligen Speicherverbrauch der sanften Rekonfigurierung unnötig macht. Dieser Alternativansatz, genannt *route refresh capability*, verwendet die BGP-4-Capabilities-Negotiation Erläuterungen (beschrieben im 5. Kapitel). Dies vereinfacht die Möglichkeit einer dynamischen Anforderung an einen Partner alle Präfixe, die er von seinem Gegenüber (seinem Adj-RIB-Out) erlernt hat, wieder zu veröffentlichen.

Diese Verhaltensweise ist durch die Grundeinstellungen in neueren IOS-Versionen aktiviert und muss durch den BGP-Partnerrouter unterstützt werden, damit dieses Feature genützt werden kann. Die BGP-Routenauffrischung beseitigt die Kosten des Speicher- und CPU-Verbrauchs, die bei der Verwendung der *soft reconfiguration* entstehen. Außerdem ermöglicht sie, dass Präfixe, die von einem Partner erlernt wurden, untersucht und der neuen Regelung beigefügt werden, ohne dass die BGP-Session neu aufgebaut werden müsste.

TIPP

Sehen Sie hierzu den Abschnitt »BGP-Routenauffrischung« aus Kapitel 12

10.2.3 BGP-Routendämpfung

Ein anderer Mechanismus zur Kontrolle von Routeninstabilität ist das *route dampening* (Routendämpfung). Eine Route, die periodisch auftaucht und wieder verschwindet, verursacht eine regelmäßige Verbreitung von BGP UPDATE- und WITHDRAWN-Botschaften im ganzen Internet. Die hierdurch ausgelösten Mengen an Routingverkehr können die ganze Linkbandbreite einnehmen und die CPU-Nutzung der Router in die Höhe treiben.

TIPP

Sehen Sie hierzu den Abschnitt »Routendämpfung« aus Kapitel 12

Die *Dampening*-Methode beurteilt Routen nach dem Gesichtspunkt »brav« oder »nicht brav« (*behaved* oder *ill behaved)* Eine brave Route ist während eines bestimmten längeren Zeitraums relativ stabil. Eine ungezogene Route unterliegt kurzzeitig hochgradigen Instabilität. Ungezogene Routen sollten hinsichtlich der zu erwartenden Instabilität abgestuft werden. Eine instabile Route sollte unterdrückt (nicht angepriesen) werden, bis man wieder der Überzeugung ist, dass die Route stabil ist.

Die zukünftige Stabilität wird nach dem Verhalten der Route in der näheren Vergangenheit bemessen und eingeschätzt. Wenn man die Existenz einer Route zurückverfolgt, sollte man zählen, wie oft sie innerhelb bestimmter Zeitrahmen geflackert hat. Im Zuge der Routendämpfung bekommt eine Route jedesmal, wenn sie flackert, eine Strafe aufgebrummt. Sobald diese Härte der Strafe ein vorher festgelegtes Limit erreicht, wird die Route unterdrückt. Die Route kann sich auch noch eine Bestrafung einhandeln, wenn sie schon unterdrückt ist. Je häufiger eine Route in kurzen Zeitabständen oszilliert, desto schneller wird diese Route unterdrückt.

Ähnliche Kriterien gelten, wenn eine Route nicht mehr unterdrückt und wieder veröffentlicht wird. Es wird ein Algorithmus eingesetzt, um das Strafmaß nach und nach zu verringern. Die Konfiguration des Algorithmus beruht auf einem benutzerdefinierten Parameterset. Der folgende Ausdruck- und Parametersatz bezieht sich auf die Cisco-Ausführung:

- **Penalty** – Ein eingetragener numerischer Wert, der einer Route jedesmal, wenn sie flackert, verliehen wird.
- **Half-life** – Ein konfigurierbarer numerischer Wert, der angibt, wieviel Zeit verstreichen muss, bevor das Strafmaß auf die Hälfte heruntergesetzt wird.
- **Suppress limit** – Eine numerische Wertangabe, die mit dem Penalty verglichen wird. Ist das Penalty größer als das Unterdrückungslimit, bleibt die Route unterdrückt.
- **Reuse limit** – Ein konfigurierbarer numerischer Wert, der mit dem Penalty verglichen wird. Ist das Penalty niedriger als das Wieder-Benutzungs-Limit, wird eine unterdrückte Route, die noch aktiv ist, nicht länger unterdrückt.
- **Suppressed route** – Eine Route, die nicht mehr angepriesen wird, auch wenn sie noch aktiv ist. Eine Route wird unterdrückt, wenn der Penalty-Wert höher liegt als das *suppressed limit.*
- **History entry** – Ein Eintrag, der verwendet wird, um Informationen zur Instabilität der Route abzuspeichern. Um das Oszillationsniveau einer Route feststellen und errechnen zu können, muss die Information, dass die Route oszilliert, in der Route verzeichnet werden. Wenn sich die Route stabilisiert, erübrigt sich der *history-entry* und muss vom Router entfernt werden.

Bild 10.1 zeigt den Vorgang wie das Strafmaß festgelegt und einer Route jedesmal wenn sie flackert auferlegt wird. Das Penalty wird exponentiell zu den Parametern, wie z.B. dem *half-life,* verkürzt. Der half-life-Parameter kann vom Administrator geändert werden, um das zurückliegende Oszillationsverhalten einer Route wiederzugeben. Ein längerer *half-life*-Wert würde sich beispielsweise für eine Route eigenen, die es sich zur Gewohnheit gemacht hat, in regelmäßigen Abständen zu oszillieren. Ein höherer *half-life*-Wert würde dazu führen, dass das Penalty langsamer zurückgeht, was bedeutet, dass eine Route länger unterdrückt würde.

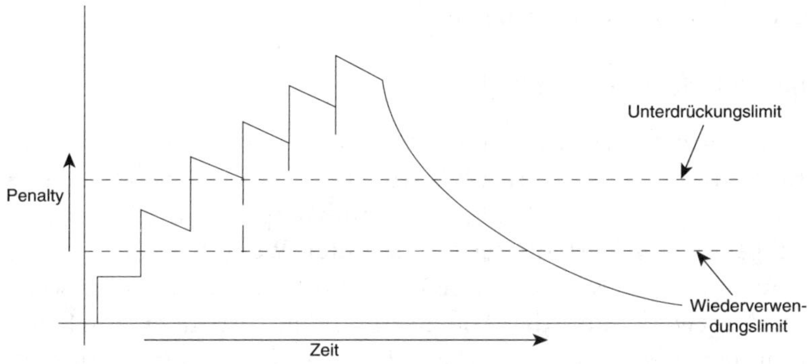

Bild 10.1: Routendämpfende Penalty-Beurteilungen

Stabilität innerhalb des AS

Die Vorteile der Routendämpfung zeigen sich innerhalb wie außerhalb des AS. Wenn BGP in IGP rückübertragen wird, darf sich die BGP-Instabilität nicht solcherart auf das interne Routing auswirken, dass es innerhalb des autonomen Systems zu einem *Meltdown* kommt. In dieser Situation wäre Routendämpfung sinnvoll. Routen, die flackern, werden unterdrückt und es wird verhindert, dass sie in ein AS eingegeben werden, bevor sie nicht wieder Anzeichen für etwas mehr Stabilität zeigen. Bild 10.2 zeigt die Auswirkungen des EBGP-*flappings* auf ein IGP im Vergleich mit und ohne Routendämpfung.

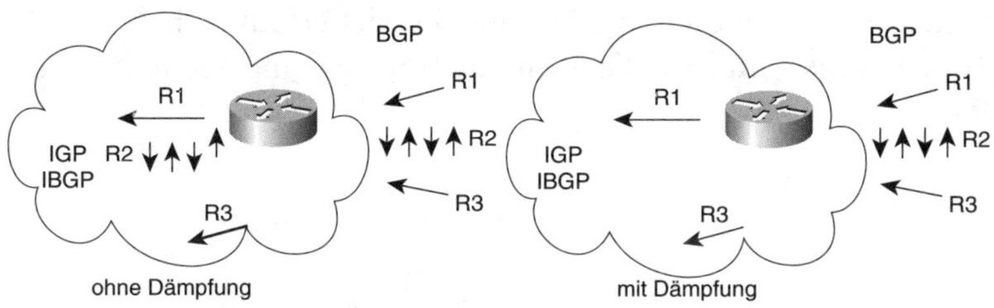

Bild 10.2: Auswirkungen von EBGP Flackern auf IGP

In Bild 10.2 sind die Routen R1, R2 und R3 durch BGP in ein AS eingegeben. Die nach oben und unten zeigenden Pfeile geben an, dass R2 flackert. Die Routen werden über IBGP und/oder IGP weitergetragen, je nachdem, wie der Administrator die Route in das AS einfügt. In beiden Fällen verursacht das Flackern der R2 Grenzrouter und internen Router große Unkosten. Solange die Route instabil bleibt, werden die IGPs alle mit der Route versorgen und sie dann wieder fortnehmen. Durch Routendämpfung wird die »ungezogene« Route unterdrückt (sobald das *supress-limit* erreicht ist) und wird daran gehindert, ins AS zu gelangen.

Instabilitäten außerhalb des AS

Das *route-dampening* kann verhindern, dass instabile EBGP-Routen anderen Partnern weiterempfohlen werden. Das schont den Verbrauch der Linkbandweite und der Prozessierungskosten innerhalb der Grenzrouter. Wenn Sie ein Anbieter sind und viele Kunden haben, die Ihr Angebot nutzen, sollte Ihr Netzwerk (und die Außenwelt) möglichst nicht mit Instabilitäten belastet werden, die sich in ein Kundennetzwerk fortsetzen. Sollte es sich so verhalten, dass ein Provider mit einem Kundennetzwerk als Bestandteil eines Aggregats wirbt, würde dies keine Probleme verursachen. Das Aggregat wäre auch stabil (immer angepriesen), wenn die meisten seiner Elemente es nicht wären. Dennoch sind die Instabilitäten eines Kunden innerhalb des AS eines Providers schon ein Thema. Wenn ein Kundennetzwerk (aufgrund von Multihoming, oder weil die Adresse nicht zum Adress-Speicher des Anbieters gehört) nicht gebündelt werden kann, werden Instabilitäten in die Außenwelt hinausgetragen.

Durch *dampening* (Dämpfung) unterdrückt der Grenzrouter des Providers Kundenrouten, die flackern. Diese Unterdrückung verläuft entsprechend der Dämpfungsregeln und Parameter, die wir in diesem Abschnitt bereits erläutert haben. Bild 10.3 veranschaulicht die Routendämpfung in einem ISP-Umfeld.

Bild 10.3: Routendämpfung: ISP-Umgebung

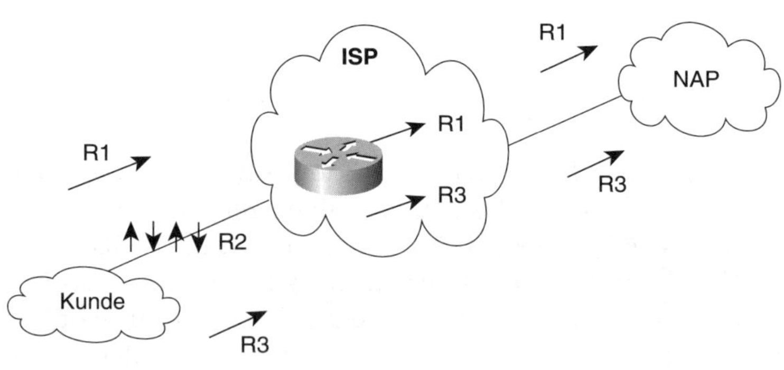

Ein möglicher Nebeneffekt der Routendämpfung äußert sich darin, dass der Kunde ein paar kurze Ausfälle erleben wird, auch wenn seine Route wieder stabil ist. In Bild 10.3 flackert die Route R2 im Kundennetzwerk. Wenn der ISP des Kunden Routendämpfung einsetzt, wird R2 bestraft und je nach Oszillationsniveau unterdrückt. R2 könnte minutenlang zurückgehalten werden. Selbst wenn R2 aufgehört hat, zu flackern, liegt das Strafmaß, das sie sich eingehandelt hat, vielleicht immer noch weit über dem Reuse-(Wiederverwendungs)-Limit, und muss erst herabgesetzt werden, bevor die Route wieder verwendet werden kann. Inzwischen verzweifelt vielleicht schon ein armer Kerl im Kundennetzwerk, weil er verzweifelt versucht herauszufinden, warum einige Subnetzwerke einfach nicht von außen zu erreichen sind. Wenn sich ein Administrator nicht bewusst ist, dass seine Routen gedämpft werden, versucht er möglicherweise, der Situation durch andere Maßnahmen Herr zu werden, wodurch seine Route dann noch mehr flackern und weiter bestraft werden würde. Da ist es besser, den Provider zu fragen, ob er diese Routen erhält, und wenn ja, soll er doch bitte überprüfen, warum sie nicht veröffentlicht werden. Provider haben sehr strenge Regelungen und werden ihre Dämpfungsgewohnheiten auch nicht auf Anfrage des Kunden hin verändern. Der Provider könnte aber die *history*-Information der Route, die gedämpft wird, löschen, damit die Route wieder veröffentlicht wird. Dies natürlich nur unter der Voraussetzung, dass der Kunde gegen die Routingprobleme vorgehen wird, die die Route dazu bringen, zu flackern.

Instabilitäten können aber auch von den Providern selbst verursacht werden, und die Wirkung kann weit größer sein. Wenn ein Link oszilliert, der zwischen einem Provider und dem Kunden oder zwischen Providern Vollrouten trägt, werden das die Grenzrouter zu spüren bekommen.

Nehmen wir an, Sie bekommen von mehreren Providern Internet-Vollrouten (derzeit etwa 75 000 Routen). Nun stellen Sie sich vor, 5% dieser Routen (ca. 3 750 Routen) würden alle 2 Minuten trudeln. Eine derartige Belastung könnte Ihr Grenzrouter nicht verkraften.

Ohne *route-dampening* ist nur schwer feststellbar, was wirklich los ist. Sie können nur erkennen, daß die verwendete Arbeitsleistung auf ihrem Grenzrouter schnell steigt. Durch Routendämpfung veröffentlichen alle instabilen Routen einen *history*-Eintrag, der den Grad der Routenstabilität angibt. Sobald die instabilen Routen erfasst sind, kann man sehr schnell feststellen, woher sie kommen, indem man sich einfach die Adresse des nächsten *Hops* ansieht. Obwohl die Routendämpfung in diesem Fall nicht das Problem lösen konnte, konnte man dadurch klären, wer für die Schwierigkeiten verantwortlich ist. Nachdem Sie den Schuldigen identifiziert haben, können Sie die BGP-Session mit demjenigen ISP temporär einstellen, der fehlerhaft ist. Rufen Sie diesen ISP an und beschweren Sie sich!

Zusammenfassend kann gesagt werden, dass Routeninstabilitäten auf die eine oder andere Art jeden angehen. Jeder ist dazu aufgerufen, die Oszillation der Routen zu minimieren, indem mehr darauf geachtet wird, was man tut und warum. Die Anbieter sind zu den Verantwortlichen immer strenger, manche Provider bestrafen zum Beispiel Routen mit längeren Masken härter. Das mag übertrieben klingen, aber es wird ja auch immer schwieriger, das Internet zu kontrollieren. Vielleicht muss sogar eine »Routenpolizei« eingeführt werden, die Strafzettel verteilt, wenn sich jemand nicht an die Regeln hält.

10.3 Vorschau

Wir haben jetzt genug über Architektur und Routingverhalten gesprochen. Wenn Sie die Dinge gern klar vor Augen haben und konkret erlernen wollen, wie Routing abläuft, fängt für Sie der Spaß erst richtig an! Die folgenden Kapitel setzen sich mit den wichtigsten Architekturen und Designs, die wir in diesem Buch bisher erläutert haben, auseinander. In Folgendem wird unter Verwendung der Cisco-IOS-Softwaresprache die tatsächliche Konfiguration vorgestellt.

Die Konfigurationsbeispiele werden von ausführlichen Erklärungen, wer wie, was und warum tut, und den Folgen, begleitet. Dem Cisco-Router sind aktuelle Displays entnommen worden, um viele BGP-Attribute aufzuzeigen und zu demonstrieren, wie sich die Konfiguration auf die Routingtabellen ausgewirkt hat. Wir hoffen, Ihnen ein hohes Wissensniveau zu vermitteln, indem wir in den nächsten zwei Kapiteln mit Ihnen jedes einzelne Beispiel durchgehen, sodass Sie lernen, wie Sie Ihre Netzwerke in das globale Internet integrieren können.

10.4 Häufig gestellte Fragen

Frage – *Wenn ich die Zahl der Präfixe, die von einem Partner akzeptiert werden, mit beispielsweise maximal 100 angebe, und für diesen Partner eine sanfte Innen-Rekonfigurierung aktiviere, wird dadurch die Zahl der unveränderten Routen, die im Memory gespeichert werden sollen, auf 100 begrenzt?*

Antwort – Nein. Alle Routen, die vom Partner erlernt werden (die Adj-RIB-In, bevor der Input-Policy-Engine verwendet wird), werden im Memory abgespeichert.

Frage – *Mein Grenzrouter hat Probleme, weil der Link zu meinem Provider oszilliert, sodass die Routen sich überschlagen. Kann ich meinen Router durch die Konfiguration von route-dampening stabilisieren?*

Antwort – Bis zu einem gewissen Grad. In diesem Fall mag die Konfigurierung von Routendämpfern vielleicht dazu beitragen, Ihr AS zu stabilisieren, wenn Sie die BGP-Routen in IGP eingeben. Ihr Grenzrouter wird die von ihrem Provider ausgelösten Instabilitäten aber immer noch mitbekommen. Sie sollten Ihren Provider lieber anrufen.

Frage – *Ich werbe in BGP mit meinen IGP-Routen. Meine IGP-Routen sind sehr instabil, wodurch die BGP-Routen, die ich auf den Markt werfe, fluktuieren. Würde route-dampening dieses Problem lösen?*

Antwort – Nein. Wenn Sie Ihren Grenzrouter auf Routendämpfung konfigurieren, wird verhindert, dass Ihre Routen angepriesen werden. Das wird den anderen helfen, aber Sie werden Ausfälle erleiden. Sie sollten die Wurzeln Ihrer IGP-Instabilität bekämpfen.

Frage – *Manche meiner internen Routen schlagen Purzelbäume, weshalb sie mein Provider dämpft. Ich komm nicht drauf, woran das liegt. Was soll ich denn vorerst tun?*

Antwort – Sie können diese Routen immer statisch definieren und in BGP einpflegen. Dadurch werden sie immer angeboten, unabhängig davon, ob sie an- oder aus sind. Noch besser wäre es, wenn Sie Ihre Routen als Teil einer Aggregatroute definieren könnten. Die Aggregatroute wird nicht verschwinden, sofern nicht alle spezifischeren Routen, die Sie repräsentiert, verschwinden.

Frage – *Ich bin ein Provider. Ich möchte nicht alle Präfixe gleich bestrafen. Gibt es eine Möglichkeit, unterschiedlichen Präfixen verschiedene Dämpfungsparameter zu verpassen?*

Antwort – Ja. Cisco bietet Ihnen die Flexibilität, Dämpfungsparameter selektiv zuzuordnen. Das erfolgt anhand gewisser Kriterien, wie beispielsweise IP-Präfix, AS_PATH oder *community*.

TEIL **4**

Internetrouting-Devicekonfiguration

In den vorangegangenen Kapiteln haben wir Konzepte und Strategien entwickelt, jedoch die Details des Konfigurierungscode ersteinmal beiseite gelassen. Im 11. und 12. Kapitel werden Sie nun zu den meisten Konzepten und Funktionen, die Sie im II. und III. Teil kennen gelernt haben, die entsprechenden Kodierungsbeispiele finden. Das 11. Kapitel konzentriert sich auf Konfigurationsbeispiele elementarer BGP- Attribute. Das 12. Kapitel befasst sich intensiv mit Konfigurationsbeispielen zu einigen der komplexeren, reellen Designproblemen, mit denen Netzwerkadministratoren zu kämpfen haben, während sie Routingregelungen erstellen. Sie können diese Kodierungsbeispiele aber nicht einfach unbesehen in die Routingregelungen Ihres Netzwerkes übernehmen. Diese Beispiele stehen vielmehr Modell für die einzelnen Routingentscheidungen, die Sie vermutlich im Zuge der Entwicklung, Pflege und des Ausbaus der Routingregelungen treffen müssen, um auf Ihr sich entwickelndes Netzwerk und die Vernetzungsanforderungen richtig reagieren zu können. Sie werden diese Modelle etrapolieren und anpassen müssen, um sie auf Ihre jeweilige Situation anwenden zu können.

Dieses Kapitel enthält die folgenden Schlüsselthemen:

- **Aufbau von Peering-Sessions** – Konfigurationsbeispiele für die ersten Routingschritte. In diesem Abschnitt geht es um die Basis-Syntax, die im Konfigurationskode verwendet wird.
- **Routenfilterung und Attributmanipulation** – BGP-Routenkarten, auf NLRI basierende Filterung, und auf dem AS_PATH basierende Filterung.
- **Peer-Groups** – Konfigurationsbeispiele zur Definition und Verwendung von Partnergruppierungen.
- **Routingupdate-Quellen** – Dynamische und statische Konfiguration für die Einspeisung von Informationen ins BGP.
- **Überlappende Protokolle (»Hintertüren« – *backdoors*)** – Konfigurationsbeispiele für den Wechsel der Distanzparameter zugunsten bestimmter Routen gegenüber anderen.
- **BGP-Attribute** – Konfigurationsbeispiele für NEXT_HOP, AS_PATH, lokale Präferenz, MED und *community*-Attribute.
- **BGP-4-Aggregation** – Konfigurationsbeispiele für die verschiedensten Aggregationsszenarien.

Kapitel 11

Konfiguration elementarer BGP-Funktionen und Eigenschaften

Dieses ist das erste von zwei Kapiteln, die sich vornehmlich mit Konfigurationsbeispielen beschäftigen. Nachdem wir alle wichtigen vorauszusetzende Konzepte durchgegangen sind, können Sie sich nun mit den Beispielen befassen, wie man grundlegende BGP-Funktionen und Attribute kodiert. Dieses Kapitel konzentriert sich auf die Grundlagen, im nächsten Kapitel geht es dann um ein paar kompliziertere design-orientierte Konfigurationsprobleme.

Selbst wenn Sie den in den vorherigen Kapiteln eingefügten Querverweisen gefolgt sind, und schon mal zu den Konfigurationsbeispielen vorgeblättert haben, möchten wir Ihnen raten, sie jetzt noch einmal zu überdenken. Sie befinden sich jetzt in der vorteilhaften Lage, auch die Konzept-orientierten Kapitel durchgearbeitet und sich deren Inhalt genähert zu haben. Zusätzlich zum Konfigurationscode selbst sollten Sie sich bitte auch die vielen Routingtabellen ansehen, die wir eingefügt haben und die dazu gedacht sind, Ihr Wissen über Ergebnisse und Folgen zu vertiefen.

Die Kapitel 11 und 12 sollen keine Cisco-Handbücher ersetzten und decken auch nicht jede Situation und jeden Befehl ab. Sie stellen Ihnen Konfigurationen für gängige Situationen vor, auf die man trifft, wenn man sein Netzwerk an das Internet anschließt. Für Ihr spezielles Netzwerk ist vielleicht eine Kombination der dargestellten Szenarien nötig – oder ein ganz anderer Ansatz – um die effektivsten Regelungen zu verwirklichen.

In den folgenden Erläuterungen und Fallbeispielen kann ein AS die Rolle eines Kunden und/oder Providers übernehmen. Lassen Sie sich nicht durch die wechselnden AS-Nummern und AS-Rollen verwirren, oder davon, dass die IP-Adressen-Nummerierung vielleicht nicht ganz realistisch ausfällt. Dies hier sind nur Übungen, die Ihnen helfen werden, BGP zu begreifen, so dass Sie es in Ihrem eigenen Umfeld entsprechend anwenden können.

11.1 Aufbau von Partner-Sessions

Dieses Beispiel zeigt die Unterschiede verschiedener BGP-Peering-Session-Typen, denen Sie begegnen werden. Bitte beachten Sie Bild 11.1:

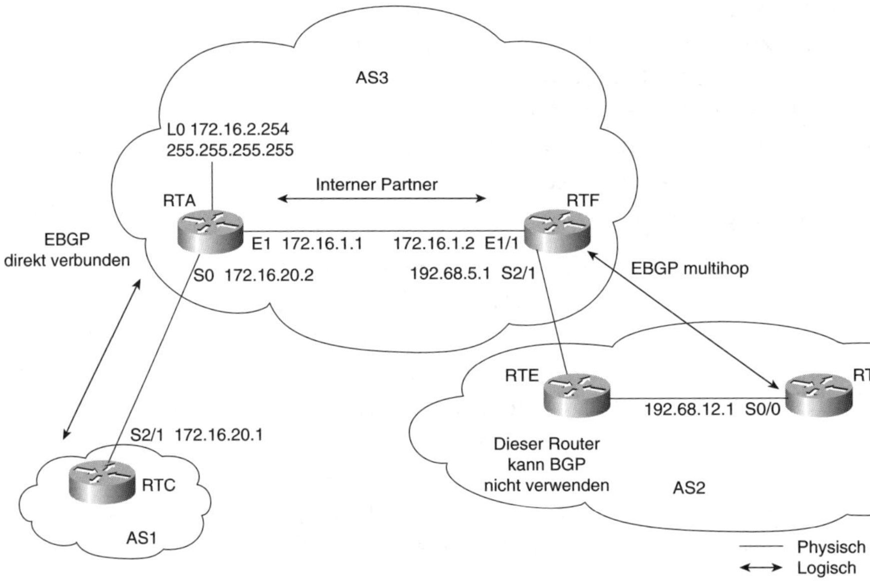

Bild 11.1: Der Aufbau von Partner-Sessions

Innerhalb des AS3 formiert sich eine IBGP-Peering-Session zwischen RTAs Loopback-Adresse und RTFs physischer Adresse. Außerdem entstehen zwischen AS3 und AS1 EBGP-Sessions, indem die zwei direkt verbundenen IP-Adressen von RTA und RTC genutzt werden. Eine andere EBGP-Session bildet sich zwischen RTF in AS3 und RTD in AS2 heraus, für die IP-Adressen verwendet werden, die sich nicht auf dem gleichen (multihop-) Segment befinden.

Sie sollten sich ins Gedächtnis zurückrufen, dass die BGP-TCP-Verbindung erst hergestellt werden kann, wenn zwischen den beiden Partnern IGP-Vernetzung vorliegt, oder wenn sie eine Direktverbindung erhalten. Wir werden als IGP OSPF verwenden, um intern die benötigte Hintergrundverbindung herstellen zu können. Beispiel 11.1 zeigt die Konfiguration des RTA.

Beispiel 11.1: RTA Konfiguration

```
ip subnet-zero

interface Loopback0
 ip address 172.16.2.254 255.255.255.255

interface Ethernet1
 ip address 172.16.1.1 255.255.255.0

interface Serial0
 ip address 172.16.20.2 255.255.255.0

router ospf 10
 network 172.16.0.0 0.0.255.255 area 0

router bgp 3
 no synchronization
 neighbor 172.16.1.2 remote-as 3
 neighbor 172.16.1.2 update-source Loopback0
 neighbor 172.16.20.1 remote-as 1
 no auto-summary

ip classless
```

Die Konfiguration des RTA in Beispiel 11.1 weist eine Syntax auf, die Sie vielleicht garnicht kennen. Die gesamte Syntax wird in Tabelle 11.1 generisch erklärt, und wir setzten sie in Relation zum in Bild 11.1 dargestellten Routingszenario. In den nachfolgenden Beispielen dieses Buches konzentrieren wir uns auf die relevanten Kommandos, die nötig sind, um BGP, das IGP, oder statisches Routing zu konfigurieren. Befehle, die Interfaces IP-Adressen zuordnen, werden in vielen Instanzen ausgelassen, da der Platz beschränkt ist.

Tabelle 11.1: Konfigurationskommandos

Kommando	Erläuterung
ip subnet-zero	Dieser globale Konfigurationsbefehl ist notwendig, falls Sie Interfaces konfigurieren, die zu Subnetzwerk-Null-Subnetzwerke (also 192.168.1.0/30) gehören. Seit der Einführung des klassenlosen Routings ist der Gebrauche der Subnetzwerk-Null sehr üblich geworden und eine empfehlenswerte Defaultrouten-Konfiguration.
interface ***type slot/port***	Dieses Kommando konfiguriert auf dem Router einen Interface-Typ und -Nummer. Jede Konfiguration, die unter diesem Befehl auftaucht, wird sich ausdrücklich auf dieses besondere Interface beziehen. (Die tatsächliche ***slot/port***-Syntax kann auf den verschiedenen Plattformen geringfügig variieren.) Beachten Sie, dass RTA drei Interface-Kommandos hat – eines pro einer seiner drei Verbindungen. Das ***loopback***-Interface ist ein nur für die Software gedachtes Interface, das sich wie ein Interface verhält, das ständig aktiv ist.
ip address ***ip-address mask*** [secondary]	Mit diesem Interface-Kommando kann man ein Interface mit einem IP-*address/mask*-Tupel konfigurieren. RTAs Ethernet-IP-Adresse, zum Beispiel, wird durch **ip address** 172.16.1.1 255.255.255.0 konfiguriert.
router ***process*** [***process-id***]	Dies ist ein universeller Befehl, der einen Prozess wie beispielsweise OSPF, RIP oder BGP definiert und dem Prozess eine Prozess-ID verpasst. Manche Vorgänge, wie z.B. Rip, benötigen keine Prozess-ID. RTAs Konfiguration **router ospf 10** weist auf einen OSPF-Prozess der ID 10 hin, während **router bgp 3** auf einen BGP-Prozess im autonomen System 3 hindeutet.
network	Dieser Befehl verweist auf die Netzwerke, oder im OSPF-Fall, auf die Interfaces, die an einem bestimmten Routingprozess teilnehmen werden.
inverse mask	In RTAs **network**-Befehl wird Ihnen eine Darstellung der Form 0.0.255.255 auffallen – Im Grunde eine Reihe Nullen, denen eine Reihe Einsen folgt. Dies ist eine umgestülpte Maske, in der die Nullen einander genau entsprechen und auf die Einsen als *do-not-care-Bits* Bezug genommen wird. 172.16.0.0 0.0.255.255 verweist beispielsweise auf jede beliebige IP-Adresse oder auf ein Netzwerk der Form 172.16.X.X. *Inverse masks* können wie das **network**-Kommando auf Zugangslisten angewendet werden. Tabelle 11.2 liefert Ihnen eine Hinweisliste auf *dotted decimal/inverse*-Masken.

Tabelle 11.1: Konfigurationskommandos (Fortsetzung)

Kommando	Erläuterung
area *area-number*	Dies steht für ein OSPF-Gebiet mit einer spezifizierten Gebietsnummer.
neighbor	Dieser Befehl wird verwendet, um die Parameter und Regelungen der BGP-Nachbarverbindung zwischen diesem Router und seinen Partnern festzulegen. In RTAs Konfiguration zeigt **neighbor 172.16.1.2 remote-as 3** an, dass zwischen RTA und Partner 172.16.1.2 im autonomen System 3 eine BGP-Peer-Session eingerichtet werden soll.
no synchronization	Durch diesen Befehl wird, wie im 6. Kapitel erläutert wurde, die Synchronisation zwischen BGP und IGP abgeschaltet.
no auto-summary	Dieses Kommando schaltet an der Haupt-Netzwerkgrenze die automatische klassenvolle BGP-Zusammenfassung *(classful-automatic-summarization)* ab. Ohne diesen Befehl würde BGP nicht die Subnetze eines Hauptnetzes, die in BGP rückübersetzt wurden, ausstrahlen. Die 172.16.1.0/24, 172.16.2.0/24, usw. betreffenden Updates würden also als einzelne Hauptklasse B 172.16.0.0/16 verschickt werden. Die Zusammenfassung an den Hauptnetzwerks-Grenzen sollte nur durchgeführt werden, wenn dem AS das gesamtes Hauptnetzwerk angehört. Sofern die Zusammenfassung nicht ausdrücklich verlangt wird, ist sie in der empfohlenen Konfiguration deaktiviert.
ip classless	Dieser Befehl erlaubt es dem Router, Pakete, die an unbekannte Subnetzwerke direkt angeschlossener Netzwerke adressiert sind, weiterzugeben. Laut Defaultroute sollte ein Router, der ein Paket erhält, das an ein Subnetzwerk gehen soll, das numerisch in sein Adressierungsschema für Subnetzwerke fällt, loswerden, wenn er dazu in der Routingtabelle keine solche Netzwerknummer finden kann und es auch keine Netzwerk-Defaultroute gibt. Wenn aber der **ip classless**-Befehl aktiviert ist, gibt der Router dieses Paket an die beste Supernetzwerkroute weiter. Außer wenn ausdrücklich klassenvolles Verhalten gefordert ist, wird für die Konfiguration empfohlen, diesen Befehl zu deaktivieren.
update-source *interface*	Dieses Kommando spezifiziert in Verbindung mit dem BGP-**neighbor**-Statement das Interface, das als IP-Quelladresse der BGP-Session mit dem Nachbarn verwendet werden soll. In RTAs Konfiguration gibt zum Beispiel das zweite **neighbor**-Statement an, dass der Loopback 0 als IP-Quelladresse verwendet werden soll.

Tabelle 11.1: Konfigurationskommandos (Fortsetzung)

Kommando	Erläuterung
remote-as	Dieses Kommando spezifiziert in Verbindung mit dem BGP-**neighbor**-Statement die AS-Nummer des weit entfernten BGP-Partners. In RTAs Konfiguration gibt das erste **neighbor**-Statement beispielsweise an, dass der interne BGP-Nachbar 172.16.1.2 dem lokalen AS3 angehört. Das dritte **neighbor**-Statement verweist darauf, dass der externe BGP-Peer 172.16.20.1 zu AS1 gehört.

Tabelle 11.2: Gegenüberstellung von CIDR und gepunkteter Dezimaldarstellung

CIDR	Dotted Decimal	Inverse Dotted Decimal
/1	128.0.0.0	127.255.255.255
/2	192.0.0.0	63.255.255.255
/3	224.0.0.0	31.255.255.255
/4	240.0.0.0	15.255.255.255
/5	248.0.0.0	7.255.255.255
/6	252.0.0.0	3.255.255.255
/7	254.0.0.0	1.255.255.255
/8	255.0.0.0	0.255.255.255
/9	255.128.0.0	0.127.255.255
/10	255.192.0.0	0.63.255.255
/11	255.224.0.0	0.31.255.255
/12	255.240.0.0	0.15.255.255
/13	255.248.0.0	0.7.255.255
/14	255.252.0.0	0.3.255.255
/15	255.254.0.0	0.1.255.255
/16	255.255.0.0	0.0.255.255
/17	255.255.128.0	0.0.127.255
/18	255.255.192.0	0.0.63.255
/19	255.255.224.0	0.0.31.255
/20	255.255.240.0	0.0.15.255
/21	255.255.248.0	0.0.7.255
/22	255.255.252.0	0.0.3.255
/23	255.255.254.0	0.0.1.255
/24	255.255.255.0	0.0.0.255
/25	255.255.255.128	0.0.0.127
/26	255.255.255.192	0.0.0.63
/27	255.255.255.224	0.0.0.31
/28	255.255.255.240	0.0.0.15
/29	255.255.255.248	0.0.0.7
/30	255.255.255.252	0.0.0.3
/31	255.255.255.254	0.0.0.1
/32	255.255.255.255	0.0.0.0

Wir wenden uns nun der Konfiguration des RTF in Beispiel 11.2 zu.

Beispiel 11.2: RTF Konfiguration

```
ip subnet-zero

interface Ethernet1/1
 ip address 172.16.1.2 255.255.255.0

interface Serial2/1
 ip address 192.68.5.1 255.255.255.0

router ospf 10
 network 172.16.0.0 0.0.255.255 area 0
 network 192.68.0.0 0.0.255.255 area 0

router bgp 3
no synchronization
 neighbor 172.16.2.254 remote-as 3
 neighbor 192.68.12.1 remote-as 2
 neighbor 192.68.12.1 ebgp-multihop 2
 no auto-summary

ip classless
```

In RTFs Konfiguration werden Sie den Befehl **ebgp-multihop 2** erkennen, der als Bestandteil der Nachbarkonfiguration auftaucht. Dies deutet darauf hin, dass der externe BGP-Partner nicht direkt verbunden ist und über nur höchstens zwei Hops erreicht werden könnte. Beachten Sie, dass **ebgp-multihop** nur auf EBGP anwendbar ist, nicht aber auf IBGP. Außerdem steht der Wert am Ende (in unserem Beispiel ist das die 2) für den TTL-(Time-To-Live – »restliche Lebenszeit«)-Wert, der im IP-Paketheader konfiguriert werden soll. Beispiel 11.3 und Beispiel 11.4 zeigen die Konfiguration des RTC bzw. des RTD.

Beispiel 11.3: RTC-Konfiguration

```
ip subnet-zero

interface Serial2/1
 ip address 172.16.20.1 255.255.255.0

router bgp 1
 neighbor 172.16.20.2 remote-as 3
 no auto-summary

ip classless
```

Beispiel 11.4: RTD-Konfiguration

```
ip subnet-zero

interface Serial0/0
 ip address 192.68.12.1 255.255.255.0

router ospf 10
 network 192.68.0.0 0.0.255.255 area 0

  router bgp 2
 neighbor 192.68.5.1 remote-as 3
 neighbor 192.68.5.1 ebgp-multihop 2
 no auto-summary

ip classless
```

Beispiel 11.5 zeigt, wie die Partnerverbindung aussehen wird, wenn sich die Nachbarn etabliert haben.

Beispiel 11.5: RTF-Partnerverbindung

```
RTF#show ip bgp neighbor
BGP neighbor is 172.16.2.254, remote AS 3, internal link
 BGP version 4, remote router ID 172.16.2.254
 BGP state = Established, table version = 2, up for 22:36:09
 Last read 00:00:10, hold time is 180, keepalive interval is 60 se-
conds
 Minimum time between advertisement runs is 5 seconds
 Received 1362 messages, 0 notifications, 0 in queue
 Sent 1362 messages, 0 notifications, 0 in queue
 Connections established 2; dropped 1
Connection state is ESTAB, I/O status: 1, unread input bytes: 0
Local host: 172.16.1.2, Local port: 11008
Foreign host: 172.16.2.254, Foreign port: 179

BGP neighbor is 192.68.12.1, remote AS 2, external link
 BGP version 4, remote router ID 192.68.5.2
 BGP state = Established, table version = 2, up for 22:13:01
 Last read 00:00:00, hold time is 180, keepalive interval is 60 se-
conds
 Minimum time between advertisement runs is 30 seconds
 Received 1336 messages, 0 notifications, 0 in queue
 Sent 1336 messages, 0 notifications, 0 in queue
 Connections established 1; dropped 0
 External BGP neighbor may be up to 2 hops away.
Connection state is ESTAB, I/O status: 1, unread input bytes: 0
Local host: 192.68.5.1, Local port: 11016
Foreign host: 192.68.12.1, Foreign port: 179
```

Aus Sicht des RTFs ist 172.16.2.254 ein interner Nachbar, der zu AS3 gehört. Die Nachbarverbindung arbeitet mit BGP-4 und einer Tabellenversion 2. Die Tabellenversion ändert sich jedesmal, wenn die BGP-Tabelle aktualisiert wird.

RTFs anderer Nachbar 192.68.12.1 hat sich ebenfalls bereits etabliert. Dieser externe Nachbar gehört zu AS2. Achten Sie darauf, dass das Display angibt, dass (wie im **ebgp-multihop** konfiguriert) dieser Nachbar zwei Hops entfernt liegt.

11.2 Routenfilterung und Attributmanipulation

Routenfilterung und Attributmanipulation bilden die Basis der Einführung von BGP-Regelungen. In diesem Abschnitt geht es um Folgendens:

- BGP-Routenkarten
- Präfixlisten
- Routen-Identifizierung und Filterung basierend auf NLRI
- Routen-Identifizierung und Filterung basierend auf dem AS_PATH

Damit BGP-Regelungen wie Attributmanipulation oder Routenfiilterung angewendet werden können, muss dem Input-Policy-Engine ein frischer Satz relevanter Routen übergeben werden. Dies kann auf verschiedene Arten erfolgen. Die brutale Methode wäre, die BGP-Session einfach wieder von Null an neu aufzubauen, indem man den folgenden Befehl eingibt:

```
clear ip bgp [* | address | peer-group][soft [in|out]]
```

Die sanfte Rekonfiguration oder die BGP-Routenauffrischung sind jedoch viel elegantere Lösungswege. Für nähere Erläuterungen sollten Sie zum 12. Kapitel vorblättern.

11.2.1 BGP Routenkarten

Routenkarten werden mit BGP eingesetzt, um Routinginformationen zu kontrollieren und zu modifizieren und um die Bedingungen festzulegen, unter denen Routen zwischen Routingprozessen wieder eingebracht werden.

Das Format der Routenkarte ist wie folgt:

```
route-map map-tag [permit | deny] [sequence-number]
```

Das *map-tag* (»Kartenetikett«) ist nichts anderes als ein Name, der die Routenkarte identifiziert. Die *sequence-number* gibt die Position an, die eine Routenkarten-Instanz im Vergleich zu anderen Instanzen der gleichen Routenkarte haben sollte (Instanzen sind aufeinanderfolgend angeordnet).

Sie könnten zum Beispiel die in Beispiel 11.6 angegebenen Befehle geben, um eine MYMAP genannte Routenkarte zu definieren.

Beispiel 11.6: Routenkarte MYMAP

```
route-map MYMAP permit 10
! First set of conditions goes here.
route-map MYMAP permit 20
! Second set of conditions goes here.
```

Wenn BGP die MYMAP auf Routingupdates anwendet, fängt er mit der niedrigsten Instanz an (in diesem Fall mit Instanz 10). Wenn das erste Bedingungsset nicht erfüllt wird, wird mit der zweiten Instanz verglichen, usw., bis entweder ein Bedingungsset passt oder es keine Bedingungssets mehr gibt, die angewendet werden könnten.

Der Bedingungs-Abschnitt einer Routenkarte wird durch die Befehle **match** und **set** festgelegt. Der **match**-Befehl spezifiziert Kriterien, die erfüllt werden müssen. Das **set**-Kommando spezifiziert eine Maßnahme, die ergriffen werden muss, wenn das Routingupdate den durch das **match**-Kommando definierten Bedingungen genügt.

Die Konfiguration in Beispiel 11.7 zeigt eine einfache Routenkarte.

Beispiel 11.7: Routenkarten-Konfiguration

```
Router bgp 3
Neighbor 1.1.1.1 route-map MYMAP in
!
route-map MYMAP permit 10
match ip address 1
set metric 5
!
route-map MYMAP permit 20
set local-preference 200
!
ip access-list 1 permit 1.1.1.0 0.0.0.255
```

Die Befehlszeilen in Beispiel 11.7 ordnen die von Nachbar 1.1.1.1 erlernten Routen der Routenkarte MYMAP zu. Wenn Nachbar 1.1.1.1 für 1.1.1.0/24 wirbt, wird die Metrik auf 5 festgelegt (wie in Sequenz 10 spezifiziert), und mehr passiert nicht. Alle anderen vom Nachbarn erhaltenen Präfixe werden der Sequenz 10 der Routenkarte MYMAP untergeordnet. Weil sie aber nicht mit der Sequenz 10 übereinstimmen werden, gehen sie zu Sequenz 20 über. Da es keine aktuelle Übereinstimmungs-Meldungen gibt, wird das LOCAL_PREF-Attribut aller präsentierter Präfixe auf 200 eingestellt.

Es gibt zwei Zugangslisten-Typen – die ausführliche und die Standardliste. Der Hauptunterschied der beiden zeigt sich darin, dass die Standard-Zugangsliste auf die IP-Quelladresse angewendet wird, sich die ausführliche Zugangsliste aber auf Quelle und Empfänger oder auf Quellangabe und Netzwerkmaske bezieht. Der folgende Universal-Befehl definiert eine Standard-Zugangsliste. Mit der ausführlichen Zugangsliste setzen wir uns in diesem Kapitel nur auseinander, wenn sie im Kontekt auftaucht.

```
access-list access-list-number {deny | permit} source [source-wildcard]
```

In einer Standard-Zugangsliste sucht man nach einer Übereinstimmung zu einem bestimmten IP-Quellnetzwerk oder Host, um eine spezifische Route entweder zuzulassen oder verwerfen zu können. Sehen Sie sich die Standard-Zugangsliste in Beispiel 11.8 an.

Beispiel 11.8: Standard-Zugangsliste

```
Router bgp 3
Neighbor 1.1.1.1 route-map MYMAP in
!
route-map MYMAP permit 10
match ip address 1
set metric 5
!
ip access-list 1 permit 1.1.1.0 0.0.0.255
```

Beispiel 11.8 identifiziert die Zugangsliste 1 alle Routen der Form 1.1.1.X. (Beachten die Notation der umgekehrten Maske 0.0.0.255 im Gegensatz zur 1.1.1.0/24 im vorherigen Beispiel, die nur diese exakte Präfixlänge zuließ). Eine Route der Form 1.1.1.X wird zur Zugangsliste passen und (aufgrund des **permit**-keywords) mit einem Metrikattribut zu 5 empfohlen werden. Dann wird die logische Abgleichung mit der Instanzenliste der Routenkarte unterbrochen, da eine Übereinstimmung aufgetaucht ist. Durch die moderneren Präfixlisten können Routen viel intuitiver und effektiver gefiltert werden. Mit diesen werden wir uns aber später noch näher beschäftigen.

Wenn ein Update nicht den Kriterien einer Routenkarten-Instanz entspricht, vergleicht es BGP mit der nächsten Instanz, usw., bis etwas passiert oder bis es keine anderen Routenkarten-Instanzen mehr gibt, die angewendet werden könnten. Wenn das Update zu keinem Kriterium passen will, wird es nicht etwa zurückgeschickt oder kontrolliert, sondern aufgegeben.

Mit der Routenkarte können Vergleiche mit hereinkommenden (in) oder nach außen zielenden (out) BGP-Updates angestellt werden. Beispiel 11.9 zeigt, wie die Routenkarte MYMAP auf, nach außen zum BGP-Nachbarn 172.16.20.2 gehende Updates, angewendet wird.

Beispiel 11.9: Routenkarte MYMAP, auf Updates angewendet, die nach aussen gerichtet sind.

```
router bgp 1
neighbor 172.16.20.2 remote-as 3
neighbor 172.16.20.2 route-map MYMAP out
```

11.2.2 Präfixlisten

Wie wir im 6. Kapitel erläutert haben, ist die Präfixliste eine neuere, effizientere und intuitivere Möglichkeit, Routen zu identifizieren, um Routingprotokolle vergleichen und herausfiltern zu können. Wir werden uns jetzt einen Moment Zeit nehmen, um uns ein paar Richtlinien für die Präfixlistenkonfiguration zu erarbeiten.

Neben ihrer Eigenschaft als viel intuitiveres Interface, und im Gegensatz zu Zugangslisten, können Präfixlisten bei Zuwachs aktualisiert werden. Das heißt, dass jeder Eintrag in einer Präfixliste durch eine Sequenznummer identifiziert wird. Wenn Sie eine bestimmte Sequenz einer Präfixliste ergänzen, löschen oder modifizieren möchten, müssen Sie, wie wir gleich erläutern werden, nur die genaue Sequenznummer angeben. Der Hauptvorteil liegt darin, dass Sie, anders als bei Zugangslisten, nicht die gesamte Liste löschen und dann wieder neu erstellen müssen, um eine Modifizierung vornehmen zu können.

Präfixlisten sind aber auch ordnungsabhängig – das bedeutet, dass die erste Übereinstimmung siegt. Wie bei den Zugangslisten erlauben sie das entsprechende Präfix zuzulassen oder zu verschmähen: **permit** oder **deny**. Präfixlisten ermöglichen Ihnen auf exakte Übereinstimmungen hin und auch Präfixsequenzen zu filtern.

Im Folgenden werden einige Richtlinien für Präfixlisten besprochen. Beachten Sie, dass diese Richtlinien nicht die IOS-Konfigurationsdokumentation ersetzen sollen, die Ihnen Sonderversion(en) von IOS liefern.

Präfixlisten können von jeder beliebigen alphanumerischen Kette benannt und auch mit einer Beschreibung konfiguriert werden. Die Beschreibung ist folgendermaßen konfiguriert:

```
ip prefix-list list-name description text
```

Um bestimmte Einträge auf der Präfixliste zu ergänzen oder zu entfernen, würden Sie folgende Syntax einsetzen:

```
ip prefix-list list-name seq seq-value deny | permit
network/len [ge ge-value][le le-value]
```

list-name ist eine alphanumerische Kette. Sie könnten ein Standardnummern-Schema verwenden, oder vielleicht etwas Intuitiveres:

```
ip prefix-list CustomerA description <up to 80 characters,
spaces permitted>
```

Tabelle 11.3 dokumentiert einige Filterungsbeispiele bestimmter Präfixe.

Tabelle 11.3: Filterung spezifischer Präfixe

Filterungskriterien	Auszuführende Kommandos
Zulassung des exakten Präfixes 192.68.0.0/16	ip prefix-list sample permit 192.68.0.0/16
Ablehnung einer Defaultroute	ip prefix-list sample deny 0.0.0.0/0
Alles zugelassen	ip prefix-list sample permit 0.0.0.0/0 le 32
Alles verschmäht	ip prefix-list sample deny 0.0.0.0/0 le 32
/25+ wird im gesamten Adress-Speicher abgelehnt	ip prefix-list sample deny 0.0.0.0/0 ge 25
In 192.68.0.0/24 wird /25+abgelehnt	ip prefix-list sample deny 192.68.0.0/24 ge 25
Zulassung aller Adressen von /8 bis /24	ip prefix-list sample permit 0.0.0.0/0 ge 8 le 24

Sie werden merken, dass die Sequenznummern in Tabelle 11.3 fehlen. Wenn Sie nicht eine ganz bestimmte Sequenznummer nennen, wird der Anfangs-Sequenzwert gemäß der Grundeinstellung auf 5 festgelegt und mit jedem folgenden Eintrag um 5 erhöht, außer es liegt eine ausdrücklich andere Spezifizierung vor.

Wenn Sie eine Zuwachs-Konfiguration der Präfixliste anstreben, müssen Sie einfach die genaue Sequenznummer des Eintrags, den Sie ergänzen, entfernen oder modifizieren möchten, angeben. Nehmen Sie die Präfixliste in Beispiel 11.10:

Beispiel 11.10: Beispiel einer Präfixliste

```
ip prefix-list sample seq 5 permit 1.1.1.0/24
ip prefix-list sample seq 10 permit 2.2.2.0/24
ip prefix-list sample seq 15 permit 3.3.3.0/24
ip prefix-list sample seq 20 deny 0.0.0.0/0 le 32
```

Die in Beispiel 11.10 dargestellte beispielhafte Präfixliste akzeptiert 1.1.1.0/24, 2.2.2.0/24 und 3.3.3.0/24 und lehnt darüberhinaus alle anderen Routen ab. Lassen Sie unsannehmen, Sie möchten, dass 4.4.4.0/24 auch zugelassen wird. Das könnte durch folgenden Eintrag erreicht werden:

```
ip prefix-list sample seq 18 permit 4.4.4.0/24
```

Durch diesen Eintrag würde eine Präfixliste entstehen, die Beispiel 11.11 entspräche.

Beispiel 11.11: Präfixliste nach Zulassung von 4.4.4.0/24

```
ip prefix-list sample seq 5 permit 1.1.1.0/24
ip prefix-list sample seq 10 permit 2.2.2.0/24
ip prefix-list sample seq 15 permit 3.3.3.0/24
ip prefix-list sample seq 18 permit 4.4.4.0/24
ip prefix-list sample seq 20 deny 0.0.0.0/0 le 32
```

Jetzt gehen wir davon aus, dass Sie auch 4.4.4.0/24 ablehnen möchten. Das folgende Kommando würde dies durchsetzen:

```
no ip prefix-list sample seq 18
```

Die Präfixliste sähe aus wie in Beispiel 11.12.

Beispiel 11.12: Präfixliste nach der Ablehnung von 4.4.4.0/24

```
ip prefix-list sample seq 5 permit 1.1.1.0/24
ip prefix-list sample seq 10 permit 2.2.2.0/24
ip prefix-list sample seq 15 permit 3.3.3.0/24
ip prefix-list sample seq 20 deny 0.0.0.0/0 le 32
```

Wie Sie sehen, ist das Zuwachs-Update-Vermögen einer Präfixliste im Vergleich zur traditionelleren Zugangsliste recht vorteilhaft. In den meisten übrigen Beispielen dieses Kapitels werden zwar statt der Präfixlisten wieder Zugangslisten vorkommen, dafür gibt es dann im nächsten Kapitel realitätsnahe Präfixlistenbeispiele.

11.2.3 Routen-Identifizierung und Filterung auf NLRI-Basis

Um die Routinginformationen, die ein Router erlernt oder selbst verbreitet, einzuschränken, können Sie anhand von Routingupdates, die Sie von einem bestimmten Nachbarn haben, filtern. Der Filter enthält die Präfixliste (oder Zugangsliste), die auf die Updates des Nachbarn angewendet wird. In Bild 11.2 organisiert RTD in AS2 Netzwerk 192.68.10.0/24 und schickt es an RTF. RTF wird das Update über IBGP an RTA weiterreichen, der es seinerseits im AS1 bekannt gibt. Dadurch könnte AS3 ein Transit-AS werden, das die Erreichbarkeit des Netzwerks 192.68.10.0/24 publiziert.

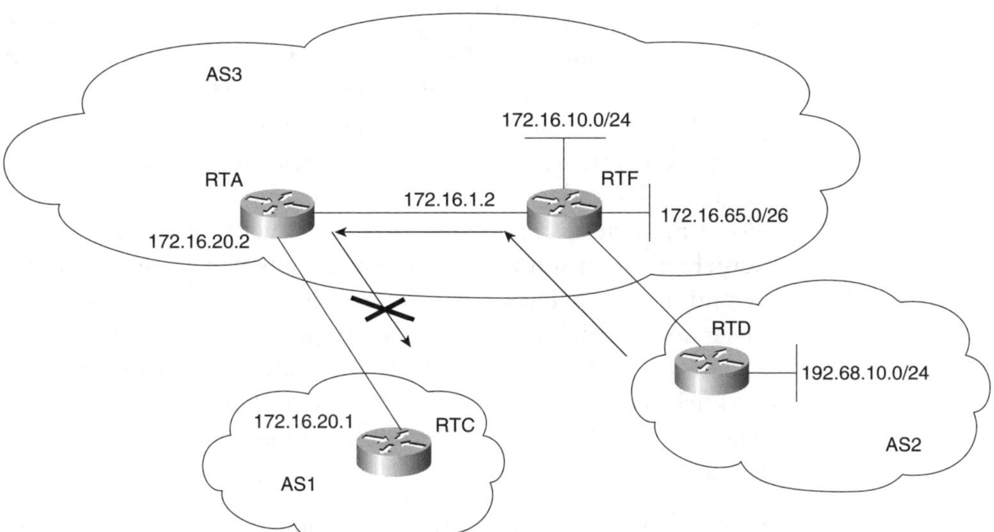

Bild 11.2: Identifizierung und Präfix-Filterung

Um dies zu unterbinden, wird RTA einen Filter konfigurieren, sodass verhindert wird, dass Präfix 192.68.10.0/24 in AS1 veröffentlicht wird. Beispiel 11.13 demonstriert die folgende RTA-Konfiguration zur Ablehnung der Bekanntgabe des Präfixes 192.68.10.0/24 in AS1.

Beispiel 11.13: RTA-Präfix-filter

```
router bgp 3
 no synchronization
 neighbor 172.16.1.2 remote-as 3
 neighbor 172.16.20.1 remote-as 1
 neighbor 172.16.20.1 prefix-list 1 out
 no auto-summary
!
ip prefix-list 1 seq 5 deny 192.68.10.0/24
ip prefix-list 1 seq 10 permit 0.0.0.0/0 le 32
```

In Beispiel 11.13 hält die Kombination des **neighbor prefix-list**-Routerkonfigurations-Befehls mit der Präfixliste 1 RTA davon ab, Präfix 192.68.10.0/24 in AS1 zu verbreiten. Der Präfixlistenabschnitt der Konfiguration identifiziert das Präfix und wenn dies in Verbindung mit dem BGP-**neighbor**-Subkommando geschieht, werden die mit dem spezifizierten Nachbarn zusammenhängenden, nach außen (siehe **out**-keyword) gehenden Updates gefiltert. Achten Sie darauf, dass Präfixliste 1 mit einer Logik endet, die alle Updates zulässt (**permit 0.0.0.0/0 le 32**). Wenn Sie eine Präfix-oder eine Zugangsliste zum Filtern verwenden, aber am Ende der Zugangslistenstatements keine Aktion spezifiziert ist, wird die Logik »alles andere muss ablehnt werden« (»*deny everything else*«) impliziert. Das heißt, alles, was nicht zu einer der vorhergehenden Instanzen passt, wird abgelehnt. Aus diesem Grund ist es wichtig, die Default-Route zu bestimmen. In unserem Beispiel würde 192.68.10.0/24 abgelehnt und alles andere zugelassen werden. Deshalb sollten Sie – wenn Sie das wirklich vorhaben – explizit »alles andere muss abgelehnt werden« konfigurieren, um sich einige Kopfschmerzen zu ersparen..

Obwohl hier nicht gezeigt, ist es momentan die beste Übung (wenn möglich), eine Liste der Routen zu erstellen, die zugelassen werden und dann eine explizite Ablehnung zu konfigurieren. Dadurch wird sichergestellt, dass Sie keine Routinginformationen von einem Partner annehmen werden, wenn sie nicht im Filter enthalten ist. Das mag aber natürlich unpraktisch sein, wenn Sie von Ihrem Partner sehr viele Routen erlernen.

Es hätten auch Routenkarten (mit Referenz-Zugangssliste oder Präfixliste und möglichen anderen Regelungen) hergenommen werden können, um die Updates aus dem vorherigen Beispiel zu filtern. Wir haben die direkte Präfixlisten-Methode gewählt, um Ihnen verschiedene Filterungsmöglichkeiten zu geben.

Der Einsatz von Zugangslisten zur Filterung von Supernetzwerken oder von einer Updatereihe ist komplizierter. Gehen wir zum Beispiel davon aus, dass RTF in Bild 11.2 verschiedene Subnetzwerke der Form 172.16.X.X hat. Sie wollen aber nur ein Aggregat der Form 172.16.0.0/16 veröffentlichen. Die folgende Standard-Zugangsliste –

```
access-list 1 permit 172.16.0.0 0.0.255.255
```

– würde nicht funktionieren, weil sie mehr zulässt, als erwünscht ist. Die Standard-Zugangliste bezieht sich nur auf die IP-Quelladresse und ist nicht in der Lage, die Netzwerkmasken-Länge zu überprüfen. Die vorher genannte Zugangsliste würde 172.16.0.0/16, 172.16.0.0/17, 172.16.0.0/18, 172.16.1.0/24, usw. zulassen.

Um das Update auf ausschließlich 172.16.0.0/16 zu beschränken, müssen Sie die ausführlichere Zugangsliste der folgenden Form verwenden:

```
access-list access-list-number {deny | permit} protocol source
source-wildcard destination destination-wildcard | mask mask-
wildcard
```

Hier wird eine ausführliche Zugangsliste definiert, die mit Quelle/Empfänger oder Quelle/*mask tuple* Vergleiche zieht, um ein bestimmtes Routingupdate zuzulassen oder abzulehnen. Die Zugangslistennummer bewegt sich zwischen 100 und 199. Im Falle, dass das verwendete Protokoll IP ist und Sie das Update auf Quelle/*mask tuple* hin überprüfen, würde das folgendermaßen aussehen:

```
access-list access-list-number permit ip network-number
network-do-not-care-bits mask mask-do-not-care-bits
```

Zum Beispiel:

```
access-list 101 permit ip 172.16.0.0 0.0.255.255 255.255.0.0
0.0.0.0
```

A 0 ist ein exaktes Übereinstimmungs-Bit, die 1 steht für ein *do-not-care-*(»mir egal«) Bit.

Die vorangegangene ausführliche Zugangsliste weist darauf hin, dass das Aggregat 172.16.0.0/16 nicht einfach nur geschickt werden darf, weil Sie angegeben haben, dass die Maske mit 255.255.0.0 genau übereinstimmen sollte. Ein Update der Form 172.16.0.0/17 wird nicht zugelassen werden.

Sie haben noch verschiedene andere Möglichkeiten, dies durchzusetzen, zum Beispiel durch:

```
access-list 101 permit ip host 172.16.0.0 host 255.255.0.0
```

Oder Sie könnten eine Präfixliste verwenden:

```
ip prefix-list 1 seq 5 permit 172.16.0.0/16
```

Sie müssen sich stets bewusst sein, dass eine implizite Ablehnungsendung vorausgesetzt wird, wenn dies nicht explizit korrigiert wird.

11.2.4 Routen-Identifizierung und Filterung anhand des AS_PATHs

Auf der AS_PATH-Information basierende Routenfilterung wird praktisch, wenn alle Routen des gleichen oder mehrerer ASs gefiltert werden müssen. Dies ist eine effektivere Alternative als Hunderte von Routen der Reihe nach aufzulisten, was möglicherweise erforderlich ist, wenn man auf Präfixbasis filtert. Sie können auch zu den eintreffenden bzw. den nach außen gerichteten Updates eine Präfixliste anhand der Werte des AS_PATH-Attributs spezifizieren.

Wenn Sie sich noch einmal Bild 11.2 ansehen: würde AS3 verhindern wollen, dass es ein Transit-AS für andere ASs wird, so könnte es seine Grenzrouter RTA und RTF so konfigurieren, dass sie nur lokale Netzwerke veröffentlichen und zwar nur für lokale Netzwerke aus dem eigenen AS. Dies kann durch die in Beispiel 11.14 gezeigte RTA-Konfiguration erfolgen. RTF würde genauso konfiguriert werden.

```
router bgp 3
 no synchronization
 neighbor 172.16.1.2 remote-as 3
 neighbor 172.16.20.1 remote-as 1
 neighbor 172.16.20.1 filter-list 1 out
 no auto-summary

ip as-path access-list 1 permit ^$
```

Beispiel 11.14: RTA-Konfiguration, die verhindert, dass AS3 zum Transit-AS für andere ASs wird

In Beispiel 11.14 identifiziert die AS_PATH-Zugangsliste 1 nur Updates, die aus dem AS3 stammen. Die Filterungsliste arbeitet mit der AS_PATH-Zugangsliste zusammen, um die Updates zu filtern. In diesem Beispiel wird der Filter an die nach außen gehenden Updates (siehe **out**-keyword) angelegt. Die *regular expression* **^$** verweist auf einen leeren AS_PATH. Das »^«-Symbol weist auf den AS_PATH-Anfang hin und das Dollarzeichen $ gibt das AS_PATH-Ende an. Da alle aus AS3 stammenden Netzwerke eine leere AS_PATH-Liste aufweisen (denken Sie daran, dass die lokale AS-Nummer dem Pfad nicht angefügt wird, bis die Route nicht zu einem EBGP-Partner weitergereicht wird), wird für sie geworben. Alle anderen Präfixe werden abgelehnt.

Wenn Sie nachprüfen wollen, ob die *regular expression* wie vorgesehen funktioniert, sollten Sie den folgenden EXEC-Befehl eingeben:

```
show ip bgp regexp regular-expression
```

Der Router veröffentlicht alle Pfade, die mit der spezifischen *regular expression* übereinstimmen. Wenn Sie eine Liste der *regular expression*-Eigenschaften und ihrer besonderen Bedeutung wollen, sollten Sie sich die Tabelle 6.4 ansehen..

ANMERKUNG

Im letzten Beispiel hätte man auch Routenkarten (die sich auf AS_PATH-Zugangslisten beziehen) verwenden können, um Updates zu filtern. Wir haben die Filterliste hergenommen, um Ihnen eine andere Filterungsmöglichkeit vorzustellen.

11.3 Partner-Grouppen

Eine BGP-*peer group* ist eine Gruppierung von BGP-Partnern, die ein gemeinsames Updateregelungen-Set haben. Updateregelungen werden gewöhnlich durch Routenkarten, Verteilerlisten, Präfixlisten und Filterlisten definiert. Anstatt die gleichen Regelungen für jeden Nachbarn einzeln festzulegen, definieren Sie einen Peer-Group-Namen und ordnen die Regelungen der Partnergruppierung zu.

Anhand des in Bild 11.3 gezeigten Netzwerks wollen wir die Verwendung von BGP-Partner-Gruppen veranschaulichen.

Bild 11.3: Partner-Gruppen

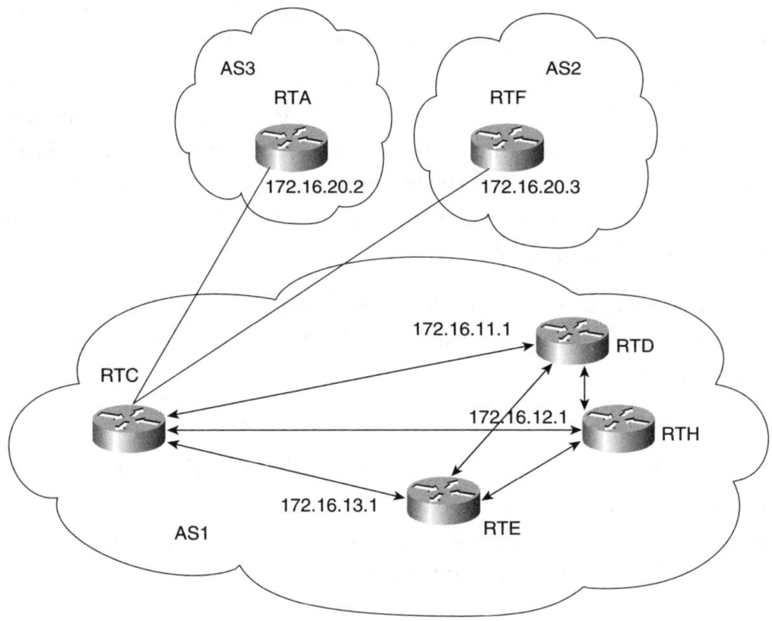

RTC hält mit RTD, RTE und RTH sich ähnelnde interne Peering-Sessions ab. Statt für jeden Nachbarn sich gleichende Regelungen einzeln auszuformulieren und einzuführen, definiert RTC eine Partner-Gruppe, in der alle diese Regelungen gelten sollen und trägt alle internen Nachbarn als Mitglieder dieser Partnergruppierung ein. Dieser Vorgang wird in Beispiel 11.15 dargestellt.

```
router bgp 1
 neighbor INTERNALMAP peer-group
 neighbor INTERNALMAP remote-as 1
 neighbor INTERNALMAP route-map INTERNAL out
 neighbor INTERNALMAP filter-list 1 out
 neighbor INTERNALMAP filter-list 2 in
 neighbor 172.16.11.1 peer-group INTERNALMAP
 neighbor 172.16.13.1 peer-group INTERNALMAP
 neighbor 172.16.12.1 peer-group INTERNALMAP
 neighbor 172.16.12.1 filter-list 3 in
```

Beispiel 11.15: Konfiguration einer BGP-Partner-Gruppe

Die Konfiguration in Beispiel 11.15 definiert eine INTERNALMAP-genannte Partner-Gruppe, in der die folgenden Regelungen gelten (INTERNALMAP ist lediglich ein frei erdachter Name. Hier könnte jede beliebige *string* stehen, aber normalerweise ist ein Name, der auch etwas aussagt, einfach praktischer):

- Eine »INTERNAL« genannte Routenkarte
- Eine Filterungsliste der nach außen zielenden Updates (Filterungsliste 1)
- Eine Filterungsliste der eintreffenden Updates (Filterungsliste 2)

Die Konfiguration bezieht alle internen Nachbarn in die Partner-Gruppe mit ein – RTD, RTE und RTH.

Die Mitglieder einer Partnergruppierung übernehmen alle Konfigurationsmöglichkeiten der Partner-Gruppe. Partner-Gruppen-Mitglieder können auch so eingetragen werden, dass alle Konfigurationsoptionen wegfallen, die sich nicht auf nach außen orientierte Updates beziehen. Das soll heißen, dass Partner-Gruppen-Mitglieder so konfiguriert werden können, dass sie Optionen bezüglich eintreffender Regelungen ausschalten. Die RTC-Konfiguration definiert zum Beispiel auch die Filterungsliste 3 für die hereinkommenden Updates des Nachbarn mit der IP-Adresse 172.16.12.1 (RTH). Die Filterungsliste 3 wird alle eintreffenden, von der Partner-Gruppe INTERNALMAP für den Nachbarn RTH festgelegten Regelungen aussortieren.

Beispiel 11.16 zeigt, wie eine EXTERNALMAP genannte BGP-Partner-Gruppe im RTC konfiguriert wird und auf die externen Nachbarn in AS3 und AS2 angewendet werden sollte.

Beispiel 11.16: RTC-Externe BGP-Partner-Gruppe

```
router bgp 1
 neighbor EXTERNALMAP peer-group
 neighbor EXTERNALMAP route-map SETMED out
 neighbor EXTERNALMAP filter-list 1 out
 neighbor EXTERNALMAP filter-list 2 in
 neighbor 172.16.20.2 remote-as 3
 neighbor 172.16.20.2 peer-group EXTERNALMAP
 neighbor 172.16.20.3 remote-as 2
 neighbor 172.16.20.3 peer-group EXTERNALMAP
 neighbor 172.16.20.3 filter-list 3 in

ip as-path access-list 1 permit ^$
```

In der Konfiguration in Beispiel 11.16 sind die **neighbor remote-as**-Routerkonfigurations-Kommandos außerhalb der **neighbor peer-group**-Routerkonfigurations-Befehle platziert, weil verschiedene externe ASs definiert werden müssen. Beachten Sie auch, dass diese Konfiguration die Filterungsliste 3 definiert, die eingesetzt werden kann, um Konfigurationsmöglichkeiten bezüglich hereinkommender Updates des Nachbarn mit der IP-Adresse 172.16.20.3 (RTF) zu übergehen.

Die beiden nächsten Absätze betreffen lediglich ältere IOS-Versionen, dies sind keine Einschränkungen, die auf die neueren Versionen zutreffen würden.

Wir möchten Sie darauf hinweisen, dass die externen BGP-Nachbarn RTA und RTF derselben Partner-Gruppe, EXTERNALMAP, angehören und aus dem gleichen Subnetzwerk, 172.16.20.0, rekrutiert wurden. Diese Einschränkung ist notwendig, um Informationsverlusten vorzubeugen. Würden die externen Nachbarn in verschiedenen Subnetzwerken angesiedelt, könnte man RTC dazu veranlassen, seinen Nachbarn (RTA und RTF) Updates mit einer unverbundenen *next-hop*-IP-Adresse zuzuschicken. Diese Updates würden verworfen werden, da das normale EBGP-Verhalten vorsieht, dass Routen mit einem unverbundenen nächsten Hop ignoriert werden müssen. (Sie werden sich erinnern, dass **ebgp-multihop** eingepflegt wurde, um diesem Verhalten beizukommen).

Eine weitere zutreffende Einschränkung besagt, dass EBGP-Nachbarn nicht in eine Partner-Gruppe gehören dürfen, wenn der Router als Transit zwischen diesen Nachbarn agiert. Wenn der Router (RTC) Updates vom einen zum anderen externen Nachbarn weiterreicht, würde die Platzierung der externen Nachbarn in der Partner-Gruppe vielleicht dazu führen, dass irrtümlicherweise Routen gelöscht werden. Beachten Sie, dass die Filterungsliste 1 so definiert wurde, dass die lokalen Routen des AS1 nur an die Nachbarn RTA und RTF geschickt werden dürfen. Dadurch wird sich RTC nicht wie ein Transit-Router zwischen RTA und RTF verhalten.

Vordefinierte Peer-Groups können Konfigurationsaufgaben erleichtern (während sich gleichzeitig die Fehlerwahrscheinlichkeit verringert), wenn sie neue Partner gewinnen. Außerdem können sie den in den Routern betriebenen BGP-Konfigurationsaufwand deutlich zurückschrauben. Zudem werden BGP-UPDATE-Botschaften nur einmal an die Peer-Group-Mitglieder verteilt und werden dann für alle Partner kopiert. So werden potentiell ziemlich viele CPU-Ressourcen eingespart, die verloren gehen würden, wenn jedes UPDATE einzeln herausgegeben werden müsste.

11.4 Routingupdate-Quellen

Routen können dynamisch oder statisch in BGP eingepflegt werden. Die Wahl der jeweiligen Methode hängt von der Anzahl und Stabilität der Routen ab.

11.4.1 Dynamische Informationseingabe in BGP

Das folgende Beispiel zeigt, wie Routinginformationen dynamisch in BGP eingegeben werden. Betrachten Sie nun Bild 11.4:

Wir setzen voraus, dass AS3 von AS1 Internetvernetzung bezieht. AS3 arbeitet innerhalb des AS mit OSPF als IGP und lässt in Richtung auf AS1 EBGP ablaufen.

AS3 hat seinerseits auch einen Kunden, C1, mit folgenden Kriterien:

- C1 verweist in seiner Grundeinstellung auf AS3.
- C1 gibt AS3 all seine Routen über RIP bekannt.

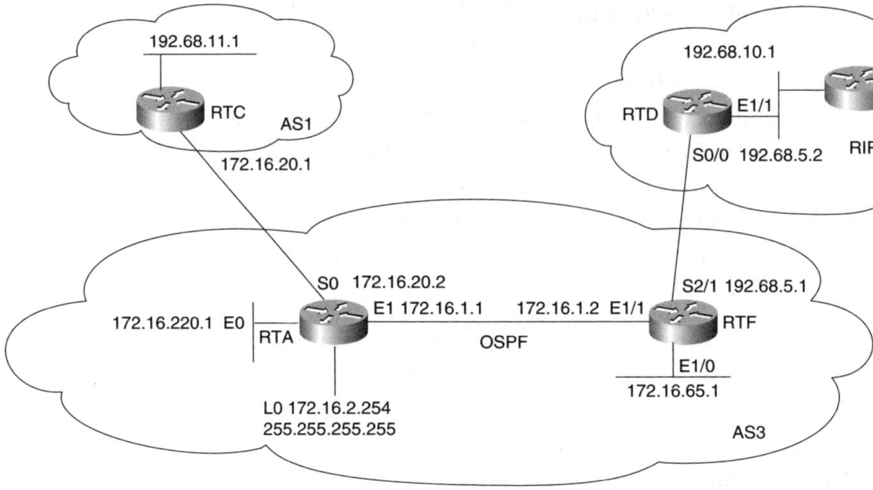

Bild 11.4: Eingeben von Routen ins BGP

RTF führt zwei Routingprozesse durch – den OSPF-Prozess und den RIP-Prozess. RTF wird sich nur im Kontakt mit C1 mit RIP auseinandersetzen und wird die von C1 erhaltenen RIP-Routen in OSPF übersetzen. Auch RTA führt zwei Routingprozesse durch – den OSPF-Prozess und den BGP-Prozess. RTA wird alle seine lokalen Routen, und auch seine Kundenrouten dynamisch in BGP einpflegen. Beispiel 11.17 illustriert dieses Verhalten.

Beispiel 11.17: RTF-Redistribution

```
interface Ethernet1/0
 ip address 172.16.65.1 255.255.255.192

interface Ethernet1/1
 ip address 172.16.1.2 255.255.255.0

interface Serial2/1
 ip address 192.68.5.1 255.255.255.0

router ospf 10
 redistribute rip subnets
 network 172.16.0.0 0.0.255.255 area 0

router rip
 passive-interface Serial2/1
 network 192.68.5.0
```

RTFs Konfiguration konfrontiert uns mit zwei neuen Befehlen:

- **passive-interface type number** – Dieser Routerbefehl deaktiviert den Versand von Routingupdates an der spezifizierten Schnittstelle. Im Beispiel wird dieses Kommando, wenn es in Bezug auf RIP verwendet wird, verhindern, dass RIP-Updates an die Schnittstelle S2/1 geraten. Dies geschieht dann, wenn RTF mehrere Kunden hat, die die Netzwerke des anderen nicht zu sehen brauchen.

  Wenn dieser Befehl im Rahmen von OSPF verwendet wird, verhindert er, dass *hello*-Pakete an die spezifizierten Schnittstellen gehen, sodass an diesen Interfaces keine Linkstatus-Informationen ausgetauscht werden.

- **redistribute protocol** [***process-id***] – Das **redistribute**-Kommando pflegt Routen des einen Routingprozesses in einen anderen ein. Im Beispiel pflegt RTF die RIP-Routen in den OSPF-Prozess (OSPF-Prozess 10) ein. Es gibt viele Erweiterungen des **redistribute**-Befehls (z.B. **subnets**). Diese Erweiterungen werden im Kontext erläutert werden.

  Das **subnets**-*keyword* wird verwendet, um sicherzustellen, dass alle *subnetted* Informationen dem OSPF-Prozess einverleibt werden. Dies ist nur nötig, wenn Routen in das OSPF-Protokoll zurückübersetzt werden. Dies zeigt Beispiel 11.18.

```
interface Ethernet1/1
 ip address 192.68.10.1 255.255.255.0

interface Serial0/0
 ip address 192.68.5.2 255.255.255.0

router rip
 redistribute static
 network 192.68.5.0
 network 192.68.10.0
 default-metric 1

ip route 0.0.0.0 0.0.0.0 192.68.5.1
```

Beispiel 11.18: RTD übersetzt statische Routen wieder in RIP

Sie sehen, dass RTD eine statische Route so konfiguriert hat, dass sie eine 0/0 Defaultroute in Richtung auf RTF verweisen lässt. Daten, die für Ziele außerhalb des C1 bestimmt sind, wird RTD an RTF dirigieren. Außerdem wird RTD die statische Default-Route wieder in die interne RIP-Domäne überführen, so dass alle anderen Router zu AS3 einer Default-Route folgen können. Der **default-metric**-Routerbefehl ordnet den, in ein bestimmtes Protokoll zurückübersetzten Routen eine Metrik zu. In diesem Fall gibt die Defaultmetrik der in RIP eingepflegten 0/0-Route einen *hop-count* zu 1 an. Dies sehen Sie in Beispiel 11.19.

Beispiel 11.19: RTA überträgt OSPF-Routen wieder in BGP

```
interface Ethernet0
 ip address 172.16.220.1 255.255.255.0

interface Ethernet1
 ip address 172.16.1.1 255.255.255.0

interface Serial0
 ip address 172.16.20.2 255.255.255.0

router ospf 10
 passive-interface Serial 0
 network 172.16.0.0 0.0.255.255 area 0

router bgp 3
 redistribute ospf 10 match external 1 external 2
 neighbor 172.16.20.1 remote-as 1
 no auto-summary
```

RTA hat eine Kombination aus OSPF-Routen, die dem AS3 angehören, und anderer externe Routen, die aus der RIP-Domäne C1 stammen. Indem RTA das **redistribute**-Routerkommando eingibt, überträgt er all diese Routen wieder dynamisch in den BGP-Prozess. Beachten Sie, dass RTA die *keywords* **match external 1 external 2** in Verbindung mit dem **redistribute**-Routerbefehl verwendet. Das tut er, weil OSPF keine externen OSPF-Routen in BGP eingibt, bis es nicht explizite Anweisungen erhält. Diese Hürde wurde eingebaut, um Schleifen zu vermeiden, sollte die externe OSPF-Information ursprünglich aus BGP stammen.

Der in Beispiel 11.20 erzeugte Output ist ein Schnappschuss der IP-Routingtabelle des RTA.

Beispiel 11.20: RTAs Routingtabelle

```
RTA#show ip route
Codes: C - connected, S - static, I - IGRP, R - RIP, M -
       mobile, B - BGP
       D - EIGRP, EX - EIGRP external, O - OSPF, IA - OSPF
       inter area
       N1 - OSPF NSSA external type 1, N2 - OSPF NSSA external
       type 2
       E1 - OSPF external type 1, E2 - OSPF external type 2,
       E - EGP
       i - IS-IS, L1 - IS-IS level-1, L2 - IS-IS level-2,
       * - candidate default U - per-user static route, o - ODR
Gateway of last resort is not set
O E2 192.68.5.0/24 [110/20] via 172.16.1.2, 2d13h, Ethernet1
O E2 192.68.10.0/24 [110/20] via 172.16.1.2, 2d13h, Ethernet1
B  192.68.11.0/24 [20/0] via 172.16.20.1, 2d13h
   172.16.0.0/16 is variably subnetted, 5 subnets, 3 masks
C    172.16.2.254/32 is directly connected, Loopback0
C    172.16.220.0/24 is directly connected, Ethernet0
C    172.16.20.0/24 is directly connected, Serial0
C    172.16.1.0/24 is directly connected, Ethernet1
O    172.16.65.0/26 [110/20] via 172.16.1.2, 2d13h, Ethernet1
```

Achten Sie darauf, wie die Netzwerke 192.68.10.0/24 und 192.68.5.0/24 in RTAs IP-Tabelle als externe OSPF-Routen (O E2) geführt werden. Die dynamische Redistribution wird dazu führen, dass all diese Netzwerke in BGP landen. Der in Beispiel 11.21 erzeugte Output ist ein Schnappschuss der BGP-Routingtabelle des RTC.

Beispiel 11.21: RTCs BGP-Routingtabelle

```
RTC#show ip bgp
BGP table version is 20, local router ID is 192.68.11.1
Status codes: s suppressed, d damped, h history, * valid, > best,
i - internal Origin codes: i - IGP, e - EGP, ? - incomplete
  Network          Next Hop      Metric LocPrf Weight Path
*> 172.16.1.0/24    172.16.20.2      0              0 3 ?
*> 172.16.2.254/32  172.16.20.2      0              0 3 ?
*> 172.16.20.0/24   172.16.20.2      0              0 3 ?
*> 172.16.65.0/26   172.16.20.2     20              0 3 ?
*> 172.16.220.0/24  172.16.20.2      0              0 3 ?
*> 192.68.5.0       172.16.20.2     20              0 3 ?
*> 192.68.10.0      172.16.20.2     20              0 3 ?
*> 192.68.11.0      0.0.0.0          0          32768 i
```

Sie werden bemerken, dass alle Netzwerke, die in AS3 mit OSPF arbeiten, sich in AS1 zu BGP-Routen gewandelt haben. Normalerweise muss nicht jedes Netzwerk, das zu Ihrem AS gehört, via BGP verschickt werden. Vielleicht arbeiten Sie innerhalb des AS mit privaten oder illegalen Netzwerknummern und die sollten nicht nach außen durchsickern. Achten Sie auch darauf, wie die Loopback-Adresse 172.16.2.254/32 in BGP eingefügt wurde. Die meisten Provider weigern sich, so lange Präfixe (z.B. /32) zu publizieren. Sie werden Sie anweisen, diese auszusortieren – oder werden, was wahrscheinlicher ist, diese auf ihrer Seite filtern. Diese Einschränkung ist eingeführt worden, um sicherzustellen, dass die Kunden ihre Routen so oft wie möglich bündeln, um ein Wachstum der globalen IP-Routingtabellen einzuschränken. Auch das DMZ-Netzwerk 172.16.20.0/24 wurde in BGP eingepflegt, was nicht nötig ist. Deshalb sollte man die Redistribution mit Filterung kombinieren, um exakt festzulegen, welche Routen nun genau veröffentlicht werden sollen.

RTAs Konfiguration in Beispiel 11.22 ist beispielhaft dafür, wie Filterung angewendet werden könnte.

Anmerkung

Von jetzt an werden sich alle Konfigurationsbeispiele aus Platzgründen nur auf die Befehle konzentrieren, die an der jeweiligen Stelle für die Erläuterungen relevant sind. Erschrecken Sie also nicht, wenn plötzlich die eine oder anderen Befehle, wie zum Beispiel die Interface-Kommandos, fehlen.

Beispiel 11.22: Filterung rückübersetzer Routen

```
router ospf 10
 passive-interface Serial0
 network 172.16.0.0 0.0.255.255 area 0

router bgp 3
 redistribute ospf 10 match external 1 external 2
 neighbor 172.16.20.1 remote-as 1
 neighbor 172.16.20.1 route-map BLOCKROUTES out
 no auto-summary

access-list 1 permit 172.16.2.254 0.0.0.0
access-list 1 permit 172.16.20.0 0.0.0.255

route-map BLOCKROUTES deny 10
 match ip address 1

route-map BLOCKROUTES permit 20
```

Die Filterung in Beispiel 11.22 wurde mit Hilfe einer Routenkarte vorgenommen. Diese spezifiziert bestimmte Aktionen, die ausgeführt werden müssen, falls gewisse Kriterien erfüllt sind. Die Kriterien lauten hier, dass man in der Hostroute 172.16.2.254/32 und dem Netzwerk 172.16.20.0/24 nach einer Übereinstimmung suchen soll, um zu verhindern, dass über BGP geroutet wird. Die **access-list 1** wird Sie bei der Fahndung nach Kongruenz auf diesen Routen unterstützen, und **route-map BLOCKROUTES** sorgt dafür, dass Routen abgelehnt werden. Die zweite Instanz der Routenkarte (20) erlaubt, dass alle anderen Routen in BGP eingepflegt werden (Für nähere Einzelheiten zur Filterung sollten Sie im 6. Kapitel nachschlagen).

Beispiel 11.23 zeigt, wie RTCs BGP-Tabelle nach der Filterung aussieht. Die Hostroute 172.16.2.254/32 und das Netzwerk 172.16.20.0/24 sind jetzt verschwunden.

Beispiel 11.23: RTCs BGP-Tabelle nach der Filterung

```
RTC#show ip bgp
BGP table version is 34, local router ID is 192.68.11.1
Status codes: s suppressed, d damped, h history, * valid, > best,
 i - internal Origin codes: i - IGP, e - EGP, ? - incomplete
   Network          Next Hop         Metric LocPrf Weight Path
*> 172.16.1.0/24    172.16.20.2           0             0 3 ?
*> 172.16.65.0/26   172.16.20.2          20             0 3 ?
*> 172.16.220.0/24  172.16.20.2           0             0 3 ?
*> 192.68.5.0       172.16.20.2          20             0 3 ?
*> 192.68.10.0      172.16.20.2          20             0 3 ?
*> 192.68.11.0      0.0.0.0               0         32768 i
```

Um besser kontrollieren zu können, was von IGP zu BGP rückübersetzt wird, können Sie den **network**-Befehl einsetzen. Das **network**-Kommando bietet eine Möglichkeit, die Präfixe einzeln aufzulisten, die über BGP geschickt werden sollen. Der **network**-Befehl nennt das genaue Präfix, das ausgesendet werden soll (Netzwerk und Maske). Das Statement **network 172.16.1.0 mask 255.255.255.0** gibt zum Beispiel an, dass Präfix 172.16.1.0/24 verschickt werden sollte. Die Maskenangaben zu Netzwerken, die unter eine Hauptnetzwerksgrenze fallen (255.0.0.0, 255.255.0.0 oder 255.255.255.0) müssen nicht mit einbezogen werden. Das Statement **network 172.16.0.0** reicht zum Beispiel völlig aus, um Präfix 172.16.0.0/16 zu verschicken. Solche Netzwerke werden auch in der BGP-Routingtabelle ohne **/x**-Notation geführt. Das C-Klassenetzwerk 192.68.11.0 ist identisch mit 192.68.11.0/24.

Wenn wir uns Bild 11.4 ansehen, wird die RTA-Konfiguration in Beispiel 11.24 diejenigen Netzwerke spezifizieren, die in BGP eingetragen werden.

Beispiel 11.24: Die RTA-Konfiguration spezifiziert, welche Netzwerke in BGP eingepflegt werden.

```
router ospf 10
 passive-interface Serial0
 network 172.16.0.0 0.0.255.255 area 0

router bgp 3
 network 172.16.1.0 mask 255.255.255.0
 network 172.16.65.0 mask 255.255.255.192
 network 172.16.220.0 mask 255.255.255.0
 network 192.68.5.0
 network 192.68.10.0
 neighbor 172.16.20.1 remote-as 1
 no auto-summary
```

Beispiel 11.25 zeigt, wie die BGP-Tabelle des RTC aussehen würde.

Beispiel 11.25: RTCs BGP-Routingtabelle

```
RTC#show ip bgp
BGP table version is 34, local router ID is 192.68.11.1
Status codes: s suppressed, d damped, h history, * valid, > best,
 i - internal Origin codes: i - IGP, e - EGP, i - incomplete
  Network          Next Hop       Metric LocPrf Weight Path
*> 172.16.1.0/24   172.16.20.2         0             0 3 i
*> 172.16.65.0/26  172.16.20.2        20             0 3 i
*> 172.16.220.0/24 172.16.20.2         0             0 3 i
*> 192.68.5.0      172.16.20.2        20             0 3 i
*> 192.68.10.0     172.16.20.2        20             0 3 i
*> 192.68.11.0     0.0.0.0             0         32768 i
```

Alle Routen sind in BGP übersetzt worden, außer 172.16.2.254/32 und 172.16.20.0/24. Sie werden feststellen, dass die beiden Tabellen denjenigen ähnlich sind, die erstellt wurden, als die OSPF-Routen wieder in BGP übertragen und gefiltert wurden. Der einzig erkennbare Unterschied zeigt sich im Ursprungscode, der durch das **i** am Ende der Pfadinformation angegeben wird. Der **i**-*origin-code* weist darauf hin, dass sich die Netzwerkquelle innerhalb (IGP) des Ursprungs-AS befindet. Wenn Sie sich noch einmal den Schnappschuss der BGP-Tabelle des RTC von vorher ansehen: dort war für den Ursprungscode ein **?** eingetragen, was soviel wie »nicht komplett« bedeutet. Das heißt, dass der Ursprung dieser Netzwerke auf anderem Weg ergründet werden muss. Jedesmal, wenn Routen durch Redistribution in BGP eingegeben werden, ist der Ursprungscode unvollständig, außer er wird anderswo explizit spezifiziert.

Das **network**-Kommando kann seine Wirkung nur entfalten, wenn der Router die aufgelisteten Präfixe kennt. Das bedeutet, dass das BGP nicht einfach blind Präfixe veröffentlichen wird, nur weil sie in einer Liste auftauchen. Der Router wird in der IP-Routingtabelle erst nachprüfen, ob zu einem Präfix ein exakt deckungsgleicher Doppelgänger zur Verfügung steht, bevor das Netzwerk angepriesen wird. In Beispiel 11.25 würde, wenn Sie **network 172.16.192.0 mask 255.255.255.0** eingeben, das Netzwerk nicht erstellt, weil es nämlich dem Router unbekannt ist.

11.4.2 Statische Informationseingabe in BGP

Wenn man Präfixe mit Hilfe des **network**-Kommandos auflistet, ergeben sich dieselben Nachteile, wie bei der dynamischen Redistribution. Wenn eine Route, die durch das **network** in einer Liste verzeichnet wurde, ausfällt, wird BGP ein update aussenden. Sollte die Route dann wieder auftauchen, wird BGP ein Update aussenden. Wenn das immer so weitergeht, wird sich die IGP-Instabilität in BGP-Instabilitäten fortpflanzen. Diese Situation lässt sich nur umgehen, wenn man die Verwendung statisch definierter Präfixe mit der des **network**-Befehls kombiniert. Dadurch wird gewährleistet, dass die Präfixe immer in den IP-Routingtabellen verbleiben und immer angepriesen werden.

Im letzten Beispiel hätten Sie, um zu verhindern, dass sich die Fluktuation der Route 192.68.10.0/24 auf BGP überträgt, RTA eine statische Route der folgenden Form beifügen müssen:

```
ip route 192.68.10.0 255.255.255.0 Ethernet1
```

Wenn Sie den statischen Ansatz verfolgen, wird sich der Präfixeintrag immer in der IP-Routingtabelle finden und stets veröffentlicht, solange das Ethernet-1-Interface aktiv ist. Der Nachteil diese Ansatzes besteht darin, dass, selbst wenn eine Route ausgefallen ist, BGP immer noch für sie wirbt. Wenn man dem Gewinn von Netzwerkstabilität mit dem von einer »ungezogenen« Route verursachten Schaden vergleicht, halten Administratoren diesen Ansatz vielleicht für sehr effizient. Die

RTA-Konfiguration in Beispiel 11.26 sorgt dafür, dass 192.68.10.0/24 stets ausgesendet wird.

Beispiel 11.26: Gewährleistung, dass für eine Route stets geworben wird

```
router bgp 3
 network 172.16.1.0 mask 255.255.255.0
 network 172.16.65.0 mask 255.255.255.192
 network 172.16.220.0 mask 255.255.255.0
 network 192.68.5.0
 network 192.68.10.0
 neighbor 172.16.20.1 remote-as 1
 no auto-summary

ip route 192.68.10.0 mask 255.255.255.0  Ethernet1
```

Beachten Sie, dass RTA das Präfix 192.68.10.0/24 selbst herausgibt und sich nicht auf die Angaben verlässt, die er von RTF erhält. Im Falle, dass ein Aggregat über eine statische Route bekannt gegeben wird, ist es besser, wenn die statische Route auf *null 0* (Bit *bucket*) ausgerichtet wird, um *Loops* vorzubeugen.

11.5 Überlappende Protokolle (*backdoors*)

Dieses Beispiel soll zeigen, wie man durch den **backdoor**-Befehl die EBGP-**distance** so abändern kann, dass für spezifische Netzwerknummern IGP-Routen den EBGP-Routen vorgezogen werden. Bild 11.5 illustriert die Topologie dieses Beispiels.

Bild 11.5: BGP-Backdoor-Routen

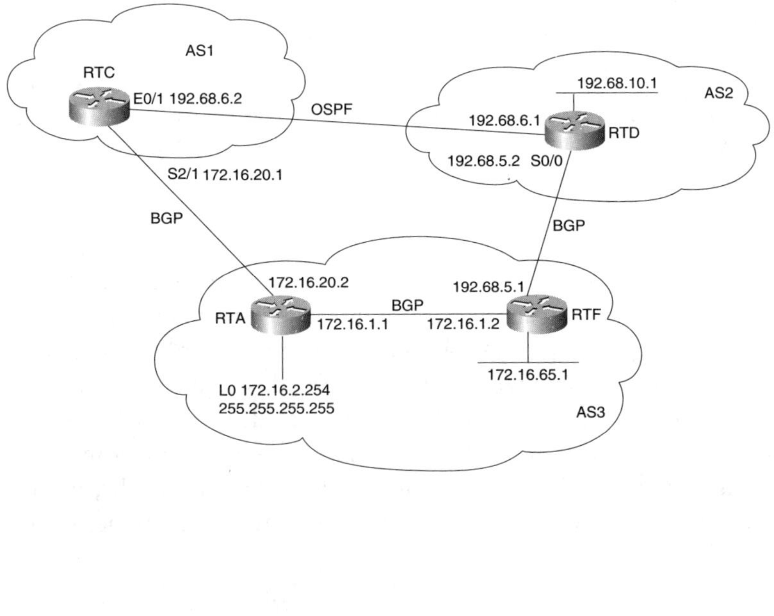

In Bild 11.5 arbeitet AS2 auf dem Privatlink zwischen sich und AS1 mit einem IGP (OSPF) und verwendet EBGP über AS3. RTC (in AS1 befindlich) wird von AS3 per EBGP eine Angabe zu 192.68.10.0/24 mit der Distanz zu 20 erhalten, von AS2 per OSPF aber mit einer Distanzangabe von 110. Da geringere Abstände bevorzugt werden, wird sich RTC für den BGP-Link zu AS3 entscheiden, um 192.68.10.0/24 zu erreichen.

Wenn wir uns RTCs IP-Routingtabelle in Beispiel 11.27 ansehen, fällt auf, dass Präfix 192.68.10.0/24 tatsächlich über BGP ergelernt wird. RTC wird den längeren Pfad über AS3 (*next-hop* 172.16.0.2) wählen, um sich zu 192.68.10.0/24 durchzubahnen. Beachten Sie die Distanz zu [20], die die EBGP-Route hat.

Beispiel 11.27: RTCs IP-Routingtabelle

```
RTC#show ip route
Codes: C - connected, S - static, I - IGRP, R - RIP, M -
       mobile, B - BGP
       D - EIGRP, EX - EIGRP external, O - OSPF, IA - OSPF
       inter area
       E1 - OSPF external type 1, E2 - OSPF external type 2,
       E - EGP
       i - IS-IS, L1 - IS-IS level-1, L2 - IS-IS level-2,
       * - candidate default U - per-user static route
Gateway of last resort is not set
C  192.68.6.0/24 is directly connected, Ethernet0/1
B  192.68.10.0/24 [20/0] via 172.16.20.2, 00:21:36
   172.16.0.0/16 is variably subnetted, 3 subnets, 2 masks
C     172.16.20.0/24 is directly connected, Serial2/1
B     172.16.1.0/24 [20/0] via 172.16.20.2, 00:21:37
B     172.16.65.0/26 [20/20] via 172.16.20.2, 00:21:37
```

Wenn Sie wollen, dass sich RTC für den OSPF-Eintrag entscheidet, müssen Sie RTC so konfigurieren, wie es Beispiel 11.28 zeigt.

Beispiel 11.28: RTC wird so konfiguriert, dass er den OSPF-Eintrag vorzieht

```
router bgp 1
 neighbor 172.16.20.2 remote-as 3
 network 192.68.10.0 backdoor
 no auto-summary
```

In Beispiel 11.28 verändert **network 192.68.10.0 backdoor** die Distanz der BGP-Route 192.68.10.0/24 von 20 auf 200. Infolge dessen wird die OSPF-Route mit einer Distanz zu 110 vorgezogen. Beachten Sie, dass **network 192.68.10.0 backdoor** BGP nicht dazu veranlassen wird, eine Ankündigung für dieses Netzwerk herauszugeben.

Der in Beispiel 11.29 erzeugte Output zeigt RTCs neue Routingtabelle. Wie Sie sehen, wird der 192.68.10.0/24-Eintrag jetzt über OSPF mit einer Distanz zu **[110]** erlernt, und es wird der Privatlink zwischen AS1 und AS2 genutzt.

Beispiel 11.29: RTCs neue Routingtabelle

```
RTC#show ip route
Codes: C - connected, S - static, I - IGRP, R - RIP, M -
       mobile, B - BGP
       D - EIGRP, EX - EIGRP external, O - OSPF, IA - OSPF
       inter area
       E1 - OSPF external type 1, E2 - OSPF external type 2,
       E - EGP
       i - IS-IS, L1 - IS-IS level-1, L2 - IS-IS level-2,
       * - candidate default U - per-user static route
Gateway of last resort is not set
C  192.68.6.0/24 is directly connected, Ethernet0/1
O IA 192.68.10.0/24 [110/20] via 192.68.6.1, 00:00:21, Ethernet0/1
   172.16.0.0/16 is variably subnetted, 3 subnets, 2 masks
C     172.16.20.0/24 is directly connected, Serial2/1
B     172.16.1.0/24 [20/0] via 172.16.20.2, 00:29:07
B     172.16.65.0/26 [20/20] via 172.16.20.2, 00:29:07
```

11.6 BGP-Attribute

In diesem Abschnitt werden wir mit der in Bild 11.6 illustrierten Netzwerktopologie arbeiten, um zu zeigen, wie die verschiedenen BGP-Attribute eingesetzt werden.

In Beispiel 11.30 bis 11.34 werden die Basiskonfigurationen der Router RTA, RTF, RTC und RTD, die in Bild 11.6 dargestellt werden, erst einmal durchexerziert. Die ergänzende Konfiguration fügen wir dann an der Stelle hinzu, wo wir in der Erläuterung auf sie stoßen.

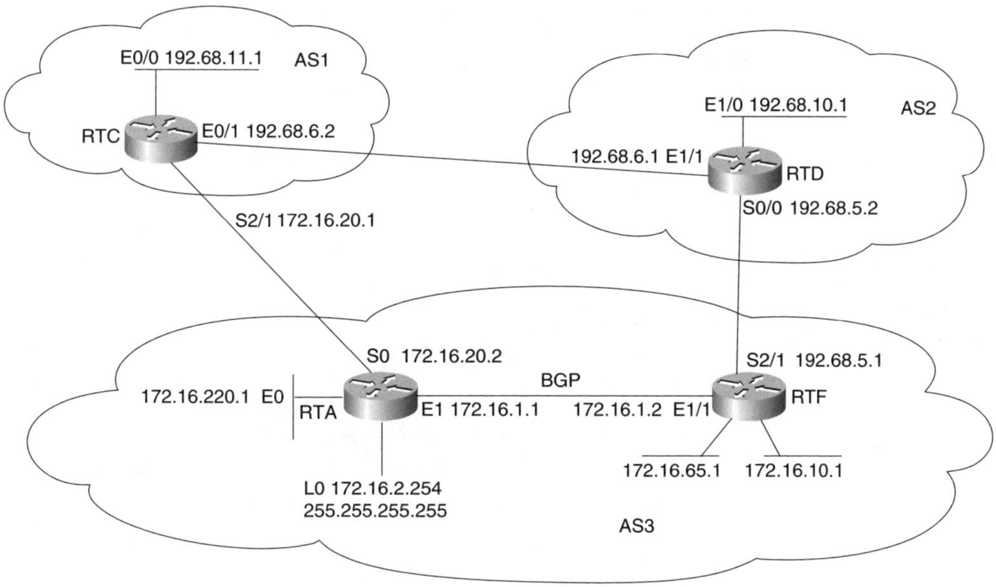

Bild 11.6: BGP Attribute

Beispiel 11.30: Basiskonfiguration für RTA in Bild 11.6

```
ip subnet-zero

interface Loopback0
 ip address 172.16.2.254 255.255.255.255

interface Ethernet0
 ip address 172.16.220.1 255.255.255.0

interface Ethernet1
 ip address 172.16.1.1 255.255.255.0

interface Serial0
 ip address 172.16.20.2 255.255.255.0

router ospf 10
 passive-interface Serial0
 network 172.16.0.0 0.0.255.255 area 0

router bgp 3
 no synchronization
 network 172.16.1.0 mask 255.255.255.0
 network 172.16.10.0 mask 255.255.255.0
 network 172.16.65.0 mask 255.255.255.192
 network 172.16.220.0 mask 255.255.255.0
```

```
 neighbor 172.16.1.2 remote-as 3
 neighbor 172.16.1.2 update-source Loopback0
 neighbor 172.16.20.1 remote-as 1
 neighbor 172.16.20.1 filter-list 10 out
 no auto-summary

ip classless
ip as-path access-list 10 permit ^$
```

Beispiel 11.31: Basiskonfiguration für RTF in Bild 11.6

```
ip subnet-zero

interface Ethernet0/0
 ip address 172.16.10.1 255.255.255.0

interface Ethernet 1/0
 ip address 172.16.65.1 255.255.255.192

interface Ethernet1/1
 ip address 172.16.1.2 255.255.255.0

interface Serial2/1
 ip address 192.68.5.1 255.255.255.0

router ospf 10
 network 172.16.0.0 0.0.255.255 area 0

router bgp 3
 no synchronization
 network 172.16.1.0 mask 255.255.255.0
 network 172.16.10.0 mask 255.255.255.0
 network 172.16.65.0 mask 255.255.255.192
 network 172.16.220.0 mask 255.255.255.0
 neighbor 172.16.2.254 remote-as 3
 neighbor 172.16.2.254 next-hop-self
 neighbor 192.68.5.2 remote-as 2
 neighbor 192.68.5.2 filter-list 10 out
 no auto-summary

ip classless
ip as-path access-list 10 permit ^$
```

```
ip subnet-zero

interface Ethernet0/0
 ip address 192.68.11.1 255.255.255.0

interface Ethernet0/1
 ip address 192.68.6.2 255.255.255.0

interface Serial2/1
 ip address 172.16.20.1 255.255.255.0

router bgp 1
 network 192.68.11.0
 neighbor 172.16.20.2 remote-as 3
 neighbor 192.68.6.1 remote-as 2
 no auto-summary

ip classless
```

Beispiel 11.32: Basiskonfiguration für RTC in Bild 11.6

```
ip subnet-zero

interface Ethernet1/0
 ip address 192.68.10.1 255.255.255.0

interface Ethernet1/1
 ip address 192.68.6.1 255.255.255.0

interface Serial0/0
 ip address 192.68.5.2 255.255.255.0

router bgp 2
 network 192.68.10.0
 neighbor 192.68.5.1 remote-as 3
 neighbor 192.68.6.2 remote-as 1
 no auto-summary

ip classless
```

Beispiel 11.33: Basiskonfiguration für RTD in Bild 11.6

AS3 ist laut Vorraussetzung ein *nontransit*-AS. Deshalb wird **filter-list 10** angewendet, um AS3 zu zwingen, nur seine lokalen Routen zu veröffentlichen. Von AS1 oder AS2 erlernte Routen werden außerhalb des AS nicht propagiert. Außerdem können Sie erkennen, dass manche Netzwerke, wie z.B. 172.16.10.0/24, bei RTA und RTF per **network**-Kommando angekündigt werden. Dadurch wird gewährleistet, dass ein Linkversagen zwischen AS3 und AS1 oder AS2 nicht verhindern wird, dass diese Netzwerke angekündigt werden.

11.6.1 Das NEXT_HOP-Attribut

In den folgenden Beispielen werden wir uns mit dem BGP-NEXT_HOP-Attribut auseinandersetzen. Auch werden wir Beispiele geben, welche Möglichkeiten es gibt, den NEXT_HOP-Wert zu manipulieren.

Beispiel 11.34 zeigt RTFs BGP-Tabelle.

Beispiel 11.34: RTFs BGP-Tabelle

```
RTF#show ip bgp
BGP table version is 8, local router ID is 192.68.5.1
Status codes: s suppressed, d damped, h history, * valid, > best,
 i - internal Origin codes: i - IGP, e - EGP, ? - incomplete
  Network          Next Hop       Metric LocPrf Weight Path
* i172.16.1.0/24   172.16.2.254        0 100         0 i
*>                 0.0.0.0             0         32768 i
* i172.16.10.0/24  172.16.2.254       20 100         0 i
*>                 0.0.0.0             0         32768 i
* i172.16.65.0/26  172.16.2.254       20 100         0 i
*>                 0.0.0.0             0         32768 i
* i172.16.220.0/24 172.16.2.254        0 100         0 i
*>                 172.16.1.1         20         32768 i
*> 192.68.10.0     192.68.5.2          0             0 2 i
*  192.68.11.0     192.68.5.2                        0 2 1 i
*>i                172.16.20.1         0 100         0 1 i
```

Netzwerk 192.68.11.0/24 wird über IBGP (sehen Sie das **i,** ganz rechts?) mit dem NEXT_HOP auf 172.16.20.1 erlernt, der somit auf die IP-Adresse des externen Nachbarn von RTA deutet. Die EBGP-NEXT_HOP-IP-Adresse wird normalerweise innerhalb der Routingdomäne aufbewahrt, weswegen eine interne Route zum NEXT_HOP von so immenser Wichtigkeit ist. Ansonsten wäre die BGP-Route nämlich unbrauchbar. Es gibt mehrere Möglichkeiten zu gewährleisten, dass Sie keine Schwierigkeiten haben, den EBGP-NEXT_HOP zu erreichen. Zum Ersten, indem man das Netzwerk, zu dem der nächste Hop gehört, ebenfalls in das IGP einbezieht. Dies wird anhand von RTA illustriert, wo das OSPF das Schnittstellenserial 0 enthält. Dadurch erfährt RTF von 172.16.20.1. Beachten Sie, dass, obwohl auf dem RTA-Interfaceserial 0 das OSPF läuft, an Serial 0 dennoch keine OSPF-*hello*-Pakete ausgetauscht werden müssen – daher auch der **passive-interface**-Routerbefehl.

Die zweite Methode besteht darin, den **next-hop-self neighbor**-Befehl zu geben (siehe Beispiel 11.31), um den Router dazu zu zwingen, sich selbst statt des externen Partners als nächsten Hop anzukündigen. In der RTF-Konfiguration in Beispiel 11.31 können Sie erkennen, wie das **next-hop-self**-Kommando am Ende des **neighbor**-Statements in Richtung auf RTA angefügt wird. Dadurch wird RTF, wenn er RTA mit einem externen Netzwerk, wie zum Beispiel 192.68.10.0/24 bekannt macht, sich selbst als NEXT_HOP verwenden. Sehen wir uns RTAs BGP-Tabelle in Beispiel 11.35 an: das Präfix 192.68.10.0/24 wird über den NEXT_HOP 172.16.1.2 erlernt, der dessen interner Partner mit RTF ist. Da 172.16.1.2 bereits ein Bestandteil des OSPF-Pfads ist, werden Sie ihn problemlos erreichen.

Beispiel 11.35: RTAs BGP-Tabelle

```
RTA#show ip bgp
BGP table version is 20, local router ID is 172.16.2.254
Status codes: s suppressed, d damped, h history, * valid, > best,
 i - internal Origin codes: i - IGP, e - EGP, ? - incomplete
   Network          Next Hop       Metric LocPrf Weight Path
* i172.16.1.0/24    172.16.1.2      0      100       0 i
*>                  0.0.0.0         0            32768 i
* i172.16.10.0/24   172.16.1.2      0      100       0 i
*>                  172.16.1.2      20           32768 i
* i172.16.65.0/26   172.16.1.2      0      100       0 i
*>                  172.16.1.2      20           32768 i
* i172.16.220.0/24  172.16.1.2      20     100       0 i
*>                  0.0.0.0         0            32768 i
*>i192.68.10.0      172.16.1.2      0      100     0 2 i
*                   172.16.20.1     0              1 2 i
*> 192.68.11.0      172.16.20.1     0              0 1 i
```

Beachten Sie in Beispiel 11.35, dass 192.68.10.0/24 tatsächlich über zwei verschiedene Wege erlernt wird, während man 192.68.11.0/24 über einen einzigen Pfad erlernt wird. Das kann einem schon verwirrend vorkommen, aber das Routing meistert die Situation. In derselben Situation hat sich RTF entschlossen, dass der Pfad nach 192.68.11.0/24 über RTA verläuft (überprüfen Sie RTFs BGP-Tabelle in Beispiel 11.34). Deswegen wird RTF das Netzwerk 192.68.11.0/24 nicht wieder an RTA zurückmelden und darum wird RTA einen einzigen Eintrag für 192.68.11.0/24 verzeichnen.

11.6.2 Das AS_PATH-Attribut

Wenn Sie sich RTFs BGP-Tabelle in Beispiel 11.36 ansehen, können Sie erkennen, dass sich die AS_PATH-Information an beiden Enden jeder Leitung befindet. Netzwerk 192.68.11.0/24 wird über IBGP mit dem AS_PATH 1, und über EBGP mit AS_PATH 2 1 erlernt. Das bedeutet, dass sich RTF an AS1 wenden könnte, sollte er 192.68.11.0/24 via IBGP erreichen wollen. Will RTF aber über EBGP zu 192.68.11.0/24 gelangen, müsste er erst über AS2 und dann AS1 gehen. BGP zieht immer den kürzesten Pfad vor, deshalb wird er sich für den Pfad über IBGP mit AS_PATH 1 entscheiden. Das »>«-Symbol auf der linken Seite weist darauf hin, dass BGP unter den beiden verfügbaren Pfaden nach 192.68.11.0/24 den zweiten als den »besten« aussucht.

Beispiel 11.36: RTFs BGP-Tabelle

```
RTF#show ip bgp
BGP table version is 8, local router ID is 192.68.5.1
Status codes: s suppressed, d damped, h history, * valid, > best,
 i - internal Origin codes: i - IGP, e - EGP, ? - incomplete
  Network          Next Hop       Metric LocPrf Weight Path
* i172.16.1.0/24   172.16.2.254        0    100      0 i
*>                 0.0.0.0             0         32768 i
* i172.16.10.0/24  172.16.2.254       20    100      0 i
*>                 0.0.0.0             0         32768 i
* i172.16.65.0/26  172.16.2.254       20    100      0 i
*>                 0.0.0.0             0         32768 i
* i172.16.220.0/24 172.16.2.254        0    100      0 i
*>                 172.16.1.1         20         32768 i
*> 192.68.10.0     192.68.5.2          0             0 2 i
*  192.68.11.0     192.68.5.2                        0 2 1 i
*>i                172.16.20.1         0    100      0 1 i
```

AS_PATH-Manipulation

Aus der BGP-Tabelle des RTF in Beispiel 11.36 ist ersichtlich, dass sich RTF den direkten Pfad über AS1 nach 192.68.11.0/24 ausgesucht hat, da dieser kürzer ist. Die Konfiguration in Beispiel 11.37 zeigt, wie die AS_PATH-Information manipuliert werden kann, so dass der AS__PATH durch an den Pfad angehängte AS-Nummern verlängert wird. Im Vergleich zu dem vorher in Bild 11.6 illustrierten Netzwerk werden in Beispiel 11.37 der von RTC an RTA verschickten AS_PATH-Information zwei extra AS-Nummern angehängt, damit RTF seine Entscheidung revidiert, auf welchem Weg er zu 192.68.11.0/24 gelangen möchte.

```
router bgp 1
 network 192.68.11.0
 neighbor 172.16.20.2 remote-as 3
 neighbor 172.16.20.2 route-map AddASnumbers out
 neighbor 192.68.6.1 remote-as 2
 no auto-summary

route-map AddASnumbers permit 10
 set as-path prepend 1 1
```

Beispiel 11.37: Manipulation der AS_PATH-Information durch angehängte AS-Nummern

Die Konfiguration in Beispiel 11.37 hängt der AS_PATH-Information, die von RTC nach RTA geschickt wird, zwei zusätzliche AS_PATH-Nummern, 1 und 1, an. Wenn Sie sich RTFs BGP-Tabelle in Beispiel 11.38 ansehen, werden Sie merken, dass RTF 192.68.11.0/24 nun über NEXT_HOP 192.68.5.2 – d.h. über Pfad 2 1 – erreichen kann. RTF ist dieser Pfad lieber, weil er kürzer ist als der direkte Pfad über AS1, in dessen Pfadinformation nun drei ASs vorkommen (1 1 1).

```
RTF#show ip bgp
BGP table version is 18, local router ID is 192.68.5.1
Status codes: s suppressed, d damped, h history, * valid, > best,
 i - internal Origin codes: i - IGP, e - EGP, ? - incomplete
   Network          Next Hop      Metric LocPrf Weight Path
* i172.16.1.0/24    172.16.2.254       0    100      0 i
*>                  0.0.0.0            0         32768 i
* i172.16.10.0/24   172.16.2.254      20    100      0 i
*>                  0.0.0.0            0         32768 i
* i172.16.65.0/26   172.16.2.254      20    100      0 i
*>                  0.0.0.0            0         32768 i
* i172.16.220.0/24  172.16.2.254       0    100      0 i
*>                  172.16.1.1        20         32768 i
*> 192.68.10.0      192.68.5.2         0             0 2 i
*> 192.68.11.0      192.68.5.2                       0 2 1 i
* i                 172.16.20.1        0    100      0 1 1 1 i
```

Beispiel 11.38: RTFs BGP-Tabelle nach der AS_PATH-Manipulation

Nutzung privater AS

Das Beispiel in diesem Abschnitt demonstriert, wie BGP so konfiguriert werden kann, dass private AS-Nummern nicht ins Internet durchsickern können. Bild 11.7 illustriert die in diesem Abschnitt diskutierte Netzwerktopologie.

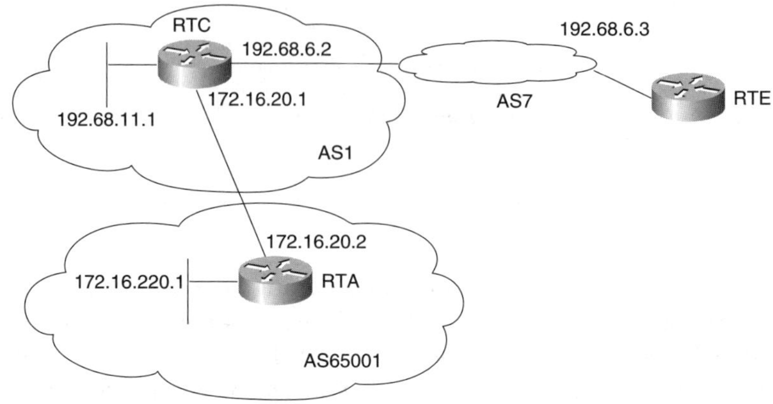

Bild 11.7: Entfernen der privaten AS Nummern

Durch die Konfiguration des RTA in Beispiel 11.39 und des RTC in Beispiel 11.40 wird AS1 verhindern, dass die private AS-Nummer 65001 ins Internet durchsickert, wenn BGP-Routen propagiert werden.

Beispiel 11.39: RTAs Schutz-Konfiguration gegen durchsickernde private AS-Nummern

```
router bgp 65001
 network 172.16.220.0 mask 255.255.255.0
 neighbor 172.16.20.1 remote-as 1
 no auto-summary
```

Beispiel 11.40: RTCs Schutz-Konfiguration gegen durchsickernde private AS-Nummern

```
router bgp 1
 network 192.68.11.0 mask 255.255.255.0
 neighbor 172.16.20.2 remote-as 65001
 neighbor 192.68.6.3 remote-as 7
 neighbor 192.68.6.3 remove-private-AS
 no auto-summary
```

Beachten Sie, wie die RTC-Konfiguration in Beispiel 11.40 das **remove-private-AS**-*keyword* in seiner Nachbarverbindung zu AS7 einsetzt. Der Output in Beispiel 11.41 zeigt die BGP-Tabellen des RTC und RTE.

```
RTC#show ip bgp
BGP table version is 72, local router ID is 192.68.11.1
Status codes: s suppressed, d damped, h history, * valid, > best,
 i - internal Origin codes: i - IGP, e - EGP, ? - incomplete

  Network          Next Hop       Metric LocPrf Weight Path
*> 172.16.220.0/24 172.16.20.2         0             0 65001 i
*> 192.68.11.0     0.0.0.0             0         32768 i

RTE#show ip bgp
BGP table version is 245, local router ID is 192.68.30.1
Status codes: s suppressed, * valid, > best, i - internal
Origin codes: i - IGP, e - EGP, ? - incomplete

  Network          Next Hop       Metric LocPrf Weight Path
*> 172.16.220.0/24 192.68.6.2                        0 1 i
*> 192.68.11.0     192.68.6.2          0             0 1 i
```

Beispiel 11.41: BGP Tabellen für RTC und RTE

Sie werden bemerken, dass Präfix 172.16.220.0/24 in RTCs BGP-Tabelle einen AS_PATH zu 65001 hat und in RTEs BGP-Tabelle einen AS_PATH zu 1. RTC hat die private AS_PATH-Information entfernt, als er das Update an AS7 verschickte. Beachten Sie, dass sich der **remove-private-AS**-Befehl auf Egressrouten bezieht, und deshalb an den Ausgangspunkten des Internet eingesetzt wird.

11.6.3 Das LOCAL_PREF-Attribut

Wenn man die lokale Präferenz festlegt (durch das LOCAL_PREF-Attribut), beeinflusst man damit auch den BGP-Entscheidungsprozess. Wenn für das gleiche Präfix mehrere Pfade zur Verfügung stehen, wird derjenige Pfad mit dem höchsten lokalen Präferenzwert vorgezogen. Die LOCAL_PREF ist ein AS-weites Attribut auf höchstem Niveau des BGP-Entscheidungsprozesses (es kommt gleich nach dem **weight**-Parameter, der Cisco-eigen ist und lokal am Router vorkommt). Die lokale Präferenz wird noch vor der AS_PATH-Länge untersucht. Ein längerer Pfad mit hoher lokaler Präferenz wird einem kurzen Pfad mit geringerer lokaler Präferenz vorgezogen. In Beispiel 11.42 wird (wir beziehen uns immer noch auf das Netzwerk in Bild 11.7) RTF daraufhin konfiguriert, für alle BGP-Updates, die von RTD kommen, eine höhere lokale Präferenz zu haben.

Beispiel 11.42: Konfiguration von RTF: Alle von RTD initiierten BGP-Updates haben eine höhere lokale Präferenz

```
router bgp 3
no synchronization
 network 172.16.1.0 mask 255.255.255.0
 network 172.16.10.0 mask 255.255.255.0
 network 172.16.65.0 mask 255.255.255.192
 network 172.16.220.0 mask 255.255.255.0
 neighbor 172.16.2.254 remote-as 3
 neighbor 172.16.2.254 next-hop-self
 neighbor 192.68.5.2 remote-as 2
 neighbor 192.68.5.2 filter-list 10 out
 neighbor 192.68.5.2 route-map SETLOCAL in
 no auto-summary

ip as-path access-list 10 permit ^$

route-map SETLOCAL permit 10
set local-preference 300
```

route-map SETLOCAL ordnet allen von RTD (siehe *keyword* in) eintreffenden Routen eine lokale Präferenz von 300 zu (der lokale Präferenzwert der Grundeinstellung liegt übrigens normalerweise bei 100). In Beispiel 11.43 können Sie sehen, wie BGP entschieden hat, dass die Präfixe 192.68.10.0/24 und 192.68.11.0/24 künftig über NEXT_HOP 192.68.5.2 mit einer lokalen Präferenz von 300 erreicht werden können.

Beispiel 11.43: RTFs BGP-Tabelle

```
RTF#show ip bgp
BGP table version is 20, local router ID is 192.68.5.1
Status codes: s suppressed, d damped, h history, * valid, > best,
 i - internal Origin codes: i - IGP, e - EGP, ? - incomplete
  Network          Next Hop       Metric  LocPrf  Weight Path
*> 172.16.1.0/24   0.0.0.0        0               32768 i
* i                172.16.2.254   0       100         0 i
*> 172.16.10.0/24  0.0.0.0        0               32768 i
* i                172.16.2.254   20      100         0 i
*> 172.16.65.0/26  0.0.0.0        0               32768 i
* i                172.16.2.254   20      100         0 i
*> 172.16.220.0/24 172.16.1.1     20              32768 i
* i                172.16.2.254   0       100         0 i
*> 192.68.10.0     192.68.5.2     0       300       0 2 i
*> 192.68.11.0     192.68.5.2             300     0 2 1 i
```

Da das LOCAL_PREF-Attribut innerhalb des AS weitergetragen wird, wird RTF den lokalen Präferenzwert (wie in Beispiel 11.44, das RTAs BGP-Tabelle zeigt) an RTA weitergeben.

```
RTA#show ip bgp
BGP table version is 43, local router ID is 172.16.2.254
Status codes: s suppressed, d damped, h history, * valid, > best,
  i - internal Origin codes: i - IGP, e - EGP, ? - incomplete
   Network          Next Hop          Metric LocPrf Weight Path
* i172.16.1.0/24    172.16.1.2          0      100       0 i
*>                  0.0.0.0             0            32768 i
* i172.16.10.0/24   172.16.1.2          0      100       0 i
*>                  172.16.1.2         20            32768 i
* i172.16.65.0/26   172.16.1.2          0      100       0 i
*>                  172.16.1.2         20            32768 i
* i172.16.220.0/24  172.16.1.2         20      100       0 i
*>                  0.0.0.0             0            32768 i
*>i192.68.10.0      172.16.1.2          0      300       0 2 i
*                   172.16.20.1                        0 1 2 i
*>i192.68.11.0      172.16.1.2                 300       0 2 1 i
*                   172.16.20.1         0                0 1 i
```

Beispiel 11.44: RTA-BGP-Tabelle enthüllt den lokalen Präferenzwert

Achten Sie darauf, wie Präfix 192.68.11.0/24 über IBGP mit der lokalen Präferenz von 300 vorgezogen wird, obwohl der AS_PATH über EBGP kürzer ist. Andere Präfixe, die über IBGP erlernt wurden, wie zum Beispiel 172.16.10.0/24, haben eine lokale Defaultpräferenz von 100.

11.6.4 Das MULTI_EXIT_DISC-Attribut

Dieser Abschnitt soll aufzeigen, wie das eine AS durch die Nutzung von Metren die Routingentscheidungen eines anderen beeinflussen kann. In Bild 11.8 ist AS3 der Kunde des Providers AS1. AS3 möchte an AS1 Metren generieren, die sich auf den Innenverkehr auswirken sollen. Im Falle, dass sich alle BGP-Attribute gleichen, wird BGP diejenigen Routen bevorzugen, die eine niedrigere Metrik aufweisen.

Bild 11.8: Einstellen der MED Attribute

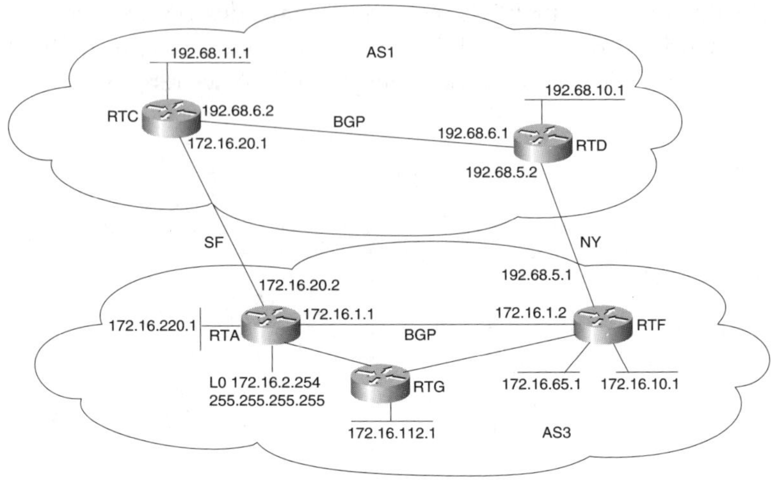

RTA und RTF arbeiten intern mit IBGP und mit dem Provider AS1 mit EBGP. RTG ist ein interner nicht-BGP-Router, der nur mit OSPF arbeitet. Wir gehen nun davon aus, dass RTA und RTF MEDs an AS1 schicken wollen, um Folgendes zu erreichen:

- Innenverkehr in Richtung 172.16.1.0/24 nimmt den SF-Link.
- Nach Innen gerichteter Verkehr zu allen anderen Netzwerken tritt über den Grenzrouter ein, der diese Netzwerke mit einer geringeren internen Metrik erreichen kann. Innenverkehr zu Netzwerk 172.16.112.0/24 sollte zum Beispiel auf dem SF-Link hereinkommen, wenn RTA dieses Netzwerk mit einer geringeren internen Metrik erreichen kann als RTF.

Beispiel 11.45 und Beispiel 11.46 zeigen die notwendige Konfiguration für RTA und RTF, um diese Kriterien zu erfüllen.

```
router ospf 10
 passive-interface Serial0
 network 172.16.0.0 0.0.255.255 area 0

router bgp 3
 no synchronization
 network 172.16.1.0 mask 255.255.255.0
 network 172.16.10.0 mask 255.255.255.0
 network 172.16.65.0 mask 255.255.255.192
network 172.16.220.0 mask 255.255.255.0
 network 172.16.112.0 mask 255.255.255.0
 neighbor 172.16.1.2 remote-as 3
 neighbor 172.16.1.2 update-source Loopback0
 neighbor 172.16.20.1 remote-as 1
 neighbor 172.16.20.1 filter-list 10 out
 no auto-summary

ip as-path access-list 10 permit ^$
```

Beispiel 11.45: Festlegung des MED-Attributs: RTAs Konfiguration

```
router ospf 10
 network 172.16.0.0 0.0.255.255 area 0

router bgp 3
 no synchronization
 network 172.16.1.0 mask 255.255.255.0
 network 172.16.10.0 mask 255.255.255.0
 network 172.16.65.0 mask 255.255.255.192
 network 172.16.220.0 mask 255.255.255.0
 network 172.16.112.0 mask 255.255.255.0
 neighbor 172.16.2.254 remote-as 3
 neighbor 172.16.2.254 next-hop-self
 neighbor 192.68.5.2 remote-as 1
 neighbor 192.68.5.2 route-map SETMETRIC out
 neighbor 192.68.5.2 filter-list 10 out
 no auto-summary

ip as-path access-list 10 permit ^$
access-list 1 permit 172.16.1.0 0.0.0.255

route-map SETMETRIC permit 10
 match ip address 1
 set metric 50

route-map SETMETRIC permit 20
```

Beispiel 11.46: Festlegung des MED-Attributs: RTFs Konfiguration

Die Konfigurationen in Beispiel 11.45 und Beispiel 11.46 werden RTF veranlassen, das Präfix 172.16.1.0/24 mit einem MED zu 50 zu generieren. Wenn AS1 dieses Präfix erhält, wird es die von RTF angegebene Metrik zu 50 mit der Metrik zu 0 von RTA vergleichen und sich lieber für den SF-Link entscheiden. Alle anderen Netzwerke werden mit ihren, in BGP übertragenen internen Metren veröffentlicht, und AS1 wird denjenigen Eingang wählen, der auf das Ziel hin eine geringere Metrik aufweist. Beispiel 11.47 zeigt RTDs BGP-Tabelle nach den Veränderungen.

Beispiel 11.47: RTDs BGP-Tabelle

```
RTD#show ip bgp
BGP table version is 17, local router ID is 192.68.10.1
Status codes: s suppressed, d damped, h history, * valid, > best,
 i - internal Origin codes: i - IGP, e - EGP, ? - incomplete
  Network          Next Hop      Metric LocPrf Weight Path
* 172.16.1.0/24    192.68.5.1      50               0 3 i
*>i                192.68.6.2       0    100        0 3 i
*> 172.16.10.0/24  192.68.5.1       0               0 3 i
*> 172.16.65.0/26  192.68.5.1       0               0 3 i
* 172.16.112.0/24  192.68.5.1      84               0 3 i
*>i                192.68.6.2      74    100        0 3 i
* 172.16.220.0/24  192.68.5.1      20             0 3 i
*>i                192.68.6.2       0    100      0 3 i
*> 192.68.10.0     0.0.0.0          0           32768 i
*>i192.68.11.0     192.68.6.2       0    100        0 i
```

In der BGP-Tabelle in Beispiel 11.47 können Sie sehen, wie RTD Netzwerk 172.16.1.0/24 lieber über den NEXT_HOP 192.68.6.2 erreicht, der mit RTC identisch ist (RTC verwendet **next-hop-self**). Das kommt von der geringeren Metrik von 0 (0 ist weniger als 50). In Bezug auf alle anderen Netzwerke zieht RTD diejenigen Routen vor, die jeweils kleinere Metren haben. Wie Sie sehen können, wird 172.16.112.0/24 über RTA mit einer Metrik von 74 erlernt und über RTF mit einer Metrik zu 84. RTD wird sich also für den SF-Link entscheiden, um nach 172.16.112.0/24 zu gelangen.

Im Falle der von BGP-erlernten Routen kann ein AS diese Routen auch gegenüber einem anderen AS mit einer internen IGP-Metrik, die in BGP übertragen wurde, angeben. Dies kann verwirklicht werden, indem der **set metric-type internal**-Befehl als Bestandteil der Routenkarte an den Nachbarn weitergegeben wird. Dadurch würden BGP-Routen die internen IGP-Metren als BGP-MED tragen.

11.6.5 Das COMMUNITY-Attribut

Dieser Abschnitt behandelt, wie das COMMUNITY-Attribut eingesetzt werden kann, um die Routingentscheidung eines anderen AS dynamisch zu beeinflussen. Für das in Bild 11.9 dargestellte Netzwerk zeigt das Konfigurationsbeispiel in Beispiel 11.48, wie AS3 die Route 172.16.65.0/26 an AS1 weitergeben und AS1 dynamisch instruieren kann, diese Route nicht extern zu veröffentlichen. AS3 wird der Route 172.16.65.0/26 das COMMUNITY-Attribut **no-export** zuordnen, wenn es sie AS1 bekannt gibt.

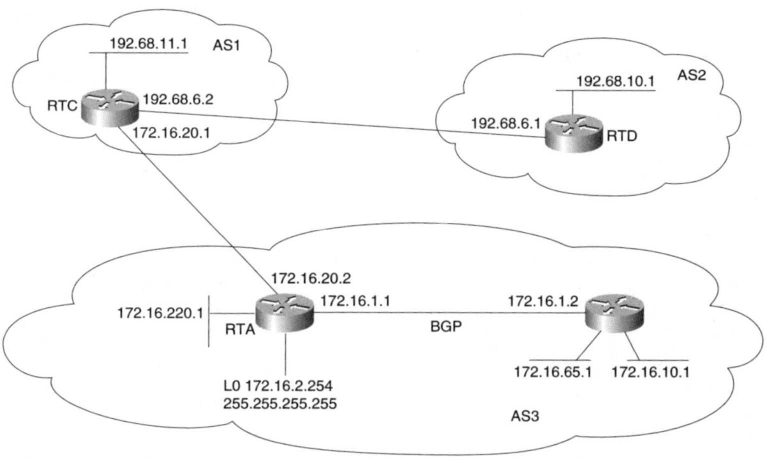

Bild 11.9: Einstellen der COMMUNITY-Attribute

Beispiel 11.48: RTAs Konfiguration verwendet das COMMUNITY-Attribut

```
router bgp 3
no synchronization
network 172.16.1.0 mask 255.255.255.0
 network 172.16.10.0 mask 255.255.255.0
 network 172.16.65.0 mask 255.255.255.192
 network 172.16.220.0 mask 255.255.255.0
 neighbor 172.16.1.2 remote-as 3
 neighbor 172.16.1.2 update-source Loopback0
 neighbor 172.16.20.1 remote-as 1
 neighbor 172.16.20.1 send-community
 neighbor 172.16.20.1 route-map SETCOMMUNITY out
 no auto-summary

access-list 1 permit 172.16.65.0 0.0.0.63

route-map SETCOMMUNITY permit 10
match ip address 1
set community no-export

route-map SETCOMMUNITY permit 20
```

Da die *communities* internen oder externen BGP-Nachbarn nicht aufgrund der Grundeinstellung bekannt gegeben werden, ist die **send-community**-Option im **neighbor**-Router-Subkommando nötig, damit die zugeordnete *community* ausgesendet werden kann.

Das Konfigurationsbeispiel in Beispiel 11.48 lässt erkennen, dass RTA gegenüber Nachbarn 172.16.20.1 (RTC) eine Routenkarte, SETCOMMUNITY, definiert hat. Instanz 10 der Routenkarte ist deckungsgleich mit Präfix 172.16.65.0/26 und wird sein COMMUNITY-Attribut auf **no-export** stellen. Das der Nachbarsession zugewiesene **send-community**-*keyword* wird notwendig, damit das COMMUNITY-Attribut an den spezifizierten Nachbarn geschickt werden kann. Instanz 20 der Routenkarte wird es ermöglichen, dass alle anderen Netzwerke ohne Veränderungen weitergegeben werden.

Beispiel 11.49 zeigt RTCs BGP-Eintrag für 172.16.65.0/26.

Beispiel 11.49: RTCs BGP-Output

```
RTC#show ip bgp 172.16.65.0 255.255.255.192
BGP routing table entry for 172.16.65.0/26, version 3
Paths: (1 available, best #1, not advertised to EBGP peer)
 3
  172.16.20.2 from 172.16.20.2 (172.16.2.254)
   Origin IGP, metric 20, valid, external, best
   Community: no-export
```

Beachten Sie, wie dem Eintrag das *community* **no-export** als Anweisung beigefügt ist. Diese Anweisung besagt, dass eben dieser Eintrag nicht an EBGP-Partner weitergegeben werden soll. RTC wird also diese Route seinem externen Partner RTD gegenüber nicht erwähnen. Wie Sie in RTDs BGP-Tabelle in Beispiel 11.50 sehen, erhält RTD kein Update zu 172.16.65.0/26.

Beispiel 11.50: RTDs BGP-Tabelle

```
RTD#show ip bgp
BGP table version is 22, local router ID is 192.68.10.1
Status codes: s suppressed, d damped, h history, * valid, > best,
 i - internal Origin codes: i - IGP, e - EGP, ? - incomplete
  Network      Next Hop       Metric LocPrf Weight Path
*> 172.16.1.0/24  192.68.6.2              0 1 3 i
*> 172.16.10.0/24  192.68.6.2              0 1 3 i
*> 172.16.220.0/24 192.68.6.2              0 1 3 i
*> 192.68.10.0    0.0.0.0          0     32768 i
*> 192.68.11.0    192.68.6.2         0      0 1 i
```

11.7 BGP-4-Aggregation (Routenbündelung)

Die folgenden Beispiele demonstrieren die verschiedenen, im Internet vertretenen Methoden der Aggregation. Die Art und Weise, wie Bündel geformt und angeboten werden und ob sie höher spezifizierte Routen mit sich führen, wird die Datenverkehrsmuster und die Größe der BGP-Routingtabellen beeinflussen. Denken Sie daran, dass die Bündelung Routen betrifft, die in der BGP-Routingtabelle verzeichnet sind. Ein Bündel kann nur dann gesendet werden, wenn mindestens eine höherspezifische Route dieses Bündels in der BGB-Tabelle vertreten ist.

11.7.1 Ausschließliche Aggregatpropagierung, Unterdrückung der näher spezifizierten Routen

Dieser Abschnitt zeigt, wie ein Aggregat erzeugt werden kann, ohne die höher spezifizierten Routen des Aggregats zu verbreiten. In dem in Bild 11.10 veranschaulichten Netzwerk sendet RTA die Präfixe 172.16.220.0/24, 172.16.1.0/24, 172.16.10.0/24 und 172-16-65-0/26 an RTC.

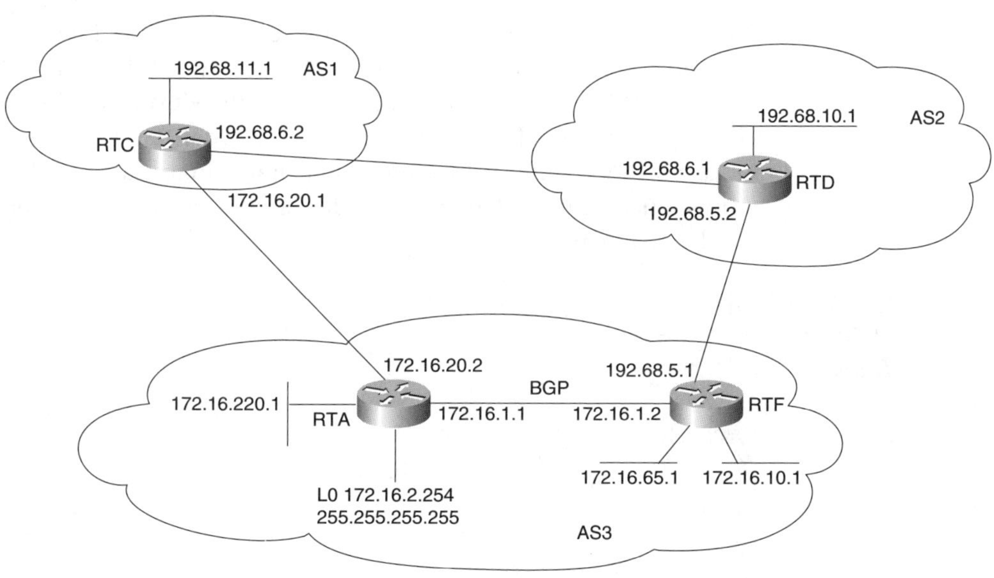

Bild 11.10: BGP-Aggregation (Unterdrückung der spezifischen Routen)

Die Konfiguration in Beispiel 11.51 zeigt, wie RTA alle diese Routen zu einem einzigen Präfix 172.16.0.0/16 bündeln kann und es an RTC schickt. Dabei wird natürlich vorausgesetzt, dass AS3 das einzige Mitglied der B-Klasse 172.16.0.0/16 ist. RTF nimmt also dieselbe Bündelung mit einer ähnlichen Konfiguration wie RTA an seinen Enden vor.

Beispiel 11.51: RTA Konfiguration: Aggregation der Routen in einem einzelnen Präfix um sie zu RTC zu senden

```
router bgp 3
 no synchronization
 network 172.16.1.0 mask 255.255.255.0
 network 172.16.10.0 mask 255.255.255.0
 network 172.16.65.0 mask 255.255.255.192
 network 172.16.220.0 mask 255.255.255.0
 aggregate-address 172.16.0.0 255.255.0.0 summary-only
 neighbor 172.16.1.2 remote-as 3
 neighbor 172.16.1.2 update-source Loopback0
 neighbor 172.16.20.1 remote-as 1
 neighbor 172.16.20.1 filter-list 10 out
 no auto-summary

ip as-path access-list 10 permit ^$
```

Die Konfiguration von RTA benutzt den **aggregate-address**-Befehl, um alle spezifischeren Routen von 172.16.0.0/16 in einer einzelnen Adresse zu bündeln.

Die BGP-Tabelle des RTA (siehe Beispiel 11.52) deutet an, dass ein neues Aggregat von diesem Router (der NEXT_HOP lautet 0.0.0.0) 172.16.0.0/16 hervorgebracht wurde, wodurch jedes spezifischere Präfixe unterdrückt worden ist (Beachten Sie das **s** links außen). In diesem Fall hätte man dasselbe Ergebnis auch durch den Einsatz der auto-Zusammenfassung erzielen können.

Beispiel 11.52: RTA BGP Tabelle

```
RTA#show ip bgp
BGP table version is 14, local router ID is 172.16.2.254
Status codes: s suppressed, d damped, h history, * valid, > best,
 i - internal Origin codes: i - IGP, e - EGP, ? - incomplete
  Network          Next Hop      Metric LocPrf Weight Path
*> 172.16.0.0      0.0.0.0                  32768 i
* i                172.16.1.2            100    0 i
s> 172.16.1.0/24   0.0.0.0            0         32768 i
s> 172.16.10.0/24  172.16.1.2        20         32768 i
s> 172.16.65.0/26  172.16.1.2        20         32768 i
s> 172.16.220.0/24 0.0.0.0            0         32768 i
* 192.68.10.0      172.16.20.1                    0 1 2 i
*>i                172.16.1.2         0  100      0 2 i
*> 192.68.11.0     172.16.20.1        0           0 1 i
```

Der Output der BGP-Tabelle des RTC in Beispiel 11.53 zeigt, dass das einzige von RTA erlernte Präfix das Aggregat 172.16.0.0/16 ist. Da RTF dieselbe Bündelung ebenfalls durchführt, wird RTC (next hop RTD über AS2) auch ein von RTF stammendes Aggregat erlernen.

Beispiel 11.53: RTC BGP Tabelle

```
RTC#show ip bgp
BGP table version is 22, local router ID is 192.68.11.1
Status codes: s suppressed, d damped, h history, * valid, > best,
 i - internal Origin codes: i - IGP, e - EGP, ? - incomplete
   Network          Next Hop      Metric LocPrf Weight Path
*> 172.16.0.0       172.16.20.2                      0 3 i
*                   192.68.6.1                       0 2 3 i
*> 192.68.10.0      192.68.6.1         0             0 2 i
*> 192.68.11.0      0.0.0.0            0         32768 i
```

Sehen wir uns den spezifischen Aggregatseintrag 172.16.0.0/16 an: Beispiel 11.54 liefert noch mehr Informationen über das Aggregat selbst.

Beispiel 11.54: RTC BGP Ausgabe

```
RTC#show ip bgp 172.16.0.0
BGP routing table entry for 172.16.0.0/16, version 22
Paths: (2 available, best #1, advertised over EBGP)
 3, (aggregated by 3 172.16.2.254)
  172.16.20.2 from 172.16.20.2 (172.16.2.254)
   Origin IGP, valid, external, atomic-aggregate, best
 2 3, (aggregated by 3 192.68.5.1)
  192.68.6.1 from 192.68.6.1 (192.68.10.1)
   Origin IGP, valid, external, atomic-aggregate
```

Beachten Sie die Präsenz des ATOMIC_AGGREGATE-Attributs, welches anzeigt, ob Präfix 172.16.0.0/16 ein Aggregat ist. Beachten Sie außerdem die Anwesenheit der **aggregated by 3 172.16.2.254** und **aggregated by 3 192.68.5.1**-Aussagen, die das AGGREGATOR-Attribut repräsentieren. Das AGGREGATOR-Attribut (siehe 6. Kapitel) verweist auf die AS-Nummer und die ROUTER_ID des Routers, der das Aggregat hervorgebracht hat: in unserem Fall also auf AS3 und die ROUTER_IDs von RTA und RTF hingewiesen.

Aggregate können auch von statischen Routen erstellt werden, wie die Konfiguration von RTA in Beispiel 11.55 und die Konfiguration von RTF in Beispiel 11.56 demonstrieren.

Beispiel 11.55: Erzeugung von Aggregaten mit statischen Routen: RTA Konfiguration

```
router bgp 3
 no synchronization
 network 172.16.0.0
 neighbor 172.16.1.2 remote-as 3
 neighbor 172.16.1.2 update-source Loopback0
 neighbor 172.16.20.1 remote-as 1
 neighbor 172.16.20.1 filter-list 10 out
 no auto-summary

ip route 172.16.0.0 255.255.0.0 null0
ip as-path access-list 10 permit ^$
```

Beispiel 11.56: Erzeugung von Aggregaten mit statischen Routen: RTF Konfiguration

```
router bgp 3
 no synchronization
 network 172.16.0.0
 neighbor 172.16.2.254 remote-as 3
 neighbor 172.16.2.254 next-hop-self
 neighbor 192.68.5.2 remote-as 2
 neighbor 192.68.5.2 filter-list 10 out
 no auto-summary

ip route 172.16.0.0 255.255.0.0 null0
ip as-path access-list 10 permit ^$
```

Die Konfiguration in Beispiel 11.55 und Beispiel 11.56 platziert eine statische Instanz von 172.16.0.0/16 in die Routingtabelle. Beachten Sie, dass der statische Eintrag auf *null 0* (Bit *bucket*) zeigt. Wenn RTA oder RTF keine Kenntnis von den spezifischeren Routen zu 172.16.0.0 haben, wird der Verkehr eingestellt. Dies passiert, um Schleifen zu verhindern, im Falle, dass RTA oder RTF Default-Routen zu ihrem Provider folgen. (siehe auch Kapitel 3).

11.7.2 Aggregat plus spezifischere Routen

In manchen Fällen müssen spezifischere Routen zusätzlich zu den Aggregaten an die benachbarten AS weitergegeben werden. Dies wird normalerweise in ASs vorgenommen, die mit einem Provider vielfach verknüpft sind. Ein AS (der Provider), das die spezifischeren Routen erhält, wäre in der Lage zu entscheiden, wie die Route besser zu erreichen wäre (Sie haben ja bereits gesehen, dass ein AS, das verschiedene Metren erhält, den Verkehr entsprechend leiten kann). Bild 11.11 veranschaulicht die Topologie dieses Szenarios.

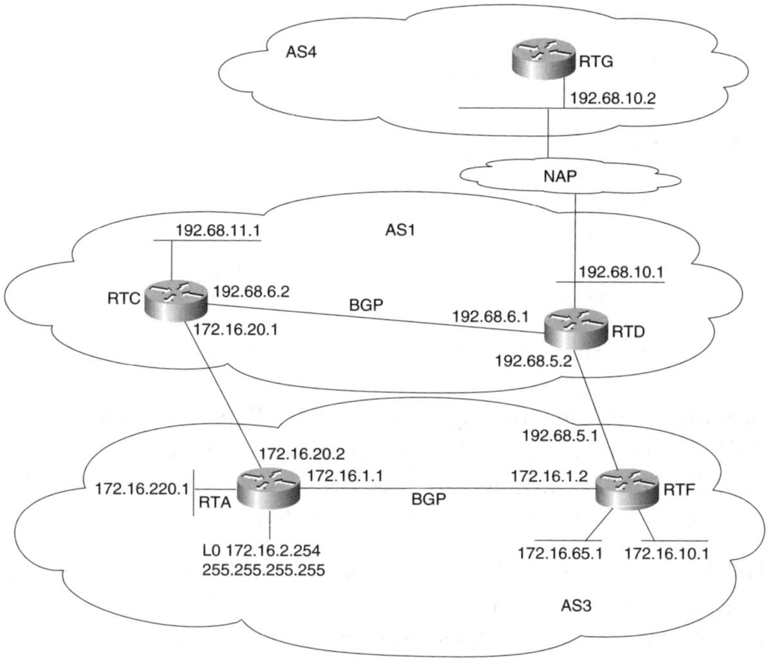

Bild 11.11: Weitere BGP Szenarien

In Bild 11.11 ist AS3 mehrfach mit einem Provider, AS1, verbunden. Durch die Konfigurationen in Beispiel 11.57 und Beispiel 11.58 können RTA und RTF (in AS3) das Aggregat 172.16.0.0/16 und die spezifischeren Routen zu AS1 senden.

Beispiel 11.57: Vielfachverbindung (Multihoming) zu einem einzelnen Provider: RTA-Konfiguration

```
router bgp 3
 no synchronization
 network 172.16.1.0 mask 255.255.255.0
 network 172.16.10.0 mask 255.255.255.0
 network 172.16.65.0 mask 255.255.255.192
 network 172.16.220.0 mask 255.255.255.0
 aggregate-address 172.16.0.0 255.255.0.0
 neighbor 172.16.1.2 remote-as 3
 neighbor 172.16.1.2 update-source Loopback0
 neighbor 172.16.20.1 remote-as 1
 neighbor 172.16.20.1 filter-list 10 out
 no auto-summary

ip as-path access-list 10 permit ^$
```

Beispiel 11.58: Multihoming zu einem einzelnen Provider: RTF-Konfiguration

```
router bgp 3
 no synchronization
 network 172.16.1.0 mask 255.255.255.0
 network 172.16.10.0 mask 255.255.255.0
 network 172.16.65.0 mask 255.255.255.192
 network 172.16.220.0 mask 255.255.255.0
 aggregate-address 172.16.0.0 255.255.0.0
 neighbor 172.16.2.254 remote-as 3
 neighbor 172.16.2.254 next-hop-self
 neighbor 192.68.5.2 remote-as 1
 neighbor 192.68.5.2 filter-list 10 out
 no auto-summary

ip as-path access-list 10 permit ^$
```

Beachten Sie, dass der **aggregate-adress**-Befehl sowohl in der RTA als auch in der RTF-Konfiguration nicht den **summary–only**-Parameter enthält, so dass beide, das Aggregat und die spezifischen Routen veröffentlicht werden.

Die BGP-Tabelle des RTC, in Beispiel 11.59 dargestellt, zeigt, dass RTC das Aggregat 172.16.0.0/16 zusätzlich zu den höher spezifischen Routen erlernt hat. RTD wird dieselbe Information erhalten.

Beispiel 11.59: Multihoming zu einem einzelnen Provider: RTCs BGP-Tabelle

```
RTC#show ip bgp
BGP table version is 28, local router ID is 192.68.11.1
Status codes: s suppressed, d damped, h history, * valid, > best,
 i - internal Origin codes: i - IGP, e - EGP, ? - incomplete
  Network          Next Hop        Metric LocPrf Weight Path
* i172.16.0.0      192.68.6.1                100      0 3 i
*>                 172.16.20.2                        0 3 i
* i172.16.1.0/24   192.68.6.1           0    100      0 3 i
*>                 172.16.20.2          0             0 3 i
* i172.16.10.0/24  192.68.6.1           0    100      0 3 i
*>                 172.16.20.2         20             0 3 i
* i172.16.65.0/26  192.68.6.1           0    100      0 3 i
*>                 172.16.20.2         20             0 3 i
* i172.16.220.0/24 192.68.6.1          20    100      0 3 i
*>                 172.16.20.2          0             0 3 i
*>i192.68.10.0     192.68.6.1           0    100      0 i
*> 192.68.11.0     0.0.0.0              0         32768 i
```

Durch Verwendung des COMMUNITY-Attributs **no-export** können RTA und RTF die Router RTC und RTD anweisen, die spezifischeren Routen nicht zu exportieren und nur das Aggregat 172.16.0.0/16 zu AS4 zu schicken. Dies hilft, die Ausdehnung der Routingtabellen zu kontrollieren, vorausgesetzt AS4 kommt mit der Aggregatsroute alleine aus. Beispiel 11.60 zeigt die erforderliche Konfiguration von RTF, um dies zu erreichen. RTA wird die gleiche relative Konfiguration haben.

Beispiel 11.60: Unterdrückung des Exports spezifischer Routen: RTF-Konfiguration

```
router bgp 3
 no synchronization
 network 172.16.1.0 mask 255.255.255.0
 network 172.16.10.0 mask 255.255.255.0
 network 172.16.65.0 mask 255.255.255.192
 network 172.16.220.0 mask 255.255.255.0
 aggregate-address 172.16.0.0 255.255.0.0
 neighbor 172.16.2.254 remote-as 3
 neighbor 172.16.2.254 next-hop-self
 neighbor 192.68.5.2 remote-as 1
 neighbor 192.68.5.2 send-community
 neighbor 192.68.5.2 route-map SETCOMMUNITY out
 neighbor 192.68.5.2 filter-list 10 out
 no auto-summary

ip as-path access-list 10 permit ^$
access-list 101 permit ip 172.16.0.0 0.0.255.255 host 255.255.0.0

Route-map SETCOMMUNITY permit 10
 match ip address 101

Route-map SETCOMMUNITY permit 20
set community no-export
```

Beispiel 11.60: RTF wird vielfache Instanzen der **route-map SETCOMMUNITY** verwenden, um die spezifischeren Routen 172.16.1.0/24, 172.16.220.0/24, 172.16.10.0/24 und 172.16.65.0/26 dem **community no-export** zuzuordnen. Dieser weist RTD an, diese Routen nicht an externe ASs, wie zum Beispiel AS4 zu senden. Andererseits wird das Aggregat 172.16.0.0/16 unmodifiziert und ohne COMMUNITY-Angabe weitergegeben und an AS4 gesandt.

Entscheidungsinstanz 10 der Routenkarte benutzt die Zugangsliste 101, die nur auf das Aggregat 172.16.0.0/16 zutrifft. Beachten Sie, wie der Host 255.225.0.0 als Bestandteil der Zugangsliste sicherstellt, dass kein anderer Eintrag, der mit 172.16 anfängt, passt. Dies geschieht, indem man die Maske auf exakt 255.255.0.0 und keinen anderen Wert festlegt. Entscheidungsinstanz 10 legt keine COMMUNITY-Werte fest. Darum wird das Aggregat so weitergegeben, wie es ist.

Entscheidungsinstanz 20 wird sicherstellen, dass alle spezifischeren Routen die COMMUNITY **no-export** haben.

Beispiel 11.61 und Beispiel 11.62 zeigen die benötigten Konfigurationen für RTC und RTD.

Beispiel 11.61: RTC-Konfiguration

```
router bgp 1
 no synchronization
 network 192.68.11.0
 neighbor 172.16.20.2 remote-as 3
 neighbor 192.68.6.1 remote-as 1
 neighbor 192.68.6.1 next-hop-self
 neighbor 192.68.6.1 send-community
 no auto-summary
```

Beispiel 11.62: RTD-Konfiguration

```
router bgp 1
 no synchronization
 network 192.68.10.0
 neighbor 192.68.5.1 remote-as 3
 neighbor 192.68.6.2 remote-as 1
 neighbor 192.68.6.2 next-hop-self
 neighbor 192.68.10.2 remote-as 4
 no auto-summary
```

Beachten Sie den **send-community** Nachbarparameter in der Konfiguration von RTC in Beispiel 11.61. Da RTA dieselbe Bündelung durchführt, wird RTD die spezifischen Routen von seiner IBGP-Session mit RTC erhalten. Wenn RTC die **no-export** COMMUNITY nicht an RTD weitergibt, wird RTD die spezifischen Routen zu den externen Partnern leiten.

Beispiel 11.63 zeigt ausgewählte Einträge in die BGP-Tabelle des RTD. Der erste Eintrag weist darauf hin, dass Präfix 172.16.220.0/24 nicht an die EBGP-Partner gesandet wird. Dies liegt daran, dass RTA und RTF dieses Präfix (und alle anderen spezifischen Routen) mit einem COMMUNITY-Wert von **no-export** versehen hat. Der zweite Eintrag weist darauf hin, dass das Aggregat an sich durch RTA und RTF als Aggregat geschaffen worden ist. Das Aggregat wird zum autonomen System AS4 weitergeleitet.

Beispiel 11.63: RTDs BGP-Output

```
RTD#show ip bgp 172.16.220.0
BGP routing table entry for 172.16.220.0/24, version 5
Paths: (2 available, best #2, not advertised to EBGP peer)
 3
  192.68.5.1 from 192.68.5.1
   Origin IGP, metric 20, valid, external
   Community: no-export
 3
  192.68.6.2 from 192.68.6.2 (192.68.11.1)
   Origin IGP, metric 0, localpref 100, valid, internal, best
   Community: no-export

RTD#show ip bgp 172.16.0.0
BGP routing table entry for 172.16.0.0/16, version 8
Paths: (2 available, best #1, advertised over IBGP, EBGP)
 3, (aggregated by 3 192.68.5.1)
  192.68.5.1 from 192.68.5.1
   Origin IGP, valid, external, atomic-aggregate, best
 3, (aggregated by 3 172.16.2.254)
  192.68.6.2 from 192.68.6.2 (192.68.11.1)
   Origin IGP, localpref 100, valid, internal, atomic-aggregate
```

Sehen Sie sich die BGP-Tabelle von RTG in Beispiel 11.64 an: Sie werden feststellen, dass nur das Aggregat 172.16.0.0/16 von AS3 nach AS4 weitergeleitet worden ist. Alle spezifischeren Routen erscheinen nicht.

Beispiel 11.64: RTGs BGP-Routingtabelle

```
RTG#show ip bgp
BGP table version is 14, local router ID is 192.68.10.2
Status codes: s suppressed, d damped, h history, * valid, > best,
 i - internal Origin codes: i - IGP, e - EGP, ? - incomplete
  Network          Next Hop         Metric LocPrf Weight Path
*> 172.16.0.0      192.68.10.1                         0 1 3 i
*> 192.68.10.0     192.68.10.1           0             0 1 i
*> 192.68.11.0     192.68.10.1                         0 1 i
```

11.7.3 Aggregate mit einer Auslese spezifischerer Routen

Bild 11.12 zeigt, wie AS3 durch Bündelung in Kombination mit spezifischeren Routen beeinflusst, welchen Link AS1 verwendet, um das Netzwerk von AS3 zu erreichen.

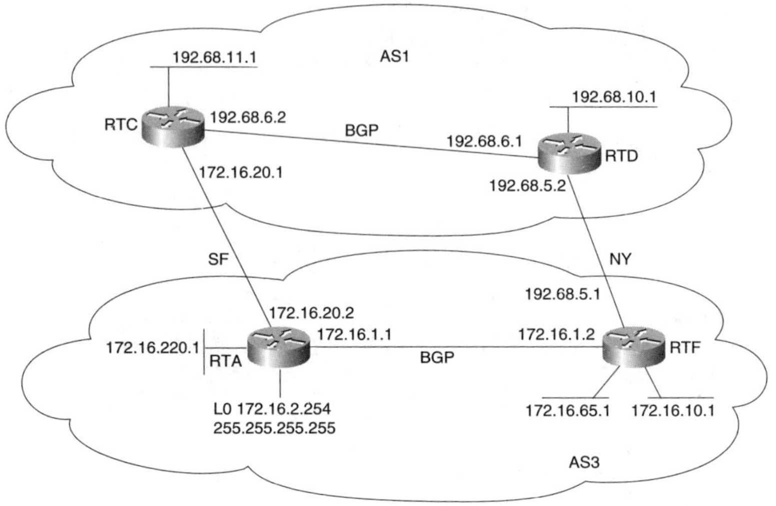

Bild 11.12: BGP-Aggregate mit einer Auswahl spezifischer Routen

RTA wird das Aggregat 172.16.0.0/16 und die spezifischeren Routen 172.16.1.0/24, 172.16.10.0/24 und 172.16.65.0/26 über seinen direkten Link zu AS1 senden. RTF wird über seinen direkten Link zu AS3 nur das Aggregat 172.16.0.0/16 und die spezifischere Route 172.16.220.0/24 schicken. Dadurch wird AS1 gezwungen, nach 172.16.220.0/24 den Weg über RTF zu gehen und sich allen anderen Routen innerhalb des AS3 über RTA zu nähern.

Die *suppress map* ist eine andere Routenkarten-Form, die dazu benutzt werden kann, anzuzeigen, ob die spezifischeren Routen zu unterdrücken oder zuzulassen sind. Wird eine Route der *suppress map* zugeordnet, wird ihr sozusagen die rote Karte zuteil, sie wird also unterdrückt. Wenn die Route nicht in der Unterdrückungskarte aufgeführt ist (sie also dort abgelehnt wird), so wird die Route nicht unterdrückt, sie ist also zulässig. Beachten Sie, dass die Verweigerungslogik diese Route nicht davor bewahrt, gesendet zu werden, sie bewahrt sie davor, unterdrückt zu werden. Beispiel 11.65 demonstriert den Gebrauch einer Unterdrückungskarte.

```
router bgp 3
 no synchronization
 network 172.16.1.0 mask 255.255.255.0
 network 172.16.10.0 mask 255.255.255.0
 network 172.16.65.0 mask 255.255.255.192
 network 172.16.220.0 mask 255.255.255.0
 aggregate-address 172.16.0.0 255.255.0.0 suppress-map SUPPRESS
 neighbor 172.16.1.2 remote-as 3
 neighbor 172.16.1.2 update-source Loopback0
 neighbor 172.16.20.1 remote-as 1
 neighbor 172.16.20.1 filter-list 10 out
 no auto-summary

ip as-path access-list 10 permit ^$
access-list 1 permit 172.16.220.0 0.0.0.255
access-list 1 deny any

route-map SUPPRESS permit 10
 match ip address 1
```

Beispiel 11.65: Verwendung einer BGP-Unterdrückungskarte

Die Konfiguration des RTA nutzt eine Unterdrückungskarte, genannt SUPPRESS, die 172.16.220.0/24 davor bewahren wird, gesendet zu werden und dabei alle anderen Routen aktiviert. Als Ergebnis wird RTA das Aggregat 172.16.0.0/16 und die spezifischeren Routen 172.16.1.0/24, 172.16.10.0/24 und 172.16.65.0/26 ankündigen. Beispiel 11.66 zeigt die BGP-Tabelle des RTA. Achten Sie wieder darauf, wie die unterdrückten Einträge das s ganz links außen haben.

```
RTA#show ip bgp
BGP table version is 17, local router ID is 172.16.2.254
Status codes: s suppressed, d damped, h history, * valid, > best,
 i - internal Origin codes: i - IGP, e - EGP, ? - incomplete
  Network          Next Hop     Metric LocPrf Weight Path
* i172.16.0.0      172.16.1.2             100      0 i
*>                 0.0.0.0                     32768 i
*> 172.16.1.0/24   0.0.0.0           0             32768 i
*> 172.16.10.0/24  172.16.1.2       20             32768 i
*> 172.16.65.0/26  172.16.1.2       20             32768 i
s> 172.16.220.0/24 0.0.0.0           0             32768 i
* i192.68.10.0     172.16.1.2        0    100          0 1 i
*>                 172.16.20.1                         0 1 i
* i192.68.11.0     172.16.1.2        0    100          0 1 i
*>                 172.16.20.1       0                 0 1 i
```

Beispiel 11.66: RTAs BGP-Tabelle

Andererseits wird RTF einer einfachen Logik folgen, um das Aggregat und die spezifischere Route 172.16.220.0/24 anzukündigen. Beispiel 11.67 zeigt die Konfiguration für RTF.

Beispiel 11.67: RTF-Konfiguration

```
router bgp 3
 no synchronization
 network 172.16.1.0 mask 255.255.255.0
 network 172.16.10.0 mask 255.255.255.0
 network 172.16.65.0 mask 255.255.255.192
 network 172.16.220.0 mask 255.255.255.0
 aggregate-address 172.16.0.0 255.255.0.0 suppress-map ALLOW
 neighbor 172.16.2.254 remote-as 3
 neighbor 172.16.2.254 next-hop-self
 neighbor 192.68.5.2 remote-as 1
 neighbor 192.68.5.2 filter-list 10 out
 no auto-summary

ip as-path access-list 10 permit ^$
access-list 1 deny 172.16.220.0 0.0.0.255
access-list 1 permit any

route-map ALLOW permit 10
 match ip address 1
```

Die Konfiguration von RTF im Beispiel 11.67 schließt eine Unterdrückungskarte genannt ALLOW ein, die das Präfix 172.16.220.0/24 zulässt und alles andere unterdrückt. Daraus folgt, dass AS1 gezwungen sein wird, RTF zu benutzen, um 172.16.220.0/24 zu erreichen. Die Namensgebung der Unterdrückungskarten SUPPRESS und ALLOW spiegelt die Hauptfunktion der Routenkarte wieder. In der Konfiguration von RTA machte es mehr Sinn, einen spezifischen Eintrag zu unterdrücken und den Rest zuzulassen, weil die Anzahl der Routen *to be allowed* groß ist. In RTFs Konfiguration erschien es sinnvoller, einen spezifischen Eintrag zuzulassen und den Rest zu unterdrücken, da die Zahl der *to be suppressed*-Routen groß ist.

Die Konfiguration von RTF in Beispiel 11.67 erlaubt es, das Aggregat 172.16.0.0/16 und die spezifischere Route 172.16.220.0/24 anzuzeigen. Allen anderen spezifischeren Routen werden unterdrückt. Beispiel 11.68 zeigt die BGP-Tabelle des RTF.

```
RTF#show ip bgp
BGP table version is 17, local router ID is 192.68.5.1
Status codes: s suppressed, d damped, h history, * valid, > best,
 i - internal Origin codes: i - IGP, e - EGP, ? - incomplete
  Network          Next Hop        Metric LocPrf Weight Path
*> 172.16.0.0      0.0.0.0                        32768 i
* i                172.16.2.254           100         0 i
s> 172.16.1.0/24   0.0.0.0              0          32768 i
s i                172.16.2.254         0   100        0 i
s> 172.16.10.0/24  0.0.0.0              0          32768 i
s i                172.16.2.254        20   100        0 i
s> 172.16.65.0/26  0.0.0.0              0          32768 i
s i                172.16.2.254        20   100        0 i
*> 172.16.220.0/24 172.16.1.1          20          32768 i
*> 192.68.10.0     192.68.5.2           0              0 1 i
* i                172.16.20.1              100        0 1 i
*> 192.68.11.0     192.68.5.2                          0 1 i
* i                172.16.20.1              100        0 1 i
```

Beispiel 11.68: RTFs BGP-Tabelle

Abhängig von der vorhergehenden Konfiguration von RTA und RTF in Beispiel 11.65 und Beispiel 11.67, wird AS1 172.16.220.0/24 nur über den RTD-RTF Link und 172.16.1.0/24, 172.16.65.0/26 und 172.16.10.0/24 über den RTC-RTA-Link erreichen. Dies wird anhand der BGP-Tabelle des RTD in Beispiel 11.69 veranschaulicht.

```
RTD#show ip bgp
BGP table version is 19, local router ID is 192.68.10.1
Status codes: s suppressed, d damped, h history, * valid, > best,
 i - internal Origin codes: i - IGP, e - EGP, ? - incomplete
  Network          Next Hop      Metric LocPrf Weight Path
* i172.16.0.0      192.68.6.2             100       0 3 i
*>                 192.68.5.1                       0 3 i
*>i172.16.1.0/24   192.68.6.2         0   100       0 3 i
*>i172.16.10.0/24  192.68.6.2        20   100       0 3 i
*>i172.16.65.0/26  192.68.6.2        20   100       0 3 i
*> 172.16.220.0/24 192.68.5.1        20             0 3 i
*> 192.68.10.0     0.0.0.0            0         32768 i
*>i192.68.11.0     192.68.6.2         0   100       0 i
```

Beispiel 11.69: RTDs BGP-Tabelle

RTD steht nur eine Möglichkeit zu Verfügung, 172.16.220.0/24 zu erreichen und zwar über den RTD-RTF-Link. Im Falle eines Linkversagens wird das Aggregat weiterhin über beide Links gesendet, und die Route wird dem Aggregat folgen.

In bestimmten Situationen fordern Administratoren, dass Nachbarn einige der bereits unterdrückten spezifischen Routen erhalten. Die Unterdrückung könnte über den **summary-only**-Parameter oder durch den **neighbor**-Befehl ausgeführt worden sein. Für diesen Fall stellt Cisco eine andere Form der Routenkarte, genannt *unsuppress map*, zur Verfügung, die auf Nachbar-Basis angewandt wird. Die *unsuppress map* ermöglicht es, dass Routen, die zu einem früheren Zeitpunkt einmal unterdrückt wurden, wieder gesendet werden. Wenn Sie zum Beispiel wollten, dass 172.16.220.0/24 durch RTA davor bewahrt wird, in Richtung auf 172.16.1.2 (RTF) unterdrückt zu werden, würden Sie die in Beispiel 11.70 gezeigte RTA-Routerkonfiguration verwenden.

Beispiel 11.70: RTA-Konfiguration

```
neighbor 172.16.1.2 unsuppress-map AllowSpecifics

route-map AllowSpecifics permit 10
match ip address 1

access-list 1 permit 172.16.220.0 0.0.0.255
```

Die Konfiguration nach Beispiel 11.70 erlaubt die Absendung des Präfixes 172.16.220.0/24 in Richtung RTF.

11.7.4 Informationsverlust innerhalb von Aggragaten

Durch Aggregation gehen Daten verloren. Die detaillierten, in den spezifischen Präfixen vorhandenen Informationen gehen bei der Zusammenfassung in Aggregate verloren. Der Zweck von AS_SET besteht darin, zu versuchen, die in den spezifischen Routen vorhandenen Attribute in einem mathematischen SET zu verwahren. Dieses Set vermittelt uns einen besseren Eindruck von den Elementen des Aggregats. Bild 11.13 veranschaulicht die Netzwerkstopologie für dieses Szenario.

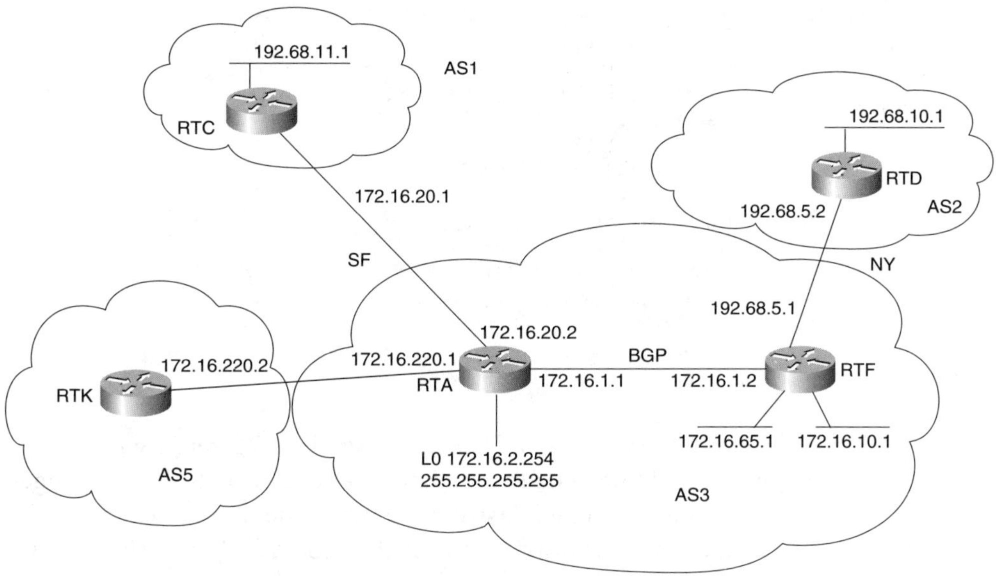

Bild 11.13: Umgang mit Informationsverlust in Zusammenhang mit Aggregaten

In Bild 11.13 bündelt RTA die von AS2 bzw. AS1 kommenden Präfixe 192.68.10.0/24 und 192.68.11.0/24. Ohne AS_SET wird das Aggregat 192.68.0.0/16 als ursprünglich von AS3 stammend angesehen und es wird alle spezifischen Attributinformationen verlieren, die die individuellen Präfixe 192.68.10.0/24 und 192.68.11.0/24 besitzen. Sie werden zwei Konfigurationsmöglichkeiten für RTA bemerken – zuerst ohne AS_SET (Beispiel 11.71) und dann mit AS_SET (Beispiel 11.73). Sie werden sehen, wie das Aggregat 192.68.0.0/16 in beiden Szenarien aussehen wird.

Beispiel 11.71: RTA-Konfiguration ohne AS_SET

```
router bgp 3
 no synchronization
 network 172.16.1.0 mask 255.255.255.0
 network 172.16.10.0 mask 255.255.255.0
 network 172.16.65.0 mask 255.255.255.192
 network 172.16.220.0 mask 255.255.255.0
 aggregate-address 192.68.0.0 255.255.0.0
 neighbor 172.16.1.2 remote-as 3
 neighbor 172.16.1.2 update-source Loopback0
 neighbor 172.16.20.1 remote-as 1
 neighbor 172.16.20.1 filter-list 10 out
 neighbor 172.16.220.2 remote-as 5
 no auto-summary

ip as-path access-list 10 permit ^$
```

Die BGP-Tabelle von RTK in Beispiel 11.72 zeigt, wie das Aggregat 192.68.0.0./16 aussieht, wenn es von RTK empfangen wird. Beachten Sie, dass das Aggregat die individuellen Pfadinformationen verloren hat, da der AS_PATH nur aus der AS-Nummer 3 besteht.

Beispiel 11.72: RTKs BGP-Tabelle

```
RTK#show ip bgp
BGP table version is 8, local router ID is 172.16.220.2
Status codes: s suppressed, d damped, h history, * valid, > best,
 i - internal Origin codes: i - IGP, e - EGP, ? - incomplete
  Network          Next Hop       Metric LocPrf Weight Path
*> 172.16.1.0/24   172.16.220.1     0            0 3 i
*> 172.16.10.0/24  172.16.220.1    20            0 3 i
*> 172.16.65.0/26  172.16.220.1    20            0 3 i
*> 172.16.220.0/24 172.16.220.1     0            0 3 i
*> 192.68.0.0/16   172.16.220.1                  0 3 i
*> 192.68.10.0     172.16.220.1                  0 3 2 i
*> 192.68.11.0     172.16.220.1                  0 3 1 i
```

Die Verwendung des AS_SET-Konzepts wird anhand der Konfiguration in Beispiel 11.73 demonstriert. Das Aggregat wird von RTA mit einem SET der Pfadinformationen abgeschickt.

```
router bgp 3
 no synchronization
 network 172.16.1.0 mask 255.255.255.0
 network 172.16.10.0 mask 255.255.255.0
 network 172.16.65.0 mask 255.255.255.192
 network 172.16.220.0 mask 255.255.255.0
 aggregate-address 192.68.0.0 255.255.0.0 as-set
 neighbor 172.16.1.2 remote-as 3
 neighbor 172.16.1.2 update-source Loopback0
 neighbor 172.16.20.1 remote-as 1
 neighbor 172.16.20.1 filter-list 10 out
 neighbor 172.16.220.2 remote-as 5
 no auto-summary

ip as-path access-list 10 permit ^$
```

Beispiel 11.73: RTA-Konfiguration mit AS_SET

Achten Sie darauf, wie sich das Aggregat 192.68.0.0/16 in der BGP-Routingtabelle des RTK in Beispiel 11.74 verändert, um in seiner Pfadinformation ein SET {2,1} aufzunehmen. Dies weist darauf hin, dass das Aggregat wirklich die Routen, die über AS1 oder AS2 gegangen sind, hinzufügt. Die AS_SET-Informationen werden wichtig, um Routingschleifen vermeiden zu können, weil sie einen Hinweis beinhalten, der angibt, wo die Route verlaufen ist.

```
RTK#show ip bgp
BGP table version is 12, local router ID is 172.16.220.2
Status codes: s suppressed, d damped, h history, * valid, > best,
 i - internal Origin codes: i - IGP, e - EGP, ? - incomplete

  Network          Next Hop       Metric LocPrf Weight Path
*> 172.16.1.0/24   172.16.220.1        0             0 3 i
*> 172.16.10.0/24  172.16.220.1       20             0 3 i
*> 172.16.65.0/26  172.16.220.1       20             0 3 i
*> 172.16.220.0/24 172.16.220.1        0             0 3 i
*> 192.68.0.0/16   172.16.220.1                      0 3 {2,1} i
*> 192.68.10.0     172.16.220.1                      0 3 2 i
*> 192.68.11.0     172.16.220.1                      0 3 1 i
```

Beispiel 11.74: RTKs BGP-Tabelle

Falls das Aggregat AS1 oder AS2 erreicht, wird das BGP-Schleifensuchprogramm die SET-Informationen bemerken und das Aggregat fallen lassen.

Angenommen, dass das Aggregat durch die AS_SET-Information über jede einzelne Route, die gebündelt wurde, enthält, werden Änderungen der einzelnen Routen dazu führen, dass das Aggregat aktualisiert wird. Das heißt für unser Beispiel: Sollte 192.68.11.0/24 ausfallen, so wird sich die Pfadinformation von 3 {2,1} zu 3 2 ändern und das Aggregat wird aktualisiert. Ob das Aggregat nun 10 oder Hunderte von Routen zusammenfasst, es wird ständig oszillieren, wenn die Routen, die das Aggregat bilden, instabil sind.

11.7.5 Modifizierung der Attribute des Aggregats

In manchen Situationen muss man die Aggregatsattribute verändern. Das Beispiel in diesem Abschnitt zeigt ein Szenario, in dem dies nützlich sein könnte.

Wie Sie bereits bemerkt haben, kann das Aggregat Informationen über seine einzelnen Elemente tragen, wenn es mit der AS_SET-Option konfiguriert wurde. Wenn eine oder mehrere Routen, die das AS_SET-Aggregat bilden, mit dem **no-export** COMMUNITY-Attribut konfiguriert sind, wird auch das Aggregat dasselbe Attribut enthalten. Dies wird einen Export des Aggregats verhindern. Um dieser Situation abzuhelfen, können Sie das COMMUNITY-Attribut der Aggregate modifizieren, indem sie das benutzen, was Cisco eine **attribute map** nennt. Dies ist eine andere Form einer Routenkarte, die nur Aggregate gültig ist.

In dem in Bild 11.13 beschriebenen Netzwerk versieht RTC 192.68.11.0/24 mit einem **no-export** COMMUNITY-Wert. Wenn RTA 192.68.11.0/24 unter Nutzung von AS_SET zu 192.68.0.0/16 bündelt, wird das Aggregat selbst auch die **no-export** COMMUNITY-Angabe enthalten. Beispiel 11.75 und Beispiel 11.76 zeigen die Konfigurationen von RTC und RTA, die benötigt werden, um dieses Verhalten durchzusetzen.

Beispiel 11.75: RTC-Konfiguration

```
router bgp 1
 network 192.68.11.0
 neighbor 172.16.20.2 remote-as 3
 neighbor 172.16.20.2 send-community
 neighbor 172.16.20.2 route-map SETCOMMUNITY out
 no auto-summary

access-list 1 permit 192.68.11.0 0.0.0.255

route-map SETCOMMUNITY permit 10
 match ip address 1
 set community no-export

route-map SETCOMMUNITY permit 20
```

Beispiel 11.76: RTA-Konfiguration

```
router bgp 3
 no synchronization
 network 172.16.1.0 mask 255.255.255.0
 network 172.16.10.0 mask 255.255.255.0
 network 172.16.65.0 mask 255.255.255.192
 network 172.16.220.0 mask 255.255.255.0
 aggregate-address 192.68.0.0 255.255.0.0 as-set
 neighbor 172.16.1.2 remote-as 3
 neighbor 172.16.1.2 update-source Loopback0
 neighbor 172.16.20.1 remote-as 1
 neighbor 172.16.20.1 filter-list 10 out
 neighbor 172.16.220.2 remote-as 5
 no auto-summary

ip as-path access-list 10 permit ^$
```

Da RTA die Bündelung unter Einsatz des AS_SET durchführt, wird das Aggregat selbst alle Elemente enthalten, die auch die einzelnen Routen besitzen – insbesondere die **no-export** COMMUNITY-Angabe, die von Präfix 192.68.11.0/24 (erstellt von RTC) stammt. Beachten Sie, wie die in Beispiel 11.77 gezeigte BGP-Tabelle des RTA darauf hinweist, dass 192.68.0.0/16 nicht an EBGP-Partner gesendet werden darf.

Beispiel 11.77: RTAs BGP-Output

```
RTA#show ip bgp 192.68.0.0
BGP routing table entry for 192.68.0.0 255.255.0.0, version 22
Paths: (2 available, best #2, not advertised to EBGP peer,
advertised over IBGP)
 Local (aggregated by 3 192.68.5.1)
  172.16.1.2 from 172.16.1.2 (192.68.5.1)
   Origin IGP, localpref 100, valid, internal, atomic-aggregate
 {2,1} (aggregated by 3 172.16.2.254)
  0.0.0.0
   Origin IGP, localpref 100, weight 32768, valid, aggregated, lo-
cal, best
   Community: no-export
```

Indem Sie die Attributkarte benutzen, können Sie die Aggregatsattribute manipulieren. In diesem Beispiel können Sie die COMMUNITY auf »none« setzen und erlauben so, dass das Aggregat an die EBGP-Partner gesandt wird. Die Konfiguration für RTA in Beispiel 11.78 definiert eine SET_ATTRIBUT genannte Attributkarte, die das COMMUNITY-Attribut des Aggregats auf »none« setzt.

Beispiel 11.78: RTA-Konfiguration

```
router bgp 3
 no synchronization
 network 172.16.1.0 mask 255.255.255.0
 network 172.16.10.0 mask 255.255.255.0
 network 172.16.65.0 mask 255.255.255.192
 aggregate-address 192.68.0.0 255.255.0.0 as-set attribute-map
SET_ATTRIBUTE
 neighbor 172.16.1.2 remote-as 3
 neighbor 172.16.1.2 update-source Loopback0
 neighbor 172.16.20.1 remote-as 1
neighbor 172.16.20.1 filter-list 10 out
 neighbor 172.16.220.2 remote-as 5
 no auto-summary

ip as-path access-list 10 permit ^$

route-map SET_ATTRIBUTE permit 10
 set community none
```

Beachten Sie, wie die BGP-Tabelle in Beispiel 11.79 zeigt, dass das Aggregat 192.68.0.0/16 nun an die EGP-Partner gesendet wird.

```
RTA#show ip bgp 192.68.0.0
BGP routing table entry for 192.68.0.0 255.255.0.0, version 10
Paths: (2 available, best #2, advertised over IBGP, EBGP)
 Local (aggregated by 3 192.68.5.1)
  172.16.1.2 from 172.16.1.2 (192.68.5.1)
   Origin IGP, localpref 100, valid, internal, atomic-aggregate
{2,1} (aggregated by 3 172.16.2.254)
  0.0.0.0
   Origin IGP, localpref 100, weight 32768, valid, aggregated, lo-
cal, best
```

Beispiel 11.79: RTAs BGP-Output

11.7.6 Gestaltung der Aggregate basierend auf einem Subset spezifischer Routen

Es ist sehr nützlich, die Kontrolle darüber zu haben, welche der einzelnen Präfixe das Aggregat bilden sollen, um entscheiden zu können, welche Attribute das Aggregat enthalten wird. In den vorhergehenden Abschnitten würde das Aggregat, wenn Sie das Präfix 192.68.11.0/24 als eines der Präfixe, die das Aggregat bilden, ausschließen könnten, das **no-export** COMMUNITY-Attribut nicht erben.

Die *advertise*-Karte ist wiederum eine andere Routenkartenform, mit deren Hilfe Sie eine Aggregatsroute, basierend auf einer limitierten Auswahl von spezifischeren Routen bilden können. Bild 11.14 veranschaulicht die Netzwerktopologie dieses Szenarios.

In Bild 11.14 erhalten RTA und RTF von AS1 bzw. AS2 die Routen 192.68.11.0/24 bzw. 192.68.10.0/24. Wenn RTA und RTF diese Routen unter Verwendung der **as-set**-Option in 192.68.0.0/16 bündeln müssen, können die Aggregate weder an AS1 noch an AS2 zurückgesendet werden, da im AS_PATH die Angabe {1 2 }enthalten ist. Dies ist auf das normale BGP-Verhalten bei der Entdeckung von Schleifen zurückzuführen.

Gehen Sie davon aus, dass das Aggregat 192.68.0.0/16 an AS1, jedoch nicht an AS2 zurückgesendet werden soll. Die Lösung besteht darin, AS1 nicht als Teil des AS_PATH des Aggregates zu haben, dann wird AS1 das Aggregat nicht fallen lassen. Dies kann man erreichen, indem man RTA und RTF die Aggregate nur auf Basis des Präfix 192.68.10.0/24 bilden lässt, unter Verwendung der **advertise-map**-Option.

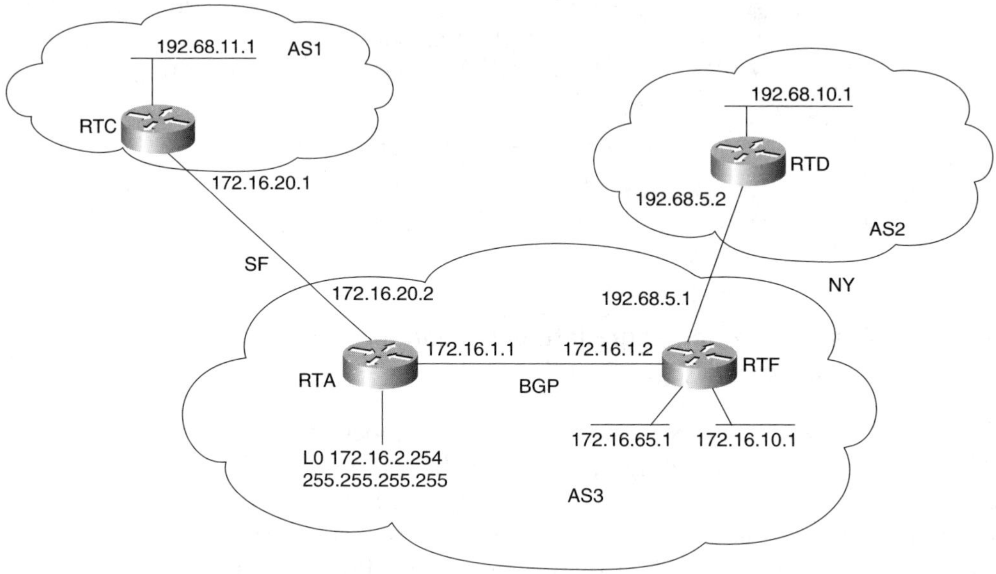

Bild 11.14: Aggregation mit Advertise Maps

Um das zu erreichen, würden Sie RTA wie in Beispiel 11.80 konfigurieren. RTF würde dieselbe relative Konfiguration erhalten.

Beispiel 11.80: RTA-Konfiguration

```
router bgp 3
 no synchronization
 network 172.16.1.0 mask 255.255.255.0
 network 172.16.10.0 mask 255.255.255.0
 network 172.16.65.0 mask 255.255.255.192
 aggregate-address 192.68.0.0 255.255.0.0 as-set advertise-map
  SELECT_MORE_SPECIF_ROUTES
 neighbor 172.16.1.2 remote-as 3
 neighbor 172.16.1.2 update-source Loopback0
 neighbor 172.16.20.1 remote-as 1
 neighbor 172.16.20.1 filter-list 10 out
 no auto-summary

ip as-path access-list 10 permit ^$

access-list 1 permit 192.68.10.0 0.0.0.255

route-map SELECT_MORE_SPECIF_ROUTES permit 10
 match ip address 1
```

Indem sie das Präfix 192.68.10.0/24 zulässt, veranlasst die *advertise*-Karte den Router RTA, seine Aggregatskalkulation nur auf 192.68.10.0/24 zu stützen. Dadurch wird 192.68.11.0/24 bei der Bildung des Aggregats nicht berücksichtigt.

Der **show ip bgp**-Befehlsoutput in Beispiel 11.81 veranschaulicht, dass die Pfadinformation des Aggregats nun 2 und nicht {1 2}ist. Das heißt, dass das Aggregat nun an AS1 weitergesendet werden kann, da der AS_PATH AS1 nicht einschließt. AS2 wird dagegen nicht in der Lage sein, das Aggregat zu empfangen.

Beispiel 11.81: RTAs BGP-Output

```
RTA#show ip bgp 192.68.0.0
BGP routing table entry for 192.68.0.0 255.255.0.0, version 31
Paths: (2 available, best #2, advertised over IBGP)
 2 (aggregated by 3 192.68.5.1)
  172.16.1.2 from 172.16.1.2 (192.68.5.1)
    Origin IGP, localpref 100, valid, internal, atomic-aggregate
 2 (aggregated by 3 172.16.2.254)
  0.0.0.0
    Origin IGP, localpref 100, weight 32768, valid, aggregated,
 local, atomic-aggregate, best
```

11.8 Vorschau

Die BGP-Attribute sind die Basiselemente im Design von Interdomain-Netzwerken. Die Kombination und Manipulation verschiedener Attribute wird für Ihr autonomes System in einer einmaligen Routingregelung resultieren. Das nächste Kapitel wird, basierend auf dem, was Sie bis jetzt gelernt haben, fortfahren. Das geschieht, indem es die Durchführung von wichtigen Designproblemen, mit denen sich jedes Netzwerk auseinandersetzen muss, darstellt. Das Kapitel liefert Ihnen außerdem Beispiele für die Kontrolle der Internetstabilität durch die Verwendung von Route-Flap-Dampening, sanfter Rekonfiguration und BGP-Routenauffrischung. Wir werden die BGP-Outbound-Routenfilter-(ORF)-Fähigkeit und das Multiprotocol-BGP (MBGP) erläutern. Wir werden das Kapitel mit einigen praktischen Beispielen zur Entwicklung von realen Routingregelungen abschließen.

Dieses Kapitel enthält die folgenden Schlüsselthemen:

- **Symmetrie, freie Kapazitäten und Ausgleich von Datenlasten** – Konfigurationsbeispiele für dynamische und statisch erlernte Grundeinstellungen, vielfache Anschlüsse zu einem oder mehreren Providern, Lastenbalance und Kunden, die sich einen Backup-Link teilen.
- **Verfolgung der Grundeinstellungen innerhalb eines AS** – Konfigurationsbeispiele für die Erstellung der Default-Routen in einer Vielzahl von Architekturen. Dieser Abschnitt analysiert ein besonderes Routingproblem, das sich ausgehend von einer Vielzahl unterschiedlicher IGPs ergeben kann.
- **Regelgerechtes Routing** – Ein Konfigurationsbeispiel für Routing, das eher auf dem Ursprung basiert als auf dem Bestimmungsort.
- **Routenreflektoren** – Ein Praxis-Beispiel für die Benutzung von Routenreflektoren in Verbindung mit Partner-Gruppen.
- **Bündnisse** – Ein Praxis-Beispiel für die Konfiguration von Zusammenschlüssen.
- **Kontrolle von Routen und *cache*-Verletzungen** – Syntax und ein Praxis-Beispiel der sanften Rekonfigurationsmöglichkeiten von BGP und der Fähigkeit, die BGP-Routen aufzufrischen.
- **Fähigkeiten des BGP-Outbound-Routen-Filters (ORF)** -BGP ORF wird durch die Fähigkeiten von BGP ermöglicht und wird benutzt, um es BGP Nachbarn zu ermöglichen, ihre eingebundenen Präfix-Listenfilter umzustoßen. Wir werden die Vorteile von BGP ORF diskutieren und außerdem Richtlinien für die Konfiguration zur Verfügung stellen.
- **Routendämpfung: Identifizierung und Unterdrückung instabiler Routen** – Syntax und ein praktisches Beispiel der BGP Routendämpfung.

Kapitel 12
Konfiguration von effektiven Regelungen für Internet-Routing

Das 11. Kapitel hat sich mit Konfigurationsbeispielen für alle grundlegenden Funktionen und Eigenschaften von BGP beschäftigt. In diesem Kapitel werden wir Beispiele berücksichtigen, welche die herausfordernden, möglicherweise widersprüchlichen, gestalterischen Ziele der Routing-Architektur behandeln. Wir werden ebenfalls Beispiele untersuchen, die als Hilfestellungen für die Verwaltung komplexer Netzwerke entwickelt wurden.

Die größte Herausforderung bei der Konfiguration Ihrer Netzwerk-Routing-Architektur ist vielleicht die Entscheidung, welche Regelungen Sie benötigen. Dieser Schritt muss natürlich vor dem aktuellen Konfigurationsprozess erfolgen und es gibt keine einfache schnelle Methode, um Ihre Regelungen herauszufinden. Eine sorgfältige Analyse der Anforderungen an das Netzwerk, das Verhalten und das potentielle Wachstum wird eine einmalige Problematik und optimale Lösungen für jedes einzelne Netzwerk aufzeigen.

12.1 Freie Kapazitäten, Symmetrie und Lastenausgleich

Die Beispiele in diesem Abschnitt veranschaulichen die Schaffung freier Kapazität durch verschiedene Routen, Symmetrie- und Lastenausgleich-Szenarien. Bitte denken Sie daran, dass diese Szenarien variabel sind. Um sich Ihrer Situation anzupassen, können eine Vielzahl von Methoden angewendet werden. Die hier vorgestellten Beispiele sollen es Ihnen erleichtern für Sie relevante Regelungen zu finden. Als erstes werden wir uns mit einer kurzen Ausführung zu den Default-Routen beschäftigen.

12.1.1 Dynamisch erlernte Default-Routen

Es ist wichtig die Default-Routen von BGP zu kontrollieren. Sollten diese zufällig entstanden sein, könnten sie ernsthafte Probleme verursachen. Probleme treten auf, wenn ein BGP-Speaker, der vorhat, die Default-Route eines spezifischen Partner zu verändern, die veränderte Default-Route an alle seine Nachbarn weitergibt. Cisco zeigt einen Weg, sodass diese Default-Routen nur einem bestimmten Nachbarn übertragen werden.

In RTA, Bild 12.1, übermittelt eine Default-Route 0.0.0.0./0 nur an RTC. IBGP-Nachbarn, wie beispielsweise RTF, werden die Default-Route nicht erhalten.

Bild 12.1: Dynamisch erlernte Default-Routen

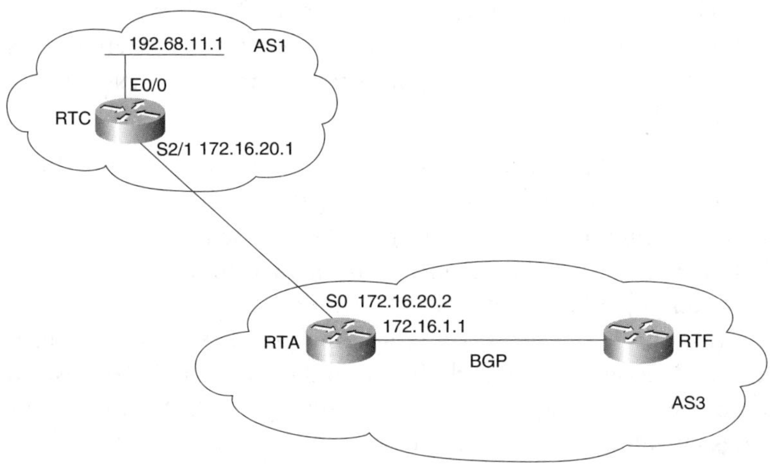

Bild 12.1 zeigt die Konfiguration für RTA.

Beispiel 12.1: RTA-Konfiguration für dynamisch erlernte Default-Routen

```
router bgp 3
 no synchronization
 network 172.16.1.0 mask 255.255.255.0
 neighbor 172.16.20.1 remote-as 1
 neighbor 172.16.20.1 default-originate
 no auto-summary
```

Die **default-originate**-Option des **neighbor**-Router Subkommandos führt dazu, dass 0/0 (die Default-Route) an RTC gesendet werden. Die BGP-und IP-Routing-Tabellen von RTC, die in Beispiel 12.2 dargestellt sind, veranschaulichen dieses.

Beispiel 12.2: BGP/IP-Routingtabellen für RTC

```
RTC#show ip bgp
BGP table version is 14, local router ID is 192.68.11.1
Status codes: s suppressed, d damped, h history, * valid, > best,
  i -internal Origin codes: i -IGP, e -EGP, ? -incomplete

  Network          Next Hop     Metric LocPrf Weight Path
*> 0.0.0.0         172.16.20.2                     0 3 i
*> 172.16.1.0/24   172.16.20.2       0             0 3 i
*> 192.68.11.0     0.0.0.0           0         32768 i

RTC#show ip route
Codes: C -connected, S -static, I -IGRP, R -RIP, M -mobile, B -BGP
    D -EIGRP, EX -EIGRP external, O -OSPF, IA -OSPF inter area
    E1 -OSPF external type 1, E2 -OSPF external type 2, E -EGP
    i -IS-IS, L1 -IS-IS level-1, L2 -IS-IS level-2,
      * -candidate default U -per-user static route

Gateway of last resort is 172.16.20.2 to network 0.0.0.0

C  192.68.11.0/24 is directly connected, Ethernet0/0
C    172.16.20.0/24 is directly connected, Serial2/1
B*  0.0.0.0/0 [20/0] via 172.16.20.2, 00:04:40
```

Die RTC Routing-Tabelle in Beispiel 12.2 stellt dar, dass RTC die 0/0 Default-Route dynamisch von RTA erlernt hat und seinen *gateway of last resort* auf 172.16.20.2 gesetzt hat, also auf RTA.

Indem man den **network 0.0.0.0**-Befehl benutzt, kann man die Default-Route auch an alle BGP-Partner weitergeben, so lange der Router, der diese Einstellungen übermittelt, noch seine eigene Default-Route hat. Sie können die Konfiguration von Beispiel 12.3 benutzten, vorausgesetzt, dass RTA selbst eine Default-Route hat(die Grundeinstellung kann über eine statische Route entwickelt werden).

Beispiel 12.3: Erstellung von Defaults über alle BGP-Partner: RTA-Konfiguration

```
router bgp 3
 no synchronization
 network 0.0.0.0
 network 172.16.1.0 mask 255.255.255.0
 neighbor 172.16.20.1 remote-as 1
 no auto-summary
```

12.1.2 Statische gesetzte Default-Routen

Anstatt die 0/0 Default-Route dynamisch zu erlernen, kann man die Default-Routen eines Routers auch statisch festlegen. Bild 12.2 demonstriert, wie man das erreichen kann.

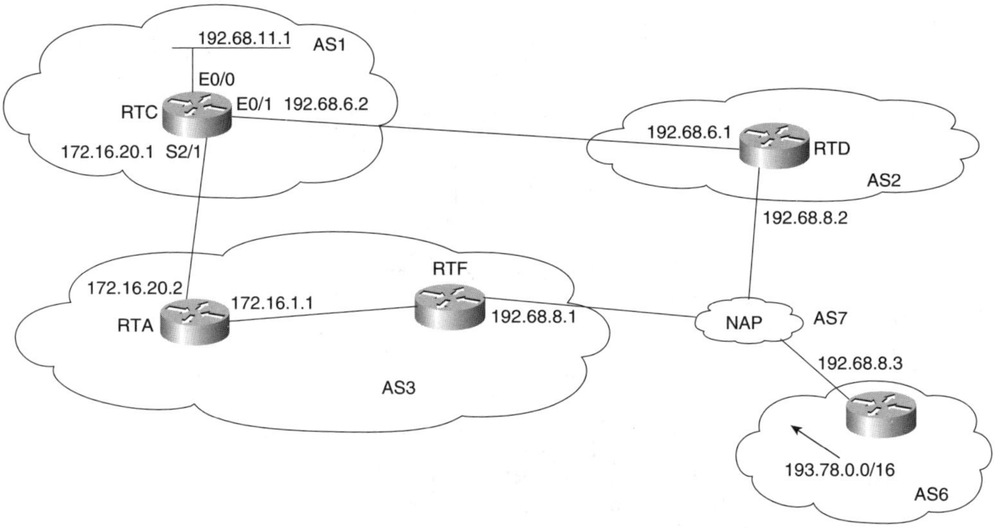

Bild 12.2: Umgang mit der 0/0-Default-Route

RTC verwendet den folgenden Befehl:

```
ip route prefix mask {address | interface} [distance]
```

Die statische 0/0-Route kann als Defaultpfad auf eine Netzwerk-Nummer, auf eine Gateway-Adresse, oder auf ein physisches Interface verweisen. Der Abstand ist ein Mittel, um der statischen Route in dem Fall den Vorzug zu geben, dass mehrere Eingänge für dasselbe Netzwerk existieren. Routen mit kürzerem Abstand werden Routen mit längerem vorgezogen.

Die Konfiguration in Beispiel 12.4 zeigt, wie RTC die Default-Route so einstellen kann, dass sie in Richtung des 193.78.0.0/16 Netzwerks deuten.

```
router bgp 1
 network 192.68.11.0
 neighbor 172.16.20.2 remote-as 3
 neighbor 192.68.6.1 remote-as 2
 no auto-summary
ip route 0.0.0.0 0.0.0.0 193.78.0.0
```

Beispiel 12.4: RTC-Konfiguration: Ausrichtung der Default auf Netzwerk 193.78.0.0/16

Die BGP-Tabelle von RTC in Beispiel 12.5 zeigt, dass 193.78.0.0/16 auf zwei Wegen erlernt wurde – zum einen über AS5 und zum anderen über AS2. Der erste Weg wird von BGP als der Beste bevorzugt. (Die Manipulation der BGP-Attribute kann dazu benutzt werden, um darauf einzuwirken, welchen Pfad BGP verwendet. Hierdurch wird der Weg der Default-Route beeinflusst).

```
RTC#show ip bgp
BGP table version is 8, local router ID is 192.68.11.1
Status codes: s suppressed, d damped, h history, * valid, > best,
  i -internal Origin codes: i -IGP, e -EGP, ? -incomplete

  Network          Next Hop      Metric LocPrf Weight Path
*> 192.68.11.0     0.0.0.0            0        32768 i
*> 193.78.0.0/16   172.16.20.2                     0 3 7 6 i
*                  192.68.6.1                      0 2 7 6 i
```

Beispiel 12.5: RTCs BGP-Tabelle

Die IP-Tabelle von RTC in Beispiel 12.6 zeigt, wie der »*gateway of last resort*« auf das Netzwerk 193.78.0.0/16 eingestellt worden ist. Wiederholte Überprüfung (»recursive lookup«) in der IP-Routingtabelle zeigen, dass 193.78.0.0/16 über 172.16.20.2, d.h. RTA, erreicht werden kann.

```
RTC#show ip route
Codes: C -connected, S -static, I -IGRP, R -RIP, M -mobile, B -BGP
    D -EIGRP, EX -EIGRP external, O -OSPF, IA -OSPF inter area
    E1 -OSPF external type 1, E2 -OSPF external type 2, E -EGP
    i -IS-IS, L1 -IS-IS level-1, L2 -IS-IS level-2,
      * -candidate default U -per-user static route
Gateway of last resort is 193.78.0.0 to network 0.0.0.0
C  192.68.6.0/24 is directly connected, Ethernet0/1
C  192.68.11.0/24 is directly connected, Ethernet0/0
B  193.78.0.0/16 [20/0] via 172.16.20.2, 00:32:32
C    172.16.20.0/24 is directly connected, Serial2/1
S* 0.0.0.0/0 [1/0] via 193.78.0.0
```

Beispiel 12.6: RTCs IP-Tabelle

Falls Sie nicht nur einer einzelnen Route folgen wollen, können Sie weiterhin den **ip route 0.0.0.0 0.0.0.0**-Befehl benutzen, um auf vielfältige Netzwerke oder IP-Adressen hinzuweisen. Wie in Beispiel 12.7 demonstriert, gibt Ihnen das **distance** Keyword die Möglichkeit, eine Default-Route der anderen vorzuziehen.

Beispiel 12.7: Verwendung des distance, um eine Default einer anderen vorzuziehen: RTC-Konfiguration

```
router bgp 1
 network 192.68.11.0
 neighbor 172.16.20.2 remote-as 3
 neighbor 192.68.6.1 remote-as 2
 no auto-summary

ip route 0.0.0.0 0.0.0.0 172.16.20.2 40
ip route 0.0.0.0 0.0.0.0 192.68.6.1 50
```

Beachten Sie, auf welche Weise RTC auf zwei unterschiedliche IP-Adressen hinweist. In der IP-Routingtabelle könnten ebenso zwei verschiedene Netzwerk-Nummern vorkommen. Der Abstand von 40 in der ersten statischen Route wird sicherstellen, dass, solange 172.16.20.2. verfügbar ist, diese bevorzugt wird. Im dem Fall, dass die Route zu 172.16.20.2 zusammenbricht wird der statische Eintrag ebenfalls verschwinden und der zweite Eintrag seinen Platz einnehmen. Beispiel 12.8 zeigt den Output der RTC-Routingtabelle.

Beispiel 12.8: RTCs Routingtabelle

```
RTC#show ip route
Codes: C -connected, S -static, I -IGRP, R -RIP, M -mobile, B -BGP
    D -EIGRP, EX -EIGRP external, O -OSPF, IA -OSPF inter area
    E1 -OSPF external type 1, E2 -OSPF external type 2, E -EGP
    i -IS-IS, L1 -IS-IS level-1, L2 -IS-IS level-2,
      * -candidate default U -per-user static route

Gateway of last resort is 172.16.20.2 to network 0.0.0.0

C  192.68.6.0/24 is directly connected, Ethernet0/1
C  192.68.11.0/24 is directly connected, Ethernet0/0
B  193.78.0.0/16 [20/0] via 172.16.20.2, 00:45:08
C    172.16.20.0/24 is directly connected, Serial2/1
S*  0.0.0.0/0 [40/0] via 172.16.20.2
```

Beispiel 12.9 zeigt denselben Output in dem Fall, dass die Verbindung zwischen RTC und RTA zusammenbricht.

Beispiel 12.9: RTCs Routingtabelle nach Ausfall des RTC-RTA-Links

```
RTC#show ip route
Codes: C -connected, S -static, I -IGRP, R -RIP, M -mobile, B -BGP
    D -EIGRP, EX -EIGRP external, O -OSPF, IA -OSPF inter area
    E1 -OSPF external type 1, E2 -OSPF external type 2, E -EGP
    i -IS-IS, L1 -IS-IS level-1, L2 -IS-IS level-2,
      * -candidate default U -per-user static route

Gateway of last resort is 192.68.6.1 to network 0.0.0.0

C  192.68.6.0/24 is directly connected, Ethernet0/1
C  192.68.11.0/24 is directly connected, Ethernet0/0
B  193.78.0.0/16 [20/0] via 192.68.6.1, 00:01:14
S*  0.0.0.0/0 [60/0] via 192.68.6.1
```

Beachten Sie, dass nun der zweite statische Eintrag mit einem Abstand von 60 einspringt.

12.1.3 Multihoming zu einem einzelnen Provider

Für den Fall, dass ein Kunde vielfache Verbindungen zu demselben Provider hat, werden wir Ausführungsbeispiele betrachten, die sich über Folgendes erstrecken:

- Nur Default-Route, ein Hauptlink und ein Backup-Link
- Default-Route, Haupt-und Backup-Link, sowie partielles Routing
- Automatische Balance der Datenlasten

Nur Default-Route, ein Hauptlink und ein Backup-Link

In Bild 12.3 steht AS3 in vielfacher Verbindung zu AS1. AS3 lernt keine BGP-Routen von AS1 und sendet seine eigenen Routen über BGP. RTA wird Default-Routen an AS1 vermitteln, wobei der NY-Link der Hauptlink und der SF-Link ein untergeordneter Link ist.

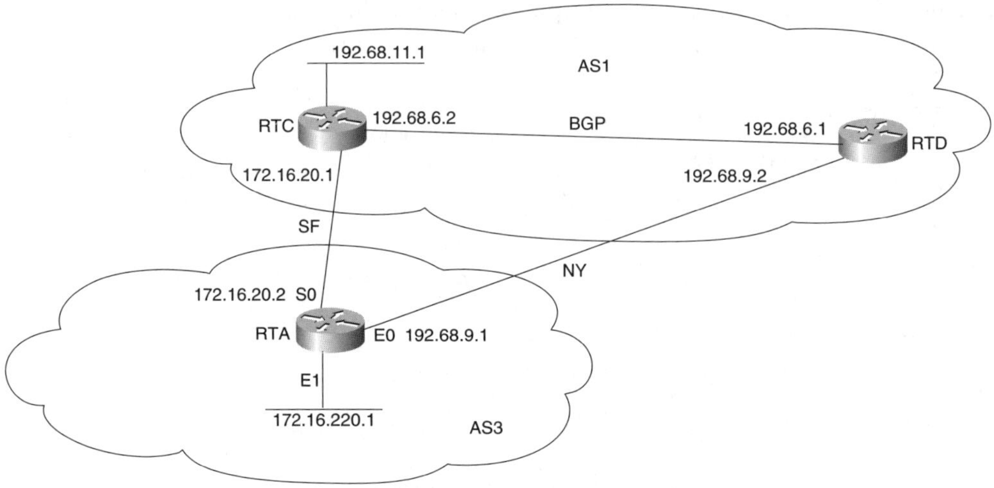

Bild 12.3: Multihoming zu einem einzelnen Anbieter (Nur eine Grundeinstellung, ein Primärlink und ein Backup-Link)

Die folgenden Regelungen betreffen dieses Netzwerkszenario:

- Nach außen gerichteter Verkehr von AS3 sollte immer zum NY-Link gehen, außer der Link ist nicht verfügbar. In diesem Fall sollte auf den anderen Link gewechselt werden.
  Das kann erreicht werden indem man die zwei statischen Routen in RTA so konfiguriert, dass die Grundeinstellungen in Richtung der zwei Links deuten. Die Grundeinstellung über den NY-Link, als der bevorzugte, wird mit einem niedrigeren Abstand eingestellt.
- Nach innen gerichteter Verkehr zu AS3 sollte immer über den NY-Link kommen, außer der Link versagt. In diesem Fall sollte auf den anderen Link umschaltet werden.
  Man kann dies erreichen, indem man RTA eine verschiedenartige Metrik über beide Links an AS1 schicken lässt, mit einer niedrigeren Metrik auf dem NY-Link. Auf diese Weise wird von AS1 eintreffender Verkehr immer über den NY-Link ankommen. Es können auch andere Kennzeichen verwendet werden, um dies zu erreichen (z.B. BGP-*communities* und zugehörige Regelungen für Fernzugänge).
- Abschirmung des AS3 gegen jegliche BGP-Updates.
  Man kann dies erreichen, indem man AS3 eine Routenkarte oder eine Präfixliste aufstellen lässt, die alle eintref-

fenden BGP-Routingupdates abblockt. Normalerweise wird Ihnen der Provider (in diesem Fall AS1) auf Ihre Bitte hin keine Updates senden. Nichtsdestotrotz sollten Sie Ihr AS immer gegen alle Eventualitäten absichern. Der Provider könnte einen Fehler machen und Ihnen alle seine Routen schicken und Ihr AS wäre somit verwundbar.

Beispiel 12.10 zeigt die von RTA verwendete Konfiguration mit der Default-Route, dem Hauptlink und einem Backup-Link.

Beispiel 12.10: Nur Default, ein Primärlink und ein Backup-Link: RTA-Konfiguration

```
router bgp 3
 network 172.16.220.0 mask 255.255.255.0
 neighbor 172.16.20.1 remote-as 1
 neighbor 172.16.20.1 route-map BLOCK in
 neighbor 172.16.20.1 route-map SETMETRIC1 out
 neighbor 192.68.9.2 remote-as 1
 neighbor 192.68.9.2 route-map BLOCK in
 neighbor 192.68.9.2 route-map SETMETRIC2 out
 no auto-summary

ip route 0.0.0.0 0.0.0.0 172.16.20.1 50
ip route 0.0.0.0 0.0.0.0 192.68.9.2 40

route-map SETMETRIC1 permit 10
 set metric 100

route-map SETMETRIC2 permit 10
 set metric 50

route-map BLOCK deny 10
```

AS3 benutzt hier statische Routen, um die Default-Route in Hinblick auf AS1 anzupassen. 0/0 erhält gegenüber RTD einen Distanzwert von 40, niedriger als der Abstand von 50 gegenüber RTC. Der NY-Link wird als der Hauptlink dienen. Als Alternative könnte AS3 einen einzelnen Eintrag von AS1 akzeptieren und diesen Eintrag als Default-Route konfigurieren.

Die Routenkarten SETMETRIC1 und SETMETRIC2 werden benutzt, um die *outbound*-Metrik auf 50 in Richtung RTD, beziehungsweise auf 100 in Richtung RTC zu setzen und dadurch den eingehenden Verkehr so zu manipulieren, dass er den NY-Link bevorzugt.

Die Routenkarte BLOCK wird benutzt, um alle von AS1 hereinkommenden BGP-Updates zu blockieren.

RTAs IP-Routingtabelle in Beispiel 12.11 zeigt, wie die Default-Route eingestellt ist. Beachten Sie, dass für die 0/0 Route der Abstand 40 dem Abstand 50 vorgezogen wird und dass der *gateway of last resort* auf den nächsten Hop 192.68.9.2 zeigt.

Beispiel 12.11: RTAs IP-Routingtabelle

```
RTA#show ip route
Codes: C -connected, S -static, I -IGRP, R -RIP, M - mobile, B -BGP
    D -EIGRP, EX -EIGRP external, O -OSPF, IA -OSPF inter area
    E1 -OSPF external type 1, E2 -OSPF external type 2, E -EGP
    i -IS-IS, L1 -IS-IS level-1, L2 -IS-IS level-2,
    * -candidate default

Gateway of last resort is 192.68.9.2 to network 0.0.0.0

C  192.68.9.0 is directly connected, Ethernet0
   172.16.0.0 255.255.255.0 is subnetted, 2 subnets
C    172.16.220.0 is directly connected, Ethernet1
C    172.16.20.0 is directly connected, Serial0
S*  0.0.0.0 0.0.0.0 [40/0] via 192.68.9.2
```

Das Beispiel 12.12 zeigt die BGP-Tabelle von RTC, die enthüllt, dass auf AS3, aufgrund der niedrigeren Metrik von 50, immer über den RTD-RTA-Link zugegriffen wird. Das Präfix 172.16.220.0/24 kann man über IBGP und EBGP erreichen. Die IBGP–Route wurde als die beste Route ausgewählt. Beachten Sie bei dieser Tabelle, dass der nächste Hop für RTC, um Präfix 172.16.220.0/24 zu erreichen, 192.68.6.1 ist. Das liegt daran, dass RTD seine Nachbarverbindung mit RTC konfiguriert hat, indem er den **next-hop-self** *neighbor*-Befehl benutzte.

Beispiel 12.12: RTCs BGP-Tabelle

```
RTC#show ip bgp
BGP table version is 11, local router ID is 192.68.11.1
Status codes: s suppressed, d damped, h history, * valid, > best,
  i -internal Origin codes: i -IGP, e -EGP, ? -incomplete

  Network          Next Hop       Metric LocPrf Weight Path
*>i172.16.220.0/24 192.68.6.1         50    100      0 3 i
*                  172.16.20.2       100             0 3 i
*> 192.68.11.0     0.0.0.0             0         32768 i
```

Default-Route, Haupt-und Backup-Link, sowie partielles Routing

Dieses Beispiel zeigt, wie man den Verkehr in einer Situation handhaben kann, in der das AS partielles Routing von einem einzelnen Provider akzeptiert und die Default-Routen auf den Provider zeigen lässt. Partielle Routen sind normalerweise die lokalen Routen des Providers und die Routen seines Kunden. Bild 12.4 zeigt AS3, das IBGP intern und EBGP an zwei unterschiedlichen Standorten nutzt, mit seinem Provider AS1.

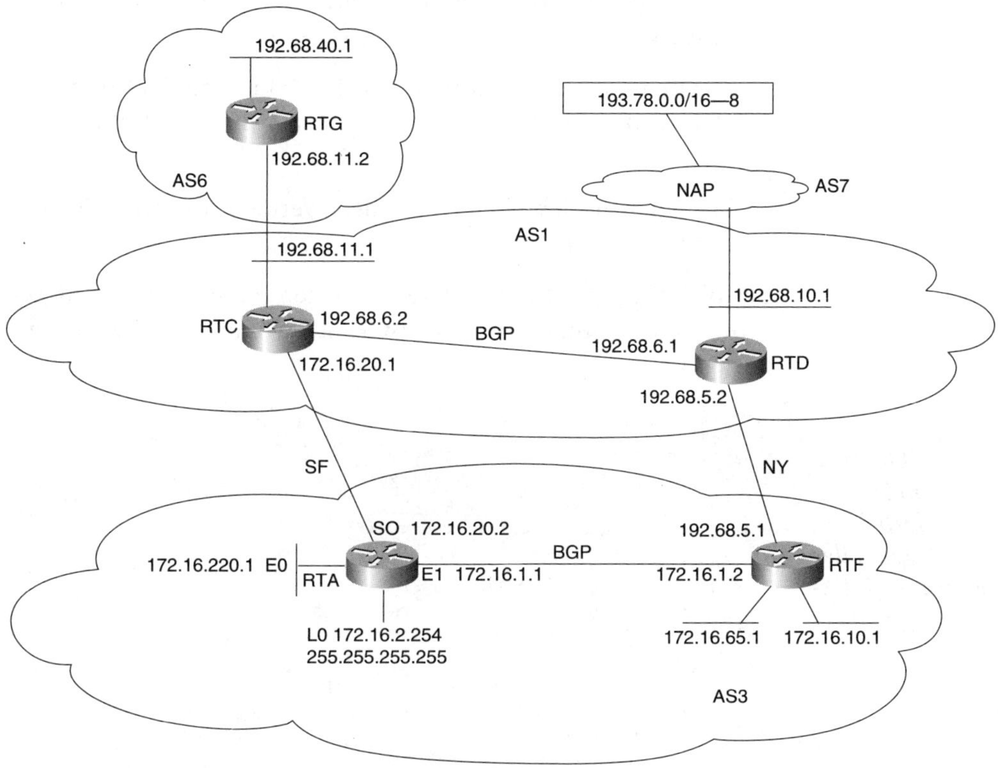

Bild 12.4: Default, Primär-und Backup-Link und partielles Routing

Die folgenden Regelungen betreffen das in Bild 12.4 dargestellt Szenario:

- AS3 akzeptiert von AS1 nur die lokalen Routen und Kundenrouten, wie zum Beispiel von AS6. AS3 wird zudem eine Route aus dem Internet akzeptieren, um seine Default-Route auf den Provider AS1 einstellen zu können.
- AS3 sollte für den gesamten Außenverkehr mit den Bestimmungsorten AS1 und AS6 (den partiellen Routen) den

SF-Link benutzen. Sollte dieser ausfallen, muss auf den anderen Link ausgewichen werden.

- AS3 sollte für den restlichen Außenverkehr, mit Bestimmungsort Internet, den NY-Link als Primärlink nutzen, indem es einer Default-Route folgt. Sollte dieser Link ausfallen, muss auf die Default-Route über den anderen Link ausgewichen werden.
- Für den nach innen gerichteten Verkehr wird AS3 AS1 auftragen, den SF-Link für das Netzwerk 172.16.220.0/24 zu benutzen.
- Für allen anderen eintreffenden Verkehr ist der NY-Link der Primärlink.

Beispiel 12.13 und Beispiel 12.14 zeigen die partielle Konfiguration, die benutzt wird, um BGP in RTA und RTF zu konfigurieren.

Beispiel 12.13: Default, Primär- und Backup-Link und partielles Routing: RTA-Konfiguration

```
router bgp 3
 no synchronization
 network 172.16.1.0 mask 255.255.255.0
 network 172.16.10.0 mask 255.255.255.0
 network 172.16.65.0 mask 255.255.255.192
 network 172.16.220.0 mask 255.255.255.0
 neighbor 172.16.1.2 remote-as 3
 neighbor 172.16.1.2 update-source Loopback0
 neighbor 172.16.1.2 next-hop-self
 neighbor 172.16.20.1 remote-as 1
 neighbor 172.16.20.1 route-map SET_OUTBOUND_TRAFFIC in
 neighbor 172.16.20.1 route-map SET_INBOUND_TRAFFIC out
 neighbor 172.16.20.1 filter-list 10 out
 no auto-summary

ip route 0.0.0.0 0.0.0.0 193.78.0.0
ip as-path access-list 10 permit ^$
ip as-path access-list 4 permit ^1 6$
ip as-path access-list 4 permit ^1$

access-list 2 permit ip 172.16.220.0 0.0.0.255
access-list 101 permit ip 193.78.0.0 0.0.255.255 255.255.0.0
0.0.0.0

route-map SET_OUTBOUND_TRAFFIC permit 10
 match ip address 101
 set local-preference 200

route-map SET_OUTBOUND_TRAFFIC permit 20
 match as-path 4
 set local-preference 300
```

```
route-map SET_INBOUND_TRAFFIC permit 10
 match ip address 2
 set metric 200

route-map SET_INBOUND_TRAFFIC permit 20
 set metric 300
```

Beispiel 12.14: Default, Primär- und Backup-Link und partielles Routing: RTF-Konfiguration

```
router bgp 3
 no synchronization
 network 172.16.1.0 mask 255.255.255.0
 network 172.16.10.0 mask 255.255.255.0
 network 172.16.65.0 mask 255.255.255.192
 network 172.16.220.0 mask 255.255.255.0
 neighbor 172.16.2.254 remote-as 3
 neighbor 172.16.2.254 next-hop-self
 neighbor 192.68.5.2 remote-as 1
 neighbor 192.68.5.2 route-map SET_OUTBOUND_TRAFFIC in
 neighbor 192.68.5.2 route-map SET_INBOUND_TRAFFIC out
 neighbor 192.68.5.2 filter-list 10 out
 no auto-summary

ip route 0.0.0.0 0.0.0.0 193.78.0.0
ip as-path access-list 10 permit ^$
ip as-path access-list 4 permit ^1 6$
ip as-path access-list 4 permit ^1$

access-list 101 permit ip 193.78.0.0 0.0.255.255 255.255.0.0
0.0.0.0

route-map SET_OUTBOUND_TRAFFIC permit 10
 match ip address 101
 set local-preference 250

route-map SET_OUTBOUND_TRAFFIC permit 20
 match as-path 4
 set local-preference 250

route-map SET_INBOUND_TRAFFIC permit 10
 set metric 250
```

Die Konfiguration von RTA in Beispiel 12.13 zeigt folgendes:

- Die Routenkarte SET_OUTBOUND_TRAFFIC wird auf RTAs EBGP-Session mit AS1 angewendet. Diese Routenkarte hilft zu spezifizieren, welcher Außenverkehr welchen Link benutzen soll. Die erste Entscheidungsinstanz (10) wird nur zulassen, dass lediglich ein Netzwerk 193.78.0.0/16 vom Internet akzeptieren wird. Dieses Netzwerk wird benutzt, um die Default-Route festzulegen. Diesen Default-Routen wird eine lokale Präferenz zu 200 eingeräumt, die demnach niedriger liegt als die lokale Präferenzhürde zu 250 des Routers RTF. Daraus wird sich ergeben, dass der gesamte Verkehr zum Internet, aufgrund der Default-Route über den NY-Link verläuft.

Die zweite Entscheidungsinstanz (20) wird alle von AS1 und AS6 kommenden Präfixe auf die lokale Präferenz zu 300 setzen, die höher ist als die lokale Präferenz des RTF zu 250. Dadurch wird der SF-Link der Primärlink, um AS1 und seinen Kunden AS6 zu erreichen. Beachten Sie, dass diese Routenkarte nur partielle Routen (AS1 und AS6) in AS3 erlauben wird, indem der AS_PATH entweder als AS1 (^1$) oder als AS6 (^1 6$) spezifiziert wird.

Anstatt der Reihe nach auf alle AS1-Kunden zu hören, wie in der AS_PATH-Zugangsliste 4, hätte man eine *regular expression* der Form ^1 ?[0-9]*$ benutzen können, um alle AS-Pfade, die mit 1 anfangen und die Länge von 2 haben – das sind AS1 und seine direkten Kunden – zu identifizieren. Das Schema der Zugangsliste wäre **ip as-path access-list 4 permit ^1 ?[0-9]*$** (um ? einzugeben, müssen Sie erst **Ctrl-V** drücken). Seien Sie trotzdem vorsichtig. Sollte AS1 mit einem anderen Hauptprovider durch einen Link direkt verbunden sein (statt über einen NAP), würde die vorhergehende *regular expression* Ihnen ebenfalls die Routen des Sekundärproviders zur Verfügung stellen.

– Die Route-Karte SET_INBOUND_TRAFFIC wird auch auf RTAs EBGP-Link zu AS1 angewandt. Die erste Entscheidungsinstanz (10) wird verursachen, dass das Präfix 172.16.220.0/24 mit einer Metrik von 200, niedriger als die von RTF benutzte Metrik von 250, versendet wird. Dies wird sicherstellen, dass der Verkehr von AS1 in Richtung dieses Bestimmungsorts den SF-Link verwenden wird. Alle anderen Updates werden mit einer Metrik von 300, die höher ist als die von RTF gesendete Metrik von 250, gesendet. Dies wird dazu führen, dass der gesamte *inbound*-Verkehr den NY-Link verwenden wird.

– Die Filterliste 10 wird AS3 davor bewahren, ein Durchgangs-AS zu werden.

– Das **ip route 0.0.0.0 0.0.0.0**-Statement legt die Default-Route auf 193.78.0.0/16 fest.

Die BGP-Tabelle des RTA in Beispiel 12.15 würde die Einträge auflisten.

```
RTA#show ip bgp
BGP table version is 19, local router ID is 172.16.2.254
Status codes: s suppressed, d damped, h history, * valid, > best,
  i -internal Origin codes: i -IGP, e -EGP, ? -incomplete
  Network          Next Hop      Metric LocPrf Weight Path
* i172.16.1.0/24   172.16.1.2         0    100      0 i
*>                 0.0.0.0            0         32768 i
* i172.16.10.0/24  172.16.1.2         0    100      0 i
*>                 172.16.1.2        20         32768 i
* i172.16.65.0/26  172.16.1.2         0    100      0 i
*>                 172.16.1.2        20         32768 i
* i172.16.220.0/24 172.16.1.2        20    100      0 i
*>                 0.0.0.0            0         32768 i
*> 192.68.10.0     172.16.20.1             300      0 1 i
*> 192.68.11.0     172.16.20.1        0    300      0 1 i
*> 192.68.40.0     172.16.20.1             300      0 1 6 i
*>i193.78.0.0/16   172.16.1.2              250      0 1 7 8 i
*                  172.16.20.1             200      0 1 7 8 i
```

Beispiel 12.15: RTAs BGP-Tabelle

Beachten Sie, wie RTA sich nur auf Netzwerke bezieht, die zu AS1 und seinen Kunden AS6 gehören (ausgenommen der Default-Route). Im Netzwerk 193.78.0.0/16, der Default-Route, folgt RTA aufgrund der lokalen Präferenz von 250 dem NY-Link. Bei Verkehr zu AS1 und AS6 folgt RTA dem RTA-RTC-Link (lokale Präferenz von 300). Die IP-Routingtabelle von RTA in Beispiel 12.16 zeigt, dass RTA seine Default-Route auf 193.78.0.0/16 gesetzt hat, die man über 172.16.1.2 erreichen kann.

```
RTA#show ip route
Codes: C -connected, S -static, I -IGRP, R -RIP, M -mobile, B -BGP
    D -EIGRP, EX -EIGRP external, O -OSPF, IA -OSPF inter area
    N1 -OSPF NSSA external type 1, N2 -OSPF NSSA external type 2
    E1 -OSPF external type 1, E2 -OSPF external type 2, E -EGP
    i -IS-IS, L1 -IS-IS level-1, L2 -IS-IS level-2,
      * -candidate default U -per-user static route, o -ODR
Gateway of last resort is 193.78.0.0 to network 0.0.0.0
B  192.68.10.0/24 [20/0] via 172.16.20.1, 00:07:34
B  192.68.11.0/24 [20/0] via 172.16.20.1, 00:07:34
B  192.68.40.0/24 [20/0] via 172.16.20.1, 00:07:34
   172.16.0.0/16 is variably subnetted, 6 subnets, 3 masks
C    172.16.2.254/32 is directly connected, Loopback0
C    172.16.220.0/24 is directly connected, Ethernet0
C    172.16.20.0/24 is directly connected, Serial0
O     172.16.10.0/24 [110/20] via 172.16.1.2, 01:39:52, Ethernet1
C    172.16.1.0/24 is directly connected, Ethernet1
O    172.16.65.0/26 [110/20] via 172.16.1.2, 01:39:52, Ethernet1
S*  0.0.0.0/0 [1/0] via 193.78.0.0
B  193.78.0.0/16 [200/0] via 172.16.1.2, 00:03:07
```

Beispiel 12.16: RTAs IP-Routingtabelle

Beispiel 12.17 zeigt die BGP-Tabelle von RTD.

Beispiel 12.17: RTDs BGP-Tabelle

```
RTD#show ip bgp
BGP table version is 14, local router ID is 192.68.10.1
Status codes: s suppressed, d damped, h history, * valid, > best,
  i -internal Origin codes: i -IGP, e -EGP, ? -incomplete
   Network          Next Hop       Metric LocPrf Weight Path
*> 172.16.1.0/24    192.68.5.1       250              0 3 i
*> 172.16.10.0/24   192.68.5.1       250              0 3 i
*> 172.16.65.0/26   192.68.5.1       250              0 3 i
*>i172.16.220.0/24  192.68.6.2       200    100       0 3 i
*                   192.68.5.1       250              0 3 i
*> 192.68.10.0      0.0.0.0            0          32768 i
*>i192.68.11.0      192.68.6.2         0    100       0 i
*>i192.68.40.0      192.68.6.2         0    100       0 6 i
*> 193.78.0.0/16    192.68.10.2                       0 7 8 i
```

RTD kann alle Netzwerke in AS3 über den direkten RTD-RTF-Link erreichen, außer dem Präfix 172.16.220.0/24, welches über den RTC-RTA-Link aufgrund der besseren Metrik von 200, erreicht werden kann.

Lastenbalance durch BGP-Multipath

Bevor wir uns mit der Lastenbalance auseinandersetzen, sollte Ihnen klar sein, dass die aktuellen Funktionen der Paketumlegung (*packet-switching*) durch den Router vollständig von dem aktiven Cisco Umschaltungsverfahren abhängen (d.h. CEF pro-Paket, CEF pro-Bestimmungsort, schnelles Umschalten, Prozessumschaltung usw.). Eine detaillierte Diskussion von Umschaltverfahren ist in diesem Buch unmöglich, aber Sie sollten wissen, dass es große Auswirkungen auf die Balance von Datenlasten hat. Um zusätzliche Informationen über Cisco-Umschaltverfahren zu erhalten, konsultieren Sie am besten geeignete Cisco-Dokumentationen oder lesen Sie »*Inside Cisco IOS Software Architecture*«.

Nachdem das gesagt ist, lassen Sie uns mit der Diskussion über Lastenbalance beginnen. Unter normalen Umständen wird nur ein einziger Pfad, wenn der BGP Speaker identische Pfade für ein Präfix von einem angrenzenden AS erhält, als der bester Pfad ausgewählt (normalerweise der Pfad mit dem niedrigsten BGP-ROUTER_ID-Wert) und in der Routingtabelle installiert. Wenn der BGP-Multipath aktiviert ist, können mehrere Pfade (bis zu sechs) in die IP-Routingtabelle eingetragen werden.

In Bild 12.5 können Sie sehen, auf welche Weise die BGP-Implementation von Cisco Datenlasten für identische Pfade desselben autonomen Systems, zum selben Ziel, ausbalancieren kann.

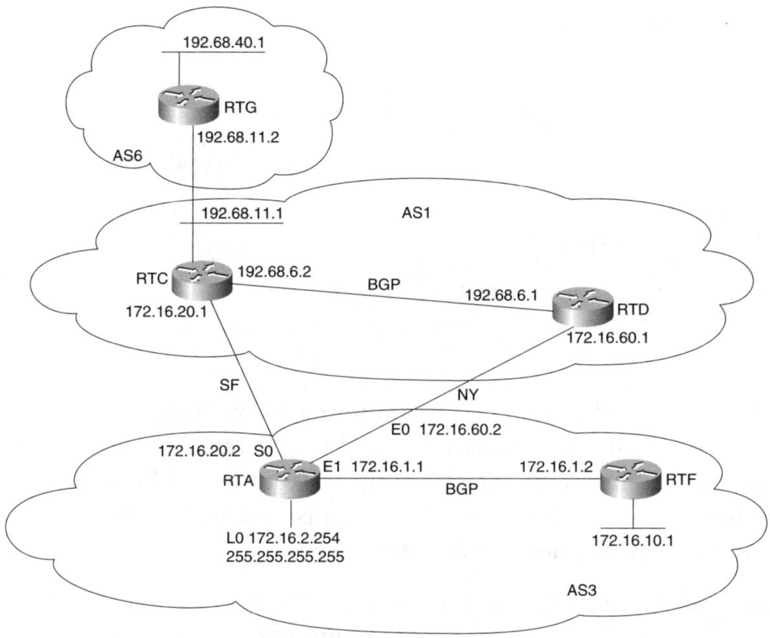

Bild 12.5: Automatische Lastenbalance

RTA geht über EBGP mit Routern wie RTC und RTD in AS1 eine Partnerschaft ein. RTA erhält identische Updates über die Präfixe 192.68.11.0/24 und 192.68.40.0/24 von zwei Links. Sie können RTA mit dem BGP-Router Subkommando **maximum-path** konfigurieren, um IP-Routing zur Lastenbalance über sechs Pfade zu ermöglichen. In Beispiel 12.18 ist die **maximum-paths**-Anzahl auf 2 festgelegt.

Beispiel 12.18: Befähigung des IP-Routings zur Lastenbalance: RTA-Konfiguration

```
router bgp 3
 no synchronization
 neighbor 172.16.1.2 remote-as 3
 neighbor 172.16.1.2 update-source Loopback0
 neighbor 172.16.20.1 remote-as 1
 neighbor 172.16.20.1 filter-list 10 out
 neighbor 172.16.60.1 remote-as 1
 neighbor 172.16.60.1 filter-list 10 out
 maximum-paths 2
 no auto-summary

ip as-path access-list 10 permit ^$
```

Wenn Sie die BGP-Tabelle von RTA in Beispiel 12.19 betrachten, werden Sie feststellen, dass RTA über identische Pfadinformationen bezüglich 192.68.11.0/24 und 192.68.40.0/24 verfügt. Normalerweise würde BGP nur einen der Einträge als den »besten« Pfad übernehmen und ihn in die IP-Routingtabelle eintragen.

Beispiel 12.19: RTAs BGP-Tabelle

```
RTA#show ip bgp
BGP table version is 8, local router ID is 172.16.2.254
Status codes: s suppressed, d damped, h history, * valid, > best,
  i -internal Origin codes: i -IGP, e -EGP, ? -incomplete

   Network          Next Hop       Metric LocPrf Weight Path
*>i172.16.10.0/24   172.16.1.2          0    100      0 i
*> 192.68.11.0      172.16.20.1         0             0 1 i
*                   172.16.60.1                       0 1 i
*> 192.68.40.0      172.16.20.1                     0 1 6 i
*                   172.16.60.1                     0 1 6 i
```

Indem man den Befehl **maximum-paths** verwendet, befiehlt man BGP alle identischen Pfade (bis zu sechs, abhängig von dem konfiguriertem Wert) an die IP-Routingtabelle weiterzugeben. Beachten Sie, dass eine Voraussetzung für diese Pfade ist, dass alle aus demselben AS kommen.

Beispiel 12.20 zeigt, wie RTA vielfache Einträge vom selben Bestimmungsort in seiner IP-Routingtabelle behält. Beachten Sie, dass die Präfixe 192.68.11.0/24 und 192.68.40.0 /24 von beiden Links erlernt werden.

Beispiel 12.20: RTAs IP-Routingtabelle

```
RTA#show ip route
Codes: C -connected, S -static, I -IGRP, R -RIP, M -mobile, B -BGP
    D -EIGRP, EX -EIGRP external, O -OSPF, IA -OSPF inter area
    N1 -OSPF NSSA external type 1, N2 -OSPF NSSA external type 2
    E1 -OSPF external type 1, E2 -OSPF external type 2, E -EGP
    i -IS-IS, L1 -IS-IS level-1, L2 -IS-IS level-2,
      * -candidate default U -per-user static route, o -ODR

Gateway of last resort is not set

B  192.68.11.0/24 [20/0] via 172.16.60.1, 00:03:20
                  [20/0] via 172.16.20.1, 00:03:18
B  192.68.40.0/24 [20/0] via 172.16.60.1, 00:03:20
                  [20/0] via 172.16.20.1, 00:03:18
   172.16.0.0/16 is variably subnetted, 5 subnets, 2 masks
C    172.16.2.254/32 is directly connected, Loopback0
C    172.16.60.0/24 is directly connected, Ethernet0
C    172.16.20.0/24 is directly connected, Serial0
O     172.16.10.0/24 [110/20] via 172.16.1.2, 00:20:23, Ethernet1
C    172.16.1.0/24 is directly connected, Ethernet1
```

Beim Umgang mit IBGP-Partnern wird RTA nur eine einzelne BGP-Eintragung aus vielen identischen Eintragungen, die über ein **next-hop-self** verfügen, anzeigen. Weil RTA mit RTF über IBGP partnerschaftlich verbunden ist, wird RTA nue ein BGP-Update über 192.68.11.0 und 192.68.40.0/24 eher mit einem NEXT_HOP von 12.16.2.254, als das externe NEXT_HOP anzeigen. Dies wird durch die BGP-Tabelle in Beispiel 12.21 veranschaulicht. Für externe Partner wird BGP weiterhin wie gewohnt den besten Pfad weitergeben.

Beispiel 12.21: RTFs BGP-Tabelle

```
RTF#show ip bgp
BGP table version is 56, local router ID is 172.16.10.1
Status codes: s suppressed, d damped, h history, * valid, > best,
  i -internal Origin codes: i -IGP, e -EGP, ? -incomplete

   Network          Next Hop       Metric LocPrf Weight Path
*> 172.16.10.0/24   0.0.0.0             0         32768 i
*>i192.68.11.0      172.16.2.254        0    100      0 1 i
*>i192.68.40.0      172.16.2.254             100      0 1 6 i
```

Das Ausbalancieren von Datenlasten zwischen zwei Routern, die mehrere Pfade miteinander teilen

Dieser Abschnitt zeigt, wie man eine Lastenbalance zwischen zwei Routern, die viele Pfade teilen, erreichen kann, ohne dass die Routingupdates über die Pfade verdoppelt werden.

Für das Szenario in Bild 12.6 müssen Sie die Loopback-Schnittstellen an RTA und RTC konfigurieren (achten Sie auf Beispiel 12.22 und Beispiel 12.23) und zwischen den beiden Routern eine einzelne Partnersession ablaufen lassen. Indem Sie statische Routen einsetzen, können Sie über beide physische Schnittstellen auf die Loopback-Schnitstellen hinweisen. Auf diese Weise werden der IP-Routingtabelle zwei Pfade zur Verfügung gestellt, um den NEXT_HOP zu erreichen und dadurch wird eine höhere Balance erzielt.

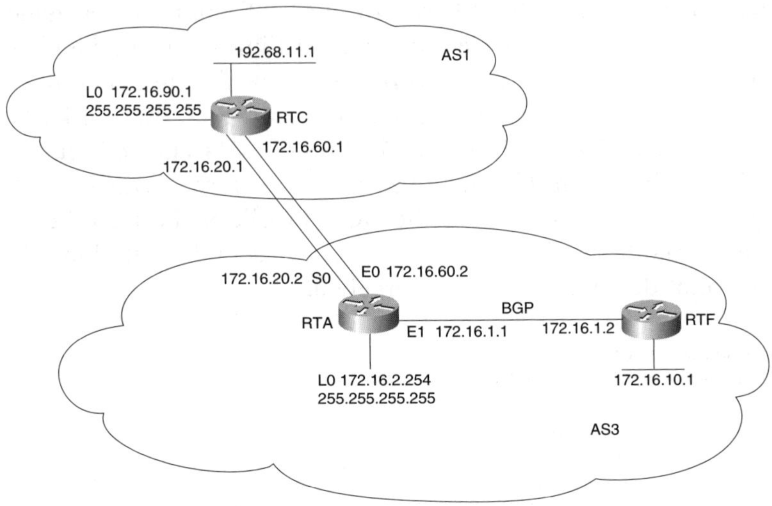

Bild 12.6: Ausgleich zwischen zwei Routern, die miteinander multiple Pfade teilen

Beispiel 12.22: Latenbalance zweier Router mit multiplen gemeinsamen Pfaden: RTA-Konfiguration

```
interface Loopback0
 ip address 172.16.2.254 255.255.255.255

router bgp 3
 no synchronization
 neighbor 172.16.1.2 next-hop-self
neighbor 172.16.1.2 remote-as 3
 neighbor 172.16.1.2 update-source Loopback0
 neighbor 172.16.90.1 remote-as 1
neighbor 172.16.90.1 ebgp-multihop 2
 neighbor 172.16.90.1 update-source Loopback0
 no auto-summary

ip route 172.16.90.1 255.255.255.255 172.16.20.1
ip route 172.16.90.1 255.255.255.255 172.16.60.1
```

Beispiel 12.23: Latenbalance zweier Router mit multiplen gemeinsamen Pfaden: RTC-Konfiguration

```
interface Loopback0
 ip address 172.16.90.1 255.255.255.255

router bgp 1
 network 192.68.11.0
 neighbor 172.16.2.254 remote-as 3
 neighbor 172.16.2.254 ebgp-multihop 2
 neighbor 172.16.2.254 update-source Loopback0
 no auto-summary

ip route 172.16.2.254 255.255.255.255 172.16.20.2
ip route 172.16.2.254 255.255.255.255 172.16.60.2
```

Anhand des Outputs in Beispiel 12.24 wird gezeigt wie RTA von RTC die BGP-Updates unter Verwendung der Loopback-Adressse NEXT_HOP 172.16.90.1 erlernt. Dabei ist zu beachten, dass die **update-source** als ein BGP-**neighbor**-Parameter konfiguriert wurde. Dadurch wird als IP-Quelladresse der BGP-TCP-Verbindung die Adresse des spezifizierten Interfaces angegeben. Die Schnittstelle muss genau spezifiziert werden, da sonst das *egress*-Interface, das genutzt wird, um den Partner zu erreichen, als Quelladresse identifiziert würde, und infolgedessen der Partner den Aufbau einer Verbindung verweigern würde.

Beispiel 12.24: RTAs BGP-Tabelle

```
RTA#show ip bgp
BGP table version is 4, local router ID is 172.16.2.254
Status codes: s suppressed, d damped, h history, * valid, > best,
  i -internal Origin codes: i -IGP, e -EGP, ? -incomplete

  Network          Next Hop      Metric LocPrf Weight Path
*>i172.16.10.0/24  172.16.1.2         0    100      0 i
*> 192.68.11.0     172.16.90.1        0             0 1 i
```

Die zwei statischen Routen der RTA-Routingtabelle (beachten Sie Beispiel 12.25) stellen multiple Pfade zur Verfügung, um den NEXT_HOP 172.16.90.1 zu erreichen. Der Router wird die Lasten zwischen den zwei Pfaden ausgleichen.

Beispiel 12.25: RTAs IP-Routingtabelle

```
RTA#show ip route
Codes: C -connected, S -static, I -IGRP, R -RIP, M -mobile, B -BGP
    D -EIGRP, EX -EIGRP external, O -OSPF, IA -OSPF inter area
    N1 -OSPF NSSA external type 1, N2 -OSPF NSSA external type 2
    E1 -OSPF external type 1, E2 -OSPF external type 2, E -EGP
    i -IS-IS, L1 -IS-IS level-1, L2 -IS-IS level-2,
      * -candidate default U -per-user static route, o -ODR

Gateway of last resort is not set

B  192.68.11.0/24 [20/0] via 172.16.90.1, 00:00:41
   172.16.0.0/16 is variably subnetted, 6 subnets, 2 masks
C     172.16.2.254/32 is directly connected, Loopback0
C     172.16.60.0/24 is directly connected, Ethernet0
C     172.16.20.0/24 is directly connected, Serial0
O     172.16.10.0/24 [110/20] via 172.16.1.2, 02:17:34, Ethernet1
C     172.16.1.0/24 is directly connected, Ethernet1
S     172.16.90.1/32 [1/0] via 172.16.20.1
                     [1/0] via 172.16.60.1
```

Beachten Sie, dass sich alle vorhergehenden Lastenbalance-Szenarien nur auf den austretenden Verkehr beziehen. Ähnliche Konfigurationen werden auch auf der entfernt gelegenen Seite der Verbindung benötigt. Diese Problemstellung wird in den nächsten paar Abschnitten erörtert.

12.1.4 Multihoming zu verschiedenen Providern

Im Fall eines Kunden, der über vielfache Verbindungen zu multiplen Providern verfügt, werden wir uns mit einem Szenario beschäftigen, in dem die Updates eine Kombination von Default-Routen, partiellem Routing und vollständigem Routing folgen.

In Bild 12.7 steht AS3 mit zwei unterschiedliche ASs, nämlich mit AS1 und AS2, in Verbindung. AS1 und AS2 wiederum tauschen nicht nur über einen Netzwerkzugangspunkt untereinander Routinginformationen und Daten aus, sondern auch mit AS6. AS6, AS2 und AS1 sind alle mit RTE partnerschaftlich verbunden, der als Routenserver die Aufgabe hat, Routingupdates nur zwischen den drei ASs weiterzuleiten. Es werden folgende Regelungen angestrebt:

- AS3 wird lokale und Kundenrouten von AS1 nur über den SF-Link akzeptieren. Alle anderen Internetrouten werden (als Primärlink) über den NY-Link entgegengenommen.
- AS3 wird von AS1 nur dann eine Default-Route akzeptieren, wenn im NY-Link ein Fehler auftritt.
  AS3 zieht es vor, wenn das SF-Netzwerk 172.16.220.0/24 von der Außenwelt über den SF-Link erreicht wird und die NY-Netzwerke 172.16.10.0/24 und 172.16.65.0/26 über den NY-Link erreichbar sind.
- AS3 kann kein Durchgangsnetzwerk für AS1 und AS2 sein. Das bedeutet, dass AS1 auf keinen Fall AS3 benutzten wird, um AS2 zu erreichen.

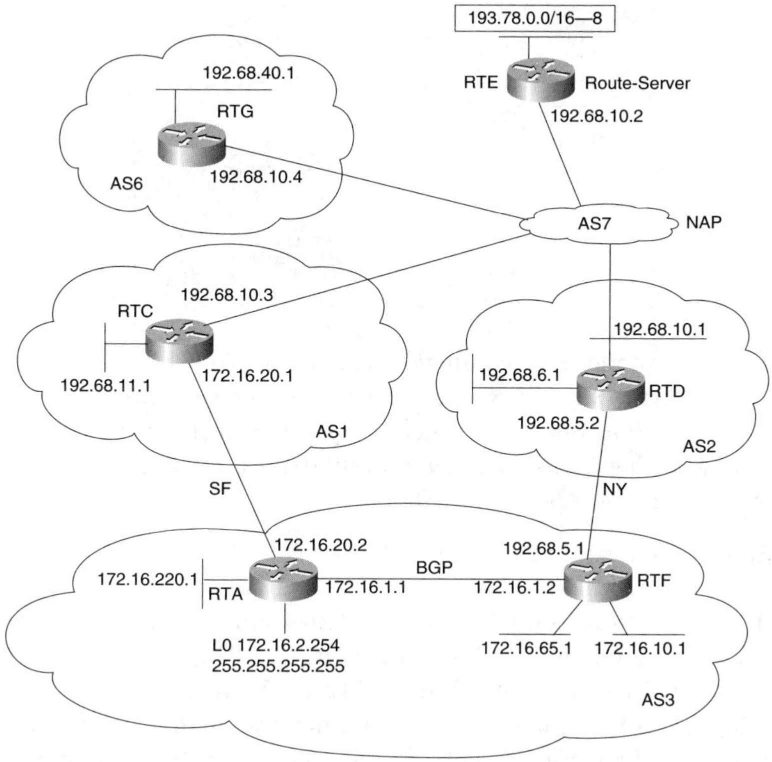

Bild 12.7: Mehrere Anbieter (Default, Primär-und Backup-Link, volles und partielles Routing)

Die Konfigurationen in Beispiel 12.26 bis Beispiel 12.29 veranschaulichen die Durchführung dieses Routing-Arrangements. Beispiel 12.26 zeigt Konfiguration von RTA.

Beispiel 12.26: Mehrere Provider (Default, Primär-+ Backup-Link, volles/partielles Routing): RTA-Konfiguration

```
router bgp 3
 no synchronization
 network 172.16.1.0 mask 255.255.255.0
 network 172.16.10.0 mask 255.255.255.0
 network 172.16.65.0 mask 255.255.255.192
 network 172.16.220.0 mask 255.255.255.0
 neighbor 172.16.1.2 remote-as 3
 neighbor 172.16.1.2 update-source Loopback0
 neighbor 172.16.1.2 next-hop-self
 neighbor 172.16.20.1 remote-as 1
 neighbor 172.16.20.1 route-map ACCEPT_LOCAL in
 neighbor 172.16.20.1 route-map PREPEND_PATH out
 no auto-summary

ip as-path access-list 1 permit ^1 ?[0-9]*$
ip as-path access-list 2 permit ^$
```

```
access-list 1 permit 172.16.65.0 0.0.0.63
access-list 1 permit 172.16.10.0 0.0.0.255

route-map PREPEND_PATH permit 10
 match ip address 1
 set as-path prepend 3

route-map PREPEND_PATH permit 20
 match as-path 2

route-map ACCEPT_LOCAL permit 10
 match as-path 1
```

RTA verwendet eine Routenkarte, genannt ACCEPT_LOCAL, die von AS1 partielle Routen akzeptiert. Die Routenkarte wird für jeden Pfad mit der Formel ^1 ?[0-9]*$ nach einer Entsprechung suchen, was, wie bereits erklärt, die lokalen und Kundenrouten von AS1 freischaltet.

RTA definiert in Richtung RTC eine PREPEND_PATH genannte Routenkarte, die an alle NY-Präfixe (wie zum Beispiel 172.16.10.0/24 und 172.16.65.0/26) eine zusätzliche AS-Nummer anhängt. Dadurch wird die AS_PATH-Länge dieser Präfixe über den NY-Link kürzer. Man sollte so eine AS_PATH-Anfügung (*prepend*) immer mit dem Provider absprechen. Es wäre möglich, dass Ihr Provider Regelungen eingesetzt hat, die Ihr Präfix der Pfadinformation beiordnen. AS1 könnte zum Beispiel folgende Regelung gewohnt sein: AS3 wird bei einem NAP unter Verwendung der Formel ^3$, die einen AS_PATH repräsentiert, der mit 3 beginnt und endet, veröffentlicht. Wenn AS3 beginnt, die AS_PATH-Information mit der Formel 3 3 3 3 zu senden, wird der Provider die Routen nicht ausführen, weil der AS_PATH nicht zu seinen Vorschriften passt.

Beachten Sie, dass die Instanz 20 der Routenkarte PREPEND_PATH nur die lokalen Routen von AS3 ankündigen lässt. Dies geschieht, indem für die lokalen Präfixe mit leerer AS_PATH-Information, dargestellt durch die *regular expression* ^$, nach einem Analog gesucht wird.

In gleicher Weise konfiguriert Beispiel 12.27 RTF, um die SF-Präfixe an den NY-Link mit einer zusätzlich angehängten AS-Angabe in der AS_PATH-Information anzuhängen. Nach innen gerichteter Verkehr würde deshalb in Richtung dieser Netzwerke vorzugsweise über den SF-Link verlaufen.

Beispiel 12.27: Mehrere Provider (Default, Primär-und Backup-Link, volles/partielles Routing): RTF-Konfiguration

```
router bgp 3
 no synchronization
 network 172.16.1.0 mask 255.255.255.0
 network 172.16.10.0 mask 255.255.255.0
 network 172.16.65.0 mask 255.255.255.192
 network 172.16.220.0 mask 255.255.255.0
 neighbor 172.16.2.254 remote-as 3
 neighbor 172.16.2.254 next-hop-self
 neighbor 192.68.5.2 remote-as 2
 neighbor 192.68.5.2 route-map PREPEND_PATH out
 no auto-summary

ip as-path access-list 2 permit ^$
access-list 1 permit 172.16.220.0 0.0.0.255

route-map PREPEND_PATH permit 10
 match ip address 1
 set as-path prepend 3

route-map PREPEND_PATH permit 20
 match as-path 2
```

Beachten Sie, dass RTF alle Routen von AS2 akzeptiert, aber nur die lokalen Routen (^$), die in der AS_PATH-Information mit einer zusätzlichen AS für die SF-Route 172.16.220.0/24 versehen sind, weitergibt.

Beispiel 12.28 zeigt einen Schnappschuss einiger BGP-Routingtabellen für RTA.

Beispiel 12.28: RTAs BGP-Tabelle

```
RTA#show ip bgp
BGP table version is 13, local router ID is 172.16.2.254
Status codes: s suppressed, d damped, h history, * valid, > best,
  i -internal Origin codes: i -IGP, e -EGP, ? -incomplete
   Network          Next Hop      Metric LocPrf Weight Path
*> 0.0.0.0          172.16.20.1                      0 1 i
*> 172.16.1.0/24    0.0.0.0            0         32768 i
* i                 172.16.1.2         0    100      0 i
*> 172.16.10.0/24   172.16.1.2        20         32768 i
* i                 172.16.1.2         0    100      0 i
*> 172.16.65.0/26   172.16.1.2        20         32768 i
* i                 172.16.1.2         0    100      0 i
*> 172.16.220.0/24  0.0.0.0            0         32768 i
* i                 172.16.1.2        20    100      0 i
*>i192.68.6.0       172.16.1.2         0    100      0 2 i
*> 192.68.11.0      172.16.20.1        0             0 1 i
*>i193.78.0.0/16     172.16.1.2             100      0 2 7 8 i
```

Beachten Sie, dass RTA von RTC eine Default-Route (0.0.0.0) übernimmt. Außerdem erlernt RTA die lokalen Routen des AS1 (wie zum Beispiel 192.68.11.0/24) und kann diese direkt über den SF-Link erreichen. Im Hinblick auf alle anderen Routen wird RTA den NY-Link benutzen.

Andererseits wird der eintreffende Verkehr den kürzesten Pfad nehmen. Die BGP-Tabelle von RTG in Beispiel 12.29 zeigt, wie ein außenstehendes AS, das hinter dem NAP zurückbleibt, wie zum Beispiel AS6, das Netzwerk AS3 erreichen kann.

Beispiel 12.29: RTGs BGP-Tabelle

```
RTG#show ip bgp
BGP table version is 9, local router ID is 192.68.40.1
Status codes: s suppressed, d damped, h history, * valid, > best,
  i -internal Origin codes: i -IGP, e -EGP, ? -incomplete
   Network          Next Hop         Metric LocPrf  Weight Path
*> 172.16.1.0/24    192.68.10.1                          0 7 2 3 i
*> 172.16.10.0/24   192.68.10.1                          0 7 2 3 i
*> 172.16.65.0/26   192.68.10.1                          0 7 2 3 i
*> 172.16.220.0/24  192.68.10.3                          0 7 1 3 i
*> 192.68.6.0       192.68.10.1                          0 7 2 i
*> 192.68.11.0      192.68.10.3                          0 7 1 i
*> 192.68.40.0      0.0.0.0              0           32768 i
*> 193.78.0.0/16    192.68.10.2                          0 7 8 i
```

Beachten Sie, dass die NY-Präfixe (172.16.10.0/24 und 172.16.65.0/26) über den NY-Link (Pfad 7 2 3) erreicht werden können. Das SF-Präfix 172.16.220.0/24 ist über den SF-Link (Pfad 7 1 3) zugänglich.

12.1.5 Kunden desselben Providers mit einem Backup-Link

Kunden desselben Providers können sich, nach gegenseitiger Absprache, über einen Privatlink miteinander verbinden. Der private Link dient als Reservelink, sollte die Internetverbindung eines der Kunden zusammenbrechen. Das in diesem Abschnitt besprochene Szenario stellt dar, wie der private Link als Primärlink zwischen zwei ASs benutzt wird und im Falle des Versagens der Internetvernetzung, zusätzlich als Backup zur Verfügung steht.

In diesem Beispiel werden wir die Rollen etwas vertauschen. In Bild 12.8 ist AS3 der Provider, der seine Dienste zwei Kunden, AS1 und AS2, anbietet. AS1 und AS2 vereinbaren miteinander, sich gegenseitig als Backup zu benutzen, falls ihr

Link zu AS3 versagt. Unter normalen Umständen benutzen AS1und AS2 den privaten Link nur für den Verkehr untereinander; für allen anderen Internetverkehr benutzen sie den direkten Link zu Provider AS3.

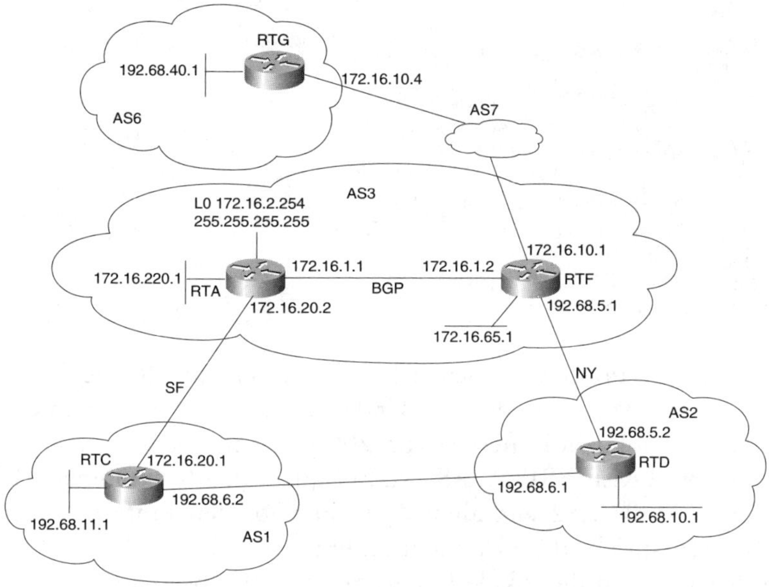

Bild 12.8: Der private Reservelink wird als Primärlink eingesetzt

Wir gehen davon aus, dass AS1 und AS2 vollständige Internetrouten erhalten. AS1 und AS2 sollten die Routen des jeweils anderen AS3 zur Verfügung stellen, damit, wenn ein Backup nötig werden sollte, AS3 fähig ist, die AS1-Netzwerke über AS2 und die AS2-Netzwerke über AS1 zu erreichen. Normalerweise wird ein solches Szenario automatisch durch das BGP-Defaultverhalten gehandhabt. Entsprechend der Regel »benütze den kürzesten Pfad« werden AS1 und AS2 immer den Privatlink benutzen, um sich gegenseitig zu erreichen. Um Erfahrungen mit dem Festlegen von BGP-Regelungen zu sammeln, werden wir versuchen, diese Problem zu lösen, indem wir das LOCAL_PREF-Attribut manipulieren. In Beispiel 12.30 werden wir uns auf die Routerkonfiguration von RTC konzentrieren; die RTD Konfiguration sollte ähnlich sein.

Beispiel 12.30: Privater Backup-Link genutzt als Primärlink: RTC-Konfiguration

```
router bgp 1
 network 192.68.11.0
 neighbor 172.16.20.2 remote-as 3
 neighbor 172.16.20.2 route-map PREF_FROM_AS3 in
 neighbor 192.68.6.1 remote-as 2
 neighbor 192.68.6.1 route-map PREF_FROM_AS2 in
 no auto-summary

ip as-path access-list 1 permit _2_

route-map PREF_FROM_AS3 permit 10
 match as-path 1
 set local-preference 100

route-map PREF_FROM_AS3 permit 20
 set local-preference 300

route-map PREF_FROM_AS2 permit 10
 set local-preference 200
```

Die Konfiguration in Beispiel 12.30 zeigt eine Routenkarte PREF_FROM_AS2, die alle Updates, die von AS2 kommen, mit einer lokalen Präferenz von 200 versieht. Die andere Routenkarte PREF_FROM_AS3 stattet alle von AS3 kommenden Updates, die AS2 enthalten, mit einer lokalen Präferenz von 100 (entspricht der Grundeinstellung) aus. Die restlichen Updates erhalten die lokale Präferenz von 300. Beachten Sie den regulären Ausdruck (*regular expression*) **_2_**, der auf Routen hinweist, die AS2 passiert haben. Durch diese Konfiguration sind alle Netzwerke, die von AS2 oder seinen Kunden stammen, direkt über den privaten Link erreichbar. Alle anderen Routen kann man über den Provider AS3 erreichen. Beispiel 12.31 zeigt die BGP-Tabelle von RTC.

Beachten Sie, dass das von AS3 kommende Präfix 192.68.10.0/24 mit einer lokalen Präferenz von 100 ausgestattet ist, weil in dessen AS_PATH 3 2 die 2 enthalten ist. Alle anderen Routen, die von AS3 stammen, besitzen die lokale Präferenz von 300.

```
RTC#show ip bgp
BGP table version is 11, local router ID is 192.68.11.1
Status codes: s suppressed, d damped, h history, * valid, > best,
  i -internal Origin codes: i -IGP, e -EGP, ? -incomplete

   Network          Next Hop       Metric LocPrf  Weight Path
*> 172.16.1.0/24    172.16.20.2         0    300       0 3 i
*                   192.68.6.1               200       0 2 3 i
*> 172.16.10.0/24   172.16.20.2        20    300       0 3 i
*                   192.68.6.1               200       0 2 3 i
*> 172.16.65.0/26   172.16.20.2        20    300       0 3 i
*                   192.68.6.1               200       0 2 3 i
*> 172.16.220.0/24  172.16.20.2         0    300       0 3 i
*                   192.68.6.1               200       0 2 3 i
* 192.68.10.0       172.16.20.2              100       0 3 2 i
*>                  192.68.6.1          0    200       0 2 i
*> 192.68.11.0      0.0.0.0             0          32768 i
*> 192.68.40.0      172.16.20.2              300       0 3 6 i
*                   192.68.6.1               200       0 2 3 6 i
```

Beispiel 12.31: Privater Backup-Link genutzt als Primärlink: RTCs BGP-Tabelle

12.1.6 Kunden unterschiedlicher Provider mit einem Backup-Link

Wenn Kunden hinzukommen und eingetragen werden, oder wenn sie wegfallen, ziehen es Provider vor, die möglichst geringe Veränderung in ihrer Konfiguration vorzunehmen, weil eine große Anzahl von Eingriffen in das Programm die Skalierbarkeit reduziert. Jedesmal, wenn ein Kunde verbucht oder abgemeldet wird, muss der Provider Regelungen hinzufügen, um den Anforderungen des Kunden zu entsprechen. In den folgenden Beispielen können Sie sehen, wie ein AS das COMMUNITY-Attribut oder Techniken zur Pfadmanipulation einsetzt, damit sich für den Kunden die Möglichkeit ergeben kann, dass ihm der Provider die Kundenregelungen dynamisch einrichtet.

Die COMMUNITY-Methode

In Bild 12.9 beansprucht der Kunde AS1 den Service des Providers AS4. AS2 ist Kunde des Providers AS3. AS1 und AS2 besitzen einen privaten Link, der für den internen Gebrauch der zwei ASs genutzt wird. Für allen anderen Datenverkehr ziehen es die beiden Kunden vor, sich über ihren jeweiligen direkten Provider (AS1 über AS4 und AS2 über AS3) zu bewegen. Bricht der Privatlink zusammen, sollten die Kunden miteinander über die Provider kommunizieren können. Steht der Link zu einem der Provider nicht zur Verfügung, sollte das Internet über den anderen Kunden kontaktiert werden könen.

Bild 12.9: Mehrere ASs mit multiplen Providern

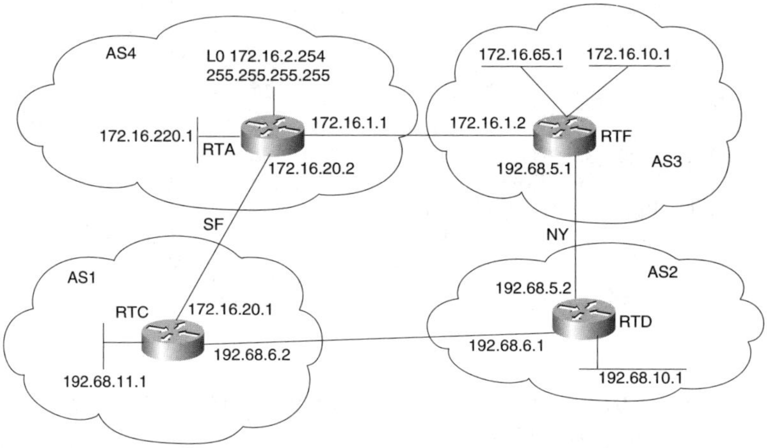

Beispiel 12.32 bis Beispiel 12.34 zeigen die relevante Konfiguration von RTA, RTC und RTF. RTD sollte ein Spiegelbild von RTC sein.

Beispiel 12.32: Backup-Links für mehrere ASs mit multiplen Providern über COMMUNITY: RTA-Konfiguration

```
router bgp 4
 network 172.16.220.0 mask 255.255.255.0
 neighbor 172.16.1.2 remote-as 3
 neighbor 172.16.1.2 route-map CHECK_COMMUNITY in
 neighbor 172.16.20.1 remote-as 1
 neighbor 172.16.20.1 route-map CHECK_COMMUNITY in
 no auto-summary

ip community-list 2 permit 4:40
ip community-list 3 permit 4:60

route-map CHECK_COMMUNITY permit 10
 match community 2
 set local-preference 40

route-map CHECK_COMMUNITY permit 20
 match community 3
 set local-preference 60

route-map CHECK_COMMUNITY permit 30
 set local-preference 100
```

Beachten Sie, auf welche Weise RTA die Routenkarte CHECK_COMMUNITY konfiguriert hat. Die **match community**-Wertfeststellung unter der Routenkarte korreliert mit der **ip community-list** Werteliste, die Folgendes aussagt:

- Entscheidungsinstanz 10: Bei Routen mit der Community 4:40 setzen Sie die lokalen Präferenzen auf 40.
- Entscheidungsinstanz 20: Bei Routen mit der Community 4:60 setzen Sie die lokalen Präferenzen auf 60.
- Entscheidungsinstanz 30: Bei allen anderen Routen setzen Sie die lokalen Präferenzen auf 100 (Defaultroute).

Beispiel 12.33: Backup-Links für mehrere ASs mit multiplen Providern über COMMUNITY: RTC-Konfiguration

```
router bgp 1
 network 192.68.11.0
 neighbor 172.16.20.2 remote-as 4
 neighbor 172.16.20.2 send-community
 neighbor 172.16.20.2 route-map setcommunity out
 neighbor 172.16.20.2 filter-list 10 out
 neighbor 192.68.6.1 remote-as 2
 no auto-summary

ip as-path access-list 2 permit _2_

ip as-path access-list 10 permit ^$
ip as-path access-list 10 permit ^2$

route-map setcommunity permit 10
 match as-path 2
 set community 4:40

route-map setcommunity permit 20
```

Beachten Sie die Routenkarte **setcommunity**, die auf AS4 hin konfiguriert wurde. Die Routenkarte legt Folgendes fest:

- Entscheidungsinstanz 10: Für alle Routen, die über AS2 (_2_) hereinkommen, setzen Sie die Community auf 4:40.
- Entscheidungsinstanz 20: Alle anderen Routen werden ohne die Festsetzung von Community passieren.

RTC besitzt außerdem eine **filter-list 10 out,** die verhindert, dass AS4 von AS3 über AS1 erfährt. Die Filterliste lässt nur AS1-und AS2-Routen zu. Falls der Link zwischen AS4 und AS3 zusammenbricht, kann AS4 nicht AS1 benutzen, um AS3 zu erreichen.

Beispiel 12.34: Backup-Links für mehrere ASs mit multiplen Providern über COMMUNITY: RTF-Konfiguration

```
router bgp 3
 network 172.16.10.0 mask 255.255.255.0
 network 172.16.65.0 mask 255.255.255.192
 neighbor 172.16.1.1 remote-as 4
 neighbor 172.16.1.1 send-community
 neighbor 172.16.1.1 route-map setcommunity out
 neighbor 192.68.5.2 remote-as 2
 no auto-summary

route-map setcommunity permit 10
 set community 4:60
```

Die Routenkarte **setcommunity** in RTF, durch den BGP-**neighbor**-Befehl aktiviert, setzt alle Updates in Richtung AS4 mit einer Community von 4:60 fest.

Überprüfen Sei die BGP-Tabelle von RTA in Beispiel 12.35, um festzustellen, was Sie bewerkstelligt haben.

Beispiel 12.35: Backup-Links für mehrere ASs mit multiplen Providern über COMMUNITY: RTAs BGP-Tabelle

```
RTA#show ip bgp
BGP table version is 7, local router ID is 172.16.2.254
Status codes: s suppressed, d damped, h history, * valid, > best,
  i -internal Origin codes: i -IGP, e -EGP, ? -incomplete

   Network          Next Hop       Metric LocPrf Weight Path
*> 172.16.10.0/24   172.16.1.2          0     60      0 3 i
*> 172.16.65.0/26   172.16.1.2          0     60      0 3 i
*> 172.16.220.0/24  0.0.0.0             0         32768 i
*> 192.68.10.0      172.16.1.2                60      0 3 2 i
*                   172.16.20.1               40      0 1 2 i
*> 192.68.11.0      172.16.20.1         0    100      0 1 i
```

RTA hat die lokale Präferenz für alle von Provider AS3 kommende Routen dynamisch auf 60 festgelegt. Alle von AS2 über AS1 kommenden Routen besitzen eine Präferenz von 40 und die lokalen AS1 Routen haben eine Präferenz von 100.

AS4 wird bezüglich aller Routen, die ihren Ursprung in AS1 haben (*customers local routes*), wie zum Beispiel 192.68.11.0/24, direkt zu AS1 gehen. Hinsichtlich der Routen, die zu AS2 (*customer transit routes*) gehören, wie beispielsweise 192.68.10.0/24, wird AS4 den anderen Provider, AS3, benutzen. In Bezug auf andere Routen (ISP-Routen), die der Provider anbietet, wird AS4 direkt zu AS3 gehen.

Die AS_PATH-Methode

Als Alternative zur COMMUNITY-Vorgehensweise können Sie auch den AS_PATH-Wert manipulieren, um das in Bild 12.9 dargestellte gewünschte Routing zu erhalten. Außerdem wird die Manipulation des AS_PATH die Routenauswahl nicht nur im angrenzenden autonomen System, sondern auch in den Downstream-ASs beeinflussen, weil LOCAL_PREF kein transitives Attribut ist.

In Beispiel 12.36 wird RTC für alle von AS2 empfangenen Routen einen zusätzlichen AS-Eintrag in seinen, für AS4 bestimmten Routingupdates hinzufügen. AS4 wird feststellen, dass die Updates von AS2 mit einem längeren Pfad über AS1 versehen sind und wird über AS3 Zugang suchen.

Beispiel 12.36: Erzielung des gewünschten Routingverhaltens durch die AS_PATH-Manipulation: RTC-Konfiguration

```
router bgp 1
 network 192.68.11.0
 neighbor 172.16.20.2 remote-as 4
 neighbor 172.16.20.2 route-map setpath out
 neighbor 172.16.20.2 filter-list 10 out
 neighbor 192.68.6.1 remote-as 2
 no auto-summary

ip as-path access-list 2 permit _2_

ip as-path access-list 10 permit ^$
ip as-path access-list 10 permit ^2$

route-map setpath permit 10
 match as-path 2
 set as-path prepend 1

route-map setpath permit 20
```

RTC hat eine zusätzliche AS-Nummer 1 an sein Update für RTA angefügt. Beispiel 12.37 zeigt, wie die BGP-Tabelle von RTA daraufhin aussieht.

Beispiel 12.37: Erzielung des gewünschten Routingverhaltens durch die AS_PATH-Manipulation: RTCs BGP-Tabelle

```
RTA#show ip bgp
BGP table version is 9, local router ID is 172.16.2.254
Status codes: s suppressed, d damped, h history, * valid, > best,
  i -internal Origin codes: i -IGP, e -EGP, ? -incomplete

   Network          Next Hop     Metric LocPrf Weight Path
*> 172.16.10.0/24   172.16.1.2        0             0 3 i
*> 172.16.65.0/26   172.16.1.2        0             0 3 i
*> 172.16.220.0/24  0.0.0.0           0         32768 i
*> 192.68.10.0      172.16.1.2                      0 3 2 i
*                   172.16.20.1           100       0 1 1 2 i
*> 192.68.11.0      172.16.20.1       0   100       0 1 i
```

Beachten Sie, dass RTA nun AS3 bevorzugt, um das Präfix 192.68.10.0/24 zu erreichen. Sie müssen sicherstellen, dass der Provider AS1 keine AS_PATH-Zugangslisten verwendet und von Ihrem AS nur Routen der Formel ^1$ oder ^1 2$ akzeptiert. Ansonsten könnten AS-Anfügungen dazu führen, dass Ihr Provider Ihre Routen filtert. Sie sollten sich bezüglich der Veränderungen, die Sie vornehmen wollen, stets mit Ihrem Provider absprechen.

12.2 Verfolgen von Default-Routen innerhalb eines AS

Die folgenden Beispiele zeigen, wie Sie Grenz-Default-Router in Ihr AS eingeben können, denen Ihre IPG folgen. Bild 12.10 veranschaulicht folgendes Szenario: AS3 hat vielfache Verbindungen zu den Providern AS1 und AS2.

RTA verwendet in Kontakt mit RTC EBGP und RTF arbeitet im Umgang mit RTD mit EBGP. Innerhalb des AS3 benutzen RTA und RTF IBGP. Sie werden mit zwei Situationen konfrontiert: Erstens: RTA und RTF besitzen eine direkt physische Verbindung, und zweitens: RTA und RTF haben keine direkte physische Verbindung.

Letzteres Fallbeispiel wird genutzt, um zu zeigen, was alles schiefgehen kann, wenn Ihr IGP-Verkehr Einstellungen befolgt, die mit Ihren BGP-Regelungen in Konflikt stehen. RTG ist ein interner Router, der ein IGP verwendet; RTG folgt der Default-Route 0/0, um Netzwerke außerhalb von AS3 zu erreichen.

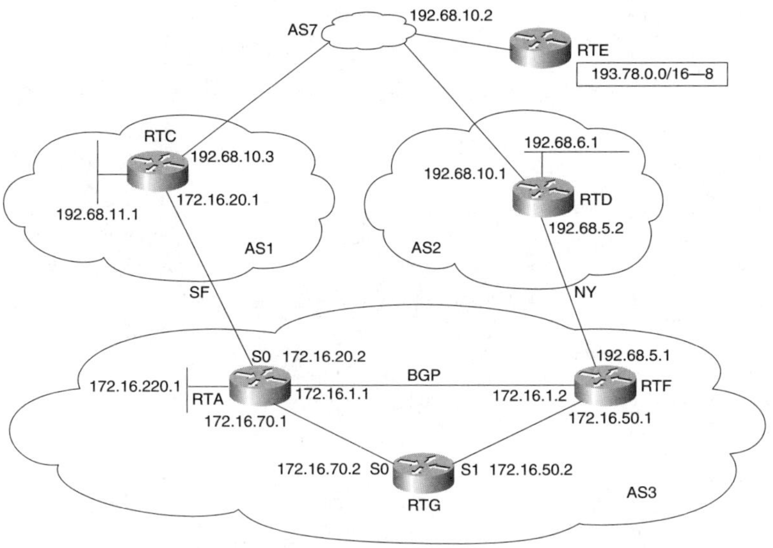

Bild 12.10: Verfolgen von Defaults innerhalb des AS; miteinander verbundene Grenzrouter

Die Situation, in der RTA und RTF direkt verbunden sind ist unkompliziert. Es ist unwahrscheinlich, dass etwas schiefläuft. Solange RTA und RTF Default-Routen in IGP einfügen, wird der Verkehr, der irgendeinen BGP-Router erreicht, seinen Weg außerhalb des AS finden. Um mögliche Routenschleifen zu vermeiden, ist es wichtig, dass Außenverkehr, der einen BGP-Router erreicht hat, nicht an einen nicht-BGP-Router zurückgeleitet wird.

Falls die Grenzrouter keine vollständigen Routen enthalten, können sie eine Default-Route zu den Providern, mit denen sie verbunden sind, akzeptieren. Beide Links können gleichzeitig benutzt werden, oder ein Link als Primärlink und der zweite als Backup. Egal, mit welcher Regelungen Sie arbeiten, der Verkehr wird seinen Weg nach draußen finden.

In der in Beispiel 12.38 und Beispiel 12.39 gezeigten Konfiguration akzeptieren RTA und RTF von ihren jeweiligen Providern vollständige Routen. RTA und RTF übertragen Default-Routen in das AS (sie selbst erhalten keine Default-Routen, da sie vollständige Routen besitzen). Sie werden OSPF als ein IGP nutzen (andere IGPs werden später in unterschiedlichen Szenarien verwendet werden). Beachten Sie das **default-information originate** OSPF-Subkommando in den beiden Konfigurationen.

Beispiel 12.38: Befolgung von Defaults innerhalb des AS; miteinander verbundene Grenzrouter: RTA-Konfiguration

```
router ospf 10
 passive-interface Serial0
 network 172.16.0.0 0.0.255.255 area 0
 default-information originate always

router bgp 3
 no synchronization
 network 172.16.1.0 mask 255.255.255.0
 network 172.16.70.0 mask 255.255.255.0
 network 172.16.220.0 mask 255.255.255.0
 neighbor 172.16.20.1 remote-as 1
 neighbor 172.16.20.1 filter-list 10 out
 neighbor 172.16.1.2 remote-as 3
 no auto-summary

ip as-path access-list 10 permit ^$
```

Beispiel 12.39: Befolgung von Defaults innerhalb des AS; miteinander verbundene Grenzrouter: RTF-Konfiguration

```
router ospf 10
 network 172.16.0.0 0.0.255.255 area 0
 default-information originate always

router bgp 3
no synchronization
 network 172.16.1.0 mask 255.255.255.0
 network 172.16.50.0 mask 255.255.255.0
 neighbor 172.16.1.1 remote-as 3
 neighbor 172.16.1.1 next-hop-self
 neighbor 192.68.5.2 remote-as 2
 neighbor 192.68.5.2 filter-list 10 out
 no auto-summary

ip as-path access-list 10 permit ^$
```

Beispiel 12.40 zeigt die Konfiguration von RTG.

Beispiel 12.40: Befolgung von Defaults innerhalb des AS; miteinander verbundene Grenzrouter: RTG-Konfiguration

```
router ospf 10
 network 172.16.0.0 0.0.255.255 area 0
```

Beachten Sie, dass die RTA-und RTF-Konfigurationen das **router ospf default-information originate** Subkommando mit dem **always** Keyword verwendet. Dieser Befehl zwingt OSFP dazu, jederzeit eine 0/0 Default-Route in die OSPF-Domäne einzuführen. Der interne Router RTG, der nur OSPF benutzt, wird die Default-Route aus mehreren Quellen beziehen und wird der kürzesten internen Metrik folgen. Router, die (in Bezug auf die Metrik) näher bei RTA liegen, werden für die Default-Route RTA verwenden, Router, die sich näher bei RTF befinden, werden RTF benutzen.

Die IP-Routingtabelle von RTG in Beispiel 12.41 macht deutlich, wie RTG seinen *»gateway of last resort«* auf RTA (172.16.70.1) festgelegt hat, welcher eine kürzere interne Metrik als RTF besitzt.

```
RTG#show ip route
Codes: C -connected, S -static, I -IGRP, R -RIP, M -mobile, B -BGP
    D -EIGRP, EX -EIGRP external, O -OSPF, IA -OSPF inter area
    N1 -OSPF NSSA external type 1, N2 -OSPF NSSA external type 2
    E1 -OSPF external type 1, E2 -OSPF external type 2, E -EGP
    i -IS-IS, L1 -IS-IS level-1, L2 -IS-IS level-2,
    * -candidate default U -per-user static route, o -ODR
Gateway of last resort is 172.16.70.1 to network 0.0.0.0
   172.16.0.0/16 is subnetted, 5 subnets
O     172.16.220.0/24 [110/74] via 172.16.70.1, 00:03:27, Serial0
C     172.16.50.0/24 is directly connected, Serial1
O     172.16.20.0/24 [110/74] via 172.16.70.1, 00:03:27, Serial0
O     172.16.1.0/24 [110/74] via 172.16.70.1, 00:03:27, Serial0
C     172.16.70.0/24 is directly connected, Serial0
O*E2 0.0.0.0/0 [110/1] via 172.16.70.1, 00:03:27, Serial0
```

Beispiel 12.41: Befolgung von Defaults innerhalb des AS; miteinander verbundene Grenzrouter: RTGs IP-Routingtabelle

12.2.1 BGP-Regelungen im Konflikt mit der internen Default-Route

Jedes Mal, wenn interne Router Default-Routen folgen, um dem AS unbekannte Routen zu erreichen, sollten Sie darauf achten, dass sich keine Routingschleifen bilden. Eine Routingschleife entsteht, wenn der Router X einer Default-Route zu Router Y folgt, der wiederum den Router X benutzt, um seinen Bestimmungsort zu erreichen. Der Verkehr wird zwischen Router X und Y hin-und herspringen.

Die Default-Route 0/0 wird von BGP auf unterschiedliche Weise in IGP eingefügt, abhängig davon, welches IGP Sie benutzen. Es werden verschiedene Szenarien, die OSPF, RIP, EIGRP und IS-IS als IGPs verwenden, berücksichtigt.

In den folgenden Szenarien werden Sie sich mit dem Fall auseinandersetzen, dass die Router RTA und RTF in Bild 12.11 nicht direkt verbunden sind. Wie Sie feststellen werden, macht dies die Konfiguration schwerer und für Routingschleifen eher verwundbar. Solche Konfigurationen können nur in begrenzten Fällen verwendet werden.

Bild 12.11: Verfolgen von Defaults innerhalb des AS; Grenzrouter sind NICHT miteinander verbunden

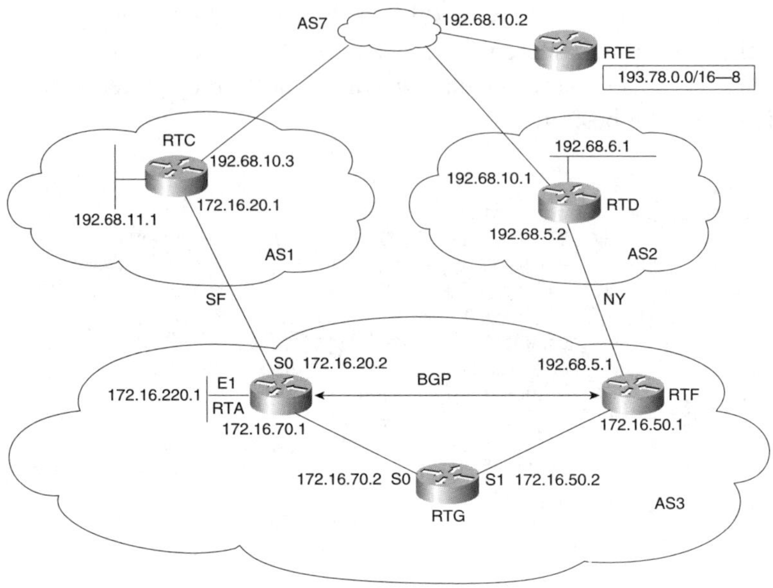

Wenn man die in Bild 12.11 gezeigte Netzwerktopologie berücksichtigt, wird vorausgesetzt, dass AS3 seine Regelungen in einer Primärlink/ Backup-Umgebung, in der der NY-Link der Primärlink ist und der SF-Link als Backup-Link dient, festlegt. Demgemäß erlernt RTA seine IBGP-Routen mit einer höheren lokalen Präferenz als seine EBGP-Routen und wird immer seinen Datenverkehr zu seinen IBGP-Partner RTF lenken.

Falls RTG die 0/0 sowohl von RTA als auch von RTF erhält, muss RTG die Default-Route von RTF (primär) wählen, ansonsten würde eine Routingschleife auftauchen. Die folgende Aneinanderreihung von Ereignissen erklärt warum:

1. RTG versucht, Daten an einen Bestimmungsort außerhalb von AS3 zu senden.
2. RTG folgt der Default-Route zu RTA.
3. RTA hat seine BGP-Regelungen mit RTF als Ausgang festgelegt.
4. Um RTF zu erreichen, benutzt RTA RTG als ersten Hop.
5. RTG sendet den empfangenen Datenverkehr, der für außen bestimmt ist, zurück zu RTA und so entsteht eine Schleife.

Um diese Situation zu vermeiden, können Sie jede der folgenden Methoden benutzen:

1. Stellen Sie sicher, dass RTA keine 0/0 in das IGP einbringt, außer der primäre Link bricht zusammen. Unter normalen Umständen wird der ganze Verkehr der Default-Route in Richtung RTF folgen und in der Lage sein, das AS zu verlassen. Im Falle einer Fehlfunktion des NY-Links sollte RTA damit beginnen, Defaultrouten in das IGP zu senden. Diese Methode funktioniert am besten in einer Primärlink/Reservelink-Umgebung. In Fällen, da der Ausgang nicht definiert ist, ist es schwer, zu entscheiden, welcher Router die Default-Route senden soll. In solchen Fällen sollte jeder Grenzrouter, der den Verkehr empfängt, in der Lage sein, ihn über seinen direkten externen Link zu senden.
2. Stellen Sie sicher, dass der Grenzrouter (RTA) den Verkehr nicht zum internen Router (RTG), der ihn (RTA) bereits als Default-Route benutzt, zurückleitet. Das können Sie erreichen, indem Sie für einen (in Bezug auf die Metrik) kürzeren Pfad über die BGP-Router sorgen – zum Beispiel durch einen direkten physischen Link zwischen RTA und RTF. Wenn RTG RTA als Default-Route verwendet, wird RTA seinen direkt verbundenen Link benutzen, um den Verkehr zu RTF zurückzuleiten.
3. Bei einer vollständigen IBGP-Verkettung (*full* IBGP *mesh*) zwischen RTA, RTG und RTF wird RTG alle Routen über BGP kennenlernen.
4. Manipulieren Sie die Metrik so, dass der interne Router (RTG) über den Primärlink immer eine niedrigere Metrik erhält.

Im vorhergehenden Beispiel haben wir die zweite Methode verwendet. Die dritte Methode ist geradlinig und wird hier nicht behandelt. In jedem der folgenden Szenarien müssen Sie ein unterschiedliches IGP berücksichtigen und entweder die erste oder die vierte Methode anwenden, um das Problem zu lösen. Obwohl Sie nur eine Methode bei der Behandlung jeden Falls anwenden werden, können hinsichtlich der IGPs beide Methoden, 1 und 4, verwendet werden.

Um das Problem zu vereinfachen, werden Sie davon ausgehen, dass RTA und RTF von ihren Providern dynamisch eine 0/0 Default-Route erhalten (unabhängig davon, ob sie diese benötigen). Die folgenden Abschnitte zeigen, wie das Einfügen von Default-Routen in eine Cisco-Umgebung funktioniert.

Verwendung von OSPF als IGP

Sie können die 0/0-Default-Route in OSPF einfügen, indem Sie folgenden Routerbefehl verwenden:

```
default-information originate [always] [metric metric-value]
[metric-type type-value] [route-map map-name]
```

Der Ausdruck *default-information originate* (ohne das Keyword *always*) wird in OSPF nur dann eine Default-Route 0/0 einfügen, wenn der Router selbst eine Default-Route hat. Das Keyword **always** kann hier nicht verwendet werden, da im Falle eines Linkversagens, der Grenzrouter fortfahren würde, eine Default-Route in das IGP einzufügen, obwohl er den Verkehr nicht mehr weiterleiten kann. (Sie werden sich erinnern, dass es zwischen den Grenzroutern keine direkte Verbindung gibt.)

Wenn RTA und RTF in Bild 12.11 beide durch den Router Befehl **default-information originate** konfiguriert werden, kann Folgendes passieren:

1. RTA erhält über EBGP und IBGP eine 0/0-Default-Route.
2. Da RTA alles über RTF vorzeiht (höhere lokale Präferenz), wird RTA die 0/0 von IBGP bevorzugen.
3. Da RTA eine Default-Route (über BGP) besitzt, wird er damit beginnen, die Default-Route in IGP einzufügen.

Sie stehen einer Situation gegenüber, in der beide Router eine Default-Route erzeugen und infolgedessen möglicherweise eine Schleife auftritt.

Sie könnten anführen, dass, da ja der NY-Link der primäre Link ist, RTA keine Default-Routen senden sollte. Diese Argumentation ist aber falsch, da bei Versagen des NY-Link, RTF aufhören wird, eine 0/0 an das IGP weiterzuempfehlen. RTA schickt ebenfalls keine Default-Routen, sodass der Verkehr das AS nicht verlassen kann.

Die Lösung für diese Probleme besteht darin, dass RTA und RTF *nur dann* eine Default-Route einfügen, wenn sie selbst über eine verfügen, *und auch nur dann*, wenn die Grundeinstellung. die sie vorziehen, von EBGP stammt. Wenn RTA feststellt, dass er die 0/0 von EBGP derjenigen von IBGP vorzieht, kann er Rüchschlüsse darauf erhalten, dass es ein Problem mit dem NY-Link gibt und wird anfangen, die Default-Route auszusenden. Dies kann man erreichen, indem man eine Routenkarte in Verbindung mit dem Routerbefehl **default-information originate** verwendet, wie in Beispiel 12.42.

Beispiel 12.42: Unter gewissen Umständen Verwendung ausschliesslich der Default: RTA-Konfiguration

```
router ospf 10
 passive-interface Serial0
 network 172.16.0.0 0.0.255.255 area 0
 default-information originate route-map SEND_DEFAULT_IF

router bgp 3
no synchronization
 network 172.16.220.0 mask 255.255.255.0
 network 172.16.70.0 mask 255.255.255.0
 neighbor 172.16.20.1 remote-as 1
 neighbor 172.16.20.1 filter-list 10 out
 neighbor 172.16.50.1 remote-as 3
 neighbor 172.16.50.1 route-map setlocalpref in
 no auto-summary

ip as-path access-list 10 permit ^$

access-list 1 permit 0.0.0.0
access-list 2 permit 172.16.20.1

route-map setlocalpref permit 10
 set local-preference 300

route-map SEND_DEFAULT_IF permit 10
 match ip address 1
 match ip next-hop 2
```

Beachten Sie die Routenkarte SEND_DEFAULT_IF, die mit dem Routerbefehl **default-information originate** verbunden ist. Diese Routenkarte passt zu der Bedingung, dass die 0/0-Default-Route (**access-list 1**) einen nächsten Hop von 172.16.20.1 (**access-list 2**) hat. Dies erfüllt die Prämisse, dass 0/0 eher über EBGP als über IBGP gelernt wird. Wenn dies der Fall ist, wird RTA einen fehlerhaften Link in NY entdecken und damit beginnen, seine eigene 0/0 in OSPF einzufügen.

Die zweite Routenkarte **setlocalpref** weist allen IBGP-Routen von RTA einen Wert von 300 zu. Dies führt dazu, dass alle IBGP-Routen den EBGP-Routen vorgezogen werden.

Wie in der Konfiguration von Beispiel 12.43 festgelegt, bringt RTF eine Default-Route in OSPF nur unter der Bedingung ein, dass RTF diese Default-Route von seinem externen Link (NEXT_HOP 192.68.5.2.) lernt. Im Falle eines Versagens des NY-Links wird RTF aufhören, eine 0/0 zu empfehlen, auch wenn er eine 0/0 von RTA über IBGP erhält.

Beispiel 12.43: Unter gewissen Umständen wird die Werbung für die Default eingestellt: RTF-Konfiguration

```
router ospf 10
 network 172.16.0.0 0.0.255.255 area 0
 default-information originate route-map SEND_DEFAULT_IF

router bgp 3
no synchronization
 network 172.16.50.0 mask 255.255.255.0
 neighbor 172.16.70.1 remote-as 3
 neighbor 172.16.70.1 next-hop-self
 neighbor 192.68.5.2 remote-as 2
 neighbor 192.68.5.2 filter-list 10 out
 no auto-summary

ip as-path access-list 10 permit ^$

access-list 1 permit 0.0.0.0
access-list 2 permit 192.68.5.2

route-map SEND_DEFAULT_IF permit 10
 match ip address 1
 match ip next-hop 2
```

Wie in Beispiel 12.44 festgelegt, benutzt RTG nur OSPF und folgt für Routen außerhalb des AS3 der 0/0-Default-Route.

Beispiel 12.44: Befolgung einer Default für externe Routen: RTG-Konfiguration

```
router ospf 10
 network 172.16.0.0 0.0.255.255 area 0
```

Beispiel 12.45 zeigt die IP-Routingtabelle von RTA. Beachten Sie, dass RTA die 0/0-Default-Route über seinen IBGP-Partner RTF mit dem NEXT_HOP 172.16.50.1 vorzieht. Da der NEXT_HOP sich von 172.16.20.1 (dem externen Partner) unterscheidet, wird RTA keine Default-Route in OSPF eintragen.

```
RTA#show ip route
Codes: C -connected, S -static, I -IGRP, R -RIP, M -mobile, B -BGP
    D -EIGRP, EX -EIGRP external, O -OSPF, IA -OSPF inter area
    N1 -OSPF NSSA external type 1, N2 -OSPF NSSA external type 2
    E1 -OSPF external type 1, E2 -OSPF external type 2, E -EGP
    i -IS-IS, L1 -IS-IS level-1, L2 -IS-IS level-2,
    * -candidate default U -per-user static route, o -ODR

Gateway of last resort is 172.16.50.1 to network 0.0.0.0

B  192.68.6.0/24 [200/0] via 172.16.50.1, 00:03:06
B  192.68.11.0/24 [200/0] via 172.16.50.1, 00:03:06
B  193.78.0.0/16 [200/0] via 172.16.50.1, 00:03:06
   172.16.0.0/16 subnetted, 4 subnets
C    172.16.20.0/24 is directly connected, Serial0
C    172.16.220.0/24 is directly connected, Ethernet1
O    172.16.50.0/24 [110/164] via 172.16.70.2, 02:17:37, Serial1
C    172.16.70.0/24 is directly connected, Serial1
B* 0.0.0.0/0 [200/0] via 172.16.50.1, 00:03:07
```

Beispiel 12.45: RTAs IP-Routingtabelle

Beispiel 12.46 zeigt die IP-Routingtabelle von RTG. Beachten Sie, wie RTG seine Default-Route auf RTF setzt. Beide, die BGP-Regelungen und die IGP-Default-Routen sind nun aufeinander abgestimmt.

```
RTG#show ip route
Codes: C -connected, S -static, I -IGRP, R -RIP, M -mobile, B -BGP
    D -EIGRP, EX -EIGRP external, O -OSPF, IA -OSPF inter area
    N1 -OSPF NSSA external type 1, N2 -OSPF NSSA external type 2
    E1 -OSPF external type 1, E2 -OSPF external type 2, E -EGP
    i -IS-IS, L1 -IS-IS level-1, L2 -IS-IS level-2,
    * -candidate default U -per-user static route, o -ODR

Gateway of last resort is 172.16.50.1 to network 0.0.0.0

   172.16.0.0/16 is subnetted, 4 subnets
O    172.16.20.0/24 [110/128] via 172.16.70.1, 02:21:04, Serial0
O    172.16.220.0/24 [110/74] via 172.16.70.1, 02:21:04, Serial0
C    172.16.50.0/24 is directly connected, Serial1
C    172.16.70.0/24 is directly connected, Serial0
O*E2 0.0.0.0/0 [110/1] via 172.16.50.1, 00:41:26, Serial1
```

Beispiel 12.46: RTGs IP-Routingtabelle

Sollte der NY-Link ausfallen, wird RTA die BGP-0/0 über seinen externen Link mit dem nächsten Hop 172.16.20.1 erlernen und eine Default-Route in OSPF eintragen.

Eine Umverteilung der 0/0 von BGP nach OSPF über den **redistribute** Routerbefehl ist weder erlaubt noch vorgesehen.

Verwendung von RIP als IGP

Die Cisco RIP-Durchführung verhält sich im Umgang mit den 0/0-Default-Routen anders als OSPF. Die von BGP erlernte Default-Route wird automatisch in RIP eingefügt. Während des RIP-Prozesses wird ein **default metrik** Routerbefehl benötigt, um der Default-Route eine Metrik (Hop Count) zuzuweisen. In unserem Beispiel (Bild 12.11) wird davon ausgegangen, dass RTA, RTF und RTG RIP benutzen. Sie müssen die von RTA in RIP eingefügte Metrik von 0/0 so festlegen, dass der interne Router (RTG) immer RTF vorzieht.

Die Konfiguration für RTA in Beispiel 12.47 legt die 0/0 Defaultmetrik auf 5 fest. Beachten Sie, dass keine Redistribution nötig war, um die BGP-Grundeinstellung in RIP einzufügen.

Beispiel 12.47: Verwendung von RIP als IGP: RTA-Konfiguration

```
router rip
 passive-interface Serial0
 network 172.16.0.0
 default-metric 5

router bgp 3
no synchronization
 network 172.16.220.0 mask 255.255.255.0
 network 172.16.70.0 mask 255.255.255.0
 neighbor 172.16.20.1 remote-as 1
 neighbor 172.16.20.1 filter-list 10 out
 neighbor 172.16.50.1 remote-as 3
 neighbor 172.16.50.1 route-map setlocalpref in
 no auto-summary

ip as-path access-list 10 permit ^$

route-map setlocalpref permit 10
 set local-preference 300
```

Die Konfiguration von RTF in Beispiel 12.48 wird die 0/0 in RIP mit einer Hop Zählung zu 1 einfügen.

```
router rip
network 172.16.0.0
default-metric 1

router bgp 3
no synchronization
 network 172.16.50.0 mask 255.255.255.0
 neighbor 172.16.70.1 remote-as 3
 neighbor 172.16.70.1 next-hop-self
 neighbor 192.68.5.2 remote-as 2
 neighbor 192.68.5.2 filter-list 10 out
 no auto-summary

ip as-path access-list 10 permit ^$
```

Beispiel 12.48: Verwendung von RIP als IGP: RTF-Konfiguration

Die Konfiguration von RTG in Beispiel 12.49 arbeitet nur mit RIP und folgt der 0/0-Default-Route für Routen außerhalb von AS3.

```
router rip
network 172.16.0.0
```

Beispiel 12.49: Verwendung von RIP als IGP: RTG-Konfiguration

Beispiel 12.50 zeigt die IP-Routingtabelle des RTG. Beachten Sie, dass RTG seine Default-Route, aufgrund der niedrigeren Metrik von 1, auf RTF gesetzt hat.

```
RTG#show ip route
Codes: C -connected, S -static, I -IGRP, R -RIP, M -mobile, B -BGP
    D -EIGRP, EX -EIGRP external, O -OSPF, IA -OSPF inter area
    N1 -OSPF NSSA external type 1, N2 -OSPF NSSA external type 2
    E1 -OSPF external type 1, E2 -OSPF external type 2, E -EGP
    i -IS-IS, L1 -IS-IS level-1, L2 -IS-IS level-2,
    * -candidate default U -per-user static route, o -ODR

Gateway of last resort is 172.16.50.1 to network 0.0.0.0

   172.16.0.0/16 is subnetted, 4 subnets
R    172.16.220.0/24 [120/1] via 172.16.70.1, 00:00:03, Serial0
C    172.16.50.0/24 is directly connected, Serial1
R    172.16.20.0/24 [120/1] via 172.16.70.1, 00:00:03, Serial0
C    172.16.70.0/24 is directly connected, Serial0
R* 0.0.0.0/0 [120/1] via 172.16.50.1, 00:00:22, Serial1
```

Beispiel 12.50: RTGs IP-Routingtabelle

ANMERKUNG

Wenn mehr Bedingungen benötigt werden, um die 0/0 in RIP einzufügen, könnten Redistribution und Routenkarten verwendet werden, um die Default-Route aus BGP in RIP einzuarbeiten.

Verwendung von EIGRP als IGP

Die durch BGP-erlernten Default-Routen werden über eine Rückverteilung in EIGRP eingefügt. Die 0/0-Metrik muss durch die Benutzung des Router-Subkommandos **default-metric** in eine EIGRP kompatible Metrik umgewandelt werden.

Die Konfiguration von RTA in Beispiel 12.51 fügt seine Default-Routen mit einer hohen Metrik so ein, dass der interne Router (RTG) über RTF immer eine niedrigere Metrik erhält.

Beispiel 12.51: Verwendung von EIGRP als IGP: RTA-Konfiguration

```
router eigrp 1
 redistribute bgp 3 route-map DEFAULT_ONLY
 passive-interface Serial0
 network 172.16.0.0
 default-metric 5 100 250 100 1500

router bgp 3
 no synchronization
 network 172.16.70.0 mask 255.255.255.0
 network 172.16.220.0 mask 255.255.255.0
 neighbor 172.16.20.1 remote-as 1
 neighbor 172.16.20.1 filter-list 10 out
 neighbor 172.16.50.1 remote-as 3
 neighbor 172.16.50.1 route-map setlocalpref in
 no auto-summary

ip as-path access-list 10 permit ^$

access-list 5 permit 0.0.0.0

route-map setlocalpref permit 10
 set local-preference 300

route-map DEFAULT_ONLY permit 10
 match ip address 5
```

RTA verwendet die Routenkarte DEFAULT_ONLY, um für die Default-Route 0/0 eine Entsprechung zu finden. Jedes andere Update wird von der Redistribution in EIGRP ausgeschlossen. RTA legt außerdem die Metrik fest, indem er das Router-Subkommando **default–metric** benutzt.

Auf dieselbe Weise verteilt die Konfiguration von RTF in Beispiel 12.52 unter Verwendung der Routenkarte DEFAULT_ONLY nur die 0/0 in EIGRP.

Beispiel 12.52: Verwendung von EIGRP als IGP: RTF-Konfiguration

```
router eigrp 1
 redistribute bgp 3 route-map DEFAULT_ONLY
 network 172.16.0.0
 default-metric 1000 100 250 100 1500

router bgp 3
 no synchronization
 network 172.16.50.0 mask 255.255.255.0
 neighbor 172.16.70.1 remote-as 3
 neighbor 172.16.70.1 next-hop-self
 neighbor 192.68.5.2 remote-as 2
 neighbor 192.68.5.2 filter-list 10 out
 no auto-summary

ip as-path access-list 10 permit ^$

access-list 5 permit 0.0.0.0

route-map DEFAULT_ONLY permit 10
 match ip address 5
```

RTF benutzt das Statement **default-metric 1000 100 250 100 1500**, um seine Defaultmetrik in EIGRP-kompatible Metrik umzusetzen. Beachten Sie den Bandbreitenabschnitt (1000) des Statements **default-metric** in RTF, der viel höher ist als die Bandbreite in RTA (5). Dadurch ist Metrik von RTF viel niedriger als die von RTA.

Wie von der Konfiguration in Beispiel 12.53 veranschaulicht, arbeitet RTG nur mit EIGRP und folgt für alle Routen außerhalb von AS3 der Default-Route.

Beispiel 12.53: Verwendung von EIGRP als IGP: RTG-Konfiguration

```
router eigrp 1
 network 172.16.0.0
```

Beispiel 12.54 zeigt die IP-Routingtabelle des RTG. Beachten Sie, dass RTG der Default-Route zu RTF folgt.

Beispiel 12.54: RTGs IP-Routingtabelle

```
RTG#show ip route
Codes: C -connected, S -static, I -IGRP, R -RIP, M -mobile, B -BGP
       D -EIGRP, EX -EIGRP external, O -OSPF, IA -OSPF inter area
       N1 -OSPF NSSA external type 1, N2 -OSPF NSSA external type 2
       E1 -OSPF external type 1, E2 -OSPF external type 2, E -EGP
    i -IS-IS, L1 -IS-IS level-1, L2 -IS-IS level-2,
      * -candidate default U -per-user static route, o -ODR

Gateway of last resort is 172.16.50.1 to network 0.0.0.0

   172.16.0.0/16 is subnetted, 4 subnets
D    172.16.220.0/24 [90/2195456] via 172.16.70.1, 00:12:17,
Serial0
C    172.16.50.0/24 is directly connected, Serial1
D    172.16.20.0/24 [90/2681856] via 172.16.70.1, 00:12:17, Serial0
C    172.16.70.0/24 is directly connected, Serial0
D*EX 0.0.0.0/0 [170/3097600] via 172.16.50.1, 00:07:40, Serial1
```

Verwendung von IGRP als IGP

IGRP versteht die 0.0.0.0 Default-Route nicht. Um eine Default-Route innerhalb von IGRP festzusetzen, muss der Globalbefehl **ip default network** auf RTA und RTF eingestellt werden. Das verwendete Default-Netzwerk muss in IGRP verwendet werden, um die Default-Route in den internen Routern einzustellen. Für eine erfolgreiche Redistribution muss eine Defaultmetrik festgelegt werden.

Wie durch die Konfiguration in Beispiel 12.55 veranschaulicht, setzt RTA das Netzwerk 192.68.6.0/24 (oder jedes andere klassenvolle, durch BGP erlernte Netzwerk) als das Default-Netzwerk ein. RTA wird dieses Netzwerk nur in IGRP wiederverwenden.

Beispiel 12.55: Verwendung von IGRP als IGP: RTA-Konfiguration

```
router igrp 1
 passive-interface Serial0
 redistribute bgp 3 route-map DEFAULT_ONLY
 network 172.16.0.0
 default-metric 5 100 250 100 1500

router bgp 3
 no synchronization
 network 172.16.70.0 mask 255.255.255.0
 network 172.16.220.0 mask 255.255.255.0
 neighbor 172.16.20.1 remote-as 1
 neighbor 172.16.20.1 filter-list 10 out
```

```
 neighbor 172.16.50.1 remote-as 3
 neighbor 172.16.50.1 route-map setlocalpref in
 no auto-summary

ip default-network 192.68.6.0
ip as-path access-list 10 permit ^$

access-list 5 permit 192.68.6.0 0.0.0.255

route-map setlocalpref permit 10
 set local-preference 300

route-map DEFAULT_ONLY permit 10
 match ip address 5
```

Wie durch die RTF-Konfiguration in Beispiel 12.57 illustriert, setzt auch RTF seine Default-Route auf 192.68.6.0/24 und verteilt die Default-Route mit einer besseren Metrik in IGRP neu.

Beispiel 12.56: Verwendung von IGRP als IGP: RTF-Konfiguration

```
router igrp 1
 redistribute bgp 3 route-map DEFAULT_ONLY
 network 172.16.0.0
 default-metric 1000 100 250 100 1500

router bgp 3
 no synchronization
 network 172.16.50.0 mask 255.255.255.0
 neighbor 172.16.70.1 remote-as 3
 neighbor 172.16.70.1 next-hop-self
 neighbor 192.68.5.2 remote-as 2
 neighbor 192.68.5.2 filter-list 10 out
 no auto-summary

ip default-network 192.68.6.0
ip as-path access-list 10 permit ^$

access-list 5 permit 192.68.6.0 0.0.0.255

route-map DEFAULT_ONLY permit 10
 match ip address 5
```

Wie durch die Konfiguration in Beispiel 12.57 dargestellt, arbeitet RTG nur mit IGRP und folgt bezüglich aller Routen außerhalb von AS3 der Default-Route.

Beispiel 12.57: Verwendung von IGRP als IGP: RTG-Konfiguration

```
router igrp 1
 network 172.16.0.0
```

Beispiel 12.58 zeigt die IP-Routingtabelle des RTG. Beachten Sie, dass RTG der Default-Route zu RTF folgt.

Beispiel 12.58: RTGs IP-Routingtabelle

```
RTG#show ip route
Codes: C -connected, S -static, I -IGRP, R -RIP, M -mobile, B -BGP
       D -EIGRP, EX -EIGRP external, O -OSPF, IA -OSPF inter area
       N1 -OSPF NSSA external type 1, N2 -OSPF NSSA external type 2
       E1 -OSPF external type 1, E2 -OSPF external type 2, E -EGP
        i -IS-IS, L1 -IS-IS level-1, L2 -IS-IS level-2,
          * -candidate default U -per-user static route, o -ODR

Gateway of last resort is 172.16.50.1 to network 192.68.6.0

I*   192.68.6.0/24 [100/8576] via 172.16.50.1, 00:00:32, Serial1
   172.16.0.0/16 is subnetted, 4 subnets
I    172.16.220.0/24 [100/8576] via 172.16.70.1, 00:00:32, Serial0
C    172.16.50.0/24 is directly connected, Serial1
I    172.16.20.0/24 [100/10476] via 172.16.70.1, 00:00:32, Serial0
C    172.16.70.0/24 is directly connected, Serial0
```

Verwendung von IS-IS als IGP

IS_IS ist OSPF ähnlich; es benutzt das Router-Subkommando **default-information originate** .

In der Konfiguration von RTA in Beispiel 12.59 erstellt RTA nur dann eine Default-Route in IS-IS, wenn RTA die Default-Route von seinem externen Link übernimmt.

Beispiel 12.59: Verwendung von IS-IS als IGP: RTA-Konfiguration

```
router isis 100
 redistribute connected
 default-information originate route-map SEND_DEFAULT_IF
 net 49.0001.0000.0c00.000a.00

router bgp 3
no synchronization
 network 172.16.220.0 mask 255.255.255.0
 network 172.16.70.0 mask 255.255.255.0
 neighbor 172.16.20.1 remote-as 1
 neighbor 172.16.20.1 filter-list 10 out
 neighbor 172.16.50.1 remote-as 3
 neighbor 172.16.50.1 route-map setlocalpref in
 no auto-summary
```

```
ip as-path access-list 10 permit ^$

access-list 1 permit 0.0.0.0
access-list 2 permit 172.16.20.1

route-map SEND_DEFAULT_IF permit 10
 match ip address 1
 match ip next-hop 2
```

In der Konfiguration von RTF in Beispiel 12.60 erzeugt RTF innerhalb von IS-IS eine Default-Route nur unter der Bedingung, dass RTF die Default-Route von seinem externen Link erlernt.

Beispiel 12.60: Verwendung von IS-IS als IGP: RTF-Konfiguration

```
router isis 100
 default-information originate route-map SEND_DEFAULT_IF
 net 49.0001.0000.0c00.000c.00

router bgp 3
no synchronization
 network 172.16.50.0 mask 255.255.255.0
 neighbor 172.16.70.1 remote-as 3
 neighbor 172.16.70.1 next-hop-self
 neighbor 192.68.5.2 remote-as 2
 neighbor 192.68.5.2 filter-list 10 out
 no auto-summary

ip as-path access-list 10 permit ^$

access-list 1 permit 0.0.0.0
access-list 2 permit 192.68.5.2

route-map SEND_DEFAULT_IF permit 10
 match ip address 1
 match ip next-hop 2
```

In der Konfiguration von RTG in Beispiel 12.61 arbeitet RTG mit IS-IS und folgt hinsichtlich der Routen außerhalb des AS3 der 0/0 Default-Route.

Beispiel 12.61: Verwendung von IS-IS als IGP: RTG-Konfiguration

```
router isis 100
 net 49.0001.0000.0c00.000b.00
```

Beispiel 12.62 zeigt die IP-Routingtabelle von RTG. Beachten Sie, wie RTG der Default-Route zu RTF folgt.

Beispiel 12.62: RTGs IP-Routingtabelle

```
RTG#show ip route
Codes: C -connected, S -static, I -IGRP, R -RIP, M -mobile, B -BGP
       D -EIGRP, EX -EIGRP external, O -OSPF, IA -OSPF inter area
       N1 -OSPF NSSA external type 1, N2 -OSPF NSSA external type 2
       E1 -OSPF external type 1, E2 -OSPF external type 2, E -EGP
        i -IS-IS, L1 -IS-IS level-1, L2 -IS-IS level-2,
          * -candidate default U -per-user static route, o -ODR

Gateway of last resort is 172.16.50.1 to network 0.0.0.0

   172.16.0.0/16 is subnetted, 4 subnets
i L1    172.16.220.0/24 [115/20] via 172.16.70.1, Serial0
i L1    172.16.20.0/24 [115/20] via 172.16.70.1, Serial0
C       172.16.50.0/24 is directly connected, Serial1
C       172.16.70.0/24 is directly connected, Serial0
i*L2 0.0.0.0/0 [115/10] via 172.16.50.1, Serial1
```

12.3 Regelgerechtes Routing

Dieser Abschnitt demonstriert, wie regelgerechtes Routing (*policy routing*) genutzt werden kann, um den Datenverkehr eher auf Basis der IP-Quelladresse, als auf der IP-Zieladresse basierend dirigieren zu können. Bild 12.12 zeigt einen Router, nämlich RTA, der mit zwei Providern, AS1 und AS2, mit BGP arbeitet. Interne Router wie zum Beispiel RTG und RTF arbeiten nur mit einem IGP (OSPF) und folgen zu RTA der Default-Route.

Bild 12.12: Szenario für Policy-Routing

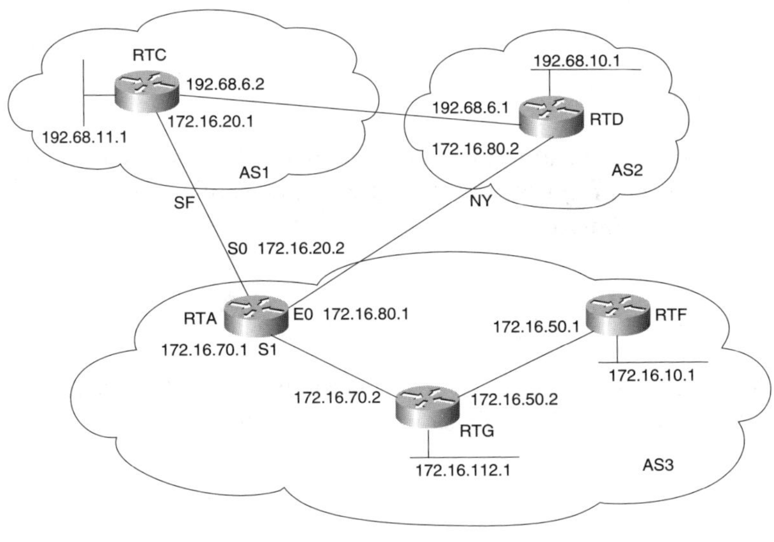

RTA will das regelgerechte Routing so festlegen, dass der über die Serialleitung S1 von RTG kommende Verkehr in Richtung AS2 gelenkt wird, wenn Netzwerk 172.16.10.0/24 die Quelle ist. Von RTG kommende Daten mit der Quelle 172.16.112.0/24 sollen zu AS1 gesteuert werden. Falls der Link zu AS1 ausfällt, wird der Verkehr nach AS2 gehen. Bezüglich aller anderen IP-Quelladressen gilt das normale Routing.

Beispiel 12.63 zeigt die Konfiguration von RTA zur Erfüllung der Kriterien dieses regelgerechten Routingsetups.

Beispiel 12.63: Regelgerechtes Routing: RTA-Konfiguration

```
interface Ethernet0
 ip address 172.16.80.1 255.255.255.0

interface Serial1
 ip address 172.16.70.1 255.255.255.0
 ip policy route-map CHECK_SOURCE

router ospf 10
 passive-interface Serial0
 passive-interface Ethernet0
 network 172.16.0.0 0.0.255.255 area 0
 default-information originate always

router bgp 3
 network 172.16.50.0 mask 255.255.255.0
 network 172.16.70.0 mask 255.255.255.0
 network 172.16.10.0 mask 255.255.255.0
 network 172.16.112.0 mask 255.255.255.0
 neighbor 172.16.20.1 remote-as 1
 neighbor 172.16.20.1 filter-list 10 out
 neighbor 172.16.80.2 remote-as 2
 neighbor 172.16.80.2 filter-list 10 out
 no auto-summary

ip as-path access-list 10 permit ^$

access-list 1 permit 172.16.10.0 0.0.0.255
access-list 2 permit 172.16.112.0 0.0.0.255

route-map CHECK_SOURCE permit 10
 match ip address 1
 set ip next-hop 172.16.80.2

route-map CHECK_SOURCE permit 20
 match ip address 2
 set ip next-hop 172.16.20.1 172.16.80.2
```

Regelgerechtes Routing wird immer auf die Eingangs-Schnittstelle ausgerichtet. Serial 1 wurde mit dem Interfacebefehl **ip policy route-map** *map-name* konfiguriert. Dieser Befehl wird allen in Serial 1 eintreffenden Daten die Routenkarte CHECK_SOURCE zuordnen. Die Erklärung der Routenkarte folgt:

- Entscheidungsinstanz 10: Setzen Sie für alle IP-Quellenadressen, die von 172.16.10.0/24 kommen, den nächsten Hop auf 172.16.80.2. Wenn der nächste Hop 172.16.80.2 nicht erreichbar ist, lassen Sie das Paket fallen.
- Instanz 20: Setzen sie für alle IP-Quellenadressen, die von 172.16.112.0/24 kommen, den nächsten Hop auf 172.16.20.1. Wenn der nächste Hop 172.16.20.2 nicht erreichbar ist, versuchen Sie, die Daten an den nächsten Hop 172.16.80.2 zu schicken.
- Folgen Sie hinsichtlich aller anderen IP-Quelladressen dem normalen Routing.

Die Routenkarten für regelrechtes Routing eröffnen Ihnen die Option, vielfache nächste Hops auszuwählen. Das ist notwendig, um immer einen Backup-Pfad zur Verfügung zu haben. In Bezug auf Daten, die nicht zu den Routenkarten passen, wird der Router dem normalen Routing folgen. Um das zu veranschaulichen, wird von der IP Quelladresse 172.16.112.1 aus eine Suchroute von RTG zu 192.68.10.2 erstellt. Beispiel 12.64 zeigt die IP-Routingtabelle des RTA.

Beispiel 12.64: Regelgerechtes Routing: RTAs IP-Routingtabelle

```
RTA#show ip route
Codes: C -connected, S -static, I -IGRP, R -RIP, M -mobile, B -BGP
       D -EIGRP, EX -EIGRP external, O -OSPF, IA -OSPF inter area
       N1 -OSPF NSSA external type 1, N2 -OSPF NSSA external type 2
       E1 -OSPF external type 1, E2 -OSPF external type 2, E -EGP
        i -IS-IS, L1 -IS-IS level-1, L2 -IS-IS level-2,
          * -candidate default U -per-user static route, o -ODR

Gateway of last resort is not set

B  192.68.10.0/24 [20/0] via 172.16.80.2, 00:30:09
B  192.68.11.0/24 [20/0] via 172.16.20.1, 00:30:14
   172.16.0.0/16 is subnetted, 5 subnets
O     172.16.50.0/24 [110/69] via 172.16.70.2, 00:27:27, Serial1
C     172.16.20.0/24 is directly connected, Serial0
C     172.16.80.0/24 is directly connected, Ethernet0
C     172.16.70.0/24 is directly connected, Serial1
```

Beispiel 12.65 zeigt eine *traceroute* (Suchroute) von RTG mit einer Quelle 172.16.112.1 und einem Bestimmungsort 192.68.10.1.

```
RTG#traceroute
Protocol [ip]:
Target IP address: 192.68.10.1
Source address: 172.16.112.1
Numeric display [n]:
Timeout in seconds [3]:
Probe count [3]:
Minimum Time to Live [1]:
Maximum Time to Live [30]:
Port Number [33434]:
Loose, Strict, Record, Timestamp, Verbose[none]:
Type escape sequence to abort.
Tracing the route to gateway.aeg-aas.de (192.68.10.1)

 1 172.16.70.1 4 msec 4 msec 0 msec
 2 172.16.20.1 4 msec 4 msec 4 msec
 3 192.68.6.1 4 msec 4 msec 4 msec
```

Beispiel 12.65: Regelgerechtes Routing: RT-traceroute

Beachten Sie, wie RTA den nächsten Hop 172.16.20.1 (die zweite Zeile im Output der *traceroute*) genommen hat, um 192.68.10.0/24 zu erreichen, obwohl die Routingtabelle von RTA vorsieht, dass 192.68.10.0/24 mit dem nächsten Hop 172.16.80.2 erreicht werden sollte.

Dieser zweite Versuch zeigt, was geschehen wird, wenn Serial 0 augefallen und der nächste Hop 172.16.20.1 unerreichbar ist. Der nächste Schritt besteht darin, von RTG ausgehend eine *traceroute* mit einer Quelle 172.16.112.1 und einem Bestimmungsort von 192.68.10.1 durchzuführen, während Serial 0 nicht zur Verfügung steht, wie in Beispiel 12.66 dargestellt.

```
RTG#traceroute
Protocol [ip]:
Target IP address: 192.68.10.1
Source address: 172.16.112.1
Numeric display [n]:
Timeout in seconds [3]:
Probe count [3]:
Minimum Time to Live [1]:
Maximum Time to Live [30]:
Port Number [33434]:
Loose, Strict, Record, Timestamp, Verbose[none]:
Type escape sequence to abort.
Tracing the route to gateway.aeg-aas.de (192.68.10.1)

 1 172.16.70.1 0 msec 4 msec 4 msec
 2 172.16.80.2 8 msec 4 msec 4 msec
```

Beispiel 12.66: Regelgerechtes Routing: RT-traceroute

Der Output in Beispiel 12.66 enthüllt, dass RTA den alternativen nächsten Hop 172.16.80.2 genommen hat.

Bevor Sie irgendwelche, auf Regelungen basierende Routinglösungen einpflegen, müssen Sie wissen, wie sich die Unterstützung und Ausführung des regelgerechten Routings derjenigen IOS-Version und Plattform, die Sie verwenden, auswirkt. Für zusätzliche Informationen konsultieren Sie die entsprechende Cisco Command Refenrence, Configuration Guidelines und die Release Notes für Ihre spezifischen Hardware-und Software-Versionen.

12.4 Routenreflektoren

Dieser Abschnitt veranschaulicht die praktische Verwendung von Routenreflektoren und Partnergruppierungen (*peer group*). In Bild 12.13 bilden RGT und RTA einen Routenreflektoren-*cluster*, in dem RTG der Routenreflektor ist. RTF, RTE und RTD gestalten, mit RTF als Routenreflektor, einen anderen *cluster*. RTG und RTF sind Mitglieder einer REFLCTORS genannten Partner-Gruppe; wenn es auch noch andere Routenreflektoren gibt, sollten alle im Rahmen des IBGP partnerschaftlich in vollständiger Verkettung (*full mesh*) stehen. Immer, wenn allgemeingültige Regelungen angewandt werden können, steckt RTF alle seine Kunden, in eine CLIENTS genannte Partner-Gruppe.

Klienten werden in Routenreflektorenservern durch die dem Parameter **neighbor x.x.x.x** folgende Konfiguration **route-refector-client** identifiziert. Üblicherweise gab es eine IOS Limitierung, die bestimmte, dass die Reflexion von Kunde zu Kunde dann ausgeschaltet wurde, wenn die Kunden Mitglieder einer BGP-Partner-Gruppe waren. Diese Einschränkung gibt es nicht mehr. Innerhalb eines RTF-RTD–RTE-Clusters wird eine vollständige IBGP-Verkettung aufrechterhalten und die Kunden werden nur mit dem angegliederten Routenreflekor eine Partnerschaft eingehen. Beispiel 12.67 zeigt die Konfiguration für RTF.

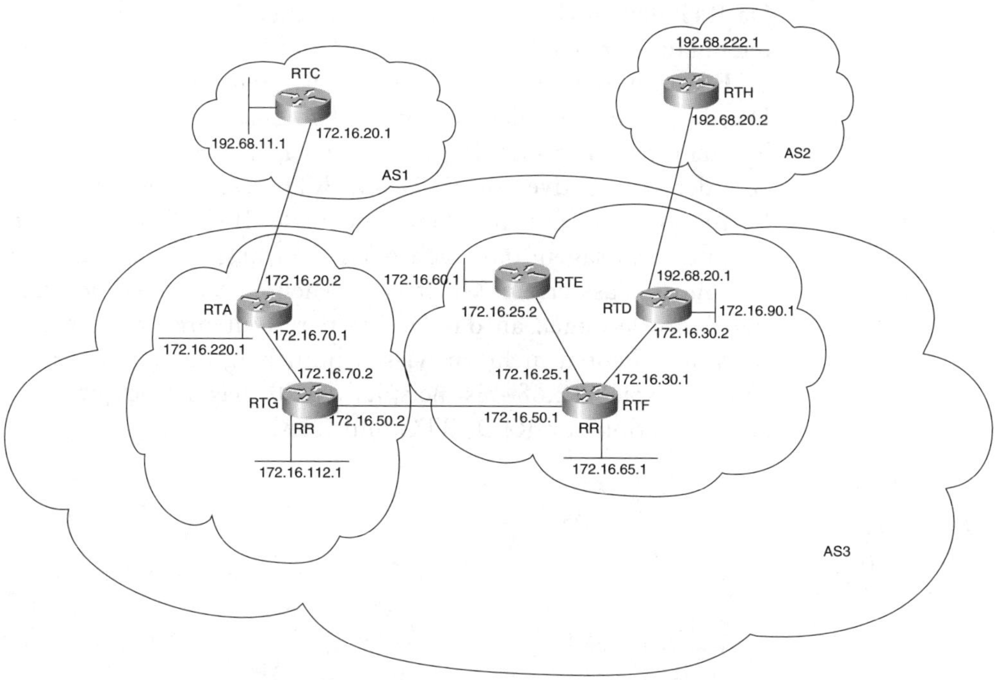

Bild 12.13: Routenreflektoren

Beispiel 12.67: Routenreflektoren: RTF-Konfiguration

```
router bgp 3
 no synchronization
 network 172.16.65.0 mask 255.255.255.192
 network 172.16.50.0 mask 255.255.255.0
 network 172.16.25.0 mask 255.255.255.0
 network 172.16.30.0 mask 255.255.255.0
 neighbor REFLECTORS peer-group
 neighbor REFLECTORS remote-as 3
 neighbor CLIENTS Peer-group
 neighbor CLIENTS remote-as 3
 neighbor CLIENTS route-reflector-client
 neighbor 172.16.25.2 Peer-group CLIENTS
 neighbor 172.16.30.2 Peer-group CLIENTS
 neighbor 172.16.50.2 Peer-group REFLECTORS
 no auto-summary
```

Da RTF den einzigen verfügbaren internen Pfad aus dem Cluster hinaus bereitstellt, werden RTD und RTE als Klienten von RTF konfiguriert und RTF wird als Routenreflektor definiert. Die drei Router schließen sich zu dem zusammen, was in der Routenreflektorterminologie als ein Cluster bezeichnet wird. Aus der Perspektive von RTD und RTE gesehen, ist die BGP-Partner-Session mit RTF eine normale IBGP-Sitzung. Man könnte auch sagen, dass sich der Klient dessen nicht bewusst sein muss, dass er ein Klient ist. (Beachten Sie, dass dies eine der Anforderungen an das Design der Routenreflexion war – dass die Klienten nicht zu wissen brauchen, dass sie Klienten sind) Beispiel 12.68 bis Beispiel 12.70 zeigen die jeweilige Konfiguration von RTD, RTG und RTA.

Beispiel 12.68: Routenreflektoren: RTD-Konfiguration

```
router bgp 3
 no synchronization
 network 172.16.90.0 mask 255.255.255.0
 network 172.16.30.0 mask 255.255.255.0
 neighbor 172.16.30.1 remote-as 3
 neighbor 172.16.30.1 next-hop-self
 neighbor 192.68.20.2 remote-as 2
 neighbor 192.68.20.2 filter-list 10 out
 no auto-summary

ip as-path access-list 10 permit ^$
```

Beispiel 12.69: Routenreflektoren: RTG-Konfiguration

```
router bgp 3
 no synchronization
 network 172.16.112.0 mask 255.255.255.0
 network 172.16.50.0 mask 255.255.255.0
 network 172.16.70.0 mask 255.255.255.0
 neighbor 172.16.50.1 remote-as 3
 neighbor 172.16.70.1 remote-as 3
 neighbor 172.16.70.1 route-reflector-client
 no auto-summary
```

Beispiel 12.70: Routenreflektoren: RTA-Konfiguration

```
router bgp 3
 no synchronization
 network 172.16.220.0 mask 255.255.255.0
 network 172.16.70.0 mask 255.255.255.0
 neighbor 172.16.20.1 remote-as 1
 neighbor 172.16.20.1 filter-list 10 out
 neighbor 172.16.70.2 remote-as 3
 neighbor 172.16.70.2 next-hop-self
 no auto-summary

ip as-path access-list 10 permit ^$
```

Die BGP-Tabelle in Beispiel 12.71 zeigt, wie RTD einige der Routen sieht, die in sein eigenes Cluster reflektiert werden.

Beispiel 12.71: Routenreflektoren: RTDs BGP-Tabelle

```
RTD#show ip bgp 172.16.220.0
BGP routing table entry for 172.16.220.0/24, version 52
Paths: (1 available, best #1)
 Local
  172.16.70.1 (metric 192) from 172.16.30.1 (172.16.220.1)
   Origin IGP, metric 0, localpref 100, valid, internal, best
   Originator : 172.16.220.1, Cluster list: 172.16.65.1,
172.16.112.1
```

Beachten Sie, wie RTD den Ursprung der Route 172.16.220.0/24 als 172.16.220.1 betrachtet, was der ROUTER_ID von RTA entspricht. Die Route transportiert außerdem eine Cluster-Liste, die die ROUTER_IDs aller Routenreflektoren, die sie durchkreuzt hat, beinhaltet.

Wurde eine Vielzahl von Routenreflektoren innerhalb eines Clusters konfiguriert, müssen alle Routenreflektoren mit einer gemeinsamen CLUSTER_ID versehen werden. Dies ist nötig, um Routenschleifen, die zwischen Clustern entstehen können, zu entdecken. Wenn zum Beispiel RTE als Routenreflektor eingerichtet werden soll, wäre für die Konfiguration von RTF und RTE ein zusätzlicher Routerbefehl **bgp cluster-id** *number* notwendig. Beispiel 12.72 zeigt die Konfiguration von RTF.

Beispiel 12.72: Mehrere Routenreflektoren: RTF-Konfiguration

```
router bgp 3
 no synchronization
 network 172.16.65.0 mask 255.255.255.192
 network 172.16.50.0 mask 255.255.255.0
 network 172.16.25.0 mask 255.255.255.0
 network 172.16.30.0 mask 255.255.255.0
 neighbor REFLECTORS Partner-group
 neighbor REFLECTORS remote-as 3
 neighbor CLIENTS Partner-group
 neighbor CLIENTS remote-as 3
 neighbor CLIENTS route-reflector-client
 neighbor 172.16.25.2 Partner-group CLIENTS
 neighbor 172.16.30.2 Partner-group CLIENTS
 neighbor 172.16.50.2 Partner-group REFLECTORS
 bgp cluster-id 1000
 no auto-summary
```

Die CLUSTER_ID ist eine Nummer zur Identifizierung des Clusters. Jedem Cluster muss ein eimaliger, einzigartiger Wert zugewiesen werden. Dies muss geschehen, um Schleifen zu vermeiden, falls RTF und RTE beide im selben Cluster als Routenreflektoren konfiguriert sein sollten. Sie werden sehen, dass es, auch wenn Sie nur einen einzigen Routenreflektor benutzen, eine gute praktische Übung ist, wenn Sie eine CLUSTER_ID konfigurieren. Wenn Sie eine CLUSTER_ID einrichten, können auf dem Router keine Routenreflektor-Klienten konfiguriert werden. Das bedeutet, dass Sie, wenn ein Klient noch nicht definiert ist, die Konfiguration aller exsistierenden Klienten löschen müssen; dann müssen Sie die CLUSTER_ID konfigurieren und können dann die Klienten rekonfigurieren. Deshalb ist es besser, den CLUSTER_ID-Wert schon während der Eingangs-Konfiguration zu definieren.

12.5 Verbindungen

Im in Bild 12.14 dargestellten Fallbeispiel wollen Sie AS3 in zwei kleinere Sub-ASs, AS65050 und AS65060, unterteilen. Die AS-Nummern der Sub-ASs werden aus dem privaten AS-Nummern-Pool zwischen 64512 und 65535 ausgewählt. In beiden Sub-ASs wird OSPF als IGP benutzt. Das OSPF funktioniert innerhalb von AS65050 unabhängig vom OSPF in AS65060, was bedeutet, dass die in AS65050 verwendeten Bereichsnummern auch in AS65060 benutzt werden können. Hier wird einer der Vorteile von BGP genutzt – nämlich, dass die IGPs eines AS unabhängig von den IGPs eines anderen AS arbeiten.

Die Konfiguration von RTA in Beispiel 12.73 zeigt, dass alle Schnittstellen von RTA im OSPF-Gebiet 5 liegen. RTA arbeitet in Bezug auf RTC in AS1 mit EBGP und hinsichtlich des Routers RTG in AS65050 mit IBGP. Beachten Sie, dass RTA das Router-Subkommando **bgp confederation identifier 3** verwendet, um sich selbst gegenüber RTC als Mitgleid des Bündnisses 3 zu präsentieren.

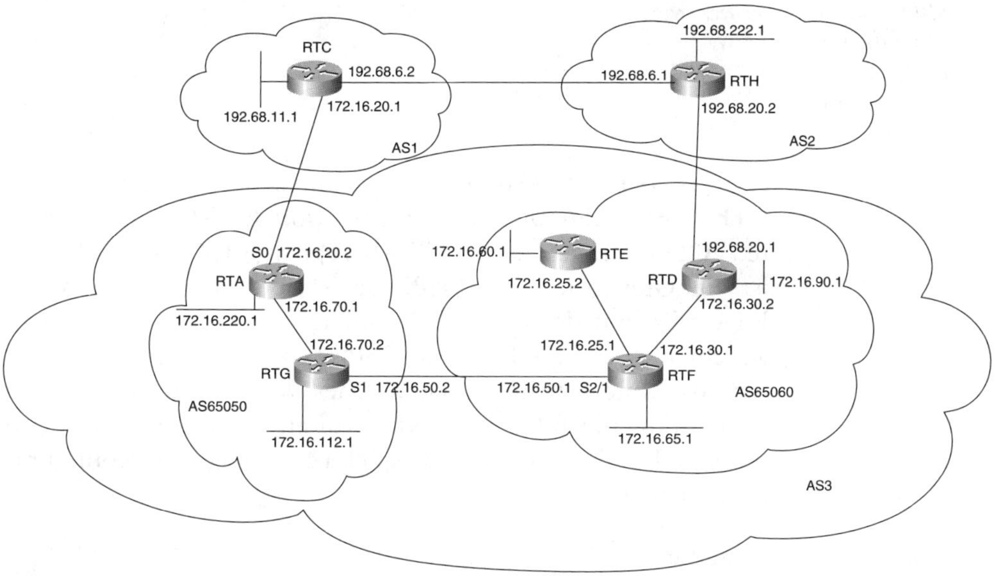

Bild 12.14: Bündnisse

Beispiel 12.73: Bündnisse: RTA-Konfiguration

```
router ospf 10
 passive-interface Serial0
 network 172.16.0.0 0.0.255.255 area 5

router bgp 65050
 no synchronization
 bgp confederation identifier 3
 network 172.16.220.0 mask 255.255.255.0
 network 172.16.70.0 mask 255.255.255.0
 neighbor 172.16.20.1 remote-as 1
 neighbor 172.16.20.1 filter-list 10 out
 neighbor 172.16.70.2 remote-as 65050
 no auto-summary

ip as-path access-list 10 permit ^$
```

Wie in Beispiel 12.74 gezeigt, verwendet RTC im Kontakt mit RTA das normale EBGP. Aus RTCs Sicht gehört RTA zu AS3. RTC hat keinen Einblick in die Sub-ASs innerhalb des Bündnisses 3. RTC arbeitet auch hinsichtlich des RTH in AS2 mit EBGP.

Beispiel 12.74: Bündnisse: RTC-Konfiguration

```
router bgp 1
 network 192.68.11.0
 neighbor 172.16.20.2 remote-as 3
 neighbor 192.68.6.1 remote-as 2
 no auto-summary
```

RTG ist der Sub-AS65050-Grenzrouter, der mit dem Router RTF in Sub-AS65060 im *confederation EBGP*-Modus arbeitet. Außerdem verwendet RTG bezüglich RTA das IBGP. RTG ist ein Grenzrouter im OSPF-Gebiet, der sich Gebiet 5 mit RTA teilt und dessen restliche Interfaces im Gebiet 0 liegen. Beachten Sie, wie RTG seine OSPF-Prozessierung auf Serial 1 (passives Interface-Serial 1), welches das übliche Interface in Verbindung mit RTF ist, deaktiviert hat. Auf diesem Link wird nur mit EBGP gearbeitet. Beispiel 12.75 zeigt die Konfiguration für RTG.

Beispiel 12.75: Bündnisse: RTG-Konfiguration

```
router ospf 10
 passive-interface Serial1
 network 172.16.70.2 0.0.0.0 area 5
 network 172.16.0.0 0.0.255.255 area 0

router bgp 65050
 no synchronization
 bgp confederation identifier 3
 bgp confederation Peers 65060
 network 172.16.112.0 mask 255.255.255.0
 network 172.16.50.0 mask 255.255.255.0
 network 172.16.70.0 mask 255.255.255.0
 neighbor 172.16.50.1 remote-as 65060
 neighbor 172.16.50.1 next-hop-self
 neighbor 172.16.70.1 remote-as 65050
 no auto-summary
```

RTG betrachtet sich selbst als Mitglied des Bündnisses 3 (**bgp confederation identifier 3**) RTG benutzt den Routerbefehl **bgp confederation Peers 65050**, um bei der Übertragung der EBGP-Session zu AS65060 alle Attribute, wie zum Beispiel die lokalen Präferenzen und den nächsten Hop, bewahren zu können. Das führt dazu, dass die EBGP Bündnis-Session mit AS65060 wie eine IBGP Session wirkt. Der Befehl **neighbor 172.16.50.1 next-hop-self** wird die Adresse des nächsten Hops für diejenigen Routen, die von RTG zu RTF führen, auf die IP-Adresse des RTG festlegen.

Ohne diesen Befehl würde die *next-hop*-Adresse aller EBGP-Routen von AS1 mit dem externen nächsten Hop 172.16.20.1 an Router RTF gesendet werden. Dies kann nur akzeptiert werden, so lange die Router in Sub-AS65060 den Hop von innerhalb des Bündnisses aus erreichen können.

Wie in Beispiel 12.76 dargestellt, trifft die Konfiguration des RTG auch auf die des RTF, dem Grenzrouter des Sub-AS65060, zu. RTF ist folglich ebenfalls ein Gebietsgrenzenrouter in den Gebieten 0 und 5. Die Gebiete 0 und 5 in AS65060 sind völlig unabhängig von den Gebieten 0 und 5 in AS65050. Die beiden IGPs sind durch BGP völlig voneinander abgeschirmt. Zwischen RTE, RTD und RTF werden *Full-mesh*-IBGP Sessions unter Verwendung der Partner-Gruppe SUB_AS_65060 konfiguriert.

Beispiel 12.76: Bündnisse: RTF-Konfiguration

```
router ospf 10
 passive-interface Serial2/1
 network 172.16.25.1 0.0.0.0 area 5
 network 172.16.0.0 0.0.255.255 area 0

router bgp 65060
 no synchronization
 bgp confederation identifier 3
 bgp confederation Peers 65050
 network 172.16.65.0 mask 255.255.255.192
 network 172.16.50.0 mask 255.255.255.0
 network 172.16.25.0 mask 255.255.255.0
 network 172.16.30.0 mask 255.255.255.0
 neighbor SUB_AS_65060 Peer-group
 neighbor SUB_AS_65060 remote-as 65060
 neighbor 172.16.25.2 Peer-group SUB_AS_65060
 neighbor 172.16.30.2 Peer-group SUB_AS_65060
 neighbor 172.16.50.2 remote-as 65050
 neighbor 172.16.50.2 next-hop-self
```

RTD ist ein Grenzrouter für Bündnisses 3. Wie in Beispiel 12.77 demonstriert, arbeitet RTD in Kontakt mit RTH in AS2 mit EBGP sowie hinsichtlich der Router RTE und RTF des Sub-AS65060 mit einem *full-mesh* IBGP. Die Interfaces von RTD befinden sich alle im Gebiet 0. Auf dem externen Link zu AS2 verwendet RTD kein OSPF. Deshalb muss der nächste Hop externer Updates, die RTD erreichen, auf *self* gestellt werden, bevor die Routen an RTF und RTE weitergeleitet werden.

Beispiel 12.77: Bündnisse: RTD-Konfiguration

```
router ospf 10
 network 172.16.0.0 0.0.255.255 area 0.0.0.0

router bgp 65060
 no synchronization
 bgp confederation identifier 3
 network 172.16.90.0 mask 255.255.255.0
 network 172.16.30.0 mask 255.255.255.0
 neighbor 172.16.25.2 remote-as 65060
 neighbor 172.16.25.2 next-hop-self
 neighbor 172.16.30.1 remote-as 65060
 neighbor 172.16.30.1 next-hop-self
 neighbor 192.68.20.2 remote-as 2
 neighbor 172.16.20.2 filter-list 10 out
 no auto-summary

ip as-path access-list 10 permit ^$
```

Wie in Beispiel 12.78 veranschaulicht, liegen alle Schnittstellen von RTE im OSPF-Gebiet 5 und RTE arbeitet bezüglich RTF und RTD mit einem *full-mesh*-IBGP.

Beispiel 12.78: Bündnisse: RTE-Konfiguration

```
router ospf 10
 network 172.16.0.0 0.0.255.255 area 5

router bgp 65060
 no synchronization
 bgp confederation identifier 3
 network 172.16.60.0 mask 255.255.255.0
 network 172.16.25.0 mask 255.255.255.0
 neighbor 172.16.25.1 remote-as 65060
 neighbor 172.16.30.2 remote-as 65060
 no auto-summary
```

Beispiel 12.79 zeigt RTH als Grenzrouter in AS2, der hinsichtlich der autonomen Systeme AS1 und AS3 mit EBGP arbeitet. RTC hat keinen Einblick in die Sub-ASs innerhalb des Bündnisses 3.

Beispiel 12.79: Bündnisse: RTH-Konfiguration

```
router bgp 2
network 192.68.222.0
neighbor 192.68.6.2 remote-as 1
neighbor 192.68.20.1 remote-as 3
no auto-summary
```

Lassen Sie uns nun einige Ausschnitte aus den BGP-Tabellen begutachten.

Beachten Sie in Beispiel 12.80, wie aus der Sicht des RTH alle Routen über zwei Pfade verlaufen, zum einen via AS1, zum anderen via AS3. Wie Sie feststellen können, sind RTH alle Sub-ASs verborgen.

Beispiel 12.80: Bündnisse: RTHs BGP-Tabelle

```
RTH#show ip bgp
BGP table version is 477, local router ID is 192.68.222.1
Status codes: s suppressed, * valid, > best, i -internal
Origin codes: i -IGP, e -EGP, ? -incomplete

   Network          Next Hop        Metric LocPrf  Weight Path
*> 172.16.25.0/24   192.68.20.1                         0 3 i
*                   192.68.6.2                          0 1 3 i
*> 172.16.30.0/24   192.68.20.1          0              0 3 i
*                   192.68.6.2                          0 1 3 i
*> 172.16.50.0/24   192.68.20.1                         0 3 i
*                   192.68.6.2                          0 1 3 i
*> 172.16.60.0/24   192.68.20.1                         0 3 i
*                   192.68.6.2                          0 1 3 i
*> 172.16.70.0/24   192.68.20.1                         0 3 i
*                   192.68.6.2                          0 1 3 i
*> 172.16.90.0/24   192.68.20.1          0              0 3 i
*                   192.68.6.2                          0 1 3 i
*> 172.16.65.0/26   192.68.20.1                         0 3 i
*                   192.68.6.2                          0 1 3 i
*> 172.16.112.0/24  192.68.20.1                         0 3 i
*                   192.68.6.2                          0 1 3 i
*> 172.16.220.0/24  192.68.20.1                         0 3 i
*                   192.68.6.2                          0 1 3 i
*> 192.68.11.0      192.68.6.2           0              0 1 i
*                   192.68.20.1                         0 3 1 i
*> 192.68.222.0     0.0.0.0              0          32768 i
```

Bei der Betrachtung der BGP Tabelle von RTA in Beispiel 12.81 fällt auf, dass alle Sub-ASs in Klammern stehen. Jeder beliebige, zwischen Sub-ASs verlaufende Pfad hat die Länge 0. Beachten Sie, wie das Präfix 192.68.220.0/24 über zwei Pfade erlernt wird – über einen internen via (65060) 2 und über einen anderen, externen via 1 2. Die Pfadlänge der internen Route über (65060) 2 wird für kürzer gehalten, da die Sub–ASs bei der Berechnung der Pfadlänge nicht mitgezählt werden. An dieser Art der Berechnung liegt es, dass der interne Pfad dem externen vorgezogen wird.

Beispiel 12.81: Bündnisse: RTAs BGP-Tabelle

```
RTA#show ip bgp
BGP table version is 13, local router ID is 172.16.220.1
Status codes: s suppressed, d damped, h history, * valid, > best,
  i -internal Origin codes: i -IGP, e -EGP, ? -incomplete

  Network          Next Hop       Metric LocPrf  Weight Path
*>i172.16.25.0/24  172.16.50.1         0    100       0 (65060) i
*>i172.16.30.0/24  172.16.50.1         0    100       0 (65060) i
*>i172.16.50.0/24  172.16.70.2         0    100       0 i
*>i172.16.60.0/24  172.16.50.1         0    100       0 (65060) i
*> 172.16.70.0/24  0.0.0.0             0          32768 i
* i                172.16.70.2         0    100       0 i
*>i172.16.90.0/24  172.16.50.1         0    100       0 (65060) i
*>i172.16.65.0/26  172.16.50.1         0    100       0 (65060) i
*>i172.16.112.0/24 172.16.70.2         0    100       0 i
*> 172.16.220.0/24 0.0.0.0             0          32768 i
*> 192.68.11.0     172.16.20.1         0              0 1 i
* 192.68.222.0     172.16.20.1                        0 1 2 i
*>i                172.16.50.1              100       0 (65060) 2 i
```

Beachten Sie, wie in der BGP-Tabelle von RTF in Beispiel 12.82, RTF alle von Sub-AS65050 kommenden Routen als bündnisexterne Routen (*confed-external*) betrachtet. Innerhalb eines Bündnisses begründet BGP seinen Entscheidungsprozess auf Folgendes: EBGP wird *confed-external* vorgezogen, das wiederum wird dem bündnisinternen vorgezogen.

Beispiel 12.82: Bündnisse: RTAs BGP-Tabelle

```
RTF#show ip bgp 172.16.220.0
BGP routing table entry for 172.16.220.0/24, version 22
Paths: (1 available, best #1, advertised over IBGP)
 (65050)
  172.16.50.2 from 172.16.50.2 (172.16.112.1)
   Origin IGP, metric 0, localpref 100, valid, confed-external,
best
```

12.6 Kontrolle von Routen- und Cache-Verletzungen

Eine traditionelle Anforderung an BGP war der Neustart der TCP-Verbindung der Nachbarn, damit veränderte Regelungen ihre Wirkung (**clear ip bgp** [* | *address* | *Peer-group*]) entfalten konnten. Wenn man die Sessions auf diese Weise reinigt, muss zwischen den Nachbarn wieder neu verhandelt werden, die zugehörigen Abschnitte des IP-Versandspeichers verlieren ihre Gültigkeit und es ergeben sich entscheidende Auswirkungen auf die Arbeitsweise des »*live*« Netzwerks.

Der Grund hierfür ist, wie im 6. Kapitel diskutiert, dass Routen, die von einem Partner erlernt wurden, anfangs in der Adj-RIB-In des Partners standen. Dann werden die Routen an die Input Policy Engine weitergegeben, entsprechend modifiziert und dem Entscheidungsprozess von BGP vorgelegt. Da eine nicht modifizierte Kopie einer Route (die ursprünglichen in Adj-RIB-In stand) normalerweise nicht zur Verfügung steht, aber benötigt wird, um die neuen Regelungen anzuwenden, kann verschiedenes passieren:

1. Die Quelle der BGP-Route könnte manuell die Wiederankündigung der Route auslösen.
2. Die gesamte TCP-Session könnte neu gestartet werden.
3. Die *sanfte Rekonfiguration* von BGP kann dazu benutzt werden, die Adj-RIB-In des Partners im Memory abzuspeichern.
4. Die BGP-Routenauffrischung könnte verwendet werden um den Partner um eine Wiederankündigung seiner jeweiligen Adj-RIB-Out zu bitten.

Punkt 1 betreffend ist es unwahrscheinlich, dass Sie tatsächlich Zugriff auf einen Quellenrouter haben. Was 2 angeht, dies ist eine ziemlich drastische Methode und sie würde viel unnötige Instabilität nach sich ziehen. Die sanfte Rekonfiguration hingegen ist ein recht guter Ansatz, aber sie benötigt doch einen großen Teil des Memory. Die BGP-Routenauffrischung ist als neueste Strategie die bei weitem eleganteste Lösung. Die folgenden Abschnitte setzen sich mit Punkt 3 und 4 auseinander.

12.6.1 BGPs sanfte Rekonfiguration

Die sanfte BGP-Rekonfiguration ist ein Ansatz, der die Regelungen konfiguriert und aktiviert, ohne die BGP-TCP-Session neu zu starten. Dadurch können die neuen Regelungen ihre Wirkung entfalten, ohne das Netzwerk signifikant zu beeinflussen. Die sanfte Konfiguration kann auf zwei verschiedenen Wegen – als innere oder äußere (*inbound* und *outbound*) – erfolgen. Verwenden Sie den folgenden EXEC-Befehl:

```
clear ip bgp [* | address | Partner-group][soft [in|out]]
```

12.6.2 Sanfte *outbound*-Rekonfiguration

Immer, wenn sanfte *outbound*–Rekonfiguration eingesetzt wird, werden die neuen Regelungen automatisch installiert und es werden entsprechende Updates (von Adj-RIB-Out) erstellt, um die neuen Regelungen durchzusetzen. Die sanfte outbound-Rekonfiguration benötigt kein zusätzliches Memory. Verwenden Sie den folgenden EXEC Befehl:

```
clear ip bgp [* | address | Partner-group] soft out
```

12.6.3 Sanfte *inbound*-Rekonfiguration

Die sanfte *inbound*-Rekonfiguration ist etwas komplexer. Alle von einem spezifischen Partner stammenden inbound-Updates (Adj-RIB-In) werden unmodifiziert im Memory abgelegt. Wenn neue Regelungen eingeführt und aktiviert werden, werden die gespeicherten Adj-RIB-Ins wieder der Input Policy Engine zugeführt. Ein zusätzliches Router-Subkommando ist nötig, um die sanfte inbound-Konfiguration zu konfigurieren:

```
neighbor {address | Peer-group} soft-reconfiguration inbound
```

Dieser Befehl wird benötigt, um damit beginnen zu können, die empfangenen Updates für den spezifizierten Partner oder eine Partner-Gruppe zu speichern. Folgender EXEC-Befehl wird benutzt, um die inbound-Rekonfiguration auszuführen:

```
clear ip bgp [* | address | Peer-group] soft in
```

Man kann sich die Memory-Kosten, die die sanfte inbound-Rekonfiguration verursacht, ersparen und dasselbe erreichen, indem man am anderen Ende der Verbindung eine sanfte outboud-Rekonfiguration durchführt, was eine Wiederanzeige der nachfolgenden Adj-RIB-Out erzwingen würde.

Wenn die ein / aus-(**in/out**) Option nicht spezifiziert ist (**clear ip bgp** [* | *address* |*Peer-group*] **soft**), werden beide (inbound und outbound) Rekonfigurationen vorgenommen.

Das folgende Beispiel demonstriert den Unterschied zwischen der Reinigung einer BGP-Session zwischen zwei Routern mit und ohne der sanften BGP-Rekonfigurationsmethode. Während die Session aufgelöst wird, wird im Output gezeigt, wie die aktuelle Session aufgebaut wird und die Routenupdates ausgetauscht werden.

Weiterhin auf Bild 12.14 bezogen zeigt Beispiel 12.83, wie RTA konfiguriert wurde, um seine Updates mit einer Metrik von 5000 an RTC zu senden.

Beispiel 12.83: Sanfte inbo-und-Rekonfiguration: RTA-Konfiguration

```
router bgp 65050
 no synchronization
 bgp confederation identifier 3
 network 172.16.220.0 mask 255.255.255.0
 network 172.16.70.0 mask 255.255.255.0
 neighbor 172.16.20.1 remote-as 1
 neighbor 172.16.20.1 soft-reconfiguration inbound
 neighbor 172.16.20.1 filter-list 10 out
 neighbor 172.16.20.1 route-map setmetric out
 neighbor 172.16.70.2 remote-as 65050
 no auto-summary

ip as-path access-list 10 permit ^$

route-map setmetric permit 10
 set metric 5000
```

Beachten Sie den **neighbor 172.16.20.1 soft-reconfiguration inbound**-Befehl in Beispiel 12.83. Dieser ist nur notwendig, wenn die Reinigung der Session Einfluss auf *inbound* haben soll – d. h. falls Sie keine Kontrolle über den Nachbarrouter haben, um die Session hinsichtlich *outbound* zu »bereinigen«.

Damit diese Information ihre Wirkung zeigen kann, muss, wie in Beispiel 12.84 demonstriert, die BGP-Session zwischen den zwei Routern beendet werden.

Beispiel 12.84: Sanfte inbound-Rekonfiguration: Reinigung der BGP-Session zwischen zwei Routern

```
RTA#clear ip bgp 172.16.20.1

BGP: 172.16.20.1 reset requested
BGP: no valid path for 192.68.11.0/24
BGP: 172.16.20.1 reset by 0x27B740
BGP: 172.16.20.1 went from Established to Idle
BGP: nettable_walker 192.68.11.0/255.255.255.0 no best path selected
BGP: 172.16.20.1 went from Idle to Active
BGP: 172.16.70.2 computing updates, neighbor version 21, table version 23,
  starting at 0.0.0.0
BGP: 172.16.70.2 send UPDATE 192.68.11.0/24 --unreachable
BGP: 172.16.70.2 1 updates enqueued (average=27, maximum=27)
BGP: 172.16.70.2 update run completed, ran for 0ms, neighbor version 21,
  start version 23, throttled to 23, check point net 0.0.0.0
BGP: scanning routing tables
BGP: 172.16.20.1 went from Active to OpenSent
BGP: 172.16.20.1 went from OpenSent to OpenConfirm
BGP: 172.16.20.1 went from OpenConfirm to Established
BGP: 172.16.20.1 computing updates, neighbor version 0, table version 23,
  starting at 0.0.0.0
```

```
BGP: 172.16.20.1 send UPDATE 172.16.25.0/24, next 172.16.20.2, metric 5000,
path 3
BGP: 172.16.20.1 send UPDATE 172.16.30.0/24, next 172.16.20.2, path (65060)
BGP: 172.16.20.1 send UPDATE 172.16.50.0/24, next 172.16.20.2, metric 5000,
path 3
BGP: 172.16.20.1 send UPDATE 172.16.60.0/24, next 172.16.20.2, path (65060)
BGP: 172.16.20.1 send UPDATE 172.16.70.0/24, next 172.16.20.2, metric 5000,
path 3
BGP: 172.16.20.1 send UPDATE 172.16.90.0/24, next 172.16.20.2, path (65060)
BGP: 172.16.20.1 send UPDATE 172.16.65.0/26, next 172.16.20.2, path (65060)
BGP: 172.16.20.1 send UPDATE 172.16.112.0/24, next 172.16.20.2, path
BGP: 172.16.20.1 send UPDATE 172.16.220.0/24, next 172.16.20.2, path
BGP: 172.16.20.1 send UPDATE 192.68.222.0/24, next 172.16.20.2, metric 5000,
  path 3 2
BGP: 172.16.20.1 4 updates enqueued (average=58, maximum=68)
BGP: 172.16.20.1 update run completed, ran for 24ms, neighbor version 0,
  start version 23, throttled to 23, check point net 0.0.0.0
BGP: 172.16.20.1 rcv UPDATE about 192.68.11.0/24, next hop 172.16.20.1,
  path 1 metric 2000
BGP: 172.16.20.1 rcv UPDATE about 192.68.222.0/24, next hop 172.16.20.1,
  path 1 2 metric 2000
BGP: 172.16.20.1 rcv UPDATE about 172.16.25.0/24 --denied
BGP: 172.16.20.1 rcv UPDATE about 172.16.30.0/24 --denied
BGP: 172.16.20.1 rcv UPDATE about 172.16.50.0/24 --denied
BGP: 172.16.20.1 rcv UPDATE about 172.16.60.0/24 --denied
BGP: 172.16.20.1 rcv UPDATE about 172.16.70.0/24 --denied
BGP: 172.16.20.1 rcv UPDATE about 172.16.90.0/24 --denied
BGP: 172.16.20.1 rcv UPDATE about 172.16.65.0/26 --denied
BGP: 172.16.20.1 rcv UPDATE about 172.16.112.0/24 --denied
BGP: 172.16.20.1 rcv UPDATE about 172.16.220.0/24 --denied
BGP: nettable_walker 192.68.11.0/255.255.255.0 calling revise_route
BGP: revise route installing 192.68.11.0/255.255.255.0 -> 172.16.20.1
BGP: 172.16.70.2 computing updates, neighbor version 23, table version 24,
  starting at 0.0.0.0
BGP: NEXT_HOP part 1 net 192.68.11.0/24, neigh 172.16.70.2, next 172.16.20.1
BGP: 172.16.70.2 send UPDATE 192.68.11.0/24, next 172.16.20.1, metric 2000,
path 1
BGP: 172.16.70.2 1 updates enqueued (average=59, maximum=59)
BGP: 172.16.70.2 update run completed, ran for 4ms, neighbor version 23,
  start version 24, throttled to 24, check point net 0.0.0.0
BGP: 172.16.20.1 rcv UPDATE about 172.16.25.0/24 --withdrawn
BGP: 172.16.20.1 rcv UPDATE about 172.16.30.0/24 --withdrawn
BGP: 172.16.20.1 rcv UPDATE about 172.16.50.0/24 --withdrawn
BGP: 172.16.20.1 rcv UPDATE about 172.16.60.0/24 --withdrawn
BGP: 172.16.20.1 rcv UPDATE about 172.16.70.0/24 --withdrawn
BGP: 172.16.20.1 rcv UPDATE about 172.16.90.0/24 --withdrawn
BGP: 172.16.20.1 rcv UPDATE about 172.16.65.0/26 --withdrawn
BGP: 172.16.20.1 rcv UPDATE about 172.16.112.0/24 --withdrawn
BGP: 172.16.20.1 rcv UPDATE about 172.16.220.0/24 --withdrawn
BGP: 172.16.20.1 computing updates, neighbor version 23, table version 24,
  starting at 0.0.0.0
BGP: 172.16.20.1 update run completed, ran for 0ms, neighbor version 23,
  start version 24, throttled to 24, check point net 0.0.0.0
BGP: scanning routing tables
```

Beachten Sie hinsichtlich des Outputs in Beispiel 12.84, wie viele Kosten durch die Annullierung der TCP-Session zwischen den zwei Routern und durch den absoluten Neustart entstehen.

ANMERKUNG

Die vorgestellten Kosten würden Ihnen ziemlich sicher auch deutlich ins Auge springen, wenn Sie den **show process cpu** oder den **show ip bgp sum**-Output betrachten, der eine hohe CPU-Belastung und eine signifikante Änderung in der Anzahl der Routen der BGP-Tabelle enthüllen würde. Sie würden außerdem eine große Anzahl der während dieser Zeit von allen Partnern gesendeten und empfangenen BGP-Routen bemerken.

Das »Logbuch« (log) wird zeigen, dass infolge des Neustarts der BGP-Partner-Session die Auswahl der Nachbarn von Idle auf Established umschaltet und daraufhin die aktuellen Routingupdates ausströmen.

In Beispiel 12.85 wird dieselbe Session durch die Benutzung der sanften Rekonfigurationsmethode »gereinigt«. Beachten Sie, wie die Metrik von 5000 gesendet wurde, ohne die BGP-Session abzuwürgen. Auch die Kosten sind viel geringer.

Beispiel 12.85: Sanfte inbound-Rekonfiguration: Reinigung der BGP-Session zwischen zwei Routern mit sanfter Konfiguration

```
RTA#clear ip bgp 172.16.20.1 soft out
BGP: start outbound soft reconfiguration for 172.16.20.1
BGP: 172.16.20.1 computing updates, neighbor version 0, table version 24,
  starting at 0.0.0.0
BGP: 172.16.20.1 send UPDATE 172.16.25.0/24, next 172.16.20.2, metric 5000, path 3
BGP: 172.16.20.1 send UPDATE 172.16.30.0/24, next 172.16.20.2, metric 5000, path 3
BGP: 172.16.20.1 send UPDATE 172.16.50.0/24, next 172.16.20.2, metric 5000, path 3
BGP: 172.16.20.1 send UPDATE 172.16.60.0/24, next 172.16.20.2, metric 5000, path 3
BGP: 172.16.20.1 send UPDATE 172.16.70.0/24, next 172.16.20.2, metric 5000, path 3
BGP: 172.16.20.1 send UPDATE 172.16.90.0/24, next 172.16.20.2, metric 5000, path 3
BGP: 172.16.20.1 send UPDATE 172.16.65.0/26, next 172.16.20.2, metric 5000, path 3
BGP: 172.16.20.1 send UPDATE 172.16.112.0/24, next 172.16.20.2, metric 5000, path 3
BGP: 172.16.20.1 send UPDATE 172.16.220.0/24, next 172.16.20.2, metric 5000, path 3
BGP: 172.16.20.1 send UPDATE 192.68.11.0/24 --unreachable
BGP: 172.16.20.1 send UPDATE 192.68.222.0/24, next 172.16.20.2, metric 5000,
  path 3 2
BGP: 172.16.20.1 5 updates enqueued (average=52, maximum=68)
BGP: 172.16.20.1 update run completed, ran for 24ms, neighbor version 0,
  start version 24, throttled to 24, check point net 0.0.0.0
BGP: scanning routing tables
```

12.6.4 Die BGP-Routenauffrischung

Die BGP-Routenauffrischungs-Fähigkeit wird durch die BGP-Eigenschaften ermöglicht (Siehe 5. Kapitel). Während der Bildung der BGP-Verbindung signalisieren die Partner die Unterstützung der Route-Refresh-Fähigkeit. Wenn sie diese Funktion unterstützen, können sie dynamisch fordern, dass der Partner seine Adj-RIB-Out weiterempfiehlt (was dem entspricht, das bei der sanften outbound-Rekonfiguration in Wirklichkeit abläuft). Da hierfür kein zusätzliches Memory benötigt wird, um die Informationen zu speichern, ist diese Vorgehensweise effizienter als die Nutzung der sanften Rekonfiguration. Im Vergleich zu einem Neustart der BGP-Session wird zudem kein zusätzliches Routenflackern verursacht. Sobald die Forderung der Partner erfüllt wird und sie die Empfehlung zu Adj-RIB-Out erhalten, geben sie diese Information an die Input Policy Engine (und an die neuen Regelungen) weiter.

Im Output von Beispiel 12.86 kann die Unterstützung der Routenauffrischungs-Fähigkeit nachgewiesen werden, indem man den **Neighbot capabilities** Teil des **show ip bgp neighbor x.x.x.x** Output untersucht.

Beispiel 12.86: Verifizierung der BGP-Routenauffrischung

```
r1#show ip bgp n 1.1.2.2
BGP neighbor is 1.1.2.2,  remote AS 2, external link
  BGP version 4, remote router ID 3.3.3.1
  BGP state = Established, up for 2w0d
  Last read 00:00:15, hold time is 180, keepalive interval is 60
seconds
  Neighbor capabilities:
    Route refresh: advertised and received
    Address family IPv4 Unicast: advertised and received
  Received 20674 messages, 0 notifications, 0 in queue
  Sent 20675 messages, 0 notifications, 0 in queue
  Route refresh request: received 1, sent 2
  Minimum time between advertisement runs is 30 seconds

 For address family: IPv4 Unicast
  BGP table version 6, neighbor version 6
  Index 1, Offset 0, Mask 0x2
  NEXT_HOP is always this router
  Community attribute sent to this neighbor
  1 accepted prefixes consume 36 bytes
  Prefix advertised 4, suppressed 0, withdrawn 0
```

```
  Connections established 1; dropped 0
  Last reset never
Connection state is ESTAB, I/O status: 1, unread input bytes: 0
Local host: 1.1.2.1, Local port: 179
Foreign host: 1.1.2.2, Foreign port: 11000

Enqueued packets for retransmit: 0, input: 0  mis-ordered: 0 (0
bytes)

Event Timers (current time is 0x49ED7420):
Timer          Starts    Wakeups            Next
Retrans         20675          0             0x0
TimeWait            0          0             0x0
AckHold         20674      19530             0x0
SendWnd             0          0             0x0
KeepAlive           0          0             0x0
GiveUp              0          0             0x0
PmtuAger            0          0             0x0
DeadWait            0          0             0x0

iss: 1081723559  snduna: 1082116474  sndnxt: 1082116474     sndwnd:
15567
irs: 1087514066  rcvnxt: 1087906928  rcvwnd:      15605  delrcvwnd:
779

SRTT: 301 ms, RTTO: 621 ms, RTV: 9 ms, KRTT: 0 ms
minRTT: 4 ms, maxRTT: 600 ms, ACK hold: 200 ms
Flags: passive open, nagle, gen tcbs

Datagrams (max data segment is 1460 bytes):
Rcvd: 39791 (out of order: 0), with data: 20674, total data bytes:
392861
Sent: 40473 (retransmit: 0), with data: 20674, total data bytes:
392914
```

Beachten Sie, dass die Routenauffrischung nur von einer Seite der Verbindung aus unterstützt werden kann. Sie können dies anhand des auf den **Route Refresh**-Eintrag folgenden Outputs **advertised** und / oder **received** erkennen.

Beispiel 12.87 verdeutlicht, was zu tun ist, um von einem Partner eine Wiederanzeige seines Adj-RIB-Out zu fordern.

```
r1# clear ip bgp 1.1.2.2 soft in
r1#
2w0d: BGP: 1.1.2.2 sending REFRESH_REQ for afi/safi: 1/1
2w0d: BGP: 1.1.2.2 send message type 128, length (incl. header) 23
2w0d: BGP: 1.1.2.2 send message type 4, length (incl. header) 19
2w0d: BGP: 1.1.2.2 rcv message type 4, length (excl. header) 0
```

Beispiel 12.87: Verpflichung eines Partners zur Weiterempfehlung des Adj-RIB-Out

Wie Sie aus dem zugehörigen *debug*-Output in Beispiel 12.87 ersehen können, löst dies eine Routenauffrischungs-Anforderung an den Partner aus, und im Anschluss daran eine Wiederanzeige der Adj-RIB-Out des Partners.

Wie im **show ip bgp neighbor** Output in Beispiel 12.86 gezeigt, sind auch Zähler verfügbar, um die Anzahl der vom Partner gesandten oder empfangenen Routenauffrischungs-Anforderungen zu erfassen.

12.7 Fähigkeiten des BGP-Outbound-Request-Filters

Das durch BGP-Eigenschaften aktivierte BGP-ORF (Siehe 5. Kapitel) hilft, während des BGP-Routenupdate-Prozesses Ressourcen zu sparen. Wird während des Sessionaufbaus die ORF-Fähigkeit von einem Nachbarn empfohlen, heißt das, dass der lokale BGP-Speaker seinem Nachbarn erlauben wird, seine *inbound*-Präfixfilter herüberzuschieben. Der lokale BGP-Speaker installiert die Filter nach Empfang zusätzlich zu den jeweilig lokal konfigurierten *outbound*-Filtern, die mit dem Nachbarn im Zusammenhang stehen.

Mit BGP-ORF sind einige Vorteile verbunden:

- Der lokale BGP-Speaker verliert jetzt keine Ressourcen mehr durch die Ausstrahlung von Meldungen über Routingupdates. Diese Botschaften werden von den Nachbarn im Zuge des Input sowieso herausgefiltert.
- Die Bandbreite der Links wird nicht mehr durch Routingupdates vereinnahmt.
- Der Nachbarrouter wird seine Ressourcen nicht für die Erstellung von Routingupdates verschwenden. Diese werden sowieso verworfen, sobald eine Filterkontrolle durchgeführt wird.

Anmerkung

Sie sollten sich darüber im Klaren sein, dass die Wirkung von BGP-ORF recht signifikant sein kann. Wenn zum Beispiel ein BGP-Partner eine globale Internet-Routingtabelle (heutzutage existieren über 75 000 Routen) an einen *low-end*-Router, dessen Memory begrenzt ist, senden würde, kann sich dadurch für diesen Router trotz eingebauter inbound-Filter eine Memoryüberlastung ergeben. Außerdem kann die Weitergabe der Routen an einen Nachbarn einen signifikanten Linkbandbreitenanteil in langsameren Verbindungen beanspruchen.

Dies ist für ISPs mit automatisierten Werkzeugen ideal, also mit Tools, die Routenfilter erstellen, und äußerst günstig für Router mit vielen BGP-Partnern. Sobald der Filter generiert und auf den *edge*-Router im ISP-Netzwerk ausgerichtet ist, wird er zum Kundenrouter hinübergeschickt und spart so sowohl die Ressourcen des Kunden als auch die des ISP.

Laut Default-Route wird den Nachbarn die ORF-Fähigkeit nicht angeboten. Außerdem kann BGP-ORF keinem Nachbarn empfohlen werden, der Mitglied der BGP-Partnergruppierung ist.

Auf Grund der variierenden BGP-ORF-Syntax in den verschiedenen IOS-Versionen haben wir uns entschlossen, Anhang C anzufügen, der die Veröffentlichungen von Cisco bezüglich BGP-ORF enthält. Für zusätzliche Informationen konsultieren Sie bitte die für ihre IOS-Version spezifischen Darlegungen.

12.8 Identifizierung und Unterdrückung instabiler Routen – Route-Dampening

Routendämpfung ist ein Mechanismus, der eingesetzt wird, um die aufgrund flatternder Routen und Oszillierung eintretende Instabilität in einem Netzwerk zu minimieren. Der Befehl, mit dem man Routendämpfung kontrolliert, lautet:

```
bgp dampening [[route-map map-name] [half-life-time reuse-value suppress-value maximum-suppress-time]]
```

- Die *half-life -time* bewegt sich im zeitlichen Rahmen zwischen 1 und 45 Minuten. Die aktuelle Defaultroute ist auf 15 Minuten eingestellt.
- Der *reuse-value* bewegt sich zwischen 1 und 20 000. Der Defaultwert beträgt 750.
- Der *suppress-value* bewegt sich zwischen 1 und 20000. Der Defaultwert ist auf 2000 eingestellt.
- Die *maximum-suppress-time* bezeichnet die maximale Laufzeit, während derer eine Route unterdrückt werden kann. Der zeitliche Rahmen geht von 1 bis zu 255. Die Default-Route lautet auf 4 ∞ *half-life-time.*

Eine Routenkarte kann mit BGP-Routendämfung verbunden werden, um abhängig von bestimmten Kriterien, selektiv Dämpfungsparameter anlegen zu können. Solche Kriterien lägen beispielsweise auch in der Suche nach einer Entsprechung zu einer spezifischen IP-Route, einem AS_PATH oder einer Community-Angabe.

Bild 12.15 zeigt die zwei ASs, AS1 und AS2. RTA in AS3 arbeitet im Kontakt mit RTG in AS3 mit IBGP und bezüglich des in AS1 ansässigen Routers RTC mit EBGP. Per EBGP eintreffende Informationen des autonomen Systems AS3 werden in AS1 in OSPF übertragen.

RTC bemerkt im Netzwerk 172.16.220.0/24 eine Anzahl von Fluktuationen, die von AS3 herrühren. Diese verursachen in seinem BGP und konsequenterweise auch in OSPF Schwankungen. 172.16.220.0/24 erscheint und verschwindet immer wieder von der Routingtabelle des RTH. RTC wird, um das Problem zu lösen, unter Benutzung einer Routenkarte in BGP eine Routendämpfung herbeiführen. So wird selektiv nur die Route 172.16.220.0/24 gedämpft. Beispiel 12.88 und Beispiel 12.89 zeigen die jeweiligen Konfigurationen für RTG und RTA.

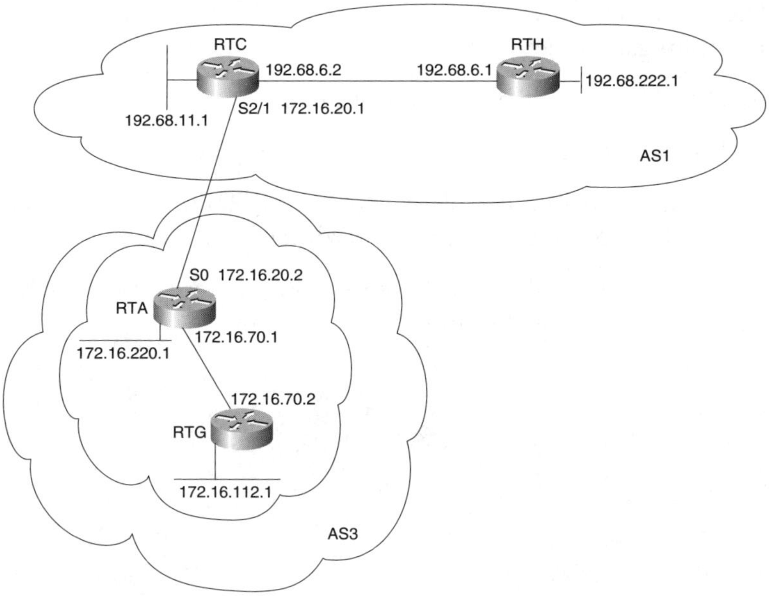

Bild 12.15: Routendämpfung

Beispiel 12.88: Routendämpfung: RTG-Konfiguration

```
router bgp 3
 no synchronization
 network 172.16.112.0 mask 255.255.255.0
 neighbor 172.16.70.1 remote-as 3
 no auto-summary
```

Beispiel 12.89: Routendämpfung: RTA-Konfiguration

```
router bgp 3
 no synchronization
 network 172.16.220.0 mask 255.255.255.0
 network 172.16.70.0 mask 255.255.255.0
 neighbor 172.16.20.1 remote-as 1
 neighbor 172.16.70.2 remote-as 3
 neighbor 172.16.70.2 next-hop-self
 no auto-summary
```

RTC besitzt eine partnerschaftliche EBGP-Verbindung zu RTA und eine IBGP-Verbindung mit RTH. RTC gibt die erhaltenen BGP-Routen in OSPF ein, mit dem in AS1 gearbeitet wird. RTC übt mit Hilfe der Routenkarte SELECTIVE_DAMPENING BGP-Dämpfung aus. Diese Karte legt die Dämpfungsparameter nur an das Netzwerk 172.16.220.0/24 an. Alle anderen Routen, wie zum Beispiel 172.16.112.0/24, werden nicht gedämpft.

Die RTC-Konfiguration in Beispiel 12.90 spezifiziert die Dämpfungsparameter wie folgt:

- Die *half-life-time* beträgt 20 Minuten.
- Das Wiederverwendungslimit für *penalty* beträgt 950.
- Sobald der kumulative *penalty* von 2500 überschritten wurde, werden die Routen unterdrückt.
- Die maximale Zeit, in der eine Route unterdrückt werden kann, beträgt 80 Minuten.

Beispiel 12.90: Routendämpfung: RTC-Konfiguration

```
router ospf 10
 redistribute bgp 1 subnets
 network 192.68.0.0 0.0.255.255 area 0

router bgp 1
 bgp dampening route-map SELECTIVE_DAMPENING
 network 192.68.11.0
 neighbor 172.16.20.2 remote-as 3
 neighbor 192.68.6.1 remote-as 1
 no auto-summary

access-list 1 permit 172.16.220.0 0.0.0.255

route-map SELECTIVE_DAMPENING permit 10
 match ip address 1
 set dampening 20 950 2500 80

route-map SELECTIVE_DAMPENING permit 20
```

Der Output in Beispiel 12.90 zeigt, wie RTC mit der flackernden Route 172.16.220.0/24 umgeht. Jedesmal, wenn sich die Pfadinformation zu einer Route ändert, wird dies als ein Flackern gezählt. Die BGP-Tabelle in Beispiel 12.91 zeigt die Route, bevor ein Flackern aufgetreten ist.

Beispiel 12.91: Routendämpfung: RTCs BGP-Tabelle vor dem Routenflackern

```
RTC#show ip bgp 172.16.220.0
BGP routing table entry for 172.16.220.0/24, version 326
Paths: (1 available, best #1, advertised over IBGP)
 3
  172.16.20.2 from 172.16.20.2 (172.16.220.1)
   Origin IGP, metric 0, valid, external, best
```

Der Output in Beispiel 12.92 zeigt die Route nach dem ersten Flackern. Die Route ist inaktiv und in den **history**-Status versetzt. Der Route wurde ein Penalty zu 1000 zugeteilt, der sich bereits auf 997 verringert hat.

```
RTC#show ip bgp 172.16.220.0
BGP routing table entry for 172.16.220.0/24, version 327
Paths: (1 available, no best path, advertised over IBGP)
 3 (history entry)
  172.16.20.2 from 172.16.20.2 (172.16.220.1)
   Origin IGP, metric 0, external
   Dampinfo: penalty 997, flapped 1 times in 00:00:06
```

Beispiel 12.92: Routendämpfung: RTCs BGP-Tabelle nach der ersten Instanz des Routenflackerns

Der Output in Beispiel 12.93 zeigt die Route nach dem zweiten Flackern (es ist nochmals passiert). Es wurde ein weiterer Penalty von 1000 hinzugefügt, und das kumulative Gesamtstrafmaß nach Reduktion beträgt 1454.

```
RTC#show ip bgp 172.16.220.0
BGP routing table entry for 172.16.220.0/24, version 328
Paths: (1 available, best #1, advertised over IBGP)
 3
  172.16.20.2 from 172.16.20.2 (172.16.220.1)
   Origin IGP, metric 0, valid, external, best
   Dampinfo: penalty 1454, flapped 2 times in 00:01:20
```

Beispiel 12.93: Routendämpfung: RTCs BGP-Tabelle nach der zweiten Instanz des Routenflackerns

Beispiel 12.94 zeigt die Route nach viermaligem Flackern. Das Strafmaß beträgt nun 2851. Damit wird das Limit von 2500 überschritten. Die Route wird jetzt unterdrückt (gedämpft) und wird nicht an RTH weitergeleitet. In 31 Minuten und 40 Sekunden wird die Route wieder benutzbar sein. Zu diesem Zeitpunkt wird der Penalty unter das Wiederverwendungslimit von 950 abgefallen sein.

```
RTC#show ip bgp 172.16.220.0
BGP routing table entry for 172.16.220.0/24, version 329
Paths: (1 available, no best path, advertised over IBGP)
 3, (suppressed due to dampening)
  172.16.20.2 from 172.16.20.2 (172.16.220.1)
   Origin IGP, metric 0, valid, external
   Dampinfo: penalty 2851, flapped 4 times in 00:03:05, reuse in
   00:31:40
```

Beispiel 12.94: Routendämpfung: RTCs BGP-Tabelle nach vier Instanzen des Routenflackerns

Der Output in Beispiel 12.95 zeigt dieselbe Route nach sechsmaligem Flackern. Der Unterschied besteht darin, dass die *half-life-time* auf 5 Minuten anstatt auf 20 Minuten festgelegt wurde, und dass die *maximum-suppress-time* statt 80 Minuten 20 Minuten beträgt. Durch eine kürzere *half-life-time* wird der Penalty sehr viel rascher reduziert, und die Route wird viel früher wieder benutzbar. Beachten Sie die Wiederverwendungszeit von 8 Minuten und 10 Sekunden.

Beispiel 12.95: Routendämpfung: RTCs BGP-Tabelle nach sechs Instanzen des Routenflackerns

```
RTC#show ip bgp 172.16.220.0
BGP routing table entry for 172.16.220.0/24, version 336
Paths: (1 available, no best path, advertised over IBGP)
 3, (suppressed due to dampening)
  172.16.20.2 from 172.16.20.2 (172.16.220.1)
   Origin IGP, metric 0, valid, external
   Dampinfo: penalty 2939, flapped 6 times in 00:08:21, reuse in
   00:08:10
```

Die Justierung des Dämpfungstimers ist unbedingt notwendig, wenn sich die Administratoren keine lange Auszeit einer spezifischen Route leisten können. Die BGP-Dämpfung unter Zuhilfenahme von Routenkarten ist ein mächtiges Werkzeug, um selektiv »ungezogene« Routen in einer vom Nutzer konfigurierbaren und kontrollierten Art und Weise »bestrafen« zu können.

12.9 Vorschau

Das Internet hat vom NSFNET-Backbone-Netzwerk einen langen Weg zum Informationshighway des 21 Jahrhunderts zurückgelegt – und es gibt keine Anzeichen für eine Verlangsamung dieser Entwicklung. Und wie sollte sich das Internet auch nicht weiter ausbreiten, wenn doch täglich Tausende neue Nutzer, durch das intensive Bemühen um technologischen Fortschritt magisch angezogen, online gehen?

Die Routingprotokolle haben, anfänglich in EGP, in jüngster Zeit in BGP, darum gekämpft, mit den Anforderungen Schritt zu halten. BGP hat als einfaches, externes Routingprotokoll begonnen und hat sich de facto zu einem Standard entwickelt, der das Internet zusammenhält. In der Tat wurde jeder Haken und jedes Schlupfloch, das BGP anbietet, ausgenutzt und dennoch scheint Tag für Tag immer mehr Fähigkeiten gefordert zu werden. Deshalb werden auch immer neue Protokolle und Techniken entwickelt werden müssen. Es muss sich noch herausstellen, ob diese das Routing einfacher oder komplizierter, robuster oder anfälliger machen. Eines ist aber sicher: Der gesunde Menschenverstand soll nicht verloren gehen und so lange all Ihre Designs hierauf basieren, werden Sie auch immer Ihre Domäne im Griff haben.

In diesem Buch können nun wirklich nicht *alle* potentiellen Vor-und Nachteile jedes BGP-verwandten IOS-Befehls genannt werden. Wir möchten Ihnen daher sehr ans Herz legen, die entsprechende Cisco-Darlegung oder den Kundendienst zu konsultieren, wenn eine Frage oder ein Problem auftaucht. Als Zusatzinformation ist dem Buch in Anhang A »BGB Command Reference« ein gültiger Satz der IOS-BGP-Konfigurationsparameter beigefügt. In Anhang B finden sich Hinweise auf interessante Online-Quellen sowie auch auf nützliche Bücher. Anhang C enthält BGP-ORF-Informationen. Anhang D schließlich stellt Informationen zum Multiprotocol-BGP zur Verfügung.

TEIL 5

Anhänge

Die Anhänge in diesem Teil des Buches stellen zusätzliche Literaturhinweise zur Verfügung und enthalten eine aktuelle Ausgabe der Cisco IOS™ BGP-Befehlshinweise sowie Informationen bezüglich der IOS™-Modifizierungen, die dazu gedacht sind, ein anschaulicheres BGP-Kommandolinien-Interface bereit zu stellen.

Anhang A

BGP-Befehlshinweise

Die in Tabelle A.1 dieses Anhangs aufgelisteten Befehle werden verwendet, um das Border-Gateway-Protocol (BGP) zu konfigurieren und zu überwachen. Wenn Sie eine lückenlose Darstellung der vollständigen Kommandosyntax (Argumentationslinien, Parameter, usw.), zu Grundeinstellungs-Befehlen, Kommandomodi, Befehls-Geschichte, Nutzungsrichtlinien, Konfigurationsbeispielen und eine Liste verwandter Befehle wünschen, konsultieren Sie bitte das CCO-Dokument bei `www.cisco.com/univercd/cc/td/doc/product/software/ios121/121cgcr/ip_r/iprprt2/1rdbgp.htm#xtocid141910`.

Tabelle A.1: BGP-Befehle

Befehl	Beschreibung
aggregate-address	Wenn Sie in einer BGP-Routingtabelle einen Aggregateintrag einfügen wollen, verwenden Sie den **aggregate-address**-Routerkonfigurationsbefehl. Um diese Funktion zu deaktivieren, verwenden Sie die **no**-Form dieses Befehls.
auto-summary (BGP)	Wenn Sie das Defaultverhalten der automatischen Zusammenfassung der Subnetzwerkrouten zu Routen auf Netzwerkniveau speichern wollen, verwenden Sie den **auto-summary**-Routerkonfigurationsbefehl. Um dieses Feature zu deaktivieren, und um die Subpräfix-Routinginformation über die klassifizierten Netzwerkgrenzen hinaus verschicken zu können, verwenden Sie die **no**-Form dieses Befehls.

Tabelle A.1: BGP-Befehle (Fortsetzung)

Befehl	Beschreibung
bgp always-comparemed	Wenn Sie für Pfade von Nachbarn aus verschiedenen autonomen Systemen den Vergleich des Multi-Exit-Discriminator (MED) zulassen wollen, verwenden Sie den **bgp always-compare-med**-Routerkonfigurationsbefehl. Um diesen Vergleich nicht mehr zuzulassen, verwenden Sie die **no**-Form dieses Befehls.
bgp bestpath as-path ignore	Wenn Sie verhindern wollen, dass der Router as-path als Faktor in den Algorithmus zur Wahl einer Route mit einschließt, verwenden Sie den **bgp bestpath as-path ignore**-Routerkonfigurationsbefehl. Wenn Sie zulassen wollen, dass der Router as-path in seiner Routenwahl berücksichtigt, verwenden Sie die **no**-Form dieses Befehls.
bgp bestpath med-confed	Wenn Sie den MED-Vergleich von Pfaden, die von Bündnispartnern erlernt wurden, aktivieren wollen, verwenden Sie den **bgp bestpath med-confed**-Routerkonfigurationsbefehl. Wenn die Software daran gehindert werden soll, im Routenvergleich das MED-Attribut zu berücksichtigen, verwenden Sie die **no**-Form dieses Befehls.
bgp bestpath missing-as-worst	Wenn Sie wollen, dass die Cisco-IOS-Software für ein in einem Pfad fehlendes MED-Attribut einen unendlichen Wert annimmt, und so den Pfad ohne einen MED-Wert zu einem am wenigsten wünschenswerten macht, verwenden Sie den **bgp bestpath missing-as-worst**-Routerkonfigurationsbefehl. Um den Router wieder auf die Defaultroute einzustellen (dem fehlenden MED wird ein Wert zu 0 zugeschrieben), verwenden Sie die **no**-Form dieses Befehls.
bgp client-to-client reflection	Wenn Sie die Routenreflexion vom BGP-Routenreflektor zu den Kunden eingeben wollen, verwenden Sie den **bgp client-to-client reflection**-Routerkonfigurationsbefehl. Um die Reflexion von Klient zu Klient zu deaktivieren, verwenden Sie die **no**-Form dieses Befehls.
bgp cluster-id	Wenn Sie eine Cluster-ID konfigurieren wollen, sobald das BGP-Cluster mehr als einen Routenreflektor aufweist, verwenden Sie den **bgp cluster-id**-Routerkonfigurationsbefehl. Um die Cluster-ID zu entfernen, verwenden Sie die **no**-Form dieses Befehls.

Tabelle A.1: BGP-Befehle (Fortsetzung)

Befehl	Beschreibung
bgp confederation identifier	Wenn Sie einen Identifizierungsdienst für ein BGP-Bündnis angeben wollen, verwenden Sie den **bgp confederation identifier**-Routerkonfigurationsbefehl. Um den Bündnis-Identifizierer zu entfernen, verwenden Sie die **no**-Form dieses Befehls.
bgp confederation peers	Wenn Sie die autonomen Systeme, die zum Bündnis gehören, konfigurieren wollen, verwenden Sie den **bgp confederation peers**-Routerkonfigurationsbefehl. Um ein autonomes System aus einem Bündnis zu entfernen, verwenden Sie die **no**-Form dieses Befehls.
bgp dampening	Wenn Sie die BGP-Routendämpfung aktivieren oder verschiedene Faktoren der BGP-Routendämpfung verändern wollen, verwenden Sie den globalen **bgp dampening**-Konfigurationsbefehl. Um diese Funktion zu deaktivieren oder die Defaultwerte wiederherzustellen, verwenden Sie die **no**-Form dieses Befehls.
bgp default local-preference	Wenn Sie die Grundeinstellung des lokalen Präferenzwerts ändern wollen, verwenden Sie den **bgp default local-preference**-Routerkonfigurationsbefehl. Um wieder zur Grundeinstellung zurückzukehren, verwenden Sie die **no**-Form dieses Befehls.
bgp deterministic med	Wenn Sie wollen, dass die Cisco-IOS-Software die MED-Variable vergleicht, während unter den von dem selben Sub-AS innerhalb eines Bündnisses empfohlenen Routen gewählt wird, verwenden Sie den **bgp deterministic med**-Routerkonfigurationsbefehl. Um diesen Vergleich nicht mehr zuzulassen, verwenden Sie die **no**-Form dieses Befehls.
bgp fast-external-fallover	Wenn Sie die BGP-Session zu einem beliebigen direkt angrenzenden externen Partner sofort neu starten wollen, sobald der Link zu diesem ausfällt, verwenden Sie den **bgp fast-external-fallover**-Routerkonfigurationsbefehl. Um diese Funktion zu deaktivieren, verwenden Sie die **no**-Form dieses Befehls.

Tabelle A.1: BGP-Befehle (Fortsetzung)

Befehl	Beschreibung
bgp log-neighbor-changes	Wenn Sie das Logging des BGP-Nachbarneustarts aktivieren wollen, verwenden Sie den **bgp log-neighbor-changes**-Routerkonfigurationsbefehl. Wenn Sie die Aufzeichnung von Veränderungen in den BGP-Nachbaranreinern deaktivieren wollen, verwenden Sie die **no**-Form dieses Befehls.
clear ip bgp	Wenn Sie unter Verwendung der sanften BGP-Rekonfiguration eine BGP-Verbindung neu starten wollen, verwenden Sie während des Systemstarts den **clear ip bgp**-EXEC-Befehl.
clear ip bgp dampening	Wenn Sie die BGP-Routendämpfungs-Information bereinigen und die unterdrückten Routen wieder einsetzen wollen, verwenden Sie den **clear ip bgp dampening**-EXEC-Befehl.
clear ip bgp flap-statistics	Wenn Sie die BGP-Flacker-Statistik bereinigen wollen, verwenden Sie den **clear ip bgp flap-statistics**-EXEC-Befehl.
clear ip bgp peer-group	Wenn Sie alle Mitglieder einer BGP-Partnergruppierung löschen wollen, verwenden Sie den **clear ip bgp peer-group**-EXEC-Befehl.
clear ip prefix-list	Wenn Sie die Trefferzählung der Präfixlisteneinträge neustarten wollen, verwenden Sie den **clear ip prefix-list**-Routerkonfigurationsbefehl.
default-information originate (BGP)	Wenn Sie die Redistribution des Netzwerks 0.0.0.0 in BGP zulassen wollen, verwenden Sie den **default-information originate**-Routerkonfigurationsbefehl. Um diese Funktion zu deaktivieren, verwenden Sie die **no**-Form dieses Befehls.
default-metric (BGP)	Wenn Sie die Defaultmetrik-Werte des Border-Gateway-Protocol-BGP-Routingprotokolls bestimmen wollen, verwenden Sie den **default-metric**-Routerkonfigurationsbefehl. Um wieder zum Defaultstatus zurückzukehren, verwenden Sie die **no**-Form dieses Befehls.
distance bgp	Wenn Sie die Nutzung externer, interner und lokal-administrativer Distanzangaben zulassen wollen, die eine bessere Route zum Knoten sein könnten, verwenden Sie den **distance bgp**-Routerkonfigurationsbefehl. Um wieder zu den Defaultwerten zurückzukehren, verwenden Sie die **no**-Form dieses Befehls.

Tabelle A.1: BGP-Befehle (Fortsetzung)

Befehl	Beschreibung
distribute-list in	Wenn Sie in Updates erhaltene Netzwerke filtern wollen, verwenden Sie den **distribute-list in**-Routerkonfigurationsbefehl. Um diese Funktion zu deaktivieren, verwenden Sie die **no**-Form dieses Befehls.
distribute-list out	Wenn Sie Netzwerke unterdrücken wollen, so, dass sie nicht in Updates empfohlen werden, verwenden Sie den **distribute-list out**-Routerkonfigurationsbefehl. Um diese Funktion zu deaktivieren, verwenden Sie die **no**-Form dieses Befehls.
ip as-path access-list	Wenn Sie eine BGP-verwandte Zugangsliste definieren wollen, verwenden Sie den globalen **ip as-path access-list**-Konfigurationsbefehl. Um die Verwendung der Zugangsliste zu deaktivieren, verwenden Sie die **no**-Form dieses Befehls.
ip bgp-community new-format	Wenn Sie BGP-Communities im Format AA:NN (autonomes System-Community-Nummer / 2-Byte-Nummer) auftreten lassen wollen, verwenden Sie den globalen **ip bgp-community new-format**-Konfigurationsbefehl. Um das vorherige Darstellungsformat der BGP-Communities (NN:AA) wieder zu reaktivieren, verwenden Sie die **no**-Form dieses Befehls.
ip community-list	Wenn Sie für BGB eine Community-Liste erstellen und den Zugang hierzu kontrollieren wollen, verwenden Sie den globalen **ip community-list**-Konfigurationsbefehl. Um die Community-Liste zu löschen, verwenden Sie die **no**-Form dieses Befehls.
ip prefix-list	Wenn Sie einen Eintrag in eine Präfixliste machen wollen, verwenden Sie den globalen **ip prefix-list**-Konfigurationsbefehl. Um den Eintrag zu löschen, verwenden Sie die **no**-Form dieses Befehls.
ip prefix-list description	Wenn Sie eine Textbeschreibung einer Präfixliste beifügen wollen, verwenden Sie den globalen **ip prefix-list description**-Konfigurationsbefehl. Um die Textbeschreibung zu löschen, verwenden Sie die **no**-Form dieses Befehls.
ip prefix-list sequence-number	Wenn Sie hinsichtlich der Einträge in einer Präfixliste die Ausgabe von Sequenznummern aktivieren wollen, verwenden Sie den globalen **ip prefix-list sequence-number**-Konfigurationsbefehl.

Tabelle A.1: BGP-Befehle (Fortsetzung)

Befehl	Beschreibung
match as-path	Wenn Sie Entsprechungen zu einer Pfadzugangsliste eines BGP-AS suchen wollen, verwenden Sie den **match as-path**-Routenkarten-Konfigurationsbefehl. Um einen Eintrag in der Pfadliste zu entfernen, verwenden Sie die **no**-Form dieses Befehls.
match community-list	Wenn Sie Entsprechungen zu einer BGP-Community suchen wollen, verwenden Sie den **match community-list**-Routenkarten-Konfigurationsbefehl. Um einen Eintrag in der Community-Liste zu entfernen, verwenden Sie die **no**-Form dieses Befehls.
neighbor advertisement-interval	Wenn Sie den minimalen Zeitrahmen zwischen der Aussendung von BGP-Routingupdates bestimmen wollen, verwenden Sie den **neighbor advertisement-interval**-Routerkonfigurationsbefehl. Um einen Eintrag zu entfernen, verwenden Sie die **no**-Form dieses Befehls.
neighbor default-originate	Wenn Sie zulassen wollen, dass ein BGP-Speaker (der lokale Router) einem Nachbarn die Defaultroute 0.0.0.0 schickt, damit jener diese als Defaultroute nutzt, verwenden Sie den **neighbor default-originate**-Routerkonfigurationsbefehl. Damit keine Route als Defaultroute gesendet wird, verwenden Sie die **no**-Form dieses Befehls.
neighbor description	Wenn Sie einem Nachbarn eine Beschreibung zuordnen wollen, verwenden Sie den **neighbor description**-Routerkonfigurationsbefehl. Um die Beschreibung zu entfernen, verwenden Sie die **no**-Form dieses Befehls.
neighbor distribute-list	Wenn Sie BGP-Nachbarinformationen so, wie sie in einer Zugangsliste spezifiziert sind, weitergeben wollen, verwenden Sie den **neighbor distribute-list**-Routerkonfigurationsbefehl. Um einen Eintrag zu entfernen, verwenden Sie die **no**-Form dieses Befehls.
neighbor ebgp-multihop	Wenn Sie zu externen Partnern BGP-Verbindungen akzeptieren oder aufnehmen wollen, deren Netzwerke nicht direkt verbunden sind, verwenden Sie den **neighbor ebgp-multihop**-Routerkonfigurationsbefehl. Um zur Grundeinstellung zurückzukehren, verwenden Sie die **no**-Form dieses Befehls.

Tabelle A.1: BGP-Befehle (Fortsetzung)

Befehl	Beschreibung
neighbor filter-list	Wenn Sie einen BGP-Filter einrichten wollen, verwenden Sie den **neighbor filter-list**-Routerkonfigurationsbefehl. Um diese Funktion zu deaktivieren, verwenden Sie die **no**-Form dieses Befehls.
neighbor maximum-prefix	Wenn Sie kontrollieren wollen, wie viele Präfixe von einem Nachbarn angenommen werden können, verwenden Sie den **neighbor maximum-prefix**-Routerkonfigurationsbefehl. Um diese Funktion zu deaktivieren, verwenden Sie die **no**-Form dieses Befehls.
neighbor next-hop-self	Wenn Sie die Next-Hop-Prozessierung der BGP-Updates auf dem Router deaktivieren wollen, verwenden Sie den **neighbor next-hop-self**-Routerkonfigurationsbefehl. Um dieses Feature zu deaktivieren, verwenden Sie die **no**-Form dieses Befehls.
neighbor password	Wenn Sie die Feststellung der Urheberschaft durch Message Digest 5 (MD5) in einer TCP-Verbindung zwischen zwei BGP-Partnern aktivieren wollen, verwenden Sie den **neighbor password**-Routerkonfigurationsbefehl. Um diese Funktion zu deaktivieren, verwenden Sie die **no**-Form dieses Befehls.
neighbor peer-group (assigning members)	Wenn Sie einen BGP-Nachbarn als Mitglied einer Peer-Group konfigurieren wollen, verwenden Sie den **neighbor peer-group**-Routerkonfigurationsbefehl. Um den Nachbarn aus der Peer-Group zu lösen, verwenden Sie die **no**-Form dieses Befehls.
neighbor peer-group (creating)	Wenn Sie eine BGP-Peer-Group zusammen stellen wollen, verwenden Sie den **neighbor peer-group**-Routerkonfigurationsbefehl. Um die Partnergruppierung und alle ihre Mitglieder aufzulösen, verwenden Sie die **no**-Form dieses Befehls.
neighbor prefix-list	Wenn Sie BGP-Nachbarinformationen so, wie sie in einer Präfixliste spezifiziert sind, weitergeben wollen, verwenden Sie den **neighbor prefix-list**-Routerkonfigurationsbefehl. Um einen Eintrag zu entfernen, verwenden Sie die **no**-Form dieses Befehls.
neighbor remote-as	Wenn Sie der BGP-Nachbartabelle einen Eintrag hinzufügen wollen, verwenden Sie den **neighbor remote-as**-Routerkonfigurationsbefehl. Um aus der Tabelle einen Eintrag zu entfernen, verwenden Sie die **no**-Form dieses Befehls.

Tabelle A.1: BGP-Befehle (Fortsetzung)

Befehl	Beschreibung
neighbor route-map	Wenn Sie für hereinkommende oder austretende Routen eine Routenkarte anlegen wollen, verwenden Sie den **neighbor route-map**-Routerkonfigurationsbefehl. Um eine Routenkarte zu entfernen, verwenden Sie die **no**-Form dieses Befehls.
neighbor route-reflector-client	Wenn Sie den Router als BGP-Routenreflektor und den spezifizierten Nachbar als dessen Klienten konfigurieren wollen, verwenden Sie den **neighbor route-reflector-client**-Routerkonfigurationsbefehl. Um anzuzeigen, dass der Nachbar kein Klient ist, verwenden Sie die **no**-Form dieses Befehls. Wenn alle Klienten deaktiviert sind, ist der lokale Router kein Routenreflektor mehr.
neighbor send-community	Wenn Sie spezifizieren wollen, dass einem Nachbarn ein »community«-Attribut geschickt werden sollte, verwenden Sie den **neighbor send-community**-Routerkonfigurationsbefehl. Um diesen Eintrag zu entfernen, verwenden Sie die **no**-Form dieses Befehls.
neighbor shutdown	Wenn Sie eine Nachbar-oder Partnergruppierung deaktivieren wollen, verwenden Sie den **neighbor shutdown router**-Konfigurationsbefehl. Um die Nachbar-oder Partnergruppierung zu reaktivieren, verwenden Sie die **no**-Form dieses.
neighbor soft-reconfiguration	Wenn Sie die Cisco-IOS-Software so konfigurieren wollen, dass damit begonnen wird, Updates zu speichern, verwenden Sie den **neighbor soft-reconfiguration**-Routerkonfigurationsbefehl. Damit die erhaltenen Updates nicht gespeichert werden, verwenden Sie die **no**-Form dieses Befehls.
neighbor timers	Wenn Sie für einen bestimmten BGP-Partner oder für eine Peer-Group die Timer einstellen wollen, verwenden Sie den **neighbor timers**-Routerkonfigurationsbefehl. Um die Timer zu einem bestimmten BGP-Partner oder Peer-Group zu entfernen, verwenden Sie die **no**-Form dieses Befehls.

Tabelle A.1: BGP-Befehle (Fortsetzung)

Befehl	Beschreibung
neighbor update-source	Wenn Sie wollen, dass die Cisco-IOS-Software internen BGP-Sessions erlaubt, jedes beliebige operationelle Interface für eine TCP-Verbindung zu nutzen, verwenden Sie den **neighbor update-source**-Routerkonfigurationsbefehl. Um die Verweisung auf das nächstgelegene Interface wieder herzustellen, was *best local address* genannt wird, verwenden Sie die **no**-Form dieses Befehls.
neighbor version	Wenn Sie die Cisco-IOS-Software so konfigurieren wollen, dass nur eine bestimmte BGP-Version akzeptiert wird, verwenden Sie den **neighbor version**-Routerkonfigurationsbefehl. Um das Default-Versionsniveau eines Nachbarn zu verwenden, geben Sie die **no**-Form dieses Befehls ein.
neighbor weight	Wenn Sie einer Nachbarverbindung einen Gewichtungswert zumessen wollen, verwenden Sie den **neighbor weight**-Routerkonfigurationsbefehl. Um eine solche Gewichtung zu entfernen, verwenden Sie die **no**-Form dieses Befehls.
network (BGP)	Wenn Sie die Liste der Netzwerke für den BGP-Routingprozess spezifizieren wollen, verwenden Sie den **network router**-Konfigurationsbefehl. Um einen Eintrag zu entfernen, verwenden Sie die **no**-Form dieses Befehls.
network backdoor	Wenn Sie eine Backdoor-Route zu einem BGP-Grenzrouter spezifizieren wollen, die bessere Informationen zum Netzwerk bereithalten würde, verwenden Sie den **network backdoor**-Routerkonfigurationsbefehl. Um eine Adresse aus der Liste zu entfernen, verwenden Sie die **no**-Form dieses Befehls.
network weight	Wenn Sie einem BGP-Netzwerk einen absoluten Gewichtungswert beimessen wollen, verwenden Sie den **network weight**-Routerkonfigurationsbefehl. Um einen Eintrag zu löschen, verwenden Sie die **no**-Form dieses Befehls.
router bgp	Wenn Sie den BGP-Routingprozess konfigurieren wollen, verwenden Sie den globalen **router bgp**-Konfigurationsbefehl. Um einen Routingprozess zu entfernen, verwenden Sie die **no**-Form dieses Befehls.

Tabelle A.1: BGP-Befehle (Fortsetzung)

Befehl	Beschreibung
set as-path	Wenn Sie einen AS-Pfad für BGP-Routen modifizieren wollen, verwenden Sie den **set as-path**-Routenkarten-Konfigurationsbefehl. Damit der Pfad des autonomen Systems nicht modifiziert wird, verwenden Sie die **no**-Form dieses Befehls.
set comm-list delete	Wenn Sie aus dem Community-Attribut eines *inbound*-oder *outbound*-Updates Communities entfernen wollen, verwenden Sie den **set comm-list delete**-Routerkonfigurationsbefehl. Um letzteren **set comm-list delete**-Befehl zu verweigern, verwenden Sie die **no**-Form dieses Befehls.
set community	Wenn Sie das BGP-Communities-Attribut festlegen wollen, verwenden Sie den **set community**-Routenkarten-Konfigurationsbefehl. Um den Eintrag zu löschen, verwenden Sie die **no**-Form dieses Befehls.
set dampening	Wenn Sie die BGP-Routendämpfungs-Faktoren festlegen wollen, verwenden Sie den **set dampening**-Routenkarten-Konfigurationsbefehl. Um diese Funktion zu deaktivieren, verwenden Sie die **no**-Form dieses Befehls.
set ip next-hop (BGP)	Wenn Sie angeben wollen, wohin Pakete geschickt werden sollen, die eine passene Einheit einer Routenkarte für das Policy-Routing weitergeben, verwenden Sie den **set ip next-hop**-Routenkarten-Konfigurationsbefehl. Um einen Eintrag zu löschen, verwenden Sie die **no**-Form dieses Befehls.
set metric-type internal	Wenn Sie den MED-Wert eines Präfixes, das External-Border-Gateway-Protocol-(EBGP) Nachbarn weiterempfohlen wird, so festlegen wollen, dass er zur Interior-Gateway-Protocol-(IGP)-Metrik des nächsten Hop passt, verwenden Sie den **set metric-type internal**-Routenkarten-Konfigurationsbefehl. Um zur Defaultroute zurückzukehren, verwenden Sie die **no**-Form dieses Befehls.
set origin (BGP)	Wenn Sie den BGP-Ursprungskode festlegen wollen, verwenden Sie den **set origin**-Routenkarten-Konfigurationsbefehl. Um einen Eintrag zu löschen, verwenden Sie die **no**-Form dieses Befehls.

Tabelle A.1: BGP-Befehle (Fortsetzung)

Befehl	Beschreibung
set weight	Wenn Sie die BGP-Gewichtung einer Routingtabelle spezifizieren wollen, verwenden Sie den **set weight**-Routenkarten-Konfigurationsbefehl. Um einen Eintrag zu löschen, verwenden Sie die **no**-Form dieses Befehls.
show ip bgp	Wenn Sie die Einträge in der BGP-Routingtabelle veröffentlichen wollen, verwenden Sie den **show ip bgp**-EXEC-Befehl.
show ip bgp cidr-only	Wenn Sie Routen mit nicht natürlichen Netzwerkmasken (d.h. mit Classless-Interdomain-Routing: CIDR) veröffentlichen wollen, verwenden Sie den **show ip bgp cidr-only**-EXEC-Einzelbefehl.
show ip bgp community	Wenn Sie Routen anzeigen wollen, die zu spezifizierten BGP-Communities gehören, verwenden Sie den **show ip bgp community**-EXEC-Befehl.
show ip bgp community-list	Wenn Sie Routen anzeigen wollen, die durch die BGP-Community-Liste zugelassen sind, verwenden Sie den **show ip bgp community-list**-EXEC-Befehl.
show ip bgp dampened-paths	Wenn Sie BGP-gedämpfte Routen anzeigen wollen, verwenden Sie den **show ip bgp dampened-paths**-EXEC-Befehl.
show ip bgp filter-list	Wenn Sie Routen anzeigen wollen, die zu einer spezifischen Filterliste passen, verwenden Sie den **show ip bgp filter-list**-EXEC-Einzelbefehl.
show ip bgp flap-statistics	Wenn Sie BGP-Flacker-Statistiken veröffentlichen wollen, verwenden Sie den **show ip bgp flap-statistics**-EXEC-Befehl.
show ip bgp inconsistent-as	Wenn Sie Routen angeben wollen, deren Ursprungs-AS variiert, verwenden Sie den **show ip bgp inconsistent-as**-EXEC-Einzelbefehl.
show ip bgp neighbors	Wenn Sie Informationen über die TCP-und BGP-Verbindungen zu Nachbarn veröffentlichen wollen, verwenden Sie den **show ip bgp neighbors**-EXEC-Befehl.
show ip bgp paths	Wenn Sie alle BGP-Pfade in der Datenbank angeben wollen, verwenden Sie den **show ip bgp paths**-EXEC-Befehl.
show ip bgp peer-group	Wenn Sie Informationen zu BGP-Partnergruppierungen veröffentlichen wollen, verwenden Sie den **show ip bgp peer-group**-EXEC-Befehl.

Tabelle A.1: BGP-Befehle (Fortsetzung)

Befehl	Beschreibung
show ip bgp regexp	Wenn Sie Routen veröffentlichen wollen, die der *regular expression* entsprechen, verwenden Sie den **show ip bgp regexp**-EXEC-Einzelbefehl.
show ip bgp summary	Wenn Sie den Status aller BGP-Verbindungen anzeigen wollen, verwenden Sie den **show ip bgp summary**-EXEC-Befehl.
show ip prefix-list	Wenn Sie Informationen zu einer Präfixliste oder zu Präfixlisteneinträgen veröffentlichen wollen, verwenden Sie den **show ip prefix-list** -EXEC-Befehl.
synchronization	Wenn Sie zwischen BGP und Ihrem Gateway-Protocol-(IGP)-System die Synchronisierung aktivieren wollen, verwenden Sie den **synchronization**-Routerkonfigurationsbefehl. Damit die Cisco-IOS-Software in der Lage ist, eine Netzwerkroute zu empfehlen, ohne das IGP abzuwarten, verwenden Sie die **no**-Form dieses Befehls.
table-map	Wenn Sie Metrik und Etikettwert modifizieren wollenwährend die IP-Routingtabelle mit von BGP erlernten Routen aktualisiert wird, verwenden Sie den **table-map**-Routerkonfigurationsbefehl. Um diese Funktion zu deaktivieren, verwenden Sie die **no**-Form dieses Befehls.
timers bgp	Wenn Sie BGP-Netzwerktimer einstellen wollen, verwenden Sie den **timers bgp**-Routerkonfigurationsbefehl. Um wieder auf die Grundeinstellungen der BGP-»Stoppuhr« zurückzustellen, verwenden Sie die **no**-Form dieses Befehls.

Anhang B

Literaturhinweise

B.1 Interessante Organisationen

Internet Engineering Task Force (IETF)–www.ietf.org

North American Network Operations Group (NANOG)–www.nanog.org

American Registry for Internet Numbers (ARIN)–www.arin.net

Asian Pacific Network Information Center (APNIC)–www.apnic.net

RIPE Network Coordination Centre (NCC)–www.ripe.net

The Internet Corporation for Assigned Names and Numbers (ICANN)–www.icann.org

Internet Assigned Numbers Authority (IANA)–www.iana.org

Cooperative Association for Internet Data Analysis (CAIDA)–www.caida.org

B.2 Forschung und Bildung

Next Generation Internet (NGI) Initiative–http://www.ngi.gov

Internet2–www.internet2.edu

Abilene–www.ucaid.edu/abilene/

Very High Speed Backbone Network Service (vBNS)–
`www.vbns.net`

National Science Foundation–`www.nsf.gov`

B.2.1 Verschiedenes

Exchange Point Information–`www.ep.net/`

The CIDR Report–`www.employees.org/~tbates/cidr-report.html`

Asian Pacific Routing Report–`www.apnic.net/stats/bgp`

Cisco Connection Online (CCO)–`www.cisco.com`

B.3 Bücher

B.3.1 TCP/IP-verwandte Quellen

Douglas E. Comer, *Internetworking with TCP/IP, Volume 1, Fourth Edition*, April 2000, Prentice Hall; ISBN 0130183806.

Jeff Doyle, *Routing TCP/IP, Volume I*, 1998, Cisco Press; ISBN 1578700418

W. Richard Stevens, *TCP/IP Illustrated, Volume 1*, Januar 1994, Addison-Wesley Publishing Company; ISBN 0201633469.

W. Richard Stevens und Gary R. Wright, *TCP/IP Illustrated, Volume II*, Januar 1995, Addison-Wesley Publishing Company; ISBN: 020163354X.

W. Richard Stevens, *TCP/IP Illustrated, Volume III*, Januar 1996, Addison-Wesley Publishing Company; ISBN: 0201634953.

B.3.2 Quellen in Bezug auf Routing

C. Huitema, *Routing in the Internet, Second Edition*, 1999, Prentice Hall; ISBN 0130226475,

J. Moy, *OSPF, Anatomy of an Internet Routing Protocol*, 1998, Addison-Wesley Pub Co; ISBN 0201634724.

R. Perlman, *Interconnections, Second Edition*, 1999, Addison-Wesley Pub Co; ISBN 0201634481.

Alvaro Retana, Don Slice, und Russ White, *Advanced IP Network Design*, 1999, Cisco Press; ISBN 1578700973.

J. Stewart, *BGP4: Inter-Domain Routing in the Internet*, 1998, Addison-Wesley Pub Co; ISBN 0201379511.

B.4 Internetbefragung zu Kommentaren (Request For Comments = RFCs)

RFCs kann man von Webserver IETF erhalten, der sich bei www.ietf.org befindet. Allgemeine Hintergrundinformationen, die in Form zweier RFC-Typen (FYIs und STDs) vorliegen, können dort ebenfalls abgerufen werden. Die folgende Liste dokumentiert die aktuellen, mit BGP im Zusammenhang stehenden RFCs.

K. Lougheed und Y. Rekhter, »A Border Gateway Protocol 3 (BGP-3)« RFC 1267, Oktober 1991.

S. Willis und J. Burruss, »Definitions of Managed Objects for the Border Gateway Protocol (Version 3)« RFC 1269, Oktober 1991.

Y. Rekhter, »Experience with the BGP Protocol« RFC 1266, Oktober 1991

Y. Rekhter, »BGP Protocol Analysis« RFC 1265, Oktober 1991.

D. Haskin, »Default Route Advertisement in BGP2 Und BGP3 Versions of the Border Gateway Protocol« RFC 1397, Januar 1993.

K. Varadhan, »BGP OSPF Interaction« RFC 1403, Januar 1993.«»

S. Willis, J. Burruss und J. Chu, »Definitions of Managed Objects for the Fourth Version of the Border Gateway Protocol (BGP-4) using SMIv2« RFC 1657, Juli 1994 .

K. Varadhan, S. Hares und Y. Rekhter, »BGP4/IDRP for IP–OSPF Interaction« RFC 1745, Dezember 1994.

P. Traina, »BGP-4 Protocol Analysis« RFC 1774, März 1995.

P. Traina, »Experience with the BGP-4 Protocol« RFC 1773, März 1995.

Y. Rekhter und T. Li, »A Border Gateway Protocol 4 (BGP-4)« RFC 1771, März 1995.

D. Haskin, »A BGP/IDRP Route Server Alternative to a Full Mesh Routing« RFC 1863, Oktober 1995.

J. Hawkinson und T. Bates, »Guidelines for Creation, Selection, and Registration of an Autonomous System (AS)« RFC 1930, März 1996.

P. Traina, »Autonomous System Confederations for BGP« RFC 1965, Juni 1996.

T. Bates und R. Chundra, »BGP Route Reflection–An Alternative to Full Mesh IBGP« RFC 1966, Juni 1996.

E. Chen und T. Bates, »An Application of the BGP Community Attribute in Multi-home Routing« RFC 1998, August 1996.

R. Chundra, P. Traina und T. Li, »BGP Communities Attribute« RFC 1997, August 1996.

J. Stewart, T. Bates, R. Chundra und E. Chen, »Using a Dedicated AS for Sites Homed to a Single Provider« RFC 2270, Januar 1998.

T. Bates, R. Chundra, D. Katz und Y. Rekhter, »Multiprotocol Extensions for BGP-4« RFC 2283, Februar 1998.

C. Alaettinoglu, T. Bates, E. Gerich, D. Karrenberg, D. Meyer, M. Terpstra, C. Villamizar, »Routing Policy Specification Language (RSPL)« RFC 2280, Januar 1998.

A. Heffernan, »Protection of BGP Sessions via the TCP MD5 Signature Option« RFC 2385, August 1998.

C. Villamizar, R. Chundra und R. Govindan, »BGP Route Flap Damping« RFC 2439, November 1998.

E. Chen und J. Stewart, »A Framework for Inter-Domain Route Aggregation« RFC 2519, Februar 1999.

P. Marques und F. Dupont, »Use of BGP-4 Multiprotocol Extensions for IPv6 Inter-Domain Routing« RFC 2545, März 1999.

C. Alaettinoglu, T. Bates, E. Gerich, D. Karrenberg, D. Meyer, M. Terpstra, C. Villamizar, »Routing Policy Specification Language (RSPL)« RFC 2622, Juni 1999.

C. Alaettinoglu, D. Meyer, C. Orange, M. Prior, J. Schmitz, »Using RPSL in Practice« RFC 2650, August 1999.

C. Alaettinoglu, D. Meyer, S. Murphy, C. Villamizar, »Routing Policy System Security« RFC 2725, Dezember 1999.

B. Aiken, B. Carpenter, I. Foster, C. Lynch, J. Mambretti, R. Moore, J. Strassner, B. Teitelbaum, »Network Policy und Services: A Report of a Workshop on Middleware.« RFC 2768, Februar 2000.

T. Bates, R. Chundra und E. Chen, »BGP Route Reflection– An Alternative to Full Mesh IBGP« RFC 2796, April 2000.

R. Chundra und J. Scudder, »Capabilities Advertisement with BGP-4« RFC 2842, Mai 2000.

Anhang C

BGP-Outbound-Route-Filter (ORF)

Der Outbound-Route-Filter-(ORF) ist eine neue BGP-Funktion, mit deren Hilfe man die Anzahl der BGP-Updates minimieren kann, die man an den Nachbarn verschickt. Dieser Anhang versorgt Sie mit Informationen zu BGP-ORF, insofern sich diese auf die IOS-Versionen 12.0ST und 12.1 beziehen.

Die Grundidee hierzu lautet, dass man den lokal konfigurierten BGP-Präfixfilter an den weit entfernten Partner weiterverschiebt. Der Partner soll dann diesen empfangenen Filter als einen weiteren *outbound*-Filter einsetzen. Hieraus ergeben sich zwei Vorteile:

- Die Zahl der Präfixe, die gesendet werden, verringert sich und führt zu einer geringeren Zahl an BGP-Updates.
- Dadurch hat der lokale Router weniger Arbeit, der vorher alle Extra-Updates bearbeiten musste. Dies kann bedeuten, dass weniger Übergangsspeicher verbraucht wird und weniger Attribute und *cache* gebildet werden.

Dieser Anhang deckt ORF ab. Die Liste der *inbound*-Präfixe kann auf das gleiche Verhalten reduziert werden wie die *outbound*-Regelung.

ORF ist als neue Fähigkeit definiert, IOS verwendet als dessen Code-Wert 130. Die neue Fähigkeit gibt den aktuellsten Stand wieder, der alle unterstützten ORF-Typen so, wie sie verschickt, erhalten (oder beides) werden, auflistet. Das bedeutet aber auch, dass sich bei Routern, die mit diesen zwei Fähigkeiten arbeiten, die Frage der Kompatibilität stellt. Der alte Knoten wird nur als Empfangs-Einheit akzeptiert.

Der Lokalpartner, der die Unterstützung des BGP-ORF im Sende-Modus empfiehlt, wird die *inbound*-Präfixliste nur dann weiterverschieben, wenn er die BGP-ORF-Fähigkeit vom entfernten Partner im Empfangs-Modus erhält. Der entfernte Partner wird das erste Update so lange zurückhalten, bis ihm der Partner eine ROUTE-REFRESH-Anfrage oder ein BGP-ORF mit IMMEDIATE-Angabe zukommen lässt. Beachten Sie, dass so mit jeder Adressfamilie (AF) verfahren wird, für alle Updates, die zwischen Partnern ausgetauscht werden, je nach der empfohlenen BGP-ORF-Fähigkeit.

C.1 Einsatzbedingungen für das BGP-ORF

BGP-ORF erlaubt es einem BGP-Speaker, seinen *inbound*-Präfixlistenfilter am entfernten Ende zu installieren, und kann dazu benutzt werden, die Zahl der unerwünschten Routingupdates zu reduzieren.

Dieses Feature kann z.B. eingesetzt werden, um sich auf das Problem einzustellenaus dem Erhalt von (»unerwünschten«) Vollrouten von *multi-homed*-BGP-Kunden zu erhalten. Der Kunde kann einfach die Fähigkeit aktivieren, so dass sein Provider befähigt wird, die Routenfilterung zu handhaben, um solche unerwünschten Routingupdates zu vermeiden.

C.2 Konfiguration

Im folgenden Abschnitt finden Sie Konfigurationsrichtlinien, die während der Konfiguration des BGP-ORF beachtet werden sollten. BGP-ORF ist von Natur aus asymmetrisch veranlagt und muss an jedem Ende der Verbindung extra konfiguriert werden.

Die Konfigurationsschritte zu BGP-ORF bestehen aus folgendem:

1. Einrichten der BGP-ORF-Fähigkeit als *send-mode*.
2. Einrichten der BGP-ORF-Fähigkeit als *receive-mode*.
3. Sicherstellung der wechselseitigen Kompatibilität der alten Knoten.

Einrichten der BGP-ORF-Fähigkeit als *send-mode*

Der benötigte Befehl für die Aktivierung des BGP-ORF-Fähigkeit als Sende-Modus lautet folgendermaßen:

```
[no] neighbor x.x.x.x capability orf prefix list send
```

Dieser Befehl wird verwendet, um den lokalen Router so zu konfigurieren, dass er während der Etablierung der Session mit dem spezifizierten Fern-Partner die BGP-ORF-Fähigkeit mit dem BGP-ORF-Typus (Wert 128) im *send-mode* (Wert 2) weiterempfiehlt. Dieser Befehl kann eingesetzt werden sowohl für einzelne Mitglieder als auch für Mitglieder einer Peer-Group, oder auch für eine Partnergruppierung an sich.

Die Grundeinstellung für diese Fähigkeit steht auf OFF. Dies wird nicht weiterempfohlen und muss durch die Konfiguration auf ON umgestellt werden.

Die Unterstützung des BGP-ORF steht allen Adressfamilien zur Verfügung.

Einrichten der BGP-ORF-Fähigkeit als *receive-mode*

Der benötigte Befehl für die Aktivierung des BGP-ORF-Fähigkeit als Sende-Modus lautet folgendermaßen:

```
[no] neighbor x.x.x.x capability orf prefix list receive
```

Dieser Befehl wird verwendet, um den lokalen Router so zu konfigurieren, dass er während der Etablierung der Session mit dem spezifizierten Fern-Partner die BGP-ORF-Fähigkeit mit dem BGP-ORF-Typus (Wert 128) im *receive-mode* (Wert 1) weiterempfiehlt. Dieser Befehl kann nur für einzelne Mitglieder oder für eine Partnergruppierung an sich eingesetzt werden. Der Befehl kann nicht für Mitglieder einer Peer-Group verwendet werden.

Die Grundeinstellung für diese Fähigkeit steht auf OFF. Dies wird nicht weiterempfohlen und muss durch die Konfiguration auf ON umgestellt werden.

Die Unterstützung des BGP-ORF steht allen Adressfamilien (z.B. IPv4 unicast, IPv4 multicast, usw.) zur Verfügung.

Sicherstellung der Abwärtskompatibilität der alten Knoten

Der Befehl, der sicherstellt, dass die alten Knoten abwärtig kompatibel sind, lautet folgendermaßen:

```
[no] neighbor x.x.x.x capability prefix-filter
```

Wenn der vorherige Knoten konfiguriert ist, akzeptiert ihn die neue Software als versteckt, und kündigt ihn als die neue BGP-ORF-Fähigkeit im Empfangs-Modus an. Beachten Sie, dass es im neuen Format »NVGEN« wird. Das bedeutet, dass der Fern-Partner, der eine Partnerschaft eingeht, auch aufgerüstet werden sollte, um der ORF-Arbeit gewachsen zu sein.

Der Knoten wird folgendermaßen konfiguriert:

```
[no] neighbor x.x.x.x send prefix-filter
```

Hierdurch akzeptiert ihn die neue Software als versteckt, und kündigt ihn als die neue BGP-ORF-Fähigkeit im Sende-Modus an. Beachten Sie, dass er im neuen Format »NVGEN« wird. Das heißt, dass der Fern-Partner, der hiermit schon vorher eine Partnerschaft unterhielt, aufgerüstet werden sollte, damit ORF funktioniert.

C.3 EXEC-Befehle

Weiterverschieben einer Präfixliste und Erhalt einer Routenauffrischung von einem Nachbarn

Die Befehlssyntax, durch die man eine Präfixliste weitergibt und vom Nachbarn eine Routenauffrischung erhält lautet wie folgt (beachten Sie, dass jede beliebige Adressfamilie spezifiziert werden kann):

```
clear ip bgp x.x.x.x in prefix-filter
clear ip bgp x.x.x.x vrf foo in prefix-filter
clear ip bgp x.x.x.x ipv4 multicast in prefix-filter
```

Wenn sich die *inbound*-Präfixliste ändert (oder entfernt wurde), kann dieser Befehl verwendet werden, um die neue Präfixliste weiter zu verschieben, und in Folge vom Nachbarn, basierend auf der neuen Präfixliste, eine Routenauffrischung zu erhalten.

Das Schlüsselwort **prefix-filter** wird ignoriert, wenn man die BGP-ORF-Fähigkeit nicht vom Nachbarn erhalten hat, oder wenn der lokale Speaker für diesen Nachbarn nicht **send-orf** aktiviert hat.

Ohne das *keyword* **prefix-filter** würde der Befehl **clear ip bgp** *x.x.x.x* **in** einfach die normale Routenauffrischung vom Nachbarn ausführen. Der aktuelle *inbound*-Präfixlistenfilter wird nicht an den Nachbarn weiterverschoben. Der Befehl erweist sich bei der Anwendung von *inbound*-Routingregelungen, abgesehen vom Präfixlistenfilter beispielsweise ein Routenkarten-Wechsel, als nützlich.

Anzeige der von einem Nachbarn erhaltenen Präfixliste

Die Befehlssyntax, durch die eine von einem Nachbarn erhaltene Präfixliste angezeigt wird, lautet wie folgt:

```
show ip bgp neighbor x.x.x.x received prefix-filter
show ip bgp vpnv4 vrf foo neighbor x.x.x.x received prefix-
filter
show ip bgp ipv4 multicast neighbor x.x.x.x received prefix-
filter
```

Anzeige von Veränderungen der BGP-Nachbartabelle

Veränderungen am Output des **show ip bgp neighbor** *x.x.x.x* zeigen die folgende Information auf:

```
    AF-dependant capabilities:
          Outbound Route Filter (ORF) type (128) Prefix-list:
            Send-mode: advertised, received
        Receive-mode: advertised, received

    Outbound Route Filter (ORF): sent, received (2 entries)
    First update is deferred until ORF or ROUTE-REFRESH is
received
    Scheduled to send the Prefix-list filter test
```

C.4 Schlussbemerkung

Auch nachdem ein BGP-Speaker seine *inbound*-Präfixliste an das weit entfernte Ende weiterverschoben hat, wird der Speaker den lokal definierten *inbound*-Präfixlistenfilter weiterhin verwenden, um die erhaltenen Updates zu filtern.

Anhang D

Multiprotocol-BGP (MBGP)

Mit Hilfe der BGP-Fähigkeiten (BGPCAP)[1] definiert Multiprotocol-BGP (MBGP)[2] rückwärts kompatible Erweiterungen zu BGP-4[3]. Diese *Extensions* ermöglichen es, dass Routinginformationen für verschiedene Netzwerkschichtenprotokolle (z.B. IPv6, IPX, usw.) weitergetragen werden. Schichtprotokolle einzelner Netzwerke werden durch eine Adressfamilie (AF) identifiziert, wie in RFC 1700[4] definiert. Diese Erweiterungen versetzen eine Auswahl von BGP-Partnern in die Lage, Erreichbarkeitsinformationen zu mehreren AFs (beispielsweise IPv4, IPv6, IPX) und Sub-AFs (z.B. *unicast* oder *multicast*) auszutauschen.

Anmerkung

Über den Gesamt-Übergangsplan vom CLI alten Schlags zum neuen CLI im AF-Stil ist man sich bei Cisco noch nicht so recht einig. Daher sollten Sie sich, wenn Sie es mit Schwankungen zu tun bekommen, an den Cisco-Servicedienst wenden oder die Dokumentation konsultieren, die sich auf ihre spezielle IOS-Version beziehen.

D.1 Die Motivation, die hinter dem neuen Kommandolinien-Interface steckt

Bezüglich der vielen Adressfamilien hat man schnell gemerkt, dass die AF-Topologien häufig inkongruent sein würden. Außerdem variieren unter Umständen, je nach den spezifischen AFs, die Regelungen, die sich auf eine beliebige Session beziehen. Das anfängliche CLI-Design konzentrierte sich im wesentlichen auf die Anpassung nur eines einzelnen AF (IPv4) und die der zugehörigen Sub-AFs (*unicast* oder *multicast*). Als man versuchte, dieses Design auch für die Unterstützung zusätzlicher AFs auszunützen, ließ man sich auf unnötig komplizierte Handhabungen und Regelungsformulierungen ein.

Deshalb wurde entschieden, dass man einen neuen Ansatz versuchen würde – eine Methode, die allgemeine, mit der Session verwandte Parameter streng von AF-spezifischen Parametern trennt. Abgesehen von der besseren Handhabung bringt diese Strategie noch einige andere Vorteile mit sich:

- Die *inbound*-und *outbound*-Regelungen können zu jedem AF anders lauten.
- Ein BGP-Router kann als Routenreflektor für ein Einzel-AF oder mehrere AFs konfiguriert werden.
- Für die Unterstützung des »vanilla«-BGP (IPv4-unicast) muss nicht neu konfiguriert werden.
- Präfixe können (durch Redistribution, **aggregate-address**-Statements und **network**-Statements) in jedem beliebigen AF unabhängig erstellt werden.
- In der zugehörigen AF wird die Arbeitsfähigkeit der Partnergruppierungen am Leben gehalten, da diese für die UPDATE-Erzeugung von Belang sind.

Dieses neue Modell ist bei Einsatz von mehreren AFs viel flexibler. Anhand der vorher erwähnten Vorteile wurden die **router bgp**-Subkommandos in drei Befehlsgruppen untergliedert:

1. **Global BGP-Befehle** – Diese Befehle wirken sich aus dem Blickwinkel des Routers global auf die Arbeitsweise des BGP aus. Beispiele schließen **bgp deterministic-med** und **bgp cluster-id** mit ein.
2. **Befehle zur Identifizierung der Nachbarn/Peer-Groups** – Diese Kommandos definieren den Nachbar oder die Partnergruppierung, die von der Default-Routingtabelle aus erreichbar sind durch die Spezifizierung von Session-Parametern. Zu den Beispielen zählen **neighbor 1.2.3.4 remote-as** *AS* und **neighbor 1.2.3.4 ebgp-multihop** *ttl*.

3. **Befehle je nach Adressfamilie** – Zwei Befehlsets können per AF konzipiert sein:
   - **Global to per-AF** – Diese Befehle sind nachbarunabhängig und modifizieren das BGP-Verhalten für eine spezifische AF. Zu dieser Kategorie gehören im Rahmen dieser AF (durch Redistribution, **network-**, oder **aggregate-address**-Statements) zu erstellende Präfixe. Beispiele hierfür wären **network 1.2.0.0 mask 255.255.0.0, redistribute dvmrp**, und **bgp scan-time.**
   - **AF-spezific per-neighbor/peergroup** – Durch diese Befehle werden Regelungen konfiguriert für den/die Nachbarn oder Partnergruppierungen mit Verteilerliste, Präfixliste oder Routenkarten. Die Nachbarn können auch als Klienten eines Routenreflektoren konfiguriert, oder als Mitglieder einer Peer-Group hinzugefügt werden. Der Nachbar muss explizit »aktiviert« werden, damit der Austausch von Multiprotocol-BGP-Präfixen möglich wird. Zu den Beispielen zählen **neighbor 1.2.3.4 filter-list in, neighbor peergroup1 route-map foo in** und **neighbor 1.2.3.4 activate.**

D.2 Organisation der Kommandogruppen in der neuen Konfiguration

Für Kommandogruppe 1 existieren keine Ambiguitäten, sie erscheinen als globale BGP-Konfigurationsparameter. Diese Befehle tauchen nur einmal in der Konfiguration auf.

Auch die Kommandogruppe 2 ist nicht zweideutig, sie folgt also unter den globalen BGB-Parametern der Kommandogruppe 1. Die BGP-Nachbarn werden, mit Ausnahme eines Falls in VPN, einmal in der Konfiguration definiert.

Unter dem Konfigurationsmodus **router bgp** *autonomous-system* wurde ein neuer Submodus eingeführt, um die »je nach AF-« (*per-AF*)-Befehle zu definieren.

Der folgende Output zeigt die allgemeinen Konfigurationsrichlinien bei Verwendung eines neuen CLI im AF-Stil:

```
router bgp autonomous-system
  address-family afi [sub-afi]
      redistribute protocol
      neighbor 1.2.3.4 activate
...
  exit-address-family
exit
```

Ein Nachbar kann in Bezug auf einen einzelnen Partner verschiedenen Regelungen folgen (z.B. **route-map**-oder **prefix-list**-Statements), einer je AF.

Will man die BGP-(vanilla BGP)-Regelungen hinsichtlich der Nachbarn für IPv4-unicast konfigurieren, kann man dies gänzlich im Bezugsbereich der Kommandogruppe 2 tun. Dies ist den heutigen Gegebenheiten (altes CLI) sehr ähnlich. Die Konfiguration **address-family ipv4 unicast** ist implizit, wobei eigentlich eine explizite Konfiguration empfehlenswerter wäre.

Man kann die BGP-Regelungen für IPv4-unicast auch unter Einsatz des **address-family**-BGP-Submodus konfigurieren. Im **show running-config** Output wird **address-family ipv4 unicast** angezeigt. Die (je nach AF) globalen IPv4-unicast-Befehle und die (AF-spezifischen, je Nachbar oder Peer-Group) Regelungskommandos werden in diesem Modus aufgelistet.

Im Rahmen des **address-family**-Submodus treten zuerst die Befehle der *global to per-AF*-Gruppe in Erscheinung. Zu dieser zählen Befehle, die für die AF globale Bedeutung haben.

Nach den *global to per-AF*-Befehlen kommt die Gruppe der *AF-specific per-neighbor/peer group*-Kommandos. Diese Befehle richten beim Nachbarn die Regelungen für diese AF ein.

Bevor für einen zu einer AF gehörenden Nachbarn Regelungen definiert werden, sollte der Nachbar hinsichtlich dieser AF »aktiviert« werden. Die hierfür benötigte Kommandosyntax, um einen Nachbarn unter einer spezifischen AF zu aktivieren, lautet folgendermaßen:

```
router bgp autonomous-system
  address-family afi [sub-afi]
neighbor 1.2.3.4 activate
    ...
  exit-address-family
exit
```

Die neue Konfigurationsstruktur sieht so aus:

```
router bgp 1
 no synchronization                      ! Global to BGP
 bgp deterministic-med                   ! Global to BGP
 bgp bestpath med confed                 ! Global to BGP
 neighbor ebgp peer-group                ! Peer group defn., global to BGP
 neighbor 1.1.1.1 remote-as 2            ! Neighbor defn., global to BGP
 neighbor 2.2.2.2 remote-as 1            ! Neighbor defn., global to BGP
 neighbor 3.3.3.3 remote-as 3            ! Neighbor defn., global to BGP
 !
 address-family ipv4 unicast             ! Address-family IPv4-unicast
 bgp scan-time 45                        ! Global to IPv4-unicast
 aggregate-address 50.0.0.0 255.255.0.0  ! Global to IPv4-unicast
 neighbor ebgp activate                  ! Activate neighbor for IPv4-unic
 neighbor ebgp route-map ucast-out out   ! Peergroup IPv4-unicast policy
 neighbor 1.1.1.1 activate               ! Activate neighbor for IPv4-unic
 neighbor 1.1.1.1 peer-group ebgp        ! Neighbor membership - IPv4-unic
 neighbor 1.1.1.1 route-map ucast-in in  ! Neighbor IPv4-unicast policy
 neighbor 2.2.2.2 activate               ! Activate neighbor for IPv4-unic
 neighbor 2.2.2.2 route-reflector-client ! RR client - IPv4-unicast
 neighbor 3.3.3.3 activate               ! Activate neighbor for IPv4-unic
 neighbor 3.3.3.3 peer-group ebgp        ! Neighbor membership - IPv4-unic
 no auto-summary                         ! Disable IPv4-unicast auto
                                           aummarization
 exit-address-family                     ! Exit AF sub-mode
 !
 address-family ipv4 multicast           ! AF sub-mode
 network 100.0.0.0 mask 255.255.0.0      ! Global to IPv4-multicast
 redistribute dvmrp route-map redist-map ! Global to IPv4-multicast
 neighbor ebgp activate                  ! Activate neighbor for IPv4-mult
 neighbor 1.1.1.1 peer-group ebgp        ! Neighbor membership - IPv4-mult
 neighbor 1.1.1.1 route-map mcast-in in  ! Neighbor IPv4-multicast polic
 neighbor 3.3.3.3 peer-group ebgp        ! Neighbor membership - IPv4-mult
 exit-address-family                     ! Exit AF sub-mode
exit
```

Die folgenden Abschnitte bieten mehr Informationen zu Befehlen. Jeder Abschnitt behandelt zwei Konfigurationsstile:

- **Der alte Stil - Old style** – Die gegenwärtige 12.0S-Konfigurationsweise für BGP.
- **Der AF-Stil - AF style** – Die neue Methode, BGP unter Verwendung des **address-family**-Submodus zu konfigurieren.

Die kommenden Absätze setzen sich mit Konfigurationsrichtlinien auseinander, die mit der Aktivierung eines Peers in Zusammenhang stehen, mit der Empfehlung für ein Netzwerk, für Peer-Groups, mit Routenkarten und mit der Redistribution, Reflexion und Aggregation von Routen.

D.3 activate

Der **activate**-Befehl ist als Bestandteil der innovativen AF-CLI-Weiterentwicklungen ein Novum in der IOS-BGP-Konfiguration. Er wird eingegeben, um die Unterstützung einer spezifizierten AF für einen Nachbarn zu aktivieren. In diesem Abschnitt soll es um die alte Methode gehen, eine AF auf einen Nachbarn einzurichten, und dann stellen wir Ihnen Richtlinien vor, wie die neue Methode anzuwenden ist.

D.3.1 Old Style

In 12.OS stand der **activate**-Befehl nicht zur Verfügung. Der Nachbar wurde für IPv4-BGP automatisch aktiviert. Wenn aber MBGP Gültigkeit hatte, war im **neighbor**-Befehl das **nlri**-Keywort nötig:

```
Router(config-router)#neighbor 1.2.3.4 remote-as 10 nlri
unicast multicast
```

War das **nlri**-Keywort nicht spezifiziert, tauschte der Router nur IPv4-Präfixe aus. War das **nlri**-Keywort nur mit der **multicast**-Option spezifiziert, wurde nur die IPv4 multicast-NLRI ausgetauscht. Dadurch konnten Sie nur *unicast*, nur *multicast*, oder beides aktivieren.

D.3.2 AF Style

Um eine AF auf einen Nachbarn einzurichten, wird im **address-family**-Konfigurationssubmodus oder in dem des BGP-Routers der **activate**-Befehl verwendet. Die unter dem Submodus des BGP-Routers definierten Nachbarn werden automatisch für IPv4 aktiviert. Hinsichtlich aller anderen Adressfamilien müssen die Nachbarn explizit aktiviert werden. Um einen Nachbarn für eine AF zu deaktivieren, verwenden Sie die **no**-Form des Befehls. Die folgende Kommandosyntax zeigt, wie man Nachbar 1.2.3.4 darauf einstellt, IPv4 multicast zu unterstützen:

```
Router(config-router)#address-family ipv4 multicast
Router(config-router-af)#neighbor 1.2.3.4 activate
```

D.4 network

Das **network**-Kommando kann nun unter einer spezifischen AF spezifiziert werden, um das Netzwerk unter dieser AF ankündigen zu können. In diesem Abschnitt geht es um die alten und neuen Möglichkeiten, den **network**-Befehl zu konfigurieren.

D.4.1 Old Style

Der alte Stil verwendete das **network**-Kommando, um über BGP für ein Netzwerk zu werben. Der Befehl benutzte eine **nlri**-Erweiterung, um zu spezifizieren, ob das Netzwerk als *unicast*, *multicast* oder als beides empfohlen werden sollte. Die Abwesenheit des **nlri**-Keyworts implizierte ein bloßes IPv4 *unicast*. Zum Beispiel:

```
Router(config)#router bgp 10
Router(config-router)#network 2.2.2.0 mask 255.255.255.0
Router(config-router)#network 3.0.0.0 mask 255.0.0.0 nlri
multicast
Router(config-router)#network 1.1.0.0 mask 255.255.0.0 nlri
unicast multicast
```

D.4.2 AF Style

In diesem Stil erübrigt die Anwesenheit des **address-family**-Submodus den Bedarf für ein **nlri**-Keywort. Um das Netzwerk über IPv4 zu empfehlen, muss der **network**-Befehl im BGP-Routermodus spezifiziert werden. Will man für das Netzwerk als *multicast* NLRI werben, muss das **network**-Kommando unter dem AF-Submodus **ipv4 multicast** spezifiziert werden.

Die folgenden Befehle empfehlen allen Nachbarn in der IPv4-Adressfamilie ein Netzwerk:

```
Router(config-router)#network 1.1.0.0 mask 255.255.0.0
Router(config-router)#network 2.2.2.0 mask 255.255.255.0
```

Sie müssen ein Netzwerk, das Sie in einer IPv4-*multicast*-AF empfehlen wollen, im Rahmen des IPv4-*multicast*-AF-Modus definieren:

```
Router(config-router)#address-family ipv4 multicast
Router(config-router-af)#network 1.1.0.0 mask 255.255.0.0

Router(config-router-af)#network 2.2.2.0 mask 255.255.255.0
```

Dadurch kann für Netzwerke unabhängig als IPv4-*unicast-*, *multicast-*, oder *unicast*-und *multicast*-NLRI geworben werden.

D.5 Peer-Groups

Partnergruppierungen können nun unter spezifischen AFs konfiguriert werden, wodurch sich, im Vergleich zum alten Stil, Peer-Groups zu konfigurieren, sehr viel mehr Flexibilität ergibt. In diesem Abschnitt geht es sowohl um die alten, als auch um die neuen Methoden der Konfiguration von Partnergruppierungen.

D.5.1 Alter Stil

Eine Peer-Group wurde im Konfigurationsmodus des BGP-Routers konfiguriert. Das **nlri**-Keywort wurde eingesetzt, damit die Partnergruppierung *multicast*-Präfixe austauschen konnte. Durch die Verwendung des **nlri**-Keywortes konnten Sie *unicast* und/oder *multicast* spezifizieren. Wurde das **nlri**-Keywort nicht spezifiziert, wurde nur IPv4 *unicast* impliziert.

Die Mitglieder einer Peer-Group erbten automatisch die *unicast*-und/oder *multicast*-Fähigkeit der Partnergruppierung. Die im folgenden dargestellte Kommandosyntax weist die alte Methode der Konfiguration von Partnergruppierungen auf:

```
Router(config-router)#router bgp 10
Router(config-router)#neighbor external peer-group nlri
unicast multicast
Router(config-router)#neighbor 1.2.3.4 remote-as 20

Router(config-router)#neighbor 1.2.3.4 peer-group external
```

D.5.2 AF-Stil

Die Peer-Group (oder deren Mitglieder) wird (werden) im BGP-Routermodus definiert. Da es sich hier um AF-Submodi handelt, besteht kein Bedarf für das **nlri**-Keywort. Die Peer-Group muss in der IPv4-*multicast*-AF aktiviert werden, damit ein Austausch von IPv4-*multicast*-Präfixen möglich wird. Was den **neighbor**-Befehl angeht, so wird die Partnergruppierung und deren Mitglieder durch Default für IPv4-*unicast* aktiviert. Dieses Verhalten kann durch Verwendung der **no**-Form des

activate-Befehls umgangen werden. Die folgende Befehlssyntax erläutert, wie Peer-Groups durch Einsatz der neuen CLI im AF-Stil konfiguriert werden können:

```
Router(config)#router bgp 10
Router(config-router)#neighbor external peer-group
Router(config-router)#neighbor 1.2.3.4 remote-as 20
Router(config-router)#neighbor 1.2.3.4 peer-group external

Router(config-router)#address-family ipv4 multicast
Router(config-router-af)#neighbor external activate

Router(config-router-af)#neighbor 1.2.3.4 peer-group external
```

D.6 Routenkarten

Es war ein »Muss« der alten Methode der Konfiguration von Routenkarten, dass alle AF-Regelungen innerhalb einer einzigen Routenkarte vorkommen sollten. Hinsichtlich des neuen AF-Stils der Konfiguration von Routenkarten kann für jede AF eine eigene Routenkarte spezifiziert werden. Dieser Unterabschnitt geht auf die alten und neuen Methoden der Verwendung von Routenkarten bei mehreren Adressfamilien ein.

D.6.1 Alter Stil

Im Rahmen des alten Stils wurde eine einzige Routenkarte genutzt, um die Regelungen für alle AFs zu spezifizieren. Diese Routenkarte galt dann für den Partner oder eine Peer-Group entweder als *inbound* oder *outbound* angewendet. Routingregelungen, die zwei AFs betrafen, welche in eine BGP-Session (IPv4-*unicast* und IPv4-*multicast*) eingebracht werden konnten, wurden dargestellt, indem man (in der Routenkartensequenz) **match nlri**-*clause* spezifizierte, wodurch eine einzelne Routenkarte Verwendung finden konnte. Die **match nlri**-*clause* in einer Routenkarte gebrauchte die folgende Semantik:

```
match nlri multicast            ! Matches only IPv4 multicast
match nlri multicast unicast    ! Matches both IPv4 unicast
and multicast
match nlri unicast              ! Matches only IPv4 unicast
match nlri                      ! Unspecified; matches only
IPv4 unicast
```

Das folgende Beispiel soll erläutern, wie BGP zu konfigurieren ist, damit alle *multicast*-Routen des Nachbarn 1.1.1.1 akzeptiert werden, wenn sie zur Zugangsliste Nummer 1 passen:

```
router bgp 109
  neighbor 1.1.1.1 remote-as 1 nlri unicast multicast
  neighbor 1.1.1.1 route-map filter-mcast in
!
route-map filter-mcast permit 10
  match nlri multicast
  match ip address 1
```

D.6.2 AF-Stil

Einer der entscheidenden Beweggründe, die Kundenkonfigurationen vom alten auf den AF-Stil umzurüsten, liegt in der Tatsache begründet, dass Routingregelungen mitunter schnell schwer handhabbar sein können: Insbesondere, wenn die Regelungen, die durch die Verwendung des **match nlri**-Keyworts in der Sequenz einer Routenkarte ihren Ausdruck finden, kompliziert sind, und in den unterschiedlichen AFs voneinander differieren. Da das neue IOS mehr als zwei AFs unterstützt, hat man sehr schnell bemerkt, dass hier eine besser abstufbare Lösung nötig war. Eine einzige Routenkarte, die alle Regelungen ausdrücken sollte, wurde als allzu kompliziert angesehen.

Die Einführung eines neuen, analytischeren (*Parser* - Syntaxanalysierer) Moduses pro AF vereinfachte auch die Einführung einer neuen Handhabung der Konfiguration von Regelungen *per AF* (d.h. je AF, die mit einem Nachbar in Verbindung steht, gibt es eine separate Routenkarte). Nicht nur, dass Routenkarten nun auf *per-AF-Basis* spezifiziert werden können, sie können auch AF-spezifische Filterungsregeln, wie z.B. Präfixlisten, Verteilerlisten, AS_PATH-Zugangslisten, usw. zur Verfügung stellen. Im Rahmen des neuen Stils der Konfiguration von Regelungen wäre das Keywort **nlri** nicht länger benötigt, und der Syntaxanalysierer würde das Auftreten der **match nlri** *clause* in einer Routenkartensequenz zurückweisen.

Die Regelung kann im AF-Stil folgendermaßen ausgedrückt werden:

```
router bgp 109
  neighbor 1.1.1.1 remote-as 1
  neighbor 1.1.1.1 route-map filter-ucast in
```

```
!
address-family ipv4 multicast
neighbor 1.1.1.1 activate
neighbor 1.1.1.1 route-map filter-mcast in
!
route-map filter-ucast permit 10
  match ip address 1
!
route-map filter-mcast permit 10
  match ip address 2
```

D.7 Redistribution

Die Redistribution bezeichnet einen Vorgang, im Verlaufe dessen Routen vom einen in ein anderes Routingprotokoll importiert werden. Wenn Routen unter Verwendung des **redistribute**-Befehls in BGP übersetzt werden sollen, müssen Sie die exakte BGP-Tabelle (Adj-RIB-In, wie in BGP spezifiziert) bezeichnen, in welche die Routen importiert werden sollen. Diese BGP-Tabelle kann entweder die *unicast*-BGP-Tabelle oder die *multicast*-BGP-Tabelle sein.

D.7.1 Alter Stil

Die alte Methode, die Tabelle zu bezeichnen, in die eine Route eingetragen werden musste, bediente sich in der Redistributions-Routenkarte der **set nlri**-*clause*. Die **set nlri**-*clause* in der Redistributions-Routenkarte hat die folgende Semantik:

- **set nlri multicast** – Redistribuiert das passende Präfix in die *multicast*-Tabelle.
- **set nlri unicast multicast** – Redistribuiert das passende Präfix sowohl in die *unicast*- als auch in die *multicast*-Tabelle.
- **set nlri unicast** – Redistribuiert das passende Präfix nur in die *unicast*-Tabelle.
- **set nlri** – Nicht Spezifiziertes wirkt sich lediglich als *unicast*-Verhalten aus.

Das folgende Beispiel soll aufzeigen, wie in BGP redistribuiert wird, so dass alle »verbundenen« Präfixe, die mit der Zugangsliste 1 der Routingtabelle übereinstimmen, als *multicast*-NLRI importiert werden:

```
router bgp 109
  redistribute connected route-map mbgp-source-map
  !
route-map mbgp-source-map
  match ip address 1
  set nlri multicast
```

D.7.2 AF-Stil

Mit Einführung des AF-Modus gibt die AF, unter der das **redistribute**-Kommando spezifiziert wird, die Tabelle an, in welche die redistribuierten Präfixe eingepflegt werden sollen. Wenn zum Beispiel das **redistribute**-Statement unter dem **address-family ipv4 multicast**-Modus residiert, werden die redistribuierten Präfixe als *multicast*-IPv4-NLRI eingetragen. Daher läßt sich die vorhergegangene Redistributionskonfiguration alten Stils in folgende AF-Stil-Konfiguration übersetzen:

```
router bgp 109
  !
  address-family ipv4 multicast
  redistribute connected route-map mbgp-source-map
  !
route-map mbgp-source-map
  match ip address 1
```

Beachten Sie, dass im Zuge der Einführung des **redistribute**-Statements innerhalb des AF-Modus die Klausel **set nlri** nicht benötigt wird, der Syntaxanalysierer würde die Anwesenheit der **set nlri** in der Routenkartenanweisung zurückweisen.

D.8 Routenreflektor

Die Konfiguration des Routenreflektors darf nun auf *per-AF-Basis* spezifiziert werden, wobei im Gegensatz zu der alten »zentralisierten« Methode wesentlich mehr Flexibilität geboten wird. In diesem Abschnitt geht es um die alten und neuen Methoden, die Routenreflexion zu konfigurieren.

D.8.1 Alter Stil

Im Rahmen des alten Stils wurden die Klientenzugehörigkeiten des Routenreflektors (RR) global spezifiziert, die Konfiguration betraf alle AFs, die mit dessen Klienten in Berührung waren. Der RR wurde via Spezifizierung bezüglich eines konkreten Nachbarn oder einer IBGP-Partnergruppierung durch **route-reflector-client** davon in Kenntnis gesetzt, dass er von und zu Klienten Routen reflektieren sollte. Im folgenden Beispiel wird IBGP-Partner 1.1.1.1 zum Klienten für *unicast*- und auch *multicast*-IPv4-Präfixe eines Routenreflektors erklärt:

```
router bgp 109
neighbor 1.1.1.1 remote-as 109 nlri unicast multicast
neighbor 1.1.1.1 route-reflector-client
```

D.8.2 AF-Stil

Die Konfiguration des Routers im AF-Stil trägt den Gegebenheiten Rechnung, dass ein Nachbar oder eine Peer-Group Client eines Routenreflektors, AF-abhängig ist und im AF-Modus konfiguriert ist. Man könnte auch sagen, dass ein Partner, der im IPv4-*unicast*-Modus Klient eines Routenreflektors ist, nicht unbedingt auch RR-Klient im IPv4-*mulitcast*-Modus sein muss. Hier muss durch explizite Konfiguration des Klienten im IPv4-*multicast*-AF-Modus noch eine Spezifizierung vorgenommen werden. Dadurch würde sich die vorherige Konfiguration, durch die 1.1.1.1 Klient für *unicast* und *multicast* wurde, nun folgendermaßen gestalten:

```
router bgp 109
  neighbor 1.1.1.1 remote-as 109
  neighbor 1.1.1.1 route-reflector-client
  !
  address-family ipv4 multicast
  neighbor 1.1.1.1 activate
  neighbor 1.1.1.1 route-reflector-client
```

Der neue Modus räumt dem Operator die nötige Flexibilität ein, einen Router zum Routenreflektor für nur ganz bestimmte AFs einzurichten. Deshalb können die Routenreflektoren-Topologien verschiedener AFs variieren.

D.9 Aggregation

Die Konfiguration von Aggregaten einzelner oder mehrerer AFs gestaltete sich recht kompliziert, wenn unterschiedliche Regelungen benötigt wurden. In diesem Abschnitt erhalten Sie Informationen zu alten und neuen Methoden der Aggregationskonfiguration.

D.9.1 Alter Stil

Laut dem alten Stil wurde ein *multicast*-Aggregat genau so konfiguriert, wie ein *unicast*-Aggregat – per **aggregate-address**-Befehl. Das **aggregate-address**-Kommando wurde so ergänzt, dass es unter Einsatz des **nlri**-Keyworts im **aggregate-address**-Befehl spezifizierte, ob die Aggregatsadresse auf *unicast* oder *multicast* angewendet werden sollte. Im folgenden sehen Sie ein Beispiel für die Erstellung eines Aggregats in der *multicast*-BGP-Tabelle:

```
router bgp 109
  aggregate-address 174.0.0.0 255.0.0.0 as-set nlri multicast
```

Die **nlri**-Optionen, die in einem **aggregate-address**-Kommando spezifiziert werden können, lauten auf **unicast**, **multicast**, und **unicast multicast**. Hierdurch werden in der BGP-Tabelle, in der *multicast*-BGP-Tabelle, oder in beiden, Aggregate generiert. Die Abwesenheit des **nlri**-Keyworts im **aggregate-address**-Befehl wirkt sich so aus, dass die Aggregate nur als *unicast* erstellt werden.

D.9.2 AF-Stil

Die Präsenz des AF-Modus für verschiedene Adressfamilien eliminiert den Bedarf für das **nlri**-Keywort im **aggregate-address**-Kommando. Der AF-Modus, unter welchem das Aggregat spezifiziert ist, bestimmt die Tabelle, in der das gebündelte Präfix generiert werden soll. Dadurch kann das im Abschnitt zum alten Stil aufgezeigte Aggregat im AF-Stil wie folgt generiert werden:

```
router bgp 109
        !
        address-family ipv4 multicast
        aggregate-address 174.0.0.0 255.0.0.0 as-set
```

D.10 Liste der BGP-Befehle

Tabelle D.1 listet die BGP-Befehle und die Kategorie jedes Befehls oder Subkommandos auf.

Tabelle D.2: BGP-Befehle/ Subkommandos, nach Kategorie gruppiert

Befehl/Subkommando	Kategorie
address-family ipv4 unicast	Kann einmalig unter dem **router bgp**-Modus erscheinen
address-family ipv4 multicast	Kann einmalig unter dem **router bgp**-Modus erscheinen
aggregate-address	Per AF
auto-summary	Per AF
bgp always-compare-med	Global für BGP
bestpath	Global für BGP
client-to-client	Per AF
cluster-id	Global für BGP
confederation	Global für BGP
dampening	Per AF
default	Global für BGP
deterministic-med	Global für BGP
fast-external-fallover	Global für BGP
log-neighbor-changes	Global für BGP
redistribute-internal	Global für BGP
router-id	Global für BGP
scan-time	Per AF
default-metric	Global für BGP
distance	Per AF
maximum-paths	Per AF
neighbor	Anwendung auf einer je-Nachbar-Basis
activate	Per AF
advertisement-interval	Global für den Nachbarn (Session)
default-originate	Per AF (Satzung)
description	Global für den Nachbarn
distribute-list	Per AF (Satzung)
ebgp-multihop	Global für den Nachbarn (Session)
filter-list	Per AF (Satzung)
local-as	Global für den Nachbarn (Session)
maximum-prefix	Per AF (Satzung)
next-hop-self	Global für den Nachbarn (Session)
password	Global für den Nachbarn (Session)
peer-group	Per AF (Satzung)
prefix-list	Per AF (Satzung)
remote-as	Global für den Nachbarn (Session)
remove-private-AS	Global für den Nachbarn (Session)
route-map	Per AF (Satzung)
route-reflector-client	Per AF
send-community	Per AF (Satzung)

Tabelle D.2: BGP-Befehle/ Subkommandos, nach Kategorie gruppiert (Fortsetzung)

Befehl/Subkommando	Kategorie
shutdown	Global für den Nachbarn (Session)
soft-reconfiguration	Per AF (Satzung)
timers	Global für den Nachbarn (Session)
update-source	Global für den Nachbarn (Session)
version	Global für den Nachbarn (Session)
weight	Per AF (Satzung)
network	Per AF
redistribute	Per AF
synchronization	Per AF
table-map	Per AF
timers	Global für BGP

D.11 Aufrüstung zum AF-Stil

Zum Zwecke einer möglichst einfach durchführbaren Aufrüstung, wurde der Analyse der 12.0S-Befehle (die das **nlri**-Keywort hatten) alter Prägung noch mehr Unterstützung gewährt. Diese Befehle lauten wie folgt:

- **neighbor**
- **network**
- **aggregate**
- **set nlri** und **match nlri** in Routenkarten

Der einzige Einwand gegen die Befehle alten Stils liegt darin, dass sie nur solange benutzt werden können, wie keine neuen Features aktiviert werden müssen. In diesem Falle müssen die BGP-Kommandos alter Prägung in den neuen Stil übersetzt werden.

Um zum neuen Befehlsset überzugehen, müssen Sie im Routerkonfigurations-Modus das **bgp upgrade-cli**-Kommando eingeben:

```
Router(config-router)#bgp upgrade-cli
```

Mit Hilfe dieses Befehls wird die alte in die neue Konfiguration übertragen. Wie immer muss hier ein **wr mem** ausgeführt werden, um die neue Konfiguration zu speichern. (Beachten Sie: der **bgp upgrade-cli**-Befehl wird in der Konfiguration nicht angezeigt.)

D.12 Fußnoten

1 RFC 2842, »Capabilities Advertisement with BGP-4«, `www.isi.edu/in-notes/rfc2842.txt`

2 RFC 2283, »Multiprotocol Extensions for BGP-4«, `www.isi.edu/in-notes/rfc2283.txt`

3 RFC 1771, »A Border Gateway Protocol 4 (BGP-4)«, `www.isi.edu/in-notes/rfc1771.txt`

4 RFC 1700, »Assigned Numbers«, `www.isi.edu/in-notes/rfc1700.txt`

Stichwortverzeichnis

E

O

R

S

Cisco Press

Cisco Systems
Cisco Press

Multilayer Switched Netzwerke

Karen Webb, CCIE

Das offizielle Kursbuch zum CCNP,
Prüfungs-Nr. 640-504

Das offizielle Kursbuch zur neuen Cisco Certifizierung Prüfungs-Nr. 640-504 auf dem Weg zum CCNP (Cisco Cerfified Network Professional). Der Aufbau eines CISCO Multilayer Switched Networks wird hier detailliert beschrieben. Sowohl Technologien des Layer 2 als auch des Layer 3 und verschiedene Switching-Protokolle werden behandelt und führen Sie sicher zur Prüfung.

ISBN 3-827**2-5854**-4 · DM 149,95

Cisco Netzwerke – Troubleshooting

Laura Chappel/Dan Farks

Das offizielle Kursbuch für den CCNP

Dieser Titel stellt eine umfangreiche Knowledgebase zur Verfügung, mit deren Hilfe Netzwerkverwalter Cisco-Router und -Switches optimal einrichten, konfigurieren und warten können. Die Autoren beschreiben ausgefeilte Techniken und Tools zur Fehlersuche und -behebung, die das Werk zu einem unentbehrlichen Handbuch am Arbeitsplatz aller Systemadministratoren machen. Dieser Titel ist gleichzeitig der offizielle Kursband zum CCNP (Cisco Certified Network Professional – ein weltweit genormtes Ausbildungs- und Testprogramm für IT Professionals, die Kenntnisse der Cisco-Technologie erwerben und nachweisen wollen)

ISBN 3-827**2-5728**-X · DM 129,00

Interconnecting Cisco Network Devices (ICND)

Stephan McQuerry

Das offizielle Kursbuch für die neue Cisco-Zertifizierung

Die Cisco-Zertifikate werden auch in der deutschen IT-Landschaft immer wichtiger und gelten angesichtsder Lage auf dem Arbeitsmarkt als exklusives Qualitätssiegel und Karrieresprungbrett. Der Titel dieses von Cisco empfohlenen Begleitbandes bezeichnet gleichzeitig den Namen des weltweit gelehrten Kurses zum CCNA (Cisco Certifield Network Professional). Ein Übungsteil mit Lösungen machen das Buch zum praktischen Kursbegleiter, doch auch unabhängig davon wird auf hohemNiveau unabdingbares Netzwerkgrundwissen vermittelt.

ISBN 3-827**2-5799**-9 · DM 129,00